omnibus

LES CONTES DE PERRAULT

dans tous leurs états

Griselidis
Les Souhaits ridicules
Peau d'âne
La Belle au bois dormant
Le Petit Chaperon rouge
La Barbe Bleue
Le Maître Chat ou le Chat botté
Les Fées
Cendrillon ou la petite pantoufle de verre
Riquet à la houppe
Le Petit Poucet

et les variantes du folklore et de la littérature

Edition établie et présentée
par Annie Collognat et
Marie-Charlotte Delmas

omnibus

ISBN : 978-2-258-07375-3 N° Editeur : 460
Dépôt légal : mars 2007

Sommaire

XI. LE PETIT POUCET

Présentation

par Annie Collognat
et Marie-Charlotte Delmas

« Au moment que je fais cette moralité
Si Peau d'Ane m'était conté,
J'y prendrais un plaisir extrême.
Le monde est vieux, dit-on : je le crois ; cependant
Il le faut amuser encor comme un enfant. » [1]

Le test est facile à faire, il est recommandé par le docte professeur J. R. R. Tolkien, inventeur de l'*heroïc fantasy* avec son célébrissime *Seigneur des Anneaux* : prononcez la formule « contes de fées » et demandez de citer un titre. L'écrasante majorité des réponses nommera une histoire due à Charles Perrault.

Faites le test vous-même... Cendrillon, la Belle au bois dormant, le Petit Chaperon rouge, le Petit Poucet, Barbe Bleue... Popularisés par de nombreuses éditions et adaptations, les *Contes* de Perrault n'ont jamais cessé d'être lus, racontés, réécrits depuis leur parution en 1697. Or, si ce fleuron de notre patrimoine littéraire est sans doute le plus connu dans le monde, il est aussi le plus mal connu.

On croit connaître Perrault, en effet. On l'imagine réservé aux enfants. Cependant, si on prend la peine de lire *ses* contes, tels qu'il les a écrits, on découvre un univers où l'humour l'emporte souvent sur le merveilleux. Où les fées ne font que de très brèves apparitions. Où la morale n'est pas toujours très morale... Il faut dire que les frères Grimm ne sont pas encore passés par là pour punir tous les grands méchants loups !

---

1. Jean de La Fontaine, « Le pouvoir des fables », *Fables*, VIII, 4, 1678.

Perrault : en tout état de contes

Conçu comme un recueil original, notre ouvrage s'est donc fixé une triple ambition.

Tout d'abord, donner à savourer l'œuvre même de Perrault dans son intégralité : trois pièces en vers, huit en prose. En cette fin de XVIIe siècle « classique », la mode est à la fable et Perrault sait bien tout ce qu'il doit au maître La Fontaine : du genre de la fable, ses contes gardent les caractéristiques et la finalité, en particulier ces « moralités » des plus didactiques qui sont annoncées dès le titre de son recueil (*Histoires ou Contes du temps passé avec des moralités*) et que beaucoup d'éditions postérieures n'ont pas hésité à supprimer. Lire les contes de Perrault c'est donc d'abord les apprécier dans leur dimension originale : deux narrateurs et deux tonalités. Au premier rang, un conteur « de papier » dit l'histoire : épisodes d'un réalisme cruel (un loup dévore une petite fille, des parents perdent leurs fils dans la forêt, un père massacre ses propres filles, un mari est assassiné par les frères de sa femme), irruption du merveilleux (une fée transforme une citrouille en carrosse), épreuves et quêtes initiatiques. Au second rang, un narrateur / conteur commente *in fine* : sentencieux, malicieux, un peu grivois, il parle bon sens et conduite pratique.

Ensuite, replacer l'œuvre de Perrault dans une continuité qui met en lumière son originalité. L'origine de ses contes, leur écriture, commentée, interprétée, voire réinterprétée, ont fait l'objet de multiples travaux et publications érudites. Le but de notre recueil n'est donc pas de proposer une nouvelle étude, mais de donner au lecteur un échantillon représentatif des versions littéraires[1] et populaires qui ont pu inspirer l'œuvre de Perrault ou s'en être à leur tour inspirées. Sinon à la lettre, du moins en esprit. Chapitre par chapitre, le lecteur suivra ainsi le courant d'une tradition écrite et orale, entre « amont » et « aval » de chacun de ses

1. Pour la présentation des auteurs et des œuvres, voir p. 1027.

onze contes : après le texte de Perrault, l'ensemble de ces versions littéraires et populaires est présenté par ordre chronologique d'écriture.

Enfin, donner à voir un choix d'images qui ont accompagné la diffusion des contes : des illustrations les plus célèbres — l'intégralité des quarante-deux gravures de Gustave Doré conçues pour l'édition Hetzel de 1862 — à quelques autres, moins connues, mais qui méritent aussi de trouver ici une place.

Un conteur, des conteuses : un jeu mondain

C'est en 1690 que le premier « conte de fées », au sens littéraire du terme, fait timidement irruption en France sous la forme d'un récit merveilleux, « L'Ile de la Félicité », inséré dans un roman de Mme d'Aulnoy, l'*Histoire d'Hypolite comte de Duglas*. De la même façon, en 1696, Catherine Bernard glisse deux contes féeriques, « Le Prince Rosier » et « Riquet à la houppe », dans sa nouvelle espagnole *Inès de Cordoue*, tandis que « La Belle au bois dormant » de Charles Perrault paraît en février dans *Le Mercure galant*, journal littéraire et culturel fondé en 1672 par Jean Donneau de Visé.

Entre 1691 et 1696, Mme d'Aulnoy, Mlle L'Héritier, Mlle Bernard et Charles Perrault livrent en tout huit « contes » qui pourraient apparaître comme des coups d'essai pour tester la réaction du public mondain. En cette fin d'un siècle fastueux où Louis XIV vieillissant est tombé sous la coupe de la dévote Mme de Maintenon, les courtisans ont déserté les jardins versaillais pour les appartements parisiens du Palais-Royal. La fine fleur de l'aristocratie et de la riche bourgeoisie s'invente des jeux littéraires, festifs et spirituels. Parmi ceux-ci, le nouveau venu fait aussitôt fureur dans les salons : on raconte un conte de la même façon qu'on s'amuse à réaliser des portraits, inventer des maximes, écrire des bouts-rimés ou des proverbes. Petit genre très ancien, redécouvert au milieu du siècle par La Fontaine, le conte se nourrit des souvenirs d'enfance (les histoires des « mères-grands »), des lectures galantes (les romans précieux) et des frivolités mondaines du temps. Il reste avant tout un divertissement appartenant à l'art de la conversation, cet art étant lui-même soumis aux exigences de la mode. La Renaissance italienne puis française avait introduit celle des nouvelles « encadrées » : un groupe de personnes se retrouvent ensemble pour diverses raisons et, afin de passer le temps d'agréable façon, se mettent à conter toute une série d'histoires (le *Décaméron* de Boccace, imité par l'*Heptaméron* de Marguerite de Navarre, les *Nouvelles Françaises* de Segrais).

De l'oral, le conte passe à l'écrit pour devenir « littéraire » mais garde la marque originelle du contage. Pour remettre les contes de fées dans leur contexte, il faut aussi les considérer comme partie intégrante de la littérature de fiction essentiellement féminine au XVIIe siècle. Les « conteuses », souvent considérées avec méfiance, voire avec mépris, voient cependant leur œuvre éclipsée par la gloire de l'auteur « phare », Perrault, académicien comme il se doit (pas de femme à l'Académie !). Cependant, la critique moderne a redécouvert ces femmes qui ont composé l'essentiel des contes parus entre 1690 et 1705. On sait aussi, grâce au *Journal* de Mme de Murat (1709) que « les Dames » faisaient copier et s'envoyaient régulièrement entre elles leur production littéraire et qu'elles écrivaient beaucoup plus souvent qu'elles ne faisaient paraître.

Les années 1697 – 1698 marquent une véritable explosion éditoriale : tandis que l'éditeur Claude Barbin fait paraître les *Histoires ou contes du temps passé, avec des moralités* (les huit contes en prose de Perrault, dont cinq avaient déjà été offerts en manuscrit à Mademoiselle, nièce de Louis XIV, en 1695), Mme d'Aulnoy publie ses *Contes des fées* en trois tomes, de même que Mme de Murat (*Contes de fées*) et Mlle de La Force (*Les Contes des contes*). Soit pas moins de cinquante-neuf contes parus en deux ans. Si ce genre littéraire que l'on appelle désormais « contes de fées » trouve le fervent soutien du *Mercure galant*, les critiques ne tardent pas à s'élever. Dès 1699, l'abbé de Villiers fait paraître ses *Entretiens sur les contes de fées et sur quelques autres ouvrages du temps, pour servir de préservatif contre le mauvais goût, dédiés à Messieurs de l'Académie française* (sic !) : tout en flattant Perrault, il dénonce les « barbinades » (éditées par Barbin), « ces recueils, petites historiettes, et enfin ce ramas de contes de fées, qui nous assassinent depuis un an ou deux ».

Cependant, il semble que la mode ait déjà changé. Mademoiselle Lhéritier fait paraître son dernier conte, « Ricdin-Ricdon », en 1705. Dans les quinze premières années du siècle des Lumières, on en produira encore une dizaine, sans compter la traduction des *Mille et Une Nuits* de Galland (1705). C'est symboliquement par une énorme compilation de 41 volumes que s'achève l'âge d'or du conte de fées français, l'année même de la Révolution, en 1789 : *Le Cabinet des fées, Collection choisie des contes de fées ou autres contes merveilleux*, édité de 1785 à 1789 par le chevalier Charles-Joseph de Mayer. Cet ensemble regroupe la majeure partie des contes parus aux XVIIe et XVIIIe siècles dans l'intention de les sauver de l'oubli et de fournir aux générations futures des modèles d'inspiration : dans la quarantaine d'auteurs retenus, Perrault occupe la première place. Mais en entrant ainsi dans une sorte de musée, le conte littéraire a perdu sa vitalité créatrice. Il devra se trouver d'autres voies, en particulier avec les frères Grimm.

« Une antiquité gauloise »

On a voulu voir dans les contes de Perrault l'émergence d'une culture populaire : une simple mise en écrit de ces histoires qui devaient alors égayer les veillées d'une France « d'en bas » qu'on ne qualifiait pas encore de « profonde ». Mais que recouvre le mot même de « populaire » pour ces aristocrates ou grands bourgeois, délicats et fin lettrés, qui n'ont pratiquement jamais quitté Paris, si ce n'est pour aller à Versailles ? Pour ces hommes et femmes de Cour, « le petit peuple », c'est d'abord ces cohortes de « gouvernantes, femmes de chambre, maîtres d'hôtel, cuisiniers, marmitons, galopins, gardes, suisses, pages, valets de pied » que l'on aperçoit dans le château de la Belle au bois dormant : un monde organisé pour les servir, les distraire éventuellement, comme ces nourrices (les « mies ») qui racontent de « vieilles histoires » à leurs rejetons — on dit même que le roi en raffolait du temps de sa petite enfance !

Si Charles Perrault signe ses textes en vers, il a choisi de se dissimuler derrière son fils pour publier ses contes en prose [1]. Habile subterfuge qui lui permet de jouer sur une double illusion : celles de l'oralité et de la naïveté, en revendiquant aussi bien l'héritage populaire des « contes de nourrices » que la naïveté et la simplicité de style d'un enfant précisément nourri des histoires de « mères-grands ».

On sait que Perrault se fait ainsi le champion des « Modernes » dans la querelle contre les « Anciens » : en novateur habile, il a choisi de mettre au goût du jour une « antiquité gauloise » (l'expression est employée par Mademoiselle Lhéritier dans ses *Enchantements de l'Eloquence* [2]) qui remplace les dieux de la mythologie gréco-latine par les ogres et les fées. S'il est vrai qu'émerge ainsi lentement le sentiment d'une culture nationale populaire, il paraît bien prématuré de parler de « folklore ». Car si le matériau est « populaire » (la tradition des fabliaux, par exemple, comme on le voit pour « Les Souhaits ridicules »), il est artistement travaillé et profondément transformé par le conteur : l'univers de ses héros est en effet plus proche des salons de Précieuses — où l'on débat sur les métamorphoses dues à l'Amour, comme dans « Riquet à la houppe » — que des veillées paysannes. Souvent, Perrault recrée un univers féerique en puisant dans les récits des conteurs italiens alors très à la mode (les *Facétieuses Nuits* de Straparole, *Lo Conto de li Conti*, connu en France sous le titre de *Pentamerone*, de Basile).

Pour cette élite intellectuelle vivant en vase clos, bien loin du « petit peuple » des campagnes, s'élabore ainsi une esthé-

---

1. Pour le détail de la vie de Charles Perrault, se reporter à la biographie p. 1029.
2. Voir p. 655.

tique où le conte mondain rejoint la nouvelle historique (*La Princesse de Clèves* de Mme de La Fayette) : le « naturel » des sentiments est une donnée partagée par les deux genres, qui font en outre circuler les mêmes valeurs et expriment les mêmes désirs, voire les mêmes hantises (comme les nécessités de l'initiation amoureuse et sexuelle).

En dédiant ses contes à la nièce du roi, Perrault s'inscrit dans un programme éducatif précis, avec des arguments qui seront aussi ceux de Fénelon (*Les Aventures de Télémaque*, 1699) : comme un bon père veille sur ses enfants, un bon prince veille sur son peuple. Il revient donc au conte de faire entrer de « moindres familles » (entendons des familles ordinaires, issues du « petit » peuple) dans la littérature. Le projet éducatif annonce à sa façon celui que mettra en œuvre Jules Hetzel, l'éditeur des *Contes* de Perrault illustrés par Gustave Doré, avec son *Magasin d'éducation et de récréation* destiné à « la lecture en famille ».

Cependant, à découvrir le texte de Perrault dans toute sa saveur originale, on mesure vite combien « ces contes se lisent comme des romans raccourcis écrits principalement pour adultes », selon la formule de Jacques Barchilon[1]. Les lecteurs du conteur académicien sont des mondains qui privilégient l'équivoque : c'est à eux que s'adressent les pointes d'humour, les mots d'esprit (visant souvent les femmes) et les allusions grivoises qui parsèment chaque récit, comme, par exemple, les doubles sens du « Petit Chaperon rouge » ou les euphémismes de « La Belle au bois dormant » dont l'érotisme amusé n'est pas sans rappeler les jeux de mots du roman médiéval *Perceforest*[2].

1. *Le Conte merveilleux français de 1690 à 1795. Cent ans de féerie et de poésie ignorées de l'histoire littéraire*, Paris, Honoré Champion, 1975.
2. Voir p. 223.

La révolution des Grimm

Il n'est que de lire Perrault pour comprendre que son intention déclarée d'écrire ses *Contes* pour les enfants, comme La Fontaine ses *Fables*, relève plus de l'artifice mondain que de la conviction « morale ». Il faut donc attendre quelque cent cinquante ans, toute la philosophie des Lumières et la nouvelle orientation culturelle des Grimm, pour en arriver à un « Petit Chaperon rouge » que les enfants peuvent comprendre.

Les deux éminents professeurs, Jacob et Wilhelm Grimm, originaires d'une famille bourgeoise calviniste, font partie intégrante du mouvement romantique allemand ; ils se sont d'abord spécialisés dans le droit et l'ancienne littérature allemande. D'une certaine manière, leurs ambitions politiques rejoignent celles du « moderne » académicien Perrault qui avait conscience d'œuvrer pour la grandeur de son roi et de la France : les Grimm souhaitent participer à la création d'une identité nationale du peuple allemand, dont ils montraient l'unité à travers ses lois, ses coutumes et ses traditions orales. Les premiers *Kinder und Hausmärchen* (*Contes de l'enfance et du foyer*) ont paru à Berlin en 1812. Une nouvelle édition paraît en 1857 : elle contient des histoires supplémentaires et deviendra le fameux livre intitulé *Contes de Grimm*.

Si on garde à l'esprit que ces contes visent à l'origine un public d'adultes avec le but de préserver la culture allemande, on ne peut que constater que les Grimm ont ouvert la voie aux « folkloristes » de tous les pays d'Europe, qui commencèrent dès lors à rechercher dans la tradition populaire les contes et légendes de leur pays ou de leur région.

Aujourd'hui, des catalogues nationaux et internationaux recensent tous les contes, mythes et légendes. Véritable patrimoine universel de l'humanité, ils sont régulièrement mis à jour, classés par thèmes de sorte que l'on s'aperçoit vite qu'une même histoire est racontée dans de nombreux pays avec des variantes plus ou moins importantes.

Tous les contes peuvent se lire comme autant de petits « romans » d'apprentissage : ils sont essentiellement initiatiques et proposent des modèles de conduite qui donnent un sens à la vie. Au terme de l'initiation, chaque « Petit Poucet » devenu « Grand » doit donc quitter le monde de l'enfance et du merveilleux pour entrer dans la réalité : c'est désormais un adulte bien installé dans la société de son temps. Or, comme on peut le remarquer, ce n'est pas en obéissant à ses parents qu'il a réussi, bien au contraire !

Perrault des villes et Perrault des champs

Qui de la poule ou de l'œuf est arrivé en premier ? Cette question sur laquelle se sont affrontés bien des hommes va comme un gant aux contes de Perrault et à leurs variantes populaires. En dehors de « Griselidis » et « Riquet à la houppe », les spécialistes semblent pourtant s'accorder sur le fait que les neuf autres contes s'inspirent de la tradition orale.

Nous savons, par exemple, que « Peau d'Ane » est une histoire que l'on raconte depuis fort longtemps. Dans ses *Propos rustiques* (1547), Noël du Fail cite un conte très populaire à son époque, dans les environs de Rennes, intitulé « Cuir d'Annette ». Paul Sébillot ne manque pas de souligner la proximité du titre de ce conte avec l'un de ceux qu'il a relevés à Saint-Cast, en 1879, « Peau d'Annette ». De plus, les lettrés qui méprisent les contes du peuple — tout autant que le peuple lui-même — s'en moquent en les traitant de contes de « ma mère l'Oye » (ridiculisant ainsi les nourrices qui caquettent comme de la volaille), mais aussi de contes de « Peau d'âne ».

Si l'on en croit Mademoiselle Lhéritier, nièce de Perrault, ce sont des histoires entendues dans des veillées paysannes que Pierre Darmancourt (fils de Charles Perrault) a recopiées dans leur « naïveté originelle ». C'est là, en effet, que certains Salons, qui s'adonnent aux jeux mondains autour du conte, vont chercher leur inspiration. Mais rien ne nous assure que Pierre ait reproduit fidèlement ces histoires. Les collecteurs du XIXe siècle disent tous à quel point il est difficile de prendre en note le récit d'un conteur. Ils se sont bien souvent contentés de recueillir les grandes lignes d'une histoire et quelques éléments spécifiques.

Et Charles Perrault ? Quelle est la part de l'écrivain dans la réécriture de ces contes « naïfs » ? Les moralités qu'il y ajoute, sans nul doute, la morale paysanne étant souvent bien différente. Leur harmonisation au public de Versailles et à la mode de son temps, également. En outre, un conte, c'est d'abord une structure, un ensemble de motifs que le conteur va enjoliver, déformer, amplifier ou réduire à sa guise, en fonction de son talent et de sa mémoire. Plusieurs des versions populaires qui figurent dans ce recueil présentent des mélanges de motifs. C'est le cas pour « Cendrillon » et « Peau d'Ane », dont les motifs se trouvent souvent mêlés, ou pour la version gasconne des « Fées » qui comporte des motifs du « Petit Poucet », pour ne citer que ces exemples.

Transmis de génération en génération, le conte n'a pas pour vocation de rester immuable. Par ailleurs, dans sa magistrale étude sur le conte populaire français, Paul Delarue a noté certains traits généraux d'évolution des contes. Il constate, par exemple, que « ce que fait Perrault d'un coup en simplifiant nos contes populaires, en les rendant plus raisonnables, c'est ce que le peuple a fait lentement, par petites touches »[1]. Il est donc difficile, voire impossible, de savoir ce qu'il était à l'origine. Il faudrait pour cela remonter loin dans le temps. Pour ce qui est de l'oralité, c'est irréalisable.

Le seul corpus valide de contes populaires que nous possédons date des collectages effectués dans la seconde partie du XIXe siècle[2]. A cette époque, les contes de Perrault sont déjà très connus. Leur publication, dans des versions adaptées, circule avec succès depuis un siècle dans les livrets popu-

---

1. Paul Delarue, *Le Catalogue raisonné du conte populaire français, Paris,* Maisonneuve et Larose, 1951.

2. Voir la présentation des auteurs qui ont procédé à ces collectages p. XV.

laires et les images d'Epinal que les colporteurs vendent sur les foires. Parmi les contes recueillis par les folkloristes, certains reproduisent presque à l'identique les histoires publiées par Perrault, prouvant l'influence qu'elles ont exercée. Les contes de Grimm, dans lesquels figurent des contes proches de nos versions populaires, sont aussi venus enrichir le répertoire des conteurs.

Le chemin de l'oralité étant sans issue, il nous reste celui de l'écrit. Nous savons que, dès le Moyen Age, quelques gens de lettres puisent leur inspiration dans les récits et traditions populaires. C'est le cas de Marie de France (XIIe siècle) qui fait quelques emprunts à la matière de Bretagne dans ses lais et fables, composés en vers[1] ; de Jean d'Arras qui crée un roman autour de la célèbre fée poitevine Mélusine (1478) ; de François Rabelais qui reprend les aventures du populaire Gargantua ou encore de Marguerite de Navarre (*L'Heptaméron*, 1559). Dans le roman arthurien de *Perceforest* (XIVe siècle) se trouve la première version de « La Belle au Bois dormant », tandis que le recueil intitulé *Contes et nouvelles récréations et joyeux devis* de Bonaventure des Périers (1588) donne un conte qui comprend des motifs de « Cendrillon » et de « Peau d'Ane »[2]. On peut, à juste titre, se demander quelle est l'influence de ces versions, si tant est qu'il y en ait une, sur l'œuvre de Perrault. Car ces quelques exemples d'auteurs — ainsi que tous ceux, français et étrangers, dont vous croiserez les noms dans ce volume — sont significatifs d'une démarche de création : il ne s'agit nullement pour eux de rester fidèles aux récits populaires, mais simplement de s'en inspirer en intégrant certains motifs ou personnages dans leur œuvre personnelle.

Qui de l'œuf ou la poule ? Telle est bien la question qui demeure et que Paul Sébillot soulève dans l'ouvrage *Littérature orale de la Haute Bretagne* (1881) : « Parmi les contes populaires dans le pays gallot, il en est plusieurs qui présentent, soit dans l'ensemble et la marche du récit, soit dans les

1. Voir la fable « Le paysan et le lutin », p. 77.
2. Voir p. 131.

épisodes, des analogies avec les contes de Perrault, sans qu'on puisse dire avec certitude si elles sont dues à des transformations faites par des conteurs ayant connu les récits de Perrault ou si la ressemblance provient de contes plus anciens. » Jean-François Bladé précise dans les notes de sa version gasconne de « Peau d'Ane » que celle-ci semble très ancienne, par rapport à d'autres versions qu'il a entendues et qui ressemblaient trait pour trait à l'histoire de Perrault. S'il est difficile de déterminer de façon rigoureuse la part des éléments qui préexistent à Perrault et ceux qui ont été influencés par la lecture de son recueil, il reste néanmoins possible de relever des différences significatives que vous découvrirez aisément au fil de votre lecture. Petites formules rythmées, éléments merveilleux ou liés aux vieilles croyances populaires, absents chez Perrault, sont autant d'éléments qui attestent de l'ancienneté de ces contes.

Il était une fois.... le folklore

Les « antiquaires » ou « traditionnistes » français, qui adopteront plus tard le nom de « folkloristes » (folklore signifie connaissance du peuple) vont arpenter leur province ou leur canton afin de recueillir et de noter, souvent en patois, les traditions populaires encore en usage et les histoires qui se racontent. Ils participent aux veillées durant lesquelles les paysans se retrouvent pour économiser la chandelle et le bois de chauffage, content ou chantent tout en épluchant le maïs ou en déboguant les châtaignes. Marchant sur les traces des frères Grimm, comme leurs confrères européens, ils se mettent à l'œuvre bien après eux. Parmi les premiers auteurs à publier des recueils de contes populaires, se trouve le Breton Emile Souvestre (1806-1853), dont vous trouverez ici une version de *Barbe Bleue* (*Comorre*). Journaliste et écrivain, il publie deux recueils de contes qu'il dit avoir recueillis en Basse-Bretagne, *Les Derniers Bretons* (1835-1837) et *Le Foyer Breton* (1845). Mais Souvestre est avant tout un écrivain qui ne fait pas preuve de la rigueur scientifique des folkloristes qui lui succéderont. C'est grâce au travail de ces derniers, dont l'objectif est de préserver un patrimoine oral en voie de disparition, que nous disposons aujourd'hui d'un véritable corpus de contes populaires. Nous avons puisé dans leurs recueils ou dans les revues qui les publiaient, en essayant tout à la fois de diversifier les provenances régionales des variantes et le contenu des histoires.

Si certaines provinces de France n'ont pas eu la chance de bénéficier d'un important collectage, ce n'est pas le cas de la Bretagne. Plusieurs folkloristes sont venus moissonner cette terre de légendes. Paul Sébillot (1843-1918) fut de ceux-là. Après des études de droit et de peinture, il se consacre à ce qui deviendra sa passion, l'étude des traditions populaires. En 1877, il fonde la société bretonne-normande, La Pomme, qu'il présidera. En 1881, il crée, avec Charles Leclerc, associé de Maisonneuve, la collection des « Littératures populaires de toutes les nations », collection à laquelle il donnera plusieurs recueils. Membre fondateur de la Société des Traditions populaires[1] dont il est le secrétaire général, il dirige la *Revue des Traditions populaires,* tout en assumant la fonction de chef de cabinet au ministère des Travaux Publics, à partir de 1889. Son œuvre folklorique est particulièrement riche. Outre les recueils sur la Haute-Bretagne (*Traditions, superstitions et légendes de la Haute-Bretagne,* 1880 ; *Contes populaires de la Haute-Bretagne,* 1880, *Contes des marins,* 1882...) et l'Auvergne (*Littérature orale de l'Auvergne,* 1898), Paul Sébillot est l'auteur du *Folklore de France*[2], en 4 volumes (1904-1907). Nous avons retenu de son collectage plusieurs variantes des contes de Perrault : *La pouilleuse, Peau d'Anette, Césarine* (*Peau-d'Ane*), *Le rat et la râtesse* (*Le Petit Chaperon rouge*), *Barbe-rouge* (*Barbe-Bleue*), *Le renard doré* (*Le Chat Botté*), *Point-du-Jour* (*Le Petit Poucet*). Pour la Basse-Bretagne, pays où l'on parlait encore breton, nous avons choisi *Le prince turc Frimelgus* (*Barbe-Bleue*) et *Le géant Goulaffre* (*Le Petit Poucet*), deux contes collectés et publiés par François-Marie Luzel (1821-1895). Professeur, puis journaliste, Luzel obtient, en 1864, une mission du ministère de l'Instruction Publique qui va lui permettre de collecter le patrimoine oral de la littérature populaire bretonne. Il terminera sa carrière comme archiviste du Finistère. Luzel amasse de nombreux documents et note avec rigueur les histoires qu'il entend dans les veillées où

1. C'est au cours du dîner de *Ma Mère L'Oye* de 1885 (repas qui réunissait les traditionnistes) qu'est fondée la *Société des Traditions populaires.*

2. Les quatre volumes de cette édition ont été rassemblés dans l'ouvrage *Croyances, mythes et légendes des pays de France,* Paris, Omnibus, 2002.

se relayent chanteurs et conteurs. Il publie plusieurs recueils, dont *Contes bretons* (1870), *Veillées bretonnes* (1879), *Légendes chrétiennes* (1882), *Contes populaires de Basse-Bretagne* (1887).

Le grand collecteur de la Gascogne a pour nom Jean-François Bladé (1827-1900). Passionné dès l'enfance par les contes et traditions populaires qu'il entend aux veillées de Lectoure (Gers), cet étudiant en droit, devenu juge suppléant, consacre ses loisirs à l'étude et à la collecte des contes de sa province. Dans la moisson d'histoires qu'il collecte[1] se trouvent plusieurs versions des contes de Perrault, reproduites dans ce volume : *Peau d'Ane, Le loup et l'enfant (Le Petit Chaperon rouge), Barbe Bleue, Les deux filles* (*Les Fées), La gardeuse de dindons* (*Cendrillon*).

Nous avons emprunté à Henri Carnoy (1861-1930) deux versions picardes du Petit Poucet : *Les trois frères et le géant* et *Courtillon-Courtillette*. Professeur de français au lycée Montaigne, à Paris, Carnoy crée un mouvement littéraire et artistique dans le nord de la France, à l'image des Félibres du Midi. Fondateur de la *Revue du nord de la France* (1880) puis du mensuel *Les Enfants du Nord,* il s'emploie à relever les contes et traditions populaires de la Picardie. Il est l'auteur d'un *Dictionnaire bibliographique international des folkloristes, voyageurs et géographes* (1894).

Emmanuel Cosquin (1841-1919), dont nous avons retenu *Le taureau d'or* (*Peau d'Ane*) et *La salade blanche et la salade noire* (*Les Fées*), consacre une grande partie de sa vie à l'étude des contes européens. Il entreprend une vaste étude afin de prouver leur origine indienne, travail qui donnera lieu à de nombreuses publications. En 1866 et 1867, avec l'aide de ses sœurs, il recueille méthodiquement les contes qui se disent à Montiers-sur-Saulx, village du Barrois, dans la Meuse, à quelques kilomètres de la Champagne. Le résultat de cette collecte est publié, de 1877 à 1881, dans la

1. Ces contes seront publiés, à partir de 1874, dans *La Revue de l'Agenais et des anciennes provinces du Sud-Ouest*, puis dans les trois volumes des *Contes populaires de Gascogne*, en 1886.

revue *Romania*, chaque conte étant accompagné d'une étude. En 1886 paraît le recueil *Contes populaires de Lorraine, comparés avec les contes des autres provinces de France et des pays étrangers, et précédés d'un essai sur l'origine et la propagation des contes populaires européens*.

Officier de l'Instruction publique, journaliste, Albert Meyrac, qui naît en 1848, s'intéresse au folklore des Ardennes et collabore à différentes revues, dont la *Revue des Traditions populaires*. Il publie différents ouvrages parmi lesquels *Traditions, coutumes, légendes et contes des Ardennes* (1890) et *Contes du pays d'Ardennes* (1892). Nous avons extrait de son collectage le conte facétieux *Les trois souhaits*.

Achille Millien (1838-1927) entreprend dès 1894 la collecte des contes et chansons qui ont bercé son enfance nivernaise. Entre 1874 et 1895, il relève plus de deux mille chansons, près de mille contes et légendes et de nombreux témoignages sur les traditions populaires locales. Il publie quelques contes dans divers journaux locaux et de sociétés savantes où nous avons extrait *La veillée dans le puits* (*Les Fées*) et le *conte de la mère-grand* (*Le Petit Chaperon rouge*). La majorité de ses travaux seront édités à titre posthume.

Inspecteur à l'Académie de Pau, Jean-François Cerquand (1816 -1888) demande aux instituteurs de Soule et de Basse-Navarre de recueillir (en basque) les contes et traditions populaires de ces deux provinces. Il amasse une documentation importante qui sera publiée de 1874 à 1885 dans le *Bulletin de la Société des Sciences, Lettres et Arts de Pau*. Nous présentons ici trois de ces contes : *Le riche homme* (*Barbe-Bleue*), *La recluse délivrée* (*Cendrillon*), *Le tartare et les trois enfants* (*Le Petit Poucet*).

Pianiste concertiste, compositeur, Louis Lambert (1838-1908) enseigne le piano jusqu'à sa retraite. Il participe, dès sa création en 1869, aux travaux de la *Société pour l'Etude des Langues Romanes*, laquelle édite la *Revue des Langues Romanes*. C'est dans cette revue que paraîtront, de 1885 à 1899, les chansons et contes languedociens collectés par Lambert, dont *Le compère chat* (*Le Chat Botté*) et *Le loup-garou* (*Le Petit Poucet*) qui font partie de notre sélection. Ces textes seront ensuite rassemblés, en 1899, dans le recueil des *Contes populaires du Languedoc*.

Auteur de plusieurs essais politiques et de livres sur l'histoire du Roussillon, Horace Chauvet s'intéresse également au folklore et à la littérature orale de sa province. En préambule des *Légendes du Roussillon* (1899), il déclare : « Puisqu'on restaure les vieux monuments, pourquoi ne reconstituerait-on pas les pittoresques légendes qui nous sont parvenues à travers les révolutions ? » C'est à ce travail qu'il va s'employer, après s'être adressé aux instituteurs de la Cerdagne, dont assez peu participeront à son projet. Une version de *Cendrillon* figure dans son recueil sous le titre *Espiguette*.

Jean-Baptiste Frédéric Ortoli, qui voit le jour en Corse en 1861, vient achever ses études de lettres sur le continent. Encouragé par Gaston Paris, alors membre de l'Institut, il publie *Les Contes populaires de l'île de Corse*, qui constituent le premier travail sérieux sur les traditions populaires de cette province. Cet ouvrage sera suivi de quelques autres, dont *Les Voceri de l'île de Corse* (1887) et quelques livres pour les enfants (*Les Contes du capitaine*, ou encore, les *Contes de la veillée*).

Né à Périgueux, en 1917, Claude Seignolle, dont l'œuvre romanesque a marqué la littérature fantastique contemporaine, débute sa carrière en réalisant d'importants travaux sur le folklore français sous l'égide du grand folkloriste Arnold van Gennep. Il collecte les *Contes populaires de Guyenne* (1946) dont nous présentons *Les neuf frères* (*Barbe Bleue), Monsieur de Marconfare* (*Le Chat Botté*) et *Les trois vieilles filles* (*Les Fées*). Si nous avons choisi de terminer cette présentation des folkloristes par Seignolle, ce n'est pas seulement parce qu'il est l'un de nos contemporains. A une époque où les collecteurs du XIXe étaient tombés dans l'oubli, faute de réédition de leurs travaux, Claude Seignolle va les remettre à l'honneur. Dans les années 1970, il offre au public la première et la plus importante des anthologies de contes, récits et légendes des provinces de France [1].

1. *Contes, récits, légendes des Pays de France*, réédité par Omnibus en 1997 (4 volumes).

Il est temps maintenant de vous laisser découvrir ou redécouvrir ces contes, où les méchants sont punis et les courageux — ou plutôt les astucieux — récompensés. Un monde où demeure la peur du loup, mais aussi le souvenir des fées qui firent partie de la vie des paysans pendant des siècles. *Il était une fois...*

LES PRÉFACES
DE CHARLES PERRAULT

Préface aux
CONTES EN VERS

Publiée avec l'édition collective de *Griselidis*, *Les Souhaits ridicules* et *Peau d'Ane* par Jean-Baptiste Coignard à Paris en 1695

La manière dont le public a reçu les pièces de ce recueil, à mesure qu'elles lui ont été données séparément, est une espèce d'assurance qu'elles ne lui déplairont pas en paraissant toutes ensemble. Il est vrai que quelques personnes qui affectent de paraître graves, et qui ont assez d'esprit pour voir que ce sont des contes faits à plaisir, et que la matière n'en est pas fort importante, les ont regardées avec mépris ; mais on a eu la satisfaction de voir que les gens de bon goût n'en ont pas jugé de la sorte.

Ils ont été bien aises de remarquer que ces bagatelles n'étaient pas de pures bagatelles, qu'elles renfermaient une morale utile, et que le récit enjoué dont elles étaient enveloppées n'avait été choisi que pour les faire entrer plus agréablement dans l'esprit et d'une manière qui instruisît et divertît tout ensemble. Cela devrait me suffire pour ne pas craindre le reproche de m'être amusé à des choses frivoles. Mais comme j'ai affaire à bien des gens qui ne se payent pas de raisons et qui ne peuvent être touchés que par l'autorité et par l'exemple des Anciens, je vais les satisfaire là-dessus. Les fables milésiennes si célèbres parmi les Grecs, et qui ont fait les délices d'Athènes et de Rome, n'étaient pas d'une autre espèce que les fables de ce recueil. L'Histoire de la Matrone d'Ephèse est de la même nature que celle de Griselidis : ce sont l'une et l'autre des nouvelles, c'est-à-dire des récits de choses qui peuvent être arrivées, et qui n'ont rien qui blesse absolument la vraisemblance. La fable de Psyché écrite par Lucien et par Apulée est une fiction toute pure et un conte de vieille comme celui de Peau d'Ane. Aussi voyons-nous qu'Apulée le fait raconter par une vieille femme à une jeune fille que des voleurs avaient enlevée, de même que celui de Peau d'Ane est conté tous les jours à des enfants par leurs gouvernantes, et par leurs grand-mères. La fable du laboureur qui obtint de Jupiter le pouvoir de faire comme il lui plairait la pluie et le beau temps, et qui en usa de telle sorte, qu'il ne recueillit que de la paille sans aucuns grains, parce qu'il n'avait jamais demandé ni vent, ni froid, ni neige, ni aucun temps semblable ; chose nécessaire cependant pour faire fructifier les plantes : cette fable, dis-je, est de même genre que le conte des Souhaits ridicules, si ce n'est que l'un est sérieux et l'autre comique ; mais tous les deux vont à dire que les hommes ne connaissent pas ce qu'il leur convient, et sont plus heureux d'être conduits par la Providence, que si toutes choses leur succédaient selon qu'ils le désirent. Je ne crois pas qu'ayant devant moi de si beaux modèles dans la plus sage et la plus docte Antiquité, on soit en droit de me faire aucun reproche. Je prétends même que mes fables méritent mieux d'être racontées que la plupart des contes anciens, et particulièrement celui de la Matrone d'Ephèse et celui de Psyché, si l'on les regarde du côté de la morale, chose principale dans toutes sortes de fables, et pour laquelle elles doivent avoir été faites. Toute la moralité qu'on peut tirer de la Matrone d'Ephèse est que souvent les femmes qui semblent les plus vertueuses le sont le moins, et qu'ainsi il n'y en a presque point qui le soient véritablement.

Qui ne voit que cette morale est très mauvaise, et qu'elle ne va qu'à corrompre les femmes par le mauvais exemple, et à leur faire croire qu'en manquant à leur devoir elles ne font que suivre la voie commune. Il n'en est pas de même de la morale de Griselidis, qui tend à porter les femmes à souffrir de leurs maris, et à faire voir qu'il n'y en a point de si brutal ni de si bizarre, dont la patience d'une honnête femme ne puisse venir à bout. A l'égard de la morale cachée dans la fable de Psyché, fable en elle-même très agréable et très ingénieuse, je la comparerai avec celle de Peau d'Ane quand je la saurai, mais jusqu'ici je n'ai pu la deviner. Je sais bien que Psyché signifie l'Ame ; mais je ne comprends point ce qu'il faut entendre par l'Amour qui est amoureux de Psyché, c'est-à-dire de l'Ame, et encore moins ce qu'on ajoute, que Psyché devait être heureuse, tant qu'elle ne connaîtrait point celui dont elle était aimée, qui était l'Amour, mais qu'elle serait très malheureuse dès le moment qu'elle viendrait à le connaître : voilà pour moi une énigme impénétrable. Tout ce qu'on peut dire, c'est que cette fable de même que la plupart de celles qui nous restent des Anciens n'ont été faites que pour plaire sans égard aux bonnes mœurs qu'il négligeaient beaucoup. Il n'en est pas de même des contes que nos aïeux ont inventés pour leurs enfants. Ils ne les ont pas contés avec l'élégance et les agréments dont les Grecs et les Romains ont orné leurs fables ; mais ils ont toujours eu un très grand soin que leurs contes renfermassent une moralité louable et instructive. Partout la vertu y est récompensée, et partout le vice y est puni. Ils tendent tous à faire voir l'avantage qu'il y a d'être honnête, patient, avisé, laborieux, obéissant et le mal qui arrive à ceux qui ne le sont pas. Tantôt ce sont des fées qui donnent pour don à une jeune fille qui leur aura répondu avec civilité, qu'à chaque parole qu'elle dira, il lui sortira de la bouche un diamant ou une perle ; et à une autre fille qui leur aura répondu brutalement, qu'à chaque parole il lui sortira de la bouche une grenouille ou un crapaud. Tantôt ce sont des enfants qui pour avoir bien obéi à leur père ou à leur mère deviennent grands seigneurs, ou d'autres, qui ayant été vicieux et désobéissants, sont tombés dans des malheurs épouvantables. Quelque frivoles et bizarres que soient toutes ces fables dans leurs aventures, il est certain qu'elles excitent dans les enfants le désir de ressembler à ceux qu'ils voient devenir heureux, et en même temps la crainte des malheurs où les méchants sont tombés par leur méchanceté. N'est-il pas louable à des pères et à des mères, lorsque leurs enfants ne sont pas encore capables de goûter les vérités solides et dénuées de tous agréments, de les leur faire aimer, et si cela se peut dire, les leur faire avaler, en les enveloppant dans des récits agréables et proportionnés à la faiblesse de leur âge ? Il n'est pas croyable avec quelle avidité ces âmes innocentes, et dont rien n'a encore corrompu la droiture naturelle, reçoivent ces instructions cachées ; on les voit dans la tristesse et dans l'abattement, tant que le héros ou l'héroïne de conte sont dans le malheur, et s'écrier de joie quand le temps de leur bonheur arrive ; de même qu'après avoir souffert impatiemment la prospérité du méchant ou de la méchante, ils sont ravis de les voir enfin punis comme ils le méritent. Ce sont des semences qu'on jette qui ne produisent d'abord que des mouvements de joie et de tristesse, mais dont il ne manque guère d'éclore de bonnes inclinations.

J'aurais pu rendre mes contes plus agréables en y mêlant certaines choses un peu libres dont on a accoutumé de les égayer ; mais le désir de plaire ne m'a jamais assez tenté pour violer une loi que je me suis imposée de ne rien écrire qui pût blesser ou la pudeur ou la bienséance. Voici un madrigal qu'une jeune demoiselle de beaucoup d'esprit a composé sur ce sujet, et qu'elle a écrit au-dessous du conte de Peau d'Ane que je lui avais envoyé.

Le Conte de Peau d'Ane est ici raconté
Avec tant de naïveté,
Qu'il ne m'a pas moins divertie,
Que quand auprès du feu ma nourrice ou ma mie
Tenaient en le faisant mon esprit enchanté.
On y voit par endroits quelques traits de satire,

Mais qui sans fiel et sans malignité,
A tous également font du plaisir à lire :
Ce qui me plaît encore dans sa simple douceur,
C'est qu'il divertit et fait rire,
Sans que mère, époux, confesseur,
Y puissent trouver à redire.

Dédicace aux
CONTES EN PROSE

Histoires ou contes du temps passé
Avec des moralités
Recueil publié chez le libraire Claude Barbin
à Paris en janvier 1697

A Mademoiselle [1]

MADEMOISELLE,

On ne trouvera pas étrange qu'un enfant ait pris plaisir à composer les contes de ce recueil, mais on s'étonnera qu'il ait eu la hardiesse de vous les présenter. Cependant, Mademoiselle, quelque disproportion qu'il y ait entre la simplicité de ces récits, et les lumières de votre esprit, si on examine bien ces contes, on verra que je ne suis pas aussi blâmable que je le parais d'abord. Ils renferment tous une morale très sensée, et qui se découvre plus ou moins, selon le degré de pénétration de ceux qui les lisent ; d'ailleurs comme rien ne marque tant la vaste étendue d'un esprit, que de pouvoir s'élever en même temps aux plus grandes choses, et s'abaisser aux plus petites, on ne sera point surpris que la même princesse, à qui la Nature et l'éducation ont rendu familier ce qu'il y a de plus élevé, ne dédaigne pas de prendre plaisir à de semblables bagatelles. Il est vrai que ces contes

1. Elisabeth-Charlotte d'Orléans, dernière enfant de Philippe d'Orléans, le frère de Louis XIV.

donnent une image de ce qui se passe dans les moindres familles, où la louable impatience d'instruire les enfants fait imaginer des histoires dépourvues de raison, pour s'accommoder à ces mêmes enfants qui n'en ont pas encore ; mais à qui convient-il mieux de connaître comment vivent les peuples, qu'aux personnes que le Ciel destine à les conduire ? Le désir de cette connaissance a poussé des héros, et même des héros de votre race, jusque dans des huttes et des cabanes, pour y voir de près et par eux-mêmes ce qui s'y passait de plus particulier : cette connaissance leur ayant paru nécessaire pour leur parfaite instruction. Quoi qu'il en soit, MADEMOISELLE,

Pouvais-je mieux choisir pour rendre vraisemblable
Ce que la fable a d'incroyable ?
Et jamais Fée au temps jadis
Fit-elle à jeune Créature,
Plus de dons, et de dons exquis,
Que vous en a fait la Nature ?

Je suis avec un très profond respect,
MADEMOISELLE,

De Votre Altesse Royale,

Le très humble et très obéissant serviteur,
P. DARMANCOUR [1].

---

1. C'est le troisième fils de Charles Perrault, Pierre, âgé de 19 ans en 1697, qui se présente comme l'auteur de cette dédicace. L'usage de la bourgeoisie parlementaire est d'acheter un titre de noblesse pour le cadet de la famille : le fils de Perrault a ainsi reçu le nom Darmancour ou d'Armancour (un village de l'Oise dans l'arrondissement de Compiègne).

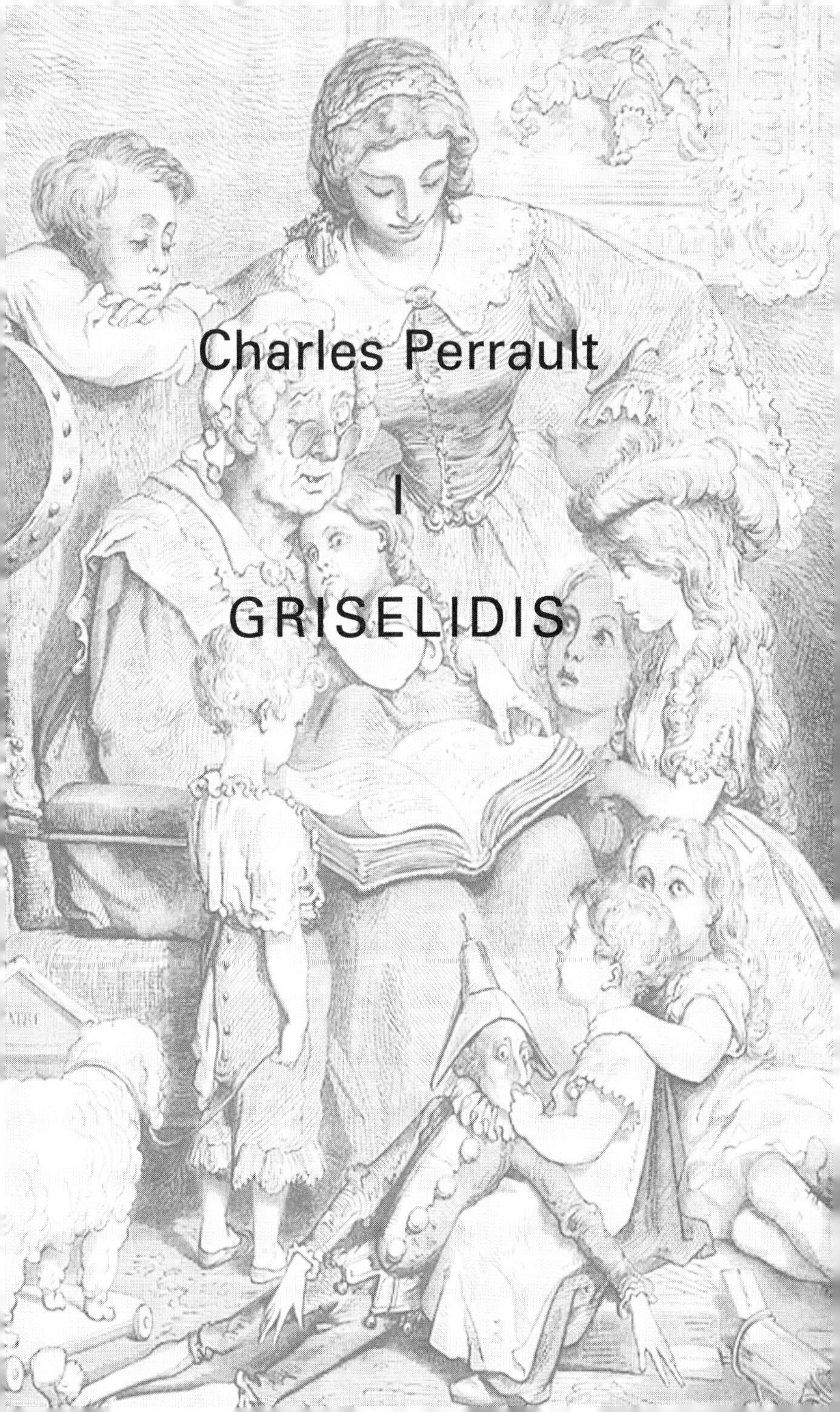

Charles Perrault

I

GRISELIDIS

« Nouvelle » lue à l'Académie française par l'abbé de Lavau le 25 août 1691. Publiée sous le titre *La Marquise de Salusses ou La Patience de Griselidis* chez Jean-Baptiste Coignard dès 1691, puis réuni par le même éditeur avec *Peau d'Ane* et *Les Souhaits ridicules*, Paris, 1694.

*A Monsieur ****
en lui envoyant Griselidis

Si je m'étais rendu à tous les différents avis qui m'ont été donnés sur l'ouvrage que je vous envoie, il n'y serait rien demeuré que le conte tout sec et tout uni, et en ce cas j'aurais mieux fait de n'y pas toucher et de le laisser dans son papier bleu [1] où il est depuis tant d'années. Je le lus d'abord à deux de mes amis. « Pourquoi, dit l'un, s'étendre si fort sur le caractère de votre héros ? Qu'a-t-on à faire de savoir ce qu'il faisait le matin dans son conseil, et moins encore à quoi il se divertissait l'après-dînée ? Tout cela est bon à retrancher. — Otez-moi, je vous prie, dit l'autre, la réponse enjouée qu'il fait aux députés de son peuple qui le pressent de se marier ; elle ne convient point à un prince grave et sérieux. Vous voulez bien encore, poursuivit-il, que je vous conseille de supprimer la longue description de votre chasse ? Qu'importe tout cela au fond de votre histoire ? Croyez-moi, ce sont de vains et ambitieux ornements, qui appauvrissent votre poème au lieu de l'enrichir. Il en est de même, ajouta-t-il, des préparatifs qu'on fait pour le mariage du prince, tout cela est oiseux et inutile. Pour vos dames qui rabaissent leurs coiffures, qui couvrent leurs gorges, et qui allongent leurs manches, froide plaisanterie aussi bien que celle de l'orateur qui s'applaudit de son éloquence. — Je demande encore, reprit celui qui avait parlé le premier, que vous ôtiez les réflexions chrétiennes de Griselidis, qui dit que c'est Dieu qui veut l'éprouver ; c'est un sermon hors de sa place. Je ne

1. Allusion à la littérature populaire diffusée par colportage sous forme de brochures à la couverture bleue.

saurais encore souffrir les inhumanités de votre prince, elles me mettent en colère, je les supprimerais. Il est vrai qu'elles sont de l'histoire, mais il n'importe. J'ôterais encore l'épisode du jeune seigneur qui n'est là que pour épouser la jeune princesse, cela allonge trop votre conte. — Mais, lui dis-je, le conte finirait mal sans cela. — Je ne saurais que vous dire, répondit-il, je ne laisserais pas que de l'ôter. »

A quelques jours de là, je fis la même lecture à deux autres de mes amis, qui ne me dirent pas un seul mot sur les endroits dont je viens de parler, mais qui en reprirent quantité d'autres. « Bien loin de me plaindre de la rigueur de votre critique, leur dis-je, je me plains de ce qu'elle n'est pas assez sévère : vous m'avez passé une infinité d'endroits que l'on trouve très dignes de censure. — Comme quoi ? dirent-ils. — On trouve, leur dis-je, que le caractère du prince est trop étendu, et qu'on n'a que faire de savoir ce qu'il faisait le matin et encore moins l'après-dînée. — On se moque de vous, dirent-ils tous deux ensemble, quand on vous fait de semblables critiques. — On blâme, poursuivis-je, la réponse que fait le prince à ceux qui le pressent de se marier, comme trop enjouée et indigne d'un prince grave et sérieux. — Bon, reprit l'un d'eux, et où est l'inconvénient qu'un jeune prince d'Italie, pays où l'on est accoutumé à voir les hommes les plus graves et les plus élevés en dignité dire des plaisanteries, et qui d'ailleurs fait profession de mal parler et des femmes et du mariage, matières si sujettes à la raillerie, se soit un peu réjoui sur cet article ? Quoi qu'il en soit, je vous demande grâce pour cet endroit comme pour celui de l'orateur qui croyait avoir converti le prince, et pour le rabaissement des coiffures ; car ceux qui n'ont pas aimé la réponse enjouée du prince, ont bien la mine d'avoir fait main basse sur ces deux endroits-là. — Vous l'avez deviné, lui dis-je. Mais d'un autre côté, ceux qui n'aiment que les choses plaisantes n'ont pu souffrir les réflexions chrétiennes de la princesse, qui dit que c'est Dieu qui la veut éprouver. Ils prétendent que c'est un sermon hors de propos. — Hors de propos ? reprit l'autre ; non seulement ces réflexions conviennent au sujet, mais elles y sont absolument nécessaires. Vous aviez besoin de rendre croyable la patience de votre héroïne ; et quel autre moyen aviez-vous que de lui faire regarder les mauvais traitements de son époux comme venant de la main de Dieu ? Sans cela, on la prendrait pour la plus stupide de toutes les femmes, ce qui ne ferait pas assurément un bon effet. — On blâme encore, leur dis-je, l'épisode du jeune seigneur qui épouse la jeune princesse. — On a tort, reprit-il ; comme votre ouvrage est un véritable poème, quoique vous lui donniez le titre de nouvelle, il faut qu'il n'y ait rien à désirer quand il finit. Cependant si la jeune princesse s'en retournait dans son couvent sans être mariée après s'y être attendue, elle ne serait point contente ni ceux qui liraient la nouvelle. »

Ensuite de cette conférence, j'ai pris le parti de laisser mon ouvrage tel à peu près qu'il a été lu dans l'Académie. En un mot, j'ai eu soin de corriger les choses qu'on m'a fait voir être mauvaises en elles-mêmes ; mais à l'égard de celles que j'ai trouvées n'avoir point d'autre défaut que de n'être pas au goût de quelques personnes peut-être un peu trop délicates, j'ai cru n'y devoir pas toucher.

Est-ce une raison décisive
D'ôter un bon mets d'un repas,
Parce qu'il s'y trouve un convive
Qui par malheur ne l'aime pas ?
Il faut que tout le monde vive,
Et que les mets, pour plaire à tous,
Soient différents comme les goûts.

Quoi qu'il en soit, j'ai cru devoir m'en remettre au public qui juge toujours bien. J'apprendrai de lui ce que j'en dois croire, et je suivrai exactement tous ses avis, s'il m'arrive jamais de faire une seconde édition de cet ouvrage.[1]

1. L'édition de 1691 dans laquelle le texte est paru pour la première fois porte à la suite : « Vous vous étonnerez peut-être de ce que je donne le nom de Griselde à la Marquise de Salusses, et non pas celui de Griselidis connu de tout le monde, et si connu que la Patience de Griselidis a passé en Proverbe. Je vous dirai que je me suis conformé en cela à Boccace le premier auteur de cette nouvelle, lequel l'appelle ainsi ; que le nom de Griselidis m'a paru s'être un peu sali dans les mains du Peuple, et que d'ailleurs celui de Griselde est plus facile à employer dans la poésie... »

*A Mademoiselle****

En vous offrant, jeune et sage beauté,
Ce modèle de patience,
Je ne me suis jamais flatté
Que par vous de tout point il serait imité,
C'en serait trop en conscience.

Mais Paris où l'homme est poli,
Où le beau sexe né pour plaire
Trouve son bonheur accompli,
De tous côtés est si rempli
D'exemples du vice contraire,
Qu'on ne peut en toute saison,
Pour s'en garder ou s'en défaire,
Avoir trop de contrepoison.

Une Dame aussi patiente
Que celle dont ici je relève le prix,
Serait partout une chose étonnante,
Mais ce serait un prodige à Paris.

Les femmes y sont souveraines,
Tout s'y règle selon leurs vœux,
Enfin c'est un climat heureux
Qui n'est habité que de reines.
Ainsi je vois que de toute façon,
Griselidis y sera peu prisée,
Et qu'elle y donnera matière de risée,
Par ses trop antiques leçons.

Ce n'est pas que la patience
Ne soit une vertu des dames de Paris,
Mais par un long usage elles ont la science
De la faire exercer par leurs propres maris.

Au pied des célèbres montagnes
Où le Pô s'échappant de dessous ses roseaux,
Va dans le sein des prochaines campagnes
Promener ses naissantes eaux,
Vivait un jeune et vaillant prince,
Les délices de sa province :
Le Ciel, en le formant, sur lui tout à la fois
Versa ce qu'il a de plus rare,
Ce qu'entre ses amis d'ordinaire il sépare,
Et qu'il ne donne qu'aux grands rois.

Comblé de tous les dons et du corps et de l'âme,
Il fut robuste, adroit, propre au métier de Mars,
Et par l'instinct secret d'une divine flamme,
Avec ardeur il aima les beaux arts.
Il aima les combats, il aima la victoire,
Les grands projets, les actes valeureux,
Et tout ce qui fait vivre un beau nom dans l'histoire ;
Mais son cœur tendre et généreux
Fut encor plus sensible à la solide gloire
De rendre ses peuples heureux.

Ce tempérament héroïque
Fut obscurci d'une sombre vapeur
Qui, chagrine et mélancolique,
Lui faisait voir dans le fond de son cœur
Tout le beau sexe infidèle et trompeur :
Dans la femme où brillait le plus rare mérite,
Il voyait une âme hypocrite,
Un esprit d'orgueil enivré,
Un cruel ennemi qui sans cesse n'aspire
Qu'à prendre un souverain empire
Sur l'homme malheureux qui lui sera livré.

Le fréquent usage du monde,
Où l'on ne voit qu'époux subjugués ou trahis,
Joint à l'air jaloux du pays,
Accrut encor cette haine profonde.
Il jura donc plus d'une fois
Que quand même le Ciel pour lui plein de tendresse
Formerait une autre Lucrèce,
Jamais de l'hyménée il ne suivrait les lois.

Ainsi, quand le matin, qu'il donnait aux affaires,
Il avait réglé sagement
Toutes les choses nécessaires
Au bonheur du gouvernement,
Que du faible orphelin, de la veuve oppressée,
Il avait conservé les droits,
Ou banni quelque impôt qu'une guerre forcée
Avait introduit autrefois,
L'autre moitié de la journée
A la chasse était destinée,
Où les sangliers et les ours,
Malgré leur fureur et leurs armes
Lui donnaient encor moins d'alarmes
Que le sexe charmant qu'il évitait toujours.

Cependant ses sujets que leur intérêt presse
De s'assurer d'un successeur
Qui les gouverne un jour avec même douceur,
A leur donner un fils le conviaient sans cesse.

Un jour dans le palais ils vinrent tous en corps
Pour faire leurs derniers efforts ;
Un orateur d'une grave apparence,
Et le meilleur qui fût alors,
Dit tout ce qu'on peut dire en pareille occurrence.
Il marqua leur désir pressant
De voir sortir du prince une heureuse lignée
Qui rendît à jamais leur Etat florissant ;
Il lui dit même en finissant

Qu'il voyait un astre naissant
Issu de son chaste hyménée
Qui faisait pâlir le Croissant.

D'un ton plus simple et d'une voix moins forte,
Le prince à ses sujets répondit de la sorte :

« Le zèle ardent, dont je vois qu'en ce jour
Vous me portez aux nœuds du mariage,
Me fait plaisir, et m'est de votre amour
Un agréable témoignage ;
J'en suis sensiblement touché,
Et voudrais dès demain pouvoir vous satisfaire :
Mais à mon sens l'hymen est une affaire
Où plus l'homme est prudent, plus il est empêché.

Observez bien toutes les jeunes filles ;
Tant qu'elles sont au sein de leurs familles,
Ce n'est que vertu, que bonté,
Que pudeur, que sincérité,
Mais sitôt que le mariage
Au déguisement a mis fin,
Et qu'ayant fixé leur destin
Il n'importe plus d'être sage,
Elles quittent leur personnage,
Non sans avoir beaucoup pâti,
Et chacune dans son ménage
Selon son gré prend son parti.

L'une d'humeur chagrine, et que rien ne récrée,
Devient une dévote outrée,
Qui crie et gronde à tous moments ;
L'autre se façonne en coquette,
Qui sans cesse écoute ou caquette,
Et n'a jamais assez d'amants ;
Celle-ci des beaux arts follement curieuse,
De tout décide avec hauteur,
Et critiquant le plus habile auteur,

Prend la forme de Précieuse ;
Cette autre s'érige en joueuse,
Perd tout, argent, bijoux, bagues, meubles de prix,
Et même jusqu'à ses habits.

Dans la diversité des routes qu'elles tiennent,
Il n'est qu'une chose où je vois
Qu'enfin toutes elles conviennent,
C'est de vouloir donner la loi.
Or je suis convaincu que dans le mariage
On ne peut jamais vivre heureux,
Quand on y commande tous deux ;
Si donc vous souhaitez qu'à l'hymen je m'engage,
Cherchez une jeune beauté
Sans orgueil et sans vanité,
D'une obéissance achevée,
D'une patience éprouvée,
Et qui n'ait point de volonté,
Je la prendrai quand vous l'aurez trouvée. »

Le prince ayant mis fin à ce discours moral,
Monte brusquement à cheval,
Et court joindre à perte d'haleine
Sa meute qui l'attend au milieu de la plaine.

Après avoir passé des prés et des guérets,
Il trouve ses chasseurs couchés sur l'herbe verte ;
Tous se lèvent et tous alerte,
Font trembler de leurs cors les hôtes des forêts.
Des chiens courants l'aboyante famille,
Deçà, delà, parmi le chaume brille,
Et les limiers à l'œil ardent
Qui du fort de la bête à leur poste reviennent,
Entraînent en les regardant
Les forts valets qui les retiennent.

S'étant instruit par un des siens
Si tout est prêt, si l'on est sur la trace,

Il ordonne aussitôt qu'on commence la chasse,
Et fait donner le cerf aux chiens.
Le son des cors qui retentissent,
Le bruit des chevaux qui hennissent
Et des chiens animés les pénétrants abois,
Remplissent la forêt de tumulte et de trouble,
Et pendant que l'écho sans cesse les redouble,
S'enfoncent avec eux dans les plus creux du bois.

Le prince, par hasard ou par sa destinée,
Prit une route détournée
Où nul des chasseurs ne le suit ;
Plus il court, plus il s'en sépare :
Enfin à tel point il s'égare
Que des chiens et des cors il n'entend plus le bruit.

L'endroit où le mena sa bizarre aventure,
Clair de ruisseaux et sombre de verdure,
Saisissait les esprits d'une secrète horreur ;
La simple et naïve Nature
S'y faisait voir et si belle et si pure,
Que mille fois il bénit son erreur.

Rempli des douces rêveries
Qu'inspirent les grands bois, les eaux et les prairies,
Il sent soudain frapper et son cœur et ses yeux
Par l'objet le plus agréable,
Le plus doux et le plus aimable
Qu'il eût jamais vu sous les cieux.

C'était une jeune bergère
Qui filait aux bords d'un ruisseau,
Et qui conduisant son troupeau,
D'une main sage et ménagère
Tournait son agile fuseau.

Elle aurait pu dompter les cœurs les plus sauvages ;
Des lys, son teint a la blancheur,

Et sa naturelle fraîcheur
S'était toujours sauvée à l'ombre des bocages :
Sa bouche, de l'enfance avait tout l'agrément,
Et ses yeux qu'adoucit une brune paupière,
Plus bleus que n'est le firmament,
Avaient aussi plus de lumière.

Le prince, avec transport, dans le bois se glissant,
Contemple les beautés dont son âme est émue,
Mais le bruit qu'il fait en passant
De la belle sur lui fit détourner la vue ;
Dès qu'elle se vit aperçue,
D'un brillant incarnat la prompte et vive ardeur
De son beau teint redoubla la splendeur,
Et sur son visage épandue,
Y fit triompher la pudeur.

Sous le voile innocent de cette honte aimable,
Le prince découvrit une simplicité,
Une douceur, une sincérité,
Dont il croyait le beau sexe incapable,
Et qu'il voit là dans toute leur beauté.

Saisi d'une frayeur pour lui toute nouvelle,
Il s'approche interdit, et plus timide qu'elle,
Lui dit d'une tremblante voix,
Que de tous ses veneurs il a perdu la trace,
Et lui demande si la chasse
N'a point passé quelque part dans le bois.

« Rien n'a paru, Seigneur, dans cette solitude,
Dit-elle, et nul ici que vous seul n'est venu ;
Mais n'ayez point d'inquiétude,
Je remettrai vos pas sur un chemin connu.

— De mon heureuse destinée
Je ne puis, lui dit-il, trop rendre grâce aux Dieux ;
Depuis longtemps je fréquente ces lieux,

Mais j'avais ignoré jusqu'à cette journée
Ce qu'ils ont de plus précieux. »

Dans ce temps elle voit que le prince se baisse
Sur le moite bord du ruisseau,
Pour étancher dans le cours de son eau
La soif ardente qui le presse.
« Seigneur, attendez un moment »,
Dit-elle, et courant promptement
Vers sa cabane, elle y prend une tasse
Qu'avec joie et de bonne grâce,
Elle présente à ce nouvel amant.

Les vases précieux de cristal et d'agate
Où l'or en mille endroits éclate,
Et qu'un art curieux avec soin façonna,
N'eurent jamais pour lui, dans leur pompe inutile,
Tant de beauté que le vase d'argile
Que la bergère lui donna.

Cependant pour trouver une route facile
Qui mène le prince à la ville,
Ils traversent des bois, des rochers escarpés
Et de torrents entrecoupés ;
Le prince n'entre point dans de route nouvelle
Sans en bien observer tous les lieux d'alentour,
Et son ingénieux amour
Qui songeait au retour,
En fit une carte fidèle.

Dans un bocage sombre et frais
Enfin la bergère le mène,
Où de dessous ses branchages épais
Il voit au loin dans le sein de la plaine
Les toits dorés de son riche palais.

S'étant séparé de la belle,
Touché d'une vive douleur,

A pas lents il s'éloigne d'elle,
Chargé du trait qui lui perce le cœur ;
Le souvenir de sa tendre aventure
Avec plaisir le conduisit chez lui.
Mais dès le lendemain il sentit sa blessure,
Et se vit accablé de tristesse et d'ennui.

Dès qu'il le peut il retourne à la chasse,
Où de sa suite adroitement
Il s'échappe et se débarrasse
Pour s'égarer heureusement.
Des arbres et des monts les cimes élevées,
Qu'avec grand soin il avait observées,
Et les avis secrets de son fidèle amour,
Le guidèrent si bien que malgré les traverses
De cent routes diverses,
De sa jeune bergère il trouva le séjour.

Il sut qu'elle n'a plus que son père avec elle,
Que Griselidis on l'appelle,
Qu'ils vivent doucement du lait de leurs brebis,
Et que de leur toison qu'elle seule elle file,
Sans avoir recours à la ville,
Ils font eux-mêmes leurs habits.

Plus il la voit, plus il s'enflamme
Des vives beautés de son âme ;
Il connaît en voyant tant de dons précieux,
Que si la bergère est si belle,
C'est qu'une légère étincelle
De l'esprit qui l'anime a passé dans ses yeux.

Il ressent une joie extrême
D'avoir si bien placé ses premières amours ;
Ainsi sans plus tarder, il fit dès le jour même
Assembler son Conseil et lui tint ce discours :

« Enfin aux lois de l'hyménée
Suivant vos vœux je me vais engager ;
Je ne prends point ma femme en pays étranger,
Je la prends parmi vous, belle, sage, bien née,
Ainsi que mes aïeux ont fait plus d'une fois,
Mais j'attendrai cette grande journée
A vous informer de mon choix. »
Dès que la nouvelle fut sue,
Partout elle fut répandue.
On ne peut dire avec combien d'ardeur
L'allégresse publique
De tous côtés s'explique ;
Le plus content fut l'orateur,
Qui par son discours pathétique
Croyait d'un si grand bien être l'unique auteur.
Qu'il se trouvait homme de conséquence !
« Rien ne peut résister à la grande éloquence »,
Disait-il sans cesse en son cœur.

Le plaisir fut de voir le travail inutile
Des belles de toute la ville
Pour s'attirer et mériter le choix
Du prince leur seigneur, qu'un air chaste et modeste
Charmait uniquement et plus que tout le reste,
Ainsi qu'il l'avait dit cent fois.

D'habit et de maintien toutes elles changèrent,
D'un ton dévot elles toussèrent,
Elles radoucirent leurs voix,
De demi-pied les coiffures baissèrent,
La gorge se couvrit, les manches s'allongèrent,
A peine on leur voyait le petit bout des doigts.

Dans la ville avec diligence,
Pour l'hymen dont le jour s'avance,
On voit travailler tous les arts :
Ici se font de magnifiques chars
D'une forme toute nouvelle,

Si beaux et si bien inventés,
Que l'or qui partout étincelle
En fait la moindre des beautés.

Là, pour voir aisément et sans aucun obstacle
Toute la pompe du spectacle,
On dresse de longs échafauds,
Ici de grands arcs triomphaux
Où du prince guerrier se célèbre la gloire,
Et de l'amour sur lui l'éclatante victoire.

Là, sont forgés d'un art industrieux,
Ces feux qui par les coups d'un innocent tonnerre,
En effrayant la terre,
De mille astres nouveaux embellissent les cieux.
Là d'un ballet ingénieux
Se concerte avec soin l'agréable folie,
Et là d'un opéra peuplé de mille dieux,
Le plus beau que jamais ait produit l'Italie,
On entend répéter les airs mélodieux.

Enfin, du fameux hyménée,
Arriva la grande journée.

Sur le fond d'un ciel vif et pur,
A peine l'aurore vermeille
Confondait l'or avec l'azur,
Que partout en sursaut le beau sexe s'éveille ;
Le peuple curieux s'épand de tous côtés,
En différents endroits des gardes sont postés
Pour contenir la populace,
Et la contraindre à faire place.
Tout le palais retentit de clairons,
De flûtes, de hautbois, de rustiques musettes,
Et l'on n'entend aux environs
Que des tambours et des trompettes.

Enfin le prince sort entouré de sa cour,
Il s'élève un long cri de joie,
Mais on est bien surpris quand au premier détour,
De la forêt prochaine on voit qu'il prend la voie,
Ainsi qu'il faisait chaque jour.
« Voilà, dit-on, son penchant qui l'emporte,
Et de ses passions, en dépit de l'amour,
La chasse est toujours la plus forte. »

Il traverse rapidement
Les guérets de la plaine et gagnant la montagne,
Il entre dans le bois au grand étonnement
De la troupe qui l'accompagne.

Après avoir passé par différents détours,
Que son cœur amoureux se plaît à reconnaître,
Il trouve enfin la cabane champêtre,
Où logent ses tendres amours.

Griselidis de l'hymen informée,
Par la voix de la Renommée,
En avait pris son bel habillement ;
Et pour en aller voir la pompe magnifique,
De dessous sa case rustique
Sortait en ce même moment.

« Où courez-vous si prompte et si légère ?
Lui dit le prince en l'abordant
Et tendrement la regardant ;
Cessez de vous hâter, trop aimable bergère :
La noce où vous allez, et dont je suis l'époux,
Ne saurait se faire sans vous.

Oui, je vous aime, et je vous ai choisie
Entre mille jeunes beautés,
Pour passer avec vous le reste de ma vie,
Si toutefois mes vœux ne sont pas rejetés.

— Ah ! dit-elle, Seigneur, je n'ai garde de croire
Que je sois destinée à ce comble de gloire,
Vous cherchez à vous divertir.
— Non, non, dit-il, je suis sincère,
J'ai déjà pour moi votre père,
(Le prince avait eu soin de l'en faire avertir).
Daignez, bergère, y consentir,
C'est là tout ce qui reste à faire.
Mais afin qu'entre nous une solide paix
Eternellement se maintienne,
Il faudrait me jurer que vous n'aurez jamais
D'autre volonté que la mienne.

— Je le jure, dit-elle, et je vous le promets ;
Si j'avais épousé le moindre du village,
J'obéirais, son joug me serait doux ;
Hélas ! combien donc davantage,
Si je viens à trouver en vous
Et mon seigneur et mon époux. »

Ainsi le prince se déclare,
Et pendant que la cour applaudit à son choix,
Il porte la bergère à souffrir qu'on la pare
Des ornements qu'on donne aux épouses des rois.
Celles qu'à cet emploi leur devoir intéresse
Entrent dans la cabane, et là diligemment
Mettent tout leur savoir et toute leur adresse
A donner de la grâce à chaque ajustement.

Dans cette hutte où l'on se presse
Les dames admirent sans cesse
Avec quel art la pauvreté
S'y cache sous la propreté ;
Et cette rustique cabane,
Que couvre et rafraîchit un spacieux platane,
Leur semble un séjour enchanté.

Enfin, de ce réduit sort pompeuse et brillante
La bergère charmante ;
Ce ne sont qu'applaudissements
Sur sa beauté, sur ses habillements ;
Mais sous cette pompe étrangère
Déjà plus d'une fois le prince a regretté
Des ornements de la bergère
L'innocente simplicité.

Sur un grand char d'or et d'ivoire,
La bergère s'assied pleine de majesté ;
Le prince y monte avec fierté,
Et ne trouve pas moins de gloire
A se voir comme amant assis à son côté
Qu'à marcher en triomphe après une victoire ;
La cour les suit et tous gardent le rang
Que leur donne leur charge ou l'éclat de leur sang.

La ville dans les champs presque toute sortie
Couvrait les plaines d'alentour,
Et du choix du prince avertie,
Avec impatience attendait son retour.
Il paraît, on le joint. Parmi l'épaisse foule
Du peuple qui se fend le char à peine roule ;
Par les longs cris de joie à tout coup redoublés
Les chevaux émus et troublés
Se cabrent, trépignent, s'élancent,
Et reculent plus qu'ils n'avancent.

Dans le temple on arrive enfin,
Et là par la chaîne éternelle
D'une promesse solennelle,
Les deux époux unissent leur destin ;
Ensuite au palais ils se rendent,
Où mille plaisirs les attendent,
Où la danse, les jeux, les courses, les tournois,
Répandent l'allégresse en différents endroits ;

Sur le soir le blond Hyménée
De ses chastes douceurs couronna la journée.

Le lendemain, les différents Etats
De toute la province
Accourent haranguer la princesse et le prince
Par la voix de leurs magistrats.

De ses dames environnée,
Griselidis, sans paraître étonnée,
En princesse les entendit,
En princesse leur répondit.
Elle fit toute chose avec tant de prudence,
Qu'il sembla que le Ciel eût versé ses trésors
Avec encor plus d'abondance
Sur son âme que sur son corps.
Par son esprit, par ses vives lumières,
Du grand monde aussitôt elle prit les manières,
Et même dès le premier jour
Des talents, de l'humeur des dames de sa cour,
Elle se fit si bien instruire,
Que son bon sens jamais embarrassé
Eut moins de peine à les conduire
Que ses brebis du temps passé.

Avant la fin de l'an, des fruits de l'hyménée
Le Ciel bénit leur couche fortunée ;
Ce ne fut pas un prince, on l'eût bien souhaité ;
Mais la jeune princesse avait tant de beauté
Que l'on ne songea plus qu'à conserver sa vie ;
Le père qui lui trouve un air doux et charmant
La venait voir de moment en moment,
Et la mère encor plus ravie
La regardait incessamment.

Elle voulut la nourrir elle-même :
« Ah ! dit-elle, comment m'exempter de l'emploi
Que ses cris demandent de moi

Sans une ingratitude extrême ?
Par un motif de Nature ennemi
Pourrais-je bien vouloir de mon enfant que j'aime
N'être la mère qu'à demi ? »

Soit que le prince eût l'âme un peu moins enflammée
Qu'aux premiers jours de son ardeur,
Soit que de sa maligne humeur
La masse se fût rallumée,
Et de son épaisse fumée
Eût obscurci ses sens et corrompu son cœur,
Dans tout ce que fait la princesse,
Il s'imagine voir peu de sincérité.
Sa trop grande vertu le blesse,
C'est un piège qu'on tend à sa crédulité ;
Son esprit inquiet et de trouble agité
Croit tous les soupçons qu'il écoute,
Et prend plaisir à révoquer en doute
L'excès de sa félicité.

Pour guérir les chagrins dont son âme est atteinte,
Il la suit, il l'observe, il aime à la troubler
Par les ennuis de la contrainte,
Par les alarmes de la crainte,
Par tout ce qui peut démêler
La vérité d'avec la feinte.
« C'est trop, dit-il, me laisser endormir ;
Si ses vertus sont véritables,
Les traitements les plus insupportables
Ne feront que les affermir. »

Dans son palais il la tient resserrée,
Loin de tous les plaisirs qui naissent à la cour,
Et dans sa chambre, où seule elle vit retirée,
A peine il laisse entrer le jour.
Persuadé que la parure
Et le superbe ajustement
Du sexe que pour plaire a formé la Nature

Est le plus doux enchantement
Il lui demande avec rudesse
Les perles, les rubis, les bagues, les bijoux
Qu'il lui donna pour marque de tendresse,
Lorsque de son amant il devint son époux.

Elle dont la vie est sans tache,
Et qui n'a jamais eu d'attache
Qu'à s'acquitter de son devoir,
Les lui donne sans s'émouvoir,
Et même, le voyant se plaire à les reprendre,
N'a pas moins de joie à les rendre
Qu'elle en eut à les recevoir.

« Pour m'éprouver mon époux me tourmente,
Dit-elle, et je vois bien qu'il ne me fait souffrir
Qu'afin de réveiller ma vertu languissante,
Qu'un doux et long repos pourrait faire périr.
S'il n'a pas ce dessein, du moins suis-je assurée
Que telle est du Seigneur la conduite sur moi
Et que de tant de maux l'ennuyeuse durée
N'est que pour exercer ma constance et ma foi.

Pendant que tant de malheureuses
Errent au gré de leurs désirs
Par mille routes dangereuses,
Après de faux et vains plaisirs ;
Pendant que le Seigneur dans sa lente justice
Les laisse aller aux bords du précipice
Sans prendre part à leur danger,
Par un pur mouvement de sa bonté suprême,
Il me choisit comme un enfant qu'il aime,
Et s'applique à me corriger.

Aimons donc sa rigueur utilement cruelle,
On n'est heureux qu'autant qu'on a souffert,
Aimons sa bonté paternelle
Et la main dont elle se sert. »

Le prince a beau la voir obéir sans contrainte
A tous ses ordres absolus :
« Je vois le fondement de cette vertu feinte,
Dit-il, et ce qui rend tous mes coups superflus,
C'est qu'ils n'ont porté leur atteinte
Qu'à des endroits où son amour n'est plus.

Dans son enfant, dans la jeune princesse,
Elle a mis toute sa tendresse ;
A l'éprouver si je veux réussir,
C'est là qu'il faut que je m'adresse,
C'est là que je puis m'éclaircir. »

Elle venait de donner la mamelle
Au tendre objet de son amour ardent,
Qui couché sur son sein se jouait avec elle,
Et riait en la regardant :
« Je vois que vous l'aimez, lui dit-il, cependant
Il faut que je vous l'ôte en cet âge encor tendre,
Pour lui former les mœurs et pour la préserver
De certains mauvais airs qu'avec vous l'on peut prendre ;
Mon heureux sort m'a fait trouver
Une dame d'esprit qui saura l'élever
Dans toutes les vertus et dans la politesse
Que doit avoir une princesse.
Disposez-vous à la quitter,
On va venir pour l'emporter. »

Il la laisse à ces mots, n'ayant pas le courage,
Ni les yeux assez inhumains,
Pour voir arracher de ses mains
De leur amour l'unique gage ;
Elle de mille pleurs se baigne le visage,
Et dans un morne accablement
Attend de son malheur le funeste moment.

Dès que d'une action si triste et si cruelle
Le ministre odieux à ses yeux se montra,

« Il faut obéir », lui dit-elle ;
Puis prenant son enfant qu'elle considéra,
Qu'elle baisa d'une ardeur maternelle,
Qui de ses petits bras tendrement la serra,
Toute en pleurs elle le livra.
Ah ! que sa douleur fut amère !
Arracher l'enfant ou le cœur
Du sein d'une si tendre Mère,
C'est la même douleur.

Près de la ville était un monastère,
Fameux par son antiquité,
Où des vierges vivaient dans une règle austère,
Sous les yeux d'une abbesse illustre en piété.
Ce fut là que dans le silence,
Et sans déclarer sa naissance,
On déposa l'enfant, et des bagues de prix,
Sous l'espoir d'une récompense
Digne des soins que l'on en aurait pris.

Le prince qui tâchait d'éloigner par la chasse
Le vif remords qui l'embarrasse
Sur l'excès de sa cruauté,
Craignait de revoir la princesse,
Comme on craint de revoir une fière tigresse
A qui son faon vient d'être ôté ;
Cependant il en fut traité
Avec douceur, avec caresse,
Et même avec cette tendresse
Qu'elle eut aux plus beaux jours de sa prospérité.

Par cette complaisance et si grande et si prompte,
Il fut touché de regret et de honte ;
Mais son chagrin demeura le plus fort :
Ainsi, deux jours après, avec des larmes feintes,
Pour lui porter encor de plus vives atteintes,
Il lui vint dire que la mort
De leur aimable enfant avait fini le sort.

Ce coup inopiné mortellement la blesse,
Cependant malgré sa tristesse,
Ayant vu son époux qui changeait de couleur,
Elle parut oublier son malheur,
Et n'avoir même de tendresse
Que pour le consoler de sa fausse douleur.

Cette bonté, cette ardeur sans égale
D'amitié conjugale,
Du prince tout à coup désarmant la rigueur,
Le touche, le pénètre et lui change le cœur,
Jusques-là qu'il lui prend envie
De déclarer que leur enfant
Jouit encore de la vie ;
Mais sa bile s'élève et fière lui défend
De rien découvrir du mystère
Qu'il peut être utile de taire.

Dès ce bienheureux jour telle des deux époux
Fut la mutuelle tendresse,
Qu'elle n'est point plus vive aux moments les plus doux
Entre l'amant et la maîtresse.

Quinze fois le Soleil, pour former les saisons,
Habita tour à tour dans ses douze maisons,
Sans rien voir qui les désunisse ;
Que si quelquefois par caprice
Il prend plaisir à la fâcher,
C'est seulement pour empêcher
Que l'amour ne se ralentisse,
Tel que le forgeron qui pressant son labeur,
Répand un peu d'eau sur la braise
De sa languissante fournaise
Pour en redoubler la chaleur.

Cependant la jeune princesse
Croissait en esprit, en sagesse ;
A la douceur, à la naïveté

Qu'elle tenait de son aimable mère,
Elle joignit de son illustre père
L'agréable et noble fierté ;
L'amas de ce qui plaît dans chaque caractère
Fit une parfaite beauté.

Partout comme un astre elle brille ;
Et par hasard un seigneur de la cour,
Jeune, bien fait et plus beau que le jour,
L'ayant vue paraître à la grille,
Conçut pour elle un violent amour.
Par l'instinct qu'au beau sexe a donné la Nature
Et que toutes les Beautés ont
De voir l'invisible blessure
Que font leurs yeux, au moment qu'ils la font,
La princesse fut informée
Qu'elle était tendrement aimée.

Après avoir quelque temps résisté
Comme on le doit avant que de se rendre,
D'un amour également tendre
Elle l'aima de son côté.

Dans cet amant, rien n'était à reprendre,
Il était beau, vaillant, né d'illustres aïeux
Et dès longtemps pour en faire son gendre
Sur lui le prince avait jeté les yeux.
Ainsi donc avec joie il apprit la nouvelle
De l'ardeur tendre et mutuelle
Dont brûlaient ces jeunes amants ;
Mais il lui prit une bizarre envie
De leur faire acheter par de cruels tourments
Le plus grand bonheur de leur vie.

« Je me plairai, dit-il, à les rendre contents ;
Mais il faut que l'inquiétude,
Par tout ce qu'elle a de plus rude,
Rende encor leurs feux plus constants ;

De mon épouse en même temps
J'exercerai la patience,
Non point, comme jusqu'à ce jour,
Pour assurer ma folle défiance,
Je ne dois plus douter de son amour ;
Mais pour faire éclater aux yeux de tout le monde
Sa bonté, sa douceur, sa sagesse profonde,
Afin que de ces dons si grands, si précieux,
La Terre se voyant parée,
En soit de respect pénétrée,
Et par reconnaissance en rende grâce aux cieux. »

Il déclare en public que manquant de lignée,
En qui l'Etat un jour retrouve son seigneur,
Que la fille qu'il eut de son fol hyménée
Etant morte aussitôt que née,
Il doit ailleurs chercher plus de bonheur ;
Que l'épouse qu'il prend est d'illustre naissance,
Qu'en un couvent on l'a jusqu'à ce jour
Fait élever dans l'innocence,
Et qu'il va par l'hymen couronner son amour.

On peut juger à quel point fut cruelle
Aux deux jeunes amants cette affreuse nouvelle ;
Ensuite, sans marquer ni chagrin, ni douleur,
Il avertit son épouse fidèle
Qu'il faut qu'il se sépare d'elle
Pour éviter un extrême malheur ;
Que le peuple indigné de sa basse naissance
Le force à prendre ailleurs une digne alliance.

« Il faut, dit-il, vous retirer
Sous votre toit de chaume et de fougère
Après avoir repris vos habits de bergère
Que je vous ai fait préparer. »

Avec une tranquille et muette constance,
La princesse entendit prononcer sa sentence ;

Sous les dehors d'un visage serein
Elle dévorait son chagrin,
Et sans que la douleur diminuât ses charmes,
De ses beaux yeux tombaient de grosses larmes,
Ainsi que quelquefois au retour du printemps,
Il fait soleil et pleut en même temps.

« Vous êtes mon époux, mon seigneur, et mon maître,
(Dit-elle en soupirant, prête à s'évanouir),
Et quelque affreux que soit ce que je viens d'ouïr,
Je saurai vous faire connaître
Que rien ne m'est si cher que de vous obéir. »

Dans sa chambre aussitôt seule elle se retire,
Et là se dépouillant de ses riches habits,
Elle reprend paisible et sans rien dire,
Pendant que son cœur en soupire,
Ceux qu'elle avait en gardant ses brebis.

En cet humble et simple équipage,
Elle aborde le prince et lui tient ce langage :

« Je ne puis m'éloigner de vous
Sans le pardon d'avoir su vous déplaire ;
Je puis souffrir le poids de ma misère,
Mais je ne puis, Seigneur, souffrir votre courroux ;
Accordez cette grâce à mon regret sincère,
Et je vivrai contente en mon triste séjour,
Sans que jamais le temps altère
Ni mon humble respect, ni mon fidèle amour. »

Tant de soumission et tant de grandeur d'âme
Sous un si vil habillement,
Qui dans le cœur du prince en ce même moment
Réveilla tous les traits de sa première flamme,
Allaient casser l'arrêt de son bannissement.
Emu par de si puissants charmes,
Et prêt à répandre des larmes,

Il commençait à s'avancer
Pour l'embrasser,
Quand tout à coup l'impérieuse gloire
D'être ferme en son sentiment
Sur son amour remporta la victoire,
Et le fit en ces mots répondre durement :

« De tout le temps passé j'ai perdu la mémoire,
Je suis content de votre repentir,
Allez, il est temps de partir. »

Elle part aussitôt, et regardant son père
Qu'on avait revêtu de son rustique habit,
Et qui, le cœur percé d'une douleur amère,
Pleurait un changement si prompt et si subit :
« Retournons, lui dit-elle, en nos sombres bocages,
Retournons habiter nos demeures sauvages,
Et quittons sans regret la pompe des palais ;
Nos cabanes n'ont pas tant de magnificence,
Mais on y trouve avec plus d'innocence,
Un plus ferme repos, une plus douce paix. »

Dans son désert à grand-peine arrivée,
Elle reprend et quenouille et fuseaux,
Et va filer au bord des mêmes eaux
Où le prince l'avait trouvée.
Là son cœur tranquille et sans fiel
Cent fois le jour demande au Ciel
Qu'il comble son époux de gloire, de richesses,
Et qu'à tous ses désirs il ne refuse rien ;
Un amour nourri de caresses
N'est pas plus ardent que le sien.

Ce cher époux qu'elle regrette
Voulant encore l'éprouver,
Lui fait dire dans sa retraite
Qu'elle ait à le venir trouver.

« Griselidis, dit-il, dès qu'elle se présente,
Il faut que la princesse à qui je dois demain
Dans le temple donner la main,
De vous et de moi soit contente.
Je vous demande ici tous vos soins, et je veux
Que vous m'aidiez à plaire à l'objet de mes vœux ;
Vous savez de quel air il faut que l'on me serve,
Point d'épargne, point de réserve ;
Que tout sente le prince, et le prince amoureux.

Employez toute votre adresse
A parer son appartement,
Que l'abondance, la richesse,
La propreté, la politesse
S'y fassent voir également ;
Enfin songez incessamment
Que c'est une jeune princesse
Que j'aime tendrement.

Pour vous faire entrer davantage
Dans les soins de votre devoir,
Je veux ici vous faire voir
Celle qu'à bien servir mon ordre vous engage. »

Telle qu'aux portes du levant
Se montre la naissante Aurore,
Telle parut en arrivant
La princesse plus belle encore.
Griselidis à son abord
Dans le fond de son cœur sentit un doux transport
De la tendresse maternelle ;
Du temps passé, de ses jours bienheureux,
Le souvenir en son cœur se rappelle :
« Hélas ! ma fille, en soi-même dit-elle,
Si le Ciel favorable eût écouté mes vœux,
Serait presque aussi grande, et peut-être aussi belle. »

Pour la jeune princesse en ce même moment
Elle prit un amour si vif, si véhément,
Qu'aussitôt qu'elle fut absente,
En cette sorte au prince elle parla,
Suivant, sans le savoir, l'instinct qui s'en mêla :

« Souffrez, Seigneur, que je vous représente
Que cette princesse charmante,
Dont vous allez être l'époux,
Dans l'aise, dans l'éclat, dans la pourpre nourrie,
Ne pourra supporter, sans en perdre la vie,
Les mêmes traitements que j'ai reçus de vous.

Le besoin, ma naissance obscure,
M'avaient endurcie aux travaux.
Et je pouvais souffrir toutes sortes de maux
Sans peine et même sans murmure ;
Mais elle qui jamais n'a connu la douleur,
Elle mourra dès la moindre rigueur,
Dès la moindre parole un peu sèche, un peu dure.
Hélas ! Seigneur, je vous conjure
De la traiter avec douceur.

— Songez, lui dit le prince avec un ton sévère,
A me servir selon votre pouvoir,
Il ne faut pas qu'une simple bergère
Fasse des leçons, et s'ingère
De m'avertir de mon devoir. »
Griselidis, à ces mots, sans rien dire,
Baisse les yeux et se retire.

Cependant pour l'hymen les seigneurs invités,
Arrivèrent de tous côtés ;
Dans une magnifique salle
Où le prince les assembla
Avant que d'allumer la torche nuptiale,
En cette sorte il leur parla :

« Rien au monde, après l'espérance,
N'est plus trompeur que l'apparence ;
Ici l'on en peut voir un exemple éclatant.
Qui ne croirait que ma jeune maîtresse,
Que l'hymen va rendre princesse,
Ne soit heureuse et n'ait le cœur content ?
Il n'en est rien pourtant.

Qui pourrait s'empêcher de croire
Que ce jeune guerrier amoureux de la gloire
N'aime à voir cet hymen, lui qui dans les tournois
Va sur tous ses rivaux remporter la victoire ?
Cela n'est pas vrai toutefois.

Qui ne croirait encor qu'en sa juste colère,
Griselidis ne pleure et ne se désespère ?
Elle ne se plaint point, elle consent à tout,
Et rien n'a pu pousser sa patience à bout.

Qui ne croirait enfin que de ma destinée,
Rien ne peut égaler la course fortunée,
En voyant les appas de l'objet de mes vœux ?
Cependant si l'hymen me liait de ses nœuds,
J'en concevrais une douleur profonde,
Et de tous les princes du monde
Je serais le plus malheureux.

L'énigme vous paraît difficile à comprendre ;
Deux mots vont vous la faire entendre,
Et ces deux mots feront évanouir
Tous les malheurs que vous venez d'ouïr.

Sachez, poursuivit-il, que l'aimable personne
Que vous croyez m'avoir blessé le cœur,
Est ma fille, et que je la donne
Pour femme à ce jeune seigneur
Qui l'aime d'un amour extrême,
Et dont il est aimé de même.

Sachez encor, que touché vivement
De la patience et du zèle
De l'épouse sage et fidèle
Que j'ai chassée indignement,
Je la reprends, afin que je répare,
Par tout ce que l'amour peut avoir de plus doux,
Le traitement dur et barbare
Qu'elle a reçu de mon esprit jaloux.

Plus grande sera mon étude
A prévenir tous ses désirs,
Qu'elle ne fut dans mon inquiétude
A l'accabler de déplaisirs ;
Et si dans tous les temps doit vivre la mémoire
Des ennuis dont son cœur ne fut point abattu,
Je veux que plus encore on parle de la gloire
Dont j'aurai couronné sa suprême vertu. »

Comme quand un épais nuage
A le jour obscurci,
Et que le ciel de toutes parts noirci,
Menace d'un affreux orage ;
Si de ce voile obscur par les vents écarté
Un brillant rayon de clarté
Se répand sur le paysage,
Tout rit et reprend sa beauté ;
Telle, dans tous les yeux où régnait la tristesse,
Eclate tout à coup une vive allégresse.

Par ce prompt éclaircissement,
La jeune princesse ravie
D'apprendre que du prince elle a reçu la vie
Se jette à ses genoux qu'elle embrasse ardemment.
Son père qu'attendrit une fille si chère,
La relève, la baise, et la mène à sa mère,
A qui trop de plaisir en un même moment
Otait presque tout sentiment.
Son cœur, qui tant de fois en proie

Aux plus cuisants traits du malheur,
Supporta si bien la douleur,
Succombe au doux poids de la joie ;
A peine de ses bras pouvait-elle serrer
L'aimable enfant que le Ciel lui renvoie,
Elle ne pouvait que pleurer.

« Assez dans d'autres temps vous pourrez satisfaire,
Lui dit le prince, aux tendresses du sang ;
Reprenez les habits qu'exige votre rang,
Nous avons des noces à faire. »

Au temple on conduisit les deux jeunes amants,
Où la mutuelle promesse
De se chérir avec tendresse
Affermit pour jamais leurs doux engagements.
Ce ne sont que plaisirs, que tournois magnifiques,
Que jeux, que danses, que musiques,
Et que festins délicieux,
Où sur Griselidis se tournent tous les yeux,
Où sa patience éprouvée
Jusques au ciel est élevée
Par mille éloges glorieux :
Des peuples réjouis la complaisance est telle
Pour leur prince capricieux,
Qu'ils vont jusqu'à louer son épreuve cruelle,
A qui d'une vertu si belle,
Si séante au beau sexe, et si rare en tous lieux,
On doit un si parfait modèle.

Griselidis, gravure sur bois, Bibliothèque bleue, XVIIe siècle.

Boccace

GRISELIDIS

ou

La femme éprouvée

Contes (*Décaméron*), X[e] journée, Nouvelle X, écrit entre 1348 et 1353. Traduction Antoine Sabatier de Castres, Paris, Garnier frères, 1869.

Un des plus illustres et des plus célèbres descendants de la maison de Saluces fut un nommé Gautier. Sans femme, sans enfants, et n'ayant aucune envie de se marier ni d'avoir des héritiers, il employait son temps à la chasse. Cette façon de penser et de vivre déplaisait fort à ses sujets ; ils le supplièrent si souvent, et si vivement de leur donner un héritier, qu'il résolut de céder à leurs prières. Ils lui promirent de lui choisir une femme digne de lui par sa naissance et ses vertus. « Mes amis, leur dit-il, vous voulez me contraindre de faire une chose que j'avais résolu de ne faire jamais, parce que je sais combien il est difficile de trouver dans une femme toutes les qualités que j'y désirerais, et qui établiraient la convenance entre deux époux. Cette convenance est si rare, qu'on ne la trouve presque jamais. Et combien doit être malheureuse la vie d'un homme obligé de vivre avec une personne dont le caractère n'a aucun rapport avec le sien ! Vous croyez pouvoir juger des filles par les pères et mères, et, d'après ce principe, vous voulez me choisir une femme ; c'est une erreur : car, comment connaîtriez-vous les secrets penchants des pères, et surtout ceux des mères ? Et, quand vous les connaîtriez, ne voit-on pas ordinairement les filles dégénérer ? Mais, puisque enfin vous voulez absolument m'enchaîner sous les lois de l'hymen, je m'y résous ; mais, pour n'avoir à me plaindre que de moi, si j'ai lieu de m'en repentir, je veux moi-même choisir mon épouse, et, quelle qu'elle soit, songez à l'honorer comme votre dame et maîtresse, ou je vous ferai repentir de m'avoir sollicité à me marier, lorsque mon goût m'en éloignait. » Les bonnes gens lui répondirent qu'il pouvait compter sur eux, pourvu qu'il se mariât.

Depuis quelque temps le marquis avait été touché de la conduite et de la beauté d'une jeune fille qui habitait un village voisin de son château. Il imagina qu'elle ferait son affaire, et, sans y réfléchir davantage, il se décida à l'épouser. Il fit venir le père et lui communiqua son dessein. Le marquis fit ensuite assembler son conseil et les sujets voisins de son château. « Mes amis, leur dit-il, il vous a plu, et il vous plaît encore, que je me résolve à prendre femme : je suis tout déterminé à vous donner cette satisfaction ; mais songez à tenir la promesse que vous m'avez faite d'honorer comme votre dame la femme que je prendrais, quelle qu'elle fût. J'ai trouvé une jeune fille assez près d'ici, qui est de mon goût ; c'est la femme que je me suis choisie. Je dois l'amener sous peu de jours dans ma maison ; préparez-vous à la recevoir honorablement, afin que je sois aussi content de vous que vous le serez de moi. » L'assemblée, à cette nouvelle, fit paraître sa joie, et tous répondirent qu'ils honoreraient la nouvelle marquise comme leur dame et maîtresse.

Dès ce moment le seigneur et les sujets ne songèrent plus qu'aux préparatifs des noces. Le marquis fit inviter plusieurs de ses amis et de ses parents, et quelques gentilshommes d'alentour. Il fit faire sur la taille d'une jeune fille, qui avait à peu près la même que sa future, des robes riches et belles, prépara anneaux, ceinture, couronne, enfin tout ce qui est nécessaire à une jeune mariée.

Le jour pris et indiqué pour les noces, sur les neuf heures du matin, le marquis monta à cheval avec toute sa compagnie. « Messieurs, dit-il, il est temps d'aller chercher l'épousée. » On part, on arrive au village où elle demeurait. Quand on fut près de la maison qu'elle habitait avec son père, on la vit qui revenait de chercher de l'eau et qui se hâtait afin de voir passer la nouvelle épouse du marquis. Dès que celui-ci la vit, il l'appela par son nom, Griselidis, et lui demanda où était son père : « Monseigneur, répondit-elle en rougissant, il est à la maison. » Le marquis descend alors de cheval, entre dans la pauvre chaumière, et trouve le père, qui s'appelait Jeannot. « Je suis venu, lui dit-il, pour épouser ta fille Griselidis : mais je veux, avant tout, qu'elle réponde devant toi à quelques questions que j'ai à lui faire. » Alors il demanda à la jeune fille si, lorsqu'elle serait son épouse, elle s'efforcerait toujours de lui plaire, si elle saurait conserver son sang-froid, quoi qu'il fît ou qu'il dît ; si enfin elle serait toujours obéissante et docile. Un *oui* fut la réponse de toutes ces demandes. Le marquis la prit alors par la main, la conduisit dehors, en présence de la compagnie, la fit dépouiller nue, et la revêtit ensuite des superbes habillements qu'il avait fait faire, puis il plaça sur ses cheveux épars une brillante couronne. « Messieurs, dit-il aux spectateurs surpris, voilà celle que je veux pour épouse, si elle me veut pour mari. » Et, se tournant vers elle : « Griselidis, me veux-tu pour mari ? — Oui, monseigneur, si telle est votre volonté », répondit-elle. Il l'épousa ensuite, la conduisit en grande pompe dans son château, où les noces furent faites avec autant de magnificence que s'il eût épousé une fille du roi de France.

La jeune épousée sembla changer de mœurs avec la fortune. Elle était, comme je l'ai déjà dit, belle et bien faite. Elle devint si aimable, si gracieuse, qu'elle paraissait plutôt être la fille de quelque grand seigneur que du pauvre Jeannot. Elle étonnait tous ceux qui l'avaient connue dans son premier état. Elle était d'ailleurs si obéissante à son mari, et avait tant d'attention pour prévenir ses moindres désirs, qu'il était le plus content et le plus heureux des hommes. Elle avait su se concilier si bien l'affection des sujets du marquis, qu'il n'y en avait pas un qui ne l'aimât comme lui-même, qui ne l'honorât, et qui ne priât Dieu pour son bonheur et sa prospérité. Tous convenaient que, si les apparences avaient déposé contre la sagesse du marquis, l'événement prouvait qu'il avait agi en homme habile et prudent, et qu'il lui avait fallu la plus grande sagacité pour découvrir ainsi le mérite caché sous des haillons et des habits villageois. Le bruit de ses vertus se répandit en peu de temps, non seulement dans ses terres, mais bien loin au-delà, et son empire était tel, qu'elle avait effacé les fâcheuses impressions que les fautes de son mari avaient faites sur les esprits.

Au bout de quelque temps, elle devint enceinte, et accoucha heureusement d'une fille, au terme prescrit par la nature. Le marquis en eut une grande joie ; mais, par une folie qu'on ne conçoit pas, il lui vint en tête de vouloir, par les moyens les plus durs et les plus cruels, éprouver la patience de sa femme. Il employa d'abord les invectives, lui disant que sa basse extraction avait indisposé tous ses sujets contre elle, et que la fille dont elle venait d'accoucher ne contribuait pas peu à lui aliéner les esprits et entretenir les murmures, parce qu'on aurait désiré un héritier. A ces reproches, sans changer de visage ou de contenance : « Monseigneur, lui disait-elle, faites de moi ce que vous croirez que votre honneur et votre repos vous ordonnent. Je ne murmurerai pas, sachant que je vaux beaucoup moins que le moindre de vos sujets, et que je ne méritais en aucune manière la glorieuse destinée à laquelle vous m'avez élevée. » Cette réponse plut au marquis, qui vit que les honneurs que lui et ses sujets avaient rendus à sa femme ne l'avaient point enorgueillie.

Quelque temps s'était écoulé après cette scène. Il avait parlé, sans paraître avoir de dessein particulier, de la haine que ses sujets portaient à sa fille. Après avoir ainsi préparé sa femme, il lui envoya, au bout de quelques jours, un domestique qu'il avait instruit de ce qu'il devait faire. « Madame, dit celui-ci d'un air désolé, si je veux conserver la vie, il faut que j'exécute les ordres de monseigneur. Il m'a commandé de prendre votre fille. » Il dit et se tut. A ce discours, au triste maintien de celui qui le prononce, se rappelant surtout ce que son mari lui avait dit, elle croit qu'il a ordonné la mort de sa fille. Quoique, dans le fond du cœur, elle ressentît les douleurs les plus vives, cependant, sans émotion, sans changer de visage, elle prend sa fille dans son berceau, la baise, la bénit et la remet entre les mains du serviteur. « Fais, lui dit-elle, ce que ton maître et le mien t'a commandé. Je ne te demande qu'une grâce, c'est de ne pas laisser cette innocente victime exposée à la rapacité des animaux carnassiers et des oiseaux de proie. »

Le domestique, chargé du fardeau qu'elle lui avait remis, va rendre compte au marquis du message. Celui-ci admira beaucoup le courage et la constance de sa femme. Il envoya sa fille, par ce même homme, à Bologne, à une de ses parentes, la priant de l'élever avec grand soin, sans dire à qui elle appartenait.

Griselidis devint grosse une seconde fois, et accoucha d'un fils, ce qui combla de joie le marquis. Mais les épreuves qu'il avait faites ne lui suffisant pas encore pour le tranquilliser, il employa, comme auparavant, les reproches et les invectives, et il eut soin de les assaisonner de plus d'aigreur et de violence. Le visage enflammé d'un feint courroux : « Depuis que tu es accouchée de ce fils, dit-il un jour à sa femme, il ne m'est pas possible de bien vivre avec mes sujets. Ils sont humiliés que le petit-fils d'un paysan doive être un jour mon successeur et leur maître. Si je ne veux qu'ils portent leur indignation plus loin, et qu'ils ne me chassent de l'héritage de mes pères, il faut que je fasse de ton fils ce que j'ai fait de ta fille, et qu'enfin je brise les liens de notre mariage, pour prendre une femme plus digne du rang où je t'ai élevée. » La princesse l'écouta avec une patience admirable, et ne se permit que cette réponse : « Monseigneur, contentez-vous, faites ce que bon vous semblera, et n'ayez aucun égard à ma situation. Rien au monde ne m'est cher que ce qui peut vous l'être. »

Bientôt après, le marquis envoya prendre son fils comme il avait fait de sa fille, et, feignant de l'avoir fait tuer, il l'envoya à Bologne, dans la même maison qu'habitait sa sœur. Griselidis, quoique très sensible, opposa autant de fermeté à cette épreuve qu'à la première. Le prince, au comble de l'étonnement, était persuadé qu'il n'y avait aucune autre femme capable de tant de courage, et il eût pris ce courage pour de l'indifférence, s'il n'eût connu d'ailleurs l'amour de cette mère pour ses enfants. Ses sujets, qui n'imaginaient pas que la mort de ces petites créatures fût un jeu, donnaient toute leur haine au marquis et toute leur pitié à la marquise. Cette infortunée dévorait ses chagrins sans se plaindre, et, quoiqu'elle se trouvât continuellement avec des femmes qui blâmaient hautement la conduite de son mari, il ne lui échappa jamais le moindre reproche. Cependant ce prince bizarre n'était pas encore content. Il crut devoir mettre la patience de sa femme à la dernière épreuve. Il dit à plusieurs de ses parents qu'il ne pouvait plus souffrir Griselidis, et qu'il sentait bien qu'il avait fait une démarche de jeune homme étourdi, en l'épousant, et qu'il allait tout tenter auprès du pape pour obtenir la cassation de son mariage, et la permission d'en contracter un autre. Quelques honnêtes gens eurent beau lui remontrer l'injustice de son procédé, il ne leur répondit autre chose, sinon qu'il était résolu d'exécuter son projet.

La marquise, instruite du malheur qui la menaçait, imaginant qu'elle serait obligée de retourner dans la maison de son père, et d'y reprendre les occupations rustiques de sa jeunesse, qu'une autre posséderait celui qui avait tout son amour, était intérieurement dévorée du plus cuisant ennui. Elle se disposa cependant à soutenir cette nouvelle injure de la fortune avec la même tranquillité apparente qu'elle avait soutenu les autres.

Peu de temps après, le marquis fit apporter une fausse dispense, comme si on la lui eût envoyée de Rome, et fit entendre à ses sujets que, par cet écrit, le pape lui donnait la permission d'abandonner Griselidis et de prendre une autre femme. Il fit venir l'infortunée qu'il tourmentait, et, en présence de plusieurs personnes : « Femme, lui dit-il, par la permission que notre Saint Père le pape m'a donnée, je puis prendre une autre épouse et te laisser là. Parce que mes ancêtres ont été gentilshommes et seigneurs du pays où les tiens n'ont été que simples laboureurs, tu ne peux plus être ma moitié ; trop de disproportion est entre nous. Je veux que tu retournes dans la maison de ton père, avec ce que tu m'apportas en mariage. J'ai trouvé celle qui doit te remplacer et qui me convient mieux que toi à tous égards. » A cette terrible sentence, Griselidis s'efforça de retenir ses larmes, chose assez extraordinaire dans une femme, et répondit ainsi : « Monseigneur, j'ai toujours très bien senti l'immense disproportion de la noblesse de votre état à la bassesse du mien. Ce que j'ai été à votre égard, je l'ai toujours regardé comme une faveur spéciale de la Providence et de vos bontés, et non comme une chose dont je fusse digne. Puisqu'il vous plaît maintenant de reprendre ce que vous m'avez donné, je dois vous le rendre avec soumission et avec la reconnaissance de m'en avoir jugée digne au moins pour quelque temps. Voici l'anneau avec lequel je fus mariée : prenez-le. Quant à ma dot, je n'aurai pas besoin de bourse ou de bête de somme pour la remporter : je n'ai point oublié que vous m'avez prise nue, et s'il vous semble honnête que ce corps qui a porté deux de vos enfants soit exposé à tous les regards, je m'en retournerai nue. Mais, si vous daignez accorder quelque prix à ma virginité qui fut ma seule dot, souffrez que je sois du moins couverte d'une chemise. » Le marquis était attendri ; mais voulant remplir son dessein : « Eh bien, soit, remporte une chemise », lui répondit-il d'un visage courroucé. Tous les spectateurs de cette scène le suppliaient de lui donner au moins une robe, afin qu'on ne vît pas dans un état si misérable la même personne qui avait joui, pendant treize ans, du titre de son épouse ; mais leurs prières furent inutiles.

Cette infortunée, après avoir fait ses adieux, sortit du château, avec une simple chemise, sans coiffure, sans chaussures, et se rendit ainsi à la chaumière de son père. Tous ceux qui la virent passer dans cet état humiliant l'honorèrent de leur compassion et de leurs larmes. Le malheureux père, qui jamais n'avait pu s'imaginer que sa fille devînt la femme du marquis, avait toujours craint ce qu'il voyait arriver, et avait conservé les habits qu'elle portait lorsqu'elle était simple bergère. Il les lui donna ; elle s'en revêtit ; elle se livra, selon son ancienne coutume, aux travaux domestiques, soutenant avec une fermeté inébranlable les assauts de la fortune ennemie.

Le marquis fit ensuite entendre à ses sujets qu'il allait épouser une fille d'un des comtes de Pagano. Il fit faire tous les apprêts d'une noce magnifique, et appela Griselidis chez lui. « La nouvelle épouse que j'ai prise, lui dit-il, doit arriver dans peu de jours. Je veux l'accueillir honorablement à cette première entrevue. Tu sais que je n'ai personne chez moi capable d'arranger les appartements et de préparer beaucoup d'autres choses nécessaires pour une pareille fête : toi, qui connais mieux que tout autre les meubles de la maison, fais, arrange, dispose, ordonne. Invite toutes les dames qui te conviendront, et reçois-les comme si tu étais encore la maîtresse du logis. Les noces finies, tu t'en retourneras dans la chaumière de ton père. » Quoique toutes ces paroles fussent comme autant de coups de poignard dans le cœur de Griselidis, qui n'avait pu oublier son amour comme elle avait oublié son ancienne fortune : « Monseigneur, répondit-elle cependant, je suis prête à faire ce que vous ordonnez. » Elle entra avec ses pauvres habits de village dans cette maison d'où naguère elle était sortie en chemise. Elle frotta, balaya les appartements, prépara la cuisine, enfin se prêta à tout ce que la dernière servante de la maison aurait pu faire. Elle invita ensuite plusieurs dames de la part du marquis. Le jour de la fête venu, elle reçut toute la compagnie dans son costume villageois avec un visage joyeux et content.

Le marquis, qui avait étendu avec une vigilance vraiment paternelle, ses soins sur l'éducation de ses enfants, et qui les avait confiés à une de ses parentes, que le mariage avait fait entrer dans la maison des comtes de Pagano, les fit venir tous deux. La fille atteignait sa treizième année : jamais on n'avait vu une beauté si parfaite. Le fils n'était encore âgé que de six ans. Le gentilhomme, qui conduisait cette petite famille, était chargé de dire qu'il amenait la jeune fille pour la marier au marquis, et on lui avait recommandé le silence le plus profond sur le secret de sa naissance. Il fit tout ce dont on l'avait prié. Il arriva à l'heure du dîner avec une nombreuse compagnie. Il trouva les avenues remplies des paysans du marquisat et des environs qui s'empressaient pour voir la nouvelle mariée. Les dames reçurent celle-ci ; Griselidis elle-même vint dans la salle où les tables étaient mises, sans avoir changé d'habit, pour la saluer, et elle lui dit : « Soyez la bienvenue. » Les dames, qui avaient longtemps prié le marquis, mais en vain, que cette infortunée ne parût pas, ou qu'elle parût dans un habit plus décent, s'étant mises à table, on servit. Les regards de tous les convives étaient tournés sur la jeune fille, et chacun était obligé de convenir qu'il n'avait pas perdu au change. Griselidis surtout l'admirait, et partageait son attention entre elle et son frère.

Le marquis, qui crut enfin avoir éprouvé assez la patience de sa femme, voyant que la nouveauté des objets ne pouvait lui faire changer de contenance, sachant d'ailleurs que cette espèce d'insensibilité ne venait pas d'un défaut de bon sens, pensa qu'il était temps de la tirer de la peine où elle était sans doute, quoiqu'elle affectât beaucoup de tranquillité. C'est pourquoi, l'ayant fait venir en présence de toute la compagnie : « Que te semble, lui dit-il, de la nouvelle épousée ? — Monseigneur, je ne puis en penser que beaucoup de bien ; si elle a, comme je n'en doute pas, autant de sagesse que de beauté, vous vivrez avec elle le plus heureux du monde. Mais, je vous demande une grâce, c'est de ne lui point faire essuyer les reproches piquants que vous avez prodigués à votre première ; je doute qu'elle pût les soutenir aussi bien, attendu qu'elle a été élevée délicatement, tandis que l'autre avait éprouvé les peines et les travaux dès sa plus tendre enfance. » Le marquis, voyant Griselidis fermement persuadée de son nouveau mariage, la fit asseoir à côté de lui. « Griselidis, lui dit-il, il est temps que tu recueilles le fruit de ta longue patience, et que ceux qui m'ont regardé comme un homme méchant, brutal et cruel, sachent que tout ce que j'ai fait n'était qu'une feinte préméditée, pour leur apprendre à choisir une épouse et à toi à l'être, afin de me procurer un repos solide, tant que j'aurai à vivre avec toi. C'était surtout le trouble du ménage que je craignais en me mariant. J'ai fait la première épreuve de ta douceur par des invectives, des paroles injurieuses et piquantes ; tu n'y as répondu que par la patience ; tu n'as jamais contredit mes discours, ni censuré mes actions ; voilà ce qui m'assure le bonheur que j'attendais de toi. Je vais te rendre en une heure tout ce que je t'ai ôté en plusieurs, et réparer par les plus tendres caresses mes mauvais traitements. Regarde donc avec joie cette fille, que tu croyais devoir être mon épouse, comme ta fille et la mienne, et son frère comme notre véritable fils. Ce sont ceux que toi et beaucoup d'autres avez si longtemps regardés comme les victimes de ma barbarie. Je suis ton mari ; j'aime à te le répéter, et nul mari ne peut recevoir de sa femme autant de satisfaction que j'en reçois de toi. » Il l'embrassa ensuite tendrement, et recueillit les larmes de joie qui coulaient de ses yeux. Ils se levèrent ensuite et allèrent embrasser leurs enfants. Tous les spectateurs furent agréablement surpris d'une révolution si peu attendue.

Les dames, s'étant levées de table avec empressement, conduisirent Griselidis dans un appartement, la dépouillèrent de ses habits, et la revêtirent de ceux d'une grande dame ; elle reparut comme telle dans la salle de compagnie ; car elle n'avait rien perdu de sa dignité et de son éclat sous les vieux haillons qui la couvraient. Elle fit mille caresses à son fils et à sa fille, et, pour célébrer cette réunion, on prolongea les fêtes pendant plusieurs jours.

On vit alors que le marquis avait agi avec sagesse ; mais on avoua qu'il avait employé des moyens trop durs et trop violents pour parvenir à ses fins. On louait, sans restriction, la vertu et le courage de Griselidis.

Le marquis, au comble de la joie, tira Jeannot, le père de sa femme, de son premier état, et lui donna de quoi finir honorablement ses jours. Après avoir richement marié sa fille, il vécut longtemps heureux avec Griselidis, et sut lui faire oublier les malheurs du passé par les charmes du présent.

Griselidis, gravure sur bois, Bibliothèque bleue, XVIIe siècle.

LA PATIENCE DE GRISELEDIS

Version française de la Bibliothèque bleue, publiée en 1852, Charles Nisard, *Histoire des livres populaires ou de la littérature du colportage*, tome II, 2e éd, Paris, E. Dentu, éditeur libraire de la Société des Gens de Lettres, 1864.

Comme le marquis de Saluces passait sa jeunesse sans se vouloir marier.

Aux pieds des Alpes, du côté d'Italie, est le riche pays du Piémont, et en une contrée d'icelui est le marquisat de Saluces, où sont plusieurs bonnes villes, châteaux et bourgades fort peuplées, lequel a toujours été gouverné par de grands seigneurs. Entre lesquels on trouve que le plus grand et le plus renommé de leur race fut un nommé Gautier de Saluces, auquel appartenait la seigneurie dudit pays. Il était plein de bonnes mœurs ; gouvernant ses sujets avec douceur : il était aimé d'eux, ce qui le rendait renommé partout.

Le marquis passant le temps au divertissement de la chasse ne se souciait de rien plus : il ne songeait point à se marier, quoique souvent on lui eût persuadé cela, ce qui chagrinait fort ses vassaux, pour éviter des guerres civiles. Un jour s'étant assemblés pour cela, ils le prièrent de recevoir leur requête ; et un seigneur du pays lui dit au nom de tout le peuple : Monseigneur, votre débonnaireté nous donne hardiesse toutes les fois que le besoin nous contraint de vous parler librement. Tous vos vassaux m'ont chargé de vous faire une prière touchant ce qu'ils désirent de vous, non pas qu'en ce j'aie quelque singularité, mais parce qu'ils ont connu que vous me faisiez la grâce de m'aimer comme vous me l'avez témoigné en plusieurs rencontres, dont je vous en remercie. Or est-il, monseigneur, que tout ainsi, que de raison, tous vos faits et dits nous doivent plaire, dont nous sommes heureux d'avoir un tel Seigneur ; encore plus si nous voyions de votre lignée qui nous pût gouverner après vous ; c'est ce qui manque à notre bonheur ; c'est pourquoi nous vous prions de nous l'accorder, ce qui augmentera votre honneur et nous causera un grand bonheur en vous mariant. Et s'il vous plaît nous commander de vous chercher une femme, nous tâcherons de vous contenter. Mes amis, dit-il, vous me voulez contraindre à une chose pour laquelle je n'ai jamais eu de volonté, et que j'avais résolu de ne faire jamais, me délectant de vivre en liberté.

Considérez combien il est difficile de trouver chose qui convienne bien à toutes les complexions qu'on a, et combien est malheureuse la vie de celui qui se trouve lié à une femme non convenable à soi, et jugez combien le mariage est une chose douteuse ; et si quelque bonne rencontre vient à l'homme, tout vient de celui qui est au ciel. Mais pour adhérer à vos volontés, mes amis, je veux bien me marier. Et quant à l'offre que vous me faites de m'en trouver une, je me contente de votre bonne volonté, la réputant procéder d'une sincère foi et loyauté. Mais afin que je n'aie à me plaindre de personne, si mal en venait, je veux moi-même en choisir une à mon gré, espérant avec l'aide de Dieu, auquel je recommande toutes mes actions, que par sa divine bonté il m'octroyera avec le conseil de mes amis, le parti que je vivrai en paix et au salut de mon âme. Mais je veux que dès maintenant vous me promettiez tous que celle que je choisirai pour ma femme sera honorée de vous et révérée pour votre princesse, comme si elle était fille du plus grand roi du monde. Ses gens désirant sur toutes choses que leur seigneur fût marié et voyant qu'il accordait leur demande, lui répondirent tous joyeusement qu'ils en étaient fort contents. La résolution prise, les députés remercièrent leur seigneur et prirent congé de lui. Aussitôt le marquis dépêcha aucuns de ses familiers pour l'apprêt des noces, et leur assigna le jour.

Comme le marquis de Saluces
résolut de se marier avec Griseledis.

Auprès du château du marquis il y avait un petit village mal peuplé de gens tous pauvres où le marquis passait souvent à la chasse. Entre ces pauvres gens était un nommé Janicole, fort nécessiteux des biens du monde, mais fort homme de bien ; et la grâce de Dieu ne laisse pas d'être dans les pauvres maisons aussi bien que dans les riches. Ce bonhomme avait une fille nommée Griseledis, bien faite de corps et de visage : mais sa vertu et bonnes mœurs la rendaient encore plus recommandable. Ayant été nourrie pauvrement, elle ignorait les délices mondaines et les délices de la cour.

Sa jeunesse était conduite par un viril courage, sa virginité accompagnée d'humilité et bonnes grâces, car de son petit travail elle nourrissait son pauvre père avec quelques brebis qu'elle menait paître en faisant quelque chose de ses mains ; et ainsi ils subsistaient pauvrement.

Ses bonnes mœurs avaient fort plu au marquis, qui, allant à la chasse, avait jeté quelquefois les yeux sur elle : il l'avait d'autant plus regardée, non pas d'un voluptueux regard, mais par admiration de sa grande vertu et sagesse ; ce que remarquant ledit seigneur, et lui semblant assez belle, se résolut de la prendre pour sa femme.

J'ai trouvé, dit-il un jour, une jeune fille proche d'ici que je veux pour ma femme et l'emmener dans peu de jours dans mon palais ; c'est pourquoi songez comment vous pourrez la recevoir honorablement, afin que je me puisse dire content de vos promesses, et que vous le soyez de même.

Les seigneurs répondirent qu'ils s'efforceraient de l'honorer et tenir pour leur souveraine dame et maîtresse.

Puis chacun se prépara à faire grande fête : le marquis la fit préparer somptueusement, et telle que jamais on ne vit dans Saluces une si grande magnificence ; invitant tous ses parents et amis avec toute la noblesse circonvoisine.

Il avait déjà fait tailler de beaux habits pour sa future épouse, et aussi avait préparé plusieurs bagues, ceintures et joyaux de grand prix avec une belle couronne ornée de pierreries, et généralement de tout ce qui était convenable à une grande dame.

Au jour destiné pour les noces, le palais fut plein de chevaliers, gentilshommes, dames et demoiselles, bourgeois et autres. Le dîner était prêt que personne ne savait quelle était la nouvelle marquise.

Comme le marquis partit avec sa compagnie pour emmener la fille à Janicole.

Le marquis ayant donné ordre à toutes les choses nécessaires, dit aux assistants : Messieurs, il est temps d'aller quérir Madame, s'il vous plaît de venir avec moi. Ils répondirent qu'ils seconderaient ses desseins. D'abord ils montèrent à cheval, et marchèrent en grande pompe vers ledit village, et quand ils furent devant la maison de Janicole, père de Griseledis, ils la rencontrèrent qui portait une cruche d'eau sur sa tête.

Griseledis ne savait rien de tout cela, mais seulement ayant ouï dire que le marquis se devait marier ce jour-là, s'était hâtée de faire sa besogne pour aller voir passer madame la marquise avec ses compagnes.

Comme elle voulait entrer chez elle, le marquis lui dit : Griseledis, où est ton père ? Elle, tout honteuse, lui répondit : Monseigneur, il est dans la maison ; le marquis dit : Fais-le venir, et mit pied à terre. Quand le bonhomme fut venu, il le prit par la main et lui dit : Mon ami, je sais que tu es un fidèle vassal, que tu m'as toujours aimé, et feras tout ce que je te commanderai ; ainsi, pour te dire mon dessein, je suis ici pour te demander ta fille en mariage ; regarde si tu veux me la donner ?

Cet homme fut étonné de ces paroles ; il crut qu'on se moquait de lui, et rougissant de honte, il dit au marquis : Monseigneur, je veux ce qu'il vous plaît, car vous êtes mon souverain. Entrons dans la maison, dit le marquis, car je veux parler à ta fille en ta présence. Il commanda à ses gens de l'attendre. Puis il entra dans la pauvre maison de Janicole, s'étonnant des bons services que cette pauvre fille rendait à son père, se tenant si bien en ordre nonobstant leur pauvreté, et du bon accueil qu'ils lui faisaient.

Quand le marquis fut entré, il dit à Griseledis : Il faut que tu sois ma femme ; n'en es-tu pas bien aise ? Elle fut bien surprise de ces paroles, et de voir tels hôtes dans sa cabane ; elle répondit : Monseigneur, je sais bien que je ne suis pas digne d'un si grand honneur que d'être la moindre de vos servantes ; néanmoins si c'est votre volonté et celle de mon père, je ne vous dois désobéir en rien.

Eh bien, dit-il, ma chère amie, puisque selon ma demande, il plaît à ton père que tu sois ma femme fidèle, je veux savoir de toi, si te prenant pour ma femme, comme j'ai résolu de faire, ta volonté se voudrait accorder à la mienne ; en sorte que tu t'efforceras toujours de me complaire, et ne me contraindras jamais en aucune manière sans murmurer de rien, et que tout ce qui me plaira te plaise. Elle lui promit de le faire, disant : Monseigneur, je vous ai déjà dit que je ne suis pas digne de l'honneur que vous m'offrez d'être votre épouse ; il me suffit d'être la moindre de vos servantes. Toutefois, puisqu'il plaît à Votre Grandeur, je prie Dieu que votre volonté soit mon bonheur ; je vous promets que pour ce qui est de moi, je ne ferai chose contre votre volonté, quand ce serait qu'il me faudrait mourir.

En voilà assez, dit le marquis. La prenant par la main, il l'emmena dehors, où en présence de sa compagnie, il dit : Mes amis, c'est celle-ci que je tiens pour ma femme, et elle me veut pour son mari. Et se tournant devers elle qui était toujours honteuse, il lui dit : Ma mie, me veux-tu pour mari ? Elle lui répondit : Oui, Monsieur, si c'est votre volonté. Et il dit : Je te veux pour ma femme.

Aussitôt il dit au peuple : Voici votre Dame ; je vous commande de l'aimer et honorer comme moi-même. Et afin qu'elle ne parût point pauvre et méprisable, il lui fit quitter ses habits, et la fit orner de beaux et somptueux vêtements qu'il lui avait fait préparer pour ces noces.

Les dames l'entourèrent de précieux joyaux et lui ayant accommodé ses blonds cheveux, le marquis lui mit une riche couronne sur sa tête, toute garnie de diamants.

Comme le marquis de Saluces épousa la belle Griseledis.

Griseledis étant ornée, comme nous avons dit, le marquis la fit monter à cheval, accompagnée des dames du pays, la fit conduire à l'église où se fit le mariage, et lui donna un riche anneau fait exprès. Les cérémonies de l'église étant achevées, ils furent conduits en grande magnificence au palais.

Les noces furent belles et grandes, autant que s'il eût épousé la fille du roi de France. Elle était belle de face et de corps, comme nous l'avons dit : de sorte qu'elle paraissait si avenante par toutes ses qualités, qu'on ne l'eût point prise pour la fille de Janicole, ni pour bergère, et semblait mieux la fille d'un roi que celle d'un paysan.

Les nobles estimaient le marquis d'avoir fait un si beau choix ; et au lieu de la mépriser à cause de sa pauvreté, ils l'estimaient autant qu'une princesse.

Enfin, elle fit si bien par sa sagesse et douceur, que ses sujets et tous ses voisins parlaient de ses bonnes grâces ; de sorte que les seigneurs et dames lui venaient rendre visite, et s'en retournaient contents et satisfaits. Elle donnait bon ordre aux affaires domestiques et d'Etat.

Comme le marquis de Saluces résolut d'éprouver la patience de sa femme par tourment ; la confiance qu'elle témoigna.

Griseledis ne fut pas longtemps avec son mari qu'elle devint enceinte, et enfanta une fille dont le marquis et ceux du pays firent grande fête, bien qu'ils eussent mieux aimé un garçon ; elle l'allaita jusqu'à l'âge d'être sevrée. Peu de temps après, le marquis ne se contentant pas des vertueuses bontés qu'il connaissait en sa femme et de l'amitié et obéissance qu'elle lui portait, entra dans sa chambre, faisant le fâché, et lui dit : Bien que tu sois à présent élevée en dignité, tu n'as pas oublié ton état du temps passé, et de quel lieu tu es sortie ; mais il n'est pas ainsi de mes chevaliers, barons, gentilshommes et autres, qui ne peuvent cacher le mépris qu'ils font de moi, pour m'être marié à une femme de si basse condition : et même de ce que tu as enfanté une fille, ils te supportent à regret.

La marquise entendant ces discours ne se troubla point ;

mais lui dit humblement : Monseigneur, faites de moi ce qui vous plaira ; je suis la moindre de vos servantes ; je n'étais pas digne de l'honneur que vous m'avez fait, mais c'est vous-même qui l'avez voulu. Cette réponse fut fort agréable au marquis.

Peu de jours après, pour l'exercer davantage, il lui dit : Mon peuple ne peut souffrir la fille que tu as enfantée, et moi qui veux vivre en paix avec eux, il faut que je condescende aux volontés publiques, pour être fait de notre fille chose qui ne me saurait être plus fâcheuse, mais à quoi je n'ai pas voulu consentir sans t'en donner avis, afin que tu supportes patiemment le mal.

Quand le marquis eut achevé ce discours, qui était des glaives tranchants pour percer le cœur de cette dame, laquelle gémissant, mais sans témoigner sa tristesse, lui dit : Vous êtes mon seigneur et époux : moi et ma pauvre fille nous vous sommes soumises, pour que vous disposiez de nous à votre volonté ; car je vous ai si bien gravé dans mon cœur, qu'il n'y a que la mort qui puisse effacer votre image et votre mémoire.

Comme le marquis envoya quérir sa fille par un de ses serviteurs, feignant de lui avoir donné commandement de la tuer, et comme il l'envoya à Boulogne chez sa cousine.

Quand le marquis eut ouï la réponse de sa femme, et considérant sa patience, il en fut joyeux, bien qu'il fît le fâché. Il se sépara d'elle, ayant averti un de ses serviteurs touchant ce qu'il devait faire envers la petite fille. Il l'envoya secrètement à sa femme, lequel faisant triste mine lui dit : Madame, si je veux sauver ma vie, il faut que je fasse le commandement de mon maître ; c'est pourquoi je vous prie de m'excuser à l'avenir ce que je ferai. Vous êtes trop sage, madame, et trop clairvoyante pour ne pas connaître que c'est par l'ordre de Monseigneur, lequel veut être obéi en toutes choses, que j'entreprends cela. Il m'a commandé de prendre votre fille, et que je… Et comme si la parole lui eût manqué il ne dit plus mot.

Griseledis voyant cela, et la pâleur douce du serviteur, se souvenant bien des paroles que son mari lui avait dites, ne doutait pas qu'on n'allât l'égorger. Elle prit donc courage, et forçant la nature, elle prit la fille, ayant un grand déplaisir en son cœur ; et l'ayant quelque temps regardée, lui donna sa bénédiction. Le valet la porta à son maître, qui l'éleva soigneusement et l'endoctrina en toutes bonnes mœurs et honnêtetés comme il convient à la fille d'un grand seigneur.

Comme le marquis de Saluces voulut encore derechef éprouver la patience de sa femme, faisant semblant de vouloir tuer son fils.

Cette tempête passée n'apaisa point la rigueur que le marquis avait résolu de faire souffrir à sa femme. Bien que la seule croyance qu'elle avait que sa fille fût morte était suffisante pour lui crever le cœur et la mettre dans un désespoir, elle n'en témoigna aucun ressentiment ; mais continua son amitié et service, faisant gaiement envers son mari ce qui était de son devoir, et ne parlait nullement de sa fille en sa présence ni en son absence. Le marquis ne lui en parlait point aussi, ainsi prenait garde à sa contenance, pour éprouver s'il trouverait en elle aucun signe de douleur. Ainsi ils passèrent quatre ans ensemble, au bout desquels la marquise accoucha d'un beau fils, dont le marquis fut bien aise, et tout le peuple aussi.

Quand il fut un peu grand et sevré, le marquis derechef ému de cruauté, et non content encore de ce qu'il avait fait, avec des paroles plus piquantes que devant, dit à sa femme avec fureur : Tu sais bien qu'il y a longtemps que mes gentilshommes et mes sujets sont mécontents de notre mariage, et plus encore depuis que tu as eu des enfants qu'auparavant ; et principalement depuis que tu as eu cet enfant, je n'ai pu vivre en aucune manière avec eux, murmurant sans cesse, et ne les ai jamais vus si dépités. Ils ont oublié leur devoir jusqu'au point de dire : Il ferait beau voir que nous qui sommes gentilshommes fussions gouvernés après la mort de notre prince par le fils de la fille à Janicole, d'un chétif paysan. Voilà les discours qu'ils tiennent de nous-mêmes ; dont je suis contraint de te quitter et prendre une autre femme ; c'est pourquoi tu te disposeras à cela.

Griseledis ayant entendu cela fut fort affligée, et lui dit qu'il était maître d'elle et de faire ce qu'il jugerait à propos, ainsi que de son fils.

Comme le marquis faisait courir le bruit qu'il voulait épouser une autre femme.

Douze ans après que la fille du marquis fut née, il sembla au marquis que le temps fût venu pour faire la dernière preuve de la patience de sa femme. Il fit courir un bruit entre les siens qu'il voulait répudier Griseledis et épouser une autre femme.

La marquise sachant ceci, et voyant qu'elle devait retourner en la maison de son père pour garder les brebis, comme auparavant, et voyant qu'une autre femme aurait celui qu'elle aimait uniquement, sentit en soi-même un grand chagrin, se disposa à supporter celui-ci avec un visage arrêté, et se consolait, attendant la miséricorde de celui qu'elle avait donné son cœur quand il épousa, pour en faire à sa volonté. Quant au demeurant, dit-elle, je consens de retourner chez mon père finir ma vie, et céder la place à votre seconde épouse, et de vous laisser tous mes habillements, bijoux et anneaux, ne vous demandant que de me laisser une chemise.

Comme Griseledis s'en retourna en chemise en la maison de son père.

Après que Griseledis, par ordre de son mari, se fut dépouillée de tout, et qu'elle eut dit tous ses adieux, elle sortit du palais en chemise, nu-pieds et tête nue, et s'en retourna ainsi chez son père.

Le pauvre homme, qui n'avait jamais pu croire que le marquis eût réputé sa fille pour son épouse, ainsi avait toujours douté que quand son seigneur en aurait passé son envie il la renvoyerait, s'attendant à toute heure de voir ce qu'il voyait, lui avait toujours gardé les vieux habits qu'elle avait quittés lorsque le marquis l'épousa, et n'en ayant point d'autres il les lui remit ainsi, en présence de plusieurs gens d'honneur qui l'avaient accompagnée, desquels le bonhomme avait plutôt entendu les cris que de sa fille. Elle prit son ancien habit, bien qu'il lui fût trop étroit, et sans montrer d'être fâchée remercia ceux qui l'avaient accompagnée, et leur ayant recommandé l'amour et obéissance de leur seigneur, se remit à faire de petits services en la maison de son père comme elle avait accoutumé.

Comme le marquis envoya quérir Griseledis pour lui faire garnir la chambre de sa nouvelle épouse.

Quand le marquis eut fait tout ceci, il fit entendre à tous ses sujets qu'il avait arrêté son mariage avec la fille du comte de Paniche, et faisant faire un grand apprêt pour la noce, il envoya quérir Griseledis, et étant venue il lui dit : Ma future épouse doit arriver en peu de jours, c'est pourquoi je veux la recevoir honorablement avec toute sa compagnie. Tu sais bien que je n'ai personne ici qui sache bien orner des chambres et faire toutes choses nécessaires pour un tel sujet ; ainsi je veux que toi, qui sais mieux les endroits du palais que toute autre, fasses tout ce que tu verras être nécessaire. Fais inviter tels seigneurs et dames que bon te semblera, et reçois, tant les étrangers venus avec ma future épouse que ceux que tu auras invités, comme si tu étais encore dame de céans ; et tous mes officiers t'obéiront ; et après la consommation du mariage tu t'en retourneras chez ton père.

Le jour des noces étant venu, bien qu'elle n'eût que ses pauvres habits sur le corps, elle reçut courtoisement et avec un gracieux visage tous les invités ; et semblait bien à tous ceux qui la voyaient qu'elle était remplie d'une grande sagesse et prudence.

Comme le marquis envoya quérir ses enfants à Boulogne, feignant que sa fille fût celle qu'il voulut épouser, et comme Griseledis fut remise en honneur.

Le marquis ayant fait nourrir soigneusement ses enfants à Boulogne, sa fille étant déjà âgée de douze ans, et son fils d'environ six, avait envoyé son fidèle serviteur à Boulogne vers la comtesse de Paniche, la priant de dire qu'elle emmenait cette fille pour être femme du marquis de Saluces, et sans déclarer à personne aucunement qui elle était.

Le comte, pour faire ce que le marquis le priait, dans peu de jours se mit en chemin avec sa femme et lesdits enfants, et une grande compagnie ; puis ayant donné avis par un courrier de son départ, arriva au jour assigné à Saluces environ midi, rencontrant ceux de la ville qui attendaient cette nouvelle marquise ; dont chacun fut surpris de la beauté de cette jeune princesse, disant tous que le marquis ne perdait rien au change, et qu'elle était bien d'une autre condition que la fille de Janicole.

Les dames auparavant avaient instamment prié le marquis de permettre ou que Griseledis demeurât enfermée dans une chambre, ou de lui donner un des habits qui lui avaient servi autrefois, afin que, pour son honneur, celle qui avait été sa femme fidèle si longtemps, ne fût ainsi mal vêtue devant ces étrangers ; mais il n'en voulut rien faire.

Griseledis ayant été longtemps dans la chambre avec la pucelle et son frère, ne se pouvait soûler de les regarder, admirant grandement la beauté de sa fille et sa bonne grâce. Le dîner étant prêt, Griseledis l'amena dans une salle, où elle fut assise au milieu des plus grandes dames du pays ou des autres de sa compagnie, tandis que Griseledis était occupée à mettre ordre que rien ne manquât.

Comme le comte et la comtesse de Paniche retournèrent en leur pays.

Après plusieurs jours de réjouissances et de divertissements, le comte et la comtesse de Paniche voulurent retourner en leur pays, étant bien aise de voir cette conjugalité remise ; mais auparavant le marquis voulut les remercier des bons offices qu'ils lui avaient rendus, et leur fit de beaux présents. Et s'étant embrassés les uns les autres, ils partirent pour Boulogne, dont le marquis et les principaux de sa cour les conduisirent pendant six lieues[1].

1. Il manque évidemment un chapitre ; c'est l'avant-dernier, où le marquis désabuse enfin sa femme, et où, comme porte l'édition de 1546, « La belle et patiente Griseledis, avec son père Janicole, fut remise et reçue par le marquis en plus grand honneur et triomphe que par avant. » Ce chapitre est resté dans la casse du compositeur (note de Ch. Nisard).

Griselidis, gravure sur bois, Bibliothèque bleue, XVIIe siècle.

Perrault

II

LES SOUHAITS RIDICULES

« Conte » paru dans *Le Mercure galant* de novembre 1693. Publié chez Jean-Baptiste Coignard avec *Griselidis* et *Peau d'Ane* en 1694.

*A Mademoiselle de La C****

Si vous étiez moins raisonnable,
Je me garderais bien de venir vous conter
La folle et peu galante fable
Que je m'en vais vous débiter.
Une aune de boudin en fournit la matière.
« Une aune de boudin, ma chère !
Quelle pitié ! c'est une horreur »,
S'écriait une Précieuse,
Qui toujours tendre et sérieuse
Ne veut ouïr parler que d'affaires de cœur.
Mais vous qui mieux qu'âme qui vive
Savez charmer en racontant,
Et dont l'expression est toujours si naïve,
Que l'on croit voir ce qu'on entend ;
Qui savez que c'est la manière
Dont quelque chose est inventé,
Qui beaucoup plus que la matière
De tout récit fait la beauté,
Vous aimerez ma fable et sa moralité ;
J'en ai, j'ose le dire, une assurance entière.

Il était une fois un pauvre bûcheron
Qui, las de sa pénible vie,
Avait, disait-il, grande envie
De s'aller reposer aux bords de l'Achéron :
Représentant, dans sa douleur profonde,
Que depuis qu'il était au monde,
Le Ciel cruel n'avait jamais
Voulu remplir un seul de ses souhaits.

Un jour que, dans le bois, il se mit à se plaindre,
A lui, la foudre en main, Jupiter s'apparut.
On aurait peine à bien dépeindre
La peur que le bonhomme en eut.
« Je ne veux rien, dit-il, en se jetant par terre,
Point de souhaits, point de tonnerre,
Seigneur, demeurons but à but.
— Cesse d'avoir aucune crainte ;
Je viens, dit Jupiter, touché de ta complainte,
Te faire voir le tort que tu me fais.
Ecoute donc. Je te promets,
Moi qui du monde entier suis le souverain maître,
D'exaucer pleinement les trois premiers souhaits
Que tu voudras former sur quoi que ce puisse être.
Vois ce qui peut te rendre heureux,
Vois ce qui peut te satisfaire ;
Et comme ton bonheur dépend tout de tes vœux,
Songes-y bien avant que de les faire. »

A ces mots Jupiter dans les cieux remonta,
Et le gai bûcheron, embrassant sa falourde,
Pour retourner chez lui sur son dos la jeta.
Cette charge jamais ne lui parut moins lourde.
« Il ne faut pas, disait-il en trottant,
Dans tout ceci, rien faire à la légère ;
Il faut, le cas est important,
En prendre avis de notre ménagère.
Çà, dit-il, en entrant sous son toit de fougère,
Faisons, Fanchon, grand feu, grand chère,
Nous sommes riches à jamais,
Et nous n'avons qu'à faire des souhaits. »
Là-dessus tout au long le fait il lui raconte.
A ce récit, l'épouse vive et prompte
Forma dans son esprit mille vastes projets ;
Mais considérant l'importance
De s'y conduire avec prudence :
« Blaise, mon cher ami, dit-elle à son époux,
Ne gâtons rien par notre impatience ;

Examinons bien entre nous
Ce qu'il faut faire en pareille occurrence ;
Remettons à demain notre premier souhait
Et consultons notre chevet.
— Je l'entends bien ainsi, dit le bonhomme Blaise ;
Mais va tirer du vin derrière ces fagots. »
A son retour il but, et goûtant à son aise
Près d'un grand feu la douceur du repos,
Il dit, en s'appuyant sur le dos de sa chaise :
« Pendant que nous avons une si bonne braise,
Qu'une aune de boudin viendrait bien à propos ! »
A peine acheva-t-il de prononcer ces mots,
Que sa femme aperçut, grandement étonnée,
Un boudin fort long, qui partant
D'un des coins de la cheminée,
S'approchait d'elle en serpentant.
Elle fit un cri dans l'instant ;
Mais jugeant que cette aventure
Avait pour cause le souhait
Que par bêtise toute pure
Son homme imprudent avait fait,
Il n'est point de pouille et d'injure
Que de dépit et de courroux
Elle ne dît au pauvre époux.
« Quand on peut, disait-elle, obtenir un empire,
De l'or, des perles, des rubis,
Des diamants, de beaux habits,
Est-ce alors du boudin qu'il faut que l'on désire ?
— Eh bien, j'ai tort, dit-il, j'ai mal placé mon choix,
J'ai commis une faute énorme,
Je ferai mieux une autre fois.
— Bon, bon, dit-elle, attendez-moi sous l'orme,
Pour faire un tel souhait, il faut être bien bœuf ! »
L'époux plus d'une fois, emporté de colère,
Pensa faire tout bas le souhait d'être veuf,
Et peut-être, entre nous, ne pouvait-il mieux faire :
« Les hommes, disait-il, pour souffrir sont bien nés !
Peste soit du boudin et du boudin encore ;

Plût à Dieu, maudite pécore,
Qu'il te pendît au bout du nez ! »

La prière aussitôt du Ciel fut écoutée,
Et dès que le mari la parole lâcha,
Au nez de l'épouse irritée
L'aune de boudin s'attacha.
Ce prodige imprévu grandement le fâcha.
Fanchon était jolie, elle avait bonne grâce,
Et pour dire sans fard la vérité du fait,
Cet ornement en cette place
Ne faisait pas un bon effet ;
Si ce n'est qu'en pendant sur le bas du visage,
Il l'empêchait de parler aisément,
Pour un époux merveilleux avantage,
Et si grand qu'il pensa dans cet heureux moment
Ne souhaiter rien davantage.

« Je pourrais bien, disait-il à part soi,
Après un malheur si funeste,
Avec le souhait qui me reste,
Tout d'un plein saut me faire roi.
Rien n'égale, il est vrai, la grandeur souveraine ;
Mais encore faut-il songer
Comment serait faite la reine,
Et dans quelle douleur ce serait la plonger
De l'aller placer sur un trône
Avec un nez plus long qu'une aune.
Il faut l'écouter sur cela,
Et qu'elle-même elle soit la maîtresse
De devenir une grande princesse
En conservant l'horrible nez qu'elle a,
Ou de demeurer bûcheronne
Avec un nez comme une autre personne,
Et tel qu'elle l'avait avant ce malheur-là. »

La chose bien examinée,
Quoiqu'elle sût d'un sceptre et la force et l'effet,

Et que, quand on est couronnée,
On a toujours le nez bien fait ;
Comme au désir de plaire il n'est rien qui ne cède,
Elle aima mieux garder son bavolet
Que d'être Reine et d'être laide.

Ainsi le Bûcheron ne changea point d'état,
Ne devint point grand potentat,
D'écus ne remplit point sa bourse,
Trop heureux d'employer le souhait qui restait,
Faible bonheur, pauvre ressource,
A remettre sa femme en l'état qu'elle était.

Bien est donc vrai qu'aux hommes misérables,
Aveugles, imprudents, inquiets, variables,
Pas n'appartient de faire des souhaits,
Et que peu d'entre eux sont capables
De bien user des dons que le Ciel leur a faits.

Marie de France

LE PAYSAN ET LE LUTIN

Dou vilain qui prist un folet, fable écrite entre 1189 et 1208, J. B. B. de Roquefort, *Poésies de Marie de France,* tome II, Paris, Chasseriau éd., 1820.

C'est l'histoire d'un paysan qui prit un jour
un lutin qu'il avait longtemps épié ;
ce dernier lui accorda trois vœux,
à condition qu'il n'allât pas le raconter aux gens.
Le paysan fut heureux et content.
Quand il fut retourné auprès de sa femme,
il lui fit don de deux des vœux,
il en garda un, puis ne s'en soucia guère.
Ils vécurent ainsi bien longtemps
sans formuler aucun vœu,
jusqu'au jour où ils eurent,
lors d'un repas qu'ils prenaient,
l'échine et l'os d'une brebis,
dont la moelle apparaissait fort appétissante.
La femme en eut grande envie,
et aurait volontiers voulu la manger,
mais ne pouvant la prendre avec ses doigts,
elle souhaita alors que le paysan
eût un bec (cela lui ferait grand plaisir)
aussi long que celui de la bécasse.
Ce qu'elle souhaita arriva ;
et le paysan s'en étonna ;
il souhaita aussitôt que le bec eût disparu
pour retrouver son visage à lui.
Ils ont déjà perdu deux vœux
sans qu'aucun leur ait profité.
Voilà ce qui est arrivé à bien des gens :
ils ont souvent perdu,
ceux qui croient trop facilement les paroles d'un autre
qui les trompe tous et les rend bêtes.
Le naïf croit, à propos de l'homme rusé,
qu'il souhaite le voir éclairé par ses conseils,
comme il souhaite l'être lui-même ; mais, en cela, il se trompe,
car il n'en sait pas autant et n'en vaut pas autant.

Jean de La Fontaine

JUPITER ET LE MÉTAYER
LES SOUHAITS

Fables, 1668 et 1678.

JUPITER ET LE MÉTAYER

Jupiter eut jadis une ferme à donner.
Mercure en fit l'annonce ; et gens se présentèrent,
Firent des offres, écoutèrent :
Ce ne fut pas sans bien tourner ;
L'un alléguait que l'héritage
Etait frayant et rude, et l'autre un autre si.
Pendant qu'ils marchandaient ainsi,
Un d'eux, le plus hardi, mais non pas le plus sage,
Promit d'en rendre tant, pourvu que Jupiter
Le laissât disposer de l'air,
Lui donnât saison à sa guise,
Qu'il eût du chaud, du froid, du beau temps, de la bise,
Enfin du sec et du mouillé,
Aussitôt qu'il aurait bâillé.
Jupiter y consent. Contrat passé ; notre homme
Tranche du roi des airs, pleut, vente, et fait en somme
Un climat pour lui seul : ses plus proches voisins
Ne s'en sentaient non plus que les Américains.
Ce fut leur avantage ; ils eurent bonne année,
Pleine moisson, pleine vinée.
Monsieur le Receveur fut très mal partagé.
L'an suivant, voilà tout changé.
Il ajuste d'une autre sorte
La température des cieux.
Son champ ne s'en trouve pas mieux,
Celui de ses voisins fructifie et rapporte.
Que fait-il ? Il recourt au monarque des Dieux :
Il confesse son imprudence.
Jupiter en usa comme un maître fort doux.

Concluons que la Providence
Sait ce qu'il nous faut mieux que nous.

LES SOUHAITS

Il est au Mogol des follets
Qui font office de valets,
Tiennent la maison propre, ont soin de l'équipage,
Et quelquefois du jardinage.
Si vous touchez à leur ouvrage,
Vous gâtez tout. Un d'eux près du Gange autrefois
Cultivait le jardin d'un assez bon bourgeois.
Il travaillait sans bruit, avait beaucoup d'adresse,
Aimait le maître et la maîtresse,
Et le jardin surtout. Dieu sait si les Zéphyrs,
Peuple ami du Démon, l'assistaient dans sa tâche !
Le Follet de sa part, travaillant sans relâche,
Comblait ses hôtes de plaisirs.
Pour plus de marques de son zèle,
Chez ces gens pour toujours il se fût arrêté,
Nonobstant la légèreté
A ses pareils si naturelle ;
Mais ses confrères les Esprits
Firent tant que le chef de cette république,
Par caprice ou par politique,
Le changea bientôt de logis.
Ordre lui vient d'aller au fond de la Norvège
Prendre le soin d'une maison
En tout temps couverte de neige ;
Et d'Indou qu'il était on vous le fait Lapon.
Avant que de partir, l'Esprit dit à ses hôtes :
« On m'oblige de vous quitter :
Je ne sais pas pour quelles fautes ;
Mais enfin il le faut. Je ne puis arrêter
Qu'un temps fort court, un mois, peut-être une semaine :

Employez-la ; formez trois souhaits, car je puis
Rendre trois souhaits accomplis,
Trois sans plus. » Souhaiter, ce n'est pas une peine
Etrange et nouvelle aux humains.
Ceux-ci, pour premier vœu, demandent l'abondance ;
Et l'abondance, à pleines mains,
Verse en leurs coffres la finance,
En leurs greniers le blé, dans leurs caves les vins :
Tout en crève. Comment ranger cette chevance ?
Quels registres, quels soins, quel temps il leur fallut !
Tous deux sont empêchés si jamais on le fut.
Les voleurs contre eux complotèrent ;
Les grands seigneurs leur empruntèrent ;
Le Prince les taxa. Voilà les pauvres gens
Malheureux par trop de fortune.
« Otez-nous de ces biens l'affluence importune,
Dirent-ils l'un et l'autre : heureux les indigents !
La pauvreté vaut mieux qu'une telle richesse.
Retirez-vous, trésors, fuyez ; et toi, Déesse,
Mère du bon esprit, compagne du repos,
O Médiocrité, reviens vite. » A ces mots
La Médiocrité revient ; on lui fait place ;
Avec elle ils rentrent en grâce,
Au bout de deux souhaits étant aussi chanceux
Qu'ils étaient, et que sont tous ceux
Qui souhaitent toujours et perdent en chimères
Le temps qu'ils feraient mieux de mettre à leurs affaires.
Le Follet en rit avec eux.
Pour profiter de sa largesse,
Quand il voulut partir et qu'il fut sur le point,
Ils demandèrent la sagesse :
C'est un trésor qui n'embarrasse point.

Les Souhaits, dessin de Grandville, 1880.

Madame Leprince de Beaumont

LES TROIS SOUHAITS

Le Magasin des enfants, ou Dialogues d'une sage gouvernante avec ses élèves de la première distinction, dans lesquels on fait penser, parler, agir les jeunes gens suivant le génie, le tempérament et les inclinations d'un chacun... on y donne un abrégé de l'histoire sacrée, de la fable, de la géographie, etc., le tout rempli de réflexions utiles et de contes moraux, Londres, 1756 ; Paris, Librairie Pittoresque de la Jeunesse, 1847.

Il y avait une fois un homme qui n'était pas fort riche ; il se maria et épousa une jolie femme. Un soir, en hiver, qu'ils étaient auprès du feu, ils s'entretenaient du bonheur de leurs voisins qui étaient plus riches qu'eux.

« Oh ! si j'étais la maîtresse d'avoir tout ce que je souhaiterais, dit la femme, je serais bientôt plus heureuse que tous ces gens-là.

— Et moi aussi, dit le mari ; je voudrais être au temps des fées, et qu'il s'en trouvât une assez bonne pour m'accorder tout ce que je voudrais. »

Dans le même temps, ils virent dans leur chambre une très belle dame, qui leur dit :

« Je suis une fée ; je vous promets de vous accorder les trois premières choses que vous souhaiterez ; mais prenez-y garde : après avoir souhaité trois choses, je ne vous accorderai plus rien. »

La fée ayant disparu, cet homme et cette femme furent très embarrassés.

« Pour moi, dit la femme, si je suis la maîtresse, je sais bien ce que je souhaiterais : je ne souhaite pas encore, mais il me semble qu'il n'y a rien de si bon que d'être belle, riche, et de qualité.

— Mais, répondit le mari, avec ces choses on peut être malade, chagrin, on peut mourir jeune : il serait plus sage de souhaiter de la santé, de la joie, et une longue vie.

— Et à quoi servirait une longue vie, si l'on était pauvre, dit la femme, cela ne servirait qu'à être malheureux plus longtemps. En vérité, la fée aurait dû nous promettre de nous accorder une douzaine de dons ; car il y a au moins une douzaine de choses dont j'aurais besoin.

— Cela est vrai, dit le mari, mais prenons du temps : examinons d'ici à demain matin les trois choses qui nous sont les plus nécessaires, et nous les demanderons ensuite.

— J'y peux penser toute la nuit, dit la femme ; en attendant, chauffons-nous, car il fait froid. »

En même temps, la femme prit les pincettes, et raccommoda le feu ; et comme elle vit qu'il y avait beaucoup de charbons bien allumés, elle dit, sans y penser :

« Voilà un bon feu, je voudrais avoir une aune de boudin pour notre souper, nous pourrions le faire cuire bien aisément. »

A peine eut-elle achevé ces paroles, qu'il tomba une aune de boudin par la cheminée.

« Peste soit de la gourmande avec son boudin, dit le mari ; ne voilà-t-il pas un beau souhait, nous n'en avons plus que deux à faire ; pour moi, je suis si en colère, que je voudrais que tu eusses le boudin au bout du nez. »

Dans le moment, l'homme s'aperçut qu'il était encore plus fou que sa femme ; car, par ce second souhait, le boudin sauta au bout du nez de cette pauvre femme, qui ne put jamais l'arracher.

« Que je suis malheureuse ! s'écria-t-elle ; tu es un méchant, d'avoir souhaité ce boudin au bout de mon nez.

— Je te jure, ma chère femme, que je n'y pensais pas, répondit le mari ; mais, que ferons-nous ? Je vais souhaiter de grandes richesses, et je te ferai un étui d'or, pour cacher ce boudin.

— Gardez-vous-en bien, reprit la femme, car je me tuerais s'il fallait vivre avec ce boudin qui est à mon nez : croyez-moi, il nous reste un souhait à faire, laissez-le-moi, ou je vais me jeter par la fenêtre » ; en disant ces paroles, elle courut ouvrir la fenêtre, et son mari, qui l'aimait, lui cria :

« Arrête, ma chère femme, je te donne la permission de souhaiter tout ce que tu voudras.

— Eh bien, dit la femme, je souhaite que ce boudin tombe à terre. »

Dans le moment, le boudin tomba, et la femme, qui avait de l'esprit, dit à son mari :

« La fée s'est moquée de nous, et elle a eu raison. Peut-être aurions-nous été plus malheureux étant riches que nous ne le sommes à présent. Crois-moi, mon ami, ne souhaitons rien, et prenons les choses comme il plaira à Dieu de nous les envoyer ; en attendant, soupons avec notre boudin, puisqu'il ne nous reste que cela de nos souhaits. »

Le mari pensa que sa femme avait raison, et ils soupèrent gaiement, sans plus s'embarrasser des choses qu'ils avaient eu dessein de souhaiter.

LES TROIS SOUHAITS

Conte de Karl Simrock, Ed. Laboulaye. *Contes allemands du temps passé,* traduits par MM. Félix Frank et A. Alsleben, Paris, Didier et cie, 1869.

Il y a longtemps de cela, on bâtissait une fois une église dans un village qui existe encore aujourd'hui ; et, dans ce village, vivait un pauvre homme qui avait beaucoup travaillé durant de longues années, tout en restant gueux comme un rat. Ce bonhomme avait des enfants, et, souvent, pas un morceau de pain au logis. Volontiers il eût donné quelque chose pour la fondation de l'église, s'il avait seulement su où le prendre. En voyant passer les riches du pays avec leurs voitures et leurs charrues chargées de pierres pour bâtir l'église, le pauvre hère se disait :

« Que vais-je faire, misérable que je suis, moi qui n'ai voiture ni charrue ? »

Or, l'idée lui vint de prendre sa hotte et de porter des pierres à l'église, dans la nuit, pendant que tous dormaient. Et ainsi fit-il.

Comme il travaillait de la sorte dans la nuit, un vieux petit homme s'approcha de lui et lui dit :

« Que faites-vous si tard ici, l'ami ?

— Ah ! dit le gueux, je n'ai voiture ni charrue, et j'aimerais pourtant à donner quelque chose pour bâtir l'église ; aussi, je prends ma hotte, et je porte des pierres pendant que tout le monde dort. »

Alors le petit homme lui dit :

« Eh bien, cette peine ne restera pas sans récompense, je t'accorde le pouvoir de faire trois souhaits. »

Le pauvre homme réfléchit un instant, et répondit :

« En ce cas, je désire, quand je mourrai, le ciel et la vie éternelle ; pour cette vie, je m'accommoderais du vieux bahut qui est dans le grenier, s'il pouvait se trouver rempli d'or sans se vider jamais. Autrement, je n'ai besoin de rien : le ciel et de l'argent, cela me suffit.

— Prends garde, reprit le petit homme, ta maison est une

bicoque et tombera bientôt ; qui sait si tu vivras assez de temps pour en bâtir une autre ? Fais encore un souhait.

— Eh bien, alors, dit le bonhomme, je désire que ma maison devienne une fois plus grande.

— Tout cela te sera accordé », dit le petit homme, et il disparut.

Lorsque l'artisan arriva devant sa demeure, il vit que l'ancienne avait été remplacée par une autre une fois plus grande. Le vieux bahut se trouvait rempli d'or et s'emplissait toujours de nouveau. Notre homme vécut désormais tranquille et content, et, dans son bonheur, il n'oublia ni les églises ni les pauvres.

Ce qui s'était passé ne resta pas ignoré dans le village ; tout le monde en jasait. Un homme riche, un affreux avare en entendit parler ; il avait cependant beaucoup de bien, mais jamais assez.

« Si j'avais la même chance ! » se dit-il.

Et, prenant une hotte, il apporta des pierres pour bâtir l'église, pendant que tout le monde dormait.

Bientôt le petit vieillard survint et dit :

« Eh ! l'ami, que faites-vous si tard ici ?

— J'apporte des pierres, répliqua le riche, pendant que tout le monde se repose et dort.

— Alors, tu auras le pouvoir de former trois souhaits », lui dit le petit homme.

Le riche y avait réfléchi d'avance, et répondit :

« Je souhaite deux yeux vifs et clairs à mon vieux cheval ; quant aux deux autres souhaits, j'en réserve l'honneur à ma femme.

— Eh bien, dit le petit homme, vos souhaits s'accompliront. »

Lorsque l'avare fut de retour au logis, il alla tout de suite à l'écurie ; son vieux cheval s'y trouvait avec des yeux clairs et vifs. Puis, il entra dans sa maison et dit à sa femme :

« J'avais trois souhaits en mon pouvoir : le premier est fait, mon cheval a des yeux clairs et vifs ; mais c'est toi, femme, qui auras l'honneur de former les deux autres souhaits : je te l'ai réservé. »

Mais la femme se fâcha et dit :

« Si tu as souhaité pareille chose, je voudrais, vieux fou, que tu fusses borgne comme était ton cheval ! »

A peine avait-elle prononcé ces mots, que son mari devint borgne comme l'était le vieux cheval autrefois. L'avare fut pris d'une telle fureur qu'il exprima le troisième souhait en criant à sa femme :

« Si tu ne sais souhaiter que cela, pauvre sotte, je voudrais te voir aveugle ! »

Ainsi fut fait, et ce fut là leur récompense.

LES TROIS SOUHAITS

Albert Meyrac, *Traditions, coutumes, légendes et contes des Ardennes,* Charleville, Impr. du Petit Ardenais, 1890.

Il y avait une fois un paysan si pauvre qu'il eût été difficile d'en trouver un plus pauvre sous toute la calotte des cieux. Il habitait une misérable cabane dans les bois et était toujours à la veille de mourir de faim, lui et toute sa famille. Un jour qu'il errait plus triste que d'habitude, il rencontra sur son chemin un vieillard à barbe blanche, à cheveux blancs, presque tout aussi cassé, presque tout aussi minable que lui. Il l'arrêta :

— Eh ! l'ami, tu as dû passer comme moi à côté de la fortune ! Je ne peux t'offrir même un morceau de pain, puisque je n'en ai pas, mais ce soir, si tu ne sais où coucher, viens frapper à ma porte ; il ne sera jamais dit que j'aurai laissé à la belle étoile plus mendiant que moi.

— Soit ! j'accepte ; mais où vas-tu ? Où te trouver quand la nuit sera venue ?

— Je vais ramasser quelques branches sèches pour que ma femme et mes enfants ne meurent pas de froid, et je rentre après dans ma cabane qui est là-bas, en plein bois.

— Eh bien ! reviens tout de suite chez toi et souhaite trois choses : ce que tu auras souhaité te sera accordé.

Puis le vieillard à barbe blanche, à cheveux blancs, continua sa route, laissant le paysan assez embarrassé :

— Se serait-il moqué de moi ? pensait-il. Après tout, rentrons. Je ne risque pas grand-chose. Je n'aurai tout au plus que la peine de ressortir pour revenir aux branches.

Il rebroussa donc chemin. Sa femme l'attendait sur le pas de la porte. Le voyant revenir les mains vides :

— Ah ! te voilà, traînard ? Et les fagots ! Tu veux donc que nous mourions de froid cette nuit ?

— Paix ! paix ! ma femme : j'ai rencontré en route un vieillard tout cassé, tout miné, à barbe blanche, à cheveux blancs, qui m'a dit : « Souhaite trois choses, et ce que tu auras souhaité te sera accordé. »

— Tu es fou, mon pauvre homme : la misère t'a fait perdre la tête ; mais enfin, voyons, que vas-tu demander ?

— D'abord le paradis pour moi, pour toi et pour les enfants.

— Imbécile ! le paradis maintenant ! Nous aurons bien le temps d'y songer ! Le joli souhait, vraiment, quand on meurt de faim.

Le paysan haussa les épaules et reprit :

— Je veux, maintenant, une belle table garnie de pain, de vin, de viande, pour que nous puissions manger et encore manger tout notre content.

A peine avait-il parlé qu'une table se dressa tout d'un bloc. Elle était chargée de bouteilles pleines d'excellents vins, de pains tout chauds, de plats en si grand nombre qu'ils étaient serrés les uns contre les autres. Les pauvres diables, qui jeûnaient depuis vingt-quatre heures, burent et mangèrent comme jamais ils n'avaient bu et mangé de leur vie, puis, le repas terminé, le paysan, frappant d'aise sur son ventre bien rebondi, s'écria :

— Et, maintenant, au troisième souhait ! Je désire que la chambre d'à côté se remplisse de pièces d'or, du plancher au plafond.

Il voulut tout aussitôt ouvrir la porte pour voir si ses vœux avaient été exaucés ; mais il eut beau la pousser, appeler à son aide et sa femme et ses enfants, il n'y put parvenir, car elle s'ouvrait en dedans, et la chambre était, du plancher au plafond, pleine de pièces d'or. Il fallut la défoncer, l'abattre à grands coups de hache ; et les pièces d'or, roulant les unes sur les autres, montaient jusqu'aux genoux, jusqu'au ventre, jusqu'aux épaules du paysan et de sa famille. Pensez que de leur vie ils n'en avaient jamais tant vu. Ils n'auraient même pu s'imaginer qu'on en pût voir autant à la fois. Mais, revenus de leur surprise et de leur joie, ils songèrent à compter toutes ces richesses.

— Nous ne pouvons « passer » les pièces d'or une à une, dit le père, nous n'aurions peut-être pas fini de toute notre vie ; nous allons les mesurer au boisseau, comme des grains de blé.

Alors il dit à son fils :

— Cours vite chez ta tante et prie-la de nous prêter son boisseau, au moins jusqu'à demain.

L'enfant ne fit qu'un saut chez sa tante, qui était bien la femme la plus avaricieuse de tout le pays.

— Tu viens encore mendier un morceau de pain ? lui cria-t-elle toute méfiante, le voyant arriver de loin ; je n'en ai pas, tu peux repartir chez toi !

— Il s'agit bien de pain ! riposta l'enfant : si vous en voulez, c'est nous qui vous en donnerons tous les jours jusqu'à votre mort, et même de la viande avec ! Nous sommes riches maintenant, riches à remuer notre argent à la pelle, riches à mesurer notre argent au boisseau.

— Vas-tu te moquer de moi, méchant galopin ?

Elle allait lui allonger une maîtresse gifle, lorsqu'elle s'avisa de penser, fort à point, que si par aventure l'enfant avait dit vrai, son intérêt était, à tout hasard, de prêter le boisseau. C'est donc ce qu'elle fit en rechignant car, nous l'avons dit, elle était fort avaricieuse ; mais elle eut soin de le bien suiffer en dedans.

— Ce sera le diable, grommela-t-elle, si au moins une pièce d'or ne reste pas collée : alors j'aviserai.

Or, c'est précisément ce qui arriva. Le lendemain, en effet, lorsque l'enfant revint rendre le boisseau, elle aperçut, collée au fond, une belle pièce d'or.

— Mon homme ! mon homme ! s'écria-t-elle, voilà ton frère devenu si riche qu'il compte l'or à la mesure. Va donc vite lui demander d'où lui vient cette fortune. A-t-il tué quelqu'un ? Et s'il a hérité d'un parent que nous ne connaissions pas, il est bien juste que nous en ayons notre part, puisque c'était aussi notre parent.

Il ne se le fit pas répéter deux fois, et, vite, vite courut chez son frère, qui, ne jalousant personne, lui raconta de point en point son aventure et comment il avait eu toute sa chambre pleine de pièces d'or, du plancher au plafond. Il revint tout de suite dire à sa femme ce qui s'était passé.

— Eh bien ! alors, reprit-elle quand il eut achevé, rien de plus simple : mets tes habits les plus vieux, les plus déchirés, et va, clopin-clopant, sur la grand-route. Tu ne manqueras pas de rencontrer ce fameux vieillard à la barbe blanche, tu lui demanderas l'aumône et s'il te dit, comme au frère, de revenir chez toi et de faire trois souhaits, ne manque pas d'arriver aussitôt.

Il partit donc, et à peine avait-il fait quelques pas qu'il rencontra le vieillard.

— Il est inutile que tu mendies, lui dit tout de suite l'inconnu, je sais ce que tu veux et je te l'accorde, car il est juste que tu sois traité comme ton frère. Rentre donc chez toi et demande trois choses, elles te seront accordées.

Tout joyeux, il ne fit qu'un saut chez lui.

— Eh bien ?

— Eh bien ! je l'ai vu. Je n'ai qu'à souhaiter trois choses et elles me seront accordées. Mais, ne nous pressons pas, prenons notre temps, il ne s'agit pas de souhaiter à la légère. Et d'abord, femme, laisse-moi me chauffer un brin ; dehors il fait un froid !...

Il s'assit et mit les pieds sur les chenets qui étaient brûlants.

— Peste soit des chenets ! s'écria-t-il, retirant vivement ses pieds, je voudrais les savoir tordus.

Au même instant, les chenets se tordirent comme une vrille.

— Misérable, hurla la femme, encore un souhait pareil et nous serons dans de jolis draps !

— Tu en parles à ton aise ! Tu ne t'es pas brûlée comme moi ! Je voudrais bien savoir ce que tu aurais fait si tu les avais eus à tes oreilles ?

Et, aussitôt, les chenets sautèrent et allèrent s'attacher aux oreilles de la femme, qui poussa des cris horribles, car ils étaient brûlants.

— Vois-tu, ma pauvre femme, fit l'homme mélancoliquement, nous n'avons plus à cette heure qu'une chose à souhaiter, c'est que les chenets reviennent à leur place dans la cheminée.

Il n'avait pas plutôt dit, que les chenets vinrent d'eux-mêmes se remettre à leur place ; et c'est ainsi qu'ayant épuisé leurs trois souhaits, l'homme et la femme furent punis de leur avarice et de leur supercherie.

Perrault

III

PEAU D'ÂNE

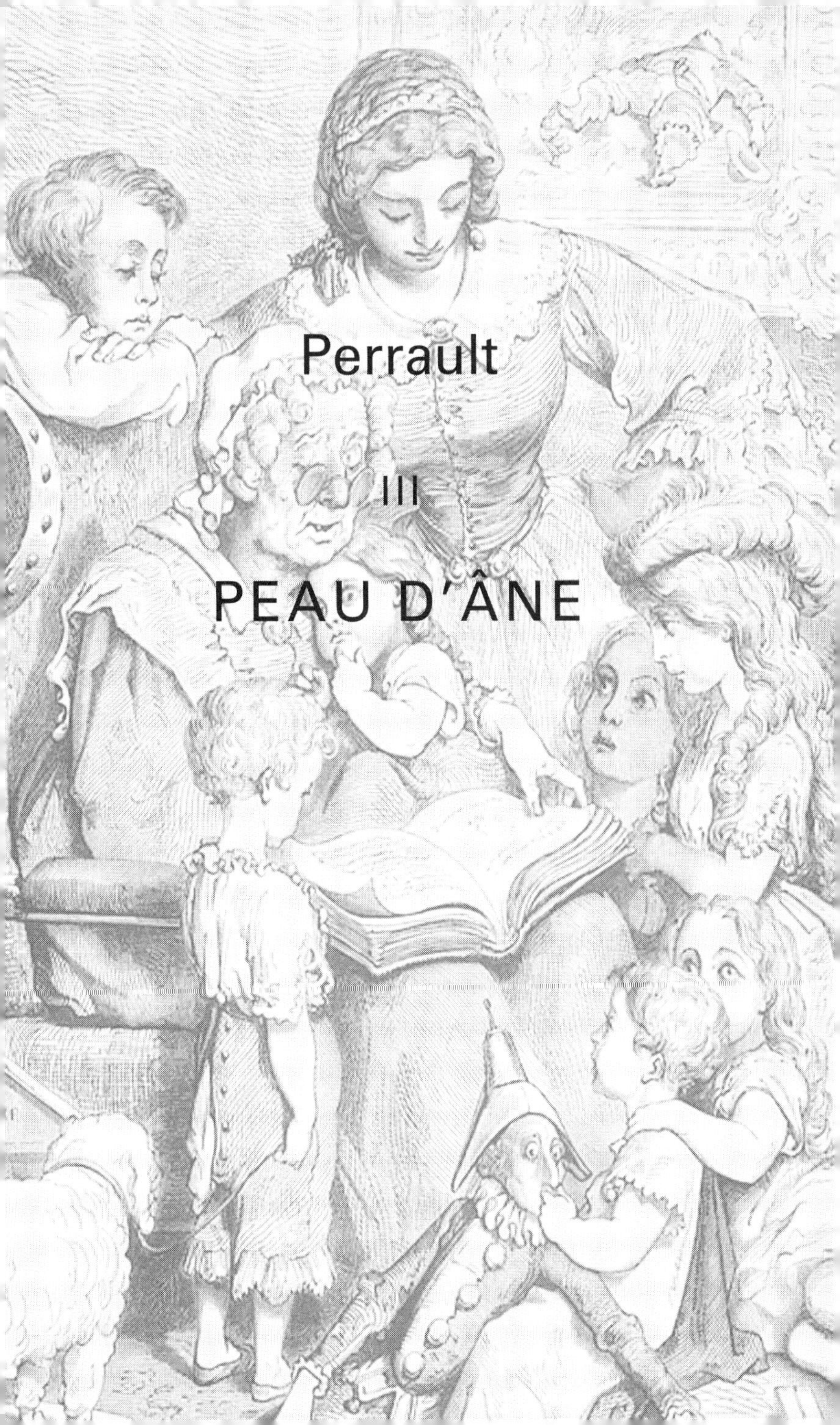

« Conte » publié chez Jean-Baptiste Coignard avec *Griselidis* et *Les Souhaits ridicules* en 1694.

*A Madame la Marquise de L****

Il est des gens de qui l'esprit guindé,
Sous un front jamais déridé,
Ne souffre, n'approuve et n'estime
Que le pompeux et le sublime ;
Pour moi, j'ose poser en fait
Qu'en de certains moments l'esprit le plus parfait
Peut aimer sans rougir jusqu'aux marionnettes ;
Et qu'il est des temps et des lieux
Où le grave et le sérieux
Ne valent pas d'agréables sornettes.
Pourquoi faut-il s'émerveiller
Que la raison la mieux sensée,
Lasse souvent de trop veiller,
Par des contes d'ogre et de fée
Ingénieusement bercée,
Prenne plaisir à sommeiller ?

Sans craindre donc qu'on me condamne
De mal employer mon loisir,
Je vais, pour contenter votre juste désir,
Vous conter tout au long l'histoire de Peau d'Ane.

Il était une fois un roi,
Le plus grand qui fût sur la terre,
Aimable en paix, terrible en guerre,
Seul enfin comparable à soi :
Ses voisins le craignaient, ses Etats étaient calmes,
Et l'on voyait de toutes parts
Fleurir, à l'ombre de ses palmes,
Et les vertus et les beaux arts.

Son aimable moitié, sa compagne fidèle,
Etait si charmante et si belle,
Avait l'esprit si commode et si doux
Qu'il était encor avec elle
Moins heureux roi qu'heureux époux.
De leur tendre et chaste hyménée
Plein de douceur et d'agrément,
Avec tant de vertus une fille était née
Qu'ils se consolaient aisément
De n'avoir pas de plus ample lignée.

Dans son vaste et riche palais
Ce n'était que magnificence ;
Partout y fourmillait une vive abondance
De courtisans et de valets ;
Il avait dans son écurie
Grands et petits chevaux de toutes les façons ;
Couverts de beaux caparaçons,
Roides d'or et de broderie ;
Mais ce qui surprenait tout le monde en entrant,
C'est qu'au lieu le plus apparent,
Un maître âne étalait ses deux grandes oreilles.
Cette injustice vous surprend,
Mais lorsque vous saurez ses vertus nonpareilles,
Vous ne trouverez pas que l'honneur fût trop grand.
Tel et si net le forma la Nature
Qu'il ne faisait jamais d'ordure,
Mais bien beaux écus au soleil
Et louis de toute manière,
Qu'on allait recueillir sur la blonde litière
Tous les matins à son réveil.

Or le Ciel qui parfois se lasse
De rendre les hommes contents,
Qui toujours à ses biens mêle quelque disgrâce,
Ainsi que la pluie au beau temps,
Permit qu'une âpre maladie
Tout à coup de la reine attaquât les beaux jours.
Partout on cherche du secours ;

Mais ni la Faculté qui le grec étudie,
Ni les charlatans ayant cours,
Ne purent tous ensemble arrêter l'incendie
Que la fièvre allumait en s'augmentant toujours.

Arrivée à sa dernière heure
Elle dit au roi son époux :
« Trouvez bon qu'avant que je meure
J'exige une chose de vous ;
C'est que s'il vous prenait envie
De vous remarier quand je n'y serai plus...
— Ah ! dit le roi, ces soins sont superflus,
Je n'y songerai de ma vie,
Soyez en repos là-dessus.
— Je le crois bien, reprit la reine,
Si j'en prends à témoin votre amour véhément ;
Mais pour m'en rendre plus certaine,
Je veux avoir votre serment,
Adouci toutefois par ce tempérament
Que si vous rencontrez une femme plus belle,
Mieux faite et plus sage que moi,
Vous pourrez franchement lui donner votre foi
Et vous marier avec elle. »
Sa confiance en ses attraits
Lui faisait regarder une telle promesse
Comme un serment, surpris avec adresse,
De ne se marier jamais.
Le prince jura donc, les yeux baignés de larmes,
Tout ce que la reine voulut ;
La reine entre ses bras mourut,
Et jamais un mari ne fit tant de vacarmes.
A l'ouïr sangloter et les nuits et les jours,
On jugea que son deuil ne lui durerait guère,
Et qu'il pleurait ses défuntes amours
Comme un homme pressé qui veut sortir d'affaire.

On ne se trompa point. Au bout de quelques mois
Il voulut procéder à faire un nouveau choix ;
Mais ce n'était pas chose aisée,

Il fallait garder son serment
Et que la nouvelle épousée
Eût plus d'attraits et d'agrément
Que celle qu'on venait de mettre au monument.

Ni la cour en beautés fertile,
Ni la campagne, ni la ville,
Ni les royaumes d'alentour
Dont on alla faire le tour,
N'en purent fournir une telle ;
L'infante seule était plus belle
Et possédait certains tendres appas
Que la défunte n'avait pas.
Le roi le remarqua lui-même
Et brûlant d'un amour extrême,
Alla follement s'aviser
Que par cette raison il devait l'épouser.
Il trouva même un casuiste
Qui jugea que le cas se pouvait proposer.
Mais la jeune princesse triste
D'ouïr parler d'un tel amour,
Se lamentait et pleurait nuit et jour.

De mille chagrins l'âme pleine,
Elle alla trouver sa marraine,
Loin, dans une grotte à l'écart
De nacre et de corail richement étoffée.
C'était une admirable fée
Qui n'eut jamais de pareille en son art.
Il n'est pas besoin qu'on vous die
Ce qu'était une fée en ces bienheureux temps ;
Car je suis sûr que votre mie
Vous l'aura dit dès vos plus jeunes ans.

« Je sais, dit-elle, en voyant la princesse,
Ce qui vous fait venir ici,
Je sais de votre cœur la profonde tristesse ;
Mais avec moi n'ayez plus de souci.
Il n'est rien qui vous puisse nuire

Pourvu qu'à mes conseils vous vous laissiez conduire.
Votre père, il est vrai, voudrait vous épouser ;
Ecouter sa folle demande
Serait une faute bien grande,
Mais sans le contredire on le peut refuser.

Dites-lui qu'il faut qu'il vous donne
Pour rendre vos désirs contents,
Avant qu'à son amour votre cœur s'abandonne,
Une robe qui soit de la couleur du temps.
Malgré tout son pouvoir et toute sa richesse,
Quoique le Ciel en tout favorise ses vœux,
Il ne pourra jamais accomplir sa promesse. »

Aussitôt la jeune princesse
L'alla dire en tremblant à son père amoureux
Qui dans le moment fit entendre
Aux tailleurs les plus importants
Que s'ils ne lui faisaient, sans trop le faire attendre,
Une robe qui fût de la couleur du temps,
Ils pouvaient s'assurer qu'il les ferait tous pendre.

Le second jour ne luisait pas encor
Qu'on apporta la robe désirée ;
Le plus beau bleu de l'empyrée
N'est pas, lorsqu'il est ceint de gros nuages d'or,
D'une couleur plus azurée.
De joie et de douleur l'infante pénétrée
Ne sait que dire ni comment
Se dérober à son engagement.
« Princesse, demandez-en une,
Lui dit sa marraine tout bas,
Qui plus brillante et moins commune,
Soit de la couleur de la lune.
Il ne vous la donnera pas. »
A peine la princesse en eut fait la demande
Que le roi dit à son brodeur :
« Que l'astre de la nuit n'ait pas plus de splendeur
Et que dans quatre jours sans faute on me la rende. »

Le riche habillement fut fait au jour marqué,
Tel que le roi s'en était expliqué.
Dans les cieux où la nuit a déployé ses voiles,
La lune est moins pompeuse en sa robe d'argent
Lors même qu'au milieu de son cours diligent
Sa plus vive clarté fait pâlir les étoiles.

La princesse admirant ce merveilleux habit,
Etait à consentir presque délibérée ;
Mais par sa marraine inspirée,
Au prince amoureux elle dit :
« Je ne saurais être contente
Que je n'aie une robe encore plus brillante
Et de la couleur du soleil. »
Le prince qui l'aimait d'un amour sans pareil,
Fit venir aussitôt un riche lapidaire
Et lui commanda de la faire
D'un superbe tissu d'or et de diamants,
Disant que s'il manquait à le bien satisfaire,
Il le ferait mourir au milieu des tourments.

Le prince fut exempt de s'en donner la peine,
Car l'ouvrier industrieux,
Avant la fin de la semaine,
Fit apporter l'ouvrage précieux,
Si beau, si vif, si radieux,
Que le blond amant de Clymène,
Lorsque sur la voûte des cieux
Dans son char d'or il se promène,
D'un plus brillant éclat n'éblouit pas les yeux.

L'infante que ces dons achèvent de confondre,
A son père, à son roi ne sait plus que répondre.
Sa marraine aussitôt la prenant par la main :
« Il ne faut pas, lui dit-elle à l'oreille,
Demeurer en si beau chemin ;
Est-ce une si grande merveille
Que tous ces dons que vous en recevez,
Tant qu'il aura l'âne que vous savez,

Qui d'écus d'or sans cesse emplit sa bourse ?
Demandez-lui la peau de ce rare animal.
Comme il est toute sa ressource,
Vous ne l'obtiendrez pas, ou je raisonne mal. »

Cette fée était bien savante,
Et cependant elle ignorait encor
Que l'amour violent pourvu qu'on le contente,
Compte pour rien l'argent et l'or ;
La peau fut galamment aussitôt accordée
Que l'infante l'eut demandée.

Cette peau quand on l'apporta
Terriblement l'épouvanta
Et la fit de son sort amèrement se plaindre.
Sa marraine survint et lui représenta
Que quand on fait le bien on ne doit jamais craindre ;
Qu'il faut laisser penser au roi
Qu'elle est tout à fait disposée
A subir avec lui la conjugale loi,
Mais qu'au même moment, seule et bien déguisée,
Il faut qu'elle s'en aille en quelque Etat lointain
Pour éviter un mal si proche et si certain.

« Voici, poursuivit-elle, une grande cassette
Où nous mettrons tous vos habits,
Votre miroir, votre toilette,
Vos diamants et vos rubis.
Je vous donne encor ma baguette ;
En la tenant en votre main,
La cassette suivra votre même chemin
Toujours sous la terre cachée ;
Et lorsque vous voudrez l'ouvrir,
A peine mon bâton la terre aura touchée
Qu'aussitôt à vos yeux elle viendra s'offrir.

Pour vous rendre méconnaissable,
La dépouille de l'âne est un masque admirable.
Cachez-vous bien dans cette peau,
On ne croira jamais, tant elle est effroyable,
Qu'elle renferme rien de beau. »

La princesse ainsi travestie
De chez la sage fée à peine fut sortie,
Pendant la fraîcheur du matin,
Que le prince qui pour la fête
De son heureux hymen s'apprête,
Apprend tout effrayé son funeste destin.
Il n'est point de maison, de chemin, d'avenue,
Qu'on ne parcoure promptement ;
Mais on s'agite vainement,
On ne peut deviner ce qu'elle est devenue.

Partout se répandit un triste et noir chagrin ;
Plus de noces, plus de festin,
Plus de tartes, plus de dragées ;
Les dames de la cour, toutes découragées,
N'en dînèrent point la plupart ;
Mais du curé surtout la tristesse fut grande,
Car il en déjeuna fort tard,
Et qui pis est n'eut point d'offrande.

L'infante cependant poursuivait son chemin,
Le visage couvert d'une vilaine crasse ;
A tous passants elle tendait la main,
Et tâchait pour servir de trouver une place.
Mais les moins délicats et les plus malheureux
La voyant si maussade et si pleine d'ordure,
Ne voulaient écouter ni retirer chez eux
Une si sale créature.

Elle alla donc bien loin, bien loin, encor plus loin ;
Enfin elle arriva dans une métairie
Où la fermière avait besoin
D'une souillon, dont l'industrie
Allât jusqu'à savoir bien laver des torchons
Et nettoyer l'auge aux cochons.

On la mit dans un coin au fond de la cuisine
Où les valets, insolente vermine,
Ne faisaient que la tirailler,
La contredire et la railler ;

Ils ne savaient quelle pièce lui faire,
La harcelant à tout propos ;
Elle était la butte ordinaire
De tous leurs quolibets et de tous leurs bons mots.

Elle avait le dimanche un peu plus de repos ;
Car, ayant du matin fait sa petite affaire,
Elle entrait dans sa chambre et tenant son huis clos,
Elle se décrassait, puis ouvrait sa cassette,
Mettait proprement sa toilette,
Rangeait dessus ses petits pots.
Devant son grand miroir, contente et satisfaite,
De la lune tantôt la robe elle mettait,
Tantôt celle où le feu du soleil éclatait,
Tantôt la belle robe bleue
Que tout l'azur des cieux ne saurait égaler,
Avec ce chagrin seul que leur traînante queue
Sur le plancher trop court ne pouvait s'étaler.
Elle aimait à se voir jeune, vermeille et blanche
Et plus brave cent fois que nulle autre n'était ;
Ce doux plaisir la sustentait
Et la menait jusqu'à l'autre dimanche.

J'oubliais à dire en passant
Qu'en cette grande métairie
D'un roi magnifique et puissant
Se faisait la ménagerie,
Que là, poules de Barbarie,
Râles, pintades, cormorans,
Oisons musqués, canes petières,
Et mille autres oiseaux de bizarres manières,
Entre eux presque tous différents,
Remplissaient à l'envi dix cours toutes entières.

Le fils du roi dans ce charmant séjour
Venait souvent au retour de la chasse
Se reposer, boire à la glace
Avec les seigneurs de sa cour.
Tel ne fut point le beau Céphale :

Son air était royal, sa mine martiale,
Propre à faire trembler les plus fiers bataillons.
Peau d'Ane de fort loin le vit avec tendresse,
Et reconnut par cette hardiesse
Que sous sa crasse et ses haillons
Elle gardait encor le cœur d'une princesse.

« Qu'il a l'air grand, quoiqu'il l'ait négligé,
Qu'il est aimable, disait-elle,
Et que bienheureuse est la belle
A qui son cœur est engagé !
D'une robe de rien s'il m'avait honorée,
Je m'en trouverais plus parée
Que de toutes celles que j'ai. »

Un jour le jeune prince errant à l'aventure
De basse-cour en basse-cour,
Passa dans une allée obscure
Où de Peau d'Ane était l'humble séjour.
Par hasard il mit l'œil au trou de la serrure.
Comme il était fête ce jour,
Elle avait pris une riche parure
Et ses superbes vêtements
Qui, tissus de fin or et de gros diamants,
Egalaient du soleil la clarté la plus pure.
Le prince au gré de son désir
La contemple et ne peut qu'à peine,
En la voyant, reprendre haleine,
Tant il est comblé de plaisir.
Quels que soient les habits, la beauté du visage,
Son beau tour, sa vive blancheur,
Ses traits fins, sa jeune fraîcheur
Le touchent cent fois davantage ;
Mais un certain air de grandeur,
Plus encore une sage et modeste pudeur,
Des beautés de son âme assuré témoignage,
S'emparèrent de tout son cœur.

Trois fois, dans la chaleur du feu qui le transporte,
Il voulut enfoncer la porte ;
Mais croyant voir une divinité,
Trois fois par le respect son bras fut arrêté.

Dans le palais, pensif il se retire,
Et là, nuit et jour il soupire ;
Il ne veut plus aller au bal
Quoiqu'on soit dans le Carnaval.
Il hait la chasse, il hait la comédie,
Il n'a plus d'appétit, tout lui fait mal au cœur,
Et le fond de sa maladie
Est une triste et mortelle langueur.

Il s'enquit quelle était cette nymphe admirable
Qui demeurait dans une basse-cour,
Au fond d'une allée effroyable,
Où l'on ne voit goutte en plein jour.
« C'est, lui dit-on, Peau d'Ane, en rien nymphe ni belle
Et que Peau d'Ane l'on appelle,
A cause de la peau qu'elle met sur son cou ;
De l'amour c'est le vrai remède,
La bête en un mot la plus laide,
Qu'on puisse voir après le loup. »
On a beau dire, il ne saurait le croire ;
Les traits que l'amour a tracés
Toujours présents à sa mémoire
N'en seront jamais effacés.

Cependant la reine sa mère
Qui n'a que lui d'enfant pleure et se désespère ;
De déclarer son mal elle le presse en vain,
Il gémit, il pleure, il soupire,
Il ne dit rien, si ce n'est qu'il désire
Que Peau d'Ane lui fasse un gâteau de sa main ;
Et la mère ne sait ce que son fils veut dire.
« O Ciel ! Madame, lui dit-on,
Cette Peau d'Ane est une noire taupe
Plus vilaine encor et plus gaupe

Que le plus sale marmiton.
— N'importe, dit la reine, il le faut satisfaire
Et c'est à cela seul que nous devons songer. »
Il aurait eu de l'or, tant l'aimait cette mère,
S'il en avait voulu manger.

Peau d'Ane donc prend sa farine
Qu'elle avait fait bluter exprès
Pour rendre sa pâte plus fine,
Son sel, son beurre et ses œufs frais ;
Et pour bien faire sa galette,
S'enferme seule en sa chambrette.

D'abord elle se décrassa
Les mains, les bras et le visage,
Et prit un corps d'argent que vite elle laça
Pour dignement faire l'ouvrage
Qu'aussitôt elle commença.

On dit qu'en travaillant un peu trop à la hâte,
De son doigt par hasard il tomba dans la pâte
Un de ses anneaux de grand prix ;
Mais ceux qu'on tient savoir le fin de cette histoire
Assurent que par elle exprès il y fut mis ;
Et pour moi franchement je l'oserais bien croire,
Fort sûr que, quand le prince à sa porte aborda
Et par le trou la regarda,
Elle s'en était aperçue :
Sur ce point la femme est si drue
Et son œil va si promptement
Qu'on ne peut la voir un moment
Qu'elle ne sache qu'on l'a vue.
Je suis bien sûr encor, et j'en ferais serment,
Qu'elle ne douta point que de son jeune amant
La bague ne fût bien reçue.

On ne pétrit jamais un si friand morceau,
Et le prince trouva la galette si bonne
Qu'il ne s'en fallut rien que d'une faim gloutonne
Il n'avalât aussi l'anneau.

Quand il en vit l'émeraude admirable,
Et du jonc d'or le cercle étroit,
Qui marquait la forme du doigt,
Son cœur en fut touché d'une joie incroyable ;
Sous son chevet il le mit à l'instant,
Et son mal toujours augmentant,
Les médecins sages d'expérience,
En le voyant maigrir de jour en jour,
Jugèrent tous, par leur grande science,
Qu'il était malade d'amour.

Comme l'hymen, quelque mal qu'on en die,
Est un remède exquis pour cette maladie,
On conclut à le marier ;
Il s'en fit quelque temps prier,
Puis dit : « Je le veux bien, pourvu que l'on me donne
En mariage la personne
Pour qui cet anneau sera bon. »
A cette bizarre demande,
De la reine et du roi la surprise fut grande ;
Mais il était si mal qu'on n'osa dire non.

Voilà donc qu'on se met en quête
De celle que l'anneau, sans nul égard du sang,
Doit placer dans un si haut rang ;
Il n'en est point qui ne s'apprête
A venir présenter son doigt
Ni qui veuille céder son droit.

Le bruit ayant couru que pour prétendre au prince,
Il faut avoir le doigt bien mince,
Tout charlatan, pour être bienvenu,
Dit qu'il a le secret de le rendre menu ;
L'une, en suivant son bizarre caprice,
Comme une rave le ratisse ;
L'autre en coupe un petit morceau ;
Une autre en le pressant croit qu'elle l'apetisse ;
Et l'autre, avec de certaine eau,
Pour le rendre moins gros en fait tomber la peau ;

Il n'est enfin point de manœuvre
Qu'une dame ne mette en œuvre,
Pour faire que son doigt cadre bien à l'anneau.

L'essai fut commencé par les jeunes princesses,
Les marquises et les duchesses ;
Mais leurs doigts quoique délicats,
Etaient trop gros et n'entraient pas.
Les comtesses, et les baronnes,
Et toutes les nobles personnes,
Comme elles tour à tour présentèrent leur main
Et la présentèrent en vain.

Ensuite vinrent les grisettes
Dont les jolis et menus doigts,
Car il en est de très bien faites,
Semblèrent à l'anneau s'ajuster quelquefois.
Mais la bague toujours trop petite ou trop ronde
D'un dédain presque égal rebutait tout le monde.

Il fallut en venir enfin
Aux servantes, aux cuisinières,
Aux tortillons, aux dindonnières,
En un mot à tout le fretin,
Dont les rouges et noires pattes,
Non moins que les mains délicates,
Espéraient un heureux destin.
Il s'y présenta mainte fille
Dont le doigt, gros et ramassé,
Dans la bague du prince eût aussi peu passé
Qu'un câble au travers d'une aiguille.

On crut enfin que c'était fait,
Car il ne restait en effet,
Que la pauvre Peau d'Ane au fond de la cuisine.
Mais comment croire, disait-on,
Qu'à régner le Ciel la destine !
Le Prince dit : « Et pourquoi non ?
Qu'on la fasse venir. » Chacun se prit à rire,
Criant tout haut : « Que veut-on dire,

De faire entrer ici cette sale guenon ? »
Mais lorsqu'elle tira de dessous sa peau noire
Une petite main qui semblait de l'ivoire
Qu'un peu de pourpre a coloré,
Et que de la bague fatale,
D'une justesse sans égale
Son petit doigt fut entouré,
La cour fut dans une surprise
Qui ne peut pas être comprise.

On la menait au roi dans ce transport subit ;
Mais elle demanda qu'avant que de paraître
Devant son seigneur et son maître,
On lui donnât le temps de prendre un autre habit.
De cet habit, pour la vérité dire,
De tous côtés on s'apprêtait à rire ;
Mais lorsqu'elle arriva dans les appartements,
Et qu'elle eut traversé les salles
Avec ses pompeux vêtements
Dont les riches beautés n'eurent jamais d'égales ;
Que ses aimables cheveux blonds
Mêlés de diamants dont la vive lumière
En faisait autant de rayons,
Que ses yeux bleus, grands, doux et longs,
Qui pleins d'une majesté fière
Ne regardent jamais sans plaire et sans blesser,
Et que sa taille enfin si menue et si fine
Qu'avec que ses deux mains on eût pu l'embrasser,
Montrèrent leurs appas et leur grâce divine,
Des dames de la cour, et de leurs ornements
Tombèrent tous les agréments.

Dans la joie et le bruit de toute l'assemblée,
Le bon roi ne se sentait pas
De voir sa bru posséder tant d'appas ;
La reine en était affolée,
Et le prince son cher amant,
De cent plaisirs l'âme comblée,
Succombait sous le poids de son ravissement.

Pour l'hymen aussitôt chacun prit ses mesures ;
Le monarque en pria tous les rois d'alentour,
Qui, tous brillants de diverses parures,
Quittèrent leurs Etats pour être à ce grand jour.
On en vit arriver des climats de l'aurore,
Montés sur de grands éléphants ;
Il en vint du rivage more,
Qui, plus noirs et plus laids encore,
Faisaient peur aux petits enfants ;
Enfin de tous les coins du monde,
Il en débarque et la cour en abonde.

Mais nul prince, nul potentat,
N'y parut avec tant d'éclat
Que le père de l'épousée,
Qui d'elle autrefois amoureux
Avait avec le temps purifié les feux
Dont son âme était embrasée.
Il en avait banni tout désir criminel
Et de cette odieuse flamme
Le peu qui restait dans son âme
N'en rendait que plus vif son amour paternel.
Dès qu'il la vit : « Que béni soit le Ciel
Qui veut bien que je te revoie,
Ma chère enfant », dit-il, et tout pleurant de joie,
Courut tendrement l'embrasser ;
Chacun à son bonheur voulut s'intéresser,
Et le futur époux était ravi d'apprendre
Que d'un roi si puissant il devenait le gendre.

Dans ce moment la marraine arriva
Qui raconta toute l'histoire,
Et par son récit acheva
De combler Peau d'Ane de gloire.

Il n'est pas malaisé de voir
Que le but de ce conte est qu'un enfant apprenne
Qu'il vaut mieux s'exposer à la plus rude peine
Que de manquer à son devoir ;

Que la Vertu peut être infortunée
Mais qu'elle est toujours couronnée ;

Que contre un fol amour et ses fougueux transports
La raison la plus forte est une faible digue,
Et qu'il n'est point de si riches trésors
Dont un amant ne soit prodigue ;

Que de l'eau claire et du pain bis
Suffisent pour la nourriture
De toute jeune créature,
Pourvu qu'elle ait de beaux habits ;
Que sous le ciel il n'est point de femelle
Qui ne s'imagine être belle,
Et qui souvent ne s'imagine encor
Que si des trois beautés la fameuse querelle
S'était démêlée avec elle,
Elle aurait eu la pomme d'or.

Le conte de Peau d'Ane est difficile à croire,
Mais tant que dans le monde on aura des enfants,
Des mères et des mères-grands,
On en gardera la mémoire.

« Les grands de l'Etat s'assemblèrent, et vinrent en corps e

- le roi de se remarier. Cette proposition lui parut dure. »

« Le roi, qui s'était mis en tête ce bizarre projet,
avait consulté un vieux druide. »

« La jeune princesse, outrée d'une vive douleur, n'imagina rien autre chose que d'aller trouver la fée des Lilas, sa marraine. »

« Elle partit la même nuit dans un joli cabriolet
attelé d'un gros mouton qui savait tous les chemins. »

« La joie de se trouver si belle lui donna envie de s'y baigner, ce qu'elle exécuta. »

« Il vint des

ous les pays. »

Bonaventure des Périers

D'UNE JEUNE FILLE SURNOMMÉE PEAU D'ÂNE,

et comment elle fut mariée par le moyen que lui donnèrent les petites fourmis

Contes ou Nouvelles récréations et joyeux devis de feu Bonaventure Des Périers, valet de chambre de la royne de Navarre, Nouvelle CXXIX, 1558. Paris, Garnier frères éditeurs, 1872.

En une ville d'Italie, il y avait un marchand, lequel, après qu'il se vit passablement riche, délibéra de se reposer et d'achever joyeusement le restant de sa vie avec sa femme et ses enfants, et pour cette considération il se retira en une métairie qu'il avait aux champs.

Or, comme il était homme d'assez bonne chère et qu'il aimait la gentillesse d'esprit, plusieurs bons personnages le visitaient, et entre autres un gentilhomme d'ancienne maison, son voisin, lequel, pour le désir qu'il avait de joindre quelques pièces de terre du marchand avec les siennes, lui fit à croire qu'il désirait grandement que le mariage se fît de son fils avec la cadette de ses filles, nommée Pernette, pourvu qu'il lui fît avance de quelque bien.

Le marchand, entendant assez bien où tendait le gentilhomme, qui le moquait, l'en remercia gracieusement comme celui qui n'eût jamais pensé qu'un tel bien devait lui advenir. Toutefois, ces propos parvenus aux oreilles du fils du gentilhomme et de la fille du marchand, ils osèrent bien, chacun vis-à-vis de soi, sonder les cœurs et les affections l'un de l'autre ; ce qui fut conduit si habilement que, de propos familiers, ils se promirent mariage et se résolurent d'en avertir leurs parents.

Quelque temps après, le fils du gentilhomme s'adressa au père de Pernette, lequel il combattit avec telles raisons emmiellées de promesses de l'avantager en son nom qu'il le rangea à sa volonté et obtint que Pernette lui demeurerait pour femme pourvu que sa mère y consentît.

Or il faut entendre que les sœurs de Pernette étaient jalouses de sa situation aisée et de ce qu'elle marchait la première ; tellement que pour divertir leur père de sa promesse elles lui mirent en avant choses et autres. D'autre part, la mère, qui se repentait de l'avoir jamais portée en son ventre, ne voulut point consentir à ce mariage si avant toutes choses Pernette ne levait de terre, et avec sa langue, grain à grain un boisseau plein d'orge, que, à cette fin, elle lui ferait répandre. Outre cela, le marchand, voyant que ce mariage ne plaisait pas à sa femme, et s'arrêtant à ce que ses autres filles lui avaient dit, voulut que dès lors, pour la suite, Pernette ne revêtît d'autre habit qu'une peau d'âne qu'il lui acheta, pensant, par ce moyen, la mettre au désespoir et en dégoûter son ami.

Pernette, au contraire, redoublait son amour par la rigueur qu'on lui tenait, et se promenait souvent vêtue de cette peau. Ce qu'entendant, son ami s'en va vers le marchand : lequel, faisant bonne mine et plus mauvais jeu, lui dit qu'il voulait bien tenir sa promesse, mais que sa femme imposait que telle chose (qu'il lui compta) fût faite. Pernette, entendant ces propos, se présente à son père et lui demande quand il voulait qu'elle se mît en besogne. Son père, ne pouvant honnêtement rompre sa promesse, lui assigna le jour. Elle n'y manqua pas.

Comme elle était auprès de ces grains d'orge, ses père et mère faisaient soigneuse garde pour vérifier si elle en prendrait deux en une fois, afin de demeurer quittes de leurs promesses ; mais, comme la constance rend les personnes assurées, voici un nombre de fourmis qui se traînèrent où était cet orge et firent telle diligence avec Pernette (et sans qu'on les apercût) que la place fut vue aussitôt vide. Par ce moyen, Pernette fut mariée à son ami, duquel elle fut caressée et aimée comme elle avait bien mérité. Il est vrai que, tant qu'elle vécut, le sobriquet *Peau d'Ane* lui resta.

Basile

L'OURSE

L'Orza, Le Conte des contes, IIe journée, 6e conte, 1636. Traduction De Lauzières-Thémines et Charles Deulin, Charles Deulin, *Les Contes de ma Mère l'Oye avant Perrault*, Paris, E. Dentu, éditeur libraire de la Société des Gens de Lettres, 1879.

Il était une fois le roi de l'Apre-Roche qui avait pour femme l'idéal de la beauté. Or, au milieu de la carrière de l'âge, la reine tomba de la cavale de la santé et se cassa les reins. Au moment où l'éteignoir des ans allait être posé sur la chandelle de l'existence, elle fit appeler son mari et lui dit :

— Je sais que tu m'as toujours aimée de tout ton cœur ; c'est pourquoi, à l'approche de ma fin, je désire que tu me montres le dessus du panier de ton amour. Promets-moi donc de ne pas te remarier, si tu ne trouves une femme aussi belle que je l'étais, sinon je te laisse ma malédiction la plus terrible, et je te poursuivrai de ma haine jusque dans l'autre monde.

En apprenant cette volonté dernière, le roi, qui l'aimait par-dessus les toits, éclata en sanglots et, pendant quelque temps, ne put accoucher d'une parole. A la fin, comme la reine trépassait, il lui dit :

— Si je voulais encore tâter de la femme, qu'auparavant la goutte m'agrippe, qu'auparavant j'attrape un coup de couteau catalan, qu'on me fasse comme à Starace ; ne crois pas, mon trésor, que je puisse mettre mon amour sur une autre femme ; tu as eu l'étrenne de mes affections, tu emporteras le dernier de mes désirs.

Tandis qu'il prononçait ces mots, la pauvre femme qui râlait, roula les prunelles et étendit les pieds. Le roi, qui vit la partie perdue, ouvrit le robinet de ses yeux, hurlant et se débattant au point d'assembler la cour entière. Tous se prirent à crier le nom de la bonne âme, à injurier la Fortune qui l'avait enlevée, à s'arracher la barbe et à maudire les astres qui avaient envoyé cette catastrophe. Tout cela uniquement pour faire comme lui — deuil d'ivrogne et de femme ; beaucoup de plaintes, peu de durée ; deux bons moments : à la fosse et à la noce.

La Nuit n'avait pas encore quitté la place d'armes du ciel

pour passer la revue des chauves-souris, quand le roi commença de faire le compte avec ses doigts :

— Voici que ma femme est morte et je reste veuf et désolé, sans espérance de me voir d'autre progéniture que cette malheureuse fille qu'elle m'a laissée. Il sera nécessaire que je trouve moyen d'avoir un enfant mâle. Mais où donner de la tête ? Où prendre une femme aussi brillante de toutes les beautés que la mienne, si, en comparaison d'elle, toutes les autres ressemblent à des harpies : voilà le hic !

Si je n'en trouve pas une autre avec la baguette, si je n'en cherche pas une autre avec la sonnette, si la nature a formé Nardella (puisse-t-elle être avec les anges !), puis a brisé le moule, hélas ! dans quel mauvais pas me suis-je fourré ! Que le diable emporte la promesse que je lui ai faite !

Mais quoi ! je n'ai pas encore vu le loup et voilà que je me sauve. Cherchons, voyons, entendons-nous. Est-il possible qu'il n'y ait pas à l'étable d'autre ânesse que Nardella ? Est-il possible que le monde veuille être perdu pour moi ? L'espèce féminine est-elle donc à ce point dégénérée que la semence en soit perdue ?

Ayant ainsi parlé, il fit aussitôt publier un ban et commander, de la part de maître Chiommiento, que toutes les belles femmes du monde entier vinssent concourir pour la beauté, car il voulait épouser la plus belle et lui faire partager son trône.

Quand la chose eut été répandue, il n'y eut pas dans tout l'univers une seule femme qui ne voulût tenter la fortune ; il n'y eut pas de harpie, si ratatinée qu'elle fût, qui ne se mît en douze. C'est qu'aussitôt qu'on touche cette corde, il n'est point de monstre qui s'avoue vaincu, il n'est point d'orque marine qui cède ; chacune se pique d'être la plus belle, et, si le miroir leur dit la vérité, elles accusent le cristal de tromper et le vif-argent d'être posé de travers. Donc, le monde étant plein de belles femmes, le roi ordonna qu'on les mît en rang, et les passa en revue, ainsi que fait le Grand Turc, quand il traverse le sérail. Il allait, il venait d'un bout à l'autre, comme un singe qui ne s'arrête jamais, lorgnant celle-ci, reluquant celle-là.

Il trouvait à l'une le front mal fait, à l'autre le nez long ; celle-ci avait la bouche large, celle-là les lèvres épaisses ; l'une était boulotte, l'autre courte et mal tournée, celle-ci trop rembourrée de graisse, celle-là trop dépouillée de chair.

L'Espagnole ne lui plaisait guère à cause de son teint basané ; la Napolitaine lui déplaisait tout autant pour sa façon de marcher comme avec des béquilles ; l'Allemande lui semblait froide et glacée, la Française trop écervelée, la Vénitienne n'était qu'une quenouille garnie de filasse en guise de cheveux ; à la fin des fins, qui pour une cause, qui pour une autre, il les renvoya toutes une main devant, l'autre derrière.

Voyant que tant de beautés s'en étaient allées en fumée, il résolut de s'étrangler, puis il tourna les yeux vers sa propre fille et dit :

« Je vais cherchant Marie pour Ravenne. Si Prétiosa, ma fille, a été faite dans le même moule que sa mère, j'ai à la maison la beauté qu'il me faut. Pourquoi la chercher au bout du monde ? »

Il communiqua son idée à sa fille, mais elle entra dans une colère que nulle parole humaine ne saurait exprimer. Le monarque furieux lui dit :

— Baisse la voix et retiens ta langue. J'ai résolu de former ce soir avec toi le nœud du mariage ; si tu refuses, je te coupe en si menus morceaux que le plus grand sera l'oreille !

Sur cette menace, Prétiosa se retira dans sa chambre ; elle se mit à déplorer son sort et à se torturer la cervelle. Comme elle était à faire cette triste figure, il arriva une vieille qui lui servait à distribuer ses aumônes. Celle-ci lui trouvant un air de l'autre monde et ayant appris la cause de sa douleur, lui dit :

— Courage, ma fille, ne te désespère pas, car à tous maux il y a remède, sauf à la mort. Ecoute : quand ton père viendra ce soir pour se livrer à sa passion, mets ce petit morceau de bois dans ta bouche. Aussitôt tu deviendras une ourse et tu te sauveras, car il aura peur et te laissera fuir. Tu t'en iras droit à la forêt ou, depuis le jour de ta naissance, le ciel te garde ta destinée. Lorsque tu voudras redevenir femme, tu le pourras toujours : tu n'auras qu'à ôter le bâtonnet de ta bouche et tu retourneras à ta forme première.

Prétiosa embrassa la vieille, lui donna un plein tablier de farine, une tranche de jambon, un morceau de lard et la renvoya. Quand le soleil, comme une courtisane qui a fait faillite, commença de changer de quartier, le roi appela ses cuisiniers et invita tous les seigneurs ses vassaux à une grande fête. Ils dansèrent cinq ou six heures durant, puis s'attablèrent et mangèrent plus que leur saoul. Le roi alors alla se coucher et commanda à la nouvelle mariée de lui apporter le registre pour solder les comptes de l'amour.

Prétiosa mit le bâtonnet dans sa bouche, prit la figure d'une ourse terrible et courut à lui. Epouvanté de ce prodige, le monarque se cacha dans ses matelas d'où il n'osa pas même le lendemain sortir le bout du nez.

Cependant la jeune fille s'élança dehors et parvint bientôt au bord de la forêt où l'ombre régnait seule, comme si elle avait eu la prétention de faire en vingt-quatre heures quelque tort au soleil. Tandis que l'ourse s'entretenait doucement avec les autres animaux, arriva en cet endroit le fils du roi de l'Eau-Courante. A l'aspect de cette ourse, il faillit mourir de frayeur, mais voyant qu'elle tournait autour de lui en balançant sa tête et en remuant sa queue, comme une petite chienne, il prit courage, se risqua à la caresser, et, tout en disant : « Couche, couche là, minette, minette, doucement, doucement ! » il la mena au palais et donna ordre qu'on la traitât comme lui-même : on l'installa dans le jardin afin qu'il pût la regarder à son aise par la fenêtre.

Lorsque tous les gens de la maison furent partis et que le prince se vit seul, il se mit à la fenêtre pour contempler son ourse ; il s'aperçut que Prétiosa, qui avait ôté le bâtonnet de sa bouche, s'occupait de peigner ses tresses d'or.

A l'aspect de cette beauté qui sortait de sa sauvage enveloppe, il fut frappé de stupeur : il dégringola l'escalier et courut au jardin. Prétiosa flaira le danger, remit le petit bâton dans sa bouche et reprit sa forme de bête. Arrivé en bas, le prince ne trouva plus celle qu'il avait vue de la fenêtre et en fut si affecté qu'il se plongea dans une profonde mélancolie. Au bout de quatre jours, il tomba malade ; il répétait sans cesse : « Mon ourse, mon ourse ! » Quand sa mère l'entendit se plaindre ainsi, elle s'imagina que l'ourse lui avait fait quelque mal et elle donna ordre de la tuer.

L'ourse était si bonne qu'elle se serait fait aimer des pierres du chemin. Charmés de sa douceur, les serviteurs n'eurent pas le courage de l'abattre ; ils la conduisirent au bois et rapportèrent à la reine qu'ils y avaient lâché la pauvre petite bête. La nouvelle en vint aux oreilles du prince et il s'abandonna à des folies incroyables. Quoique malade, il se leva et voulut qu'on mît les serviteurs en hachis. Lorsqu'il apprit d'eux comment la chose s'était passée, il monta presque mourant à cheval, et tant chercha et tant tourna qu'il finit par retrouver l'ourse. Il la ramena à la maison, l'enferma dans une chambre et dit :

— O beau morceau de roi qui es caché dans cette peau, ô chandelle d'amour qui es enclose dans cette lanterne velue ! Pourquoi me tromper ainsi ? Est-ce pour me voir vivre dans l'angoisse et dépérir peu à peu de consomption ? Je meurs alangui, affamé d'amour, halluciné par ta beauté et tu ne vois pas ce qui frappe tous les yeux, que je suis réduit au tiers, comme du vin cuit, que je n'ai plus que la peau et les os, et que la fièvre est cousue à mes veines avec du fil double !

Dépouille donc cette fourrure et dévoile-moi la splendeur de tes beautés ; ôte les feuilles qui couvrent ce panier de jonc et montre-m'en les beaux fruits ; lève cette portière et permets à mes yeux de contempler la pompe des merveilles. Qui a logé dans une prison tissue de poils un objet aussi joli ? Qui a serré dans un écrin de cuir un aussi beau trésor ? Fais-moi voir ce prodige de grâce et pour prix prends toutes mes volontés. O mon bien, c'est la graisse de cette ourse qui seule peut calmer l'irritation de mes nerfs !

Quand il eut tout dit et redit, il s'aperçut qu'il avait perdu ses paroles. Il se retourna dans son lit et eut une crise si violente que les médecins n'en augurèrent rien de bon. Sa mère, qui n'avait pas d'autre bien au monde, s'assit à son chevet et lui dit :

— Mon fils, d'où te viennent ces tourments ? Quelle

sombre mélancolie s'est emparée de toi ! Toi si jeune, toi si chéri, toi si grand, toi si riche, que te manque-t-il, ô mon fils ? parle : mendiant honteux porte besace vide. Tu veux une épouse, choisis-la ; je donne les arrhes. Prends et je paye. Ne vois-tu pas que ton mal est mon mal ? Chez toi bat le pouls, chez moi le cœur ; tu as la fièvre dans le sang, moi j'ai le feu au cerveau, n'ayant pas d'autre bâton de vieillesse que toi. Donc, reprenons courage : on peut encore être heureux et ne pas voir ce royaume en noir, cette maison en poussière et cette mère comme une pauvre misérable !

A ces paroles le prince répondit :

— Je ne connais qu'une chose qui me puisse consoler, la vue de l'ourse. Si vous voulez que je guérisse, amenez-la dans cette chambre. Je ne souffrirai pas qu'une autre me soigne et fasse mon lit, ainsi que ma cuisine. Sans qu'il soit besoin d'aucun remède, son agréable présence me guérira en quatre secondes.

La maman trouvait ridicule que l'ourse eût à jouer le rôle de cuisinière et de camériste ; elle se demandait si son fils n'avait pas le délire. Néanmoins, pour le contenter, elle envoya quérir la bête. Celle-ci s'approcha du lit, leva la patte et tâta le pouls du malade, ce qui effraya la reine, qui croyait à chaque instant qu'elle allait lui griffer le nez.

Mais le prince dit à l'ourse :

— Ma chérie, ne veux-tu pas me faire la cuisine, me donner à manger et prendre soin de moi ?

Elle baissa la tête en signe de consentement. Aussitôt la reine ordonna d'apporter une couple de poules, d'allumer le feu dans le foyer de la chambre et de faire bouillir de l'eau. L'ourse prit une poule, l'échauda, la pluma dextrement et, l'ayant étripée, la mit à la broche. Elle apprêta, en outre, un bon petit gratin dont le prince, qui pourtant ne pouvait sentir le sucré, se lécha les doigts. Quand il eut assez mangé, elle lui donna à boire avec tant de grâce que la reine voulut la baiser au front.

Le prince alors descendit du lit pour faire ce qui sert de pierre de touche au jugement des médecins. L'ourse aussitôt dressa le lit, courut au jardin, y cueillit une brassée de roses et de feuilles d'oranger et les sema sur la couche, si bien que la reine dit que l'ourse valait un trésor et que son fils avait mille raisons de lui vouloir du bien.

Voyant qu'elle le servait si gentiment, le prince remit du bois dans son feu. Si d'abord il s'était consumé par drachmes, maintenant il s'en allait par *rotoli*[1]. Il dit à la reine :

— Ma bonne mère, si je ne donne pas un baiser à l'ourse, le souffle va me manquer.

La reine, qui le vit près de s'évanouir, dit :

— Baise-le, baise-le, mon bel animal : je ne veux pas voir mourir mon pauvre fils.

Le prince s'approcha de l'ourse et l'embrassa à pincettes. Il ne se rassasiait pas de l'embrasser, et, tandis qu'ils étaient museau à museau, le petit bâton tomba, je ne sais comment, de la bouche de Prétiosa et il resta dans les bras du prince le plus bel objet du monde.

Il l'étreignit avec les tenailles amoureuses de ses bras et dit :

— Mon gentil prisonnier, ne me fuis plus sans raison.

A sa beauté naturelle Prétiosa ajouta le coloris de la pudeur et répondit :

— Me voici en tes mains ; je te recommande mon honneur ; coupe, rogne et tourne-moi comme tu veux.

La reine demanda qui était cette belle jeune fille et quel accident l'avait réduite à cette vie sauvage. Celle-ci lui conta de point en point toute l'histoire de ses malheurs. La reine en loua et en honora davantage la demoiselle et dit à son fils qu'elle serait heureuse de la lui voir épouser.

Le prince, qui ne désirait rien d'autre en ce monde, lui donna aussitôt sa foi. La reine bénit le jeune couple, fit ce beau mariage avec grandes fêtes et illuminations, et Prétiosa justifia le proverbe qui dit que

Qui fait bien bien attende.

---

1. Le *rotolo* vaut 1 089 drachmes.

PEAU D'ÂNE

Version apocryphe en prose du conte de Perrault, publiée pour la première fois en 1781 par Lamy. *Les Contes de Perrault*, illustrés par G. Doré, Paris, J. Hetzel, 1862.

Il était une fois un roi si grand, si aimé de ses peuples, si respecté de tous ses voisins et de ses alliés, qu'on pouvait dire qu'il était le plus heureux de tous les monarques.

Son bonheur était encore confirmé par le choix qu'il avait fait d'une princesse aussi belle que vertueuse ; et ces heureux époux vivaient dans une union parfaite. De leur mariage était née une fille, douée de tant de grâce et de charmes, qu'ils ne regrettaient pas de n'avoir pas une plus grande lignée.

La magnificence, le goût et l'abondance régnaient dans son palais ; les ministres étaient sages et habiles ; les courtisans, vertueux et attachés ; les domestiques, fidèles et laborieux ; les écuries, vastes et remplies des plus beaux chevaux du monde, couverts de riches caparaçons : mais ce qui étonnait les étrangers qui venaient admirer ces belles écuries, c'est qu'au lieu le plus apparent un maître d'âne étalait de longues et grandes oreilles.

Ce n'était pas par fantaisie, mais avec raison, que le roi lui avait donné une place particulière et distinguée. Les vertus de ce rare animal méritaient cette distinction, puisque la nature l'avait formé si extraordinaire, que sa litière, au lieu d'être malpropre, était couverte, tous les matins, avec profusion, de beaux écus au soleil et de louis d'or de toute espèce, qu'on allait recueillir à son réveil.

Or, comme les vicissitudes de la vie s'étendent aussi bien sur les rois que sur les sujets, et que toujours les biens sont mêlés de quelques maux, le ciel permit que la reine fût tout à coup attaquée d'une âpre maladie, pour laquelle, malgré la science et l'habileté des médecins, on ne put trouver aucun secours.

La désolation fut générale. Le roi, sensible et amoureux, malgré le proverbe fameux qui dit que le mariage est le tombeau de l'amour, s'affligeait sans modération, faisait des vœux ardents à tous les temples de son royaume, offrait sa vie pour celle d'une épouse si chère, mais les dieux et les fées étaient invoqués en vain. La reine, sentant sa dernière heure approcher, dit à son époux qui fondait en larmes :

— Trouvez bon, avant que je meure, que j'exige une chose de vous : c'est que s'il vous prenait envie de vous remarier...

A ces mots, le roi fit des cris pitoyables, prit les mains de sa femme, les baigna de pleurs, et, l'assurant qu'il était superflu de lui parler d'un second mariage :

— Non, non, dit-il enfin, ma chère reine, parlez-moi plutôt de vous suivre.

— L'Etat, reprit la reine avec une fermeté qui augmentait les regrets de ce prince, l'Etat doit exiger des successeurs et, comme je ne vous ai donné qu'une fille, vous presser d'avoir des fils qui vous ressemblent : mais je vous demande instamment, par tout l'amour que vous avez eu pour moi, de ne céder à l'empressement de vos peuples que lorsque vous aurez trouvé une princesse plus belle et mieux faite que moi ; j'en veux votre serment, et alors je mourrai contente.

On présume que la reine, qui ne manquait pas d'amour-propre, avait exigé ce serment, ne croyant pas qu'il fût au monde personne qui pût l'égaler, pensant bien que c'était s'assurer que le roi ne se remarierait jamais. Enfin elle mourut. Jamais mari ne fit tant de vacarme : pleurer, sangloter jour et nuit, menus droits du veuvage, furent son unique occupation.

Les grandes douleurs ne durent pas. D'ailleurs, les grands de l'Etat s'assemblèrent, et vinrent en corps prier le roi de se remarier. Cette première proposition lui parut dure, et lui fit répandre de nouvelles larmes. Il allégua le serment qu'il avait fait à la reine, défiant tous ses conseillers de pouvoir trouver une princesse plus belle et mieux faite que feu sa femme, pensant que cela était impossible. Mais le conseil traita de babiole une telle promesse et dit qu'il importait peu de la beauté, pourvu qu'une reine fût vertueuse ; que l'Etat demandait des princes pour son repos et sa tranquillité ; qu'à la vérité, l'Infante avait toutes les qualités requises pour faire une grande reine, mais qu'il fallait lui choisir un époux ; et qu'alors ou cet étranger l'emmènerait chez lui, ou que, s'il régnait avec elle, ses enfants ne seraient plus réputés du même sang ; et que, n'y ayant point de prince de son nom, les peuples voisins pourraient lui susciter des guerres qui entraîneraient la ruine du royaume.

Le roi, frappé de ces considérations, promit qu'il songerait à les contenter. Effectivement, il chercha, parmi les princesses à marier, qui serait celle qui pourrait lui convenir. Chaque jour on lui apportait des portraits charmants, mais aucun n'avait les grâces de la feue reine : ainsi il ne se déterminait point.

Malheureusement il s'avisa de trouver que l'Infante surpassait encore de beaucoup la reine sa mère en esprit et en agréments. Sa jeunesse, l'agréable fraîcheur de ce beau teint enflammèrent le roi d'un ton si violent, qu'il ne put le cacher à l'Infante, et il lui dit qu'il avait résolu de l'épouser, puisqu'elle seule pouvait le dégager de son serment.

La jeune princesse, remplie de vertu et de pudeur, pensa s'évanouir à cette horrible proposition. Elle se jeta aux pieds du roi son père, et le conjura, avec toute la force qu'elle put trouver dans son esprit, de ne la pas contraindre à commettre un tel crime.

Le roi, qui s'était mis en tête ce bizarre projet, avait consulté un vieux druide pour mettre la conscience de la princesse en repos. Ce druide, moins religieux qu'ambitieux, sacrifia, à l'honneur d'être confident d'un grand roi, l'intérêt et l'innocence de la vertu, et s'insinua avec tant d'adresse dans l'esprit du roi, lui adoucit tellement le crime qu'il allait commettre, qu'il lui persuada même que c'était une œuvre pie que d'épouser sa fille.

Ce prince, flatté par les discours de ce scélérat, l'embrassa et revint d'avec lui plus entêté que jamais dans son projet : il fit donc ordonner à l'Infante de se préparer à lui obéir. La jeune princesse, outrée d'une vive douleur, n'imagina rien d'autre chose que d'aller trouver la fée des Lilas, sa marraine. Pour cet effet, elle partit la même nuit dans un joli cabriolet attelé d'un gros mouton qui savait tous les chemins. Elle y arriva heureusement. La fée, qui aimait l'Infante, lui dit qu'elle savait tout ce qu'elle venait lui dire, mais qu'elle n'eût aucun souci, rien ne pouvant lui nuire si elle exécutait fidèlement ce qu'elle allait lui prescrire.

— Car, ma chère enfant, lui dit-elle, ce serait une grande faute que d'épouser votre père, mais, sans le contredire, vous pouvez l'éviter : dites-lui que, pour remplir une fantaisie que vous avez, il faut qu'il vous donne une robe de la couleur du temps ; jamais, avec tout son amour et son pouvoir, il ne pourra y parvenir.

La princesse remercia bien sa marraine ; et dès le lendemain matin, elle dit au roi son père ce que la fée lui avait conseillé, et protesta qu'on ne tirerait d'elle aucun aveu qu'elle n'eût une robe couleur du temps. Le roi, ravi de l'espérance qu'elle lui donnait, assembla les plus fameux ouvriers, et leur commanda cette robe, sous la consigne que, s'ils ne pouvaient réussir, il les ferait tous pendre.

Il n'eut pas le chagrin d'en venir à cette extrémité, dès le second jour ils apportèrent la robe si désirée. L'empyrée n'est pas d'un plus beau bleu lorsqu'il est ceint de nuages d'or, que cette belle robe lorsqu'elle fut étalée. L'Infante en fut toute contristée et ne savait comment se tirer d'embarras.

Le roi pressait la conclusion. Il fallut recourir encore à la marraine, qui, étonnée de ce que son secret n'avait pas réussi, lui dit d'essayer d'en demander une de la couleur de la lune. Le roi, qui ne pouvait lui rien refuser, envoya chercher les plus habiles ouvriers, et leur commanda si expressément une robe couleur de la lune, qu'entre ordonner et apporter il n'y eut pas vingt-quatre heures...

L'Infante, plus charmée de cette superbe robe que des soins du roi son père, s'affligea immodérément lorsqu'elle fut avec ses femmes et sa nourrice. La Fée des Lilas, qui savait tout, vint au secours de l'affligée princesse, et lui dit :

— Ou je me trompe fort, ou je crois que, si vous demandez une robe couleur du soleil, ou nous viendrons à bout de dégoûter le roi votre père, car jamais on ne pourra parvenir à faire une pareille robe, ou nous gagnerons au moins du temps.

L'Infante en convint, demanda la robe et l'amoureux roi donna, sans regret, tous les diamants et les rubis de sa couronne pour aider à ce superbe ouvrage, avec l'ordre de ne rien épargner pour rendre cette robe égale au soleil. Aussi, dès qu'elle parut, tous ceux qui la virent déployée furent obligés de fermer les yeux, tant ils furent éblouis. C'est de ce temps que datent les lunettes vertes et les verres noirs.

Que devient l'Infante à cette vue ? Jamais on n'avait rien vu de si beau et de si artistement ouvré. Elle était confondue ; et sous prétexte d'avoir mal aux yeux, elle se retira dans sa chambre où la fée l'attendait, plus honteuse qu'on ne peut dire. Ce fut bien pis : car, en voyant la robe du soleil, elle devint rouge de colère.

— Oh ! pour le coup, ma fille, dit-elle à l'Infante, nous allons mettre l'indigne amour de votre père à une terrible épreuve. Je le crois bien entêté de ce mariage qu'il croit si prochain, mais je pense qu'il sera un peu étourdi de la demande que je vous conseille de lui faire : c'est la peau de cet âne qu'il aime si passionnément, et qui fournit à toutes ses dépenses avec tant de profusion ; allez, et ne manquez pas de lui dire que vous désirez cette peau.

L'Infante, ravie de trouver encore un moyen d'éluder un mariage qu'elle détestait, et qui pensait en même temps que son père ne pourrait jamais se résoudre à sacrifier son âne, vint le trouver et lui exposa son désir pour la peau de ce bel animal. Quoique le roi fût étonné de cette fantaisie, il ne balança pas à la satisfaire ; le pauvre âne fut sacrifié, et la peau galamment apportée à l'Infante, qui, ne voyant plus aucun moyen d'éluder son malheur, s'allait désespérer lorsque sa marraine accourut.

— Que faites-vous, ma fille ? dit-elle, voyant la princesse déchirant ses cheveux et meurtrissant ses belles joues ; voici le moment le plus heureux de votre vie. Enveloppez-vous de cette peau, sortez de ce palais, et allez tant que la terre pourra vous porter : lorsqu'on sacrifie tout à la vertu, les dieux savent en récompenser. Allez, j'aurai soin que votre toilette vous suive partout ; en quelque lieu que vous vous arrêtiez, votre cassette, où seront vos habits et vos bijoux, suivra vos pas sous terre ; et voici ma baguette que je vous donne : en frappant la terre, quand vous aurez besoin de cette cassette, elle paraîtra à vos yeux : mais hâtez-vous de partir, et ne tardez pas.

L'Infante embrassa mille fois sa marraine, la pria de ne pas l'abandonner, s'affubla de cette vilaine peau, après s'être barbouillée de suie de cheminée, et sortit de ce riche palais sans être reconnue de personne.

L'absence de l'Infante causa une grande rumeur. Le roi, au désespoir, qui avait fait préparer une fête magnifique, était inconsolable. Il fit partir plus de cent gendarmes et plus de mille mousquetaires pour aller à la recherche de sa fille ; mais la fée, qui la protégeait, la rendait invisible aux plus habiles recherches : ainsi il fallut s'en consoler.

Pendant ce temps, l'Infante cheminait. Elle alla bien loin, encore plus loin, et cherchait partout une place ; mais quoique par charité on lui donnât à manger, on la trouvait si crasseuse que personne n'en voulait. Cependant, elle entra dans une belle ville, à la porte de laquelle était une métairie, dont la fermière avait besoin d'un souillon pour laver les torchons, nettoyer les dindons et l'auge des cochons. Cette femme, voyant cette voyageuse si malpropre, lui proposa d'entrer chez elle ; ce que l'Infante accepta de grand cœur, tant elle était lasse d'avoir tant marché. On la mit dans un coin reculé de la cuisine, où elle fut, les premiers jours, en butte aux plaisanteries grossières de la valetaille, tant sa peau d'âne la rendait sale et dégoûtante. Enfin, on s'y accoutuma ; d'ailleurs elle était si soigneuse de remplir ses devoirs, que la fermière la prit sous sa protection. Elle conduisait les moutons, les faisait parquer au temps où il le fallait ; elle menait les dindons paître avec une telle intelligence, qu'il semblait qu'elle n'eût jamais fait autre chose : aussi tout fructifiait sous ses belles mains.

Un jour qu'assise près d'une claire fontaine, où elle déplorait souvent sa triste condition, elle s'avisa de s'y mirer, l'effroyable peau d'âne, qui faisait sa coiffure et son habillement, l'épouvanta. Honteuse de cet ajustement, elle se décrassa le visage et les mains, qui devinrent plus blanches que l'ivoire, et son beau teint reprit sa fraîcheur naturelle. La joie de se trouver si belle lui donna envie de se baigner, ce qu'elle exécuta ; mais il lui fallut remettre son indigne peau pour retourner à la métairie.

Heureusement, le lendemain était un jour de fête ; ainsi elle eut le loisir de tirer sa cassette, d'arranger sa toilette, de poudrer ses beaux cheveux, et de mettre sa belle robe couleur du temps. Sa chambre était si petite, que la queue de cette belle robe ne pouvait pas s'étendre. La belle princesse se mira et s'admira elle-même avec raison, si bien qu'elle résolut, pour se désennuyer, de mettre tour à tour ses belles robes, les fêtes et les dimanches ; ce qu'elle exécuta ponctuellement. Elle mêlait des fleurs et des diamants dans ses beaux cheveux, avec un art admirable, et souvent elle soupirait de n'avoir pour témoins de sa beauté que ses moutons et ses dindons, qui l'aimaient autant avec son horrible peau d'âne, dont on lui avait donné le nom dans cette ferme.

Un jour de fête, que Peau d'Ane avait mis la robe couleur du soleil, le fils du roi, à qui cette ferme appartenait, vint y descendre pour se reposer, en revenant de la chasse. Ce prince était jeune, beau et admirablement bien fait, l'amour de son père et de la reine sa mère, adoré des peuples. On offrit à ce jeune prince une collation champêtre qu'il accepta : puis il se mit à parcourir les basses-cours et tous les recoins. En courant ainsi de lieu en lieu, il entra dans une sombre allée, au bord de laquelle il vit une porte fermée. La curiosité lui fit mettre l'œil à la serrure ; mais que devint-il en apercevant la princesse si belle et si richement vêtue, qu'à son air noble et modeste, il la prit pour une divinité !

L'impétuosité du sentiment qu'il éprouva dans ce moment l'aurait porté à enfoncer la porte, sans le respect que lui inspira cette ravissante personne. Il sortit avec peine de cette allée sombre et obscure, mais ce fut pour s'informer qui était la personne qui demeurait dans cette petite chambre. On lui répondit que c'était une souillon, qu'on nommait Peau d'Ane à cause de la peau dont elle s'habillait, et qu'elle était si sale et si crasseuse, que personne ne la regardait ni lui parlait et qu'on ne l'avait prise que par pitié, pour garder les moutons et les dindons.

Le prince, peu satisfait de cet éclaircissement, vit bien que ces gens grossiers n'en savaient pas davantage, et qu'il était inutile de les questionner. Il revint au palais du roi son père, plus amoureux qu'on ne peut dire, ayant continuellement devant les yeux la belle image de cette divinité qu'il avait vue par le trou de la serrure. Il se repentit de n'avoir pas heurté à la porte et se promit bien de n'y pas manquer une autre fois.

Mais l'agitation de son sang, causée par l'ardeur de son amour, lui donna, dans la même nuit, une fièvre si terrible, que bientôt il fut réduit à l'extrémité. La reine, sa mère, qui n'avait que lui d'enfant, se désespérait de ce que tous les remèdes étaient inutiles. Elle promettait en vain les plus grandes récompenses aux médecins ; ils y employèrent tout leur art, mais rien ne guérissait le prince. Enfin, ils devinèrent qu'un mortel chagrin causait tout ce ravage ; ils en avertirent la reine, qui, toute pleine de tendresse pour son fils, vint le conjurer de dire la cause de son mal et que, quand il s'agirait de lui céder la couronne, le roi son père descendrait de son trône sans regret, pour l'y faire monter ; que s'il désirait quelque princesse, quand même on serait en guerre avec le roi son père, et qu'on eût de justes sujets pour s'en plaindre, on sacrifierait tout pour obtenir ce qu'il désirait ; mais qu'elle le conjurait de ne pas se laisser mourir, puisque de sa vie dépendait la leur.

La reine n'acheva pas ce touchant discours sans mouiller le visage du prince d'un torrent de larmes.

— Madame, lui dit enfin le prince avec une voix très faible, je ne suis pas assez dénaturé pour désirer la couronne de mon père ; plaise au ciel qu'il vive de longues années, et qu'il veuille bien que je sois longtemps le plus fidèle et le plus respectueux de ses sujets. Quant aux princesses que vous m'offrez, je n'ai point encore pensé à me marier et vous pensez bien que, soumis comme je le suis à vos volontés, je vous obéirai toujours, quoi qu'il m'en coûte.

— Ah, mon fils, reprit la reine, rien ne me coûtera pour te sauver la vie, mais, mon cher fils, sauve la mienne et celle du roi ton père en me déclarant ce que tu désires et sois bien assuré qu'il te sera accordé.

— Eh bien, madame, dit-il, puisqu'il faut vous déclarer ma

pensée, je vais vous obéir ; je me ferais un crime de mettre en danger deux êtres qui me sont si chers. Oui, ma mère, je désire que Peau d'Ane me fasse un gâteau, et que, dès qu'il sera fait, on me l'apporte.

La reine, étonnée de ce nom bizarre, demanda qui était cette Peau d'Ane.

— C'est, Madame, reprit un de ses officiers qui par hasard avait vu cette fille, c'est la plus vilaine bête après le loup ; une peau noire, une crasseuse qui loge dans votre métairie et qui garde vos dindons.

— N'importe, dit la reine, mon fils, au retour de la chasse, a peut-être mangé de sa pâtisserie ; c'est une fantaisie de malade ; en un mot, je veux que Peau d'Ane (puisque Peau d'Ane, il y a) lui fasse promptement un gâteau.

On courut à la métairie, et l'on fit venir Peau d'Ane, pour lui ordonner de faire de son mieux un gâteau pour le prince.

Quelques auteurs ont assuré que Peau d'Ane, au moment que ce prince avait mis l'œil à la serrure, les siens l'avaient aperçu ; et puis que, regardant par sa petite fenêtre, elle avait vu ce prince si jeune, si beau et si bien fait, que l'idée lui en était restée, et que souvent ce souvenir lui avait coûté quelques soupirs. Quoi qu'il en soit, Peau d'Ane l'ayant vu, ou en ayant beaucoup entendu parler avec éloge, ravie de pouvoir trouver un moyen d'être connue, s'enferma dans sa chambre, jeta sa vilaine peau, se décrassa le visage et les mains, se coiffa de ses blonds cheveux, mit un beau corset d'argent brillant, un jupon pareil, et se mit à faire le gâteau tant désiré : elle prit de la plus pure farine, des œufs et du beurre bien frais. En travaillant, soit de dessein ou autrement, une bague qu'elle avait au doigt tomba dans la pâte, s'y mêla ; et dès que le gâteau fut cuit, s'affublant de son horrible peau, elle donna le gâteau à l'officier, à qui elle demanda des nouvelles du prince ; mais cet homme, ne daignant pas lui répondre, courut chez le prince lui apporter ce gâteau.

Le prince le prit avidement des mains de cet homme, et le mangea avec une telle vivacité, que les médecins, qui étaient présents, ne manquèrent pas de dire que cette fureur n'était pas un bon signe : effectivement, le prince pensa s'étrangler par la bague qu'il trouva dans un morceau du gâteau ; mais il la tira adroitement de sa bouche et son ardeur à dévorer ce gâteau se ralentit, en examinant cette fine émeraude, montée sur un jonc d'or dont le cercle était si étroit, qu'il jugea ne pouvoir servir qu'au plus joli doigt du monde. Il baisa mille fois cette bague, la mit sous son chevet et l'en tirait à tout moment quand il croyait n'être vu de personne.

Le tourment qu'il se donna pour imaginer comment il pourrait voir celle à qui cette bague pouvait aller et n'osant croire, s'il demandait Peau d'Ane, qui avait fait ce gâteau qu'il avait demandé, qu'on lui accordât de la faire venir, n'osant non plus croire ce qu'il avait vu par le trou de la serrure, de crainte qu'on se moquât de lui et qu'on le prît pour un visionnaire, toutes ces idées le tourmentant à la fois, la fièvre le reprit fortement et les médecins ne sachant plus que faire, déclarèrent à la reine que le prince était malade d'amour.

La reine accourut chez son fils, avec le roi, qui se désolait :

— Mon fils, mon cher fils, s'écria le monarque affligé, nomme-nous celle que tu veux ; nous jurons que nous te la donnerons, fût-elle la plus vile des esclaves.

La reine, en l'embrassant, lui confirma le serment du roi. Le prince, attendri par les larmes et les caresses des auteurs de ses jours, leur dit :

— Mon père et ma mère, je n'ai point dessein de faire une alliance qui vous déplaise et pour preuve de cette vérité, dit-il en tirant l'émeraude de dessous son chevet, c'est que j'épouserai la personne à qui cette bague ira, telle qu'elle soit ; et il n'y a pas apparence que celle qui aura ce joli doigt soit une rustaude ou une paysanne.

Le roi et la reine prirent la bague, l'examinèrent curieusement et jugèrent, ainsi que le prince, que cette bague ne pouvait aller qu'à quelque fille de bonne maison. Alors, le roi, ayant embrassé son fils en le conjurant de guérir, sortit, fit sonner les tambours, les fifres et les trompettes par toute la ville et crier par ses hérauts que l'on n'avait qu'à venir au palais essayer une bague et que celle à qui elle irait juste, épouserait l'héritier du trône.

Les princesses d'abord arrivèrent, puis les duchesses, les marquises et les baronnes mais elles eurent beau toutes s'amenuiser les doigts, aucune ne put mettre la bague. Il en fallut venir aux grisettes, qui toutes jolies qu'elles étaient, avaient toutes les doigts trop gros. Le prince, qui se portait mieux, faisait lui-même l'essai. Enfin, on en vint aux filles de chambre ; elles ne réussirent pas mieux. Il n'y avait plus personne qui n'eût essayé cette bague sans succès, lorsque le prince demanda les cuisinières, les marmitonnes, les gardeuses de moutons : on amena tout cela ; mais leurs gros doigts rouges et courts ne purent seulement aller par-delà de l'ongle.

— A-t-on fait venir cette Peau d'Ane, qui m'a fait un gâteau ces jours derniers ? dit le prince.

Chacun se prit à rire, et lui dit que non, tant elle était sale et crasseuse.

— Qu'on l'aille chercher sur l'heure, dit le roi ; il ne sera pas dit que j'aie excepté quelqu'un.

On courut, en riant et se moquant, chercher la dindonnière.

L'Infante, qui avait entendu les tambours et les cris des hérauts d'armes, s'était bien doutée que sa bague faisait ce tintamarre : elle aimait le prince et, comme le véritable amour est craintif et n'a point de vanité, elle était dans la crainte continuelle que quelque dame n'eût le doigt aussi menu que le sien. Elle eut donc une grande joie quand on vint la chercher et qu'on heurta à sa porte. Depuis qu'elle avait su qu'on cherchait un doigt propre à mettre sa bague, je ne sais quel espoir l'avait portée à se coiffer plus soigneusement, et à mettre son beau corsage d'argent, avec le jupon plein de falbalas de dentelle d'argent, semés d'émeraudes.

Sitôt qu'elle entendit qu'on heurtait à la porte et qu'on l'appelait pour aller chez le prince, elle remit promptement sa peau d'âne, ouvrit sa porte ; et ces gens, en se moquant d'elle, lui dirent que le roi la demandait pour lui faire épouser son fils, puis avec de longs éclats de rire, ils la menèrent chez le prince, qui, lui-même, étonné de l'accoutrement de cette fille, n'osa croire que ce fût elle qu'il avait vue si pompeuse et si belle. Triste et confondu de s'être si lourdement trompé :

— Est-ce vous, lui dit-il, qui logez au fond de cette allée obscure, dans la troisième basse-cour de la métairie ?

— Oui, seigneur, répondit-elle.

— Montrez-moi votre main, dit-il en tremblant et poussant un profond soupir...

Dame, qui fut bien surpris ? Ce furent le roi et la reine, ainsi que tous les chambellans et les grands de la cour, lorsque de dessous cette peau noire et crasseuse sortit une petite main délicate, blanche et couleur de rose, où la bague s'ajusta sans peine au plus joli petit doigt du monde et par un petit mouvement que l'Infante se donna, la peau tomba, et elle parut d'une beauté si ravissante, que le prince, tout faible qu'il était, se mit à ses genoux et les serra avec une ardeur qui la fit rougir ; mais, on ne s'en aperçut presque pas, parce que le roi et la reine vinrent l'embrasser de toute leur force et lui demander si elle voulait bien épouser leur fils.

La princesse, confuse, de tant de caresses et de l'amour que lui marquait ce beau jeune prince, allait cependant les en remercier, lorsque le plafond s'ouvrit et que la Fée des Lilas, descendant dans un char fait de branches et de fleurs de son nom, conta, avec une grâce infinie, l'histoire de l'Infante.

Le roi et la reine, charmés de voir que Peau d'Ane était une grande princesse, redoublèrent leurs caresses, mais le prince fut encore plus sensible à la vertu de la princesse et son amour s'accrut par cette connaissance. L'impatience du prince, pour épouser la princesse, fut telle, qu'à peine donna-t-il le temps de faire les préparatifs convenables pour cet auguste mariage. Le roi et la reine, qui étaient affolés de leur belle-fille, lui faisaient mille caresses et la tenaient incessamment dans leurs bras ; elle avait déclaré qu'elle ne pouvait épouser le prince sans le consentement du roi son père : aussi fut-il le premier à qui on envoya une invitation, sans lui dire quelle était l'épousée ; la Fée des Lilas, qui présidait à tout, comme de raison, l'avait exigé, à cause des conséquences.

Il vint des rois de tous les pays ; les uns en chaise à porteurs, d'autres en cabriolet, de plus éloignés, montés sur des éléphants, sur des tigres, sur des aigles, mais le plus magnifique et le plus puissant fut le père de l'Infante, qui heureusement avait oublié son amour impossible et avait épousé une reine veuve, fort belle, dont il n'avait point eu d'enfant.

L'Infante courut au-devant de lui ; il la reconnut aussitôt, et l'embrassa avec une grande tendresse, avant qu'elle eût le temps de se jeter à ses genoux. Le roi et la reine lui présentèrent leur fils, qu'il combla d'amitiés. Les noces se firent avec toute la pompe imaginable. Les jeunes époux, peu sensibles à ces magnificences, ne virent et ne regardèrent qu'eux. Le roi, père du prince, fit couronner son fils ce même jour, et, lui baisant la main, le plaça sur son trône. Malgré la résistance de ce fils si bien né, il lui fallut obéir. Les fêtes de cet illustre mariage durèrent près de trois mois ; mais l'amour des deux époux durerait encore, tant ils s'aimaient, s'ils n'étaient pas morts cent ans après.

MORALITÉ

Le conte de Peau d'Ane est difficile à croire ;
Mais tant que dans le monde on aura des enfants,
Des mères et des mères-grands,
On en gardera la mémoire.

Grimm

PEAU-DE-TOUTES-BÊTES

Allerleirauh, *Contes des Enfants et du Foyer*, n° 65. Traduction Frédéric Baudry et Charles Deulin, Charles Deulin, *Les Contes de ma Mère l'Oye avant Perrault*, Paris, E. Dentu, éditeur libraire de la Société des Gens de Lettres, 1879.

Il était une fois un roi qui avait une femme aux cheveux d'or. Cette chevelure était si belle qu'on n'eût pas trouvé sa pareille par toute la terre. Or, il arriva que la reine tomba malade. Lorsqu'elle se sentit près de sa fin, elle appela le roi et dit :

— Si, moi morte, tu veux te remarier, que ce ne soit qu'avec une femme aussi belle que moi et qui ait des cheveux d'or. Promets-le-moi.

Quand le roi le lui eut promis, elle ferma les yeux et mourut.

Longtemps le monarque resta inconsolable ; il ne songeait pas à prendre une autre femme. A la fin, ses conseillers furent d'avis que le roi devait se remarier pour donner une reine à ses sujets.

On expédia alors aux quatre coins de l'horizon des gens pour chercher une fiancée qui égalât la feue reine en beauté, mais on n'en put trouver une sur toute la terre, et l'eût-on trouvée, qu'elle n'aurait pas eu des cheveux d'or. Les émissaires revinrent donc comme ils étaient partis.

Le roi avait une fille qui n'était pas moins belle que sa défunte mère et qui avait, elle aussi, des cheveux d'or. Quand elle fut en âge, il la regarda et, s'apercevant qu'elle ressemblait en tout à sa mère, il conçut pour elle un violent amour. Alors il dit à ses conseillers :

— Je veux épouser ma fille, car elle est le vivant portrait de ma femme morte, et je ne trouve nulle part une fiancée qui lui ressemble.

Ces paroles effrayèrent les conseillers.

— Dieu, dirent-ils, a défendu que le père épouse sa fille. D'un péché il ne peut rien sortir de bon. Le royaume s'en irait en ruine.

Lorsque la jeune fille apprit ce qu'avait résolu son père,

elle fut prise d'une terreur encore plus grande : elle espéra pourtant le faire changer d'idée.

— Avant que j'accède à votre désir, lui dit-elle alors, il me faut trois robes, la première dorée comme le soleil, la seconde argentée comme la lune, la troisième aussi scintillante que les étoiles et de plus un manteau de mille sortes de poils et de fourrures pour lequel, dans votre royaume, chaque animal devra fournir un morceau de sa peau.

Elle croyait que jamais on ne viendrait à bout de la satisfaire et qu'ainsi elle forcerait son père à abandonner son funeste projet ; mais le roi persista et les plus habiles ouvrières de ses Etats furent chargées de tisser les trois robes, l'une dorée comme le soleil, l'autre argentée comme la lune et la troisième aussi scintillante que les étoiles. Ses chasseurs durent aussi attraper tous les animaux et leur couper un morceau de leur peau. On en fit un manteau de mille fourrures.

Quand le travail fut terminé, le monarque voulut qu'on apportât le manteau, l'étala devant sa fille et lui dit :

— A demain la noce.

Voyant qu'il n'y avait pas moyen de changer le cœur de son père, la pauvre fille résolut de s'enfuir. Durant la nuit, quand tout dormait, elle se leva et s'en fut à l'endroit où étaient enfermés ses bijoux ; elle en prit trois : une bague d'or, un rouet d'argent et un petit dévidoir en or.

Les trois robes couleur de soleil, de lune et d'étoiles, elle les serra dans une coquille de noix ; elle revêtit le manteau de mille fourrures et se noircit la figure et les mains avec de la suie. Alors elle se recommanda à Dieu et partit.

Elle marcha toute la nuit, jusqu'à ce qu'elle rencontrât une grande forêt. Comme elle était exténuée de fatigue, elle se blottit dans un arbre creux et s'y endormit.

Le soleil se levait qu'elle dormait encore. Or, il se trouva que le roi, à qui était cette forêt, vint y chasser.

En arrivant près de l'arbre, ses chiens se mirent à le flairer et à courir tout autour en hurlant.

— Voyez donc quel gibier se cache là, dit le roi à ses veneurs.

Ils obéirent et revinrent dire au monarque :

— Il y a dans le creux de l'arbre un animal si bizarre que jamais nous n'en avons vu de pareil : sa robe est ornée de mille sortes de fourrures. Du reste il est couché et il dort.

— Tâchez de l'attraper vivant, fit le roi, attachez-le sur la voiture et emmenez-le.

Aussitôt que les chasseurs l'eurent touchée, la jeune fille se réveilla et leur cria tout épouvantée :

— Je suis une pauvre enfant abandonnée de ses père et mère. Ayez pitié de moi et emmenez-moi avec vous.

— Peau-de-toutes-Bêtes, lui dirent-ils, tu n'es guère bonne que pour la cuisine, mais viens toujours, tu balayeras les cendres.

Ils la mirent alors sur la voiture et retournèrent au château royal. Là, ils lui montrèrent sous l'escalier une petite niche où jamais n'avait pénétré la lumière du jour, et lui dirent :

— Petit animal sauvage, c'est là que tu te tiendras pour dormir.

On l'envoya alors dans la cuisine pour porter le bois et l'eau, entretenir le feu, plumer la volaille, éplucher les légumes, balayer les cendres et faire tous les gros ouvrages.

Peau-de-toutes-Bêtes vécut là longtemps et misérablement. Ah ! belle fille de roi, que vas-tu devenir ?

Il arriva qu'on donna une grande fête au château. Peau-de-toutes-Bêtes dit au cuisinier :

— Ne puis-je monter un instant pour voir la fête ? Je me tiendrai à la porte.

— Va, répondit le cuisinier, mais reviens dans une demi-heure balayer les cendres.

La jeune fille prit sa petite lampe et s'en fut à sa niche. Elle mit bas son manteau de fourrures, et ôta la suie de sa figure et de ses mains, afin que sa beauté reparût. Elle ouvrit ensuite la noix et revêtit sa robe couleur de soleil.

Cela fait elle monta dans les salons, et tous lui livrèrent passage, car personne ne la reconnut. On la prenait pour une princesse.

Le roi alla à sa rencontre, lui offrit la main et dansa avec elle. Il se disait que jamais ses yeux n'avaient vu pareille beauté.

Après la danse, la jeune fille fit la révérence au roi et, pendant qu'il se retournait, elle disparut si vite que personne ne sut où elle avait passé. Il envoya chercher les gardes du château et les interrogea, mais nul n'avait aperçu la fugitive.

Elle était rentrée dans sa niche, avait vivement retiré sa robe, noirci sa figure et ses mains, revêtu son manteau de fourrures et était redevenue Peau-de-toutes-Bêtes.

Quand elle retourna à la cuisine et commença de balayer les cendres, le cuisinier lui dit :

— Remets cela à demain et fais-moi une soupe pour le roi. Moi aussi, je veux voir un peu ce qui se passe là-haut. Surtout ne laisse pas tomber de cheveux dans la soupe ; car si tu as ce malheur, je ne te donne plus à manger.

Le cuisinier parti, Peau-de-toutes-Bêtes s'occupa de la soupe ; c'était une soupe au pain qu'elle fit aussi bonne que possible. Lorsqu'elle eut fini, elle s'en fut à sa niche chercher sa bague d'or et la mit dans la soupière.

Après le bal le roi se fit servir la soupe et la mangea. Elle lui parut si bonne qu'il crut n'en avoir jamais mangé de meilleure. En arrivant au fond de la soupière, il trouva une bague d'or et ne put comprendre comment elle était là.

Alors il commanda qu'on allât quérir le cuisinier. A cet ordre celui-ci fut fort effrayé et dit à Peau-de-toutes-Bêtes :

— Tu as laissé tomber un cheveu dans la soupe, c'est sûr. S'il en est ainsi, tu seras punie.

Quand il fut devant le roi, ce dernier lui demanda qui avait fait la soupe.

— C'est moi, répondit le cuisinier.

— Ce n'est pas vrai, répliqua le monarque. Elle n'était pas comme les tiennes ; elle était beaucoup meilleure.

— J'avoue, dit alors le cuisinier, que ce n'est pas moi. C'est la petite bête sauvage.

— Va la chercher, dit le roi.

Peau-de-toutes-Bêtes arriva.

— Qui es-tu ? lui demanda le souverain.

— Je suis une pauvre enfant qui n'a ni père ni mère.

— Que fais-tu dans mon château ?

— Je ne suis bonne à rien qu'à recevoir les bottes à la tête.

— D'où te vient cette bague qui s'est trouvée dans la soupe ?

— De cette bague, répondit Peau-de-toutes-Bêtes, je ne saurais rien dire.

Le roi n'en put tirer un mot de plus et il la renvoya. Quelque temps après il y eut une autre fête, et Peau-de-toutes-Bêtes demanda encore au cuisinier la permission d'aller la voir. Il répondit :

— J'y consens, mais reviens dans une demi-heure faire la soupe au pain que le roi aime tant.

Elle courut à sa niche, se débarbouilla vivement, retira de la noix la robe couleur de lune et s'en para. Elle monta dans les salons, pareille à la fille d'un prince, et le roi vint à sa rencontre et fut enchanté de la revoir. Comme on commençait une danse, il l'invita.

La danse finie, elle disparut encore si rapidement que le roi ne put deviner où elle avait passé. D'un saut elle fut dans sa niche, se transforma derechef en petit animal sauvage et alla à la cuisine faire la soupe au pain.

Quand le cuisinier monta à son tour, elle s'en fut quérir le rouet d'argent et le mit dans la soupière.

On porte la soupe au roi, il la mange, la trouve aussi bonne que la première et mande le cuisinier, lequel est forcé d'avouer que c'est Peau-de-toutes-Bêtes qui a fait la soupe. Peau-de-toutes-Bêtes revient devant le roi, mais toujours elle répond qu'elle n'est là que pour recevoir les bottes à la tête et qu'elle ne sait rien du rouet d'argent.

Lorsque pour la troisième fois le roi donna une fête, tout se passa de la même façon. Le cuisinier dit :

— Tu es une sorcière, petite bête sauvage ; tu mets toujours dans ta soupe je ne sais quoi d'où lui vient un si bon goût, que le roi la trouve meilleure que les miennes.

Elle supplia de nouveau qu'il la laissât monter un moment. Elle revêtit la robe qui brillait comme les étoiles, et parut dans la salle. Le roi dansa encore avec la belle jeune fille et trouva qu'elle n'avait jamais été aussi belle.

Cependant, sans qu'elle s'en aperçût, il lui glissa au doigt une bague en or et ordonna qu'on fît durer la danse très longtemps. Quand elle fut terminée, il voulut retenir la jeune fille par les mains ; elle se débarrassa de lui et se perdit si prestement dans la foule qu'elle disparut à ses yeux.

Elle courut aussi rapidement qu'elle put à la niche de l'escalier, mais comme elle avait été plus d'une demi-heure absente, elle n'eut pas le temps de retirer sa belle robe ; elle mit par-dessus le manteau de fourrures et, dans sa précipitation, elle ne se noircit pas entièrement. Un doigt resta blanc.

Peau-de-toutes-Bêtes courut alors à la cuisine, fit la soupe au pain du roi et, lorsque le cuisinier fut parti, elle jeta le dévidoir en or dans la soupière. Le roi trouva le dévidoir au fond et fit venir Peau-de-toutes-Bêtes. Il aperçut alors le doigt blanc et vit la bague qu'il y avait glissée pendant la danse.

Il prit la main de la jeune fille et la tint serrée. Celle-ci voulut se dégager et se sauver, mais le manteau de fourrures s'entrouvrit et la robe d'étoiles étincela.

Le roi prit le manteau et l'ôta. Soudain apparurent les cheveux d'or et, sans pouvoir se cacher plus longtemps, la jeune fille rayonna dans toute sa splendeur. Quand elle eut ôté la suie et les cendres, sa figure sembla la plus jolie qu'on eût encore vue sur la terre, et le roi lui dit :

— Tu es ma fiancée bien-aimée et nous ne nous séparerons plus jamais.

On fit la noce et ils vécurent contents et heureux jusqu'à la fin de leurs jours.

LA PEAU D'ÂNE

Jeux et sournetas du Bas Languedoc, Revue des langues romanes, Montpellier, Bureau des publications de la Société pour l'étude des langues romanes, Paris, G. Pedone-Lauriel, 1874.

Une fois il y avait un roi qui eut une fille tellement belle, qu'étant devenu veuf, il tomba amoureux d'elle et voulut l'épouser.

Pour qu'elle y consentît, il lui promettait chaque jour tout ce qui lui passait par l'idée ; il lui disait que, quelle que fût la chose qu'elle demandât, il ne lui refuserait rien.

Comme il faisait peur à cette fille d'épouser son père, elle cherchait dans son esprit les choses les plus impossibles pour l'en détourner. Elle lui demanda d'abord une robe de la couleur du ciel avec les étoiles.

Son père, qui voulait la contenter, ne savait comment faire. En employant cependant toute la peine que l'on peut imaginer, il lui trouva une robe couleur de ciel et il la lui donna.

Quand sa fille eut cette robe, elle lui dit : « Si vous voulez que je vous épouse, il m'en faut maintenant une qui soit de la couleur de la lune. »

Son père chercha de nouveau dans toutes les villes, dans tous les magasins, et, à force de chercher, il lui en trouva une. Il la lui porta et lui dit : « Jamais donc tu ne me récompenseras de la peine que je prends pour toi ! »

Sa fille lui répondit : « Mon père, il y a encore une autre chose que je voudrais avoir : il faut que vous m'achetiez une troisième robe qui soit couleur de soleil ; donnez-la-moi, sinon je ne vous épouserai pas. »

Son père chercha de nouveau dans toutes les villes, afin de lui avoir une robe couleur de soleil. Il la trouva, à la fin, et la lui donna en disant : « Il faut que dans huit jours nous soyons mariés. »

La fille prit cette robe et s'en alla dans sa chambre, mécontente comme on ne peut pas plus de voir que son père lui donnait tout ce qu'elle demandait, pour si difficile qu'elle l'eût cru.

Quand elle fut dans sa chambre, elle se mit à pleurer en

disant : « Oh ! cela est-il possible et te faudra-t-il, toi, épouser ton père ? Qu'est-ce que tu lui demanderas qu'il ne puisse te le donner ? » De ce moment-là, elle ne fit plus que se désoler la nuit et le jour.

Une nuit, cependant, il lui vint une idée : elle se souvint que son père avait un âne et qu'elle lui avait ouï dire qu'il ne le donnerait pas, lors même qu'il devrait lui en coûter la vie. Elle se résolut de lui demander la peau de cet âne.

Alors, et au moment où son père l'étant allé trouver dans sa chambre et lui ayant dit : « Eh bien ! ma fille, es-tu décidée que nous nous mariions ces jours-ci ? »

Elle lui répondit : « Non, mon père, parce que j'ai encore quelque chose à vous demander : il faut que vous me donniez la peau de votre âne que vous aimez tant. »

Son père lui dit : « Ce que tu dis là m'est bien fâcheux, ma fille, parce que j'avais porté mon amour sur cette bête ; cependant, je t'ai toujours dit que je ne te refuserais rien. »

Aussitôt qu'il eut répondu cela, il fit écorcher l'âne et il lui en donna la peau.

En prenant cette peau, la fille se dit : « Ah ! pauvre, qu'est-ce que tu imagineras maintenant pour ne pas épouser ton père ? »

Comme elle ne savait plus que demander, elle se résolut dans la nuit de prendre ses robes, avec sa peau d'âne, et de s'en aller.

En cheminant, elle rencontra une fée qui s'était trouvée à son baptême et qui lui demanda où elle allait si tard.

Après qu'elle lui eut raconté ses peines, la fée lui donna une bague et lui dit que, par le moyen de cette bague, tout ce qu'elle pourrait désirer lui serait accompli.

Alors, la fée l'ayant quittée, elle mit la peau sur ses épaules pour lui servir de vêtement, et elle continua son chemin.

Au bout de quelque temps, elle arriva à un château et demanda à ceux qui y étaient s'ils ne la voulaient pas louer pour bergère.

Ces gens-là, en la voyant dans sa peau, ne surent plus que lui répondre : « Par *Di*, lui dirent-ils, quand ce ne serait que ton vêtement, tu ne peux guère en faire davantage. » Ils la prirent cependant et lui firent garder les agneaux du château.

Un jour, en promenant son troupeau, elle alla s'enfermer dans un petit *mas* et elle y posa sa peau d'âne ; elle mit sa robe couleur de ciel, et elle prenait plaisir à se regarder devant son miroir.

A ce moment-là, le fils du roi, qui passait par là, fut curieux d'aller voir le petit *mas* où elle s'était enfermée.

Il épie par le trou de la serrure et il voit une demoiselle tellement belle, que sur-le-champ il en devint amoureux.

Il s'en alla au château et dit à ceux qui y étaient : « Qui est cette demoiselle qui est enfermée dans votre petit *mas* ? »

Ils lui répondirent : « Peut-être voulez-vous rire ! C'est une vagabonde que nous avons louée pour bergère et qui est toujours pliée dans sa peau. »

Le *monsieur* leur dit que cela n'était pas possible et qu'il avait vu, lui, une belle demoiselle. On lui assura qu'il s'était trompé et qu'il ferait bien de retourner au *mas*, afin de la voir mieux. Il y retourna, mais il ne la vit pas, parce qu'elle était partie.

Cela lui fit mal. Quand il revint à son château, il en tomba malade.

Ses parents, qui ne pouvaient savoir ce qu'il avait, allèrent chercher le médecin. Le médecin leur dit que le meilleur remède serait de le marier.

Le fils du roi répondit qu'il ne se marierait qu'après avoir mangé un gâteau fait par la bergère que l'on appelait Peau-d'Ane.

Sa mère se fit alors indiquer le château ou il l'avait vue, et, lorsqu'elle s'y fut rendue, elle la demanda aux gens du château.

Tous éclatèrent de rire en voyant que la reine était venue chercher une fille tellement sale pour faire un gâteau à son fils. Elle, cependant, le lui promit.

Elle s'en va alors au petit *mas* où elle s'enfermait ; elle laisse sa peau pour la robe couleur de lune et pétrit son gâteau.

Lorsqu'elle l'eut pétri, elle mit dedans la bague que lui avait donnée la fée, et l'envoya au fils du roi. Tout le monde fut étonné de voir un gâteau aussi beau.

Aussitôt que le fils du roi l'eut goûté, il fut guéri. Au même moment, il trouva dedans la bague que Peau-d'Ane y avait mise.

Alors il dit que, quelle que fût celle à qui la bague irait, il l'épouserait et la ferait reine.

On envoya au château toutes les jeunes filles du pays et de l'environ, afin de connaître celle à qui irait la bague.

A une, elle était trop grande ; à une autre, trop petite ; de telle sorte que le fils du roi demandait toujours Peau-d'Ane pour l'avoir vue si belle.

Sa mère, pour l'avoir vue si laide, au contraire, ne voulait pas que seulement elle entrât dans son château.

Comme son fils lui dit qu'il n'y avait plus d'autres jeunes filles que Peau-d'Ane pour essayer la bague, on l'envoya chercher. Elle vint pliée dans sa peau. Tout le monde, en la voyant arriver, se mit à rire.

Elle demanda à entrer dans une chambre pour s'y habiller. Au bout d'un moment, elle en sortit vêtue en princesse, comme au château de son père ; elle portait la robe couleur de soleil.

Aussitôt qu'on lui eut mis la bague au doigt, elle lui alla on ne peut mieux. Ce fut elle qui gagna le fils du roi.

On envoya cette nouvelle à son père, qui arriva quelques jours après, et on les maria.

Lc coq chanta
Et la sornette finit.

Imagerie d'Epinal, bois original des *Contes de fées*.

LA POUILLEUSE

Conté en 1878 par Aimé Pierre, de Liffré, garçon de ferme, âgé de dix-neuf ans. Paul Sébillot, *Littérature orale de Haute-Bretagne*, Paris, Maisonneuve, 1881.

Il était une fois un roi qui avait deux filles qu'il chérissait de tout son cœur. Quand elles furent grandes, il lui prit fantaisie de savoir si elles l'aimaient, en se disant qu'il donnerait son royaume à celle qui, par ses paroles, lui témoignerait le mieux son affection.

Il fit d'abord venir l'aînée des princesses et lui dit :

— Comment m'aimes-tu ?

— Comme la prunelle de mes deux yeux.

— Bien, dit le roi en l'embrassant tendrement ; tu es une fille dévouée et aimante.

A la cadette qui vint ensuite, il demanda comment elle l'aimait :

— A mes yeux, mon père, répondit-elle, vous êtes aussi aimable que le goût du sel dans les aliments.

Le roi, contrarié de ces paroles, ordonna à sa fille de quitter la cour et de ne jamais reparaître devant lui. La pauvre princesse monta à sa chambre et se mit à pleurer ; mais comme on lui rappelait l'ordre de son père, elle essuya ses larmes, et ayant fait un paquet de ses plus belles robes et pris ses bagues, elle se hâta de s'éloigner du château où elle était née.

Elle chemina tout droit devant elle, et sans trop savoir ce qu'elle allait devenir, car elle ne connaissait aucun métier, et tout son savoir se bornait à quelques recettes de ménage et de cuisine que sa mère lui avait apprises. Et comme elle craignait que sa jolie figure ne l'exposât aux entreprises des méchants garçons, elle résolut de se rendre si méconnaissable et si laide, que personne ne fût tenté de lui faire la cour.

Elle échangea la robe qu'elle portait contre les haillons usés et rapiécés d'une vieille mendiante, et cacha, dans un morceau d'étoffe grossière, les beaux habits qu'elle avait emportés. Elle se barbouilla la figure et couvrit de boue ses mains blanches ; pour compléter son déguisement, elle laissa pendre ses cheveux ébouriffés, et quand elle voyait quelqu'un, elle remuait les épaules, comme font les pauvresses que dévore la vermine.

Ainsi déguisée, elle allait se proposer pour garder les oies ou les moutons ; mais les fermières refusaient les services d'une fille aussi malpropre, et la renvoyaient en lui donnant par charité un morceau de pain.

Après avoir marché bien des jours sans trouver à s'employer, elle arriva à une grande ferme où l'on manquait d'une gardeuse de moutons, et on la loua pour remplacer celle qui était partie. Pour mieux faire croire qu'elle était une pauvre mendiante, quand elle se chauffait auprès du feu elle jetait sur la flamme du gros sel, qui pétillait et produisait le bruit que font les poux quand on les grille. Sa maîtresse, qui ne s'aperçut pas de la supercherie, la gronda pour cette malpropreté, et elle cessa de jeter sur les tisons sa prétendue vermine ; mais le surnom de Pouilleuse lui resta, et c'est ainsi que chacun la nommait.

Un jour qu'elle gardait ses moutons dans un endroit éloigné de la ferme et où elle pensait que personne ne la verrait, il lui prit envie de s'habiller comme autrefois. Elle se lava les mains et la figure dans un ruisseau, et comme elle portait toujours avec elle le paquet qui contenait ses robes, elle dépouilla ses haillons et ressembla en peu d'instants à une grande dame.

Le fils du roi, qui s'était égaré en chassant, aperçut de loin cette belle personne et voulut la voir de plus près ; mais la Pouilleuse, dès qu'elle eut connaissance de son dessein, s'enfuit dans le bois, légère comme un oiseau. Le prince courut après elle ; mais s'étant pris le pied dans une racine d'arbre, il tomba, et quand il se releva pour la poursuivre, elle avait disparu.

Dès que la Pouilleuse eut perdu de vue le fils du roi, elle se hâta de reprendre ses haillons, et de se salir la figure et les mains.

Cependant le jeune prince, qui avait chaud et soif, entra à la ferme pour boire un verre de cidre, et il demanda quelle était la belle dame qui gardait les moutons. En entendant cette demande, chacun se mit à rire, et on lui répondit que la pâtoure était la créature la plus laide et la plus crasseuse que l'on pût voir, et qu'à cause de sa saleté on l'avait appelée la Pouilleuse.

Le prince soupçonna quelque enchantement, et il s'en alla avant le retour de la gardeuse de moutons, dont les gens de la ferme se moquèrent de plus belle ce soir-là.

Le fils du roi pensait souvent à la jolie personne qu'il n'avait fait qu'entrevoir et qui lui avait paru plus charmante qu'aucune des dames de la cour. Il tomba amoureux de ce souvenir, et comme sa passion le rendait rêveur et qu'il maigrissait à vue d'œil, ses parents lui demandèrent la cause de son chagrin, promettant de faire tout ce qui pourrait contribuer à lui rendre la santé et la bonne humeur d'autrefois. Il n'osa leur avouer ce qu'il avait vu, de peur qu'on ne se moquât de lui ; il leur dit seulement qu'il désirait manger du pain blanc boulangé par la Pouilleuse qui était fille de basse-cour dans une ferme qu'il nomma.

Bien que ce désir parût bizarre, on s'empressa d'obéir, et on alla dire au maître de la ferme ce que voulait le fils du roi. La Pouilleuse ne parut pas fort étonnée de cet ordre : elle demanda de la fleur de farine, du sel et de l'eau, et dit qu'on la laissât seule dans une petite pièce qui touchait le four et où se trouvait une huche. Avant de se mettre à l'œuvre, elle se débarbouilla avec soin et passa même ses bijoux à ses doigts ; mais pendant qu'elle boulangeait, une de ses bagues glissa dans la pâte. Quand elle eut fini sa besogne, elle se salit de nouveau la figure et laissa de la pâte collée à ses doigts, si bien qu'elle parut aussi laide qu'auparavant.

On porta au fils du roi le pain, qui était fort petit, et qu'il sembla manger avec plaisir ; en le coupant, il trouva la bague de la princesse et déclara à ses parents qu'il épouserait celle qui pourrait la passer à son doigt.

Le roi fit publier cet avis dans tout son royaume, et les dames vinrent en foule pour tenter l'aventure. Mais la bague était si petite que celles qui avaient la main la plus fine pouvaient à peine y faire entrer leur petit doigt. En peu de temps toutes les jeunes filles du royaume, même les paysannes, eurent subi l'épreuve, mais sans succès, et on allait déclarer qu'il était inutile de faire d'autres essais, quand le fils du roi fit remarquer que la Pouilleuse n'était pas venue.

On alla la chercher ; elle arriva couverte de ses haillons ordinaires, mais les doigts mieux décrassés que de coutume, et elle mit facilement la bague. Le fils du roi déclara qu'il accomplirait sa promesse, et comme ses parents lui faisaient observer que la jeune fille était une simple gardeuse de moutons et des plus laides, la Pouilleuse prit la parole et dit qu'elle était née princesse, et que si on consentait à lui donner de l'eau et à la laisser quelques instants seule dans une chambre, elle montrerait qu'elle savait aussi bien que personne porter la toilette.

On se hâta de lui accorder sa demande, et quand elle sortit revêtue d'une robe magnifique, elle parut si belle qu'aucun des assistants ne pensa qu'elle pût être autre chose qu'une princesse déguisée. Le fils du roi reconnut la charmante personne qui lui était un jour apparue ; il se jeta à ses pieds, et lui demanda si elle voulait l'épouser. La princesse raconta son histoire, et dit qu'il fallait envoyer un ambassadeur à son père pour lui demander son consentement et le prier de venir à la noce.

Le père de la princesse, qui n'avait pas tardé à se repentir de sa dureté à l'égard de sa fille, l'avait fait chercher partout ; mais personne n'avait pu lui dire ce qu'elle était devenue, et il la croyait morte. Il apprit avec joie qu'elle vivait et qu'un prince la demandait en mariage, et il quitta son royaume avec sa fille aînée, pour venir assister à la cérémonie.

Par ordre de la mariée, on ne servit à son père, au repas qui suivit les noces, que du pain sans sel et de la viande non assaisonnée. Comme il faisait la grimace et qu'il mangeait peu, sa fille, qui était assise auprès de lui, lui demanda s'il trouvait la cuisine à son goût.

— Non, dit-il, les mets sont recherchés et apprêtés avec soin ; mais ils sont d'une fadeur insupportable.

— Ne vous avais-je pas dit, mon père, que le sel était tout ce qu'il y a de plus aimable ? Et cependant quand je vous ai, pour vous peindre mon affection, répondu que je vous aimais comme le goût du sel, vous avez cru que je n'étais pas une fille aimante, et vous m'avez privée de votre présence.

Le roi embrassa sa fille et reconnut qu'il avait eu tort de mal comprendre ses paroles. On lui servit pendant le reste du repas du pain et des mets convenablement assaisonnés, et il les trouva les meilleurs du monde.

LE TAUREAU D'OR

Emmanuel Cosquin, *Romania, recueil trimestriel consacré à l'étude des langues et des littératures romanes*, Paris, 1877.

Il était une fois un roi qui avait pour femme la plus belle personne du monde. Elle ne lui avait donné qu'une petite fille, fort jolie, dont la beauté augmentait de jour en jour. La princesse était en âge d'être mariée, lorsque la reine tomba malade ; se sentant mourir, elle appela le roi près de son lit et lui fit jurer de ne se remarier qu'avec une femme plus belle qu'elle-même. Il le promit, et, bientôt après, elle mourut.

Le roi ne tarda pas à se lasser d'être veuf, et ordonna de chercher partout une femme plus belle que la défunte reine, mais toutes les recherches furent inutiles. Il n'y avait que la fille du roi qui fût plus belle. Le roi, qui avait en tête de se remarier, mais qui voulait aussi tenir sa parole, déclara qu'il épouserait sa fille.

A cette nouvelle, la princesse fut bien désolée et courut trouver sa marraine, pour lui demander un moyen d'empêcher ce mariage. Sa marraine lui conseilla de dire au roi qu'elle désirait avoir avant les noces une robe couleur du soleil. Le roi fit chercher partout, et l'on finit par trouver une robe couleur du soleil. Quand on lui apporta cette robe, la princesse fut au désespoir : elle voulait s'enfuir du château, mais sa marraine lui conseilla d'attendre encore et de demander au roi une robe couleur de la lune. Le roi réussit encore à se procurer une robe telle que sa fille la voulait. Alors la princesse demanda qu'on lui donnât un taureau d'or.

Le roi se fit apporter tout ce qu'il y avait de bijoux d'or dans le royaume, bracelets, colliers, bagues, pendants d'oreilles, et ordonna à un orfèvre d'en fabriquer un taureau d'or. Pendant que l'orfèvre était occupé à ce travail, la princesse vint secrètement le trouver et obtint de lui qu'il ferait le taureau creux. Au jour fixé pour les noces, elle ouvrit une petite porte qui était dissimulée dans le flanc du taureau et s'enferma dedans ; quand on vint pour la chercher, on ne la trouva plus. Le roi mit tous ses gens en campagne, mais on ne l'avait vue nulle part. Il tomba dans un profond chagrin.

Cependant, il y avait dans un royaume voisin un prince qui était malade ; il lui vint aussi la fantaisie de demander à ses parents un taureau d'or. Le roi, père de la princesse, ayant entendu parler de ce désir du prince, lui céda son taureau d'or, car il ne tenait pas à le conserver. La princesse était toujours dans sa cachette.

Le prince fit mettre le taureau d'or dans sa chambre, afin de l'avoir toujours devant les yeux. Depuis sa maladie, il ne voulait plus avoir personne avec lui et il mangeait seul ; on lui apportait ses repas dans sa chambre. Dès le premier jour, la princesse profita d'un moment où le prince était assoupi pour sortir du taureau d'or, et elle prit un plat, qu'elle emporta dans sa cachette. Le lendemain et les jours suivants, elle fit de même. Le prince, bien étonné de voir tous les jours ses plats disparaître, changea d'appartement ; mais comme il avait fait porter le taureau dans sa nouvelle chambre, les plats disparaissaient toujours. Enfin, il résolut de ne plus dormir qu'il n'eût découvert le voleur. Quand on lui eut apporté son repas, il ferma les yeux et fit semblant de sommeiller. La princesse aussitôt sortit tout doucement du taureau d'or pour s'emparer d'un des plats qui étaient sur la table ; mais, s'étant aperçue que le prince était éveillé, elle fut bien effrayée ; elle se jeta à ses pieds, et lui raconta ses aventures. Le prince lui dit : « Ne craignez rien : personne ne saura que vous êtes ici. Désormais je ferai servir deux plats de chaque chose, l'un pour vous et l'autre pour moi. »

Le prince fut bientôt guéri et se disposa à partir pour la guerre. « Quand je reviendrai, dit-il à la princesse, je donnerai trois coups de baguette sur le taureau pour vous avertir. »

Pendant l'absence du prince, le roi son père voulut montrer le taureau d'or à des seigneurs étrangers qui étaient venus le visiter. L'un d'eux, pour voir si le taureau était creux, le frappa de sa baguette par trois fois. La princesse, croyant que c'était le prince qui était revenu, sortit aussitôt de sa cachette. Elle eut grand-peur en voyant qu'elle s'était trompée. Le roi, très surpris, lui fit raconter son histoire, et lui dit de rester au château aussi longtemps qu'elle voudrait.

Or, il y avait à la cour une jeune fille qu'on y élevait pour la faire épouser au prince. En voyant les attentions qu'on avait pour la princesse, elle fut prise d'une mortelle jalousie. Un jour qu'elles se promenaient ensemble au bois, cette jeune fille conduisit la princesse au bord d'un grand trou en lui disant de regarder au fond, et, pendant que la princesse se penchait pour voir, elle la poussa dedans et s'enfuit. La princesse, qui était tombée sans se faire de mal, appela au secours. Un charbonnier, qui passait près de là, accourut à ses cris, la retira du trou et la ramena au château. Justement le prince, la guerre étant terminée, venait d'y rentrer lui-même, et l'on faisait les préparatifs de ses noces avec sa fiancée. Un grand feu de joie avait été allumé devant le château. Le prince ayant appris ce qui était arrivé, ordonna de jeter dans le feu la méchante fille, puis il épousa la belle princesse. On fit savoir au roi son père qu'elle était mariée ; il prit bien la chose, et tout fut pour le mieux.

PEAU D'ÂNETTE

Conté en 1879 par Pierre Ménard, de Saint-Cast, mousse, âgé de treize ans. Paul Sébillot, *Littérature orale de Haute-Bretagne*, Paris, Maisonneuve, 1881.

Il y avait une fois un homme dont la femme mourut.

Quelque temps après il dit à sa fille qui était déjà grande :

— Tu vas te marier avec moi.

— Non, répondit-elle.

— Je t'aurai un habit couleur des étoiles.

— Non, je ne veux pas.

— Je t'aurai un habit couleur du soleil.

— Non, mon père.

— Je t'aurai un habit couleur de lumière.

— Non.

— Je vais t'acheter un coffre garni.

La fille dit alors qu'elle voulait bien ; mais elle ne pensait qu'à s'enfuir. Elle prit ses plus beaux habits et les mit dans son coffre, qui la suivait partout et allait par sur mer comme par sur terre.

En s'éloignant de chez son père, elle trouva un âne écorché dont elle prit la peau qu'elle mit par-dessus ses vêtements.

Elle arriva à une ferme et y entra pour demander si on n'avait pas besoin d'une pâtoure pour garder les oies.

— Si, lui répondit-on.

Et on lui donna les oies à conduire dans les champs.

A l'endroit où elle menait ses bêtes, il y avait une petite cabane pour loger la pâtoure quand il pleuvait, et elle y mit le coffre où étaient ses beaux habits. Un jour il lui prit fantaisie de s'habiller en demoiselle, et quand le garçon de la maison vint l'appeler pour dîner, il vit la Peau d'Anette — c'est ainsi qu'on la nommait —, qui était dans la cabane vêtue de ses beaux habits.

Il tomba amoureux de la pâtoure et déclara à sa mère qu'il voulait se marier avec elle.

— Non, dit sa mère, tu n'épouseras point cette fille qui vient on ne sait d'où ; elle ne sait ni filer, ni broder, ni faire les chambres, ni apprêter à manger.

— Si, ma mère, je veux me marier avec elle. D'ailleurs elle est peut-être plus capable que vous ne croyez.

— Nous allons bien voir, dit la mère.

On fit venir la Peau d'Anette, et on lui dit que si elle pouvait filer la filasse qu'on lui mit dans une chambre, elle se marierait avec le fils de la maison.

Quand elle fut seule, au lieu de travailler, elle pleurait, car jamais elle n'avait appris à filer. Elle vit descendre par la cheminée une grande bonne femme qui avait de gros yeux et qui lui dit :

— Qu'as-tu à faire là, ma belle bergère ?

— A filer, mais je ne sais point.

— Que me donneras-tu, si je fais ton ouvrage ?

— Je vous donnerai l'écuellée de soupe qu'on m'a apportée pour mon dîner, car c'est tout ce j'ai à moi.

— Non, dit la femme aux gros yeux, garde ton écuellée de soupe ; je vais faire ta tâche, si tu veux me promettre de m'inviter le jour de tes noces.

La Peau d'Anette y consentit ; en peu de temps toute la filasse fut convertie en fil, et quand le garçon de la maison vint pour lui apporter à souper, tout était filé.

Le lendemain, on l'enferma encore dans la même chambre, et on lui donna de la laine et des aiguilles pour tricoter des bas ; mais elle se désola encore plus que la veille, et quand le garçon vint lui apporter à dîner, elle n'avait pas même touché à son ouvrage.

Elle vit encore une grande bonne femme qui descendait par la cheminée et qui avait de longues oreilles. Elle dit à la Peau d'Anette :

— Que me donneras-tu, ma belle enfant, pour tricoter ta laine ?

— Je vous donnerai mon dîner, répondit-elle.

— Non, garde-le pour toi, et promets-moi seulement de me prier pour le jour de tes noces.

— Oui, volontiers, si le garçon m'épouse.

La besogne fut promptement achevée, et au soir la maîtresse de Peau d'Anette trouva un tricot très bien exécuté.

Le troisième jour, on la mit dans une chambre pour y faire

la cuisine ; mais quand le garçon alla lui porter à dîner, elle n'avait pas encore commencé.

Elle vit alors descendre par la cheminée une bonne femme qui avait de grandes dents :

— Que fais-tu là, ma belle bergère ?

— On m'a mise à faire la cuisine ici ; mais je ne sais point.

— Que me donneras-tu si j'accomplis ta tâche ?

— Le pain de mon dîner et toute la nourriture qu'on m'a apportée.

— Je n'ai que faire de cela ; promets-moi seulement de m'inviter à tes noces.

Quand Peau d'Anette eut assuré à la bonne femme qu'elle se garderait bien de l'oublier, la viande fut apprêtée en peu de temps et très bien.

Le lendemain, on lui ordonna de balayer les chambres ; mais à midi elle n'avait pas encore commencé. Elle vit descendre par la cheminée un grand bonhomme qui avait un grand balai pendu au derrière.

— Que fais-tu là, ma belle bergère ? demanda-t-il.

— On m'a mise à balayer, mais je ne sais point.

— Que veux-tu me donner ? Je vais balayer tes chambres, moi.

— Voilà mon petit dîner ; prenez-le.

— Non ; promets-moi de m'inviter le jour de tes noces.

— Oui, monsieur, si je me marie.

Quand la maîtresse de la maison et son fils vinrent le soir, ils trouvèrent les chambres balayées et bien nettoyées, et, les épreuves étant accomplies, la mère du garçon dit qu'elle voulait bien que son fils se mariât avec Peau d'Anette. Le jour de la noce elle mit ses plus beaux habits, et ayant songé à sa promesse, elle cria :

— Madame aux Gros Yeux, venez ici ! Madame la Grande Oreille, arrivez à la noce ! Madame la Grande Dent, venez au mariage !

Et les trois femmes apparurent aussitôt.

Au moment de se mettre à table, Peau d'Anette dit :

— Ah ! je n'ai pas pensé à appeler le bonhomme.

Au même instant, le bonhomme qui avait le balai pendu au derrière arriva en disant :

— Il était temps que tu m'appelles ; sans cela tu ne te serais pas mariée.

CÉSARINE

Conté par Rose Renaud, de Saint-Cast, 1879. Paul Sébillot, *Contes populaires de la Haute-Bretagne*, Paris, G. Charpentier, 1880-1882.

Il était une fois un riche roi de Castille qui avait une fille nommée Césarine. La mère de la princesse ne l'aimait pas parce qu'en la mettant au monde elle avait failli mourir ; le roi au contraire la chérissait tendrement, et souvent il blâmait sa femme de traiter la jeune fille plus mal qu'une étrangère. Mais plus Césarine grandissait, plus sa mère se montrait malveillante à son égard, et comme le roi reprochait à la reine la dureté de son cœur, il s'élevait entre eux de fréquentes disputes.

La princesse voyant qu'à cause d'elle il y avait du trouble dans le ménage de ses parents, résolut de quitter sa famille, et elle partit emportant avec elle un coffret plein de bijoux, et des robes que son père lui avait données : l'une était couleur du soleil, l'autre couleur de la lune, et la troisième était couleur du temps.

Elle s'en alla loin, bien loin, afin que sa famille ne pût la retrouver, et après avoir marché longtemps, elle arriva à un beau château, où elle demanda à se louer pour garder les oies et les dindons. Comme elle était vêtue de pauvres habits de paysanne, on la prit pour une bergère de profession et on accepta ses services. Tous les jours, elle allait mener son troupeau dans les champs ; elle construisit avec des branchages une petite cabane pour s'abriter du soleil et de la pluie, et elle y mit ses robes et ses bijoux. Quand elle se croyait seule, l'endroit étant isolé, et hors de la vue du château, elle dépouillait ses vêtements grossiers et usés, et se revêtait de ses belles robes.

Lorsqu'elle sortait si bien habillée, les oies et les dindons, éblouis de voir leur maîtresse si belle, chantaient en leur patois :

Casaque, saque, saque, saque !
La jolie petite pâturette d'oies que j'avons !

Un jour, le prince, qui habitait le château avec sa mère, entendit chanter les oies et les dindons, et le soir, quand il fut de retour à la maison, il dit :

— Voilà une bien drôle de chose ; depuis que nous avons ici cette petite pâturette, nos oies et nos dindons parlent.

Mais on haussait les épaules, et on se moquait du prince en disant qu'il avait rêvé tout cela.

Le lendemain, il alla à l'endroit où paissait le troupeau, et se cacha non loin de là, dans les arbres.

Il vit sortir de la cabane une belle dame avec une robe couleur d'or, et les oies chantaient comme la veille.

— Ce n'est pas possible, pensait-il, que ce soit là notre petite pâturette d'oies.

Mais il vit les oies et les dindons qui tournaient autour d'elle en chantant :

Casaque, saque, saque, saque !
La jolie petite pâturette que j'avons !

— Ce doit pourtant être elle, pensait le prince en les entendant, car voilà les oies et les dindons qui disent que c'est leur bergère. Demain, je saurai la vérité, je quitterai le château avant elle et me cacherai tout auprès de la cabane pour savoir si c'est elle qui a de si beaux habits.

Le lendemain matin, il s'en alla de bonne heure et se cacha ; dès que la bergère fut arrivée avec son troupeau, elle entra dans la cabane et, peu après, elle en sortit vêtue de sa robe couleur du temps.

Et dès que les oies et les dindons la virent paraître, ils se mirent à tourner autour d'elle en répétant :

Casaque, saque, saque, saque !
La jolie petite pâturette d'oies que j'avons !

Le prince se glissa dans la cabane ; il vit par terre les vieux habits de la gardeuse de dindons, et il se dit :

— C'est bien elle qui a une si belle robe.

Il sortit alors, et alla à sa rencontre.

— Comme vous êtes belle ! dit-il. N'est-ce pas vous qui êtes Césarine ?

Elle demeura quelque temps sans lui répondre, mais finit par dire :

— Oui, c'est moi.

Et les oies et les dindons tournaient autour d'elle en chantant :

Casaque, saque, saque, saque !
La jolie petite pâturette que j'avons !

— Qui vous a donné ces beaux habits ?

Elle se tut et rougit ; le prince renouvela sa question, et la bergère répondit :

— C'est mon père qui m'en a fait présent.

— Votre père ? et à quelle occasion ?

— Il me les a donnés pour que je me souvienne de lui, et je suis partie de son château pour faire cesser les disputes entre lui et ma mère, car ma mère ne m'aimait pas.

— Et pourquoi ?

— Parce qu'elle a manqué de perdre la vie en me mettant au monde.

— Dites-moi quel est votre père ?

— C'est le roi de Castille.

— Le roi de Castille ? fit-il surpris.

— Oui, monsieur.

— N'avez-vous pas d'autres objets que vos robes ?

— Si, répondit-elle après avoir gardé le silence pendant quelques instants, je possède plusieurs objets précieux que mon père et mon amant m'ont donnés.

— Je serais heureux de les voir, dit le prince.

— Non monsieur, pas aujourd'hui ; plus tard, je ne dis pas.

Le lendemain, le prince impatient de savoir ce que contenait le coffret de Césarine, se trouva dès matin à la cabane :

— Est-ce aujourd'hui, Césarine, dit-il, que vous allez me faire voir ce qu'il y a dans votre petit coffre ?

Elle hésita quelques moments, puis elle lui donna la clé en lui disant d'ouvrir le coffret et de le visiter.

Le prince fut surpris à la vue des bijoux qu'il contenait, et qui étaient nombreux et beaux ; parmi eux, il remarqua un collier en or sur lequel étaient gravés le nom de Césarine et celui de son amant. Celui-ci était un ami intime du prince qui avait fait la guerre en même temps que lui.

Après avoir encore demandé quelques détails à Césarine, le prince la quitta et résolut de partir pour aller en Castille.

Deux jours après, il se mit en route, et après un long voyage il arriva à la ville où demeurait le père de Césarine. Il alla trouver son ami qui était ambassadeur auprès du roi, et qui le fit entrer dans le château.

Il fut bien surpris quand le prince lui apprit que la princesse était chez sa mère à garder les oies et les dindons, et quand il lui parla du collier d'or qui portait son nom, l'ambassadeur répondit qu'il aimait Césarine et qu'il aurait bien voulu l'épouser, mais que cela ne se pouvait pas.

Alors, le prince confia à son ami qu'il avait fait le voyage exprès pour demander Césarine en mariage, et il le pria de lui procurer une audience du roi, ce qui fut aisé.

Le roi se réjouit grandement d'apprendre que le prince voulait du bien à sa fille, car il l'aimait tendrement et avait maintes fois pleuré son départ. Il donna volontiers son consentement à son mariage, et, comme cadeau de noces, il lui envoya des caisses pleines d'or, d'argent et de bijoux.

Quand le prince fut revenu à son château, son premier soin fut de chercher Césarine qu'il trouva dans sa cabane, couchée et bien malade ; et il y avait deux jours qu'on ne lui avait porté ni à boire ni à manger. Il la consola de son mieux, la prit dans ses bras, et l'apporta au château pour la mieux soigner.

Il alla ensuite dire à sa mère qu'il voulait épouser Césarine qui était, non une pâturette, mais la fille du roi de Castille. La dame ne voulait pas consentir au mariage et elle disait que son fils la trompait. Mais quand arrivèrent les caisses d'or et d'argent et les bijoux que le roi envoyait à sa fille, elle vit bien que le prince disait vrai, et elle donna son consentement.

Césarine se guérit rapidement ; le prince l'épousa : à cette occasion, ils firent de belles noces, et j'en mangeai ma part.

PEAU-D'ÂNE

Conté par Catherine Sustrac, de Sainte-Eulalie, Lot-et-Garonne. Jean-François Bladé, *Contes populaires de la Gascogne*, Paris, Maisonneuve frères et Ch. Leclerc, 1886, 3 vol.

Il y avait, une fois, un homme qui avait trois filles. Un jour, cet homme s'en alla travailler dans son champ, tout proche d'un noyer, et il entendit une voix qui disait :

— Homme, si tu ne me donnes pas une de tes filles en mariage, je te mange.

— Qui es-tu ? Je t'entends, mais je ne te vois pas.

— Je suis le roi de France.

— Eh bien, roi de France, si une de mes filles y consent, tu l'auras en mariage.

L'homme rentra chez lui, et se mit au lit. A peine était-il couché, que sa fille aînée entra dans sa chambre.

— Qu'avez-vous, père ?

— Je suis malade. Tu peux me guérir si tu veux. Il te faut épouser le roi de France.

— Je ne veux pas l'épouser.

Le lendemain, l'homme revint travailler dans son champ, près du noyer, et il entendit la même voix qui disait :

— Homme, si tu ne me donnes pas une de tes filles en mariage, je te mange.

— Roi de France, ma fille aînée ne veut pas de toi. Je parlerai ce soir à la seconde, et, si elle y consent, tu l'auras en mariage.

L'homme rentra chez lui et se mit au lit. A peine était-il couché, que sa seconde fille entra dans la chambre.

— Qu'avez-vous, père ?

— Je suis malade. Tu peux me guérir si tu veux. Il te faut épouser le roi de France.

— Je ne veux pas l'épouser.

Le lendemain, l'homme revint travailler dans son champ, et il entendit la même voix qui lui disait :

— Homme, si tu ne me donnes pas une de tes filles en mariage, je te mange.

— Roi de France, ma seconde fille ne veut pas de toi. Je

parlerai ce soir à la troisième, et, si elle y consent, tu l'auras en mariage.

L'homme rentra chez lui et se mit au lit. A peine était-il couché, que sa troisième fille entra dans la chambre.

— Qu'avez-vous, père ?

— Je suis malade. Tu peux me guérir si tu veux. Il te faut épouser le roi de France.

— Père, j'épouserai le roi de France. Mais je veux qu'il me donne, en présent de noces, trois robes : l'une couleur du ciel, l'autre couleur de la lune, la dernière couleur du soleil. Je veux qu'il me donne aussi un couvert d'or, avec l'assiette et le gobelet, un *trol*[1] d'or, et douze fuseaux d'or, avec la filière.

— Tu auras tout cela, cria le roi de France qui écoutait à la porte.

Les présents arrivèrent le lendemain, et le mariage fut fait quinze jours après.

En sortant de l'église, le roi de France dit à sa femme :

— Je pars pour un grand voyage. Si, dans neuf ans, je ne suis pas revenu, tu partiras pour me chercher.

Le roi de France partit donc pour son grand voyage ; et huit années franches se passèrent sans qu'il revînt. Sa femme attendit encore un mois, puis elle partit à la recherche de son mari. Au bout de trois jours, elle trouva une peau d'âne sur son chemin, et la mit sur ses épaules. Au bout de trois autres jours, elle arriva au bord d'un ruisseau, où des femmes lavaient la lessive.

— Lavandières, avez-vous vu le roi de France ?

— Oui, Peau-d'Ane, nous l'avons vu. Il est dans cette église, et il y épouse une fille belle comme le jour.

— Merci, lavandières. Pour vous payer ce que vous m'avez dit, je veux vous aider à laver.

Alors les lavandières lui donnèrent un torchon noir comme la suie. Mais, en un moment, Peau-d'Ane le rendit aussi blanc que la plus belle serviette.

En quittant les lavandières, Peau-d'Ane s'en alla sur la porte de l'église, et trouva le roi de France qui sortait.

1. Instrument qui sert à faire les écheveaux.

— Roi de France, te souviens-tu du temps où mon père travaillait dans son champ, près d'un noyer, et où tu lui disais : « Homme, si tu ne me donnes pas une de tes filles en mariage, je te mange. »

Le roi de France ne répondit pas, et toujours Peau-d'Ane répétait :

— Roi de France, te souviens-tu du temps où mon père travaillait dans son champ, près d'un noyer, et où tu lui disais : « Homme, si tu ne me donnes pas une de tes filles en mariage, je te mange. »

Alors, le curé s'approcha.

— Roi de France, je te commande, par le salut de ton âme, de me dire si tu n'as pas épousé une autre femme avant de te marier ici ?

— Non, curé.

Alors, Peau-d'Ane demeura sur la porte jusqu'à la sortie de la mariée.

— Madame, lui dit-elle, n'avez-vous pas besoin d'une servante ?

— Oui, Peau-d'Ane, j'ai besoin d'une servante pour garder les dindons.

Peau-d'Ane suivit le roi et la reine dans leur château. Le soir elle dit à la reine :

— Madame, laissez-moi coucher avec le roi de France.

— Non, Peau-d'Ane. Je n'y ai pas encore couché moi-même.

— Madame, si vous me laissez coucher avec le roi de France, je vous donne un couvert d'or, avec l'assiette et le gobelet.

— Eh bien, Peau-d'Ane, c'est convenu.

Peau-d'Ane donna donc à la reine le couvert d'or, avec l'assiette et le gobelet, et alla se coucher à côté du roi de France.

— Roi de France, lui disait-elle toute la nuit, te souviens-tu du temps où mon père travaillait dans son champ, près d'un noyer, et où tu lui disais : « Homme, si tu ne me donnes pas une de tes filles en mariage, je te mange. »

Mais la reine avait donné au roi de France un breuvage pour le faire dormir, et il ne répondit pas à Peau-d'Ane.

Le lendemain, la reine entra dans la chambre.

— Allons, Peau-d'Ane, lève-toi. Il est temps d'aller garder les dindons.

Peau-d'Ane se leva, et s'en alla garder les dindons jusqu'au soir. Alors, elle dit à la reine :

— Madame, laissez-moi coucher avec le roi de France.

— Non, Peau-d'Ane. Je n'y ai pas encore couché, et tu y as couché une fois.

— Madame, si vous me laissez coucher avec le roi de France, je vous donne un trol d'or, et douze fuseaux d'or, avec la filière.

— Eh bien, Peau-d'Ane, c'est convenu.

Peau-d'Ane donna donc à la reine le trol d'or, et les douze fuseaux d'or, avec la filière, et alla se coucher à côté du roi de France.

— Roi de France, lui disait-elle toute la nuit, te souviens-tu du temps où mon père travaillait dans son champ, près d'un noyer, et où tu lui disais : « Homme, si tu ne me donnes pas une de tes filles en mariage, je te mange. »

Mais la reine avait donné au roi de France un breuvage pour le faire dormir, et il ne répondit pas à Peau-d'Ane.

Le matin, la reine entra dans la chambre.

— Allons, Peau-d'Ane, lève-toi. Il est temps d'aller garder les dindons.

Peau-d'Ane se leva, et s'en alla garder les dindons jusqu'au soir. Alors, elle dit à la reine :

— Madame, laissez-moi coucher avec le roi de France.

— Non, Peau-d'Ane. Je n'y ai pas encore couché, et tu y as couché deux fois.

— Madame, si vous me laissez coucher avec le roi de France, je vous donne deux robes, l'une couleur du ciel, et l'autre couleur de la lune.

— Eh bien, Peau-d'Ane, c'est convenu.

Peau-d'Ane donna donc à la reine la robe couleur du ciel et la robe couleur de la lune, et alla se coucher à côté du roi de France.

— Roi de France, lui disait-elle toute la nuit, te souviens-tu du temps où mon père travaillait dans son champ, près d'un noyer, et où tu lui disais : « Homme, si tu ne me donnes pas une de tes filles en mariage, je te mange. »

Mais la reine avait donné au roi de France un breuvage pour le faire dormir qui était moins fort que les deux autres, et le roi répondait en pleurant :

— Oui, je m'en souviens. Oui, je m'en souviens.

Le lendemain matin, Peau-d'Ane se leva, et quand la reine entra dans la chambre, pour lui dire d'aller garder les dindons, elle la trouva vêtue de sa robe couleur de soleil.

— Reine, dit le roi de France, aimerais-tu mieux être la première femme d'un homme ou la seconde ?

— J'aimerais mieux être la première.

— Eh bien, tu t'es condamnée toi-même, par ce que tu as fait, et par ce que tu as dit. Prends ton couvert d'or, avec l'assiette et le gobelet. Prends le trol d'or, et les douze fuseaux d'or avec la filière. Prends les deux robes, l'une couleur du ciel, l'autre couleur de la lune, et retourne chez tes parents.

La reine descendit aussitôt à l'écurie, fit seller un cheval, et retourna chez ses parents. Peau-d'Ane demeura dans le château, et devint reine à sa place.

Charles Perrault

IV

LA BELLE AU BOIS DORMANT

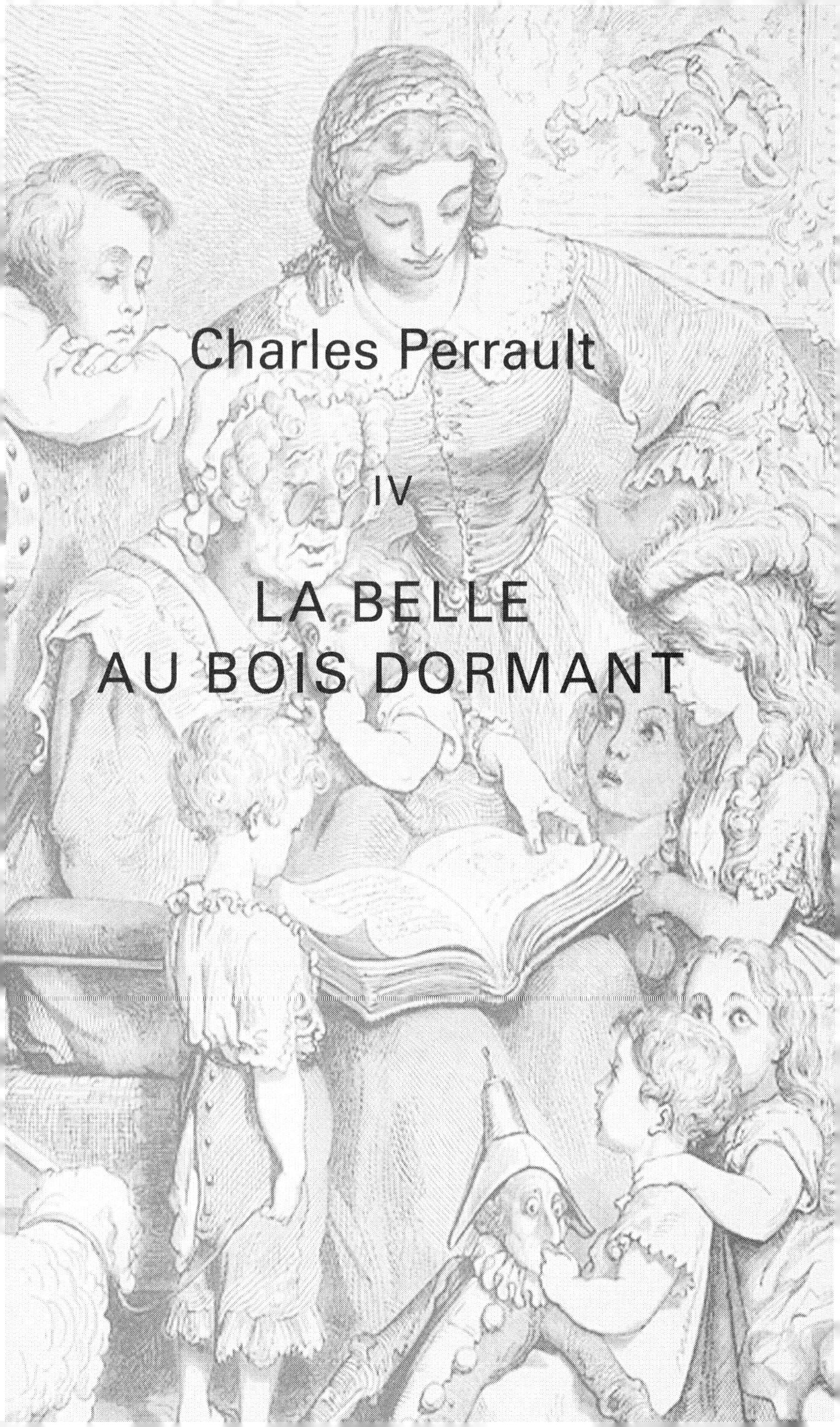

Premier « conte » manuscrit dans le recueil adressé à Mademoiselle, nièce de Louis XIV, en 1695. Paru dans *Le Mercure galant* de février 1696. Publié chez Claude Barbin dans le recueil intitulé *Histoires ou contes du temps passé, avec des moralités* en janvier 1697.

Il était une fois un roi et une reine qui étaient si fâchés de n'avoir point d'enfants, si fâchés qu'on ne saurait dire. Ils allèrent à toutes les eaux du monde ; vœux, pèlerinages, menues dévotions, tout fut mis en œuvre, et rien n'y faisait. Enfin pourtant la reine devint grosse, et accoucha d'une fille : on fit un beau baptême ; on donna pour marraines à la petite princesse toutes les fées qu'on pût trouver dans le pays (il s'en trouva sept), afin que chacune d'elles lui faisant un don, comme c'était la coutume des fées en ce temps-là, la princesse eût par ce moyen toutes les perfections imaginables.

Après les cérémonies du baptême toute la compagnie revint au palais du roi, où il y avait un grand festin pour les fées. On mit devant chacune d'elles un couvert magnifique, avec un étui d'or massif, où il y avait une cuiller, une fourchette, et un couteau de fin or, garni de diamants et de rubis. Mais comme chacun prenait sa place à table, on vit entrer une vieille fée qu'on n'avait point priée parce qu'il y avait plus de cinquante ans qu'elle n'était sortie d'une tour et qu'on la croyait morte, ou enchantée. Le roi lui fit donner un couvert, mais il n'y eut pas moyen de lui donner un étui d'or massif, comme aux autres, parce que l'on n'en avait fait faire que sept pour les sept fées. La vieille crut qu'on la méprisait, et grommela quelques menaces entre ses dents. Une des jeunes fées qui se trouva auprès d'elle l'entendit, et jugeant qu'elle pourrait donner quelque fâcheux don à la petite princesse, alla, dès qu'on fut sorti de table, se cacher derrière la tapisserie, afin de parler la dernière, et de pouvoir réparer autant qu'il lui serait possible le mal que la vieille aurait fait.

Cependant les fées commencèrent à faire leurs dons à la princesse. La plus jeune lui donna pour don qu'elle serait la plus belle du monde, celle d'après qu'elle aurait de l'esprit comme un ange, la troisième qu'elle aurait une grâce admirable à tout ce qu'elle ferait, la quatrième qu'elle danserait parfaitement bien, la cinquième qu'elle chanterait comme un rossignol, et la sixième qu'elle jouerait de toutes sortes d'instruments à la perfection. Le rang de la vieille fée étant venu, elle dit, en branlant la tête encore plus de dépit que de vieillesse, que la princesse se percerait la main d'un fuseau, et qu'elle en mourrait.

Ce terrible don fit frémir toute la compagnie, et il n'y eut personne qui ne pleurât. Dans ce moment la jeune fée sortit de derrière la tapisserie, et dit tout haut ces paroles : « Rassurez-vous, roi et reine, votre fille n'en mourra pas : il est vrai que je n'ai pas assez de puissance pour défaire entièrement ce que mon ancienne a fait. La princesse se percera la main d'un fuseau ; mais au lieu d'en mourir, elle tombera seulement dans un profond sommeil qui durera cent ans, au bout desquels le fils d'un roi viendra la réveiller. »

Le roi, pour tâcher d'éviter le malheur annoncé par la vieille, fit publier aussitôt un édit, par lequel il défendait à toutes personnes de filer au fuseau, ni d'avoir des fuseaux chez soi sur peine de la vie.

Au bout de quinze ou seize ans, le roi et la reine étant allés à une de leurs maisons de plaisance, il arriva que la jeune princesse courant un jour dans le château, et montant de chambre en chambre, alla jusqu'au haut d'un donjon dans un petit galetas, où une bonne vieille était seule à filer sa quenouille. Cette bonne femme n'avait point ouï parler des défenses que le roi avait faites de filer au fuseau.

— Que faites-vous là, ma bonne femme ? dit la princesse.

— Je file, ma belle enfant, lui répondit la vieille qui ne la connaissait pas.

— Ha ! que cela est joli, reprit la princesse, comment faites-vous ? Donnez-moi que je voie si j'en ferais bien autant.

Elle n'eut pas plus tôt pris le fuseau, que comme elle était fort vive, un peu étourdie, et que d'ailleurs l'arrêt des fées l'ordonnait ainsi, elle s'en perça la main, et tomba évanouie.

La bonne vieille, bien embarrassée, crie au secours : on vient de tous côtés, on jette de l'eau au visage de la princesse, on la délace, on lui frappe dans les mains, on lui frotte les tempes avec de l'eau de la reine de Hongrie ; mais rien ne la faisait revenir. Alors le roi, qui était monté au bruit, se souvint de la prédiction des fées, et jugeant bien qu'il fallait que cela arrivât, puisque les fées l'avaient dit, fit mettre la princesse dans le plus bel appartement du palais, sur un lit en broderie d'or et d'argent. On eût dit d'un ange, tant elle était belle ; car son évanouissement n'avait pas ôté les couleurs vives de son teint : ses joues étaient incarnates, et ses lèvres comme du corail ; elle avait seulement les yeux fermés, mais on l'entendait respirer doucement, ce qui faisait voir qu'elle n'était pas morte. Le roi ordonna qu'on la laissât dormir en repos, jusqu'à ce que son heure de se réveiller fût venue.

La bonne fée qui lui avait sauvé la vie, en la condamnant à dormir cent ans, était dans le royaume de Mataquin, à douze mille lieues de là, lorsque l'accident arriva à la princesse ; mais elle en fut avertie en un instant par un petit nain, qui avait des bottes de sept lieues (c'était des bottes avec lesquelles on faisait sept lieues d'une seule enjambée). La fée partit aussitôt, et on la vit au bout d'une heure arriver dans un chariot tout de feu, traîné par des dragons.

Le roi lui alla présenter la main à la descente du chariot. Elle approuva tout ce qu'il avait fait ; mais comme elle était grandement prévoyante, elle pensa que quand la princesse viendrait à se réveiller, elle serait bien embarrassée toute seule dans ce vieux château : voici ce qu'elle fit. Elle toucha de sa baguette tout ce qui était dans ce château (hors le roi et la reine), gouvernantes, filles d'honneur, femmes de chambre, gentilshommes, officiers, maîtres d'hôtel, cuisiniers, marmitons, galopins, gardes, suisses, pages, valets de pied ; elle toucha aussi tous les chevaux qui étaient dans les écuries, avec les palefreniers, les gros mâtins de basse-cour, et la petite Pouffe, petite chienne de la princesse, qui était auprès d'elle sur son lit. Dès qu'elle les eut touchés, ils s'endormirent tous, pour ne se réveiller qu'en même temps que leur maîtresse, afin d'être tout prêts à la servir quand elle en aurait besoin ; les broches mêmes qui étaient au feu toutes pleines de perdrix et de faisans s'endormirent, et le feu aussi.

Tout cela se fit en un moment ; les fées n'étaient pas longues à leur besogne. Alors le roi et la reine, après avoir baisé leur chère enfant sans qu'elle s'éveillât, sortirent du château, et firent publier des défenses à qui que ce soit d'en approcher. Ces défenses n'étaient pas nécessaires, car il crût dans un quart d'heure tout autour du parc une si grande quantité de grands arbres et de petits, de ronces et d'épines entrelacées les unes dans les autres, que bête ni homme n'y aurait pu passer : en sorte qu'on ne voyait plus que le haut des tours du château, encore n'était-ce que de bien loin. On ne douta point que la fée n'eût encore fait là un tour de son métier, afin que la princesse, pendant qu'elle dormirait, n'eût rien à craindre des curieux.

Au bout de cent ans, le fils du roi qui régnait alors, et qui était d'une autre famille que la princesse endormie, étant allé à la chasse de ce côté-là, demanda ce que c'était que ces tours qu'il voyait au-dessus d'un grand bois fort épais ; chacun lui répondit selon qu'il en avait ouï parler. Les uns disaient que c'était un vieux château où il revenait des esprits ; les autres que tous les sorciers de la contrée y faisaient leur sabbat. La plus commune opinion était qu'un ogre y demeurait, et que là il emportait tous les enfants qu'il pouvait attraper, pour les pouvoir manger à son aise, et sans qu'on le pût suivre, ayant seul le pouvoir de se faire un passage au travers du bois. Le prince ne savait qu'en croire, lorsqu'un vieux paysan prit la parole, et lui dit :

— Mon prince, il y a plus de cinquante ans que j'ai ouï dire à mon père qu'il y avait dans ce château une princesse, la plus belle du monde ; qu'elle y devait dormir cent ans, et qu'elle serait réveillée par le fils d'un roi, à qui elle était réservée.

Le jeune prince, à ce discours, se sentit tout de feu ; il crut sans balancer qu'il mettrait fin à une si belle aventure ; et poussé par l'amour et par la gloire, il résolut de voir sur-le-champ ce qu'il en était.

A peine s'avança-t-il vers le bois que tous ces grands arbres, ces ronces et ces épines s'écartèrent d'eux-mêmes pour le laisser passer : il marcha vers le château qu'il voyait au bout d'une grande avenue où il entra, et ce qui le surprit un peu, il vit que personne de ses gens ne l'avait pu suivre, parce que les arbres s'étaient rapprochés dès qu'il avait été passé. Il ne laissa pas de continuer son chemin : un prince jeune et amoureux est toujours vaillant. Il entra dans une grande avant-cour où tout ce qu'il vit d'abord était capable de le glacer de crainte : c'était un silence affreux, l'image de la mort s'y présentait partout, et ce n'était que des corps étendus d'hommes et d'animaux, qui paraissaient morts. Il reconnut pourtant bien au nez bourgeonné et à la face vermeille des suisses qu'ils n'étaient qu'endormis, et leurs tasses où il y avait encore quelques gouttes de vin montraient assez qu'ils s'étaient endormis en buvant. Il passe une grande cour pavée de marbre, il monte l'escalier, il entre dans la salle des gardes qui étaient rangés en haie, la carabine sur l'épaule, et ronflant de leur mieux. Il traverse plusieurs chambres pleines de gentilshommes et de dames, dormant tous, les uns debout, les autres assis ; il entre dans une chambre toute dorée, et il vit sur un lit, dont les rideaux étaient ouverts de tous côtés, le plus beau spectacle qu'il eût jamais vu : une princesse qui paraissait avoir quinze ou seize ans, et dont l'éclat resplendissant avait quelque chose de lumineux et de divin. Il s'approcha en tremblant et en admirant, et se mit à genoux auprès d'elle.

Alors comme la fin de l'enchantement était venue, la princesse s'éveilla ; et le regardant avec des yeux plus tendres qu'une première vue ne semblait le permettre :

— Est-ce vous, mon prince ? lui dit-elle, vous vous êtes bien fait attendre.

Le prince, charmé de ces paroles, et plus encore de la

manière dont elles étaient dites, ne savait comment lui témoigner sa joie et sa reconnaissance ; il l'assura qu'il l'aimait plus que lui-même. Ses discours furent mal rangés, ils en plurent davantage : peu d'éloquence, beaucoup d'amour. Il était plus embarrassé qu'elle, et l'on ne doit pas s'en étonner ; elle avait eu le temps de songer à ce qu'elle aurait à lui dire, car il y a apparence (l'histoire n'en dit pourtant rien) que la bonne fée, pendant un si long sommeil, lui avait procuré le plaisir des songes agréables. Enfin il y avait quatre heures qu'ils se parlaient, et ils ne s'étaient pas encore dit la moitié des choses qu'ils avaient à se dire.

Cependant tout le palais s'était réveillé avec la princesse ; chacun songeait à faire sa charge, et comme ils n'étaient pas tous amoureux, ils mouraient de faim ; la dame d'honneur, pressée comme les autres, s'impatienta, et dit tout haut à la princesse que la viande était servie. Le prince aida la princesse à se lever ; elle était tout habillée et fort magnifiquement ; mais il se garda bien de lui dire qu'elle était habillée comme ma mère-grand, et qu'elle avait un collet monté ; elle n'en était pas moins belle.

Ils passèrent dans un salon de miroirs, et y soupèrent, servis par les officiers de la princesse ; les violons et les hautbois jouèrent de vieilles pièces, mais excellentes, quoiqu'il y eût près de cent ans qu'on ne les jouât plus ; et après souper, sans perdre de temps, le grand aumônier les maria dans la chapelle du château, et la dame d'honneur leur tira le rideau : ils dormirent peu, la princesse n'en avait pas grand besoin, et le prince la quitta dès le matin pour retourner à la ville, où son père devait être en peine de lui.

Le prince lui dit qu'en chassant il s'était perdu dans la forêt, et qu'il avait couché dans la hutte d'un charbonnier, qui lui avait fait manger du pain noir et du fromage. Le roi son père, qui était bon homme, le crut, mais sa mère n'en fut pas bien persuadée, et voyant qu'il allait presque tous les jours à la chasse, et qu'il avait toujours une raison en main pour s'excuser, quand il avait couché deux ou trois nuits dehors, elle ne douta plus qu'il n'eût quelque amourette : car il vécut avec la princesse plus de deux ans entiers, et en eut deux enfants, dont le premier, qui fut une fille, fut nommé l'Aurore, et le second un fils, qu'on nomma le Jour, parce qu'il paraissait encore plus beau que sa sœur.

La reine dit plusieurs fois à son fils, pour le faire expliquer, qu'il fallait se contenter dans la vie, mais il n'osa jamais se fier à elle de son secret ; il la craignait quoiqu'il l'aimât, car elle était de race ogresse, et le roi ne l'avait épousée qu'à cause de ses grands biens ; on disait même tout bas à la cour qu'elle avait les inclinations des ogres, et qu'en voyant passer de petits enfants, elle avait toutes les peines du monde à se retenir de se jeter sur eux ; ainsi le prince ne voulut jamais rien dire. Mais quand le roi fut mort, ce qui arriva au bout de deux ans, et qu'il se vit le maître, il déclara publiquement son mariage, et alla en grande cérémonie quérir la reine sa femme dans son château. On lui fit une entrée magnifique dans la ville capitale, où elle entra au milieu de ses deux enfants.

Quelque temps après, le roi alla faire la guerre à l'empereur Cantalabutte son voisin. Il laissa la régence du royaume à la reine sa mère, et lui recommanda fort sa femme et ses enfants : il devait être à la guerre tout l'été, et dès qu'il fut parti, la reine-mère envoya sa bru et ses enfants à une maison de campagne dans les bois, pour pouvoir plus aisément assouvir son horrible envie. Elle y alla quelques jours après, et dit un soir à son maître d'hôtel :

— Je veux manger demain à mon dîner la petite Aurore.

— Ah ! madame, dit le maître d'hôtel.

— Je le veux, dit la reine (et elle le dit d'un ton d'ogresse qui a envie de manger de la chair fraîche), et je la veux manger à la sauce-robert.

Ce pauvre homme, voyant bien qu'il ne fallait pas se jouer à une ogresse, prit son grand couteau, et monta à la chambre de la petite Aurore : elle avait pour lors quatre ans, et vint en sautant et en riant se jeter à son col, et lui demander du bonbon. Il se mit à pleurer, le couteau lui tomba des mains, et il alla dans la basse-cour couper la gorge à un petit agneau, et lui fit une si bonne sauce que sa maîtresse l'assura qu'elle n'avait jamais rien mangé de si bon. Il avait emporté en même temps la petite Aurore, et l'avait donnée à sa femme pour la cacher dans le logement qu'elle avait au fond de la basse-cour.

Huit jours après, la méchante reine dit à son maître d'hôtel :

— Je veux manger à mon souper le petit Jour.

Il ne répliqua pas, résolu de la tromper comme l'autre fois ; il alla chercher le petit Jour, et le trouva avec un petit fleuret à la main, dont il faisait des armes avec un gros singe ; il n'avait pourtant que trois ans. Il le porta à sa femme qui le cacha avec la petite Aurore, et donna à la place du petit Jour un petit chevreau fort tendre, que l'ogresse trouva admirablement bon.

Cela était fort bien allé jusque-là ; mais un soir cette méchante reine dit au maître d'hôtel :

— Je veux manger la reine à la même sauce que ses enfants.

Ce fut alors que le pauvre maître d'hôtel désespéra de la pouvoir encore tromper. La jeune reine avait vingt ans passés, sans compter les cent ans qu'elle avait dormi : sa peau était un peu dure, quoique belle et blanche ; et le moyen de trouver dans la ménagerie une bête aussi dure que cela ? Il prit la résolution, pour sauver sa vie, de couper la gorge à la reine, et monta dans sa chambre, dans l'intention de n'en pas faire à deux fois ; il s'excitait à la fureur, et entra le poignard à la main dans la chambre de la jeune reine. Il ne voulut pourtant point la surprendre, et il lui dit avec beaucoup de respect l'ordre qu'il avait reçu de la reine-mère.

— Faites votre devoir, lui dit-elle, en lui tendant le col ; exécutez l'ordre qu'on vous a donné ; j'irai revoir mes enfants, mes pauvres enfants que j'ai tant aimés.

Car elle les croyait morts depuis qu'on les avait enlevés sans rien lui dire.

— Non, non, madame, lui répondit le pauvre maître d'hôtel tout attendri, vous ne mourrez point, et vous ne laisserez pas d'aller revoir vos chers enfants, mais ce sera chez moi où je les ai cachés, et je tromperai encore la reine, en lui faisant manger une jeune biche en votre place.

Il la mena aussitôt à sa chambre, où la laissant embrasser ses enfants et pleurer avec eux, il alla accommoder une biche, que la reine mangea à son souper, avec le même appétit que si c'eût été la jeune reine. Elle était bien contente de sa cruauté, et elle se préparait à dire au roi, à son retour, que les loups enragés avaient mangé la reine sa femme et ses deux enfants.

Un soir qu'elle rôdait à son ordinaire dans les cours et basses-cours du château pour y halener quelque viande fraîche, elle entendit dans une salle basse le petit Jour qui pleurait, parce que la reine sa mère le voulait faire fouetter, à cause qu'il avait été méchant, et elle entendit aussi la petite Aurore qui demandait pardon pour son frère. L'ogresse reconnut la voix de la reine et de ses enfants, et furieuse d'avoir été trompée, elle commande dès le lendemain au matin, avec une voix épouvantable qui faisait trembler tout le monde, qu'on apportât au milieu de la cour une grande cuve, qu'elle fit remplir de crapauds, de vipères, de couleuvres et de serpents, pour y faire jeter la reine et ses enfants, le maître d'hôtel, sa femme et sa servante : elle avait donné ordre de les amener les mains liées derrière le dos. Ils étaient là, et les bourreaux se préparaient à les jeter dans la cuve, lorsque le roi, qu'on n'attendait pas si tôt, entra dans la cour à cheval ; il était venu en poste, et demanda tout étonné ce que voulait dire cet horrible spectacle ; personne n'osait l'en instruire, quand l'ogresse, enragée de voir ce qu'elle voyait, se jeta elle-même la tête la première dans la cuve, et fut dévorée en un instant par les vilaines bêtes qu'elle y avait fait mettre. Le roi ne laissa pas d'en être fâché : elle était sa mère ; mais il s'en consola bientôt avec sa belle femme et ses enfants.

Moralité

Attendre quelque temps pour avoir un époux,
Riche, bien fait, galant et doux,
La chose est assez naturelle,
Mais l'attendre cent ans, et toujours en dormant,
On ne trouve plus de femelle,
Qui dormît si tranquillement.

La fable semble encor vouloir nous faire entendre,
Que souvent de l'hymen les agréables nœuds,
Pour être différés, n'en sont pas moins heureux,
Et qu'on ne perd rien pour attendre ;
Mais le sexe avec tant d'ardeur,
Aspire à la foi conjugale,
Que je n'ai pas la force ni le cœur,
De lui prêcher cette morale.

« Cette bonne femme n'avait point ouï parler des défenses que le roi avait faites de filer au fuseau. »

« Le fils du roi qui régnait alors demanda ce que c'étai

urs qu'il voyait au-dessus d'un grand bois fort épais. »

« Il marcha vers le château qu'il voyait
au bout d'une grande avenue où il entra. »

« Ce n'était que des corps étendus d'hor

nimaux qui paraissaient morts. »

« Il entre

le des gardes. »

« Il vit sur un lit, dont les ric

nt ouverts de tous côtés... »

HISTOIRE
DU CHEVALIER TROÏLUS
ET
DE LA BELLE ZELLANDINE

Extrait de *La Très élégante, délicieuse, melliflue et très plaisante hystoire du roy Perceforest, roy de la grant Bretaigne, Avecques les merveilleuses entreprinses, faitz et adventures du très belliqueulx Gadiffer, roy Descosse*, écrit en 1340, Paris, G. de Gourmont, 1532. (Texte adapté et modernisé par Annie Collognat.)

Le chevalier Troïlus est tombé amoureux de Zellandine, fille du roi de l'île de Zellande, dès qu'il l'a vue en Grande Bretagne, lors de la fête organisée à la cour pour le retour du roi Perceforest. Pour plaire à sa belle, il devient un champion au tournoi et reçoit de ses mains « l'écu aux neuf lettres d'or » qui l'invite à faire la preuve de sa vaillance et à se montrer digne d'elle.

L. Comment Troïlus partit en Zellande et comment il y fut enchanté, avec plusieurs autres aventures qui lui arrivèrent dans ledit pays de Zellande.

L'ancienne et vraie histoire nous raconte que Troïlus se mit en chemin, car tout son désir était de trouver la belle Zellandine qu'il aimait mieux que lui-même. Il chevaucha maintes journées et par maints pays divers, accomplissant maintes prouesses, avant d'avoir de ses nouvelles. Car pour lors les provinces étaient encore fort désertes et il s'y trouvait peu de gens, et ceux que l'on rencontrait ne savaient donner de nouvelles d'une chose qui était à une lieue de chez eux.

Mais un jour il arriva que le valeureux Troïlus chevauchait le long de la mer, pensant qu'il ne pouvait avoir de nouvelles de la belle Zellandine ni de son pays. Et chevauchant ainsi pensif, il vit un gros navire que la fortune contraire avait jeté sur le rivage malgré ses matelots. Quand Troïlus vit le bateau, il vit bien au comportement des marins que la mer leur avait été contraire. Et pour savoir ce qui s'était passé, il s'approcha et trouva les matelots descendus à terre. Il les salua et leur dit :

— Seigneurs, Dieu vous donne bon jour.

— Sire, dit le capitaine du navire, le jour béni vous soit donné.

— Capitaine, dit Troïlus, il me semble que la fortune de la mer vous a été contraire.

— Sire, dit-il, vous dites vrai, car notre intention était d'arriver dans la Grande Bretagne, mais nous sommes sur le territoire de l'Ecosse. Il nous faut retourner d'où nous venons, car l'affaire qui nous amène est très pressante.

— Par votre foi, dit Troïlus, dites-moi d'où vous êtes et quelle affaire vous avez.

— Sire, dit le marin, je veux bien que vous sachiez que nous sommes de Zellande, et l'affaire qui nous mène en Grande Bretagne n'est pas si secrète qu'elle ne puisse vous être dite. Ainsi je vous dis que nous allons chercher un chevalier nommé Zellandin, car Zelland notre roi lui demande de venir au plus vite pour une chose étonnante qui vient d'arriver au pays. Zellandine, la fille de notre roi, est revenue l'autre jour de la Grande Bretagne où elle vit la fête de retour du noble roi Perceforest et deux jours après il lui est arrivé une chose si étonnante qu'elle est à peine croyable : à ce que j'ai entendu, là où elle était assise parmi les jeunes filles, elle s'est endormie si bien que depuis elle ne s'est plus réveillée. Depuis, elle ne mange ni ne boit et son teint ne s'altère pas, ce dont son père a la plus grande douleur qu'il se puisse concevoir. Et c'est pour trouver Zellandin son fils que nous sommes partis, mais le vent nous a contraints de venir ici.

Quand Troïlus entendit la nouvelle, il fut affligé, ce qui n'est pas surprenant, car c'était la femme au monde qu'il aimait le plus. Mais, parce que le chagrin ne servait à rien, il se ressaisit et dit :

— Par ma foi, seigneurs, vous m'avez raconté une chose fort prodigieuse. Mais, dites-moi, le père de la jeune fille n'a-t-il consulté aucun médecin ?

— Si, beaucoup, dit le marin, mais rien n'y a fait.

— Or çà ! beaux seigneurs, dit Troïlus, puisqu'il vous faut passer par la Zellande pour aller en Grande Bretagne, je vous prie de m'emmener avec vous, et je vous en aurai grande reconnaissance, car, pour tout vous dire, je m'y connais un peu en médecine à cause de mon père qui fut l'un des meilleurs médecins du monde. Ainsi j'aurai grande joie si je pouvais guérir la jeune fille.

— Sire, dit le marin, je vous y mènerai volontiers.

A ces paroles, Troïlus embarqua sur le navire et les marins levèrent les voiles et gagnèrent la haute mer, car le temps était devenu calme.

Une fois débarqué en Zellande, Troïlus se met en quête de retrouver sa belle. Après avoir chevauché longuement sans trouver âme qui vive, il parvient au logis d'une femme qui lui offre l'hospitalité. Troïlus lui raconte tous les détails de son aventure.

Quand la dame sut ses aventures, elle emmena le chevalier dans la salle qui était grande et large ; elle lui fit enlever ses armes puis le fit vêtir d'un beau manteau de peaux d'agneau toutes blanches. Et quand le souper fut prêt, la dame et Troïlus s'assirent à table. Et quand la table fut débarrassée, la dame demanda à Troïlus ce qui l'avait poussé à venir dans un aussi petit pays que la Zellande.

— Madame, dit Troïlus, maints chevaliers quittent leur pays pour faire la preuve de leur valeur. Et moi, qui suis entre tous le plus ignorant et de peu de valeur, je cherche volontiers occasion à m'employer pour pouvoir acquérir un nom entre les preux. Et pour vous expliquer, il y a dans la Grande Bretagne un chevalier de ce pays-ci nommé Zellandin qui a tellement fait en peu de temps qu'il est honoré et prisé parmi les plus preux. Et depuis que je suis arrivé dans son pays, j'aimerais savoir s'il y est et où je pourrais le trouver.

— Sire, dit la dame, le chevalier dont vous parlez n'est point par ici, mais, à ce que l'on dit, il se trouve dans la Grande Bretagne dont vous parlez, or je sais combien il serait utile dans son pays. En effet, son père l'a envoyé chercher, car il a une sœur qui est gravement malade et il n'y a personne qui sache lui apporter remède. C'est pourquoi son père a mandé Zellandin son fils pour aviser comment l'on fera et pour savoir si en Grande Bretagne l'on trouverait quelque médecin qui sût mettre remède à la maladie de sa fille.

— Madame, dit Troïlus, c'est fort dommage pour la jeune fille, car elle est belle, sage et avisée. Mais, je vous prie, dites-moi quelle affection elle a.

— Sire, dit la dame, il y a aujourd'hui un mois que la princesse est revenue d'une fête qui s'est tenue en la Grande Bretagne et je peux vous dire qu'à son retour il y eut beaucoup de dames de ce pays pour l'accueillir avec grande joie et lui faire fête. Mais quand la fête fut finie, elle demeura dans sa chambre avec deux jeunes filles, ses cousines. Or il arriva ce même jour qu'elle enleva des mains de l'une des demoiselles une quenouille garnie de lin et qu'elle se mit à filer. Mais elle n'avait point achevé le premier fil que, prise par une grande envie de dormir, elle s'est couchée si bien que depuis elle ne s'est plus réveillée, qu'elle ne boit plus ni ne mange plus, sans que sa peau ni son teint ne s'altèrent, ce dont chacun s'émerveille en se demandant comment elle peut continuer à vivre. Mais on dit que la déesse Vénus, qu'elle a toujours servie, la maintient en bonne santé.

— Par ma foi, dame, dit Troïlus, je suis très affligé de la maladie de la jeune fille car elle m'a autrefois traité avec honneur lors de son séjour en Grande Bretagne. Aussi je vous demande de me dire où elle demeure, car je vous promets, s'il m'est possible, de l'aider et de lui apporter volontiers réconfort dans sa situation, car tout l'honneur et le bien que j'ai me vient d'elle. Et je vous jure que si un chevalier peut l'aider, je risquerai ma vie par amour pour elle.

Après diverses mésaventures, Troïlus finit par arriver au château de Zelland au moment où les médecins consultés par le roi s'avouent impuissants pour guérir sa fille.

Les médecins dirent au roi que, à la vérité, ils ne savaient pas trouver de remède à la maladie de sa fille et que son affection n'était point naturelle ; ils lui conseillèrent de la faire porter dans la vieille tour de son château et de l'y tenir bien enfermée, puis d'attendre la volonté des dieux, qui sont toujours secrets et qui veulent qu'on les laisse agir secrètement. Aussitôt que Zelland vit qu'il n'aurait d'autre conseil au sujet de sa fille, il en fut très affligé et finit par suivre l'opinion des médecins. Puisque aucun remède ne pouvait rien y faire, il décida de faire transporter la princesse dans la vieille tour où elle serait toute seule et si bien enfermée qu'aucun homme vivant ne pourrait entrer, en dehors de lui et d'une très vieille dame qui était sa sœur. Ainsi ils iraient la voir là-bas chaque jour.

Comme les médecins l'avaient conseillé, ainsi fut fait : le roi fit porter Zellandine au plus haut étage de la tour et la fit étendre sur un lit, le plus noblement paré qu'il put faire installer. Puis il fit murer toutes les ouvertures de la tour, à l'exception d'une fenêtre située vers l'orient, au plus haut de la chambre où gisait la jeune fille. Et le roi et sa sœur allaient la voir une fois par jour pour savoir si les dieux n'auraient point pitié d'elle, mais ils la trouvaient toujours au même point, ni mieux ni plus mal.

Un jour que Zelland venait de voir sa fille, il décida de se rendre dans un temple qui était à deux lieues du château et qui se nommait le Temple aux Trois Déesses. Aux temps anciens, les dames du pays l'avaient fondé en l'honneur de Lucina, la déesse des accouchements, de la déesse Vénus et de Sarra, la déesse des Destinées. Quand Zelland arriva au temple, il fit ses prières aux trois déesses le plus dévotement qu'il pouvait en les suppliant d'avoir pitié de sa fille Zellandine. Ses prières terminées, il quitta le temple au coucher du soleil. Cependant, Troïlus avait suivi le roi et il s'endormit dans le temple, dans un endroit retiré.

Donc Troïlus s'endormit dans le temple, si bien qu'il ne s'aperçut point du départ du roi. Alors il arriva que vers minuit une dame vint à lui et lui dit :

— Chevalier, lève-toi !

Cette dame était très honorable et d'une beauté merveilleuse, sauf qu'elle avait le visage fort échauffé et embrasé. Et elle avait les yeux brillants et attirants, et il semblait qu'ils voulaient se mettre à pleurer, non pas qu'elle eut du chagrin ni volonté de pleurer, mais par plaisir et par excitation. Sa tête, noblement parée, était fort séduisante, car ses cheveux étaient tressés en nattes d'une vive couleur tirant sur l'or, et ses vêtements étaient verts, parsemés de petits oiseaux d'or.

Quand le chevalier vit en son songe la dame dans ses splendides atours, il se demanda avec étonnement qui elle était et d'où elle venait, car de toute apparence elle était fort hardie et n'avait point encore renoncé aux plaisirs profanes. Et comme il lui semblait qu'elle voulait être saluée, il décida de bien l'honorer, autant qu'il pouvait faire. Il se leva donc, la salua gracieusement et lui demanda qui elle était. Alors la dame répondit tout en riant :

— Sire chevalier, je suis la déesse de l'Amour, qui sait porter secours et conseil à tous les vrais amants. Et parce que je sais que vous êtes un vrai amant, je vous enlèverai ce qui vous nuit.

Ceci dit, elle s'approcha du chevalier. Et levant sa main droite, elle humecta son majeur de sa salive, puis posa son doigt sur les yeux, les oreilles et la bouche du chevalier, si bien que, dans son songe, il lui sembla qu'on lui enlevait une taie de devant les yeux et que surgissaient toutes choses passées. Il commença à regarder autour de lui comme s'il sortait des ténèbres pour se retrouver en plein jour. Alors la déesse disparut subitement. Et aussitôt après, il se réveilla et fut très étonné de se retrouver dans ce temple sans lumière, excepté les trois lampes qui brûlaient devant les trois déesses.

Comme Troïlus voulait quitter le temple, il commença à chercher la sortie. Il trouva la porte fermée à double tour et ne put sortir jusqu'au moment où un vieil homme qui gardait le temple vint ouvrir. Et quand Troïlus entendit qu'on ouvrait la porte, il dit :

— Qui êtes-vous, homme de bien qui venez ouvrir ce temple ?

— Mais qui êtes-vous, dit l'homme de bien, vous qui avez dormi ici cette nuit sans que je le sache, moi qui en ai la garde ?

Il faisait alors grand jour. Et quand le bon vieillard vit Troïlus, il le reconnut comme compagnon du roi et lui demanda pourquoi il ne l'avait pas suivi quand celui-ci avait quitté le temple.

Comme Troïlus cherche toujours à savoir la raison de la maladie qui frappe la fille du roi, le gardien lui donne enfin une explication.

— Par ma foi, sire, dit le vieil homme, il n'y a pas de médecin dans cette île qui le sache, mais je vous dirai ce que les matrones en disent. La coutume du pays veut que les femmes, huit jours avant leur accouchement, viennent en la compagnie d'autres femmes faire leurs dévotions dans ce temple devant les trois déesses qu'on y adore. Et le jour où elles doivent accoucher, elles font parer l'une de leurs chambres le plus richement possible et y font dresser une table très bien garnie des meilleurs mets, tant pour boire que pour manger. Elles font disposer trois flacons de la boisson la plus délicieuse qu'on puisse se procurer, trois hanaps et trois couteaux. Et après l'accouchement de la dame, les trois déesses qui ont aidé à sa délivrance vont manger à cette table, si discrètement que nul ne peut les voir. Chaque déesse trouve son plat garni de bonnes choses, son flacon plein, son hanap, son couteau et du bon pain à la croûte râpée. La déesse Lucina se tient à la place d'honneur, parce que c'est elle qui a mis l'enfant au monde, mort ou vif. Puis vient la déesse Vénus, qui a préparé son brandon pour embraser tous les membres de chaque être, dès sa naissance, avec une chaleur naturelle puissante, aussi largement que l'enfant sera capable de la recevoir, qu'il soit mâle ou femelle, et désireux de la mettre en œuvre à l'âge convenable et requis. Enfin, vient Sarra, la déesse des Destinées, qui décidera sur-le-champ de sa vie et de son avenir, doux ou amer selon le bon plaisir de la déesse. Or les matrones se demandent si par hasard, à la naissance de la jeune fille, les déesses n'ont pas été mal reçues, ce qui aurait courroucé l'une d'elles, ou deux ou toutes les trois, et provoqué le malheur en question.

— Certes, vieil homme sage, dit Troïlus, j'ai jusqu'ici entendu dire tant de bien de la princesse que je suis très affligé de son mal et de sa peine. Mais dites-moi, s'il vous plaît, où elle se trouve.

— Par ma foi, sire, dit le vieillard, elle est étendue dans une tour fortifiée, où Zelland son père l'a fait installer seule et à l'écart de tout le monde. Et il l'a recommandée à la bonne garde des dieux, vu que la médecine ne peut lui être utile, comme les médecins le maintiennent. [...]

LII. Comment Troïlus se mit en chemin pour trouver sa dame Zellandine ; comment Zéphir lui apparut et le porta dans la tour où était Zellandine.

L'ancienne histoire raconte que Troïlus chevaucha tant et tant par plusieurs lieux qu'à la fin il se trouva au plus près du Château des Trois Déesses, ce dont il fut extrêmement joyeux car il pensa qu'il irait faire sa prière devant la déesse Vénus afin qu'elle voulût bien le conseiller. Alors il mit pied à terre à l'entrée du temple et, quand il eut attaché son cheval à un arbre, il entra dans l'édifice et reconnut aussitôt l'image de Vénus. Il se tourna vers elle, se mit à genoux et dit avec la plus grande dévotion :

— Déesse Vénus, protectrice de tous les amants, je vous demande votre aide pour mes amours, car j'aime et je me languis tant que je n'ai plus de consolation si ce n'est seulement de garder quelque bon espoir, qui veut pourtant me quitter et me promet que, si la belle qui est ma mort ou ma vie meurt, elle sera cause de mon désespoir, et ainsi j'aurai perdu toute joie et finirai par trouver une mort honteuse, bien qu'il me semble que personne ne puisse mourir honteusement si amour en est cause.

Le valeureux chevalier pria devant Vénus jusqu'au coucher du soleil. Alors il commença à faire fort sombre et obscur dans le temple car il y avait très peu d'ouvertures. Et le chevalier, qui n'en finissait pas d'honorer la déesse, la pressait avec tant d'insistance qu'elle ne pouvait entendre que lui. Et elle, qui est très miséricordieuse et toujours prête à secourir tous les amoureux requérant son aide, entendit ses prières, et c'est pourquoi elle prend grand plaisir en accordant les dernières faveurs d'amour. Ainsi aussitôt après il arriva que le chevalier, qui ne cessait de demander aide et réconfort, entendit une voix féminine qui lui dit de cette manière :

Noble chevalier, ne vous tourmentez pas !
S'il y avait en vous une telle vaillance
Que vous réussissiez à entrer dans la tour
Où la belle de noble atour
Est étendue maintenant comme pierre,
Puis que vous puissiez cueillir par la fente
Le fruit où réside la médecine,
Guérie serait la jeune fille.

Quand Troïlus eut entendu la voix féminine et les paroles qu'elle avait prononcées par ces vers, il fut très étonné, car il lui semblait bien que, s'il pouvait faire ce que les vers contenaient, il guérirait la jeune fille. Mais il était fort marri parce qu'il ne comprenait point la substance des mots, et il ne put s'empêcher de dire tout haut :

— Ah ! Très noble déesse, vous qui m'avez tant réconforté, quand je me trouverai dans la tour, apprenez-moi à trouver la fente et la manière de cueillir le fruit et de le mettre en œuvre pour guérir la princesse !

Et dès que le preux Troïlus eut ainsi parlé, il entendit la même voix qui lui dit :

Les vers n'ont point métier de glose.
Cependant, je dis une chose :
Amour trouvera la fente
Et Vénus, qui sait la manière
De trouver le fruit, le cueillera.
Nature le composera.
Si tu es un homme, aussitôt va-t'en !
Ne nous fais pas ici de longs discours.

Dès que Troïlus eut entendu cette seconde réponse, il se mit à réfléchir, mais il ne sut guère mieux comprendre qu'auparavant. Toutefois, il se leva, sortit du temple, puis monta à cheval et se mit en chemin, pensant aux vers dont il ne pouvait pénétrer le sens, tant et si bien qu'il se dit à lui-même qu'il ne renoncerait en aucune façon à trouver la tour où la princesse gisait. Il chevaucha ainsi toute la nuit jusqu'au moment où il arriva au bord d'un marécage et tomba sur le logis d'une vieille femme qui vivait là de son troupeau. Quand Troïlus vint à la porte de la maison, il trouva la femme levée. Il la salua au nom de Dieu souverain, et la dame lui répondit courtoisement :

— Sire chevalier, soyez le bienvenu. D'où venez-vous à cette heure ?

— Certes, madame, dit-il, je cherche Château Jumel et je vous prie de me montrer le chemin.

— Sire, dit la femme, vous n'en êtes guère loin, et dès qu'il fera un petit peu plus jour, vous pourrez voir l'une des deux tours du château depuis ici et celle-même où gît la belle Zellandine.

— Madame, dit Troïlus, je vous remercie car je ne savais pas où j'étais.

Le preux Troïlus fut fort joyeux quand il sut où il était et il prit congé de la vieille femme pour se remettre en chemin. Il chevaucha toute la matinée jusqu'au moment où il arriva auprès de l'une des tours qui se dressait à l'une des extrémités de la ville, environnée de bons fossés et dotée d'un pont-levis qui était remonté. Quand le chevalier vit qu'il n'y avait d'autre entrée que par le pont-levis qui était remonté, il en fut très affligé, car il pensait bien que celle qu'il aimait le plus au monde devait se trouver à l'intérieur. Il regarda la tour : elle était prodigieusement haute et toutes ses ouvertures et fenêtres étaient fermées par des pierres bien solides, à l'exception d'une fenêtre, au sommet de la tour, donnant vers l'orient. Et tandis que Troïlus regardait la tour qui était si bien fortifiée, il vit un messager qui venait à toute allure de la ville. Quand le messager fut près de lui, Troïlus lui demanda quelle était cette ville.

— Sire, dit le messager, c'est Château Jumel, qui appartient à Zelland, seigneur de cette île.

— Mon ami, dit Troïlus, a-t-il une fille qui dort continuellement, sans jamais s'éveiller ?

— Par ma foi oui, sire, dit le messager, et je peux vous dire qu'elle gît dans cette tour qui est là devant vous.

— Certes, ami, dit Troïlus, elle me paraît fortifiée, car je n'y vois d'entrée nulle part, en dehors d'une seule fenêtre au sommet de la tour.

— Sire, dit le messager, la princesse se trouve étendue à cet étage et il n'y a personne qui y va, à l'exception de Zelland son père, et on dit qu'il s'y rend par un chemin souterrain. Et comme il espère que les dieux viendront guérir sa fille, il l'a placée tout en haut de la tour, avec une fenêtre vers l'orient, car il a très grande confiance dans le dieu du soleil. Et il prétend que la princesse n'aurait le pouvoir de vivre un seul jour s'il ne lui faisait administrer de nourriture quand elle en a besoin.

— Par ma foi, mon ami, dit Troïlus, ce que vous me dites est prodigieux. Mais ne connaissez-vous vraiment aucune autre entrée que cette fenêtre ?

— Sire, dit le messager, toutes les autres entrées sont murées de chaux et de sable, sauf cette fenêtre qui est la voie des dieux.

Alors le messager prit congé et Troïlus demeura sur place, très troublé par ses paroles. Mais après une longue réflexion, il se dirigea à cheval vers la tour et se cacha dans un bosquet, car il ne voulait pas être vu des villageois tant qu'il n'aurait pas trouvé de moyen pour entrer dans la tour. Troïlus mit pied à terre sous les arbres et, après avoir mis paître son cheval, il s'assit sur une souche, réfléchissant au chemin qu'il prendrait pour entrer dans la tour, car il se souvenait que Vénus lui avait promis de lui enseigner la voie pour guérir la princesse, pourvu qu'il parvînt à entrer là où elle était couchée.

Tout le jour, le chevalier étudia comment il pourrait entrer dans la tour. Il ne sut trouver de solution si ce n'est qu'il se dit en lui-même qu'il lui fallait d'abord passer l'eau des douves et qu'ensuite il lui faudrait un autre moyen. Il y pensait tant qu'il en oublia de boire et de manger jusqu'au moment où la nuit fut venue.

Ainsi donc Amour lui embrasait le cœur et le corps pour la beauté de Zellandine qui lui revint en mémoire : il se rappelait que lui-même n'était d'aucune valeur, si ce n'est par les vertus de la princesse, dont il s'éprit dès lors qu'elle lui envoya l'écu aux neuf lettres d'or. Aussi monta-t-il à cheval et il dit qu'il ne renoncerait jamais à franchir les fossés de la tour. Et sachez que la rage d'amour le conduisit au bord des fossés et que, comme un forcené, il se jeta dedans. Mais la Fortune, qui a l'habitude d'aider les audacieux, fit tant pour lui qu'elle le fit passer de l'autre côté, et ainsi Troïlus se hissa sur la terre ferme sans avoir ni douleur ni dommage. Alors Troïlus trouva la muraille de la tour si forte qu'il ne pouvait l'attaquer sans très grande peine. Il abandonna son cheval et se mit en quête d'un endroit pour la percer, ce qu'il ne put faire. Quant à escalader la muraille, c'était impossible.

Quand Troïlus se vit impuissant, il fut très affligé. Il s'assit par terre et se lamenta :

— Ah ! Amour qui m'as promis tant de bien, d'honneur, de joie et de plaisir, tu m'as grandement pourvu et enrichi jusqu'à ce jour sans me donner la moindre possession ! Comme à présent tu sais vendre bien cher tous les dons d'amour ! Et quand ceux qui croient avoir fait bon paiement pensent pouvoir en jouir, ils s'en trouvent encore plus loin qu'au commencement. Ah ! dieu d'Amour, qui exercez votre pouvoir sur toutes les créatures, vous avez au commencement promis maints cadeaux que les amants n'auraient jamais obtenus, s'il n'y avait la déesse Vénus, votre chère et miséricordieuse mère, qui pour réconforter les presque désespérés fait ouvrir ses trésors et leur abandonne ses joyaux avec tant de générosité que vous, qui promettez outrageusement mais donnez avec avarice, n'oseriez y redire. Et, assurément, si je n'avais totalement foi en elle, je renoncerais à toutes vos promesses.

Tandis que Troïlus se plaignait ainsi, il entendit soudain une terrible bourrasque de pluie qui venait de la Grande Bretagne. A peine fut-elle passée qu'il crut voir un éclair tomber dans un étang qui clapotait sur l'un des côtés de la tour. Après la tempête, il sembla encore à Troïlus que surgissait un messager venant tout droit vers lui en marchant sur l'eau des fossés de la tour. Alors Troïlus se leva et lui dit :

— Valet, à qui appartiens-tu et que viens-tu chercher ?

— Sire, dit le valet, j'appartiens à un chevalier d'Ecosse

qui m'a envoyé dans cette île pour trouver un chevalier de Grande Bretagne.

— Comme se nomme ton maître ? dit Troïlus.

— Sire, dit le valet, je ne peux vous le dire à présent, car cela m'est défendu.

Mais quand Troïlus sut qu'il venait d'Ecosse, il pensa aussitôt qu'il venait le chercher pour le conduire aux noces de Priande sa sœur, ce dont il fut bien marri car il ne voulait pas être reconnu. C'est pourquoi il décida de ne pas se faire connaître et de ne pas quitter le château tant que Zellandine n'irait pas mieux. Mais pour obtenir des nouvelles du messager, il lui demanda qui était le chevalier qu'il recherchait.

— Sire, dit le valet, il se nomme Troïlus de Royalville. En sauriez-vous quelques nouvelles ?

— Certes, valet, dit Troïlus, je crois bien qu'il se trouve sur cette île, mais je ne veux pas me mêler de vous renseigner, car je ne sais de qui il est aimé ou haï.

— Par ma foi, sire, dit le messager, si vous me connaissiez aussi bien que je vous connais, vous ne me cacheriez plus le chevalier, car je peux l'aider dans sa tâche bien davantage que beaucoup d'autres, et il ne pourra jamais en venir à bout si ce n'est avec mon aide.

— Qui êtes-vous, beau sire, vous qui pouvez tant l'aider ? dit Troïlus.

— Je suis, dit le valet, tel que je suis, et il en est ainsi que je vous ai dit.

Quand Troïlus entendit les paroles du messager, il fut très ébahi. Il commença à avoir des doutes et eut peur qu'il ne cherchât à le tromper, et pour cela il lui dit :

— En vérité, sire, je voudrais que vous soyez là où il est pour qu'il puisse vous entendre et savoir si vous dites la vérité.

— Sire, dit le valet, si je le savais autre part, je ne me trouverais pas ici. Et il n'y a pas besoin de vous mentir, car je sais bien que vous êtes Troïlus et que vous venez pour entrer dans cette tour sur le conseil de la déesse Vénus. Mais si vous voulez y entrer, il vous faut me parler, et pour le reste, qui ne concerne que vous et elle, cela vous regarde.

Quand Troïlus eut entendu les raisons du messager, il fut très étonné, car depuis qu'il l'avait vu au-dessus de l'eau des fossés, à pied sec, il était tout ébahi. Mais à présent il était d'autant plus émerveillé qu'il s'était entendu nommer ainsi que sa tâche, car il croyait que personne n'était au courant en dehors de lui-même. Et pour arriver à avoir quelque renseignement sur le secret de son identité, il dit au messager :

— Beau sire, qui êtes-vous donc, vous qui pensez que je suis Troïlus de Royalville ?

— Troïlus, dit le valet, je suis celui qui peut te permettre de rentrer dans cette tour rapidement sans dommage, pourvu que tu veuilles me promettre de suivre ma volonté, sans tort ni mensonge.

— Comment, dit Troïlus, as-tu le pouvoir de me faire pénétrer dans cette tour sans aucun mal ?

— Assurément, dit le valet, aussi bien que j'ai franchi cette eau à pied sec, je te hisserai dans cette tour sans échelle et t'y ferai entrer dès qu'il en sera temps..

— Par ma foi, dit Troïlus, ce serait la plus grande merveille que j'aie jamais vue.

— Toutefois, dit le valet, je le ferai pour toi, si tu veux suivre mes ordres.

A ces paroles, Troïlus entra dans une longue réflexion, car tous ses désirs étaient de se retrouver avec sa dame, vu que Vénus lui avait promis de la guérir de l'inconvénient dans lequel elle se trouvait, comme vous le savez. Donc il accepta de suivre sa volonté. Et alors le messager lui dit :

— Troïlus, puisque tu acceptes de suivre ma volonté, je te transporterai dans la tour où gît la princesse. Et quand tu y seras, conduis-toi selon les conseils de la déesse Vénus afin que, à minuit, quand je t'appellerai, tu viennes à la fenêtre me parler, et tu feras ce que je te dirai, sans que tu aies à subir quelque souffrance, comme je te l'ai promis ; ainsi je te porterai aide et profit, comme tu le verras.

— Certes, mon ami, dit Troïlus, tu me promets tant que je

désire beaucoup voir ce qui va se passer et je ferai ce que tu dis.

— En vérité, Troïlus, vous m'en avez tant dit, dit le valet, que je serai votre ami maintenant et en d'autres occasions, si nécessaire.

Alors Troïlus se sentit pris et transporté dans les airs, et, sans s'en rendre compte, il se retrouva assis sur la fenêtre de la tour, qui était bien au-dessus du sol de plus de cent coudées. Il en fut fort ébahi et, quand il se sentit assis à la fenêtre, il regarda autour de lui, mais il ne vit personne. Il entra dans la tour et trouva une lampe qui brûlait au milieu d'une chambre richement ornée. Alors, il changea de couleur tant il avait de désir de trouver la belle Zellandine qu'il aimait plus que lui-même.

Et comme il avait peur d'échouer et d'être déçu, il n'osait pas vraiment regarder partout pour voir si elle se trouvait dans la chambre ou non. Tandis que Troïlus était dans cette incertitude, il vit sur l'un des côtés de la chambre la parure d'un lit très riche et très noble, comme celui d'une reine, car le ciel du lit et ses courtines étaient plus blancs que la neige. Il en fut très ébahi et le sang commença à lui monter au visage ; il sentit tout son corps s'échauffer parce qu'il pensa que c'était le lit où la princesse gisait, perpétuellement endormie.

Le chevalier hésitait beaucoup à s'approcher du lit, comme le font les parfaits amants, qui doivent être hardis en pensées et craintifs en actes. Et toutefois, quand il fut un peu rasséréné, il décida de s'approcher un peu de la jeune fille pour savoir comment elle était, car on pourrait lui faire reproche de lâcheté s'il n'allait pas voir celle dont auparavant il avait eu si grand désir, vu qu'il en était si près. Ainsi il s'avança jusqu'aux courtines et tira le rideau qui se trouvait devant lui. Il vit là, étendue, la personne qu'il aimait le plus au monde, toute nue, c'est pourquoi il se sentit défaillir en son cœur comme en ses membres si bien qu'il fut contraint de s'asseoir sur le bord du lit.

Quand le chevalier qu'Amour gouvernait à sa volonté se fut un peu repris, il entendit que la princesse respirait en dormant si doucement que c'était grande douceur de l'entendre, mais il ne pouvait pas bien la voir parce que la lampe éclairait faiblement. Il réussit cependant à trouver une torche qu'il alluma, puis il la fixa sur un chandelier d'argent qu'il trouva au pied du lit. Et alors Troïlus vit parfaitement le visage de la princesse, qui dormait si calmement qu'il semblait qu'elle venait à peine de s'endormir, tant son teint était si coloré, blanc et tendre. C'est pourquoi Troïlus en fut encore plus amoureux qu'auparavant, car il semblait bien que, s'il l'eût appelée, elle aurait pu se réveiller à l'instant. Aussi mit-il son visage près du sien et il lui dit tout bas :

— Réveillez-vous, mon amie, et parlez-moi !

La princesse, qui ne pouvait se réveiller ni parler, ne lui répondit point et ne manifesta aucune réaction. Quand Troïlus le constata, il se dit en lui-même qu'on lui avait dit la vérité sur son cas, puis il la toucha de son doigt plusieurs fois, mais la jeune fille ne fit aucun mouvement. Et quand Troïlus vit qu'elle ne se réveillait pas ni pour bouger ni pour parler, il en fut très affligé. Il se mit à regarder la princesse qui dormait, belle comme une déesse, tendre et vermeille comme une rose, la chair blanche comme une fleur de lis, et puis il dit en pleurant :

— Ah ! belle, bonne, sage et avisée, je me retrouve en grande peine quand je vous vois ainsi ! Et d'où vous vient ce mal ? Est-ce un empoisonnement ou un enchantement de quelque personne qui convoite vos biens ainsi que les grâces que le Dieu Souverain vous a accordées, ou est-ce une vengeance des dieux pour punir votre père et votre mère ? Car je maintiens que Nature vous a formée telle qu'en toutes choses vous êtes charmante pour les dieux et pour le monde. Ah ! très chère amie, je dois avoir grand chagrin dans mon cœur que Fortune m'ait fait l'honneur de me placer auprès de vous, sans crainte d'être dérangé par des importuns, en me donnant la peine de vous voir dans un tel état que vous ne puissiez me parler et que je ne puisse avoir votre réponse ! C'est pourquoi le sage qui dit que nulle chose en ce monde n'est parfaite dit bien vrai, car la mieux faite a toujours quelque imperfection.

Comme Troïlus se lamentait ainsi en regardant la magnifique beauté de la princesse, Amour l'exhorte à l'embrasser. Il lui dit alors :

— Princesse, vous plaît-il que je vous embrasse ?

Sur ce le chevalier était sur le point de l'embrasser, mais Raison et Discrétion s'avancèrent et lui dirent :

— Sire chevalier, il ne convient à aucun homme d'entrer en un lieu où une jeune fille est seule dans son intimité, si auparavant il n'en a eu la permission, ni de la toucher pendant qu'elle dort.

A ces mots, le chevalier retira son visage, qui était déjà tout près de celui de son amie. Alors Désir se mit à l'aiguillonner et à lui dire qu'il ne devait pas s'abstenir pour autant, que Raison ne devait pas s'en mêler et qu'Honneur n'en était point entaché, car embrasser apporte remède de plusieurs manières, et spécialement ressuscite les personnes qui ont perdu connaissance et réconforte les affligées. Et quand Troïlus sentit cette réponse, elle lui plut beaucoup : il fut bien d'avis que Raison ne pouvait lui être opposée. Ainsi il embrassa la jeune fille plus de vingt fois.

Après avoir donné plaisir à ses yeux en embrassant la princesse, il vit qu'elle ne s'en émeuvait pas si ce n'est qu'elle devint plus vermeille. Il se dit à lui-même qu'elle était plongée dans un profond sommeil, mais que, puisqu'elle changeait de couleur, c'était signe qu'elle avait quelque conscience et sensation. Et quand il la vit ainsi réchauffée à la couleur de son teint, elle lui sembla si belle qu'il ne put s'empêcher de l'embrasser tant de fois que le nombre n'en peut être compté. Le noble chevalier prenait le plus grand plaisir à embrasser la princesse, mais son plaisir se trouvait toujours amoindri du fait qu'elle ne bougeait pas du tout. Il en fut fortement contrarié et dit :

— Ah ! Vénus, déesse des amoureux, on dit que vous réalisez toutes les promesses que votre fils, le dieu Amour, promet à ceux qui se mettent à son service ! Ah ! noble dame, vous-même vous m'avez promis que si je pouvais trouver moyen d'entrer dans cette tour, Amour m'enseignerait la fente où se trouve le fruit qui guérira la princesse, et vous-même, vous devez m'apprendre à le cueillir, car je ne sais où pousse cette plante médicinale ! Et pour cela, noble déesse, veuillez tenir votre parole, car si la princesse ne retrouve pas sa santé, soyez sûre que rien ne sera plus proche pour moi que la mort !

Tandis que le chevalier se lamentait, il regardait la jeune fille fixement, et il ne put s'empêcher de l'embrasser plusieurs fois, ému par sa beauté. Alors qu'il donnait ses baisers, la déesse Vénus se trouva près de lui sans qu'il s'en aperçoive et lui dit en son for intérieur :

— Tu es bien lâche, chevalier, vu que tu es seul au plus près d'une si belle jeune fille, que tu aimes plus que toutes les autres, et que tu ne couches pas avec elle !

Et quand le chevalier eut saisi ces paroles, avec la volonté de les mettre en œuvre selon l'exhortation de Vénus qui lui enflammait le cœur, il voulut se déshabiller. Mais Loyauté, sur le conseil du dieu Amour, lui dit que ce serait grande trahison de le faire, car celui qui fait du tort à celle qu'il aime ne doit point être tenu digne d'être son amoureux. Quand Troïlus se rendit compte de ce conseil, il modéra ses ardeurs. Mais aussitôt que Vénus vit le chevalier renoncer, elle en eut du dépit : c'est pourquoi elle enflamma sa torche avec laquelle elle mit un si grand feu au cœur de Troïlus qu'il s'en fallut de peu que la chaleur ne lui fît perdre tout contrôle de lui-même. Et avec cela, elle vint lui représenter que jamais homme craintif ne jouirait de sa dame et que la princesse n'aurait aucun ressentiment pour lui, quelle que fût sa réaction. Ainsi donc le chevalier se leva, et laissa aussitôt armes et vêtements. Il se mit sous la couverture avec la princesse, qui était étendue toute nue, blanche et tendre. Dès que Troïlus se sentit au plus haut degré, il se dit en lui-même que jamais homme ne fut plus heureux qu'il l'était, pourvu que la jeune fille pût parler, ce qu'elle ne faisait pas encore, car le moment n'était pas encore arrivé. Et bien que cet inconvénient diminuât fort son plaisir, il ne put s'empêcher d'en prendre selon la volonté de Vénus, si bien que la belle Zellandine en perdit à bon droit le nom de pucelle. Ce qui lui arriva en dormant et sans qu'elle fît le moindre mouvement, si ce n'est qu'à la fin elle laissa échapper un profond soupir. C'est pourquoi Troïlus crut qu'elle allait parler et il fut si épouvanté qu'il n'osa dire mot, mais il se retira un peu en arrière pour nier sa situation si elle voulait l'en accuser et le tenir pour déloyal.

Tandis que Troïlus pensait ainsi, celui qui l'avait transporté dans cette chambre apparut à la fenêtre et lui dit :

— Debout, sire chevalier ! Tenez votre parole, car cela suffit pour cette fois. Il est cueilli le fruit dont la belle sera guérie.

Quand Troïlus s'entendit appeler, il se leva, se rhabilla et remit ses armes à la hâte. Il alla à la fenêtre où celui qui l'avait amené l'attendait. Mais Troïlus qui était irrité de devoir partir lui dit :

— Ah ! valet, pourquoi reviens-tu si tôt ? Tu m'éloignes de la plus grande joie du monde !

— Peu importe, dit le valet, si tu restais davantage il t'en adviendrait quelque malheur ! Monte sur mon dos et partons !

Tandis que Troïlus montait sur le valet, il entendit que l'on ouvrait la chambre. Mais pour que vous sachiez qui ouvrait la porte, je vous explique que, tandis que Troïlus prenait du plaisir avec sa belle, la torche qu'il avait allumée pour voir plus clair donnait une si vive lumière que Zelland, qui était dans son lit, s'en aperçut. Quand le roi constata qu'il y avait dans la tour une plus grande clarté qu'à l'accoutumée, il s'assit dans son lit pour mieux la voir, c'est pourquoi il eut quelques soupçons et se leva d'un coup. Il s'en vint jusqu'à mi-chemin de la voie secrète qui menait à la tour, puis jusqu'à sa porte. Et quand il la trouva bien fermée, il se dit en lui-même qu'il ne soupçonnait pas un mortel, mais il pensait que c'étaient les dieux qui rendaient visite à sa fille. Quand Zelland eut trouvé la porte de la tour bien fermée, il fut certain que les dieux étaient venus apporter à sa fille quelque réconfort, et il décida d'aller jusqu'à la tour pour vérifier. Il alla donc réveiller sa sœur, qui dormait dans une chambre près de la sienne, et il lui dit :

— Ma sœur, levez-vous ! venez voir avec moi dans la tour

où gît ma fille, car je crois que les dieux sont venus lui rendre visite.

Quand cette femme eut entendu son frère, elle se leva le plus vite qu'elle put et ils s'en allèrent tous les deux par le chemin secret. Ils marchèrent sous terre jusqu'à la tour et ils montèrent tout en haut, jusqu'à la porte de la chambre de la princesse. Ils regardèrent alors par une fente et virent que la lumière était éteinte.

— Certes, dit alors Zelland, les dieux sont partis !

Alors le roi ouvrit la porte. Et quand il eut ouvert, Zelland et sa sœur virent un chevalier, à ce qu'il leur sembla, tout équipé de ses armes, brillantes à la clarté de la lune, qui était debout à la fenêtre de la tour. Et au-dehors, à ce qu'il leur parut, il y avait un oiseau merveilleusement grand. Puis ils virent le chevalier monter sur le dos de l'oiseau et mettre les jambes de chaque côté de son cou. Alors l'oiseau s'envola, si bien qu'ils le perdirent bientôt de vue.

Quand Zelland et sa sœur virent ce prodige, ils en furent très ébahis. Et le roi dit :

— Par ma foi, ma sœur, nous avons vu une chose fort merveilleuse, mais vous ne me croirez jamais si je vous dis que c'est Mars, le dieu des batailles, dont notre lignage est issu, qui a visité ma fille. Et maintenant il s'en va dans toute sa dignité divine, comme vous l'avez vu. Allons voir comment Zellandine se porte.

— Je le veux bien, dit la dame qui prit une torche et l'alluma à la lampe.

Puis ils s'approchèrent tous deux du lit et ils trouvèrent la princesse en train de dormir comme les autres fois, mais ils virent son lit fort en désordre. Et Zelland, plein d'empressement, se penche pour regarder le visage de sa fille, et il voit que son teint n'était pas aussi coloré que les autres fois, mais qu'il était devenu pâle. C'est pourquoi il dit à sa sœur :

— Sachez que le dieu qui sort d'ici a donné quelque remède à ma fille pour la guérir, car elle en a le visage éclairci. Je pense que, avec l'aide du dieu notre parent, elle va guérir.

— En vérité, sire, dit la dame, je le crois aussi.

Mais il vous faut savoir que, quand Troïlus entendit que le messager l'appelait, tandis qu'il était couché avec la princesse, il ne pouvait en être davantage affligé, cat il n'aurait jamais voulu partir, mais il lui fallait acquitter sa promesse. C'est pourquoi il prit la belle dans ses bras et l'embrassa plusieurs fois tout en prenant congé. Alors il trouva un anneau à son doigt, qu'il lui ôta et mit au petit doigt de sa main gauche. Et puis il enleva de sa main un autre anneau que la princesse lui avait offert au commencement de leur amour et le mit au doigt de la princesse à la place de l'autre. Et comme elle ne proférait aucun mot, il lui dit :

— Ma chère dame et parfaite amie, je prends congé de vous, car il faut que je parte.

Zelland et sa sœur regardèrent un bon moment la princesse, puis le roi se retira et dit à sa fille :

— Adieu, ma fille.

Puis il dit à sa sœur, qui restait là avec une demoiselle de compagnie :

— Ma sœur, je vous recommande ma fille.

— Sire, dit-elle, je prendrai grand soin de ma nièce.

Alors la dame chargea la demoiselle de refaire le lit, mais elle n'avait pas fini de remettre de l'ordre que la dame se douta que Mars, le dieu des batailles, s'était montré un peu trop galant avec sa nièce. Mais pour préserver l'honneur des dames, elle le cacha sans en laisser rien voir, comme vous le saurez plus tard. Ici s'achève l'histoire de Zelland, de sa sœur et de la belle Zellandine, qui a reçu remède, comme il sera dit plus longuement quand le cas se présentera. L'histoire revient à Troïlus pour raconter ses aventures depuis que le grand oiseau l'a chargé sur son dos à la fenêtre, comme il a été raconté.

Après un vol rapide, le grand oiseau, qui n'est autre que Zéphir, dieu de la brise légère, dépose Troïlus en Ecosse, puis se métamorphose pour reprendre l'aspect du messager et disparaît. Plusieurs chapitres sont alors consacrés aux aventures et exploits du chevalier Troïlus.

LIX. Comment la belle Zellandine enfanta de l'enfant dont Troïlus l'avait laissée enceinte ; comment elle s'éveilla de son sommeil et des merveilles qui lui arrivèrent.

Nous devons bien raconter l'aventure de la belle Zellandine, car elle fut très merveilleuse comme l'ancienne chronique la raconte. L'histoire nous dit ici que depuis que Zéphir avait emporté le preux Troïlus de la tour où il avait couché avec la belle Zellandine et que la tante de la princesse avait quitté la tour après avoir fait refaire le lit et mis sa chambre en ordre, pensant que Mars le dieu des batailles avait couché avec sa nièce, ce dont elle ne fit nulle mention, la princesse demeura dans son lit neuf mois entiers sans se réveiller ni sans recevoir de visite, si ce n'est celle de sa tante, qui venait la voir chaque jour. Cependant, elle ne recevait d'autre nourriture que du lait de chèvre, que la bonne dame lui versait dans la bouche. Or, un soir, au bout de neuf mois, il arriva que la belle Zellandine mit au monde un très beau fils. Et quand elle en fut délivrée, sa tante vint la voir comme à l'accoutumée. Et lorsqu'elle s'approcha du lit, elle y trouva le bel enfant auprès de sa mère, qui dormait comme toujours.

Quand la bonne dame vit le nouveau-né et que la princesse dormait encore, elle en fut frappée d'étonnement. Et elle le fut encore plus quand elle vit que l'enfant qui venait de naître tendait le cou comme s'il voulait chercher le sein de sa mère, ce qui fait qu'il trouva son petit doigt et commença à le sucer très fort. Et il le suça tant qu'il se mit à tousser. Voyant cela, la dame eut pitié de lui, le prit dans ses bras et dit :

— Ah ! jeune créature, ce n'est pas étonnant que vous ayez toussé, car il n'y avait pas de lait dans ce que vous avez sucé ! et elle ôta de sa bouche une écharde de lin qu'il avait fait sortir en suçant le doigt de sa mère.

A ces mots, la princesse se réveilla et se mit à se tordre les bras comme une personne qui ne sait ce qui lui est arrivé. Alors sa tante lui dit :

— Zellandine, ma belle nièce, comment vous sentez-vous ? Parlez-moi !

Aussitôt que Zellandine entendit sa tante, elle lui dit :

— Ma chère tante, je me suis couchée hier en bonne santé et maintenant je me retrouve malade. Je ne sais d'où cela me vient.

— Non pas hier, dit la dame, mais bien avant hier, car depuis que vous ne donnez plus signe d'être réveillée, vous avez porté dans vos flancs pendant neuf mois ce beau fils dont vous avez accouché aujourd'hui. Mais je ne sais qui est son père.

Quand la princesse entendit sa tante et vit l'enfant, elle fut très ébahie, d'autant qu'elle voyait bien la vraisemblance de sa situation. C'est pourquoi elle commença à pleurer comme une femme qui ne savait pas qu'un homme avait eu des relations charnelles avec elle. Mais sa tante, qui eut pitié d'elle, lui dit :

— Belle nièce, ne pleurez pas ! Je vais vous dire ce qui vous est arrivé.

Et elle lui raconta du début jusqu'à la fin comment elle s'était endormie, comment le roi l'avait fait installer dans cette tour afin que les dieux pussent venir lui rendre visite.

— Or il est arrivé, belle nièce, dit la dame, que Mars le dieu des batailles, père de notre lignage, vous a plus intimement visitée que nul autre dieu, mais, à ce qu'il me semble, ce fut pour améliorer votre santé. Et aussi afin que notre lignage reste issu d'une noble origine, il a eu une relation avec vous si bien qu'il vous a donné ce beau fils, qui vous a rendu votre santé, ce dont vous lui devez grâces et louanges. Et ne vous tourmentez pas, car je cacherai si bien cette aventure qu'elle ne sera point connue.

Quand la belle Zellandine entendit les circonstances de son aventure, elle se mit à tant pleurer qu'elle ne pouvait parler. Alors sa tante lui dit :

— Ma nièce, ne vous désespérez pas ! mais réjouissez-vous, car je mettrai votre enfant dans un lieu si secret qu'il ne sera vu ni connu jusqu'à ce que les dieux en décident. Et pour en avoir tant parlé, la véritable cause de votre aventure m'est revenue en mémoire, ce qui n'était pas arrivé jusqu'ici, ainsi qu'une chose fait en parlant souvenir d'une autre. Et afin que vous ayez raison de vous réconforter, je vais vous la dire, car vous avez bien surmonté la colère de la déesse des Destinées, qui fut la troisième divinité présente à votre naissance, et d'une manière si calme que vous devez en être très heureuse. Sachez donc, ma nièce, que, le jour où votre mère accoucha de vous, elle me recommanda de préparer la chambre réservée aux trois déesses qui viennent à l'enfantement des dames. Aussi préparai-je la chambre le plus dignement que je pus, car je mis la table et la garnis de nourriture et de boisson, comme il convenait, en mettant sur la table, à la place de chaque déesse, un plat garni de pain et de vin. Puis je fermai la chambre et m'en allai ; mais je me tins à la porte pour écouter si je pourrais entendre ce que les déesses diraient. Alors arrivèrent les trois déesses, Lucida, Thémis[1] et la belle Vénus, qui entra la dernière ; elles se mirent à table pour manger. Mais un incident advint pour la déesse Thémis, déesse des Destinées, qui n'eut point de couteau, parce qu'il était tombé sous la table, et c'est pourquoi elle ne se réjouit pas autant que les autres. Quand elles eurent mangé, Lucida déclara : « Mesdames, nous avons été ici bien reçues, et c'est pourquoi j'ai fait naître cet enfant sain, bien constitué et apte à grandir, si l'on prend bien soin de lui. A vous maintenant, dame Thémis, vous qui êtes déesse des Destinées. — Certes, c'est juste, madame, dit Thémis, mais comme je suis celle qui n'a pas eu de couteau, je lui donne une telle destinée que, au premier fil de lin qu'elle tirera de sa quenouille, pénètrera dans son doigt une écharde de lin, si bien qu'elle s'endormira d'un coup et ne s'éveillera que quand l'écharde sera extraite de son doigt. » Entendant le sort que sa compagne avait

1. Lucida est une variante de Lucina, nom latin de la déesse qui protège les accouchements, et la déesse des Destinées est ici nommée Thémis (incarnation de l'ordre et de la justice en grec) à la place de Sarra.

lancé à l'enfant, la déesse Vénus déclara : « Dame, vous êtes en colère, et j'en suis désolée, mais par mon art je ferai en sorte que l'écharde soit extraite et j'arrangerai tout. » Et les déesses disparurent si subitement que je ne sus ce qu'elles devinrent. Et voilà, belle nièce, de quoi je me suis à présent souvenue. Mais je pense que c'est pour que cette destinée puisse s'accomplir, puisque pour cette raison vous connaissez désormais la cause de votre aventure, dont la fin doit être pour vous un grand réconfort puisque vous avez un rejeton de Mars, qui est un dieu si puissant.

Et la dame fit tant pour sa nièce qu'elle cessa de pleurer, puis elle refit le lit de la princesse. Et alors, tandis qu'elle le mettait en ordre, elle vit entrer dans la chambre, par la fenêtre, un oiseau d'un aspect merveilleux, car il avait le buste et le visage d'une femme. Et quand il fut entré, cet oiseau se posa sur la couche où l'enfant était étendu ; il le prit dans ses bras, puis il battit des ailes et s'envola par la fenêtre en disant :

— Ne vous faites pas de souci pour cet enfant !

Quand Zellandine et sa tante entendirent ces mots et virent l'oiseau emporter l'enfant, elles furent très ébahies, surtout Zellandine qui en conçut un grand deuil. Cependant, sa tante la réconforta. Quelque temps plus tard, quand la belle Zellandine fut guérie, la tante le fit savoir au roi Zelland, qui en eut une telle joie qu'il fit une fête qui dura huit jours, en louant les dieux qui avaient si bien guéri sa fille.

Or, un beau jour de la fin du mois d'avril, la belle Zellandine s'assit à l'une des fenêtres de sa chambre, sans aucune compagnie, mais en bonne santé de corps et d'esprit, ce qu'elle n'était point auparavant. Et elle contemplait la pureté du ciel et la beauté des jardins qui se paraient de verdure. Puis elle se regarda dans un miroir, et son visage lui plut beaucoup, car il ne semblait pas qu'elle ait eu un enfant. Sentant la jeunesse qui revenait avec la santé dans tous ses membres et qui l'aiguillonnait, elle sentit aussi la chaleur la gagner peu à peu. Et, avec cette chaleur retrouvée, elle se souvint de son amoureux Troïlus, et commença à souffrir et à se plaindre en le regrettant. Mais quand elle se rappela qu'elle avait perdu sa virginité, il lui sembla qu'elle ne trouverait jamais grâce à ses yeux, mais qu'il la fuirait, ce dont elle éprouva une grande douleur qui lui dura jusqu'à ce qu'une autre pensée lui vînt à l'esprit. Car il lui semblait que sa situation était gardée bien secrète et que Troïlus n'en saurait rien, vu qu'il se trouvait si loin d'elle.

Bon nombre de pensées vinrent alors à l'esprit de la belle Zellandine. Enfin, elle se prit à regarder l'anneau que Troïlus lui avait donné quand elle avait quitté la Bretagne, à la place de celui qu'elle lui avait offert. Mais elle s'aperçut aussitôt que l'anneau qu'elle avait à son doigt était celui qu'elle avait donné à Troïlus et non pas celui que Troïlus lui avait donné. Elle fut alors très étonnée et ne sut que penser, car il lui semblait bien que, si Troïlus avait voulu venir à elle pendant qu'elle dormait, il n'aurait pu parvenir jusqu'à elle à cause de la haute tour fortifiée dans laquelle elle avait été enfermée. Considérant tout cela, elle fut si bouleversée qu'elle ne savait ni que dire ni que faire. Ainsi s'interrompt l'histoire de la belle Zellandine et reprend celle de Troïlus pour raconter comment il vint la voir dans son pays de Zellande.

Après de multiples aventures, Troïlus revient en Zellande et apprend que Zellandine est guérie. Une nuit, couché sous un arbre, il a une étrange vision : il est conduit dans un magnifique manoir où une dame vêtue de blanc l'accueille avec joie. Des nourrices arrivent alors avec un jeune garçon et la dame explique à Troïlus que de cet enfant dont elle a la garde doit naître une illustre lignée. Quelque temps plus tard, le chevalier est reçu à la cour du roi Zelland. La princesse reconnaît l'anneau qu'il porte à son doigt. Troïlus finit par tout expliquer à sa belle qui lui révèle la prédiction de la déesse des Destinées. Il comprend alors que l'enfant qu'il a vu en songe est bien leur fils : nommé Bénuic, il sera l'ancêtre de Lancelot du Lac. Enfin réunis, Troïlus et Zellandine décident de s'enfuir secrètement en Grande Bretagne. Au moment de partir, Zellandine fait dire à son père et à sa tante que c'est le dieu Mars qui l'emporte dans son pays !

Basile

LE SOLEIL, LA LUNE ET THALIE

Sole, Luna e Talia, Le Conte des contes, V^e^ journée, 5e conte, 1636. Traduction De Lauzières-Thémines et Charles Deulin, Charles Deulin, *Les Contes de ma Mère l'Oye avant Perrault*, Paris, E. Dentu, éditeur libraire de la Société des Gens de Lettres, 1879.

Il y avait une fois un seigneur qui eut une fille nommée Thalie. Il fit venir les savants et les devins du royaume pour tirer son horoscope. Ceux-ci tombèrent tous d'accord que l'enfant serait un jour en grand péril à cause d'une écharde de lin. Pour éviter ce malheur, le père défendit qu'il entrât dans la maison ni lin, ni chanvre, ni rien de pareil.

Quand Thalie fut grandelette, un jour qu'elle était à la fenêtre, elle vit passer une vieille qui filait. Comme elle n'avait jamais vu ni quenouille ni fuseau, elle trouva fort joli ce que faisait la bonne femme. Elle en éprouva même une si vive curiosité qu'elle lui dit de monter, prit la quenouille en main et commença d'étendre le fil.

Par malheur, une écharde de lin lui entra dans l'ongle et elle tomba morte par terre. A cette vue, la vieille dégringola l'escalier. Le pauvre père, en apprenant cette catastrophe, paya d'un baril de larmes ce seau d'amertume. Il fit alors porter sa fille dans un château qu'il avait à la campagne, et l'assit sur un siège de velours, sous un dais de brocart ; après quoi il ferma les portes et, à cause d'une si grande perte, afin d'oublier à tout jamais son infortune, il abandonna pour toujours ce palais.

Or, après un certain temps, il arriva qu'un roi étant à la chasse, un faucon s'échappa et s'envola sur la fenêtre de cette maison. Le roi alla le réclamer et ordonna de frapper à la porte, croyant qu'il y avait du monde. Quand on eut frappé assez longtemps, il fit apporter une échelle de vendangeur, voulant pénétrer lui-même en la maison et voir ce qu'il y avait dedans. Il y monta aussitôt, se promena partout et fut profondément étonné de ne rencontrer âme qui vive.

A la fin, il arriva à la chambre où Thalie était comme enchantée. Au premier coup d'œil, le roi crut qu'elle dormait et il l'appela ; mais il ne put la réveiller, quoi qu'il fît. Comme il s'était épris de sa beauté, il la porta à bras-le-corps sur un lit..., la laissa couchée et s'en retourna à son palais, où il ne tarda pas à oublier toute cette aventure.

Neuf mois après, la jeune fille accoucha de deux jumeaux, un garçon et une fille. Vous auriez dit deux écrins de bijoux. Ils furent élevés par deux fées qui apparurent alors dans le palais et les mirent au sein de leur mère. Une fois, comme ils eurent envie de téter et qu'ils ne trouvèrent pas les bouts des seins, ils saisirent le doigt et le sucèrent tant qu'ils en tirèrent l'écharde.

Leur mère parut sortir d'un profond sommeil, vit ces bijoux à ses côtés, leur donna à téter et les eut aussi chers que sa vie. Cependant Thalie ne savait pas ce qui lui était arrivé, comment elle était ainsi toute seule dans ce palais avec deux enfants à côté d'elle, ni comment on lui apportait à manger sans qu'elle vît jamais personne.

Or, un jour, le roi se souvint d'elle et, sous prétexte d'une partie de chasse, vint au château. Il la trouva réveillée avec ses deux charmants coucous : il en eut une joie folle. Il révéla à la jeune fille qui il était et de quelle façon les choses s'étaient passées.

Il conçut pour elle une vive tendresse et tous les deux se jurèrent un amour éternel. Le roi resta quelques jours avec elle, puis il la quitta en lui promettant de revenir et de la tirer de là.

De retour dans son palais, il ne fit que parler de Thalie et de ses enfants : aussitôt qu'il se levait, il avait Thalie à la bouche, ainsi que le Soleil et la Lune (ce sont les noms qu'il avait donnés à ses enfants) ; s'il se couchait, il les appelait encore.

Les longues parties de chasse du monarque inspirèrent des soupçons à la reine ; sa manie de réclamer sans cesse Thalie, la Lune et le Soleil lui échauffa bien plus la tête que n'aurait pu le faire le soleil lui-même.

Elle manda donc son secrétaire et lui dit :

— Ecoute, mon fils, tu es en ce moment entre Charybde et Scylla, entre la porte et le chambranle, entre le bâton et le pavé. Si tu me révèles de qui mon mari est tombé amoureux, je fais ta fortune ; si tu me le caches, je ne sais si tu es vivant ou mort !

Le compère fut saisi d'un côté par la peur et de l'autre pris à la gorge par l'intérêt, qui est une taie sur l'œil de l'honneur, l'éteignoir de la justice et le cheval déferré de la bonne foi : il répondit à la reine, selon son désir, de pain pain et de vin vin.

Elle lui ordonna donc d'aller dire à Thalie de la part du roi qu'il désirait voir ses enfants : Thalie fut enchantée de les envoyer. Ce cœur de Médée commanda alors au cuisinier de les égorger et de les accommoder à diverses sauces pour les faire manger à son pauvre mari.

Le cuisinier avait l'âme bonne. Lorsqu'il vit ces deux belles pommes d'or, il en eut compassion et les donna à sa femme pour les cacher ; à leur place, il accommoda deux chevreaux de vingt façons. Quand le roi arriva, la reine se fit un plaisir d'envoyer quérir les plats et, voyant qu'il mangeait de grand appétit, elle lui dit :

— Oh ! comme cette fricassée est bonne ! Par l'âme de mes aïeux, comme cette autre est excellente !

Et toujours elle lui répétait :

— Mange, c'est du tien que tu manges.

Elle chanta deux ou trois fois cette antienne sans que le roi y prît garde. A la fin, voyant que la musique continuait, il répondit :

— Je le sais, parbleu ! que je mange le mien, puisque tu n'as rien apporté dans cette maison !

Et, se levant en fureur, il s'en fut à une villa peu éloignée pour calmer sa colère.

Cela fit que le ressentiment de la reine ne fut pas entièrement assouvi. Elle manda de nouveau le secrétaire et lui ordonna de faire venir Thalie sous prétexte que le roi désirait la voir. Celle-ci le suivit dans l'espoir de trouver la lumière de sa vie et ne se doutant pas que c'était le feu qui l'attendait.

Quand elle fut arrivée, la reine lui montra une face de Néron et, de sa langue de vipère, lui dit :

— Soyez la bienvenue, madame Troccola[1]. Tu es donc

1. Nom de la méchante femme qui, dans *Les Deux Galettes*, que nous donnons plus loin, substitue sa fille à sa nièce. (Voir partie VIII, *Les Fées*, page 647)

cette bonne pièce, cette mauvaise herbe qui possède mon mari ! Tu es cette chienne qui m'a mis la tête à l'envers. Va, tu es venue dans ton purgatoire, où je vais te rendre le mal que tu m'as fait.

Sur ces paroles, Thalie essaya de s'excuser. Ce n'était pas sa faute : le roi avait pris possession de son territoire pendant qu'elle dormait. Mais la reine ne voulut entendre à rien : elle fit allumer, dans la cour de son palais, un grand bûcher et ordonna qu'on y jetât l'infortunée.

Voyant que l'affaire tournait mal, Thalie se mit à genoux devant la reine, et la pria de lui donner seulement le temps d'ôter ses habits. La reine le lui accorda, non par commisération, mais pour faire son profit de ces beaux habits brodés d'or et de perles.

Thalie commença donc de les dépouiller et, à chaque pièce qu'elle ôtait, elle jetait un cri perçant. Elle ôta successivement son corsage et sa robe, puis son jupon, et, quand elle en fut à sa dernière jupe, elle poussa un dernier cri.

Déjà on l'entraînait afin d'en faire des cendres pour la lessive des culottes de Caron, lorsque le roi accourut, vit ce spectacle et voulut savoir toute l'affaire. Il demanda ce qu'étaient devenus ses enfants : sa femme, en lui reprochant sa trahison, lui apprit comment elle l'avait attrapé.

A ces mots, le malheureux prince, en proie au désespoir, se mit à dire :

— Ainsi, j'ai été moi-même le loup de mes agneaux ! Oh ! Turque renégate ! quelle chienne d'idée tu as eue là ! Va, tu en porteras la peine et ce n'est pas au Colisée que j'enverrai ta tête de mégère[1].

En disant ces mots, il ordonna de la jeter dans le bûcher allumé pour Thalie et avec elle le secrétaire qui avait été l'insbtrument de ce jeu barbare, l'ourdisseur de cette horrible trame. Il voulut qu'on en fît autant au cuisinier par qui il croyait que ses fils avaient été mis en hachis. Celui-ci tomba aux pieds du roi et dit :

---

1. A Naples, on exposait les têtes des suppliciés dans des cages de fer scellées au haut des murs du palais de justice.

— Vraiment, seigneur, pour le service que je t'ai rendu, il serait beau de voir que je n'aurais pas d'autre récompense qu'une fournaise, pas d'autre soutien qu'un poteau, pas d'autre agrément que de m'étendre et me recroqueviller dans les flammes, pas d'autre avantage que de mêler les cendres d'un cuisinier avec celles d'une reine ; non, ce n'est point la grande récompense que j'attends pour avoir sauvé tes enfants en dépit de ce fiel de chien qui cherchait à faire rentrer dans ton corps ce qui était une partie de ce même corps.

Ces paroles transportèrent le roi qui parut s'éveiller comme d'un rêve, ne pouvant en croire ses oreilles. Enfin, s'adressant au cuisinier, il lui dit :

— S'il est vrai que tu m'aies sauvé mes enfants, sois bien sûr que je te dispenserai de tourner la broche ; je t'attacherai à la cuisine de ce cœur pour tourner mes volontés à ta guise ; je te donnerai une telle récompense que tu seras proclamé heureux par le monde entier.

Pendant que le roi parlait ainsi, la femme du cuisinier, qui vit ce dont son mari avait besoin, amena la Lune et le Soleil à leur père. Celui-ci sourit à tous les trois, y compris la mère, et, tantôt avec l'un, tantôt avec l'autre, les enfants faisaient un moulinet de baisers.

Le roi donna une grosse charge au cuisinier, le nomma gentilhomme de sa chambre et prit Thalie pour femme. Elle jouit d'une longue vie avec son époux et ses enfants, reconnaissant que

A qui a de la chance
Le bien vient même en dormant.

Grimm

ROSE-DES-BOIS

Dornroeschen, Contes des Enfants et du Foyer, n° 50, 1819. Traduction Frédéric Baudry et Charles Deulin, Charles Deulin, *Les Contes de ma Mère l'Oye avant Perrault*, Paris, E. Dentu, éditeur libraire de la Société des Gens de Lettres, 1879.

Il y avait au temps jadis un roi et une reine qui répétaient tous les jours : « Ah ! si le bon Dieu voulait bien nous donner un enfant ! » Mais l'enfant ne venait point. Il advint qu'une fois, pendant que la reine était à se baigner, une grenouille mit la tête au-dessus de l'eau et lui dit :

— Avant un an, tes vœux seront accomplis : tu auras une fille.

La chose arriva ainsi que la grenouille l'avait prédit ; la reine accoucha d'une fille, une fille si belle, que le roi fut au comble du bonheur et ordonna qu'on fît une fête magnifique. Outre ses parents, amis et connaissances, il y invita les fées, afin d'attirer leurs faveurs sur l'enfant. Il y en avait treize dans le royaume ; mais, par malheur, le monarque ne possédait que douze assiettes d'or ; il ne put donc les inviter toutes.

La fête eut lieu et, lorsqu'elle fut près de sa fin, chacune des fées fit à la petite fille un don merveilleux. Celle-ci lui donna la vertu ; celle-là, la beauté ; une troisième, la fortune ; et les dons des autres ne furent pas moins précieux. La onzième finissait à peine de parler que la treizième parut ; furieuse de n'avoir pas été conviée, elle ne daigna voir ni saluer personne et elle cria d'une voix forte :

— Quand la fille du roi aura atteint sa quinzième année, elle se percera avec son fuseau et tombera morte.

Après quoi elle tourna le dos et disparut. Toute la compagnie frémit d'épouvante ; heureusement la douzième fée avait encore son vœu à faire. Elle n'était pas assez puissante pour détruire le charme jeté par sa sœur, mais du moins elle pouvait le rendre moins cruel. Elle ajouta tout de suite :

— Mais cette mort de la princesse ne sera qu'un profond sommeil qui durera cent ans.

Voulant épargner à sa chère fille un destin aussi rigoureux, le roi ordonna de brûler les fuseaux dans tout son royaume. Cependant les dons des fées se réalisaient et la jeune fille était si belle, si sage, si gracieuse, si spirituelle qu'il suffisait de la voir pour l'aimer.

Or, il advint que le propre jour où elle atteignit sa quinzième année, son père et sa mère durent s'absenter. Restée seule, la jeune princesse courut par tout le château, entra dans toutes les chambres et tous les cabinets et alla jusqu'au haut d'un vieux donjon. Elle y avait monté par un escalier fort étroit, qui aboutissait à une petite porte. Une clef toute rouillée était à la serrure.

La princesse tourna la clef, ouvrit la porte et aperçut dans un petit galetas une bonne vieille qui filait sa quenouille.

— Bonjour, ma bonne femme ! dit la princesse, que faites-vous là ?

— Je file, répondit la vieille en dodelinant de la tête.

— Comme cela tourne gentiment ! reprit la princesse et, s'emparant du fuseau, elle essaya de filer.

Elle ne l'eut pas plutôt touché que le charme jeté par la méchante fée opéra, et qu'elle se perça le doigt. Cette légère blessure la fit tomber sur un lit, dans un profond sommeil, et ce sommeil s'étendit à tout le château.

Le roi et la reine, qui rentrèrent en ce moment, s'endormirent, ainsi que toutes les personnes de la cour. Les chevaux s'endormirent aussi dans les écuries, les chiens dans leurs niches, les pigeons sur les toits, les mouches le long des murs ; le feu lui-même, qui flambait dans le foyer, arrêta tout à coup sa flamme, et les viandes cessèrent de rôtir ; le cuisinier, qui allait saisir aux cheveux le marmiton coupable d'avoir gâté une sauce, s'apaisa soudain et s'assoupit ; le vent retint son haleine et à la cime des arbres voisins on ne vit pas trembler la plus petite feuille.

Cependant tout autour du château poussa une haie d'épines qui, chaque année, devint de plus en plus haute ; enfin elle le cacha si bien, qu'il fut impossible aux passants de l'apercevoir. On ne vit plus même les bannières déployées au faîte des toits.

Le bruit courut bientôt dans la contrée que la belle Rose-des-Bois — ainsi nommait-on la princesse — avait été prise d'un sommeil enchanté, et de temps à autre arrivaient des princes qui tentaient de traverser la haie afin de pénétrer dans le château. Mais leurs efforts étaient vains, car les branches s'entrelaçaient comme des mains, et les malheureux, empêtrés dans les épines, y trouvaient une fin lamentable.

Longtemps après, il arriva dans le pays un jeune prince. Un vieillard l'entretint de la haie d'épines, lui affirmant que derrière elle devait s'élever un château où dormait une princesse merveilleusement belle, nommée Rose-des-Bois, et avec elle toutes les personnes de sa cour.

Ce vieillard se rappelait avoir ouï dire à son grand-père que beaucoup de princes avaient déjà voulu s'ouvrir un passage à travers cette haie, mais qu'ils étaient restés empêtrés dans les épines et y avaient rencontré une mort misérable.

— Ce n'est pas cela qui me fera peur, répondit le jeune homme. Je veux pénétrer dans le château pour voir la charmante Rose-des-Bois.

Le vieillard eut beau raisonner, rien ne put détourner le noble aventurier.

Il se trouva que ce jour-là même étaient accomplis les cent ans que devait durer le charme de la mauvaise fée. Aussi, quand le prince marcha vers la haie d'épines, elle se changea en un parterre de fleurs odoriférantes qui s'écartèrent d'elles-mêmes pour le laisser passer, et qui, dès qu'il fut de l'autre côté, reformèrent derrière lui une barrière étincelante.

Il entra dans le château : au milieu de la cour étaient couchés les chevaux et les lévriers tous dormants, et sur les toits les pigeons avaient la tête cachée sous l'aile. Il pénétra dans les appartements : les mouches dormaient le long des murs ; dans la cuisine le maître-queux avait encore la main levée sur le marmiton, et la servante était assise, tenant un poulet qu'elle allait plumer.

Il continua sa route et, dans la grande salle, il vit tous les gentilshommes qui dormaient sur leurs sièges, et plus haut le roi et la reine également endormis sur leur trône. Il alla plus avant, et il régnait un tel silence qu'on aurait entendu le bruit de sa respiration ; enfin il monta dans la tour et ouvrit la porte de la petite chambre où dormait Rose-des-Bois. Elle était si belle qu'il ne pouvait en détourner ses regards ; il se pencha vers son doux visage et y déposa un baiser.

A peine eut-il effleuré la joue de ses lèvres, que Rose-des-Bois ouvrit les yeux et lui adressa le plus charmant sourire. Ils descendirent, et le roi se réveilla ainsi que la reine et tous les courtisans, et ils s'entre-regardaient avec de grands yeux.

Dans la cour les chevaux se levèrent en secouant leurs crinières, les lévriers recommencèrent à sauter et à aboyer ; sur le toit les pigeons ôtèrent leur tête de dessous l'aile, promenèrent partout leurs regards et s'envolèrent par les champs ; sur les murs les mouches sautèrent ; le feu se ranima dans le foyer et ronfla pour cuire le dîner ; les rôtis crépitèrent ; le cuisinier pinça l'oreille du marmiton qui jeta un cri ; la servante pluma le poulet, et on fit en grande pompe les noces du jeune prince et de Rose-des-Bois, qui vécurent toujours heureux.

Dessin de Pauquet, 1843.

Catulle Mendès

LA BELLE AU BOIS RÊVANT

Les Contes du rouet, Paris, Frinzine, 1885.

Ce n'est pas seulement l'histoire que l'on écrit à l'étourdie, c'est la légende aussi ; et il faut bien reconnaître qu'il est arrivé fréquemment aux conteurs les plus consciencieux, les mieux informés — Mme d'Aulnoy, le bon Perrault lui-même —, de ne pas relater les choses exactement de la façon qu'elles s'étaient passées dans le pays de la féerie. Ainsi, l'aînée des sœurs de Cendrillon ne portait pas au bal du prince, comme on l'a cru jusqu'ici, un habit de velours rouge avec une garniture d'Angleterre ; elle avait une robe d'écarlate, brodée d'argent et passementée d'orfroi. Parmi les monarques de tous les pays, priés aux noces de Peau d'Ane, les uns, en effet, vinrent en chaise à porteurs, d'autres en cabriolet ; les plus éloignés montés sur des éléphants, sur des tigres, sur des aigles ; mais on a omis de nous faire savoir que le roi de Mataquin fit son entrée dans la cour du palais, assis entre les ailes d'une tarasque qui jetait par les naseaux des flammes de pierreries. Et ne croyez pas me prendre sans vert, en me demandant par qui et de quelle manière je fus éclairé sur ces points importants. J'ai connu jadis, dans une chaumine, au bord d'un champ, une très vieille femme, assez vieille pour être fée, et que j'ai toujours soupçonnée d'en être une ; comme je venais parfois lui tenir compagnie quand elle se chauffait au soleil devant sa maisonnette, elle m'avait pris en amitié, et, peu de jours avant de mourir — ou de s'en retourner, son temps d'épreuve fini, dans le mystérieux pays des Vivianes et des Mélusines —, elle m'offrit en présent d'adieu un rouet fort ancien et fort extraordinaire car, chaque fois qu'on en fait tourner la roue, il se met à parler ou à chanter d'une petite voix douce, un peu chevrotante, pareille à celle d'une mère-grand qui s'égaye et bavarde ; ce qu'il dit, c'est beaucoup de jolis contes ; les uns que personne ne sait, les autres qu'il sait mieux que personne, et, dans ce dernier cas, comme il ne manque point de malice, il prend plaisir à faire remarquer et à rectifier les erreurs commises par les personnes qui se sont mêlées d'écrire ces récits. Vous voyez que j'ai de qui apprendre ! et vous seriez bien étonnés si je vous disais toutes les choses qui m'ont été révélées. Tenez, par exemple, vous vous imaginez connaître dans tous ses détails l'histoire de la princesse qui, s'étant percé la main d'un fuseau, s'endormit d'un sommeil si profond que rien ne l'en put tirer — pas même l'eau de la reine de Hongrie dont on lui frotta les tempes —, et qui fut couchée, dans un château, au milieu d'un parc, sur un lit en broderie d'or et d'argent ? J'ai le chagrin de vous dire que vous ne savez pas du tout ou que vous savez fort mal la fin de cette aventure ; et vous ne manqueriez pas de l'ignorer toujours, si je ne me faisais un devoir de vous en instruire.

Oui, oui, a ronronné le Rouet, la princesse dormait depuis cent ans lorsqu'un jeune prince, poussé par l'amour et par la gloire, résolut de pénétrer jusqu'à elle et de l'éveiller. Les grands arbres, les épines et les ronces s'écartèrent d'eux-mêmes pour le laisser passer. Il marcha vers le château, qu'il voyait au bout d'une grande avenue, où il entra ; et, ce qui le surprit un peu, personne de ses gens ne l'avait pu suivre, parce que les arbres s'étaient rapprochés après qu'il avait été passé. Enfin, quand il eut traversé plusieurs cours pavées de marbre — des suisses au nez bourgeonné, à la face vermeille, dormaient à côté de leurs tasses où ils avaient encore quelques gouttes de vin, ce qui montrait assez qu'ils s'étaient endormis en buvant —, quand il eut suivi de longs vestibules, et monté des escaliers où des gardes ronflaient, la carabine à l'épaule, il se trouva dans une chambre toute dorée et il vit, sur un lit dont les rideaux étaient ouverts de tous côtés, le plus beau spectacle qu'il eût jamais vu, une princesse qui paraissait avoir quinze ou seize ans, et dont l'éclat resplendissant avait quelque chose de lumineux et de divin.

J'accorde que les choses se passèrent ainsi — c'est toujours le Rouet qui parle — et l'auteur, jusqu'à ce moment, n'a point menti avec trop d'effronterie. Mais il n'y a rien de plus faux que le reste du conte ; et je ne saurais admettre que la Belle réveillée ait regardé le prince avec des regards amoureux, ni qu'elle lui ait dit : « Est-ce vous, monseigneur ? Vous vous êtes bien fait attendre. »

Si tu veux savoir la vérité, écoute.

La princesse étendit les bras, leva la tête un peu, ouvrit ses yeux à demi, les referma, comme effrayée de la lumière, et soupira longuement, tandis que Pouffe, la petite chienne, éveillée aussi, jappait avec colère.

— Qui donc est venu, demanda enfin la filleule des fées, et qu'est-ce donc que l'on me veut ?

Le prince, à genoux, s'écria :

— Celui qui est venu, c'est celui qui vous adore et qui a bravé les plus grands périls (il se vantait un peu) pour vous tirer de l'enchantement dont vous étiez captive. Quittez ce lit où vous avez dormi cent ans, donnez-moi la main, et retournons ensemble dans la clarté et dans la vie.

Etonnée de ces paroles, elle le considéra et ne put s'empêcher de sourire : car c'était un jeune prince fort bien fait, qui avait les plus jolis yeux du monde, et qui parlait avec une voix très mélodieuse.

— C'est donc vrai, dit-elle en écartant ses cheveux, l'heure est venue où je puis être délivrée de mon si long sommeil ?

— Oui, vous le pouvez.

— Ah ! dit-elle. Que m'arrivera-t-il si je sors de l'ombre, si je reviens parmi les vivants ?

— Ne le devinez-vous point ? Avez-vous oublié que vous êtes la fille d'un roi ? Vous verrez accourir à votre rencontre votre peuple ravi, poussant des cris de plaisir et agitant des bannières de toutes les couleurs ; les femmes, les enfants, baiseront le bas de votre robe ; enfin vous serez la plus puissante et la plus fêtée des reines de la terre.

— Il me plaira d'être reine, dit-elle. Que m'arrivera-t-il ensuite ?

— Vous vivrez dans un palais brillant comme l'or, et, en montant les marches de votre trône, vous marcherez sur des mosaïques de diamants. Les courtisans groupés autour de vous chanteront vos louanges ; les fronts les plus augustes s'inclineront sous la grâce toute-puissante de votre sourire.

— Etre louangée et obéie, ce sera charmant, dit-elle. N'aurai-je pas d'autres plaisirs ?

— Des caméristes adroites comme les fées vos marraines vous vêtiront de robes couleur de lune et de soleil, vous poudreront les cheveux, vous mettront des mouches au bord de l'œil ou au coin de la bouche ; vous aurez un grand manteau de drap d'or, traînant derrière vous.

— A la bonne heure ! dit-elle. Je fus toujours un peu coquette.

— Des pages jolis comme des oiseaux vous offriront dans des drageoirs les épices les plus fines, verseront dans votre coupe les vins sucrés dont le parfum est si doux.

— Voilà qui est fort bien ! dit-elle. Je fus toujours un peu gourmande. Seront-ce là toutes mes joies ?

— Un autre délice, le plus grand de tous, vous attend.

— Eh ! lequel ?

— Vous serez aimée !

— Par qui ?

— Par moi ! Si vous ne me jugez pas indigne de prétendre à votre tendresse...

— Vous êtes un prince de bonne mine, et votre habit vous va fort bien.

— ... Si vous daignez ne pas repousser mes vœux, je vous donnerai tout mon cœur, comme un autre royaume dont vous serez la souveraine, et je ne cesserai jamais d'être l'esclave reconnaissant de vos plus cruels caprices.

— Ah ! quel bonheur vous me promettez !

— Levez-vous donc, chère âme, et suivez moi.

— Vous suivre ? déjà ? Attendez un peu. Il y a sans doute plus d'une chose tentante parmi tout ce que vous m'offrez, mais savez-vous si, pour l'obtenir, il ne me faudrait pas quitter mieux ?

— Que voulez-vous dire, princesse ?

— Je dors depuis un siècle, c'est vrai, mais, depuis un siècle, je rêve. Je suis reine aussi, dans mes songes, et de quel divin royaume ! Mon palais a des murs de lumière ; j'ai pour courtisans des anges qui me célèbrent en des musiques d'une douceur infinie, je marche sur des jonchées d'étoiles. Si vous saviez de quelles belles robes je m'habille, et les fruits sans pareils que l'on met sur ma table, et les vins de miel où je trempe mes lèvres ! Pour ce qui est de l'amour, croyez bien qu'il ne me fait pas défaut ; car je suis adorée par un époux plus beau que tous les princes du monde et fidèle depuis cent ans. Tout bien considéré, monseigneur, je crois que je ne gagnerais rien à sortir de mon enchantement ; je vous prie de me laisser dormir.

Là-dessus, elle se tourna vers la ruelle, ramenant ses cheveux sur ses yeux, et reprit son long somme, tandis que Pouffe, la petite chienne, cessait de japper, contente, le museau sur les pattes. Le prince s'éloigna fort penaud. Et, depuis ce temps, grâce à la protection des bonnes fées, personne n'est venu troubler dans son sommeil la « Belle au Bois rêvant ».

LA BELLE ENDORMIE

Léopold Dardy, *Anthologie populaire de l'Albret*, Agen, Michel et Médan, 1891.

Il y avait une fois un prince des plus riches mais des plus laids, tout de travers sur jambes, bouffi, chassieux avec une mauvaise odeur sur lui. Pour lors il y avait une princesse, belle enfant, la plus gentille de ce temps et de ce pays. Le laid prince vit la fille et l'aima : il la fit demander. Il fut arrêté qu'on se verrait à une foire des environs, et en effet ils s'y rendirent. Mais aussitôt que la princesse vit ce vilain objet :

— Non, dit-elle, j'aime mieux ne me marier jamais que de faire ma société de cette laideur.

Les gens de la foire criaient tous quand on le vit :

— Ah ! le laid personnage ! Quel affreux prince est-ce là, Mère de Dieu !

Une vilaine peau ridée de vieille fée qui était la marraine du prince entendit le propos de la princesse ; vindicative, elle se tourna contre elle pour jeter à la pauvre innocente le sort de dormir. Elle s'endormit la belle enfant à l'arrivée de la foire et ne se réveilla plus.

Il y avait peut-être six ou sept vingt ans qu'elle était endormie dans le château quand un seigneur passa en chasse par ce petit endroit. Personne n'avait oublié le malheur de la princesse et n'osait entrer dans le manoir délabré : buissons, orties, ronces faisaient là avec les petits houx une épaisseur de haies qui obstruait tout le préau : lézards verts, lézards gris, serpents, chouettes et petits-ducs étaient les seuls maîtres du lieu.

Le seigneur qui chassait s'était égaré. Dans une maisonnette où il se retira, on lui raconta le récit du château et de la belle enfant. Pour pouvoir y aller, il accepta de dormir dans la maisonnette, et de se nourrir de pain de seigle, de cruchade, de jambon salé et de gâteau bouilli.

Le lendemain, le chasseur arrivé de bonne heure aux broussailles ne regarda pas de se piquer.

Tant il travailla qu'il put arriver jusqu'à la grande chambre où dormait dans un lit d'ancien temps une belle enfant qui se réveilla aussitôt. La demoiselle demanda ses parents : le seigneur lui répondit qu'il n'avait vu personne ; que le lierre couvrait tout jusque sur les tourelles.

La princesse dehors ne se reconnut pas. Dans le pays, personne ne se souvenait ni d'elle ni des siens. Il y avait plus de cent ans qu'elle dormait là, la pauvre fille. Le seigneur l'épousa et la belle endormie avec lui n'eut plus de malheurs.

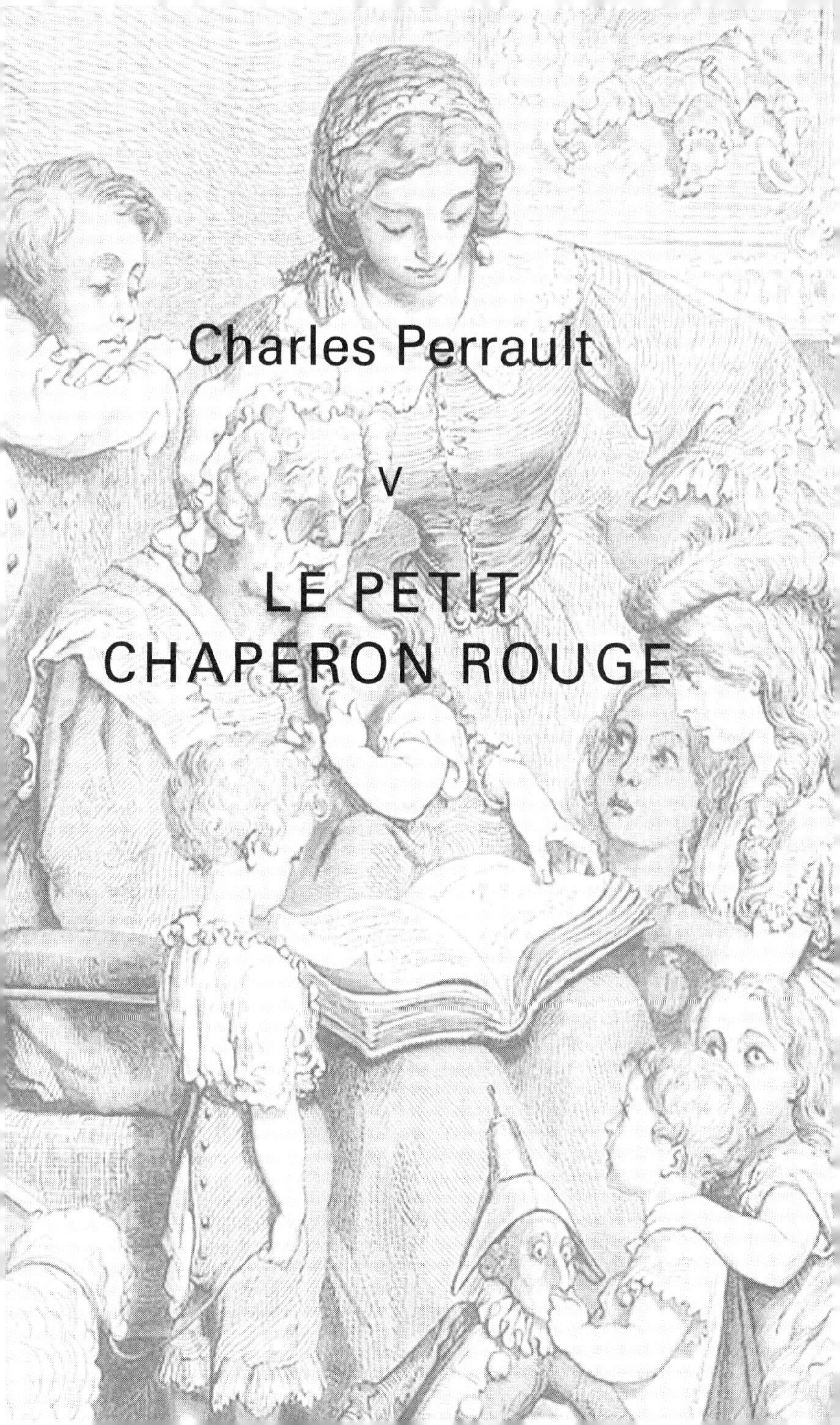

Charles Perrault

V

LE PETIT CHAPERON ROUGE

Deuxième « conte » manuscrit dans le recueil adressé à Mademoiselle, nièce de Louis XIV, en 1695. Publié chez Claude Barbin dans le recueil intitulé *Histoires ou contes du temps passé, avec des moralités* en janvier 1697.

Il était une fois une petite fille de village, la plus jolie qu'on eût su voir ; sa mère en était folle, et sa mère-grand plus folle encore. Cette bonne femme lui fit faire un petit chaperon rouge, qui lui seyait si bien, que partout on l'appelait le petit chaperon rouge.

Un jour sa mère, ayant cuit et fait des galettes, lui dit :

— Va voir comme se porte ta mère-grand, car on m'a dit qu'elle était malade, porte-lui une galette et ce petit pot de beurre.

Le petit chaperon rouge partit aussitôt pour aller chez sa mère-grand, qui demeurait dans un autre village. En passant dans un bois elle rencontra compère le loup, qui eut bien envie de la manger ; mais il n'osa, à cause de quelques bûcherons qui étaient dans la forêt. Il lui demanda où elle allait ; la pauvre enfant, qui ne savait pas qu'il est dangereux de s'arrêter à écouter un loup, lui dit :

— Je vais voir ma mère-grand, et lui porter une galette avec un petit pot de beurre que ma mère lui envoie.

— Demeure-t-elle bien loin ? lui dit le loup.

— Oh ! oui, dit le petit chaperon rouge, c'est par-delà le moulin que vous voyez tout là-bas, là-bas, à la première maison du village.

— Eh bien ! dit le loup, je veux l'aller voir aussi ; je m'y en vais par ce chemin-ci, et toi par ce chemin-là, et nous verrons qui plus tôt y sera.

Le loup se mit à courir de toute sa force par le chemin qui était le plus court, et la petite fille s'en alla par le chemin le plus long, s'amusant à cueillir des noisettes, à courir après des papillons, et à faire des bouquets des petites fleurs qu'elle rencontrait.

Le loup ne fut pas longtemps à arriver à la maison de la mère-grand ; il heurte : Toc, toc.

— Qui est là ?

— C'est votre fille le petit chaperon rouge (dit le loup, en contrefaisant sa voix) qui vous apporte une galette et un petit pot de beurre que ma mère vous envoie.

La bonne mère-grand, qui était dans son lit à cause qu'elle se trouvait un peu mal, lui cria :

— Tire la chevillette, la bobinette cherra.

Le loup tira la chevillette, et la porte s'ouvrit. Il se jeta sur la bonne femme, et la dévora en moins de rien ; car il y avait plus de trois jours qu'il n'avait mangé. Ensuite il ferma la porte, et s'alla coucher dans le lit de la mère-grand, en attendant le petit chaperon rouge, qui quelque temps après vint heurter à la porte. Toc, toc.

— Qui est là ?

Le petit chaperon rouge, qui entendit la grosse voix du loup, eut peur d'abord, mais croyant que sa mère-grand était enrhumée, répondit :

— C'est votre fille le petit chaperon rouge, qui vous apporte une galette et un petit pot de beurre que ma mère vous envoie.

Le loup lui cria, en adoucissant un peu sa voix :

— Tire la chevillette, la bobinette cherra.

Le petit chaperon rouge tira la chevillette, et la porte s'ouvrit. Le loup, la voyant entrer, lui dit en se cachant dans le lit sous la couverture :

— Mets la galette et le petit pot de beurre sur la huche, et viens te coucher avec moi.

Le petit chaperon rouge se déshabille, et va se mettre dans le lit, où elle fut bien étonnée de voir comment sa mère-grand était faite en son déshabillé. Elle lui dit :

— Ma mère-grand, que vous avez de grands bras !

— C'est pour mieux t'embrasser, ma fille.

— Ma mère-grand, que vous avez de grandes jambes !

— C'est pour mieux courir, mon enfant.

— Ma mère-grand, que vous avez de grandes oreilles !

— C'est pour mieux écouter, mon enfant.

— Ma mère-grand, que vous avez de grands yeux !

— C'est pour mieux voir, mon enfant.

— Ma mère-grand, que vous avez de grandes dents !

— C'est pour te manger.

Et en disant ces mots, ce méchant loup se jeta sur le petit chaperon rouge, et la mangea.

Moralité

On voit ici que de jeunes enfants,
Surtout de jeunes filles
Belles, bien faites, et gentilles,
Font très mal d'écouter toute sorte de gens,
Et que ce n'est pas chose étrange,
S'il en est tant que le loup mange.
Je dis le loup, car tous les loups
Ne sont pas de la même sorte ;
Il en est d'une humeur accorte,
Sans bruit, sans fiel et sans courroux,
Qui privés, complaisants et doux,
Suivent les jeunes demoiselles
Jusque dans les maisons, jusque dans les ruelles ;
Mais hélas ! qui ne sait que ces loups doucereux,
De tous les loups sont les plus dangereux.

« En passant dans un bois, elle rencontra compère le loup. »

« Le loup se jeta sur la bonne femme,
et la dévora en moins de rien. »

« Le petit chaperon rouge fut bien étonnée de voir comment sa mère-grand était faite en son déshabillé. »

Grimm

LE PETIT CHAPERON ROUGE

Rothkaeppchen, Contes des Enfants et du Foyer, n° 26, 1819. Traduction Frédéric Baudry et Charles Deulin. Charles Deulin, *Les Contes de ma Mère l'Oye avant Perrault,* Paris, E. Dentu, éditeur libraire de la Société des Gens de Lettres, 1879.

Il y avait une fois une bonne petite fille, aimée de tous ceux qui la voyaient, mais surtout de sa grand-mère, qui ne savait rien lui refuser.

Celle-ci lui fit présent d'un petit chaperon de velours rouge, et, comme il lui allait très bien, et qu'elle ne s'habillait plus autrement, on l'appela le petit Chaperon rouge.

Un jour, sa mère lui dit :

— Viens, petit Chaperon, voici un morceau de gâteau et une bouteille de vin, porte-les à ta mère-grand ; elle est faible et malade, cela lui fera du bien. Mets-toi en route avant qu'il fasse trop chaud ; et, quand tu y seras, va bien gentiment ton chemin sans courir à droite et à gauche ; autrement tu tomberais, la bouteille se casserait et la grand-mère n'aurait plus rien. Quand tu entreras dans sa chambre, n'oublie point de dire bonjour, et ne commence pas par aller fureter dans tous les coins.

— Je suivrai bien vos recommandations, répondit le petit Chaperon à sa mère, et elle lui donna sa main.

Mais la grand-mère demeurait là-bas dans le bois, à une demi-heure du village. Quand le petit Chaperon entra dans le bois, le loup vint à sa rencontre. Comme elle ne savait pas quelle méchante bête c'était, elle n'en eut pas peur.

— Bonjour, petit Chaperon, dit-il.

— Grand merci, loup.

— Et où vas-tu si matin, petit Chaperon ?

— Chez mère-grand.

— Et que portes-tu sous ton tablier ?

— Un gâteau et du vin. Hier nous avons cuit, et je porte à la pauvre vieille mère-grand de quoi lui faire du bien et la fortifier un peu.

— Petit Chaperon, où demeure ta grand-mère ?

— A un bon quart de lieue d'ici, dans le bois ; sa maison

est sous les trois grands chênes ; au bas sont les haies de coudres, tu verras bien, dit le petit Chaperon.

Le loup pensait en lui-même : « Elle est jeune, elle est tendre, ce sera un bon morceau, bien meilleur que la vieille ; il faut m'y prendre adroitement pour les happer toutes les deux. »

Il chemina un instant près du petit Chaperon, et il lui dit :

— Petit Chaperon, vois donc partout les belles fleurs ; pourquoi ne regardes-tu pas autour de toi ? N'entends-tu pas comme les oiseaux chantent bien ? Tu vas droit devant toi comme si tu allais à l'école, tandis que c'est si amusant de jouer dans le bois.

Le petit Chaperon leva les yeux et, quand elle vit que tout était plein de si belles fleurs et que les rayons du soleil dansaient çà et là à travers les branches, elle se dit : « Si j'apportais à mère-grand un bouquet frais cueilli, cela lui ferait plaisir aussi. Il est de si bonne heure que j'arriverai encore à temps. »

Elle quitta le chemin pour entrer dans le fourré, et se mit à chercher des fleurs. Quand elle en avait cueilli une, il lui semblait que plus loin il y en avait une plus belle ; elle y courait et s'enfonçait de plus en plus dans le bois.

Pendant ce temps-là, le loup alla droit à la maison de la grand-mère. Il frappa à la porte.

— Qui est là ?

— Le petit Chaperon, qui apporte un gâteau et du vin. Ouvrez.

— Appuie seulement sur la clenche, cria la grand-mère, je suis si faible que je ne peux pas me lever.

Le loup pressa la clenche, la porte s'ouvrit, et le rusé, sans dire un mot, alla droit au lit de la grand-mère et l'avala. Puis il passa ses vêtements, mit ses coiffes, se coucha dans le lit et ferma les rideaux.

Le petit Chaperon avait continué de chercher des fleurs. Quand elle en eut tant cueilli qu'elle n'en pouvait porter davantage, elle repensa à la mère-grand et se remit en route. Elle s'étonna de trouver la porte ouverte. A son entrée dans la chambre, tout lui sembla si singulier, qu'elle se dit : « Ah ! mon Dieu, comme j'ai le cœur serré aujourd'hui, moi qui suis si heureuse ordinairement chez la grand-mère. »

Elle dit bonjour, mais ne reçut pas de réponse. Elle alla vers le lit et ouvrit les rideaux. La grand-mère était couchée, ses coiffes rabattues sur sa figure, et elle avait l'air tout drôle.

— Eh ! grand-mère, que vous avez de grandes oreilles !

— C'est pour mieux t'entendre.

— Eh ! grand-mère, que vous avez de grands yeux !

— C'est pour mieux te voir.

— Eh ! grand-mère, que vous avez de grandes mains !

— C'est pour mieux te saisir.

— Eh ! grand-mère, que vous avez une horrible bouche !

— C'est pour mieux te manger.

En disant ces mots, le loup sauta du lit et goba le pauvre petit Chaperon rouge.

Lorsque le loup eut apaisé son vorace appétit, il se recoucha, s'endormit et se mit à ronfler tout haut. Le chasseur passait par là ; il pensa : « Comme la vieille ronfle ! Voyons si elle n'a besoin de rien. »

Il entra dans la chambre et, s'approchant du lit, il vit que le loup y était couché.

— Te voilà enfin, dit-il, vieux pécheur ! il y a longtemps que je te cherche.

Il allait mettre en joue sa carabine, quand il songea que le loup pourrait bien avoir mangé la mère-grand, et qu'il serait encore temps de la sauver.

Au lieu de faire feu, il prit des ciseaux et commença de découdre le ventre au loup endormi. Après qu'il eut donné deux coups de ciseaux, il vit briller le petit Chaperon rouge ; deux nouveaux coups, et la fillette sauta dehors en s'écriant :

— Ah ! quelle peur j'ai eue ! comme il faisait noir dans le corps du loup !

Puis vint la vieille grand-mère encore vivante, mais à peine pouvait-elle respirer.

Le petit Chaperon rouge ramassa vite de grosses pierres, et ils en remplirent le ventre du loup. Quand le compère s'éveilla, il voulut sauter à bas du lit ; mais les pierres étaient si lourdes qu'aussitôt il retomba : il était mort.

Tous trois furent bien contents ; le chasseur prit la peau du loup et l'emporta ; la mère-grand mangea le gâteau et but le vin que le petit Chaperon avait apportés, et elle retrouva ses forces ; mais le petit Chaperon rouge se dit : « De ta vie tu ne t'écarteras plus de ta route pour courir dans le bois, quand ta mère te l'aura défendu. »

On raconte aussi qu'une fois que le petit Chaperon portait à sa mère-grand une autre galette, un autre loup lui parla et chercha à la détourner de son chemin. Le petit Chaperon se garda bien de l'écouter. Elle suivit sa route tout droit et dit à sa grand-mère qu'elle avait rencontré le loup, qui lui avait souhaité le bonjour, mais qui l'avait regardée avec des yeux terribles.

— Si ce n'avait été sur le grand chemin, il m'aurait mangée.

— Viens, dit la mère-grand, nous allons fermer la porte, de peur qu'il n'entre.

Bientôt le loup frappa en criant :

— Ouvrez, grand-mère, je suis le petit Chaperon rouge, et je vous apporte une galette.

Elles se turent et n'ouvrirent pas. La tête grise rôda quelque temps autour de la maison et finit par sauter sur le toit. Il voulait y attendre le départ du petit Chaperon ; il l'aurait suivie et mangée dans l'ombre.

Mais la grand-mère comprit ce qu'il avait dans la pensée. Comme il y avait devant la maison une grande auge de pierre, elle dit à la petite fille :

— Prends le seau, petit Chaperon ; hier j'ai fait cuire des saucisses, va verser dans l'auge l'eau où elles ont cuit.

Le petit Chaperon charria tant d'eau que la grande auge en fut pleine. L'odeur des saucisses montait au nez du loup ; il reniflait et guignait en bas. Enfin il allongea tant le cou qu'il ne put se tenir et commença de glisser. Il glissa si bien du toit, qu'il tomba dans la grande auge et s'y noya.

Le petit Chaperon retourna joyeuse chez elle, et personne ne lui fit de mal.

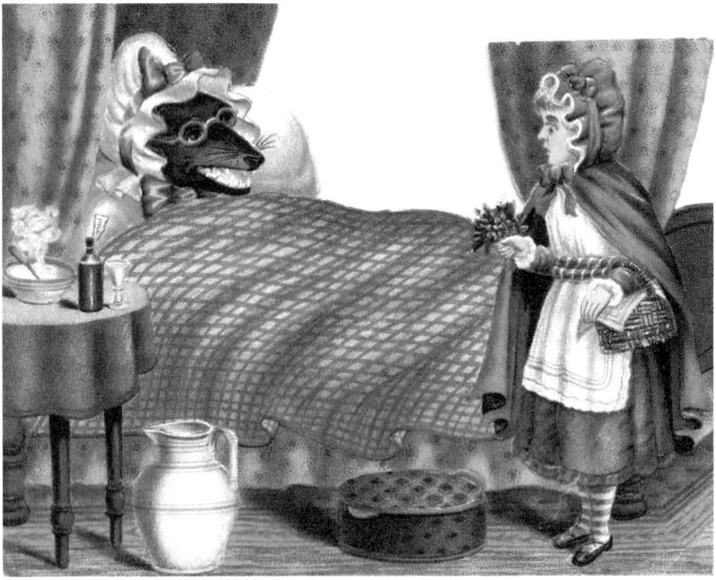

Imagerie populaire, chromo, fin XIXe siècle.

Alphonse Daudet

LE ROMAN DU CHAPERON-ROUGE

Paru le 18 décembre 1859 dans le *Figaro*. *Le Roman du Chaperon Rouge, Scènes et fantaisies*, Paris, Michel Lévy, 1862.

PERSONNAGES :

LE CHAPERON-ROUGE

POLONIUS

UN HOMME DE LETTRES

DEUX AMOUREUX

UN FOU

UN ENFANT

Un chemin de traverse dans les bois. — Des fleurs, des oiseaux, des papillons. — Le Chaperon-Rouge porte le costume traditionnel dans sa famille — avec la galette et le pot de beurre.

SCÈNE PREMIÈRE

Chaperon-Rouge. — Par ma galette ! il est des jours où l'on est heureuse d'être au monde, où il semble que vos bottines aient des ailes, que vos yeux lancent des fusées, que vos veines soient bourrées de salpêtre ; — des jours où l'on éprouve une envie furieuse de faire des cabrioles sur le gazon, de sauter au cou de quelqu'un, et de patiner sur la cime des peupliers. Aujourd'hui, je suis tout à fait dans ces dispositions-là, et, entre nous, j'ai beaucoup de jours comme aujourd'hui. *(Elle gambade.)* Tra deri, deri, deri ! La la houp, tra la !

Polonius, entrant. — Voilà une jeune personne singulièrement affolée. J'ai déjà vu ce minois quelque part.

Chaperon-Rouge. — Que peut me vouloir ce vieux ?

Polonius. — Hé ! là-bas ! petite fille, venez çà qu'on vous dise deux mots.

Chaperon-Rouge. — Dépêchons-nous, je vous prie ; je suis pressée.

Polonius. — Mais attendez donc. Parbleu ! j'en étais bien sûr que je vous connaissais. Ce jupon court, ce pantalon brodé, cette coiffure écarlate, ce panier, cette galette... D'où diable sortez-vous, mon petit Chaperon-Rouge ?

Chaperon-Rouge. — Je sors de chez nous, et je vais chez bonne-maman lui porter ce pot de beurre.

Polonius. — Parole d'honneur ! vous êtes le petit Chaperon-Rouge ? le vrai Chaperon-Rouge ?

Chaperon-Rouge. — Eh ! mon Dieu, oui ! Que voyez-vous d'étonnant à cela !

Polonius. — Pour rien au monde, chère enfant, je ne voudrais réveiller en vous de cruels souvenirs ; mais cependant... je croyais... j'avais ouï dire que vous aviez été dévorée un certain jour...

Chaperon-Rouge. — Hélas !

Polonius. — Par un loup méchant et dissimulé...

Chaperon-Rouge. — C'est bien cela.

Polonius. — Ce qui ne vous fût pas arrivé sans votre étourderie.

Chaperon-Rouge. — Comme tout cela est bien vrai !

Polonius. — Mais, alors, puisque vous convenez d'avoir été dévorée...

Chaperon-Rouge. — Sachez, monsieur, que j'ai été déjà dévorée un nombre infini de fois, et toujours par ma faute ; — voilà quatre mille ans que le même accident m'arrive, quatre mille ans que je ressuscite, quatre mille ans que, par une incroyable fatalité, je vais me remettre inévitablement entre les pattes du loup. Que voulez-vous ? Je meurs toujours très jeune, et lorsque je reviens au monde, je n'ai de mes existences antérieures qu'un souvenir si vague, si vague... O l'intéressante histoire à écrire et à feuilleter que l'*Histoire du*

Chaperon-Rouge dans tous les siècles ! M. Perrault en a esquissé un chapitre ; heureux celui qui écrira les autres !

Polonius. — Je n'ai jamais vu une créature plus originale.

Chaperon-Rouge. — Et maintenant, docteur, si vous n'avez plus rien à me dire, je vous baise les mains.

Polonius. — Mais si ! mais si ! j'ai beaucoup à vous dire, au contraire... Vous me connaissez donc, que vous m'appelez docteur ?

Chaperon-Rouge. — Docteur Polonius, La Palisse de votre petit nom.

Polonius. — C'est cela, c'est cela ! Est-elle gentille ! Dites donc, fillette, puisque vous allez chez bonne-maman, et que je me rends du même côté, nous ferons route ensemble, voulez-vous ?

Chaperon-Rouge. — O ! quel bonheur ! nous allons nous amuser, vous verrez ! Hop ! en route et promptement. Docteur, je te conseille de retrousser ta souquenille, tu pourras courir et gambader plus aisément !... — En avant, marche ! suis-moi !...

Polonius. — Eh bien ! eh bien ! par où passez-vous donc, jeune évaporée ? Ce n'est point là le chemin pour aller chez votre bonne-maman : la grande route nous y conduit en droite ligne.

Chaperon-Rouge. — Bah ! vous prenez la grande route ? Et la poussière ? et le soleil ? et les voitures ? — Ah ! vous prenez la grande route !... Bon voyage !

Polonius. — Voyons, petite folle, réfléchissez une fois dans votre vie. La grande route est un peu ennuyeuse, j'en conviens ; mais, au moins, on est sûr d'arriver à heure fixe et sans beaucoup de peine.

Chaperon-Rouge. — O docteur, voyez par ici l'adorable chemin ! Des oiseaux, des marguerites, des mûres, de l'herbe tendre, des ruisseaux. Passez de ce côté, vous verrez comme nous rirons. Je vous ferai des bouquets, des bouquets gros comme ma tête ; nous chercherons au fond des fleurs toutes sortes de bêtes bleues et rouges, et nous en ferons un chapelet avec un bout de fil. Vous verrez, vous verrez. Allons ! des cabrioles sur l'herbe ! Allons ! une poignée de mûres ! Aimes-tu les mûres, gros ventre ?

Polonius. — Et le loup, petite malheureuse !

Chaperon-Rouge. — Ah ! oui, c'est vrai, le loup !... Bah ! il n'y en a pas tous les jours, des loups, et puis, s'il en vient un, eh bien !... nous le mangerons.

Polonius, lui tâtant le crâne. — Cette enfant a la bosse de l'imprévoyance développée d'une façon effrayante.

Chaperon-Rouge. — Décidément, vous ne venez pas ? Non ! Bonsoir, alors ! Pourquoi diable me faire perdre mon temps ?

Polonius. — Ah ! la malheureuse !

Chaperon-Rouge. — Adieu, docteur, prends garde aux coups de soleil, mon amour ! *(Ils sortent.)*

SCÈNE II

Un peu plus avant dans la forêt. — Toujours même paysage.

Chaperon-rouge, seule ; puis un enfant. — Bah ! chassons ces tristes idées ! D'abord, un loup, ce n'est pas si méchant qu'on veut bien le dire ; il aura peut-être pitié de moi, celui-ci. Je suis très gentille aujourd'hui ; je viens de me voir, en passant, dans une feuille sur laquelle il y avait une goutte d'eau... Je suis, du reste, plus forte que bien des gens ; je prendrai mon loup par le cou, et crac ! — Tout de même, ça m'aurait amusée d'enjôler ce vieux poussif et de le faire entrer dans la grande famille des chaperons. Mais non ! — cervelle étroite, tiroirs en ordre, toujours fermés à clef. On n'en pouvait rien tirer. Je trouverai mieux que cela.

(Entre l'enfant.)

L'enfant, pleurant. — Holà ! mon Dieu ! que je suis donc à plaindre !

Chaperon-Rouge. — Pourquoi te désoles-tu de la sorte, mon mignon ?

L'enfant. — Je pleure, ma jolie demoiselle, parce qu'il me faut aller à l'école et que c'est bien ennuyeux avec le temps qu'il fait.

Chaperon-Rouge. — D'abord, tu es un nigaud de pleurer ; le bon Dieu ne t'a pas donné des yeux pour en faire des citernes ; du reste, si tu épuises toutes tes larmes aujourd'hui, comment feras-tu quand tu seras grand ? Il faut garder une poire pour la soif, que diable ! — Viens t'asseoir à mes côtés sur le pied de cet arbre-là. — Comment t'appelles-tu ?

L'enfant. — Je suis le petit Picou, le fieu du grand Picou qui louche.

Chaperon-Rouge. — Eh bien ! Picou, si tu m'en crois, nous allons d'abord déjeuner ; ensuite... nous verrons. Qu'as-tu dans ce panier ?

L'enfant. — Oh ! mam'selle, faut pas y toucher ; c'est pour le *goûter*, et la mère Picou gronderait ben trop.

Chaperon-Rouge. — Tu n'as donc pas faim ?

L'enfant. — Heu ! j'ai mangé une grande terrine de soupe aux choux il n'y a pas un quart d'heure, mais je lipperais tout de même quelque chose.

Chaperon-Rouge. — Qu'attends-tu donc, alors, petit sot ? Ouvre ton panier. Bon ! des confitures et des noix fraîches ; moi, j'ai de la galette et un pot de beurre. C'est pour bonne-maman ; mais elle ne mangera pas tout, pauvre chère femme ! *(Ils mangent.)* Hein, comment trouves-tu ?

L'enfant, la bouche pleine. — C'est bon comme tout... Oui, mais qu'est-ce qu'elle va dire, la mère Picou ?

Chaperon-Rouge. — Que t'importe ! Elle peut bien dire la messe et les vêpres, tu n'en auras pas moins mangé les confitures.

L'enfant. — C'est ben vrai, ça ! — Oui, mais je n'aurai plus rien pour goûter.

Chaperon-Rouge. — Es-tu bête ! tu n'auras pas faim à goûter ; est-ce que tu as faim, voyons ?

L'enfant. — Non... presque plus. *(Il se lève.)*

Chaperon-Rouge. — Eh bien ! où vas-tu si vite ?

L'enfant. — A l'école, parbleu !

Chaperon-Rouge. — Bah ! mais tu pleurais tant tout à l'heure !

L'enfant, avec hésitation. — C'est que... j'ai peur du fouet... pour demain.

Chaperon-Rouge. — Si tu y vas maintenant, tu recevras encore le fouet pour être resté si longtemps en route. Amuse-toi donc aujourd'hui, puisque tu y es ; la fessée de demain ne sera pas plus cuisante que celle d'aujourd'hui. Puis, que sait-on ? D'ici à demain, le maître peut s'être cassé la jambe ; le tonnerre tombera sur l'école, peut-être. Elle est tout juste près de l'église, et le tonnerre, ça ne tombe que sur les églises.

L'enfant. — Dame ! c'est ben un peu vrai, tout ce que vous dites.

Chaperon-Rouge. — Allons ! ne songe plus à l'école... Entends-tu les merles qui sifflent là-haut ! Déniche-moi une paire de nids. — Est-ce que les oiseaux vont à l'école, eux ? Cueille des fraises, un plein panier de fraises des bois. Jarni ! c'est un joli goûter ! A l'école, il fait chaud : ici, tu peux te déshabiller et t'allonger, tout nu, de tout ton long, sur le sable du ruisseau. Les arbres se baisseront pour te servir d'éventail et de chasse-mouches. Avec ton couteau, tu tailleras des bateaux dans des morceaux d'écorce ; déchire ton mouchoir pour faire des voiles, et charge-moi tout cela de fourmis bleues et de bêtes à bon Dieu... Tu verras comme on s'amuse.

L'enfant. — Vous parlez comme une vraie musique ! Voulez-vous m'emmener avec vous ? Je vous aime de tout mon cœur.

Chaperon-Rouge, secouant la tête. — Non, Picou, vois-tu, il vaut mieux que tu restes là ; s'il t'arrivait quelque malheur avec moi, ce me serait un trop grand déplaisir. Viens m'embrasser...

L'enfant. — Avec ben de la joie, allez. Comme vous sentez bon ! ça m'a fait tout chose d'appliquer mes lèvres sur les vôtres.

Chaperon-Rouge, avec émotion. — Adieu ! amuse-toi bien.

L'enfant. — Oh ! oui, que je vas m'amuser... Tout de même, je mangerais volontiers un croûton.

SCÈNE III

Une clairière dans les bois. — L'homme de lettres est étendu sur le dos, un cahier sur le ventre, un crayon entre les dents.

L'homme de lettres. — J'ai beau me torturer la cervelle et m'enfoncer mes poings dans les yeux — rien !... Pas la tête d'une phrase, pas la queue d'une idée. — J'ai cependant promis mon roman pour demain, sans faute... Ah ! mille poils de chèvre ! moi qui suis venu aux champs pour travailler de meilleur goût...

(Paraît le Chaperon-Rouge.)

Chaperon-Rouge, chantant. —

Je suis bâtard d'un papillon
Et filleul d'une sauterelle,
J'ai l'œil fin et la taille grêle
Comme une patte de grillon.
Qu'il pleuve, qu'il neige, qu'il grêle,
Sans parapluie et sans ombrelle
Je cours la plaine et le sillon.

(Parlé.) Oh ! oh ! un homme qui travaille ! voilà une singulière idée. *(S'avançant vers l'homme de lettres.)* Monsieur est artiste, sans doute ?

L'homme de lettres, se soulevant sur le coude. — Où voyez-vous cela, ma chère enfant ?

Chaperon-Rouge. — A quel autre aurait pu venir la pensée de faire d'une forêt un cabinet de travail ?

L'homme de lettres. — Ma foi, oui, je suis artiste romancier, et j'étais venu ici pour écrire d'après nature... Mais... je ne me trompe pas... Je vous ai vue quelque part... Ah ! je vous connais, vous êtes le Chaperon-Rouge.

Chaperon-Rouge. — Dame ! on le dit.

L'homme de lettres. — Non ! c'est impossible ; je rêve les yeux ouverts. — Vite un peu d'eau bénite, un signe de croix, que je chasse cette vision du diable.

Chaperon-Rouge. — En voilà bien d'une autre, à présent !

L'homme de lettres. — *Vade retro, Satanas !* Tu es le démon de la paresse, le démon de l'insouciance, le démon de l'imprévoyance. *Vade retro !* m'entends-tu ? Oh ! je te connais bien, tu es notre ennemi le plus terrible. Va-t'en, pourvoyeuse d'hôpital ! va-t'en, succube d'enfer ! Qu'as-tu fait de Malfilâtre ? Qu'as-tu fait d'Hégésippe et de Gustave Planche, et de ce pauvre Gérard ? Qu'aurais-tu fait de Lamartine ? Qu'as-tu fait de Traviès ?

Chaperon-Rouge. — Quand vous aurez fini, mon cher.

L'homme de lettres. — Je vais finir par t'écraser, si tu ne t'en vas pas au plus vite, serpent maudit.

Chaperon-Rouge. — Vous n'êtes pas caressant, savez-vous ? Oh ! je m'en vais, je m'en vais. Laissez-moi vous dire pourtant que ceux auxquels j'ai porté malheur ne se sont jamais plaints ; ils savaient trop bien les heures délicieuses que je leur avais fait passer et tous les bonheurs dont ils m'étaient redevables. Oui, je suis le Chaperon-Rouge, la reine du *farniente,* la déesse fantaisiste des lazzarones et des poètes ; je suis votre maîtresse à tous, et tous vous m'avez bâti un temple au fond de votre cœur. Allez ! je vous pardonne vos injures, parce que je vous aime et que vous m'aimez... Encore maintenant tu vas me devoir une journée de bonheur, vilain ingrat ! Regarde : le temps est superbe, le bois rempli de fraîcheurs silencieuses ; sur ta tête, la chanson des oiseaux ; à tes pieds, la chanson des rivières. Fermez les yeux à demi, mon doux poète ; posez votre tête sur ce banc de gazon ; laissez-vous aller, laissez-vous aller ; douze heures de rêverie devant vous ; douze belles heures en robes blanches et couronnées de fleurs. Adieu, mon poète ! les bois sont les bois, un rêveur... Bonsoir !

(Elle jette son cahier par-dessus les arbres.)

L'homme de lettres, assoupi. — Embrasse-moi, Chaperon-Rouge ! Dieu ! que... je... suis... bien !

SCÈNE IV

Sur la lisière d'un fourré bien épais. — Entrent les deux amoureux. — Chaperon-Rouge, cachée derrière un buisson, les regarde venir.

Lui. — Vous êtes fatiguée, Marie ; appuyez-vous sur mon bras.

Elle. — Non ! j'aime mieux m'asseoir ; voilà une éclaircie, le soleil a séché les herbes ; arrêtons-nous ici un moment.

Chaperon-Rouge, cachée. — C'est drôle : toujours la femme qui commence.

Lui. — Voulez-vous que j'ouvre votre ombrelle et que je la tienne sur votre tête ?

Chaperon-Rouge, cachée. — Nigaud ! comme si ses mains le gênaient !

Elle. — Non ! merci ; les branches de ce mélèze me garantissent assez.

Lui. — N'est-ce pas qu'il fait bon ici, Marie, loin du bruit, loin du monde ? De l'ombre, du silence et notre amour.

Chaperon-Rouge, cachée. — Bravo ! je le vois venir.

Elle, appuyant sa tête sur l'épaule de lui. — Oui ! mais j'ai peur ; voyez ! je tremble malgré moi ; je ne sais ce que j'éprouve ; le moindre souffle m'émeut, le moindre bruit me fait tressaillir. — Oh ! j'ai peur !

Lui. — Rassurez-vous, mon cher trésor. — Que craignez-vous, et pourquoi trembler ? — Voulez-vous vous rapprocher de la ferme ou rentrer chez votre mère ?

Chaperon-Rouge, cachée. — Imbécile, va ! comme cela sent ses dix-huit ans !

Elle. — Oh ! non. Je suis trop bien près de vous. *(Un moment de silence.)*

Chaperon-Rouge, agacée. — Vous verrez qu'ils ne se diront rien.

Elle. — Ah ! mon pauvre cher, pourquoi vous ai-je connu ? *(Bruit de baisers.)*

Chaperon-Rouge. — Enfin, on se décide. *(Sortant de sa cachette.)* C'est égal, montrons-nous et donnons-leur quelques conseils.

Les deux amoureux, à la fois. — Ciel ! *ou :* Grand Dieu !

Chaperon-Rouge. — Là ! là ! ne vous effrayez pas ; je suis Chaperon-Rouge, un enfant comme vous, et, de plus, la patronne des amoureux. Embrassez-vous ; cela me réjouit le cœur, et chacun de vos baisers me chatouille agréablement les lèvres. Encore ! encore !

Lui, s'interrompant. — Ah ! mon pauvre Chaperon-Rouge, nous sommes bien à plaindre.

Elle, ne s'interrompant pas. — Oh ! oui, bien à plaindre.

Chaperon-Rouge. — Et pourquoi cela, seigneur ?

Lui. — Dame ! tu comprends, nous nous aimons de toute notre âme, et l'on ne veut pas nous marier.

Chaperon-Rouge. — Et puis ?

Lui. — Et puis... c'est tout ; n'est-ce pas assez ?

Chaperon-Rouge. — Pourriez-vous me dire, mes enfants, à quoi servent les roses, et pourquoi Dieu les a mises sous nos pas — sinon pour être cueillies et pour embaumer ? Pourriez-vous me dire aussi pourquoi on trouve comme cela des buissons au coin des routes et d'épais taillis dans les forêts ? — pour qui ils poussent là, si ce n'est pour les amoureux ? — Ah ! l'on ne veut pas vous marier, pauvres enfants ! je vous plains de tout mon cœur. Adieu, mes petits ! N'oubliez pas que demain n'est qu'un grand menteur... ; n'oubliez pas non plus l'utilité des roses et des buissons.

(Elle se sauve.)

Elle. — Avez-vous compris ?

Lui. — Non, et toi ?

Elle. — Je crois que oui.

SCÈNE V

Dans l'épaisseur du bois.

Chaperon-Rouge. — La vue de ces deux enfants m'a troublée. Quelle belle chose que l'amour ! Moi, personne ne m'aime ; aux uns je fais pitié, pour les autres je suis un objet de haine ; ceux qui m'adorent ne me le disent jamais. Je me souviens pourtant d'un rouge-gorge qui a eu pour moi une grande passion... ; il en est mort, je crois... Tiens ! est-ce qu'il pleut, que j'ai une goutte d'eau sur la main ? Il m'arrive quelquefois de pleurer, jamais longtemps.

(Elle chante.)

Je suis bâtard d'un papillon
Et filleul d'une sauterelle...

Bon Dieu ! le singulier personnage que je vois là-bas ! Quelles cabrioles il fait ! quelles gambades ! Le voilà qui marche sur la tête, maintenant. Est-il drôle ! est-il amusant ! ah ! ah ! ah !

Il faut que je lui propose de jouer avec moi. Hé ! l'homme ! l'homme ! l'homme !

(Entre le fou.)

Le fou. — Qui m'appelle ? Est-ce vous, petite fille, qui m'appelez ?

Chaperon-Rouge. — Oui, c'est moi, le Chaperon-Rouge, et je viens vous demander s'il vous plairait de nous amuser ensemble. Vous m'avez l'air réjouissant.

Le fou. — Pour être réjouissant, je suis très réjouissant. Ah ! vous êtes le Chaperon-Rouge, vous ? Qu'est-ce que cela ? Oui, je me souviens, une fillette qui aimait beaucoup les fleurs et qui s'en allait toujours par les chemins de traverse. Moi aussi, je les aime, les fleurs ; veux-tu que je te fasse une couronne avec les branches de ce saule ? Elle est très jolie comme cela. A propos, vous m'avez déjà dit votre nom, je l'ai oublié.

Chaperon-Rouge. — Chaperon-Rouge.

Le fou. — J'oublie toujours. Dis-donc, toi, tu ne vas pas me reconduire là-bas ! *(Pleurant.)* Je suis si heureux d'être libre ; je ne fais de mal à personne. Petite, je t'en prie, ne me reconduis pas là-bas.

Chaperon-Rouge. — Où donc, là-bas ?

Le fou. — Chez le médecin, ce gros à lunettes, qui m'arrose d'eau froide tout le jour, comme un jardin potager.

Chaperon-Rouge. — Tiens ! c'est un fou ; je ne m'en serais jamais doutée.

Le fou. — J'ai la cervelle un peu malade, mais ce n'est pas une raison pour me meurtrir le crâne et me faire mal aux oreilles.

Chaperon-Rouge. — N'aie pas peur, je ne te reconduirai pas. Y a-t-il longtemps que tu t'es échappé ?

Le fou. — Je ne sais pas. Quand on est heureux, on ne sait jamais depuis quand. Veux-tu que je te raconte l'histoire du colibri et de la princesse ? Mais auparavant, il faut que tu me dises ton nom, j'oublie toujours.

Chaperon-Rouge. — Est-il amusant ! Voilà dix fois que je le lui répète. Je m'appelle Chaperon-Rouge.

Le fou. — Chaperon-Rouge, assieds-toi sur mes genoux et écoute mon histoire.

Chaperon-Rouge. — Nenni ! nenni ! Il se fait tard, la nuit tombe, il faut vite que je coure chez bonne-maman.

Le fou. — Alors, je commence...

Chaperon-Rouge. — Non, tais-toi, je m'en vais... *(Sans bouger de place.)* Adieu !

Le fou. — Va-t'en.

Chaperon-Rouge. — Eh bien ! non, je reste... Raconte-moi ton histoire.

(On entend hurler un loup.)

Le fou. — Viens te mettre sur mes genoux. — Qu'as-tu ? tu trembles.

Chaperon-Rouge. — As-tu entendu la vilaine bête ? Hou ! hou !

Le fou. — N'aie pas peur ; je suis là.

Chaperon-Rouge. — Qu'il est gentil, mon fou ! Allons, je t'écoute. *(Elle passe ses bras autour du cou de son ami.)*

Le fou. — Il y avait une fois un colibri et une princesse qui s'aimaient éperdument... Est-ce que tu dors ?

Chaperon-Rouge. — Non, mon ami ; — un colibri et une princesse.

Le fou. — Seulement, on s'opposait à leur mariage, parce que le colibri était trop... M'entends-tu ?

Chaperon-Rouge. — Oui ; mais ne raconte pas si fort.

Le fou. — Un soir, le colibri dit à la princesse...

Chaperon-Rouge, à moitié endormie. — Elle est... bien... jolie... ton histoire.

Le fou. — Elle dort ! Son haleine douce me glisse dans le cou ; — elle respire lentement ; ses boucles d'oreilles me caressent la peau. — Je suis très heureux.

(Il s'endort. Le loup passe en courant.)

SCÈNE VI

Le lendemain. — Il fait grand jour. — Les oiseaux chantent en s'éveillant. — Au fond, la maison de bonne-maman. — Les volets sont fermés. — A côté de la maison, un puits.

L'enfant, entrant, les yeux rouges et un gourdin à la main. — Asseyons-nous par ici et attendons qu'elle arrive. Je vas lui appliquer une roulée soignée de coups de gaule. *(Il s'assied dans un coin.)*

L'homme de lettres, entrant, la figure déconfite. — Où est-il, ce conseiller maudit, que je l'étrangle un peu, et que j'en débarrasse la terre ?

L'enfant. — Si c'est le Chaperon-Rouge que vous cherchez, faites comme moi, asseyez-vous. Il va arriver par là.

Entre l'amoureux, en sanglotant. — O la misérable ! Cachons-nous quelque part, et faisons-lui payer tous les malheurs dont elle est cause.

SCÈNE VII

LES MÊMES, LE FOU ET LE CHAPERON-ROUGE

(Ils arrivent en folâtrant, bras dessus, bras dessous.)

Chaperon-Rouge. — Vois-tu, mon ami ! je te parle franchement, tu es le seul homme au monde avec qui je puisse m'entendre, et je jure de ne t'oublier de ma vie. Promets-moi de songer quelquefois à moi, de ton côté.

Le fou. — Je veux bien, je veux bien ; mais il faudra que tu me dises ton nom. Est-ce que tu me l'as déjà dit ?

Chaperon-Rouge, essuyant une larme. — Hélas ! le seul homme que j'aie jamais aimé ! — L'ami, prête-moi ton dos, que j'atteigne ce cerisier ; je veux me faire des pendants avec les cerises.

Les trois affligés, se montrant tout à coup. — Enfin, la voilà !

Chaperon-Rouge, un peu effrayée. — Que voulez-vous de moi, braves gens ? A qui donc en avez-vous, avec vos mines furibondes ?

Tous les trois, à la fois. — C'est à toi, à toi seule que nous en voulons... C'est tout ton sang qu'il nous faut.

Chaperon-Rouge, au fou. — Hé ! l'ami, au secours, au secours !

Le fou. — C'est très bon, les cerises !

Chaperon-Rouge. — Messieurs, messieurs, expliquez-vous d'abord, mon sang coulera après. — *(A l'enfant.)* Toi, commence ; que me veux-tu ?

L'enfant. — Te dire que tu es une méchante fille et la cause de tous mes malheurs. Grâce à toi, on m'a mis à la porte de l'école ; le père Picou m'a cassé les reins à coups de trique, et la mère Picou *(avec un sanglot)* ne veut plus me bailler à manger.

Chaperon-Rouge. — Et d'un ! — A un autre.

L'homme de lettres. — J'avais bien raison de me méfier de toi : tu m'as encouragé dans ma paresse et mes folles rêveries ; j'ai laissé mon travail de côté, et me voilà sans ressources pour un mois.

Chaperon-Rouge. — Pécaïre ! — Et toi ?

L'amoureux. — Moi, je veux te demander raison de tes mauvais conseils et de tes méchantes idées que tu nous as mises hier dans la cervelle. Ma pauvre Marie a taché de vert sa robe blanche ; sa mère a tout deviné et l'a mise au couvent.

Chaperon-Rouge. — Est-ce fini ? Vous n'avez plus rien à dire ?

Tous. — Que te faut-il davantage ?

Chaperon-Rouge. — Ecoutez-moi, mes enfants, écoutez-moi quelques minutes. Je ne suis point le démon pernicieux et malin pour lequel vous voulez bien me prendre, et j'éprouve un profond chagrin de tous les malheurs qui vous arrivent. Etes-vous tant à plaindre, du reste ! Chacun de vous me doit une journée adorable, qui n'a duré que vingt-quatre heures, il est vrai, mais ce n'est point ma faute. Ne vaudrait-il pas mieux accepter vos maux présents en souvenir des bonheurs passés, vous résigner un peu et me remercier beaucoup ? Telle que vous me voyez, mes pauvres amis, je vais payer dans quelques instants mes plaisirs d'hier et de cette nuit. Un loup est là qui s'impatiente à m'attendre, et pour éviter sa dent cruelle, je ne puis rien faire, hélas ! Il est dans ma destinée de Chaperon-Rouge d'accepter cette mort sans me plaindre ; — imitez mon exemple, chers enfants, et ne regrettez jamais un plaisir, si cher que vous ayez pu le payer. Le bonheur n'a pas de prix ; il n'y a que des sots pour le marchander. Et maintenant je me livre à votre vengeance, faites de moi ce que vous voudrez.

Tous. — Si jolie et si malheureuse ! comment pourrions-nous lui en vouloir ?

Chaperon-Rouge. — Là ! j'en étais bien sûre que vous ne me feriez pas de mal ; vous êtes des enfants, de bons enfants, et je veux vous laisser un souvenir de moi. *(Quittant ses boucles d'oreilles.)* Une cerise pour chacun. Tenez, et gardez-les jusqu'à demain... C'est bien long, n'est-ce pas ?... Allons, adieu, mes amis, et songez quelquefois au Chaperon-Rouge. *(S'adressant au fou.)* Et toi ! veux-tu venir m'embrasser un brin, un dernier brin ?

Le fou, gambadant sans l'entendre. — « Alors le colibri dit à la princesse : Le moment est venu de nous séparer... » Tra la la la, deri deri, la la.

Chaperon-Rouge. — Il n'a pas beaucoup de mémoire, mon amoureux... *(Huit heures sonnent.)* Allons, voici le moment ; tous les romans ont une fin, le mien comme les autres ; il est plus court, et voilà tout. Bonsoir, la compagnie ! *(Elle entre dans la maison.)*

Tous. — Adieu, Chaperon-Rouge ! *(On entend un grand bruit à l'intérieur.)*

SCÈNE VIII

LES MÊMES, POLONIUS, *accourant à toutes jambes*

Polonius. — Arrêtez ! arrêtez !... Hélas ! toujours trop tard ! Oh ! comme l'expérience et la sagesse sont boiteuses à courir après la folie et l'imprévoyance. J'ai beau me hâter ; je ne puis jamais arracher le Chaperon-Rouge à la gueule du loup. *(S'adressant à ceux qui l'entourent)* : Çà ! vous autres, je devine qui vous êtes : des victimes de cette petite malheureuse. Suivez-moi ; je vais réparer tout le mal, et vous remettre dans la bonne voie. *(Au fou, qui ne l'écoute point.)* Venez-vous, monsieur ?

Le fou. — Non ! merci, merci. J'ai terminé mon histoire, et le colibri est mort ; vous me ramèneriez à l'hôpital ; je préfère me noyer. J'aime les romans qui finissent mal. *(Il se jette dans le puits.)*

Polonius, gravement. — Voilà le sort des fous et des imprévoyants, du Chaperon-Rouge et des siens. Avis au public !

(Ils sortent.)

FIN DU ROMAN DU CHAPERON-ROUGE

LE RAT ET LA RÂTESSE

Conté en 1878 par Constant Joulaud, de Gosné. Paul Sébillot, *Contes populaires de la Haute-Bretagne*, Paris, G. Charpentier, 1880-1882.

Le Rat et la Râtesse se marièrent, et le lendemain de leurs noces, le Rat dit à sa femme :

— Iras-tu dehors ou resteras-tu à la maison ?

— Je resterai à la maison pour faire la cuisine pendant que tu travailleras dehors.

— Bien, dit-il ; quand il sera midi, tu m'appelleras.

En faisant de la bouillie de blé noir, la Râtesse tomba dans la casserole, et se brûla si fort qu'elle en mourut.

Le Rat entendit sonner midi, puis une heure, puis deux ; enfin, à trois heures, il rentra à la maison, fort inquiet, et quand il vit que la Râtesse était morte, il se mit à pleurer.

Une bonne femme qui le rencontra lui demanda le sujet de son chagrin.

— C'est, répondit-il, que la Râtesse est morte.

— Je vais, dit la femme, me mettre à chanter.

Et elle entonna à haute voix une chanson.

En apprenant cette nouvelle, la table se mit à danser, la place à se balayer, la porte à sortir de ses gonds et à y rentrer[1] ; la charrette courut les chemins, et elle rencontra un bonhomme qui chauffait son four et qui lui demanda pourquoi elle était si joyeuse.

— C'est, dit-elle, que la Râtesse est morte ; la bonne femme s'est mise à chanter, la table à danser, la place à se balayer, la porte à sortir et à rentrer dans ses gonds, et moi à courir les chemins.

— Puisque c'est ainsi, dit le bonhomme, je vais jeter la pelle dans le four.

— Et moi, ajouta sa bonne femme, je jetterai la pâte aux chiens.

— Qu'avez-vous ? demanda une petite fille qui passait par là.

---

1. Mon conteur disait : « à *se gonter* et à *se dégonter*. »

— Tu ne sais pas la nouvelle ? La Râtesse est morte ; la vieille femme chante, la table danse, la place se balaie, la porte sort de ses gonds et y rentre, la charrette court les chemins, le bonhomme a jeté la pelle dans le four, et moi ma pâte aux chiens.

— Ah ! dit la petite fille, vous devriez me donner un petit tourterin tourterette pour ma grand-mère Jeannette qui n'en a point mangé depuis sept ans.

Elle prit son tourterin tourterette, et rencontra un lièvre qui lui en demanda à manger ; elle refusa en disant qu'elle allait le porter à sa grand-mère Jeannette qui n'en avait pas mangé depuis sept ans.

Plus loin elle vit venir un loup qui lui demanda aussi la permission d'y goûter ; la petite fille ne voulut pas, et dit au loup qu'elle gardait son tourterin tourterette pour sa grand-mère Jeannette qui n'en avait pas mangé depuis sept ans.

— Où demeure-t-elle ? dit-il.

— Au village, là-bas, répondit l'enfant.

— Iras-tu par les sentiers ou par le grand chemin ?

— Par les sentiers, car les routes sont trop crottées.

Le loup arriva en toute hâte à la maison et croqua la bonne femme dont il prit les hardes, et se coucha dans le lit.

Quand la petite fille fut entrée dans la maison, elle dit :

— Ma grand-mère Jeannette, je suis venue vous apporter un petit tourterin tourterette.

— C'est bien, répondit le loup.

— Ma grand-mère, on m'a dit de vous faire de la soupe.

— C'est bien.

— Ma grand-mère, mes parents m'ont recommandé de voir si vous aviez des poux dans la tête. Ah ! s'écria-t-elle, comme vous avez les cheveux rudes !

— C'est l'âge, mon enfant.

— Comme vous avez de grandes dents !

— C'est pour te manger, dit le loup, qui, en disant ces mots, se mit à la croquer.

LE LOUP ET L'ENFANT

Conté par Louis Lacoste, du Pergain-Taillac, Gers. Jean-François Bladé, *Contes populaires de la Gascogne*, Paris, Maisonneuve frères et Ch. Leclerc, 1886, 3 vol.

Il y avait, une fois, un homme et une femme, qui n'avaient qu'un enfant de cinq ans. Un jour, cet enfant dit à sa mère :

— Mère, laissez-moi aller tout seulet chez ma tante.

— Non, mon ami. Tu es encore trop petit, pour y aller tout seulet. Il faut traverser un grand bois, et le Loup te mangerait.

Alors, l'enfant se mit à pleurer.

— Mère, je vous dis que je veux y aller. Je connais tous les chemins du grand bois, et le Loup ne me mangera pas.

— Eh bien ! mon ami, puisque tu le veux, pars, et que le Bon Dieu te garde de tout mal.

L'enfant partit donc tout seulet. Arrivé au milieu du grand bois, il trouva le Loup, qui s'était vêtu en curé, et qui faisait semblant de lire son bréviaire.

— Bonjour, monsieur le Curé.

— Bonjour, mon ami. Où vas-tu ainsi ?

— Monsieur le Curé, je vais voir ma tante.

— Et où demeure ta tante, mon ami ?

— Monsieur le Curé, elle demeure là-bas, là-bas, dans une petite métairie, qu'on trouve après avoir passé le grand bois.

— Oh ! la brave femme. Je la connais bien. C'est une de mes paroissiennes. Deux fois par an, elle m'apporte en présent une paire de chapons gras. Souhaite-lui bien le bonjour de ma part.

— Je n'y manquerai pas, monsieur le Curé.

L'enfant suivit son chemin, et le Loup se remit à faire semblant de lire son bréviaire.

— Bon ! pensa-t-il. Je vais manger la tante et le neveu.

Aussitôt, il jeta ses habits de curé, et partit au grand galop pour la petite métairie.

— Pan ! pan !

— Qui frappe ?

— C'est votre neveu, ma tante.

— Tire la cordelette, et le loquet se lèvera.

Le Loup tira donc la cordelette, sauta sur la pauvre vieille, et la dévora, sans en rien réserver qu'un verre de sang. Cela fait, il prit la coiffe de la morte, et se mit au lit. A peine était-il couché, que l'enfant frappait à la porte.

— Pan ! pan !

— Qui frappe ?

— C'est votre neveu, ma tante.

— Tire la cordelette, et le loquet se lèvera.

L'enfant entra dans la chambre.

— Bonjour, ma tante.

— Bonjour, mon ami. Tu dois être las. Bois ce verre de vin qui est sur la table. C'est du vin nouveau. Je l'ai tiré tout à l'heure. Maintenant, viens te mettre au lit avec moi.

L'enfant se déshabilla donc, et se mit au lit.

— Ah ! mon Dieu ! Que vos jambes sont velues, ma tante !

— La vieillesse, mon ami.

— Ah ! mon Dieu ! Que vos yeux brillent, ma tante !

— C'est pour mieux te voir, mon ami.

— Ah ! mon Dieu ! Que vous avez de grandes dents, ma tante !

— C'est pour mieux te briser, mon ami.

Alors, le Loup étrangla l'enfant, et le mangea.

Dessin de Louis Marvy, 1843.

CONTE DE LA MÈRE-GRAND

Conté par Marie Rougelot, à Martin, canton de La Charité, Nièvre. Achille Millien, *Mélusine. Recueil de mythologie, littérature populaire, traditions et usages*, publié par MM. H. Gaidoz et E. Rolland, Paris, 1886-1887.

Il était une fois une femme qui n'avait qu'un enfant, une petite fille bien sage et bien résolue. Chaque semaine, le jour où elle cuisait son pain, elle faisait une époigne et disait à l'enfant :

— Ma petite fille, tu vas porter l'époigne à ta grand-mère.

— Oui, maman, répondait la petite, et elle s'en allait chez la grand-mère qui demeurait dans un village voisin.

Un jour qu'elle cheminait avec l'époigne dans son panier, elle rencontra, à la bifurcation de deux sentiers, un loup qui lui dit :

— Où vas-tu, petite ?

Elle fut d'abord saisie à la vue du loup, mais elle se rassura, car elle entendait les bûcherons qui travaillaient dans le bois et elle répondit gentiment :

— Je vas porter l'époigne à ma grand-mère qui demeure dans la première maison du village, là-bas.

— Par quel chemin veux-tu passer, celui des Aiguilles ou celui des Epingles ?

— Par le chemin des Epingles, que j'ai l'habitude de suivre.

— Eh bien ! bon voyage, petite !

Et tandis que l'enfant prenait le chemin des Epingles, le loup partit à fond de train par celui des Aiguilles, arriva chez la grand-mère, la surprit et la tua. Puis il versa le sang de la pauvre femme dans les bouteilles du dressoir et mit sa chair dans un grand pot devant le feu. Après quoi, il se coucha dans le lit. Il venait de tirer les courtines et de s'envelopper dans la couverture, quand il entendit frapper à la porte : c'était la petite fille qui arrivait. Elle entra :

— Bonjour, grand-mère.

— Bonjour, mon enfant.

— Etes-vous donc malade, que vous restez au lit ?

— Je suis un peu fatiguée, mon enfant.

— J'apporte votre époigne ; où faut-il la mettre ?

— Mets-la dans l'arche, mon enfant. Chauffe-toi, prends de la viande dans le pot, du vin dans une bouteille du dressoir, mange et bois, et tu viendras te coucher dans mon lit.

La petite fille mangea et but de bon appétit.

Le chat de la maison, passant la tête par la chatière, disait :

— Tu manges la chair, tu bois le sang de ta grand, mon enfant !

— Entendez-vous, grand-mère, ce que dit le chat ?

— Prends un bâton et chasse-le !

Mais à peine avait-il disparu que le jau[1] vint dire à son tour :

— Tu manges la chair, tu bois le sang de ta grand, mon enfant !

— Grand-mère, entendez-vous le jau ?

— Prends un bâton et chasse-le... Et maintenant que tu as bu et mangé, viens te coucher.

L'enfant commença à se déshabiller. Elle quitta son devantier[2].

— Où mettre mon devantier, grand-mère ?

— Jette-le au feu ; demain nous en achèterons un neuf.

— Où mettre mon mouchoir ?

— Jette-le au feu ; demain nous en achèterons un autre.

— Où mettre ma robe ?

— Jette-la au feu... et viens vite te coucher.

La petite fille s'approcha du lit et s'y glissa.

— Ah ! grand-mère, comme vous êtes couverte de poils !

— C'est pour avoir plus chaud, mon enfant !

— Ces grandes pattes que vous avez !

— C'est pour mieux marcher, mon enfant.

— Ces grandes oreilles !

— C'est pour mieux entendre.

— Ces grands yeux !

1. Le coq.
2. Tablier.

— C'est pour mieux voir.
— Cette grande bouche !
— C'est pour mieux t'avaler !

Et, en même temps, le loup se jeta sur la pauvre petite fille et la dévora.

Pierre Henri Cami

LE PETIT CHAPERON VERT

Pièce de théâtre en deux actes dans *L'Homme à la tête d'épingle*, 1913, Paris, Société Nouvelle des Editions Pauvert, 1972.

PREMIER ACTE

Coïncidences tragiques

La scène représente l'intérieur d'une maison.

Le père du Petit Chaperon vert. — Nous habitons la maison où logeait autrefois le célèbre Petit Chaperon rouge, qui fut mangé par le loup.

La mère du Petit Chaperon vert. — Etrange coïncidence : notre ravissante petite fille porte avec tant de grâce un petit chapeau vert qu'on l'appelle partout le Petit Chaperon vert.

Le père du Petit Chaperon vert. — Coïncidence plus extraordinaire encore : la mère-grand de notre petite fille demeure au village voisin, comme jadis celle du Petit Chaperon rouge, et pour aller chez elle, il faut traverser la forêt prochaine.

La mère du Petit Chaperon vert. — Ne dit-on pas aussi que le fameux loup qui dévora le Petit Chaperon rouge et sa grand-mère rôde toujours dans la forêt ?

Le père du Petit Chaperon vert. — Oui, toutes ces coïncidences sont particulièrement troublantes.

La mère du Petit Chaperon vert. — D'autant plus troublantes qu'aujourd'hui même j'ai fait cuire des galettes et...

Le père du petit chaperon vert, pâlissant. — Des galettes ! C'est affreux ! Ah ! Je devine la suite ! Tu vas envoyer notre fille le Petit Chaperon vert porter à sa mère-grand une galette ?

La mère du Petit Chaperon vert. — Oui, une galette et un petit pot de beurre.

Le père du Petit Chaperon vert. — Un petit pot de beurre ! C'est horrible ! Ce sont là d'extraordinaires et tragiques coïncidences ! Mais, chut ! voici le Petit Chaperon vert qui revient de l'école.

La mère du Petit Chaperon vert, au Petit Chaperon vert. — Va voir comment se porte ta mère-grand. Porte-lui cette galette et ce petit pot de beurre.

Le père du Petit Chaperon vert, joyeusement. — Tiens, comme le Petit Chaperon rouge !

La mère du Petit Chaperon vert, avec anxiété. — Comme le Petit Chaperon rouge ! Oh ! mon cœur est rempli de sombres pressentiments. Dois-je la laisser partir ?

Le Petit Chaperon vert. — Ne craignez rien, chers parents. Le Petit Chaperon vert est plus rusé que le Petit Chaperon rouge. Si par hasard je trouve le loup dans le lit de mère-grand, il ne pourra pas me dévorer. J'ai une idée. (*Elle part.*)

DEUXIÈME ACTE

La ruse du Petit Chaperon vert

La scène représente l'intérieur de la maison de la mère-grand.

Le loup qui mangea jadis le Petit Chaperon rouge, couché dans le lit. — Dès que j'ai aperçu le Petit Chaperon vert se diriger vers la maison de sa mère-grand, j'ai opéré de la même manière qu'autrefois pour le Petit Chaperon rouge. Je suis arrivé le premier chez la mère-grand. J'ai dévoré rapidement cette vieille dame, j'ai pris sa place dans le lit et j'attends le Petit Chaperon vert, il ne va pas tarder à heurter à la porte.

Le Petit Chaperon vert, frappant à la porte. — C'est votre fille, le Petit Chaperon vert qui vous apporte une galette et un petit pot de beurre.

Le loup qui mangea jadis le Petit Chaperon rouge, adoucissant sa voix. — Tirez la chevillette et la bobinette cherra. (*Le Petit Chaperon vert entre.*) Mets la galette et le petit pot de beurre sur la huche, et viens te coucher auprès de moi.

Le Petit Chaperon vert, à part. — Ciel ! C'est le loup ! Je reconnais la même phrase qu'il prononça jadis pour attirer le Petit Chaperon rouge dans le lit. Le misérable est en train de digérer mère-grand, mais grâce à mon idée, il lui sera impossible de me dévorer.

Le loup qui mangea jadis le Petit Chaperon rouge. — Eh bien, viens-tu te coucher, mon enfant ?

Le Petit Chaperon vert, se couchant près du loup. — Me voilà ! Oh ! mère-grand, que vous avez de grands bras ?

Le loup qui mangea jadis le Petit Chaperon rouge. — C'est pour mieux t'embrasser, mon enfant !

Le Petit Chaperon vert. — Mère-grand, que vous avez de grandes jambes !

Le loup qui mangea jadis le Petit Chaperon rouge. — C'est pour mieux courir, mon enfant !

Le Petit Chaperon vert. — Mère-grand, que vous avez de grandes oreilles !

Le loup qui mangea jadis le Petit Chaperon rouge. — C'est pour mieux t'écouter, mon enfant !

Le Petit Chaperon vert. Mère-grand, que vous avez de grands yeux !

Le loup qui mangea jadis le Petit Chaperon rouge. — C'est pour mieux te voir, mon enfant ! (*A part.*) Apprêtons-nous !

Le Petit Chaperon vert. — Mère-grand, que vous avez de grands bras !

Le loup qui mangea jadis le Petit Chaperon rouge, interloqué. — Mais tu l'as déjà dit, mon enfant !

Le Petit Chaperon vert, continuant. — Mère-grand, que vous avez de grandes jambes !

Le loup qui mangea jadis le Petit Chaperon rouge. — Mais tu répètes toujours la même chose ! Voyons, il y a autre chose à demander, par exemple (*Insinuant.*) : mère-grand, que vous avez de grandes...

Le Petit Chaperon vert... — de grandes oreilles !

Le loup qui mangea jadis le Petit Chaperon rouge. — Mais non, de grandes...
de grandes... (*Très insinuant.*) ça commence par un d.

Le Petit Chaperon vert. — ... de grandes jambes !

Le loup qui mangea jadis le Petit Chaperon rouge, sautant du lit. — Enfer et damnation !!! Ce Petit Chaperon vert se joue de moi ! Cette rusée petite fille s'obstine à ne pas dire : « Mère-grand, que vous avez de grandes dents ! » Alors, naturellement, je ne peux pas sauter sur elle et lui répondre : « C'est pour te manger ! » (*Avec un soupir de regret.*) Ah ! où sont les enfants naïfs et faciles à dévorer d'autrefois ? (*Il sort, furieux.*)

RIDEAU

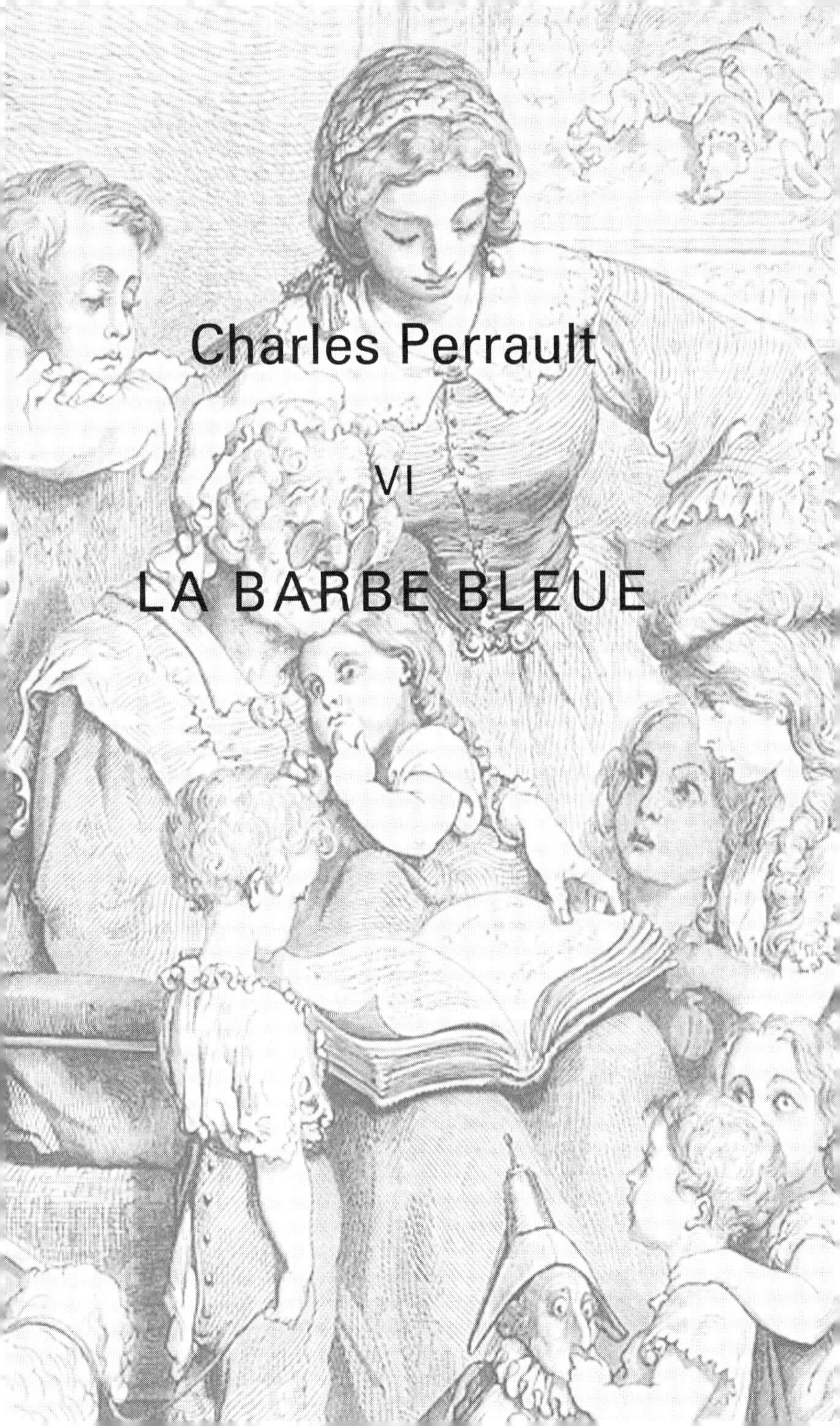

Charles Perrault

VI

LA BARBE BLEUE

« Conte », version manuscrite dans le recueil des cinq *Contes* adressé à Mademoiselle, nièce de Louis XIV, en 1695. Publié chez Claude Barbin dans le recueil intitulé *Histoires ou contes du temps passé, avec des moralités* en janvier 1697.

Il était une fois un homme qui avait de belles maisons à la ville et à la campagne, de la vaisselle d'or et d'argent, des meubles en broderie, et des carrosses tout dorés ; mais par malheur cet homme avait la barbe bleue : cela le rendait si laid et si terrible qu'il n'était ni femme ni fille qui ne s'enfuît de devant lui.

Une de ses voisines, dame de qualité, avait deux filles parfaitement belles. Il lui en demanda une en mariage, et lui laissa le choix de celle qu'elle voudrait lui donner. Elles n'en voulaient point toutes deux, et se le renvoyaient l'une à l'autre, ne pouvant se résoudre à prendre un homme qui eût la barbe bleue. Ce qui les dégoûtait encore, c'est qu'il avait déjà épousé plusieurs femmes, et qu'on ne savait ce que ces femmes étaient devenues.

La Barbe Bleue, pour faire connaissance, les mena avec leur mère, et trois ou quatre de leurs meilleures amies, et quelques jeunes gens du voisinage, à une de ses maisons de campagne, où on demeura huit jours entiers. Ce n'était que promenades, que parties de chasse et de pêche, que danses et festins, que collations : on ne dormait point, et on passait toute la nuit à se faire des malices les uns aux autres ; enfin tout alla si bien, que la cadette commença à trouver que le maître du logis n'avait plus la barbe si bleue, et que c'était un fort honnête homme. Dès qu'on fut de retour à la ville, le mariage se conclut.

Au bout d'un mois la Barbe Bleue dit à sa femme qu'il était obligé de faire un voyage en province, de six semaines au moins, pour une affaire de conséquence ; qu'il la priait de se bien divertir pendant son absence, qu'elle fît venir ses bonnes amies, qu'elle les menât à la campagne si elle voulait, que partout elle fît bonne chère.

— Voilà, lui dit-il, les clefs des deux grands garde-meubles, voilà celles de la vaisselle d'or et d'argent qui ne sert pas tous les jours, voilà celles de mes coffres-forts, où est mon or et mon argent, celles des cassettes où sont mes pierreries, et voilà le passe-partout de tous les appartements. Pour cette petite clef-ci, c'est la clef du cabinet au bout de la grande galerie de l'appartement bas : ouvrez tout, allez partout, mais pour ce petit cabinet, je vous défends d'y entrer, et je vous le défends de telle sorte que, s'il vous arrive de l'ouvrir, il n'y a rien que vous ne deviez attendre de ma colère.

Elle promit d'observer exactement tout ce qui lui venait d'être ordonné ; et lui, après l'avoir embrassée, il monte dans son carrosse, et part pour son voyage.

Les voisines et les bonnes amies n'attendirent pas qu'on les envoyât quérir pour aller chez la jeune mariée, tant elles avaient d'impatience de voir toutes les richesses de sa maison, n'ayant osé y venir pendant que le mari y était, à cause de sa barbe bleue qui leur faisait peur. Les voilà aussitôt à parcourir les chambres, les cabinets, les garde-robes, toutes plus belles et plus riches les unes que les autres. Elles montèrent ensuite aux garde-meubles, où elles ne pouvaient assez admirer le nombre et la beauté des tapisseries, des lits, des sofas, des cabinets, des guéridons, des tables et des miroirs, où l'on se voyait depuis les pieds jusqu'à la tête, et dont les bordures, les unes de glace, les autres d'argent et de vermeil doré, étaient les plus belles et les plus magnifiques qu'on eût jamais vues. Elles ne cessaient d'exagérer et d'envier le bonheur de leur amie, qui cependant ne se divertissait point à voir toutes ces richesses, à cause de l'impatience qu'elle avait d'aller ouvrir le cabinet de l'appartement bas.

Elle fut si pressée de sa curiosité, que sans considérer qu'il était malhonnête de quitter sa compagnie, elle y descendit par un petit escalier dérobé, et avec tant de précipitation qu'elle pensa se rompre le cou deux ou trois fois. Etant arrivée à la porte du cabinet, elle s'y arrêta quelque temps, songeant à la défense que son mari lui avait faite, et considérant qu'il pourrait lui arriver malheur d'avoir été désobéissante ; mais la tentation était si forte qu'elle ne put la surmonter : elle prit donc la petite clef, et ouvrit en tremblant la porte du cabinet.

D'abord elle ne vit rien, parce que les fenêtres étaient fermées ; après quelques moments elle commença à voir que le plancher était tout couvert de sang caillé, et que dans ce sang gisaient les corps de plusieurs femmes mortes et attachées le long des murs (c'était toutes les femmes que la Barbe Bleue avait épousées et qu'il avait égorgées l'une après l'autre). Elle pensa mourir de peur, et la clef du cabinet qu'elle venait de retirer de la serrure lui tomba de la main. Après avoir un peu repris ses esprits, elle ramassa la clef, referma la porte, et monta à sa chambre pour se remettre un peu ; mais elle n'en pouvait venir à bout, tant elle était émue. Ayant remarqué que la clef du cabinet était tachée de sang, elle l'essuya deux ou trois fois, mais le sang ne s'en allait point ; elle eut beau la laver, et même la frotter avec du sablon et avec du grès, il y demeura toujours du sang, car la clef était fée, et il n'y avait pas moyen de la nettoyer tout à fait : quand on ôtait le sang d'un côté, il revenait de l'autre.

La Barbe Bleue revint de son voyage dès le soir même, et dit qu'il avait reçu des lettres dans le chemin, qui lui avaient appris que l'affaire pour laquelle il était parti venait d'être terminée à son avantage. Sa femme fit tout ce qu'elle put pour lui témoigner qu'elle était ravie de son prompt retour.

Le lendemain il lui redemanda les clefs, et elle les lui donna, mais d'une main si tremblante qu'il devina sans peine tout ce qui s'était passé.

— D'où vient, lui dit-il, que la clef du cabinet n'est point avec les autres ?

— Il faut, dit-elle, que je l'aie laissée là-haut sur ma table.

— Ne manquez pas, dit la Barbe Bleue, de me la donner tantôt.

Après plusieurs remises, il fallut apporter la clef. La Barbe Bleue, l'ayant considérée, dit à sa femme :

— Pourquoi y a-t-il du sang sur cette clef ?

— Je n'en sais rien, répondit la pauvre femme, plus pâle que la mort.

— Vous n'en savez rien, reprit la Barbe Bleue, je le sais bien, moi ; vous avez voulu entrer dans le cabinet ! Hé bien, Madame, vous y entrerez, et irez prendre votre place auprès des dames que vous y avez vues.

Elle se jeta aux pieds de son mari, en pleurant et en lui demandant pardon, avec toutes les marques d'un vrai repentir de n'avoir pas été obéissante. Elle aurait attendri un rocher, belle et affligée comme elle était ; mais la Barbe Bleue avait le cœur plus dur qu'un rocher.

— Il faut mourir, Madame, lui dit-il, et tout à l'heure.

— Puisqu'il faut mourir, répondit-elle, en le regardant les yeux baignés de larmes, donnez-moi un peu de temps pour prier Dieu.

— Je vous donne un demi-quart d'heure, reprit la Barbe Bleue, mais pas un moment davantage.

Lorsqu'elle fut seule, elle appela sa sœur, et lui dit :

— Ma sœur Anne (car elle s'appelait ainsi), monte, je te prie, sur le haut de la tour, pour voir si mes frères ne viennent point ; ils m'ont promis qu'ils me viendraient voir aujourd'hui, et si tu les vois, fais-leur signe de se hâter.

La sœur Anne monta sur le haut de la tour, et la pauvre affligée lui criait de temps en temps :

— *Anne, ma sœur Anne, ne vois-tu rien venir ?*

Et la sœur Anne lui répondait :

— *Je ne vois rien que le soleil qui poudroie, et l'herbe qui verdoie.*

Cependant la Barbe Bleue, tenant un grand coutelas à sa main, criait de toute sa force à sa femme :

— Descends vite, ou je monterai là-haut.

— Encore un moment s'il vous plaît, lui répondait sa femme ; et aussitôt elle criait tout bas :

— *Anne, ma sœur Anne, ne vois-tu rien venir ?*

Et la sœur Anne répondait :

— *Je ne vois rien que le soleil qui poudroie, et l'herbe qui verdoie.*

— Descends donc vite, criait la Barbe Bleue, ou je monterai là-haut.

— Je m'en vais, répondait sa femme, et puis elle criait : *Anne, ma sœur Anne, ne vois-tu rien venir ?*

— Je vois, répondit la sœur Anne, une grosse poussière qui vient de ce côté-ci.

— Sont-ce mes frères ?

— Hélas ! non, ma sœur, c'est un troupeau de moutons.

— Ne veux-tu pas descendre ? criait la Barbe Bleue.

— Encore un moment, répondait sa femme ; et puis elle criait : *Anne, ma sœur Anne, ne vois-tu rien venir ?*

— Je vois, répondit-elle, deux cavaliers qui viennent de ce côté-ci, mais ils sont bien loin encore... Dieu soit loué, s'écria-t-elle un moment après, ce sont mes frères ; je leur fais signe tant que je puis de se hâter.

La Barbe Bleue se mit à crier si fort que toute la maison en trembla. La pauvre femme descendit, et alla se jeter à ses pieds toute épleurée et toute échevelée.

— Cela ne sert de rien, dit Barbe Bleue, il faut mourir.

Puis la prenant d'une main par les cheveux, et de l'autre levant le coutelas en l'air, il allait lui abattre la tête. La pauvre femme se tournant vers lui, et le regardant avec des yeux mourants, le pria de lui donner un petit moment pour se recueillir.

— Non, non, dit-il, recommande-toi bien à Dieu ; et levant son bras...

Dans ce moment on heurta si fort à la porte que la Barbe Bleue s'arrêta tout court : on ouvrit, et aussitôt on vit entrer deux cavaliers qui, mettant l'épée à la main, coururent droit à la Barbe Bleue. Il reconnut que c'était les frères de sa femme, l'un dragon et l'autre mousquetaire, de sorte qu'il s'enfuit aussitôt pour se sauver ; mais les deux frères le poursuivirent de si près qu'ils l'attrapèrent avant qu'il pût gagner le perron. Ils lui passèrent leur épée au travers du corps, et le laissèrent mort. La pauvre femme était presque aussi morte que son mari, et n'avait pas la force de se lever pour embrasser ses frères.

Il se trouva que la Barbe Bleue n'avait point d'héritiers,

et qu'ainsi sa femme demeura maîtresse de tous ses biens. Elle en employa une partie à marier sa sœur Anne avec un jeune gentilhomme, dont elle était aimée depuis longtemps ; une autre partie à acheter des charges de capitaine à ses deux frères ; et le reste à se marier elle-même à un fort honnête homme, qui lui fit oublier le mauvais temps qu'elle avait passé avec la Barbe Bleue.

Moralité

La curiosité malgré tous ses attraits,
Coûte souvent bien des regrets ;
On en voit tous les jours mille exemples paraître.
C'est, n'en déplaise au sexe, un plaisir bien léger ;
Dès qu'on le prend il cesse d'être,
Et toujours il coûte trop cher.

Autre moralité

Pour peu qu'on ait l'esprit sensé,
Et que du monde on sache le grimoire,
On voit bientôt que cette histoire
Est un conte du temps passé ;
Il n'est plus d'époux si terrible,
Ni qui demande l'impossible,
Fût-il malcontent et jaloux.
Près de sa femme on le voit filer doux ;
Et de quelque couleur que sa barbe puisse être,
On a peine à juger qui des deux est le maître.

« S'il vous arrive de l'ouvrir, il n'y a rien
que vous ne deviez attendre de ma colère. »

« Les voisines et les amies... tant elles avaient d'impatience de voir toutes les richesses de sa maison. »

« Dieu soit loué ! s'écria-t-elle un moment après,
ce sont mes frères. »

« Ils lui passèrent leur

avers du corps. »

Grimm

L'OISEL EMPLUMÉ

Fitschers Vogel, Contes des Enfants et du Foyer, n° 46, 1819. Traduction Frédéric Baudry et Charles Deulin, Charles Deulin, *Les Contes de ma Mère l'Oye avant Perrault,* Paris, E. Dentu, éditeur-libraire de la Société des Gens de Lettres, 1879.

Il y avait une fois un maître sorcier qui, sous la figure d'un pauvre diable, allait mendier le long des maisons et s'emparait des belles filles. Personne ne savait où il les emportait, car on ne les revoyait jamais.

Un jour, il passa devant la porte d'un homme qui avait trois jolies filles ; il avait pris la forme d'un vieux mendiant avec un bissac sur son dos, comme pour y mettre ce qu'on lui donnerait.

Il demanda un peu à manger ; l'aînée sortit et lui apporta un morceau de pain ; il ne fit que la toucher et soudain elle sauta dans le bissac.

Aussitôt il s'éloigna à grands pas, et l'emporta à travers un bois épais jusqu'à sa maison, qui était magnifique. Là, il lui donna tout ce qu'elle souhaitait et lui dit :

— Tu seras bien chez moi, car tu auras tout ce que ton cœur désire.

Cela dura deux jours, au bout desquels il lui dit :

— Il faut que je m'absente et que je te laisse seule pour un peu de temps. Voici les clefs de la maison. Tu peux aller partout et tout voir, excepté une chambre qu'ouvre cette petite clef. Celle-là, je te l'interdis sous peine de mort.

Il lui donna aussi un œuf en disant :

— Garde-le avec soin et porte-le toujours sur toi, car, s'il était perdu, il t'arriverait un grand malheur.

La jeune fille prit les clefs et l'œuf et promit au sorcier de lui obéir exactement ; mais quand il fut parti, elle ne put résister à sa curiosité et, après avoir fureté du haut en bas par toute la maison, elle alla à la porte défendue et l'ouvrit.

En entrant, quelle ne fut pas sa terreur ! Au milieu de la chambre, on voyait un large bassin plein de sang, où nageaient des morceaux de cadavres humains. Elle eut si grand'peur que l'œuf qu'elle tenait tomba dans le bassin.

Elle le ramassa bien vite et voulut enlever le sang, ce fut

en vain : il reparaissait toujours. Elle avait beau essuyer et gratter, elle ne put nettoyer l'œuf.

Bientôt l'homme revint de son voyage, et son premier soin fut de redemander l'œuf et les clefs. Elle les lui remit en tremblant. Il les considéra et vit qu'elle était entrée dans la chambre sanglante. Alors il dit :

— Puisque malgré moi tu es entrée dans la chambre, malgré toi tu y rentreras : ta vie va finir.

Il la saisit par les cheveux et la mit en pièces. Son rouge sang coula par terre, et le sorcier jeta ses membres pardessus les autres qui nageaient dans le bassin.

« Maintenant, je vais chercher la seconde fille », se dit le maître sorcier, et, sous la figure d'un vieux mendiant, il retourna à la maison.

La seconde fille lui apporta un morceau de pain ; il se saisit d'elle, comme de la première, rien qu'en la touchant, et l'emporta chez lui. Il arriva à celle-ci comme à sa sœur : elle se laissa entraîner par la curiosité, elle ouvrit la chambre sanglante et, au retour du sorcier, elle paya sa curiosité de sa vie.

Il retourna chercher la troisième fille, mais celle-là était fine et adroite. Quand il lui eut donné les clefs et l'œuf et qu'il fut parti, elle serra d'abord soigneusement l'œuf, et alla ensuite dans la chambre défendue.

Ah ! que vit-elle ! Ses deux propres sœurs misérablement tuées et dépecées dans le bassin. Mais elle les retira, rapprocha les membres, et les dressa, tête, corps, bras et jambes.

Quand rien n'y manqua plus, les membres commencèrent à se ranimer et à se rejoindre ; les deux filles ouvrirent les yeux et ressuscitèrent. Ce fut une joie et des embrassements sans pareils.

L'homme à son retour redemanda les clefs et l'œuf, et, comme il n'y put découvrir aucune trace de sang, il dit :

— Tu as subi l'épreuve, tu seras ma femme, et tu auras de moi tout ce que tu voudras.

— Bien, répondit-elle, tu porteras d'abord une hotte pleine d'or à mon père et à ma mère, et tu la porteras toi-même sur ton dos. Pendant ce temps, je ferai les préparatifs de la noce.

Elle courut alors à ses sœurs, qu'elle avait cachées dans une petite chambre, et leur dit :

— Voici le moment où je puis vous sauver. C'est le sorcier lui-même qui va vous emporter ; dès que vous serez chez nous, envoyez-moi du secours.

Elle les mit toutes les deux dans une hotte, et les couvrit d'or, si bien qu'on ne pouvait les voir ; puis elle appela le maître sorcier et lui dit :

— Prends sur ton dos cette hotte et, pour qu'en chemin tu ne t'arrêtes pas ni te reposes, je veille et je regarde par ma petite fenêtre.

Le maître sorcier prit la hotte sur son dos et s'en fut ; elle était si lourde que la sueur lui coulait sur les joues. Il voulut se reposer un peu, mais une voix dans la hotte cria aussitôt :

— De ma petite fenêtre je vois que tu t'arrêtes : veux-tu bien marcher tout de suite !

Il crut que c'était sa future qui parlait et se remit en marche. Un peu plus loin, il voulut encore s'asseoir, mais on cria de plus belle :

— De ma petite fenêtre je vois que tu t'arrêtes : veux-tu bien marcher tout de suite !

Et chaque fois qu'il s'arrêtait, la voix reprenait et il se remettait en route, jusqu'à ce qu'enfin, geignant et hors d'haleine, il déposa la hotte avec l'or et les deux filles dans la maison de leurs parents.

Cependant la future apprêtait tout pour la noce et envoyait inviter les amis du maître sorcier. Elle prit ensuite une tête de mort avec des dents grimaçantes, y ajusta une parure et une couronne de fleurs, la porta en haut et la posa à la lucarne comme si la tête regardait dehors.

Quand tout fut prêt, elle se plongea dans un tonneau de miel, puis fendit un lit de plumes et s'y roula, si bien qu'elle avait l'air d'un oiseau merveilleux et que personne ne pouvait la reconnaître. Elle se mit alors devant la maison et vit venir une partie des invités. Ils lui demandèrent :

— Oisel emplumé, d'où viens-tu ?
— Je viens du château de la plume.

— Et que fait la jeune future ?
— Elle est au haut de la maison
A vous guetter par la lucarne.

Enfin parut le futur, qui revenait lentement. Il demanda comme les autres :

— Oisel emplumé, d'où viens-tu ?
— Je viens du château de la plume.
— Et que fait la jeune future ?
— Elle est au haut de la maison
A vous guetter par la lucarne.

Il regarda en haut et, voyant la tête de mort si bien parée, il crut que c'était sa femme et lui fit des signes d'amitié.

Mais quand il fut entré dans la maison avec ses hôtes, arrivèrent à leur tour les frères et les parents que la fiancée avait appelés à son secours. Ils fermèrent toutes les portes pour que personne ne pût s'enfuir, et mirent le feu à la maison. Ainsi le maître sorcier et sa séquelle furent brûlés.

Barbe Bleue, dessin de Geoffroy, 1843.

COMORRE

Emile Souvestre, *Le Foyer breton*, Paris, Nelson, 1845.

Bien longtemps avant la révolution, on dit que Vannes était une ville encore plus belle et plus grande, et qu'à la place de M. le préfet, il y avait un roi qui était maître de tout ! Ceux qui m'ont raconté les choses que je vais vous redire ne m'ont pas appris son nom ; mais il paraît que c'était un homme craignant Dieu et dont on n'avait jamais mal parlé dans le pays.

Il était veuf depuis longtemps et vivait heureux avec sa fille, qui passait pour la plus belle créature du monde entier. On l'appelait Triphyna. Ceux qui l'ont connue ont assuré qu'elle était arrivée jusqu'à l'âge où l'on met les gens dans leurs biens[1] sans avoir commis un seul péché mortel ! Aussi le roi son père eût-il mieux aimé perdre ses chevaux, ses châteaux et toutes ses fermes, que de voir Triphyna mécontente de vivre.

Cependant, il arriva qu'un jour des ambassadeurs de Cornouaille se firent annoncer. Ils venaient de la part de Comorre, prince puissant de ce temps-là, qui régnait sur le pays du blé noir comme le père de Triphyna régnait sur le pays du blé blanc[2]. Après avoir offert en présent à ce dernier du miel, du fil et une douzaine de petits pourceaux, ils lui déclarèrent que leur maître était venu à la dernière foire de Vannes, déguisé en soldat, qu'il avait vu la jeune princesse, et qu'il en était tombé si terriblement amoureux, qu'il la voulait en mariage, quoi qu'il pût lui en coûter !

Cette demande jeta le roi et Triphyna dans un grand chagrin ; car le comte Comorre était un géant qui passait pour le plus méchant homme que Dieu eût créé depuis Caïn.

---

1. Majorité. Les Bretons désignent une personne majeure par cette expression : *den a dra* ou *lekësal en e dra*, c'est-à-dire *l'homme de sa chose* ou *mis en possession de sa chose*.

2. Le nom breton de Vannes, *Gwen-ed*, signifie mot à mot *blé blanc*.

Tout jeune, il s'était habitué à trouver son plaisir dans le mal, et, telle était sa malice que, lorsqu'il sortait du château, sa mère elle-même courait tirer la corde du beffroi pour avertir les gens du pays de se garder. Plus tard, quand il fut devenu le seul maître, sa cruauté n'avait fait que grandir. On racontait qu'un matin, en partant, il avait essayé son fusil sur un enfant qui allait conduire un poulain à la friche et qu'il l'avait tué ! D'autres fois, lorsqu'il revenait de la chasse sans avoir rien pris, il découplait ses chiens contre les pauvres gens attardés dans la campagne, et les faisait déchirer comme si c'eût été des bêtes fauves. Mais le plus horrible, c'est qu'il avait eu successivement quatre femmes qui étaient mortes tout d'un coup et sans avoir reçu les derniers sacrements ; si bien qu'on le soupçonnait de les avoir tuées avec le couteau, le feu, l'eau ou le poison !

Le roi de Vannes répondit donc aux ambassadeurs que sa fille était trop jeune et de trop faible santé pour changer de condition ; mais les Kernewodds répliquèrent brusquement, comme c'est leur coutume, que le comte Comorre ne croirait point à ces excuses, et qu'ils avaient ordre, s'ils ne ramenaient point la jeune princesse, de déclarer la guerre au roi de Vannes. Celui-ci répondit qu'ils étaient les maîtres. Alors, le plus vieux des envoyés alluma une poignée de paille qu'il jeta au vent, en disant que la colère de Comorre passerait ainsi sur le pays du blé blanc ; après quoi il partit avec les autres.

Le père de Triphyna, qui était un homme de courage, ne s'épouvanta pas pour une pareille menace, et il réunit tous les soldats qu'il put trouver, afin de défendre sa terre. Mais peu de jours après, il sut que le comte de Cornouaille conduisait contre Vannes une puissante armée. Il l'aperçut bientôt en effet qui s'avançait avec des trompettes et des canons. Il se mit alors à la tête de ses gens, et la bataille ne pouvait tarder quand saint Veltas alla trouver Triphyna qui priait dans son oratoire.

Le saint portait le manteau qui lui avait servi de navire pour traverser la mer, et le bourdon qu'il y avait attaché en guise de mât afin de *cueillir* le vent. Une auréole de feu voltigeait autour de son front. Il annonça à la jeune princesse que ceux de Vannes et de Cornouaille étaient au moment de s'entre-tuer, et lui demanda si elle ne voulait point empêcher la mort de tant de chrétiens en consentant à devenir la femme du comte Comorre.

— Hélas ! c'est donc la mort de ma joie et de mon repos que Dieu demande ? s'écria la jeune fille en pleurant. Pourquoi ne suis-je pas une mendiante ! Je me marierais du moins au mendiant que j'aurais choisi ! Ah ! si c'est la volonté du maître de la terre que j'épouse ce géant qui me fait peur, dites pour moi, saint homme, l'office des trépassés ; car le comte me tuera comme il a fait de ses autres femmes.

Mais saint Veltas lui dit :

— Ne craignez rien, Triphyna. Voici une bague d'argent aussi blanche que le lait, et qui vous servira d'avertissement ; car, si Comorre projetait quelque chose à votre détriment, elle deviendrait aussi noire que l'aile du corbeau. Ayez donc courage, et sauvez les Bretons de la mort.

La jeune princesse, rassurée par le présent de cet anneau, consentit à ce que demandait Veltas.

Le saint retourna sans retard vers les deux armées pour annoncer à leurs chefs cette bonne nouvelle. Le roi de Vannes ne se souciait guère de consentir au mariage, malgré la résolution de sa fille ; mais Comorre lui fit tant de promesses, qu'il l'accepta enfin pour gendre.

Les noces furent célébrées avec des réjouissances telles qu'on n'en a jamais vu depuis dans les deux évêchés. Le premier jour, on nourrit six mille invités, et, le lendemain, on reçut autant de pauvres, que les nouveaux mariés servirent à table, la serviette sur le bras, malgré leur haut rang ! Ensuite il y eut des danses pour lesquelles on avait appelé tous les sonneurs de la basse Bretagne, et des luttes où ceux de Brévelay mirent à terre les Kernewodds.

Enfin, quand les marmites furent vides et les barriques sur la lie, chacun s'en retourna dans ses terres, et Comorre emmena avec lui la jeune mariée, comme un épervier qui emporte un pauvre bruant !

Pendant les premiers mois cependant, son amour pour Triphyna le rendit plus doux qu'on ne devait l'attendre de sa nature. Les prisons du château restèrent vides et les fourches de justice sans pâture pour les oiseaux. Les gens du comte se disaient tout bas :

— Qu'a donc le seigneur, qu'il n'aime plus les larmes ni le sang !

Mais ceux qui le connaissaient mieux attendaient sans rien dire. Triphyna elle-même, malgré la bonté du comte pour elle, ne pouvait se rassurer ni prendre aucune joie. Tous les jours elle descendait à la chapelle du château, et là, elle priait sur les tombes des quatre femmes dont Comorre s'était fait veuf, en demandant à Dieu de la préserver de rude mort.

Il y eut vers ce temps-là une grande assemblée de princes bretons à Rennes, et Comorre fut obligé de s'y rendre. Il donna à Triphyna toutes les clefs du château, même celles de la cave ; il lui dit de se distraire à sa fantaisie, et partit avec une grande suite.

Il ne revint qu'au bout de cinq mois, et arriva grandement pressé de revoir Triphyna dont il avait eu souci pendant toute son absence. Aussi ne prit-il point le temps de la faire prévenir de son retour, et se présenta-t-il dans sa chambre au moment où elle taillait un petit bonnet de nouveau-né garni de dentelles d'argent.

En voyant le bonnet, Comorre pâlit et demanda quel devait être son usage. La comtesse, qui croyait lui mettre une grande joie au cœur, déclara qu'avant deux mois ils auraient un enfant ; mais à cette nouvelle le seigneur de Cornouaille recula, hors de lui, et après avoir regardé Triphyna d'un air terrible, il sortit brusquement sans rien dire.

La princesse eût pu croire que c'était un caprice, comme le comte en avait quelquefois, si elle ne se fût aperçue, en baissant les yeux, que sa bague d'argent était devenue noire ! Elle poussa un cri d'épouvante, car elle se rappelait les paroles de saint Veltas et elle comprit qu'un grand danger la menaçait.

Mais elle ne pouvait deviner pourquoi, ni trouver le moyen d'y échapper. La pauvre femme demeura tout le reste du jour et une partie de la nuit à chercher d'où venait la colère du comte ; enfin, comme son angoisse augmentait, elle descendit à la chapelle pour prier.

Mais voilà qu'après avoir fini son chapelet, et lorsqu'elle se levait pour partir, minuit sonna à l'horloge ! Au même instant, elle vit les quatre tombes des quatre femmes de Comorre s'ouvrir lentement, et celles-ci en sortir couvertes de leurs draps mortuaires !

Triphyna, à demi morte, voulut fuir, mais les fantômes s'écrièrent :

— Prends garde, pauvre perdue, Comorre t'attend pour te tuer !

— Moi ! dit la comtesse, et que lui ai-je fait pour qu'il veuille ma mort ?

— Tu l'as averti que dans deux mois tu serais nourrice, et il sait, grâce à l'esprit du mal, que son premier enfant le tuera. Voilà pourquoi il nous a ôté la vie, quand il a appris de nous ce qu'il vient d'apprendre de toi !

— Seigneur ! se peut-il que je sois tombée dans des mains si cruelles ? s'écria Triphyna en pleurant ; s'il en est ainsi, quel espoir me reste-t-il, et que puis-je faire ?

— Va retrouver ton père au pays du blé blanc, répondirent les fantômes.

— Comment fuir ? reprit la comtesse ; le chien géant de Comorre garde la cour.

— Donne-lui ce poison qui m'a tuée, dit la première morte.

— Et par quel moyen descendre au bas de la haute muraille ? demanda la jeune femme.

— Sers-toi de cette corde qui m'a étranglée, répondit la seconde morte.

— Mais qui me dirigera dans la nuit ? reprit la princesse.

— Cette flamme qui m'a brûlée, répliqua la troisième morte.

— Et comment faire un si long chemin ? dit encore Triphyna.

— Prends ce bâton qui a brisé mon front, acheva la dernière morte.

La femme de Comorre prit le bâton, la flamme, la corde, le poison ; elle fit taire le chien, elle descendit la haute muraille, elle vit clair dans la nuit, et elle prit la route de Vannes où demeurait son père.

Comorre, qui ne la trouva pas le lendemain en se réveillant, envoya son page dans toutes les chambres pour la chercher ; mais le page revint dire que Triphyna n'était plus au château.

Alors le comte monta à la tour du milieu, et regarda aux quatre vents.

Du côté de la demi-nuit[1], il vit un corbeau qui croassait ; du côté du lever du soleil, une hirondelle qui volait ; du côté du milieu du jour, un goéland qui planait ; et du côté du jour couchant, une tourterelle qui fuyait.

Il s'écria aussitôt que Triphyna était dans cette direction, et, ayant fait seller son cheval, il se mit à sa poursuite.

La pauvre femme était encore sur la lisière du bois qui entourait le château du comte ; mais elle fut avertie de l'approche de celui-ci en voyant la bague noircir. Alors elle se jeta dans les landes et arriva à la cabane d'un gardien de moutons où il n'y avait qu'une vieille pie suspendue dans sa cage.

La pauvre affligée demeura là tout le jour, se plaignant et priant ; enfin, la nuit venue, elle reprit sa route par les sentiers qui côtoyaient les lins et les blés.

Comorre, qui avait suivi le grand chemin, ne put la rencontrer ; et après avoir marché deux jours, il s'en revint sur ses pas jusqu'à la lande. Mais là, par malheur, il entra dans la cabane du berger, et entendit la pie qui essayait à imiter les plaintes qu'elle avait entendues, en répétant :

— Pauvre Triphyna ! pauvre Triphyna !

Comorre sut ainsi que la comtesse avait passé dans cet endroit ; il appela son chien fauve, lui dit de chercher les pistes et se mit à le suivre.

Pendant ce temps, Triphyna, poussée par la peur, avait toujours marché et était arrivée près de Vannes. Mais là, elle sentit qu'elle ne pouvait aller plus loin ; elle entra dans un

1. *Hanter-noss*, le nord. Mot à mot : *moitié nuit* ou *minuit*, c'est-à-dire *ce qui est opposé à midi*.

bois, se coucha sur l'herbe, et mit au monde un enfant merveilleusement beau, qui fut appelé plus tard saint Trever.

Comme elle le tenait dans ses bras, pleurant moitié de bonheur, moitié de tristesse, elle aperçut un faucon, qui portait un collier d'or. Il était perché sur un arbre voisin, et elle reconnut le faucon de son père, le roi du pays où vient le blé blanc. Elle appela bien vite, par son nom, l'oiseau qui descendit sur ses genoux, et elle lui présenta la bague d'avertissement donnée par saint Veltas, en lui disant :

— Faucon, vole vers mon père et porte-lui cet anneau ; quand il le verra, il comprendra que je cours quelque grand danger ; il ordonnera à ses soldats de monter à cheval et tu les conduiras ici pour me sauver.

L'oiseau comprit, saisit la bague et s'envola comme un éclair du côté de Vannes.

Mais, presque au même instant, Comorre paraissait sur la route avec son chien fauve, qui suivait toujours la piste de Triphyna ; et, comme celle-ci n'avait plus la bague pour l'avertir, elle ne sut rien qu'en reconnaissant la voix du tyran qui encourageait le chien. La pauvre innocente sentit le froid parcourir ses os. Elle n'eut que le temps d'envelopper le nouveau-né dans son manteau, pour le cacher au creux d'un arbre, et Comorre parut sur son cheval barbu à l'entrée de la clairière.

En voyant Triphyna, il poussa un cri pareil à celui des bêtes fauves, s'élança vers la malheureuse qui était tombée à genoux ; et, d'un seul coup de son couteau à tuer, il lui détacha la tête des épaules.

Croyant s'être ainsi débarrassé de la mère et de l'enfant, il siffla son chien et repartit pour la Cornouaille.

Mais le faucon était arrivé à la cour du roi de Vannes, qui dînait avec saint Veltas ; il vola vers la table et laissa tomber l'anneau d'argent dans la coupe de son maître. Celui-ci ne l'eut pas plus tôt reconnu, qu'il s'écria :

— *Goa*[1] ! il est arrivé quelque malheur à ma fille, puisque le faucon me rapporte sa bague ! Qu'on sangle vite les

1. Exclamation de douleur qui n'a pas d'équivalent en français.

chevaux, et que Veltas nous accompagne ; car j'ai peur que nous n'ayons bientôt besoin de son secours.

Les serviteurs obéirent promptement et le roi partit avec le saint et une troupe nombreuse.

Ils allaient tous au galop de leurs chevaux, suivant le vol du faucon, qui les conduisit à la clairière où ils trouvèrent Triphyna morte et son enfant vivant.

Le roi se jeta à bas de son cheval, en poussant des cris à faire pleurer les chênes ; mais saint Veltas lui imposa silence.

— Taisez-vous, dit-il, et priez Dieu avec moi ; il peut encore tout réparer.

A ces mots, il se mit à genoux avec tous ceux qui se trouvaient présents, et, après avoir adressé au ciel une prière fervente, il dit au cadavre :

— Lève-toi !

Le cadavre obéit.

— Prends ta tête et ton enfant, ajouta le saint, et suis-nous au château de Comorre.

La morte fit ce qui lui était ordonné.

Alors, la troupe épouvantée remonta à cheval et fit force d'éperons vers la Cornouaille. Mais, quelque rapide que fût sa course, la femme décapitée se trouvait toujours en avant, tenant son fils sur le bras gauche, et sur le bras droit, sa tête pâle.

Ils arrivèrent tous ainsi devant le château du meurtrier.

Comorre, qui les avait vus venir, fit relever le pont. Saint Veltas s'approcha des fossés avec la morte, et s'écria à haute voix :

— Comte de Cornouaille, je te ramène ta femme telle que ta méchanceté l'a faite et ton enfant tel que Dieu te l'a donné. Veux-tu les recevoir sous ton toit ?

Comorre garda le silence. Saint Veltas répéta les mêmes paroles une seconde fois, puis une troisième, et, comme aucune voix ne répondait, il prit le nouveau-né sur le bras de la morte et le posa à terre.

Alors on vit une merveille qui prouvait la toute-puissance de Dieu, car l'enfant marcha seul, librement, jusqu'au bord du fossé, y prit une poignée de sable, et, la lançant contre le château, s'écria :

— La Trinité fait justice !

Au même instant, les tours s'ébranlèrent avec un grand fracas, les murs s'entrouvrirent, et le château entier s'affaissa sur lui-même, ensevelissant le comte de Cornouaille et tous ceux qui avaient aidé à ses crimes.

Saint Veltas replaça ensuite la tête de Triphyna sur ses épaules, lui imposa les mains, et la sainte femme revint à la vie au grand contentement du roi de Vannes et de tous ceux qui étaient présents.

Alphonse Daudet

LES HUIT PENDUES DE BARBE-BLEUE

Le Roman du Chaperon Rouge, Scènes et fantaisies, Paris, Michel Lévy, 1862.

Personnages :

BARBE-BLEUE

SŒUR ANNE

ÉVELINE

PREMIÈRE PENDUE

DEUXIÈME PENDUE

SEPTIÈME PENDUE

LE PAGE

CHŒUR DES PENDUES

Le château de Barbe-Bleue. — Salle très haute et très noire. — Au-dessus de la cheminée, un énorme crucifix en cuivre. — Tentures sombres. — Trophées suspendus aux murailles. — Neuf heures du soir.

SCÈNE PREMIÈRE

Barbe-Bleue. — (Il marche de long en large d'un air préoccupé, puis s'arrête tout à coup devant le Christ et se découvre.) Mon Dieu, je vous remercie de la joie que vous faites à mes vieilles années en mettant près de moi cette gracieuse et douce compagnie ; la présence de ma nouvelle épouse égayera mon cœur et va suffire, — toute mignonne qu'est mon Eveline, — à remplir de liesse et d'amour cette maison sombre et dévastée comme une ruine, ce cœur plus sombre encore et plus dévasté. Mon Dieu, vous savez quel excellent mari je puis faire et les trésors d'affection que je tiens enfouis là dedans ; — vous savez que j'ai lutté de toutes mes forces avant de céder aux dures lois de ma destinée. Sept fois vous avez vu la sueur de sang qui couvrait mon visage ; — sept fois vous avez vu mes larmes couler et mes pauvres mains trembler en étranglant toutes ces belles créatures. Seigneur, seigneur, m'avez-vous pardonné et dois-je considérer comme un gage de votre miséricorde, l'union que je contracte aujourd'hui avec mon cher petit Evelinon ? — S'il en est ainsi, mon Dieu, — je jure par les pieds divins du grand crucifié que mes lèvres ne frôleront pas les cheveux de ma femme avant mon retour de la ville sainte, où je vais me purifier de mes crimes entre les mains de votre vicaire bien-aimé. — J'ai dit. *(Il se couvre et frappe sur un timbre.)* Holà, sœur Anne ! *(Entre sœur Anne.)*

Sœur Anne. — Me voici, mon frère.

Barbe-Bleue. — Fourbissez ma cuirasse sur l'heure, et visitez les courroies de mon armure ; je vais partir à l'instant même.

Sœur Anne. — Oui, mon frère.

Barbe-Bleue. — Vous voilà froide et tranquille comme l'eau qui dort dans nos viviers. Ce départ subit n'a donc rien qui vous étonne ?

Sœur Anne. — Non, mon frère.

Barbe-Bleue. — Vous trouvez naturel qu'un mari s'en aille comme cela, la nuit même de son mariage ?

Sœur Anne. — Vous êtes le maître, mon frère, et ce n'est pas moi qui me gratterai jamais où cela ne me démange point.

Barbe-Bleue. — Bien parlé, sœur Anne. Venez çà maintenant que je vous ouvre mon cœur ; vous êtes entrée depuis ce matin dans la maison avec votre sœur Eveline et déjà vous m'avez su plaire par vos vices comme par vos vertus. Vous êtes grande, maigre, osseuse, très laide au surplus, toutes les qualités d'une intendante et d'une sœur aînée ; vous ressemblez énormément en fin de compte à cette *Cousine Bette*, dont il est parlé dans les *Parents pauvres* de monsieur de Balzac.

Sœur Anne. — Vous me flattez, mon frère.

Barbe-Bleue. — Sur l'honneur, vous m'allez comme un casque, et je m'en vais vous donner une preuve de mon affection, en vous laissant la direction du château pendant mon absence ; vous aurez l'œil aux pots de groseille de notre office, et vous épierez les actions de ma femme : du tout vous tiendrez un compte exact, que vous me présenterez au retour. Sur quoi, approchez et nous baisez la main. Adieu, sœur Anne.

Sœur Anne. — Adieu, mon frère. *(Sœur Anne sort par la gauche, Barbe-Bleue allume un candélabre et sort par la droite.)*

SCÈNE II

La chambre d'Eveline. — Un petit lit à rideaux blancs. — Un prie-Dieu.

Eveline, mi-vêtue : elle fait ses nattes devant une glace. — Dire pourtant que je suis une dame, une très grande dame, et qu'il a fallu si peu de choses pour cela. Monsieur l'abbé nous a donné des bénédictions, monsieur le comte un baiser et une bague, monsieur le chef un bon dîner, et voilà ! Je me marierais volontiers tous les jours si l'on voulait. Ce pauvre Barbe-Bleue ! Il est bien vieux et bien laid ! mais il parle si bien, il a une voix si douce, il me regarde si benoîtement, que je me sens prête à l'aimer de toute mon âme. Ces diables de cheveux qui ne veulent pas tenir. Allons donc ! En vérité, je suis très gentille, ce soir. *(On frappe.)* Ah ! mon Dieu !

Barbe-Bleue, du dehors. — Eveline, chère Eveline, ouvrez-moi.

Eveline, ouvrant. — Entrez, monseigneur.

Barbe-Bleue. — Vous faisiez sans doute vos prières, ma mie ; pardonnez-moi de troubler ainsi vos saintes méditations. Vous plairait-il de prier ensemble !

Eveline. — De grand cœur, monseigneur.

Barbe-Bleue. — Où en étiez-vous ?

Eveline. — J'allais commencer mon *Pater* quand vous êtes entré.

Barbe-Bleue. — Commencez-le donc et que le ciel vous écoute. *(Ils se mettent à genoux.)*

Eveline. — Pater noster qui es in cœlis...

Barbe-Bleue. — Sanctificetur nomen tuum...

Eveline, s'interrompant. — A propos, monseigneur, pourquoi vous appelle-t-on Barbe-Bleue ? Vous n'avez pas un seul poil de la barbe qui ne soit blanc comme neige.

Barbe-Bleue, indigné. — Adveniat regnum tuum, fiat volontas tua.

Eveline, achevant le Pater. — *Libera nos à malo. Amen.*

Barbe-Bleue. — Sachez, mon enfant, que si ma barbe est blanche, c'est les chagrins qui l'ont blanchie.

Eveline, toujours à genoux, se rapproche de lui. — Dites-moi vos chagrins, monseigneur, pour que je m'essaye à vous consoler.

Barbe-Bleue. — Plus tard, plus tard.

Eveline. — Et dites-moi, monseigneur, quelle est cette grande tourelle inhabitée qu'on voit confusément à l'extrémité de la cour ?

Barbe-Bleue, se troublant. — Passons à l'*Ave Maria.*

Eveline. — Ave Maria gratia... Mais vous me direz après... ?

Barbe-Bleue. — Dominus tecum... (On entend, à sept reprises, sept grands cris lugubres qui viennent du fond de la cour.)

Eveline, se levant épouvantée. — Doux Jésus ! qu'est-ce que cela ?

Barbe-Bleue, très pâle. — Rien, mon enfant, rien. L'esprit du mal habite cette aile du château et s'y promène, en hurlant, toutes les nuits, voilà tout.

Eveline. — Oh ! j'ai peur !

Barbe-Bleue. — Rassurez-vous ; je pars cette nuit même pour Rome ; je vais prier notre saint père le pape de conjurer ce cruel maléfice et de nous débarrasser de ce turbulent visiteur.

Eveline. — Vous me laissez seule ?

Barbe-Bleue. — Vous garderez près de vous sœur Anne et mon petit page.

Eveline. — Embrassez-moi donc et que la bonne Vierge vous protège.

Barbe-Bleue. — Je ne puis pas vous embrasser.

Eveline. — Tiens ! et pourquoi donc ?

Barbe-Bleue, lui prenant les mains. — Je vous ferai remarquer, mon Eveline, que vous en êtes à m'adresser votre dixième question depuis cinq minutes. Prenez garde d'être curieuse ! c'est un défaut qui mène loin. Adieu, ma femme, et soyez sage jusqu'à mon retour. *(Il sort.)*

SCÈNE III

La tourelle. — Un salon tendu de bleu. — Le vent s'engouffre par les croisées, brisées pour la plupart. — Tout autour de la salle, sept femmes sont pendues à de longs clous.

Première pendue. — Savez-vous la grande nouvelle, mesdames ? Barbe-Bleue s'est remarié.

Chœur de pendues. — De qui tenez-vous cela, grand Dieu ?

Première pendue. — Les cloches de la chapelle me l'ont appris ce matin.

Deuxième pendue. — Allons, tant mieux ! une de plus !

Première pendue. — Bah ! pourquoi voulez-vous qu'elle ait le même sort que nous toutes ? D'ailleurs, sous quel prétexte le farouche Barbe-Bleue s'en débarrasserait-il ? Nous autres, cela se concevait ; mais cette enfant...

Deuxième pendue. — Vous savez que c'est une enfant ?

Première pendue. — De mon clou, je la voyais tantôt se dévêtir dans sa chambre... Cela vous a quinze ans, des cheveux longs comme une chappe, et de l'innocence !...

Deuxième pendue. — Ta ! ta ! ta ! Vous voulez rire avec votre innocence ; comme s'il n'y avait pas au monde d'autres péchés que les sept péchés capitaux, et d'autres gueuses que nous sept.

Septième pendue. — Après tout, il est si facile de déplaire à cette Barbe-Bleue. Pour ma part, le vieux monstre m'a pendue parce que j'aimais trop à dormir. Il me dit, un matin : « Tu es une paresseuse ! » et il m'étouffa.

Première pendue. — Moi, j'avais le malheur de faire adresser mes lettres à Madame de Barbe-Bleue, au lieu de Barbe-Bleue tout court ; l'horrible homme me passa le cordon autour du cou, en me criant : « Tu es une orgueilleuse, sors d'ici ! »

Sixième pendue. — Moi, j'aimais un peu trop les petits écus ; monseigneur me fit venir un jour dans son cabinet : « Je te connais, dit-il, tu t'appelles l'Avarice ! » Et crac !...

Cinquième pendue. — Même accident m'arriva pour quelques malheureuses compotes dérobées à l'office.

Quatrième pendue. — J'en ai eu autant pour avoir permis à un lansquenet de me rattacher ma jarretière.

Troisième pendue. — Moi, pour une gifle que j'allongeai, dans un moment de vivacité, à ma sœur Anne.

Première pendue. — Tiens ! vous aviez donc une sœur Anne, vous aussi ? C'est comme moi.

Chœur de pendues. — Et comme moi !

Première pendue. — Hélas ! toutes les jolies femmes ont près d'elles une sœur Anne, pour leur servir de chaperon ; et c'est la sœur Anne qui les perd toujours.

Deuxième pendue. — Enfin, mes chères dames, j'en reviens à mon idée, et vous parie mon clou contre les vôtres, qu'avant qu'il soit deux jours la nouvelle mariée sera venue nous rejoindre. A nous sept, nous formons un assez joli assortiment de vices, mais l'assortiment n'est pas complet, il manque une perle à l'écrin...

Chœur de pendues. — Laquelle ? laquelle ?

Deuxième pendue. — A notre collection manque le roi des vices féminins, un vice qui a perdu, perd et perdra tant de créatures ; un vice qui résume et contient tous les autres...

Chœur de pendues. — Quoi donc ? quoi donc ?

Deuxième pendue. — Chut ! quelqu'un a marché dans le corridor.

Chœur de pendues. — Non ! c'est le vent !... Non ! une chauve-souris !

Deuxième pendue. — Eh bien ! ce vice terrible... c'est... la *curiosité*... et le voici ! *(La clef tourne dans la serrure. — La porte s'entr'ouvre. — Eveline se penche et jette un regard fugitif dans la salle. — Elle tient à la main une petite lampe.)*

SCÈNE IV

La chambre d'Eveline.

Eveline, couchée. — L'affreuse nuit que j'ai passée, mon Dieu ! l'affreuse nuit. Cette course à tâtons dans des couloirs obscurs, humides ; ces affreuses bêtes de nuit dont les ailes me léchaient la figure ; cette maudite lampe qui s'éteignait à chaque instant. Cette grande porte sculptée ; et puis la salle noire, immense, et les sept clous !... Brrr ! j'en suis encore frissonnante. Quel méchant homme que ce seigneur Barbe-Bleue. Sept femmes à lui tout seul, c'est effrayant... je sais bien que ces dames de là-haut ne valaient pas grand'chose, et que moi, je n'ai rien à craindre de semblable, puisque je n'ai aucun de leurs vices monstrueux. *(On frappe.)* Qui va là ?

Sœur Anne. — C'est moi, ma sœur... *(Elle entre.)* Miséricorde ! encore au lit, à midi passé ; mais c'est épouvantable. Vous qui étiez toujours sur pieds avec l'aube.

Eveline, regardant l'horloge. — Tiens ! Il faut croire que j'avais grand besoin de dormir.

Sœur Anne. — Voici votre café au lait, ma sœur.

Eveline. — Fort bien !... Pouah ! quelle chicorée ! Holà ! hé, sœur Anne ! holà !

Sœur Anne, accourant. — Ma sœur ! eh bien, ma sœur ?

Eveline. — Qui m'a préparé cette horrible tisane ? Il est détestable votre café au lait et vous pouvez bien l'aller porter à vos lapins, s'il vous plaît ainsi.

Sœur Anne. — J'y ai pourtant mis ce que j'y mets d'habitude : du café, du sucre et le reste.

Eveline. — Mettez-m'y trois morceaux de sucre de plus.

Sœur Anne. — Plaît-il ?... trois morceaux de sucre de plus !...

Eveline. — Eh bien ! oui. M'entendez-vous, grande perche ?

Sœur Anne. — Grande perche, moi !

Eveline. — Oui, vous ! Donnez-moi ce sucrier ? *(Elle renverse le sucrier et le casse.)*

Sœur Anne, bas, ramassant les morceaux. — M'est avis qu'il y a du nouveau à la maison.

Eveline. — Dites donc, sœur Anne, d'où tirez-vous cette jolie robe ?

Sœur Anne. — Mais, ma sœur, c'est celle que vous avez portée si longtemps, et dont vous n'avez plus voulu.

Eveline. — Je n'en voulais plus hier ; elle me plaît aujourd'hui ; faites-moi le plaisir de quitter cette robe et de me la rendre.

Sœur Anne, avant de sortir. — Ma sœur, le vieux Clopinet est là dans l'antichambre, et réclame son denier de toutes les semaines.

Eveline. — Allez au diable, vous et Clopinet ; je n'ai pas trop de mes deniers pour les partager avec tous les pouilleux des environs. A propos, sœur Anne, quel est ce petit blondin qui jouait aux osselets tantôt sous ma fenêtre ?

Sœur Anne. — C'est le page de monseigneur.

Eveline. — Dites-lui de monter ; il est gentil. *(Sur un signe de sœur Anne, entre le page.)* Approche-toi du lit, mon mignot. Quel âge as-tu ?

Le page. — Quinze ans deux mois, madame.

Eveline. — Mais rapproche-toi donc, qu'on te regarde ! plus près, plus près ! — Il a les yeux d'un bleu ! — Pourquoi es-tu si rouge que cela ? — Il a la peau presque aussi fine que la mienne. — Sœur Anne, allez donc voir ce que devient la poule blanche. *(Sort sœur Anne.)* Hé ! hé ! le petit page !

Le page, reculant. — Oh ! madame !

SCÈNE V

Même appartement qu'au premier tableau. — Barbe-Bleue dans un grand fauteuil, sœur Anne debout derrière lui, Eveline à genoux à ses pieds.

Barbe-Bleue. — Suis-je assez malheureux !

Eveline, sanglotant. — Hélas !

Barbe-Bleue. — La dernière devait être la plus coupable.

Eveline. — Hélas !

Barbe-Bleue. — Les autres du moins n'avaient qu'un vice à la fois, celle-ci les a tous ensemble. — Mais défends-toi, défends-toi donc, malheureuse. — Dis-moi que sœur Anne a menti. — Que j'arrache la gorge à cette mégère !

Eveline. — Hélas !

Barbe-Bleue, lisant le rapport de sœur Anne. — « Restée au lit jusqu'à midi : Paresse ! Trois morceaux de sucre dans son café : Gourmandise ! Refus du denier au père Clopinet :

Avarice ! Entretien particulier avec mon page : Luxure ! » Et l'orgueil et l'envie, et la colère ; tout y est ! Comment cela s'est-il donc fait ? toi si pieuse, toi si vertueuse.

Eveline. — Hélas ! mon doux seigneur, vous m'aviez bien avertie. La curiosité mène loin ; moi, elle m'a conduite jusqu'au salon bleu, et dès que ma clef a eu fait deux tours dans la serrure, je me suis sentie corrompue comme une compagnie d'arquebusiers.

Barbe-Bleue. — Oui, les plus vertueuses se perdent de la sorte. Un tour de clef suffit... Mais enfin, mon enfant, à quoi dois-je me résoudre ?

Eveline. — Tuez-moi, monseigneur ; car, je vous l'ai dit, je suis terriblement dépravée.

Barbe-Bleue, sanglotant. — Prépare-toi donc, mon pauvre Evelin ! Sœur Anne, allez chercher un clou, un marteau et une corde.

Sœur Anne, tirant le tout de sa poche. — Voici, mon frère.

Barbe-Bleue passe la corde autour du cou de sa femme. — Holà ! mon Dieu ! que je suis donc à plaindre !

Eveline. — Hi !! *(Elle meurt.)*

Barbe-Bleue, entraînant le cadavre. — Sœur Anne, ne montez pas sur la tourelle ; c'est entièrement inutile, vous ne verriez rien venir. Nous jouons ici un drame sérieux et nous n'avons que faire de la tradition. — Et de huit ! *(Se tournant vers mes lectrices.) Avis aux dames.*

Henri Meilhac et Ludovic Halévy

BARBE-BLEUE

Opéra-bouffe en trois actes, représenté pour la première fois, à Paris, sur le Théâtre des Variétés, le 5 février 1866. Livret de Henri Meilhac et Ludovic Halévy, musique de Jacques Offenbach, Paris, Calman-Lévy, 1866.

Personnages

LE SIRE DE BARBE-BLEUE	MM. DUPUIS.
LE ROI BOBÈCHE	KOPP.
LE COMTE OSCAR, grand courtisan du roi	GRENIER.
POPOLANI, alchimiste au service de Barbe-Bleue	COUDER.
LE PRINCE SAPHIR	HITTEMANS.
ALVAREZ	HAMBURGER
UN GREFFIER	HORTON.
BOULOTTE	Mmes SCHNEIDER.
LA REINE CLÉMENTINE, femme de Bobèche	ALINE DUVAL.
LA PRINCESSE HERMIA, fille du roi, paysanne au 1er acte, sous le nom de FLEURETTE	VERNET.
HÉLOÏSE, femme de Barbe-Bleue	DE GÉRAUDON.
ROSALINDE, femme de Barbe-Bleue	AMÉLIE.
ISAURE, femme de Barbe-Bleue	GABRIELLE.
BLANCHE, femme de Barbe-Bleue	LEGRAND.
ÉLÉONORE, femme de Barbe-Bleue	MARTIN.
DEUX PAYSANNES	LÉONIE., BÉATRIX.
DEUX PAGES	TAILLEFER, JENNY.
UN ENFANT	MATHILDE.

PAYSANS ET PAYSANNES. HOMMES D'ARMES DE BARBE-BLEUE, SEIGNEURS ET DAMES DE LA COUR, PAGES ET GARDES DU ROI BOBÈCHE.

ACTE PREMIER

Une place dans un village. — A droite, au premier plan, la cabane de Saphir, avec une fenêtre praticable au-dessus de la porte ; à côté de cette porte, un petit banc. — En face, à gauche, la cabane de Fleurette ; à côté de la porte, une fenêtre sur le rebord de laquelle est une grande corbeille oblongue contenant des fleurs. — A cette cabane s'appuie une jolie tonnelle. — Au fond, une montagne praticable, commençant au milieu, de droite à gauche, et continuant de gauche à droite. — Au haut de la montagne, à l'horizon, on aperçoit, perché sur un rocher, le manoir de Barbe-Bleue.

SCÈNE PREMIÈRE

SAPHIR, puis FLEURETTE.

Au lever du rideau, Saphir, vêtu en berger élégant, justaucorps de satin, sort de sa cabane, va regarder de tous les côtés, et revient au milieu de la scène.

SAPHIR, *seul.*
RÉCITATIF.

Dans la nature tout s'éveille,
Et le soleil sort de son lit :
On entend bourdonner l'abeille,
Le coq chante et le bœuf mugit.

C'est le jour qui commence... La bergère que j'aime n'a pas encore paru... *(Montrant la cabane de Fleurette.)* Elle est là... c'est dans cette cabane qu'elle respire... Fleurette !... chère Fleurette !... avertissons-la de ma présence par quelques modulations. *(Il s'approche de la porte de Fleurette et se prépare à jouer d'une flûte qu'il tenait à la main en entrant, — pose à la Watteau. — Il prélude : sa petite flûte rend le son d'un trombone ; il s'arrête, stupéfait, puis il en prend son parti :)* Elle ne m'en entendra que mieux...

Et il continue... Entre Fleurette, attirée par la mélodie ; poses gracieuses, sorte de pas de deux, le berger s'éloigne, la bergère le poursuit gentiment ; puis le berger s'arrête, la bergère le rejoint, et tous deux s'avancent sur le devant de la scène.

DUO.
ENSEMBLE.

Or, depuis la rose nouvelle,
C'est comme ça tous les matins :
Avec ma flûte je l'appelle,
Avec cette flûte il m'appelle,
Et nous errons dans ces jardins.

FLEURETTE.

Tous les deux,
Amoureux,
Nous tenant un doux langage,
Nous allons,
Nous venons,
Nous parcourons ce bocage.
« En avril,
Me dit-il,
Tout aime dans la nature !
Le printemps
Donne aux champs
Leur verdoyante parure :
Aimons-nous !
C'est si doux !
Aimons-nous bien, je t'en prie !
Ici-bas,
Il n'est pas
D'autre bonheur dans la vie ! »
Un bosquet
Trop discret
L'enhardit ;
Il saisit
Une main...
C'est en vain
Que je dis :
« Non, finis ! »

ENSEMBLE

Tous les deux,
Amoureux,
Nous tenant un doux langage,
Nous allons,
Nous venons,
Nous parcourons ce bocage !
Aimons-nous !
C'est si doux !
Aimons-nous bien, je t'en prie !
Ici-bas,
Il n'est pas,
D'autre bonheur dans la vie !

FLEURETTE.

Pauvre cher !
Il a l'air
Tout penaud,
Tout nigaud ;
Mais souvent,
Le brigand,
Il sourit
Et me dit
Sans motifs
Des mots vifs,
Dans le fond,
Qui me font
M'arrêter,
Palpiter
Et rougir
De plaisir.
Quant à moi,
Sans effroi,
Je l'entends,
Et puis tout bas je reprends :
« Oui, c'est bien doux le printemps !
Le printemps !... »
Il rougit,
Il pâlit,
Et je sens.
De nos cœurs les battements !...

C'est la faute du printemps !
Dans un transport suprême,
Il s'écrie : « Ah ! je t'aime ! »
Il m'aime !
Il m'aime !

ENSEMBLE.

Tous les deux,
Amoureux,
Nous tenant un doux langage,
Nous allons,
Nous venons,
Nous parcourons ce bocage !
Aimons-nous !
C'est si doux !
Aimons-nous bien, je t'en prie !
Ici-bas,
Il n'est pas
D'autre bonheur dans la vie !

FLEURETTE.

Qu'il est heureux,

SAPHIR.

Qu'elle est heureuse,

FLEURETTE.

Mon amoureux !

SAPHIR.

Mon amoureuse !

FLEURETTE.

Tous les matins,

SAPHIR.

Dans ces jardins,

FLEURETTE.

Nous nous trouvons,

SAPHIR.

Et répétons

ENSEMBLE.

« Je t'aime !... Nous nous aimons ! »

FLEURETTE. — Tout ça, c'est très joli... nous errons dans les jardins, nous chantons... mais il ne serait pas mal de causer un peu !

SAPHIR. — Causons.

FLEURETTE. — Tu m'avoueras qu'il y a nombre de bergers qui m'ont couru après.

SAPHIR. — Je ne peux pas le nier, et vous êtes assez jolie pour...

FLEURETTE. — Fille d'un vieux soldat, qui m'a laissé pour tout héritage son honneur et son commerce de fleurs, j'ai soigneusement cultivé l'un et l'autre.

SAPHIR. — J'en conviens.

FLEURETTE. — Quelques-uns, les malins, ont essayé de me séduire par des présents... Tu sais comme je les ai reçus... Je me suis dit : « L'homme que je choisirai sera naïf et abordera tout de suite la grande question. »

SAPHIR, *embarrassé, à part.* — Aïe !...

FLEURETTE. — Je t'ai choisi, toi... tu es naïf... et cependant tu ne te dépêches pas de l'aborder, la grande question.

SAPHIR. — Je ne comprends pas bien.

FLEURETTE. — Ce n'est pourtant pas difficile à comprendre... Tu ne me parles pas mariage.

SAPHIR. — Mariage !...

FLEURETTE. — Qu'as-tu donc supposé ?

SAPHIR. — Certainement... moi, je ne demanderais pas mieux... mais ma famille...

FLEURETTE. — Ta famille ? La famille d'un berger ?...

SAPHIR. — Ah !...

FLEURETTE. — Que veux-tu dire ?... explique-toi.

BOULOTTE, *au-dehors*. — Holà, Noiraut !... attention à la grise !... mords-la, mon chien, mords-la !

SAPHIR. — Plus tard !... plus tard !... Vous n'entendez pas ?...

FLEURETTE. — Si fait... c'est Boulotte.

SAPHIR. — Elle me fait peur, cette Boulotte !

FLEURETTE. — Et à moi donc !...

SAPHIR. — Elle me fait peur, parce qu'elle m'adore... et que, comme je ne l'adore pas, moi, elle veut toujours me battre... *(Voulant aller à la cabane de Fleurette.)* Rentrons.

FLEURETTE, *le repoussant*. — Rentrez chez vous... mais nous reprendrons cette conversation...

SAPHIR. — Sans doute.

BOULOTTE, *au-dehors*. — A tout à l'heure, Noiraut ! veille aux bêtes... Moi, j'ai affaire par là.

TOUS LES DEUX. — Boulotte !... c'est Boulotte !...

Ils rentrent précipitamment chez eux. Boulotte paraît au fond, venant de la gauche.

SCÈNE II

BOULOTTE, seule.

COUPLETS.

I

Y a p't-êtr' des bergèr's dans l' village
Qui gardent mieux qu' moi leur troupeau,
Y en a p't-êtr' qui dans leur laitage
Mett'nt moins d'amidon et moins d'eau ;
Mais, saperlotte !
Y en a pas un' pour égaler
La p'tit' Boulotte,
Quand il s'agit d' batifoler !

II

Or on sait qu' tout' batifoleuse,
A besoin d'un batifoleur :
Il est là, l' mien... j' suis amoureuse ;
Est-il bêt' de m' tenir rigueur !
Car, saperlotte !
Y en a pas un' pour égaler
La p'tit' Boulotte,
Quand il s'agit d' batifoler !

Tous les matins, c'est comme ça... je viens chanter qué-qu'chose sous la fenêtre du gueux pour qui que j'meurs d'amour !... Il fait semblant de ne pas m'entendre... attends !... attends !...

Elle ramasse une pierre et la jette dans la fenêtre de Saphir ; on entend un bruit de vitre brisée : Saphir paraît furieux à sa fenêtre.

SCÈNE III

BOULOTTE, SAPHIR.

SAPHIR, *voyant Boulotte*. — C'est encore vous ?...

BOULOTTE. — Oui.

SAPHIR. — Et vous ne voulez pas me laisser tranquille ?

BOULOTTE. — Non !

SAPHIR. — Attendez, alors, je vais descendre !

BOULOTTE. — Je ne demande pas autre chose. *(La fenêtre se referme.)* Vous allez le voir... et quand vous l'aurez vu, vous me direz s'il est possible de ne pas être amoureuse de ce garçon-là.

Saphir sort de sa cabane.

SAPHIR. — Eh bien, qu'est-ce que vous me voulez encore ?...

BOULOTTE. — Vous dire que je vous aime !...

SAPHIR. — Vous me l'avez déjà dit, pas plus tard qu'hier à quatre heures et demie... je vous ai répondu que vous perdiez votre temps...

BOULOTTE. — Je le sais, mais ça ne m'empêche pas de t'aimer... Je t'aime pour un tas de raisons... D'abord, il y a un mystère dans ta vie. Un beau jour, t'as acheté cette cabane. D'où viens-tu ?... qui es-tu ?... Personne ne le sait... Les autres, je les connais ; toi, je ne te connais pas : je voudrais te connaître... Et puis, tu n'es pas un berger comme les autres... Qu'est-ce qui t'a bâti un justaucorps de satin comme ça ?... ce n'est pas le tailleur du village. Tes cheveux sentent bon, et t'as les mains blanches. C'est pour tout ça que je t'aime !

SAPHIR. — Il n'y a rien de blessant dans ce que vous me dites... mais je ne vous aime pas !

BOULOTTE. — Pourquoi ça ?

SAPHIR. — Je n'ai pas à m'expliquer.

BOULOTTE. — Ah ! je le sais, moi... parce que tu aimes cette mijaurée qui demeure là...

SAPHIR. — Fleurette ?

BOULOTTE. — Oui, Fleurette... la bergère bien attifée ; mais sois tranquille, va, la première fois que je la rencontrerai, je lui administrerai une de ces danses !...

SAPHIR. — Vous ne ferez pas ça !

BOULOTTE. — Tu verras bien si je ne le fais pas !... Mais ne nous occupons pas d'elle, occupons-nous de nous.

SAPHIR. — Que voulez-vous dire ?...

BOULOTTE. — Embrasse-moi.

SAPHIR. — Oh !

BOULOTTE. — Embrasse-moi tout de suite.

SAPHIR. — Puisque je vous dis...

BOULOTTE, *menaçante.* — Ne fais pas de manières !... Tu ne veux pas m'embrasser ?... *(Retroussant ses manches.)* Tu ne veux pas ?... Alors, tu ne veux pas ?...

Frayeur de Saphir, Boulotte marche vers lui avec une résolution froide. Saphir passe à gauche.

SAPHIR. — Ah ! mais... si vous approchez... je me défends...

BOULOTTE. — Ça m'est égal... C'est dit ?... tu ne veux pas ?

SAPHIR. — Non !

BOULOTTE. — Une fois ?... deux fois ?...

SAPHIR. — Non !...

Elle saute sur lui, il se sauve, elle le poursuit. Ils sortent par le fond, à droite. Musique à l'orchestre.

SCÈNE IV

POPOLANI, puis LE COMTE.

POPOLANI, *entrant par la droite, tout rêveur.* — Je viens ici pour trouver une rosière... c'est parfait, s'il y en a une... mais s'il n'y en a pas ?...

A ce moment, le comte, qui vient d'entrer par le fond à gauche, lui frappe sur l'épaule.

LE COMTE. — Popolani ?...

POPOLANI, *se retournant.* — Son Excellence !...

Il s'incline profondément.

LE COMTE. — Relève-toi, je te le permets.

POPOLANI. — Le comte Oscar ici !... ici le grand courtisan de Sa Majesté le roi Bobèche !

LE COMTE. — Oui... mais silence !

POPOLANI. — Je me tais.

LE COMTE. — Ça fait plaisir de se retrouver... deux vieux camarades !...

POPOLANI. — Dont l'un est arrivé plus haut que l'autre !

LE COMTE. — Ça, c'est vrai. Tu es resté l'alchimiste de Barbe-Bleue ; moi, je suis grand courtisan du roi...

POPOLANI. — Comment avez-vous obtenu cette haute position ?

LE COMTE. — Par les femmes.

POPOLANI. — C'est un moyen.

LE COMTE. — Et toi, es-tu content ?...

POPOLANI. — Je n'ai pas à me plaindre... mais mon nom ne laissera pas de trace dans l'histoire, tandis que vous...

LE COMTE. — Ne m'envie pas... si tu savais !...

POPOLANI. — On dit toujours ça...

LE COMTE. — Parlons d'autre chose... Il faut avouer que ton maître est un drôle de corps.

POPOLANI, *se troublant*. — Comment ?...

LE COMTE. — Qu'est-ce qu'il peut faire de toutes ses femmes ?... Cinq en trois ans !... car il est veuf, je crois ?

POPOLANI. — Depuis jeudi.

LE COMTE. — C'est bien drôle !

POPOLANI. — Dites que c'est triste.

LE COMTE. — Oui, triste, et ça peut inspirer des soupçons.

POPOLANI. — Mais... vous vous trompez... je vous assure...

LE COMTE. — Je sais qu'il ne faut pas examiner de trop près la conduite des grands... Ah ! s'il s'agissait d'un simple charbonnier, il y a longtemps que... enfin, parlons d'autre chose... Qu'est-ce que tu viens faire ici ?

POPOLANI. — Chercher une rosière... une fantaisie de mon maître... il a envie d'en couronner une.

LE COMTE. — Plût au ciel qu'il n'eût jamais songé à employer son temps d'une autre manière !

POPOLANI. — J'ai lancé une petite proclamation. Toutes les jeunes filles du village sont averties. Elles viendront ici dans un quart d'heure...

LE COMTE, *en riant*. — Les jeunes filles du village... et tu es sûr de trouver parmi elles ?...

POPOLANI. — Dame ! vous savez... sûr...

LE COMTE. — Bah !... on est toujours sûr... Moi, quand, par hasard, mon maître, le roi Bobèche, a envie de couronner une rosière, j'ai un moyen pour en trouver une.

POPOLANI. — Quel moyen ?

LE COMTE. — Je rassemble un certain nombre de jeunes filles et je les fais tirer au sort.

POPOLANI. — C'est une idée.

LE COMTE. — Excellente !... car elle répond à tout. S'il n'y a pas de rosière, on en trouve une tout de même... s'il y en a plusieurs, on en choisit une sans faire de jalouses.

POPOLANI. — C'est vrai... J'appliquerai votre idée.

LE COMTE. — Tu feras bien... Parlons d'autre chose.

Il passe à droite.

POPOLANI. — De quoi parlerons-nous ?

LE COMTE. — Parlons de ce que je viens faire ici, moi ; j'y viens chercher une jeune princesse.

POPOLANI. — Quelle princesse ?...

LE COMTE. — La fille du roi, mon maître.

POPOLANI. — Je ne comprends pas.

LE COMTE. — Tu vas comprendre... Il y a dix-huit ans, le roi eut une fille... Trois ans après, il eut un fils. A peine eut-il eu ce fils que l'idée de laisser la couronne à une femme lui devint insupportable. « Je veux que mon fils règne, disait-il, et non ma fille. » Je lui proposai d'établir ici la loi salique. « Non, me dit-il, ne touchons pas aux coutumes de nos pères... mieux vaut nous débarrasser de ma fille. » Ce qui fut dit fut fait. On déposa la jeune fille dans une corbeille ; on confia la corbeille au fil du fleuve... et puis...

POPOLANI. — Et puis... va te promener !

LE COMTE. — Tu me comprends très bien. Malheureusement, le jeune prince tourna mal. A peine l'eut-on fait sortir des mains des femmes, pour faire de lui un homme, qu'il se hâta de s'y refourrer immédiatement, ce qui ne tarda pas à faire de lui un idiot... Impossible de songer à lui confier les destinées de cent vingt millions d'hommes !... Autrefois, je ne dis pas... mais aujourd'hui, avec les idées nouvelles...

POPOLANI. — L'esprit d'examen...

LE COMTE. — Ah ! ne m'en parle pas... « Que faire ?... » s'écria le roi... En ce moment, Clémentine...

POPOLANI. — Clémentine, seigneur ?...

LE COMTE. — J'aurais dû dire : la reine... La reine donc, la reine Clémentine se rappela qu'elle avait eu une fille... « C'est vrai, lui dit le roi, je n'y pensais plus... » Et se tournant vers moi : « Comte Oscar, je vous donne vingt-quatre heures pour retrouver la princesse. » Là-dessus, je suis parti...

POPOLANI. — Et vous la trouverez, la princesse ?

LE COMTE. — Je l'espère.

POPOLANI. — Mais si vous ne la trouvez pas ?...

LE COMTE. — Je prendrai la première paysanne venue et je la déposerai sur les marches du trône... mais, encore une fois, j'espère trouver la vraie... J'ai réuni le conseil supérieur des ponts et chaussées, et je lui ai posé cette question : « Un berceau, confié à un fleuve, va-t-il tout droit à la mer ?... — Oui, me répondirent les ponts et chaussées, à moins que sur ce fleuve il n'existe un barrage... — En existe-t-il un sur notre fleuve, à nous ?... — Oui... devant le château du sire de Barbe-Bleue. » Voilà pourquoi je suis ici... c'est ici que la corbeille a dû s'arrêter... c'est ici que la princesse a dû être recueillie...

POPOLANI. — Très bien raisonné !

LE COMTE. — C'est en raisonnant comme ça que je suis arrivé à gouverner les hommes... en raisonnant comme ça, et en profitant de toutes les circonstances heureuses qui se présentaient... Or, il s'en présente une des plus heureuses... cette réunion de jeunes filles pour choisir la rosière.

POPOLANI. — C'est vrai !

Rentre, par la gauche, Saphir, essoufflé, que poursuit toujours Boulotte. Il arrive à sa cabane et s'enferme. Boulotte arrive à son tour et trouve la porte fermée.

BOULOTTE. — Manqué !

SCÈNE V

LES MÊMES, BOULOTTE.

POPOLANI. — Tiens ! c'est Boulotte !

BOULOTTE. — Tiens ! c'est m'sieur l'alchimiste !

POPOLANI. — Qu'est-ce que tu faisais là ?

BOULOTTE. — Un peu d'exercice... avant d' déjeuner.

LE COMTE, *lui prenant la taille.* — Belle fille !... très belle fille !

Elle passe au milieu.

POPOLANI, *de même.* — Je crois bien !...

BOULOTTE, *passant à gauche.* — Hé là ! hé là !... vous m' chatouillez !...

POPOLANI, *bas, au comte.* — Faites-en la princesse royale.

LE COMTE, *bas.* — Eh ! eh ! il ne faudrait pas m'en défier... Fais-en la rosière.

POPOLANI, *bas.* — Oh ! non !... par exemple !... on jase trop sur son compte.

LE COMTE. — Ça ne m'étonne pas... belle fille !

POPOLANI. — Superbe fille !

Ils lui reprennent la taille.

BOULOTTE, *passant à droite.* — Hé là ! vous me faites rire !...

LE COMTE. — Ecoutez-moi, adorable fille... si, par hasard, quelque jour, en chassant, je m'égarais du côté de votre cabane... ce n'est qu'une supposition... vous auriez bien, chez vous, quelque chose à offrir au chasseur affamé ?

BOULOTTE, *faisant la révérence.* — Pour déjeuner ?... mais je vous offrirai tout ce que vous voudrez, mon bon seigneur !

POPOLANI. — Je la reconnais bien là... *(Ritournelle.)* Voici les jeunes filles, et avec elles tout le village.

Les paysans et paysannes entrent de droite et de gauche. Parmi eux est le greffier, muni de papiers, plume et encre. Boulotte va s'asseoir sur le banc devant la cabane de Saphir. Pendant le chœur suivant, le comte Oscar examine toutes les jeunes filles.

SCÈNE VI

LE GREFFIER, POPOLANI, LE COMTE, BOULOTTE,
PAYSANS ET PAYSANNES.

CHŒUR.

Sur la place il faut nous rendre,
C'est l'ordre de l'intendant ;
Il vient pour nous faire entendre
Quelque chos' d'intéressant.

POPOLANI.

Vous toutes et vous tous qui vous trouvez ici,
Je vous salue et je vous dis ceci :

RONDEAU.

J'apporte les volontés
Du sire de Barbe-Bleue,
Célèbre à plus d'une lieue
Par sa soif des voluptés !
Il veut — il a dit : « Je veux » —
Qu'on couronne une rosière !
La trouver, c'est une affaire...
Etre et paraître étant deux !
Nous allons donc aujourd'hui
Risquer une espièglerie :
Nous mettrons en loterie,
La rose et ce qui s'ensuit.
Donc, donnez à mon greffier,
Afin qu'il les puisse inscrire,
Vos noms, qu'il va vite écrire,
Sur un carré de papier.

Telles sont les volontés
Du sire de Barbe-Bleue,
Célèbre à plus d'une lieue
Par sa soif des voluptés !

CHŒUR.

Telles sont les volontés... etc.

Pendant cette reprise, on apporte une table et un escabeau que l'on place près de la tonnelle. Le greffier s'assoit, dispose ses papiers et se prépare à écrire.

POPOLANI.

Allons, poulettes et tendrons,
Le greffier va prendre vos noms
Et vos prénoms.

CHŒUR DE FEMMES, *entourant le greffier.*

Ah ! prends mon nom,
Et mon prénom,
Joli greffier,
Gentil greffier,
Tremp' ta plum' dans ton encrier !

Le greffier prend les noms des jeunes filles, qu'il inscrit sur de petits papiers.

BOULOTTE, *se levant et venant toute rêveuse au milieu. A part.*

Faut-y aller ? ou faut-y pas y aller ?
V'là c' que j' me d'mande en mon particulier.
Ah bah ! qui n' risque rien n'a rien !

Haut et résolument au greffier.

Eh ! l'homme aux noms, prenez le mien !

Profonde sensation.

CHŒUR D'HOMMES.

Eh quoi ! Boulotte, y penses-tu ?
Il s'agit d'un prix de vertu !

CHŒUR GÉNÉRAL.

Eh quoi ! Boulotte, y penses-tu ?
Il s'agit d'un prix de vertu !

Pendant le chœur, les femmes entourent Boulotte et l'empêchent d'approcher du greffier ; Boulotte irritée les repousse et se dégage.

BOULOTTE.
COUPLETS.

I

V'là z'encor de drôl's de jeunesses,
Qui s'coalis'nt pour m'empêcher
D'approcher !
Rentrez vos griffes, mes princesses,
Car si l'on m'pousse à bout, oui-da,
L'on verra !
Vous avez vos droits, j'ons les nôtres :
C' t' honneur que vous d'sirez si fort,
Pourquoi qu' j' l'aurions pas comm' les autres,
Puisque ça doit s'tirer au sort ?

II

C'est vrai qu'en fac' d'un' galant'rie
Je n' prends pas des airs courroucés
Et pincés ;
Chez moi, pas ombr' de bégueul'rie.
Rien que d' la bonne et grosse vertu,
C'est connu !
Ainsi, mes titr's val'nt bien les vôtres...
C' t' honneur que vous d'sirez si fort,
Pourquoi qu' j' l'aurions pas comm' les autres,
Puisque ça doit s' tirer au sort ?

Elle va donner son nom au greffier et revient au milieu.

POPOLANI, *au greffier*. — Vous avez écrit tous les noms ?

LE GREFFIER. — Oui, monsieur.

POPOLANI. — Il nous faudrait une corbeille...

UNE PAYSANNE. — En voici une.
Elle va prendre la corbeille qui est sur la fenêtre de Fleurette, en retire les fleurs et la donne à Popolani.

POPOLANI. — Qui la tiendra ?

LE COMTE. — Moi ! si vous le voulez...

POPOLANI, *allant à lui et lui donnant la corbeille.* — Vous daigneriez, seigneur... *(Bas, au comte.)* Eh bien, vous ne reconnaissez pas ?...

LE COMTE, *bas.* — Pas jusqu'à présent... mais je brûle... il y a quelque chose qui me dit que je brûle...

POPOLANI, *bas.* — Allons, tant mieux ! *(Le comte passe près du greffier, qui met tous les noms dans la corbeille. — Haut.)* Le tirage annoncé va avoir lieu, mesdemoiselles. Le premier nom sortant gagnera la rose... le premier nom, vous entendez !... Les ordres de mon maître sont qu'immédiatement après le tirage, la rosière soit conduite chez elle en grande pompe, et revêtue d'habits somptueux. Ensuite, elle sera amenée en présence de haut et puissant seigneur de Barbe-Bleue, qui la couronnera de ses propres mains... Attention, mesdemoiselles, ça va commencer... Pour décerner le prix de l'innocence, il nous faudrait une main innocente.

BOULOTTE, *s'avançant.* — Voilà !

TOUTES. — Voilà !... voilà !... voilà !...

POPOLANI. — Je veux dire la main d'un enfant... *(En voyant un à droite.)* En voici un, justement. Approche, mon enfant... approche ! n'aie pas peur !

L'ENFANT. — J'ose pas, moi.

UNE FEMME, *poussant l'enfant.* — Va, mon enfant, va. *(Avec émotion.)* Et tâche de faire gagner ta mère.

POPOLANI, *conduisant l'enfant près du comte.* — N'aie pas peur, mon petit ami... et prends un de ces petits papiers dans cette corbeille.

Il retourne à droite.

L'ENFANT. — Voilà, m'sieur, voilà !

Il prend un papier, le donne à Popolani et retourne près de sa mère.

POPOLANI, *prenant le papier et criant.* — Boulotte !

On enlève la table et l'escabeau.

CHŒUR.

Saperlotte !
C'est Boulotte !
O ciel ! quelle surprise !
Hasard bien fait pour étonner !
Le sort la favorise,
Et nous devons nous incliner.

Pendant ce chœur, le comte Oscar a examiné la corbeille qu'il tient à la main : il donne les marques d'une violente émotion.

LE COMTE.

O prodige ! ô merveille !
Je reconnais cette corbeille !
A qui, à qui
Cette corbeille ?

LE CHŒUR.

Cette corbeille !

LE COMTE.

A qui ?

LE CHŒUR.

A qui ?

LE COMTE.

Oui, oui, oui... oui !

BOULOTTE.

C'est la corbeille de Fleurette.

LE CHŒUR.

C'est la corbeille de Fleurette,
Dont voici la maison coquette !

LE COMTE.

Cela suffit ! Eloignez-vous ;
Laissez-moi tous, oui, tous, tous, tous !

LE CHŒUR.

Quoi ! tous, tous, tous !

LE COMTE.

Oui, tous, tous, tous !

LE CHŒUR.

Obéissons, éloignons-nous,
Tous, tous, tous, tous !

Pendant la dernière partie de ce morceau, Popolani a cueilli des roses blanches et s'est plu à en parer Boulotte. A la fin du chœur, il lui donne la main et sort avec elle par la gauche. Toutes les paysannes les suivent. Les paysans disparaissent par la droite. Le comte Oscar reste seul.

SCÈNE VII

LE COMTE, puis FLEURETTE.

LE COMTE, *seul, tenant toujours la corbeille.* — Etrange ! étrange !... Ils ont dit : Fleurette...

Il va remettre la corbeille sur le rebord de la fenêtre et frappe à la porte de Fleurette.

FLEURETTE, *sortant de sa cabane.* — Que me voulez-vous ?

LE COMTE. — Deux mots, la belle enfant !

FLEURETTE. — Sont-ce des fleurs que vous voulez ?

LE COMTE. — Pour le prix que je viens t'offrir, jamais tu ne pourrais trouver assez de fleurs dans ton magasin...

FLEURETTE. — Si vous avez à dire des choses qui soient contre l'honneur, vous feriez mieux de passer votre chemin.

LE COMTE. — Vous ne me comprenez pas.

FLEURETTE. — Expliquez-vous, alors.

LE COMTE. — Vous êtes la fille... ?

FLEURETTE. — Du bon Lyciscas, un digne vieillard...

LE COMTE. — N'avez-vous jamais entendu dire que ce digne vieillard n'était pas votre père ?

FLEURETTE. — Si fait, quelquefois !

LE COMTE. — Et ça ne vous a pas fait venir des doutes ?

FLEURETTE. — Je n'ai vu là-dedans qu'une de ces mauvaises plaisanteries...

LE COMTE. — Vous auriez dû y voir autre chose... Souvenez-vous... souvenez-vous...

FLEURETTE. — Que voulez-vous dire ?... Vous me troublez...

LE COMTE. — Remontez par la pensée jusqu'aux premières années de votre enfance... Un palais... un grand palais... des gardes avec de l'or sur leurs cuirasses, des femmes aux parures étincelantes... de jeunes seigneurs... et, au milieu, avec une couronne sur la tête, un mari qui se dispute avec sa femme... Luxe et splendeur, misère et vanité, une cour... une cour, enfin !... Souvenez-vous... souvenez-vous !

FLEURETTE, *frappée*. — Oui, oui, je me souviens...

LE COMTE. — Et plus tard, sans aucune transition, une grande sensation de fraîcheur... de l'eau, de l'eau partout... le fleuve tout autour ; à droite et à gauche, les rives du fleuve. Au-dessus du fleuve, le ciel. Au-dessous du ciel, sur le fleuve, une corbeille, qui va, qui vient, qui flotte... dans cette corbeille, qui va, qui vient, qui flotte... dans cette corbeille, une enfant... Souvenez-vous... souvenez-vous !...

FLEURETTE. — Oui, oui, je me souviens...

LE COMTE. — Pas un mot de plus... Vous êtes la princesse Hermia ; vous êtes la fille du roi, mon maître.

FLEURETTE, *stupéfaite*. — La fille ?...

LE COMTE, *s'agenouillant*. — Du roi Bobèche !

FLEURETTE. — La fille du roi Bobèche !... *(Elle le fait se relever.)* Mais, si peu que je me sois occupée de politique, je sais qu'il a un fils, le roi Bobèche...

LE COMTE. — Le jeune prince, votre frère.

FLEURETTE. — Moins âgé que moi...

LE COMTE. — Moins âgé que Votre Altesse.

FLEURETTE. — Alors, c'est mon Altesse qui doit hériter ?

LE COMTE. — Comme vous dites.

FLEURETTE. — Et vous allez me conduire ?...

LE COMTE. — A la cour de monsieur votre père.

FLEURETTE. — Quand partons-nous ?

LE COMTE. — Tout de suite. Je n'ai qu'à appeler mes hommes... Ils sont à vingt pas d'ici... mais, en partant, ne désirez-vous rien emporter avec vous ?...

FLEURETTE. — Si fait ! vous faites bien de m'y faire penser, je veux emporter quelque chose avec moi. *(Elle va à la cabane de Saphir.)* Saphir ! Saphir !... venez, Saphir, ne craignez rien, c'est moi qui vous appelle...

Entre Saphir.

SCÈNE VIII

LES MÊMES, SAPHIR.

SAPHIR. — Me voici, chère Fleurette.

LE COMTE, *lorgnant Saphir.* — Qu'est-ce que c'est que ça ?

FLEURETTE. — Ça ?... mais c'est ce que je veux emporter.

LE COMTE. — Un berger ?

FLEURETTE. — Un berger.

LE COMTE. — Y songez-vous, princesse ?

SAPHIR, *étonné.* — Princesse !...

FLEURETTE. — Oui, princesse !... Tout à l'heure, j'étais bergère ; maintenant, je suis la fille du roi Bobèche.

SAPHIR. — Bobèche !

FLEURETTE. — Cela te fait peur, n'est-ce pas ?... Tu te dis que nous allons être séparés... et que deviendront alors les serments que nous avons échangés ?... N'aie pas peur, je t'emmène avec moi à la cour !

LE COMTE. — Par exemple !

FLEURETTE, *avec autorité.* — Je l'emmène... Appelez vos hommes et partons.

LE COMTE. — Encore une fois, princesse...

FLEURETTE. — Appelez vos hommes.

LE COMTE. — Emporter un berger !... Si c'était un mouton, passe encore... un petit mouton avec des faveurs roses, qui va, qui vient, qui trotte...

FLEURETTE. — Vous m'avez dit que j'étais la fille du roi...

LE COMTE. — Sans doute.

FLEURETTE. — Alors, il me semble que lorsque je parle, vous n'avez qu'à obéir.

LE COMTE, *s'inclinant.* — Princesse !...

Il remonte et va faire un signe à gauche : entrent alors quatre pages, suivis de quatre hommes portant un palanquin ; ils le déposent au milieu du théâtre.

CHŒUR DES PORTEURS et DES PAGES.

Montez sur ce palanquin,
Que surmonte un baldaquin.

Cré coquin ! cré coquin !
Il va fair' chaud l' long du ch'min !

FLEURETTE, *à Saphir.*

Viens, et suis ce palanquin,
Que surmonte un baldaquin.
Doux coquin, gai coquin,
L'amour sera du chemin !

Elle s'installe dans le palanquin, les porteurs l'enlèvent ; en ce moment, Barbe-Bleue, suivi de ses hommes d'armes, paraît sur la montagne. Les rideaux du palanquin sont ouverts : Barbe-Bleue aperçoit la princesse Hermia ; il est saisi d'une violente admiration.

REPRISE DU CHŒUR.

Montez sur ce palanquin, etc., etc.

Les porteurs se mettent en marche ; ils sortent par le fond à gauche, précédés du comte Oscar et suivis par Saphir.

SCÈNE IX

BARBE-BLEUE, HOMMES D'ARMES.

Quand le cortège a disparu, Barbe-Bleue descend, suivi de ses hommes d'armes.

BARBE-BLEUE.

Encor une, soldats, belle parmi les belles !
Pourquoi donc le destin les met-il sur mes pas,
Ces femmes qu'aussitôt des morts accidentelles
Arrachent de mes bras !

COUPLETS.

I

Ma première femme est morte,
Et que le diable m'emporte
Si j'ai jamais su comment !
La deuxième et la troisième,

Ainsi que la quatrième,
Je les pleure également.
La cinquième m'était chère,
Mais, la semaine dernière,
A mon grand étonnement,
Sans aucun motif plausible,
Les trois Parques, c'est horrible !
L'ont cueillie en un moment...
Je suis Barbe-Bleue, ô gué !
Jamais veuf ne fut plus gai !

LES SOLDATS.

Il est Barbe-Bleue, ô gué !
Jamais veuf ne fut plus gai !

BARBE-BLEUE.

II

Maintenant que j'ai dit comme
L'on m'appelle et l'on me nomme,
Chacun comprend à l'instant,
Que mon unique pensée,
Est de la voir remplacée.
Celle que j'adorais tant !
Entre nous, c'est chose faite :
La sixième est toute prête,
Mais je sais ce qui l'attend.
Je le sais, et je crois même
Que déjà de la septième
Je m'occupe vaguement...
Je suis Barbe-Bleue, ô gué ! etc., etc.

LE CHŒUR.

Il est Barbe-Bleue, etc.

Entre Popolani, par la gauche ; les hommes d'armes se retirent au fond.

SCÈNE X

LES MÊMES, POPOLANI.

BARBE-BLEUE. — Te voilà, Popolani, mon fidèle alchimiste...

POPOLANI, *s'inclinant*. — Monseigneur...

BARBE-BLEUE. — Sais-tu quelle est cette jeune fille que je viens de voir partir en palanquin... et que le comte Oscar accompagnait lui-même, si je ne me suis trompé ?

POPOLANI. — Cette jeune fille, quelle qu'elle soit, est la propre fille du roi Bobèche.

BARBE-BLEUE. — Comme ça se trouve !... je la reverrai à la cour, le jour où je présenterai ma nouvelle épouse...

POPOLANI. — Votre nouvelle épouse, monseigneur !

BARBE-BLEUE. — Penses-tu qu'à mon âge je veuille vivre sans une petite femme ?

POPOLANI. — Horrible ! horrible ! très horrible !...

BARBE-BLEUE. — Tu frémis !... Cette idée de noces nouvelles, qui me fait sourire, moi, te fait frissonner, toi.

POPOLANI. — Et ça se comprend, car c'est moi qui...

BARBE-BLEUE. — N'achève pas !... Après que mon amour les a tenues éveillées pendant quelque temps, c'est toi qui te charges de procurer à mes épouses un sommeil bienfaisant qui ne finit jamais, ô terrible alchimiste !

POPOLANI. — Est-ce que vous ne rougissez pas ?...

BARBE-BLEUE. — Non, je ne rougis pas, et je t'avouerai même que je trouve qu'il y a dans mon caractère quelque chose de poétique !... Je n'aime pas une femme, j'aime toutes les femmes... c'est gentil, ça !... En m'attachant exclusivement à une d'elles, je croirais faire injure aux autres... Ajoute à cela des scrupules qui ne me permettent pas de croire qu'il soit permis de prendre une femme autrement qu'en légitime mariage : tout le paraîtra clair dans ma conduite ; tu m'auras tout entier.

POPOLANI. — Enfin !... Et me permettrez-vous de vous demander qui est cette nouvelle épouse ?

BARBE-BLEUE. — Qui peut savoir ?... Ne le sais moi-même... Tu as exécuté mes ordres ?

POPOLANI. — Oui, monseigneur ; vous allez couronner votre rosière.

BARBE-BLEUE. — Et comment est-elle ?

POPOLANI. — Mais... c'est une femme...

BARBE-BLEUE. — J'entends, mais quel genre de femme ?...

POPOLANI. — Du genre des belles femmes.

BARBE-BLEUE. — Ressemble-t-elle aux femmes que j'ai rencontrées jusqu'ici ?

POPOLANI. — Oh ! quant à cela, pas du tout ! Si vous vous attendez à revoir une nouvelle Isaure de Valbon...

BARBE-BLEUE. — Cette chère Isaure... Je l'ai bien aimée !... Ainsi, la rosière ne lui ressemble pas ?

POPOLANI. — Pas le moins du monde.

BARBE-BLEUE. — Mais parle donc !... il faut t'arracher les paroles... Comment est-elle, enfin, cette rosière !... trace-moi son portrait.

Ritournelle.

POPOLANI, *allant regarder à gauche.* — C'est inutile, car la voici, on vous l'amène !

Entre la rosière avec son cortège, par le fond à gauche ; le cortège fait le tour du théâtre.

SCÈNE XI

LES MÊMES, BOULOTTE, en robe blanche, couverte de fleurs d'oranger, PAYSANS ET PAYSANNES.

Le greffier est en tête du cortège, puis vient Boulotte, voilée, entre deux jeunes filles vêtues de blanc comme elle ; l'une de ces jeunes filles porte une couronne de fleurs d'oranger, et l'autre un de ces petits coussins appelés macarons. Tous les paysans et paysannes ont au côté des fleurs et des rubans. Arrivée au milieu du théâtre, Boulotte s'arrête ; les deux jeunes filles restent derrière elle, celle qui porte la couronne à sa gauche, et l'autre à sa droite.

FINALE.
CHŒUR.

Honneur, honneur
A monseigneur,
Qui lui-même a voulu.
Couronner la vertu,
Montrant ainsi que l'innocence,
Trouve toujours sa récompense !
Honneur ! honneur,
A monseigneur !

BARBE-BLEUE.

L'innocence, en effet, je pense,
Va recevoir sa récompense !

Deux jeunes filles enlèvent le voile de Boulotte ; celle-ci, très émue, salue Barbe-Bleue, qui, au milieu du silence général, s'approche de Boulotte et l'examine attentivement. — Après cet examen, Barbe-Bleue s'avance sur le devant de la scène et dit avec enthousiasme.

COUPLETS.

I

C'est un Rubens !
Ce qu'on appelle une gaillarde,
Une robuste campagnarde,
Bien établie en tous les sens !
Elle n'a point ces mignardises
Qui m'ont fatigué des marquises !
C'est un Rubens !

LE CHŒUR.

C'est un Rubens !

BARBE-BLEUE.

II

C'est un Rubens !
Une grosse et forte luronne
Qui, lorsqu'un amant la chiffonne,
Se défend à grands coups de poings !
Elle est robuste, elle est naïve.
Sa grâce est quelque peu massive...
C'est un Rubens !

LE CHŒUR.

C'est un Rubens !

La jeune fille qui porte le macaron le dépose devant Boulotte.

POPOLANI, *à Boulotte.*

Et maintenant, approchez-vous,
Et sur ce macaron vous mettez à genoux !

Boulotte s'agenouille.

LE CHŒUR.

Pour la rosière, ah ! quel honneur !
Vive Boulotte et vive monseigneur !

POPOLANI.

Silence ! silence !
De monseigneur admirons l'éloquence !

BARBE-BLEUE, *prenant la couronne et la posant sur le front de Boulotte.*
COUPLETS.

I

En recevant ce témoignage
Que nous devons à tes vertus,
Tu nous promets de rester sage,
Ainsi que toujours tu le fus.

BOULOTTE, *se levant.*

Vous promettre ça ?... Je l' veux bien,
Attendu qu' ça n' m'engage à rien !

Elle se remet à genoux.

BARBE-BLEUE.

II

Si quelque jour, bientôt peut-être,
D'un mari je te fais présent,
Ce jour-là, tu nous promets d'être
Digne de lui, comme à présent.

BOULOTTE, *se levant.*

Vous promettre ça ?... Je l' veux bien,
Attendu qu' ça n' m'engage à rien !

BARBE-BLEUE.

Ecoutez, manants et vassaux !...
Je vais faire une chose immense !
Grands principes, je vous devance !
J'inaugure les temps nouveaux !
Moi, noble et grand seigneur de race haute et fière
Sire de Barbe-Bleue et de maints autres lieux,
J'entends que le palais s'unisse à la chaumière ;
Prince, j'épouse une bergère
A la barbe de mes aïeux !

LE CHŒUR, *intrigué.*
Une bergère !

BARBE-BLEUE, *montrant Boulotte.*
Cette bergère !

POPOLANI, *crevant de rire, à part.*
Ah ! quelle bergère !

LE CHŒUR.
Prince, il épouse une bergère !

BOULOTTE, *saisie.*
C'est y ben vrai, mon doux seigneur ?

BARBE-BLEUE, *simple et grand.*
Ma parole d'honneur !

BOULOTTE, *faisant la révérence.*
Ah ! pour moi quel honneur !

POPOLANI, *bas, à Boulotte.*
Femme de Barbe-Bleue ! et vous n'aurez pas peur ?

BOULOTTE.
Qui ?... moi, peur ?...
Jamais, manant ou grand seigneur.
Jamais homme ne m'a fait peur.

BARBE-BLEUE.
Ça, maintenant, que l'on s'apprête
A retourner dans mon manoir !
Je veux terminer cette fête
Aujourd'hui même, dès ce soir !
Les cavaliers, dans ce voyage,
Iront à cheval, comme il sied ;
Les gens de pied, selon l'usage,
Les gens de pied iront à pied.

LE CHŒUR.

Les gens de pied, selon l'usage,
Les gens de pied iront à pied.

BARBE-BLEUE.

Allons, marchons !
Allons, partons !
Gai, gai, marions-nous !
Le mariage est doux !
Allons, marchons !
Allons, partons !
Chaud, chaud, partons gaiement !
Je suis impatient !

LE CHŒUR.

Allons, marchons !
Allons partons !
Gai, gai, mariez-vous !
Le mariage est doux !
Allons, marchons :
Allons, partons !
Chaud, chaud, partons gaiement !
Il est impatient !

BOULOTTE, *à part, regardant Barbe-Bleue*.

Je sais que de l'homme qui m'aime,
On ne dit pas grand bien ;
Mais baste !... essayons-en tout d' même !
Qui n' risque rien n'a rien !

BARBE-BLEUE et LE CHŒUR.
REPRISE

Allons, marchons !
Allons, partons ! etc.
D'abord au pas,
Au petit pas,
Sans grand fracas,
Et puis au trot,
Au petit trot,
Puis au grand trot,

Puis au galop,
Au grand galop !
Hop là ! hop là !
Tra la la la.

POPOLANI.

En route, vassaux et manants !
En route, sans perdre de temps !
Faisons cortège aux deux amants !

Pendant la reprise du chœur, le cortège se forme et se met en marche : il part de la gauche et traverse la scène sur le devant, allant vers la montagne. La moitié des hommes d'armes ouvre la marche, puis viennent les paysannes, puis Barbe-Bleue et Boulotte, puis le reste des hommes d'armes et enfin les paysans. Popolani et le greffier dirigent le cortège.

BARBE-BLEUE, BOULOTTE, POPOLANI et LE CHŒUR.

Allons, marchons !
Allons, partons ! etc.
D'abord au pas,
Au petit pas, etc.

BARBE-BLEUE, *tenant Boulotte par la main et arrivé sur le devant de la scène.*

Je suis Barbe-Bleue, ô gué !
Jamais veuf ne fut plus gai !

LE CHŒUR.

Il est Barbe-Bleue, ô gué !
Jamais veuf ne fut plus gai !

Arrivés au milieu de la montagne, Barbe-Bleue et Boulotte s'arrêtent et saluent les paysans, qui, restés en bas, agitent leurs chapeaux. Tableau.

ACTE DEUXIÈME

PREMIER TABLEAU

Le Palais du Roi.

La Salle des Ancêtres, garnie de portraits en pied. Au fond, trois grandes baies ouvrant sur une galerie. A droite, deuxième plan, porte de l'appartement du roi ; à gauche, en face, porte de l'appartement de la reine. De chaque côté de la scène, au second plan, des potiches posées sur des socles. A droite, sur le devant, un guéridon. Le fauteuil royal à côté du guéridon ; un autre fauteuil pareil, à gauche ; sièges au fond, à droite et à gauche.

SCÈNE PREMIÈRE

ALVAREZ, COURTISANS, puis LE COMTE, puis UN PAGE.

Alvarez se tient le premier à gauche parmi les courtisans.

LE CHŒUR.

Notre maître
Va paraître ;
Au palais nous accourons.
Force grâces,
Force places,
Voilà ce que nous voulons.

Entre, par le fond, le comte Oscar ; il est rêveur.

LE COMTE, *à part.*

Serai-je Richelieu ? Serai-je Olivarès ?

LE CHŒUR.

Le premier ministre !
Son air est sinistre !

LE COMTE, *saluant.*

Salut à vous, messieurs !

LE CHŒUR, *saluant.*
Nous sommes vos valets.

LE COMTE, *avec amertume, à part.*
Mes valets aujourd'hui ! mes ennemis demain !
Car ils sont courtisans, et tous sauraient, je pense,
Si je les en priais, répéter le refrain
Du courtisan par excellence.

Parlé, aux courtisans.

Chantons, messieurs.

COUPLETS.

I

C'est un métier difficile
Que celui des courtisans,
Et tel, qui s'y croit habile,
Souvent se fourre dedans.
Il faut, s'il veut arriver,
Qu'un bon courtisan s'incline,
Qu'il s'incline,
Qu'il s'incline.
Et qu'il courbe son échine
Autant qu'il la peut courber.

LE CHŒUR.
Il faut, s'il veut arriver, etc.

De profondes salutations accompagnent en mesure les mots : « qu'il s'incline ».

LE COMTE.

II

Quoi que notre maître dise,
On doit se pâmer d'abord ;
Et, si c'est une bêtise,
On ne rit plus, on se tord !
Il faut, s'il veut arriver,
Qu'un bon courtisan s'incline,
Qu'il s'incline,
Qu'il s'incline,

Et qu'il courbe son échine
Autant qu'il la peut courber.

LE CHŒUR.
Il faut, s'il veut arriver, etc.

LE COMTE, *à part, regardant les courtisans courbés.* — Qu'est-ce que je disais ?

UN PAGE, *entrant par la droite et annonçant.* — Le roi !

Les courtisans, qui sont en cercle autour du comte, passent à gauche ; tous se rangent avec empressement sur deux lignes, Alvarez toujours le premier. Le roi Bobèche entre par la droite : les courtisans, ainsi que le comte Oscar, s'inclinent profondément.

LE COMTE. — Sa Majesté Bobèche !

SCÈNE II

LES MÊMES, LE ROI BOBÈCHE, suivi d'un autre PAGE.

Il parcourt les rangs, sa figure exprime une vive satisfaction ; les deux pages se tiennent derrière le guéridon.

BOBÈCHE. — Deux pouces plus bas qu'hier... parfait ! *(Apercevant Alvarez qui est moins courbé que les autres.)* Ah ! cependant... *(Reconnaissant Alvarez.)* Alvarez !... ce devait être lui !... Patience, patience !... *(Il donne une tape sur la tête d'Alvarez pour le mettre au niveau.)* Comme les autres, monsieur, comme les autres !... *(Après un silence, il frappe dans ses mains.)* Pan !... pan !... *(Les courtisans se relèvent.)* Comte Oscar, lisez l'emploi de la journée.

LE COMTE, *prenant un papier que lui donne le deuxième page et lisant.* — « A deux heures, réception du prince Saphir, qui vient pour épouser la princesse Hermia. Après avoir été reçu dans les jardins par la foule des courtisans, qui lui chanteront la cantate n° 5... » Vous la savez :

Chantant.

« Ah ! quel beau jour !
Ah ! quel beau jour !... »

ALVAREZ, *continuant l'air.*

« Ah ! quel beau jour !... »

BOBÈCHE, *sévèrement.* — Assez, monsieur !... Continuez, comte Oscar.

LE COMTE, *lisant.* — « Après avoir été reçu par la foule des courtisans... le jeune prince sera amené, par moi, en présence du roi, de la reine et de la jeune princesse... Scène intime... épanchements de famille. »

BOBÈCHE, *se retournant vers Alvarez.* — Vous causez, seigneur Alvarez !

ALVAREZ. — Ce n'est pas moi, sire.

BOBÈCHE. — Je vous dis que vous causez...

ALVAREZ. — Foi de gentilhomme !

BOBÈCHE. — Encore, monsieur !... ne savez-vous pas que, quand c'est à moi que l'on parle, on doit garder le silence ?... Continuez, comte Oscar.

LE COMTE, *lisant.* — « A trois heures, réception du sire de Barbe-Bleue et de sa nouvelle épouse. — Cantate n° 9. »

BOBÈCHE, *chantant.*

« Voici cet heureux couple...
Il vient à petits pas... »

Continuez.

LE COMTE, *lisant.* — « Réception de gala et baisemain, ici même dans la Salle des Ancêtres... *(Tous les courtisans s'inclinent devant les portraits des ancêtres ; Bobèche frappe deux coups dans sa main, ils se relèvent.)* A huit heures, le dîner... à minuit, le mariage du prince et de la princesse. — Cantate n° 22. »

BOBÈCHE, *chantant.*

« Hyménée, hyménée !...
O la belle journée !... »

LE COMTE, *lisant.* — « A minuit et demi, feu d'artifice, concert et bal. » C'est tout.

Il rend le papier au page.

BOBÈCHE, *aux courtisans.* — Je n'ai pas besoin de vous rappeler, messieurs, que, pour ces diverses cérémonies, une mise soignée est de rigueur... Et maintenant, allez, messieurs. Vous, Alvarez, restez...

Il donne le signal du départ en frappant deux coups dans ses mains.

REPRISE DU CHŒUR.

Il faut, s'il veut arriver,
Qu'un bon courtisan s'incline..., etc.

Les courtisans, moins Alvarez, sortent par le fond, les deux pages rentrent à droite.

SCÈNE III

ALVAREZ, BOBÈCHE, LE COMTE.

BOBÈCHE, *à Alvarez.* — A quelle heure vous êtes-vous levé ce matin ?

ALVAREZ. — A l'heure qui plaira à Votre Majesté.

BOBÈCHE, *à part, avec amertume.* — Et l'on veut que les rois sachent la vérité !... *(Haut, à Alvarez.)* Alors, vous vous êtes levé à sept heures du matin, vous êtes descendu dans le parc, vous y avez rencontré une femme.

ALVAREZ. — La reine...

BOBÈCHE. — Cette femme, monsieur, nous ne la nommerons pas... Il convient de ne pas la nommer... Etes-vous marié ?

ALVAREZ. — Non, sire.

BOBÈCHE. — Vous avez des enfants, au moins ?

ALVAREZ. — Non, sire.

BOBÈCHE. — C'est bien, vos enfants et votre femme trouveront en moi un second père... Allez ! Je n'avais pas autre chose à vous dire...

ALVAREZ, *se prenant la tête entre ses mains, à part.* — Oh ! je suis perdu !... je suis bien perdu !

Il sort par le fond.

SCÈNE IV

BOBÈCHE, LE COMTE.

BOBÈCHE. — Tu m'as compris ?

LE COMTE. — Eh quoi ! sire, encore du sang ?

BOBÈCHE. — Il le faut !

LE COMTE. — Ils sont quatre déjà, qui ont rencontré la reine dans le parc, et qui, deux heures après...

BOBÈCHE, *avec horreur.* — Quatre déjà !...

LE COMTE. — Il faut nous arrêter. Sire, vous êtes la voix qui commande, mais moi, je suis le bras qui exécute... et ça commence à me fatiguer. Et puis, j'ai des remords... c'est la nuit que ça me prend... Pas plus tard qu'avant-hier, j'ai eu une crise... je me suis levé précipitamment. La comtesse Oscar m'a dit : « Qu'avez-vous, mon ami ?... » Je n'ai pas osé lui dire que c'était le remords... Elle a cru ce qu'elle a voulu.

BOBÈCHE. — Je comprends ça.

LE COMTE. — Il faut nous arrêter.

BOBÈCHE. — Bah ! celui-là encore... après, nous verrons... *(Passant à droite.)* Et maintenant, occupons-nous des affaires de l'Etat. *(Il fait tourner une crécelle dorée qui est sur le guéridon ; un page entre par la droite.)* Qu'on m'apporte le monde !... *(Le page apporte un globe terrestre, qu'il dépose sur le guéridon et sort. Au comte.)* Avez-vous observé l'horizon politique ?

LE COMTE. — Oui, sire.

BOBÈCHE, *s'asseyant près du guéridon et s'amusant à faire tourner le globe.* — Moi aussi, monsieur, et j'ai une opinion.

LE COMTE, *s'approchant.* — Je ne la connais pas, sire, mais je la partage absolument.

BOBÈCHE. — Mon opinion, c'est que la conduite du sire de Barbe-Bleue n'est pas claire... Cinq de ses femmes ont déjà disparu... Ne vous avais-je pas chargé de lui faire quelques observations ?

LE COMTE. — Après la disparition de sa troisième femme, je suis allé le trouver... et, pour entamer la conversation : « C'était une bien digne femme que feue Isaure de Valbon, lui ai-je dit. — Oui, m'a-t-il répondu, une bien digne femme, mais c'était toujours la même chose... » Je n'ai pas cru devoir aller plus loin.

BOBÈCHE. — Tu as bien fait... Il me semble, cependant, que tant de crimes ne peuvent rester impunis... Cinq femmes !...

LE COMTE. — Oui, sire, il a fait disparaître cinq femmes... tout comme moi, par votre ordre, j'ai fait disparaître cinq...

BOBÈCHE, *se levant et passant à gauche*. — Oses-tu comparer la conduite d'un roi qui commande à cent vingt millions d'hommes à celle d'un méchant petit prince, qui n'a pas trois mille sujets ?...

LE COMTE. — Sire !...

BOBÈCHE. — Tu vois... tu ne l'oses... Il faut sévir... et nous sévirons !

LE COMTE. — C'est qu'il a des canons, le sire de Barbe-Bleue !... Tandis que vous... vous n'en avez pas !

BOBÈCHE. — Comment, je n'en ai pas ?...

LE COMTE. — Dame ! l'an dernier, vous avez tenu à avoir votre statue équestre... Tous vos canons y ont passé.

BOBÈCHE. — Mais, depuis ma statue, qu'est-ce que le grand-maître de mon artillerie fait de l'argent que je lui donne ?

LE COMTE. — Il le dépense avec des femmes.

BOBÈCHE. — Il devrait nous inviter, au moins !

LE COMTE. — Moi, il m'invite.

BOBÈCHE. — Il vous invite ?... Ah !... *(Changeant de ton.)* Donc, votre avis est qu'il ne faut pas sévir ?

LE COMTE. — Non seulement il ne faut pas sévir, mais il faudra recevoir très bien le sire de Barbe-Bleue, et lui obéir, s'il plaît à ce redoutable seigneur d'ordonner quelque chose.

BOBÈCHE. — Eh bien !... on lui obéira.

LE COMTE. — Est-ce décidé, sire ?

BOBÈCHE. — C'est décidé !... *(Avec orgueil et passant à droite.)* Un homme est bien fort, quand il a pris une résolution !

SCÈNE V

LES MÊMES, UN PAGE, puis LA REINE CLÉMENTINE, suivie d'un autre PAGE.

UN PAGE, *entrant par la gauche et annonçant.* — La reine !

Clémentine paraît, un deuxième page la suit.

BOBÈCHE, *regardant entrer Clémentine, à part.* — Tout comme Isaure de Valbon, la reine... avec une nuance, cependant... c'est une femme très désagréable, mais c'est toujours la même chose. *(Au comte.)* Allez, comte Oscar, et n'oubliez pas que vous avez deux mots à dire au seigneur Alvarez.

CLÉMENTINE. — Ah ! à propos d'Alvarez, comte Oscar ?...

LE COMTE, *redescendant vivement.* — Majesté ?...

CLÉMENTINE. — Dites-lui que j'ai pensé à ce qu'il m'a demandé et que je crois que ça pourra se faire.

BOBÈCHE, *bas, au comte.* — Et tu voulais l'épargner !...

LE COMTE, *bas.* — C'est bien, sire, j'obéirai.

Il sort par le fond, Bobèche remonte et redescend à gauche ; les pages rentrent à gauche.

SCÈNE VI

BOBÈCHE, CLÉMENTINE.

BOBÈCHE. — Que me voulez-vous, madame ?

CLÉMENTINE. — On vient de notifier à ma fille et à moi l'emploi de cette journée.

BOBÈCHE. — Eh bien ?

CLÉMENTINE. — J'y vois que ce soir, à minuit, elle doit épouser le prince Saphir...

BOBÈCHE. — C'est exact.

CLÉMENTINE. — Eh bien ! monsieur, ce mariage ne peut pas se faire.

BOBÈCHE. — Pourquoi ? Ah ! dites-moi pourquoi ?

CLÉMENTINE. — Je connais le cœur de ma fille... Elle aime quelqu'un.

BOBÈCHE, *amèrement.* — Mais on peut aimer une personne et en épouser une autre.

CLÉMENTINE, *avec énergie.* — Ah ! je le sais bien.

BOBÈCHE. — Madame !...

CLÉMENTINE. — Mais je sais, et vous savez aussi, ce qui d'ordinaire résulte de ces sortes d'unions...

BOBÈCHE. — Je ne vous parle jamais de ça, vous m'en parlez toujours : vous avez tort. Ça n'est pas un sujet convenable de conversation.

CLÉMENTINE. — J'ai le droit d'en parler, moi... car je ne suis jamais allée jusqu'à la faute...

BOBÈCHE. — Parce que je vous ai arrêtée à la frontière.

CLÉMENTINE. — Jamais, monsieur, et cependant... avouez qu'en un cas pareil, l'épouse pourrait plaider les circonstances atténuantes.

COUPLETS.

I

On prend un ange d'innocence,
Tout comme j'étais à seize ans ;
Un jour, on la met en présence
D'un prince des plus déplaisants...
Voilà comment cela commence.
Elle pleure, elle en perd l'esprit,
Mais la raison d'Etat empêche
Qu'on écoute ce qu'elle dit.
Bref, elle épouse un roi Bobèche !...
Voilà comment cela finit !

II

Un seigneur de haute naissance,
Un beau soir, paraît à la cour ;
Il ose, voyez l'insolence,
A la reine parler d'amour...
Voilà comment cela commence.
De fureur la reine pâlit ;
Mais, le lendemain, moins revêche,
A l'imprudent elle sourit...
Et tu vois d'ici, roi Bobèche,
Tu vois comment cela finit !

BOBÈCHE. — Vous avez une manie désagréable, c'est de toujours me parler de ce dont les femmes évitent généralement de parler à leurs maris...

CLÉMENTINE. — Je ne vous en parlerais certes pas, monsieur, s'il ne s'agissait du bonheur de ma fille.

BOBÈCHE. — Votre fille, madame !... je suis sûr qu'elle sera plus raisonnable que vous, votre fille, et qu'elle prendra la chose très gentiment.

CLÉMENTINE. — Très gentiment ?... Eh bien, savez-vous ce qu'elle fait, depuis qu'elle a appris qu'elle serait mariée ce soir avec ce prince Saphir ?

BOBÈCHE. — Qu'est-ce qu'elle fait ?

CLÉMENTINE. — Elle brise des vases précieux.

BOBÈCHE, *furieux*. — Elle brise mes biscuits !... par exemple !...

Il veut s'élancer, Clémentine l'arrête.

CLÉMENTINE. — Oh ! soyez tranquille, vous ne tarderez pas à la voir paraître... quand elle aura cassé les potiches qui sont par là, elle viendra casser celles qui sont ici.

Bruit de porcelaine brisée au-dehors ; la princesse Hermia entre précipitamment par la gauche.

SCÈNE VII

LES MÊMES, LA PRINCESSE.

LA PRINCESSE. — Ah ! vous voulez me marier avec le prince Saphir ! *(Elle brise un vase à gauche.)* V'lan !

CLÉMENTINE, *à Bobèche*. — Vous voyez !...

BOBÈCHE, *cherchant à arrêter sa fille*. — Hermia !...

LA PRINCESSE. — Ah ! c'est pour ce soir, à minuit !... *(Elle brise un autre vase à droite.)* V'lan !

BOBÈCHE, *courant à elle.* — Mia-mia !

LA PRINCESSE. — C'est ce que nous verrons !...

Elle veut saisir le globe terrestre.

BOBÈCHE, *l'arrêtant.* — Pas ça, ma fille !... Pas le monde !...

CLÉMENTINE, *à Bobèche.* — Quand je vous le disais !...

BOBÈCHE, *ramenant sa fille au milieu de la scène.* — Voyons, ma fille, voyons, il faut être raisonnable.

LA PRINCESSE. — Je ne demande pas mieux que d'être raisonnable, mais à la condition qu'on fera ce que je voudrai... Je n'épouserai pas votre prince Saphir ! J'aime un berger !... Ce berger, je l'avais emmené avec moi ; au milieu du chemin, il m'a dit : « Quand vous étiez bergère, je n'osais pas parler à ma famille de notre mariage ; mais du moment que vous êtes princesse, c'est bien différent, et je vais parler à ma famille... » Là-dessus, il m'a quittée... Il faut l'attendre.

BOBÈCHE. — Il est trop tard, ma fille.

CLÉMENTINE. — Il n'est jamais trop tard pour empêcher un malheur.

BOBÈCHE. — Madame !...

CLÉMENTINE, *avec intention.* — Un nouveau malheur.

BOBÈCHE. — Voilà que vous recommencez...

LA PRINCESSE. — Tiens bon, maman ! *(A Bobèche.)* Maman est pour moi !... *(A sa mère.)* Tiens bon, maman !

BOBÈCHE — Clémentine fera ce que je voudrai !... Elle est ma femme, Clémentine !

CLÉMENTINE. — Oui, mais, avant d'être votre femme, j'étais sa mère...

BOBÈCHE. — Comment ?

CLÉMENTINE. — Je veux dire qu'avant d'être votre femme, je suis sa mère !

BOBÈCHE. — J'aime mieux ça.

CLÉMENTINE. — Et puis...

BOBÈCHE, *furieux*. — Et puis... en voilà assez !... *(Musique au-dehors.)* J'entends la cantate... c'est le jeune prince !

Il remonte. Clémentine et la princesse passent à droite.

LA PRINCESSE, *brisée*. — Oh ! maman ! maman !...

Elle se jette dans les bras de sa mère.

CLÉMENTINE, *la soutenant*. — Oh ! ma fille ! ma fille !...

BOBÈCHE, *redescendant à gauche*. — Attention, ma fille !

LA PRINCESSE, *se redressant*. — N'ayez pas peur, vous allez voir comment je vais le recevoir !

Deux pages entrent par le fond, précédant le prince Saphir ; après son entrée, ils restent au fond.

SCÈNE VIII

LES MÊMES, LE PRINCE SAPHIR.

UN PAGE, *annonçant du fond*. — Le prince Saphir !

SAPHIR, *entrant par le fond et saluant Bobèche et Clémentine.* — Sire !... Madame !... *(Il salue la princesse.)* Mademoiselle !...

Celle-ci tourne le dos.

CLÉMENTINE, *bas, à sa fille.* — Je t'assure qu'il n'est pas mal.

SAPHIR. — Chère princesse...

La princesse continue à lui tourner le dos.

BOBÈCHE, *mécontent.* — Ma fille !... ma fille !...

LA PRINCESSE, *allant à Saphir.* — Non !... et je vais lui dire à lui-même... *(Elle lève les yeux, reconnaît Saphir et se précipite dans ses bras en jetant un cri de joie.)* Ah !...

QUATUOR.
LA PRINCESSE.

C'est mon berger !

TOUS, *étonnés.*

C'est son berger !

LA PRINCESSE.

Pourquoi me faire enrager ?
C'est mon berger !

TOUS.

C'est son berger !

LA PRINCESSE.

C'est bien lui ! c'est mon berger !
Il a changé de costume,
Mais son cœur n'a pu changer,
Et sous cette toque à plume
Je reconnais mon berger !

TOUS.

C'est son berger !

LA PRINCESSE.

C'est mon berger !
Quel plaisir de reconnaître
Ce front charmant !
Il est mon seigneur et maître,
Et mon amant !
Mariez-nous tout de suite !
A mon côté mettez vite,
Mettez la fleur d'oranger,
Que j'épouse mon berger !
C'est mon berger !

TOUS.

C'est son berger !

BOBÈCHE, *ahuri*. — C'est mon berger !... c'est son berger !... Ce n'est donc pas le prince ?

SAPHIR. — Si fait ! le prince et le berger ne font qu'un...

BOBÈCHE. — Comment cela ?

SAPHIR. — Je vais vous le dire : une fois, à la chasse, je m'égarai... j'aperçus...

BOBÈCHE. — Ah ! vous avez quelque chose à raconter... *(Il remonte et fait un signe : les deux pages avancent un fauteuil à droite, un fauteuil à gauche, deux tabourets au milieu.)* Ça se trouve bien, car nous avions mis une scène intime sur le programme, et je ne sais fichtre pas avec quoi nous l'aurions remplie. Asseyons-nous *(Tous les quatre s'asseyent. Les pages se retirent. A Saphir.)* Maintenant, vous pouvez...

SAPHIR. — Une fois, à la chasse, je m'égarai ; j'aperçus une bergère d'une beauté éclatante !...

LA PRINCESSE, *ingénument.* — C'était moi, maman !

CLÉMENTINE. — Pauvre enfant !

SAPHIR, *continuant.* — Je vins m'établir auprès d'elle, dans le même village, sous l'apparence d'un berger... On n'aime bien qu'à la campagne ! Dans les villes, le cœur ne bat pas, mais il bat aux champs.

BOBÈCHE. — Il bat aux champs !... Battre aux champs !

Il se lève, et attaque le quatuor en faisant les gestes d'un tambour qui bat aux champs. Stupéfaction de Saphir.

QUATUOR.
BOBÈCHE.

Ran, plan, plan, plan, plan !

CLÉMENTINE, *même jeu.*

Ran, plan, plan, plan, plan !

LA PRINCESSE, *même jeu.*

Ran, plan, plan, plan, plan !

SAPHIR, *ahuri, mais prenant son parti et faisant comme les autres.*

Ran, plan, plan, plan, plan !

Le roi, la reine et la princesse se rasseyent en même temps, mécaniquement, sur la dernière note... Saphir stupéfait les regarde et se rassied un peu après.

BOBÈCHE, *à Saphir. Parlé, très naturellement.* — Maintenant, reprenez votre récit...

SAPHIR, *parlé.* — Je disais donc que le cœur ne bat pas à la ville, mais qu'il bat aux champs...

BOBÈCHE, *parlé.* — Alors, je reprends.

Ici reprise du quatuor avec les mêmes jeux de scène.

BOBÈCHE, *se levant.*

Ran, plan, plan, plan, plan !

CLÉMENTINE, *se levant.*

Ran, plan, plan, plan, plan !

LA PRINCESSE, *de même.*

Ran, plan, plan, plan, plan !

SAPHIR, *de même.*

Ran, plan, plan, plan, plan !

Ils se rasseyent ensemble cette fois.

SAPHIR, *étonné.* — Je ne comprends pas...

BOBÈCHE. — Ça ne fait rien... Vous avez de l'esprit, nous aussi... ça ne nous empêche pas d'avoir du cœur... Ainsi, je vais pouvoir vous appeler mon fils, vous allez prendre femme. Si j'ai quelque chose à vous souhaiter, c'est d'avoir un intérieur comparable au mien. Un paradis, un vrai paradis !... Une fille douce et obéissante... une femme affectueuse et dévouée... Il y a vingt ans déjà que j'ai épousé Clémentine, et nous nous aimons encore comme au premier jour... pas vrai, mon ange ?

CLÉMENTINE, *amèrement.* — Oui, comme au premier jour.

BOBÈCHE, *se levant.* — Titine...

CLÉMENTINE, *se levant.* — Bobèche !...

BOBÈCHE. — Viens, pour montrer au monsieur comme nous nous aimons... viens, Titine, viens m'embrasser !

CLÉMENTINE, *énergiquement.* — Jamais de la vie !

La princesse se lève, inquiète.

BOBÈCHE. — Madame !...

CLÉMENTINE. — Si vous vous figurez que j'en ai envie !...

BOBÈCHE. — Eh bien, et moi donc !... Je disais cela, parce qu'il y a du monde.

CLÉMENTINE. — Ma fille ! ma fille !... on insulte ta mère !...

LA PRINCESSE. — Maman !... maman !...

CLÉMENTINE. — Tu me défendras...

BOBÈCHE, *allant à elles. — A Clémentine.* — Vous abusez, madame...

LA PRINCESSE, *voulant l'arrêter.* — Ne touchez pas à ma mère, monsieur !...

Elle veut retenir son père.

BOBÈCHE, *impatienté.* — Eh ! laisse-moi, toi !...

Il se débarrasse un peu vivement de sa fille et la fait passer à gauche.

LA PRINCESSE, *avec éclat.* — Il m'a battue !... il m'a battue !... ah !...

CLÉMENTINE, *avec fureur.* — Il a battu mon enfant !... ah !

Toutes deux jettent des cris perçants.

BOBÈCHE, *à Saphir, qui, cloué sur son siège, a écouté toute cette scène avec stupeur.* — Voilà notre intérieur, monsieur... Un enfer ! un véritable enfer !... une fille qui casse des vases précieux, et une femme...

SAPHIR. — Une femme ?...

Le comte Oscar entre en s'appuyant sur deux pages qui restent au fond.

SCÈNE IX

LES MÊMES, LE COMTE.

Le comte Oscar est pâle, bouleversé ; il arrive jusqu'au milieu de la scène sans dire un mot.

BOBÈCHE. — Eh bien, comte Oscar ?... *(Le comte Oscar veut parler, tombe assis sur un siège, au milieu, et ne peut pas trouver une parole.)* Qu'est-ce que vous avez ?

LE COMTE. — Vous me demandez ce que j'ai !...

BOBÈCHE, *comprenant.* — Ah !... c'est fait ?

LE COMTE, *d'une voix étouffée.* — Oui.

Il se lève et remonte.

BOBÈCHE, *avec éclat à Saphir, qui continue à écouter avec stupeur et qui est toujours assis.* — Une femme... à cause de qui j'ai été obligé de faire tuer un homme, il n'y a pas un quart d'heure !

Saphir se lève.

CLÉMENTINE, *avec anxiété.* — Un homme tué à cause de moi !... Et qui ça ?

BOBÈCHE, *terrible.* — Alvarez, madame !

CLÉMENTINE, *avec un grand soupir de délivrance.* — Alvarez ! Ah ! vous m'avez fait une peur !...

BOBÈCHE, *à part.* — Allons, bon !... Ce n'était pas lui !... Tout est à recommencer ! *(Musique à l'orchestre. — Haut.)* Qu'est-ce ?

LE COMTE, *redescendant.* — C'est le sire de Barbe-Bleue et sa nouvelle épouse !

BOBÈCHE. — Alors, fin de la scène intime... *(Les pages remettent les sièges en place et sortent par la droite, en emportant le guéridon. Au comte Oscar.)* Je suis satisfait de vos services... Je vous nomme gouverneur de nos provinces du sud... celles qui, jusqu'à présent, ont refusé de reconnaître notre autorité.

LE COMTE. — Ah ! ma reconnaissance...

Il remonte.

SAPHIR, *à la princesse, bas.* — J'ai beaucoup réfléchi pendant la scène intime... une fois mariés, nous verrons très peu tes parents... nous les inviterons à dîner une fois par mois... pas davantage.

CLÉMENTINE, *rêveuse, à part.* — Tuer Alvarez... Pourquoi ? quel quiproquo !...

Saphir et la princesse passent à droite, près de Bobèche et de Clémentine. Les courtisans et les dames de la cour entrent par le fond.

SCÈNE X

LES MÊMES, LES COURTISANS, DAMES DE LA COUR, puis BARBE-BLEUE et BOULOTTE, GARDES, qui restent dans la galerie du fond.

FINALE

LE CHŒUR.

Voici cet heureux couple !
Il vient à petits pas ;
L'époux est mince et souple,
L'épouse a des appas.

LE COMTE, *à Bobèche.*

Il vient vous présenter son épouse, et désire
Vous adresser son compliment.

BOBÈCHE.

C'est la sixième fois... Je sais ce qu'il va dire :
Toujours le même boniment !

LE CHŒUR.

Toujours le même boniment !

BOBÈCHE.

Ecoutons cependant.

LE COMTE.

Ecoutons...

BOBÈCHE.

Cependant.

Barbe-Bleue entre par le fond avec Boulotte ; celle-ci superbement vêtue.

BARBE-BLEUE, *à Bobèche.*
COUPLETS.

I

J'ai, la dernière semaine,
De l'hymen serré la chaîne.

LE CHŒUR.

Mais il nous a déjà dit ça !

BARBE-BLEUE.

Donc, selon l'antique usage,
Roi, je viens vous rendre hommage...

LE CHŒUR.

Mais il nous a déjà dit ça !

BARBE-BLEUE.

Et vous présenter la dame
Qui, pour l'instant, est ma femme.

LE CHŒUR.

Halte-là !
Car déjà
Vous nous avez dit tout cela !

BARBE-BLEUE.

Eh bien, si j'ai dit tout cela,
Je le répète... et puis voilà !

Barbe-Bleue fait passer Boulotte près de Bobèche.

BOULOTTE, *à Bobèche.*

II

Le roi Bobèch', c'est vous, sire ?...
Vous m'allez... j' vous l' fais pas dire.

LE CHŒUR, *étonné.*

On ne nous a jamais dit ça !

BOULOTTE, *montrant Clémentine.*

C'tte gross' mèr' qu'a si bonn' mine,
Vingt sous qu' c'est mam' Clémentine !

LE CHŒUR.

On ne nous a jamais dit ça !

BOULOTTE.

On parl' bien, quand on s'applique...
Salut à tout' la boutique !

Elle fait des révérences.

LE CHŒUR.

Halte-là !
Halte-là !
On ne nous a jamais dit ça !

BARBE-BLEUE, *bas, à Boulotte.*
Ma chère, on ne dit pas cela.

BOULOTTE.
Moi, je le dis... et puis voilà !

Barbe-Bleue s'empresse de faire repasser Boulotte à sa droite.

BOBÈCHE, *à Barbe-Bleue, en riant sous cape des manières de Boulotte.*
Mes compliments, seigneur, votre femme est gentille.

BARBE-BLEUE.
Ne parlons pas de ça... Parlons de votre fille.
Quand la mariez-vous ?

BOBÈCHE.
Ce soir même, à minuit !

BARBE-BLEUE.
A minuit ?

CLÉMENTINE.
Le contrat, la chapelle... et tout ce qui s'ensuit !

BARBE-BLEUE.
A minuit ?

BOBÈCHE et CLÉMENTINE.
A minuit !

BARBE-BLEUE, *à part.*
J'ai le temps, il suffit.

BOBÈCHE.
Passons au baise-main !

LE COMTE, *aux courtisans.*

Messieurs, le baise-main !

Il va se placer à la droite de Bobèche. Barbe-Bleue et Boulotte gagnent la gauche ; Clémentine s'assied sur le fauteuil de droite : la princesse et Saphir restent debout auprès d'elle.

LE CHŒUR.

De notre auguste souverain
Baisons la main.

LE COMTE, *annonçant le premier couple qui s'avance. Parlé.* — Le chevalier et la chevalière de la Tour-qui-craque !

BOBÈCHE, *parlé.* — Ma bonne noblesse du midi !

Tous les seigneurs et dames viennent, à tour de rôle, baiser la main de Bobèche.

LE CHŒUR.

Baisons la main
Du souverain.

BARBE-BLEUE, *regardant la princesse, à part.*

Ah ! qu'elle est belle, sur mon âme,
Celle qui sera ma septième femme !

LE COMTE, *quand tous les seigneurs et dames ont défilé, annonçant de même — Parlé.* — Le sire de Barbe-Bleue et sa sixième !

Barbe-Bleue s'avance avec Boulotte.

BOULOTTE, *à part, voyant Saphir et s'arrêtant au moment de baiser la main de Bobèche.*

Ah çà ! ce jeune homme,
Vêtu de satin...
Mais, nom d'une pomme !
C'est mon galopin !

Elle va pour s'élancer vers Saphir, Barbe-Bleue la retient.

BOBÈCHE, *tendant sa main.*
J'ai l'honneur de tendre
Ma royale main...
Je ne puis attendre
Jusques à demain !

Clémentine se lève.

SAPHIR et LA PRINCESSE, *reconnaissant Boulotte, à part.*
Boulotte !...

BOULOTTE, *voyant la princesse.*
Fleurette !

SAPHIR, *à part.*
Grands Dieux !

LA PRINCESSE, *bas, à Clémentine.*
Ah ! maman !...

CLÉMENTINE.
Quoi donc ?

LA PRINCESSE, *bas.*
Voyez cette femme !

BOULOTTE, *à part, regardant Saphir.*
Ah ! le petit gueux !

BARBE-BLEUE, *bas, à Boulotte.*
Madame !... madame !...

BOBÈCHE, *tendant toujours sa main, Parlé.* — Eh bien ?...

SAPHIR, *à part, avec crainte, parlé.* — C'est elle !

BOBÈCHE, *parlé.* — Eh bien ?

BOULOTTE, *à part.* — C'est lui !

Ce qui précède s'est dit sur de la musique de scène ; le finale n'a pas été interrompu ; ici on recommence à chanter.

BARBE-BLEUE, *bas, à Boulotte, lui montrant Bobèche.*

Le roi tend la main... allez-y, madame !

BOULOTTE.

Eh bien ! quoi ?... qu'est-c' qu'il faut que j' fasse ?

LE COMTE et LE CHŒUR.

Embrassez !

BOULOTTE.

S'il n' s'agit que d'embrasser, j'embrasse,
Et j'embrasse de tout mon cœur !

Au lieu de baiser la main de Bobèche, elle se précipite vers Saphir, qu'elle embrasse sur les deux joues. Stupéfaction générale. Clémentine et la princesse, effrayées du mouvement de Boulotte, remontent et passent à gauche. Saphir les suit après s'être dégagé des mains de Boulotte, qui alors revient au milieu.

LE CHŒUR.

C'est une horreur !
Holà ! holà !
D'où tenez-vous ces façons-là ?
Nul baise-main de grand gala
Ne s'est passé comme cela !

BOULOTTE, *étonnée.*

Pourquoi qu'ils m' font tous les gros yeux ?
Pourquoi ces cris, c't air furieux ?
Quoi qu' j'ai donc fait d' si scandaleux ?
Pourquoi cette grimace,
Quand j' l'embrasse ?
Qu'est-c' qu'ils ont donc à s' trémousser,

A m'agacer,
A m' tracasser ?

Montrant le comte Oscar.

C'est m'sieur qui m'a dit d'embrasser !

LE CHŒUR.

C'est une horreur ! holà ! holà !
D'où tenez-vous ces façons-là ?

BARBE-BLEUE, *à Boulotte.*

Taisez-vous, ou, sur ma foi,
Vous aurez affaire à moi !

LE CHŒUR.

Nul baisemain de grand gala
Ne s'est passé comme cela !

BOULOTTE, *regardant Saphir.*

Qu'il est charmant, le freluquet !
Quel œil fripon ! quel air coquet
Qu'il est charmant, le freluquet !
Et puis quelle tournure !
Quelle allure !
Qu'il est gentil ! qu'il est mignon !
Ah ! le joli petit trognon !

BOBÈCHE, *à Boulotte.*

Ce n'était pas lui... c'était moi !
Moi, le roi !

LE CHŒUR.

Lui, le roi !

BOULOTTE, *à Bobèche.*

Vous aussi ?... je n' demand' pas mieux !

Elle embrasse Bobèche sur les deux joues.

LE CHŒUR.

Ah ! quelle audace !

BOULOTTE.

Pendant qu' j'y suis, faut-y qu' j'embrasse,
Tous ces messieurs ?

Elle va embrasser le comte Oscar, puis veut s'élancer vers les seigneurs.

BARBE-BLEUE, *l'arrêtant et la ramenant au milieu.*

Non, ça suffit... Partons, partons !

BOULOTTE.

Pourquoi partir !... restons, restons !

ENSEMBLE GÉNÉRAL.
BOBÈCHE, CLÉMENTINE, LA PRINCESSE, SAPHIR, LE COMTE et LE CHŒUR.

Partez, partez ! Emmenez-la !
Nous n'aimons pas ces façons-là !
Nul baise-main de grand gala
Ne s'est passé comme cela !
Sous les lambris de ce palais,
Rien de pareil n'advint jamais !

BARBE-BLEUE, *à Boulotte.*

Venez, venez ! chez nous rentrons !
De tout ceci nous parlerons !
Assez causé comme cela !
Nous réglerons ce compte-là !
Sortons, sortons de ce palais ;
Vous le quittez, et pour jamais !

BOULOTTE.

Qué qu' c'est qu' tout ça ?... Pourquoi partir ?
Je commençais à m' divertir.
Mais voilà c'est toujours comm' ça...
On voudrait rester... on s'en va !
Pourquoi partir ?... Moi, j' commençais
A m'amuser dans ce palais !

Pendant cet ensemble, la reine Clémentine tombe à moitié évanouie dans un fauteuil. Bobèche, furieux, fait signe à Barbe-Bleue et à Boulotte de sortir. Barbe-Bleue cherche à entraîner Boulotte qui résiste, se débat, se démène, envoie des baisers à tout le monde. La cour est au comble de l'indignation. Le rideau tombe sur un tableau très animé.

DEUXIÈME TABLEAU

Le Caveau de l'Alchimiste.

Une grande pièce souterraine. Le laboratoire de Popolani : fourneaux, cornues. Au fond, au milieu de la scène, faisant face au public, un grand mausolée portant une série d'inscriptions funéraires : « Ci-gît Héloïse. Ci-gît Rosalinde. Ci-gît Eléonore. Ci-gît Blanche. Ci-gît Isaure. » A gauche, un lit de repos ; à droite, une table. Porte d'entrée au fond, vers la gauche ; une autre porte à droite, au premier plan.

SCÈNE PREMIÈRE

POPOLANI, *seul.* — Hier il faisait beau, aujourd'hui il fait un temps de chien ; hier, à trois reprises, j'ai observé le ciel... à trois reprises, j'ai pu constater que Mars se rapprochait sensiblement de Vénus... Je ne l'en blâme pas, mais tous ceux qui comprennent le langage des astres savent ce que ça veut dire. Ça veut dire que si, d'ici à huit jours, je n'ai pas brisé mon maître, le sire de Barbe-Bleue me brisera... et l'orage d'aujourd'hui veut dire que je ferais bien de me dépêcher... Il n'y a pas à hésiter... Brisons mon maître. C'est un sacripant, d'ailleurs, et sa chute me relèvera dans l'estime des honnêtes gens. *(On entend le son du cor.)* Qu'est-ce que c'est que ça ?... On dirait le cor du sire de Barbe-Bleue... Non, c'est le bruit du vent dans le corridor. *(Il reprend.)* Cinq femmes déjà sont entrées ici... Tous ces crimes chargent ma conscience... je ne veux pas en commettre de nouveaux. D'autant plus que, les cinq premiers m'ayant été bien payés, je ne vois pas la nécessité d'en commettre un sixième... j'ai de quoi vivre en honnête homme... Mon Dieu ! mon Dieu ! qu'est-ce donc que la vertu ?... ne serait-ce que la satiété ?... ce serait atterrant, atterrant, atterrant !... *(On entend de nouveau le son du cor, plus rapproché, cette fois.)* Mais non, je ne m'étais pas trompé. C'est bien le cor de Barbe-Bleue... Il vient ici... il est là !... que vient-il encore me demander ? Est-ce que déjà Boulotte, la malheureuse Boulotte ?...

On frappe trois coups à la porte du fond ; Popolani va ouvrir : Barbe-Bleue paraît. Il est précédé par deux hommes d'armes portant des torches.

SCÈNE II

POPOLANI, BARBE-BLEUE.

POPOLANI, *saluant*. — Monseigneur...

BARBE-BLEUE, *d'une voix brève qu'il garde pendant toute la scène*. — Tu es seul ?

POPOLANI, *sombre*. — Toujours seul !

BARBE-BLEUE, *aux hommes d'armes*. — Allez, gens d'armes ! *(Les hommes d'armes sortent par le fond. A Popolani.)* Va préparer le plus rapide de tes poisons.

POPOLANI. — Pour quoi faire ?

BARBE-BLEUE. — Ne le devines-tu pas ?... Elle vient.

POPOLANI, *à part*. — Quand je le disais !... *(Haut.)* Ah ! monseigneur...

BARBE-BLEUE. — Des observations !... Je ne les tolérerais pas, même si j'avais le temps de les écouter... mais ce temps, je ne l'ai pas... Il faut qu'à minuit j'aie épousé la fille du roi Bobèche.

POPOLANI. — A minuit ?

BARBE-BLEUE. — Minuit un quart au plus tard... et il est dix heures et demie... Tu vois qu'il n'y a pas de temps à perdre.

POPOLANI. — De plus en plus fort !...

BARBE-BLEUE. — Je ne dis pas le contraire... mais j'ai pour devise : Toujours veuf et jamais veuf !... Et tu sais, quand on a une devise...

POPOLANI, *à part*. — Les astres ont parlé... Si je ne le brise pas... il me brise !

BARBE-BLEUE. — Tu ne m'as pas entendu ?

POPOLANI, *suppliant*. — Encore une fois...

BARBE-BLEUE. — Le plus rapide de tes poisons !... obéis... je suis excessivement pressé.

POPOLANI. — J'obéis, monseigneur.

Il sort par la droite.

SCÈNE III

BARBE-BLEUE, seul, regardant le mausolée.

ROMANCE.

Le voilà donc le tombeau des cinq femmes,
Qui m'ont aimé d'un amour sans pareil !
Dormez en paix, dormez bien, pauvres âmes,
Je ne viens pas troubler votre sommeil !
Elles sont cinq !... O destinée humaine !
Quoi ! cinq déjà !... cinq anges disparus !
Il en manque un pour la demi-douzaine...
Dans un instant, il n'en manquera plus !

Entre, par le fond, Boulotte, conduite par deux hommes d'armes qui se retirent après l'avoir amenée.

SCÈNE IV

BARBE-BLEUE, BOULOTTE.

BOULOTTE. — Ah çà, qu'est-ce que ça signifie ?... cette partie de campagne à dix heures du soir... cette promenade au galop à travers la tempête, les éclairs et tout le tremblement... Votre silence quand je vous demande oùs que nous allons... cette tour et cet escalier dont vos hommes d'armes m'ont fait descendre les marches... cet escalier oùs qu'il y a un tas de rats... *(Mouvement de Barbe-Bleue.)* Ne dites pas non !... je les ai sentis qui me couraient dans les jambes, pendant que je descendais.

BARBE-BLEUE. — Prenez garde, dame Boulotte... *(Appuyant.)* Ma sixième femme !

BOULOTTE. — Qu'est-ce que ça veut dire, ça ?

BARBE-BLEUE, *la prenant par la main*. — Savez-vous lire, madame ?

BOULOTTE. — Dame ! quand les lettres sont grosses...

BARBE-BLEUE. — Lisez, alors.

Il la mène devant le mausolée.

BOULOTTE, *lisant les inscriptions*. — « Ci-gît, Héloïse, de son vivant haute et puissante dame de Barbe-Bleue !... » *(Avec effroi.)* Allons-nous-en !

BARBE-BLEUE, *la retenant*. — Vous n'avez pas tout lu.

BOULOTTE, *lisant*. — « Ci-gît Rosalinde ; ci-gît Eléonore ; ci-gît... » Allons-nous-en !... allons-nous-en !

BARBE-BLEUE, *la reprenant par la main.* — Lisez encore, madame... lisez : « Ci-gît Blanche... ci-gît Isaure... » et au-dessous de ce dernier nom, que lisez-vous ?

BOULOTTE. — Il n'y a rien.

BARBE-BLEUE. — Il n'y a rien, cela est vrai. Eh bien ! demain...

BOULOTTE. — Demain ?...

BARBE-BLEUE. — Demain, vous pourrez y lire... « Ci-gît Boulotte. »

BOULOTTE, *effrayée.* — Allons-nous-en !

Elle veut se sauver et se jette sur la porte du fond qu'elle trouve fermée.

BARBE-BLEUE, *riant.* — Vous en aller !... ah ! ah !

BOULOTTE. — Ne riez pas ainsi, vous me faites peur !

BARBE-BLEUE. — Ah ! vous comprenez, alors... Vous comprenez que vous allez mourir !

BOULOTTE. — Mourir... je ne veux pas !

BARBE-BLEUE, *gentiment.* — C'est bébête, ce que vous dites là ! Je le sais bien, que vous ne voulez pas... mais...

DUO.
BARBE-BLEUE, *désignant le mausolée.*

Vous avez vu ce monument,
Et lu les noms écrits sur ces sinistres pierres !
Cinq chambres sont déjà, dans cet appartement,
Prises par vos cinq devancières...
Mais la sixième est vide !

BOULOTTE.

Et vous voulez, seigneur,
M' fair' passer par la sixièm' chambre !

BARBE-BLEUE.

Vous êtes fine comme l'ambre...
Vous avez deviné !

BOULOTTE.

Mourir !... c'est une horreur !...

BARBE-BLEUE, *farouche.*

N'as-tu rien à te reprocher ?...
Si tu voulais chercher,
Tu saurais découvrir
Pourquoi tu vas mourir !

BOULOTTE.

Une jeuness', mêm' la plus sage,
A toujours là quelqu' repentir.
J'en ai deux... moi, pas davantage.
Y a-t-il de quoi m'en fair' mourir ?

COUPLETS.

I

Pierre, un beau jour, parvint à m' prendre
Un p'tit baiser... j' devais crier...
J'en conviens, j'aurais dû m' défendre...
Mais j' savais pas... c'était l' premier !

BARBE-BLEUE.

Hé là !
Je ne savais pas ça.

BOULOTTE.

Ah ! ah !
Vous ne saviez pas ça ?...
J' croyais, moi, que j' mourais pour ça !

II

Le s'cond, c'était l' coq du village,
Un enjôleur !... mais croyez bien
Qu' s'il n' m'avait pas promis l' mariage,
Il n'eût obtenu rien de rien !

BARBE-BLEUE.

Hé là !
Je ne savais pas ça.

BOULOTTE.

Ah ! ah !
Vous ne saviez pas ça !
J'croyais, moi, que j' mourais pour ça !

III

Bref, je l' confes', faut pas êtr' fière
Quand on est en fac' de la mort,
Il fallait, pour que j' fass' rosière,
Que la ros' fût tirée au sort !

BARBE-BLEUE.

Hé là !
Je ne savais pas ça.

BOULOTTE.

Ah ! ah !
Vous ne saviez pas ça ?
J' croyais, moi, que j' mourais pour ça.

BARBE-BLEUE.

Pour cette cause,
Ou pour autre chose.
Il faut en finir...
Et tu vas mourir !

BOULOTTE.

Comment, mourir ?

BARBE-BLEUE.

Il faut mourir !

BOULOTTE.

Pourquoi mourir ?

BARBE-BLEUE.

Parce que j'aime,
D'amour extrême,
Enfant naïve aux blonds cheveux,
Dont je prétends et dont je veux
Faire ma septième !
Voilà pourquoi.

BOULOTTE.

Comment, mourir ?

BARBE-BLEUE.

Tu vas mourir !

BOULOTTE.

Je n' veux pas, moi !

Parlé.

Mourir !...

Elle tombe à genoux.

BARBE-BLEUE, *parlé*. — Mourir !...

BOULOTTE, *suppliant*.

Brigand, ma jeunesse,
Mes pleurs, ma faiblesse,
Devraient t'attendrir !...

Se relevant.

Entends ma prière,
Homme sanguinaire,
Je n' veux pas mourir !

BARBE-BLEUE, *sans l'écouter*.

Amours nouvelles !
Changer de belles,
Changer tous les huit jours !
Quoi qu'on en dise,

C'est ma devise !
Amours,
Courtes amours !

ENSEMBLE.
BOULOTTE.
Brigand, ma jeunesse,
Mes pleurs, ma faiblesse..., etc.

BARBE-BLEUE.
Amours nouvelles !
Changer de belles..., etc.

BARBE-BLEUE.
Plus savoureuse que la pêche,
Plus pure qu'un jour de printemps,
Dans le palais du roi Bobèche,
Il est une enfant de seize ans !

BOULOTTE.
Tu voudrais l'épouser, peut-être ?

BARBE-BLEUE, *gaiement.*
Oui, je veux me remarier.

BOULOTTE, *furieuse.*
Sacripant ! lâche ! fourbe ! traître !

BARBE-BLEUE, *tranquillement.*
Vous avez le droit de crier.

Orage très violent au-dehors.

BOULOTTE, *remontant.*
Du ciel redoute la colère !

BARBE-BLEUE.
Le ciel... c'est mon affaire !

BOULOTTE.

Entends-tu le tonnerre ?

BARBE-BLEUE.

Eh bien ! je chanterai plus haut que le tonnerre !

REPRISE DE L'ENSEMBLE.
BOULOTTE.

Brigand, ma jeunesse,
Mes pleurs, ma faiblesse..., etc.

BARBE-BLEUE.

Amours nouvelles !
Changer de belles..., etc.

A la fin de l'ensemble, le tonnerre éclate et Popolani paraît, venant de la droite. Il tient un flacon et un verre d'eau sucrée qu'il remue.

SCÈNE V

LES MÊMES, POPOLANI.

POPOLANI. — Voilà la chose.

BOULOTTE, *jetant un cri et tombant à genoux.* — Ah !...

BARBE-BLEUE, *à Boulotte.* — Tu comprends ?... Je vous laisse ! Dans cinq minutes, je viendrai voir l'effet.

BOULOTTE, *se traînant à ses pieds et se cramponnant à lui.* — Monseigneur !...

BARBE-BLEUE, *la repoussant.* — Dans cinq minutes ! *(Boulotte tombe lourdement sur ses mains ; il se retourne et dit tranquillement.)* Vous vous êtes fait mal ?

BOULOTTE, *d'un ton naturel.* — Vous êtes bien bon.

Barbe-Bleue sort par le fond.

SCÈNE VI

BOULOTTE, POPOLANI.

BOULOTTE, *se relevant*. — Toi, tu ne me tueras pas !...

POPOLANI, *tenant toujours le verre et la fiole*. — Madame...

BOULOTTE. — Ne m'appelle pas madame... appelle-moi Boulotte, ta petite Boulotte !

POPOLANI, *embarrassé*. — Ma petite Boulotte...

BOULOTTE. — Ta petite Boulotte chérie... et rappelle-toi l'épisode des grands marronniers...

POPOLANI. — Ne parlons pas de ça !

BOULOTTE. — Parlons-en, au contraire !

POPOLANI. — Je ne me souviens pas... je ne veux pas me souvenir... Et puis, d'ailleurs, vous feriez croire des choses... Il ne s'est rien passé de décisif...

BOULOTTE. — Parce que je t'ai administré une de ces torgnoles... mais si je ne t'avais pas administré...

POPOLANI. — Ah ! Boulotte !...

BOULOTTE. — Tu vois bien que tu ne peux pas me tuer !

POPOLANI. — Si je ne vous tuais pas, il nous tuerait tous les deux... Vous n'y gagneriez rien, et, moi, j'y perdrais beaucoup.

BOULOTTE. — Mais c'est donc le démon ?

POPOLANI. — Non... ce n'est pas une mauvaise nature... mais c'est un homme qui a une manie... Rien à faire avec ces gens-là.

BOULOTTE. — Une manie ?... quelle manie ?...

POPOLANI. — Il a la manie de se remarier... Donc, hop-là !... hop-là !... dépêchons... dépêchons...

Il lui présente le verre et la fiole.

BOULOTTE. — Ainsi, tu auras le cœur...

POPOLANI. — De vous voir mourir ?... ma foi, non !... aussi, voilà ce que j'ai fait... Ecoutez... et tâchez de bien me comprendre... *(Montrant le verre.)* Voici un verre d'eau sucrée...

BOULOTTE, *répétant machinalement.* — Un verre d'eau sucrée...

POPOLANI. — Pas besoin de remuer... le sucre est fondu... Là, dans cette fiole, il y a du poison... Vous comprenez... du poison... Vous prendrez cette fiole... vous-même... et vous verserez dans le verre...

BOULOTTE, *comme hébétée.* — Moi ?...

POPOLANI. — Oui, vous-même...

BOULOTTE, *de même.* — Bien !... bien !...

POPOLANI. — Et puis, vous boirez.

BOULOTTE, *de même.* — Oui... oui... je boirai.

POPOLANI. — Moi, pendant ce temps-là, je tournerai le dos... je ne veux pas me mêler de tout ça... Vous avez compris ?...

BOULOTTE. — Oui... oui... mais ça ne fait rien... répétez encore...

POPOLANI. — Là, verre d'eau sucrée...

BOULOTTE. — Pas besoin de remuer...

POPOLANI. — Sucre fondu...

BOULOTTE. — Ici, fiole...

POPOLANI. — Poison dans fiole...

BOULOTTE. — Dans fiole poison...

POPOLANI. — Ça revient au même... Vous, prendre fiole.

BOULOTTE. — Verser poison dans verre...

POPOLANI. — Moi tourner le dos...

BOULOTTE. — Et pas regarder.

POPOLANI. — C'est ça même.

BOULOTTE, *prenant le verre et la fiole.* — Compris !... j'ai compris !...

Elle passe à droite.

POPOLANI. — Nous y sommes, cette fois ?

BOULOTTE. — Nous y sommes. *(Popolani tourne le dos. Boulotte jette vivement ce qu'il y a dans la fiole et boit le verre d'eau sucrée.)* Fait !... Ah ! fait !...

Elle met la fiole sur la table.

POPOLANI, *se retournant.* — Vous avez bu ?

BOULOTTE, *ravie.* — J'ai bu ! *(Riant.)* Mais pas fiole !...

Elle lui montre le verre vide.

POPOLANI, *riant plus fort.* — Elles y ont toutes été prises !... Bécasse !

BOULOTTE, *interdite.* — Comment ?

POPOLANI. — Vous n'avez pas deviné que c'était le verre d'eau qui était le poison ?

BOULOTTE, *jetant un cri.* — Ah !...

POPOLANI, *riant.* — La fiole, ce n'était rien du tout.

BOULOTTE, *jetant un second cri.* — Ah !... *(Elle laisse tomber le verre. Avec anxiété.)* Alors, ça y est ?

POPOLANI. — Sans doute... Est-ce que vous ne sentez pas ?...

BOULOTTE. — Si fait... ça commence...

Elle passe à gauche.

BOULOTTE.

Holà ! holà !
Ça me prend là !
Quel drôl' d'effet,
La mort me fait !

Elle va tomber sur le lit de repos.

POPOLANI.

Parfait ! parfait !

BOULOTTE.
Ça, la mort ? Ça n'est pas possible !...
On souffre quand on doit mourir !

POPOLANI.
Je suis un chimiste sensible,
Mes poisons ne font pas souffrir.

BOULOTTE, *étendue sur le lit.*
Holà ! holà !
Ça me prend là !
Quel drôl' d'effet,
La mort me fait !

Elle meurt.

POPOLANI.
Allons... c'est fait !

Entre Barbe-Bleue, par le fond.

SCÈNE VII

BOULOTTE, POPOLANI, BARBE-BLEUE.

BARBE-BLEUE.
Eh bien ?

POPOLANI.
C'est fait ! Elle est morte, la malheureuse.

BARBE-BLEUE, *parlé.* — Morte ?...

POPOLANI, *de même.* — Morte !

Barbe-Bleue va prendre à Boulotte son anneau nuptial.

BARBE-BLEUE, *tranquillement.*
Je devrais avoir des remords...
Mais je n'en ai pas et je sors,
En chantant ma chanson joyeuse :

Il reprend son refrain.

Amours nouvelles !
Changer de belles,
Changer tous les huit jours !
Quoi qu'on en dise,
C'est ma devise !
Amours,
Courtes amours !

Il sort, par le fond, en chantant ce refrain qu'on l'entend continuer au-dehors.

SCÈNE VIII

BOULOTTE, POPOLANI.

Popolani regarde Boulotte étendue sur le lit ; le refrain de la chanson de Barbe-Bleue se perd au loin.

POPOLANI. — Une justice à lui rendre, c'est qu'il prend tout ça gaiement !... Et puis, il a une jolie voix... Le voilà parti, et pour tout de bon, cette fois... *(Il revient vers Boulotte et la regarde.)* Pauvre Boulotte ! Avec elle, ça me fait plus d'effet qu'avec les autres, parce que je la connais... Maintenant, un peu de physique amusante !... *(Tout en parlant, il va chercher une petite machine électrique et la met sur la table.)* C'est très exact ce qu'elle me rappelait tout à l'heure !... l'épisode des grands marronniers... Elle était paysanne alors... moi, j'étais dans un de ces moments... où l'astrologue le plus endurci donnerait vingt comètes pour un baiser... et il est bien possible que, sans la torgnole qu'elle m'a, en effet, administrée... Pur badinage, d'ailleurs... nous avons ri... nous n'avons fait que rire... *(Il prend le fil et va le mettre dans la main de Boulotte.)* C'est de mon invention, ça... Et d'un effet sûr !... *(Regardant la main de Boulotte.)* Jolie main... petite... toute petite... et cependant, sous les grands marronniers, grosse... très grosse... énorme torgnole !... *(Il embrasse Boulotte.)* Là... ça va aller tout seul !... *(Il retourne à sa machine, tire un grand foulard de sa poche, le déplie, l'étale sur la machine électrique, puis, la tête sous le foulard, il observe Boulotte comme un pho-*

tographe observerait un modèle ; cela fait, il tourne la manivelle de sa machine : on entend un air de serinette.) Elle est à musique... c'est plus gai.

Boulotte commence à s'agiter sous le fluide.

BOULOTTE, *s'agitant.* — Eh là !...

POPOLANI, *tournant toujours.* — Ne lâchez pas !

BOULOTTE, *s'agitant de plus en plus.* — Eh là ! eh là !...

POPOLANI. — Ça marche ! ça marche !

Il tourne toujours.

BOULOTTE. — C'est bête !... finissez donc !

POPOLANI. — La voyez-vous, l'étincelle ?... la voyez-vous ?

BOULOTTE. — Maman !... maman !...

POPOLANI. — Ne lâchez pas, on vous dit... *(Tournant.)* Pif !... paf !...

BOULOTTE, *sautant à terre.* — Qu'est-ce que c'est ça ?

POPOLANI. — C'est la vie !

BOULOTTE. — Vous avez dit ?...

POPOLANI. — J'ai dit : « C'est la vie ! »

BOULOTTE, *éperdue.* — La vie !...

POPOLANI. — Oui !... *(Boulotte, qui tenait toujours le cordon, le lui rend ; tous deux éprouvent une violente secousse électrique.)* Il en restait.

Il remet le cordon sur la machine.

BOULOTTE. — Je ne serais pas morte ?

POPOLANI. — Vous n'êtes pas morte !

BOULOTTE, *l'embrassant*. — Popolani !...

POPOLANI, *l'embrassant*. — Boulotte !...

BOULOTTE, *qui a passé à droite*. — Mais ce que vous disiez tout à l'heure... poison dans verre...

POPOLANI. — Pas poison... narcotique... vous, pas morte... vous dormir.

BOULOTTE. — Dormir ?...

POPOLANI. — Oui, tout à l'heure dormir... réveillée maintenant par petite machine.

BOULOTTE. — C'est sérieux, au moins ?

POPOLANI. — Me croyez-vous homme à vous faire une pareille farce ?

BOULOTTE, *avec joie*. — Je ne suis pas morte, alors ?... je ne suis pas morte ?...

POPOLANI. — Pas plus morte que les cinq autres femmes de Barbe-Bleue !

BOULOTTE. — Les autres femmes ?...

POPOLANI. — Vous avez cru qu'elles étaient...

BOULOTTE. — Oui... on le croit.

POPOLANI. — On se trompe... Au fond, je suis le meilleur homme du monde... plein de cœur, Popolani, plein de cœur... et d'électricité !... Il y a trois ans, le sire de Barbe-Bleue m'ordonna de tuer sa première femme... C'était Héloïse... Je fus humain... je me contentai de lui administrer une drogue qui ne la tua que pour une demi-heure. Quand elle revint à elle, je lui tins à peu près ce langage : « Ma petite chatte, entendons-nous bien... voulez-vous remourir, pour tout de bon, cette fois, ou bien consentir à être gentille avec Popol... et à faire son petit besigue, comme Odette avec Charles VI ?... »

BOULOTTE. — Vous lui avez dit ça ?

POPOLANI. — Ce qu'il y a de flatteur, c'est qu'elle n'hésita pas.

BOULOTTE, *avec transport.* — Vivante !... je suis vivante !... Ah ! que c'est bon, la vie !... le chant des oiseaux !... le parfum des fleurs !... un premier repas le matin !... un deuxième à midi !... un troisième à deux heures !... un quatrième le soir !... Et après ça, la danse sous les grands arbres !... — Ah ! la danse sous les grands arbres... *(Elle fait quelques pas de danse, puis s'arrête et dit tranquillement :)* Continuez maintenant.

POPOLANI. — Au bout d'une année de... besigue, nouveau mariage de Barbe-Bleue, nouvelle femme à tuer... Les garder ici toutes les deux, c'était braver la colère de Barbe-Bleue... mais c'était humain !... ce fut l'humanité qui l'emporta !... Puis vint une troisième femme, une quatrième... une cinquième... Et toujours cette diablesse d'humanité !...

BOULOTTE, *souriant.* — Ah çà, mais dites donc, vous, vous êtes encore pas mal farceur !

POPOLANI, *innocemment.* — Comment ?

BOULOTTE. — Ça vous fait cinq femmes ?

POPOLANI. — Je suis humain !

BOULOTTE. — Je sais ce qui m'attend, alors... Vous allez me demander d'être gentille avec...

POPOLANI. — Si je vous le demandais ?...

BOULOTTE — Vous m'embarrasseriez beaucoup.

POPOLANI. — Eh bien ! je ne vous le demande pas.

BOULOTTE, *avec un étonnement mêlé d'un peu de dépit.* — Ah bah !

POPOLANI. — Je suis résolu, ce soir même, à envoyer promener toute la boutique... J'irai me jeter aux pieds du roi et je dénoncerai la conduite indélicate de mon maître.

BOULOTTE. — Vous irez seul ?

POPOLANI. — Non pas... ses victimes viendront avec moi. Je comptais en emmener cinq, j'en emmènerai six, voilà tout.

BOULOTTE. — Eh bien ! voulez-vous que je vous dise ?...

POPOLANI. — Dites-moi.

BOULOTTE. — Ce que vous me proposez là me va mieux que ce que vous avez proposé à Héloïse.

POPOLANI. — Vous avez envie de vous venger ?

BOULOTTE. — Oui... Et puis... peut-on savoir ce qu'il y a au fond du cœur des femmes ?... un autre sentiment, peut-être... Il était superbe, le brigand !... il était superbe tout à l'heure, quand il chantait...

Chantant.

Amours nouvelles !...

POPOLANI, *continuant et chantant horriblement faux.*
Changer de belles !...

BOULOTTE. — Vous connaissez le motif.

POPOLANI. — Je crois bien !... c'est la sixième fois que je le lui entends chanter.

BOULOTTE. — C'est vrai... Et où sont-elles, ces cinq autres femmes !

POPOLANI, *montrant le mausolée.* — Là !

BOULOTTE. — Brrr !... ça ne doit pas être gai de vivre là-dedans !... Qu'est-ce qu'elles peuvent faire maintenant ?

POPOLANI. — Elles vous attendent.

BOULOTTE. — Comment, elles m'attendent ?

POPOLANI. — Mais oui... Tout à l'heure elles ont entendu le cor de leur... de votre mari, et elles savent bien que, lorsque le sire de Barbe-Bleue vient ici, il faut ajouter un couvert.

BOULOTTE. — Et quand les verrai-je ?

POPOLANI. — Mais tout de suite, si vous voulez !

Il va pousser un bouton placé dans le mur du fond, à gauche, puis passe à droite.

SCÈNE IX

LES MÊMES, LES CINQ FEMMES.

La porte du tombeau s'ouvre et en laisse voir l'intérieur : c'est un boudoir décoré et meublé avec un grand luxe ; fleurs, candé-

labres, table servie, et, autour de cette table, les cinq femmes, debout, le verre à la main.

FINALE.
LES CINQ FEMMES.

Salut à toi, sixième femme
De l'homme aux rapides amours !

Elles descendent en scène.

BOULOTTE.

Et quand on songe que l'infâme
Avait juré d' m'aimer toujours !

LES FEMMES.

Salut à toi, très noble dame,
Femme aux harmonieux contours !
Salut à toi, sixième femme,
De l'homme aux rapides amours !

BOULOTTE, *passant au milieu, ainsi que Popolani.*

Oui, bien rapides, car l'infâme
Ne m'a donné que mes huit jours !

HÉLOÏSE.

Huit jours !... c'est peu ; sans compliments...
Nous avons duré plus longtemps.

COUPLETS.

I

C'est moi, jadis, qui, la première,
Entrai dans ce boudoir fatal !
Et, pendant une année entière,
Il me dorlota, l'animal !
Maintenant, n, i, ni,
Fini !
Il me reste Popolani !

POPOLANI.

Il vous reste Popolani !

HÉLOÏSE.

Toujours, toujours, Popolani !

TOUTES.

Toujours, toujours, Popolani !

ÉLÉONORE.

II

J'ai fait ma part dans cet orchestre,
Car la deuxième, ce fut moi !

ISAURE.

Moi, je n'ai duré qu'un trimestre,
Quatre-vingt-dix jours... après quoi...

ÉLÉONORE.

Maintenant, n, i, ni,
Fini !

ISAURE.

Il nous reste Popolani !

POPOLANI.

Il vous reste Popolani !

HÉLOÏSE.

Toujours, toujours, Popolani !

TOUTES.

Toujours, toujours Popolani !

ROSALINDE.

III

Je m'élançai dans la carrière,
A mon tour, de mon pied léger.

BLANCHE.

Je n'eus qu'un mois, un seul, ma chère,
Et je tombai sur février.

ROSALINDE.

Maintenant, n, i, ni,
Fini !

BLANCHE.

Il nous reste Popolani !

POPOLANI.

Il vous reste Popolani !

HÉLOÏSE.

Toujours, toujours, Popolani !

TOUTES.

Toujours, toujours, Popolani !

POPOLANI, *passant près d'Héloïse.*

C'est ainsi, mes petites chattes,
Que vous traitez Popolani ?
Allez, vous êtes des ingrates !
Mais je suis bon prince aujourd'hui.
Pour répondre à cette romance,
Où vous m'avez fort maltraité,
Je vous offre, moi, la vengeance,
Je vous offre la liberté !

TOUTES.

La vengeance ?

BOULOTTE.

Oui, la vengeance,
Avec la liberté !

POPOLANI.

La vengeance !

TOUTES.

Ah ! la vengeance,
Avec la liberté !

BOULOTTE.
COUPLETS.

I

Mortes, sortez de vos tombeaux,
Pour revivre !
Il faut quitter ces noirs caveaux.
Et me suivre !
Mortes, sortez de vos tombeaux,
Pour revivre !
Vive la gaieté,
La liberté !
Le cri de guerre sera :
« Vengeance ! »
Et le traître recevra,
Sa danse !

TOUTES.

Mortes, sortons de nos tombeaux.
Pour revivre !
Vive la gaieté,
La liberté !

BOULOTTE.

Partons ! mais toutes,
Avant de partir, lançons
A ces sombres voûtes
Nos plus joyeuses chansons !

TOUTES.

Partons ! mais toutes, etc.

BOULOTTE.

II

Sortons d'ici, rentrons gaiement
Dans le monde ;
Et donnons-nous de l'agrément,
A la ronde !
Sortons d'ici, rentrons gaiement
Dans le monde !
Un joli garçon,

C'est ça qu'est bon !
Tout ce qu'un cœur de vingt ans
Adore,
Nous l'aurons, chères enfants,
Encore !

TOUTES.

Sortons d'ici, rentrons gaiement
Dans le monde !
Vive la gaieté,
La liberté

BOULOTTE.

Partons ! mais toutes,
Avant de partir, lançons
A ces sombres voûtes
Nos plus joyeuses chansons !

TOUTES.

Partons ! oui, partons !

Sur la ritournelle, Popolani va ouvrir la porte du fond et, du geste, invite les femmes à le suivre. Celles-ci, folles de joie, se disposent à partir ; le rideau tombe.

ACTE TROISIÈME

Dans le palais du roi Bobèche, grande salle très riche, brillamment illuminée pour une fête. Statues portant des girandoles. A droite, sur le devant, un canapé. Au fond, une large baie laisse apercevoir une chapelle gothique dont le portail et les vitraux sont éclairés.

SCÈNE PREMIÈRE

LE PRINCE, LE COMTE, BOBÈCHE, CLÉMENTINE, LA PRINCESSE, COURTISANS, DAMES, PAGES, puis BARBE-BLEUE.

Le prince et la princesse sont en habits de noces. — Au lever du rideau, minuit sonne lentement.

CHŒUR, *au fur et à mesure que sonnent les douze coups de minuit.*

Une, deux, trois, quatre, cinq, six, sept, huit,
Neuf, dix, onze, douze !...
Suivons l'époux, suivons l'épouse,
Il est minuit.

Cloches au-dehors. — Les deux fiancés se rapprochent l'un de l'autre.

SAPHIR, *à la princesse.*

Venez, ma belle, à la chapelle ;
La cloche gaiement nous appelle.

LE COMTE, *consultant son carnet, parlé.* — Cantate numéro 22 !

CHŒUR GÉNÉRAL.

Hyménée ! hyménée !
O la belle journée !
Qu'ils soient heureux longtemps,
Ces deux beaux jeunes gens !
Hyménée ! hyménée !

Le cortège se dirige vers le fond. Saphir et la princesse en tête, quand apparaît Barbe-Bleue.

BARBE-BLEUE.
Arrêtez ! arrêtez !

Tout le monde redescend.

BOBÈCHE et SAPHIR.
Pourquoi donc s'arrêter ?

BARBE-BLEUE.
Vous le saurez, messire...
J'ai quelques mots à dire,
Que vous ferez bien d'écouter.

BOBÈCHE.
Quoi ! sitôt de retour ?

CLÉMENTINE.
Et vous reparaissez tout seul à notre cour ?

BARBE-BLEUE, *avec beaucoup de tristesse.*
Madame ! ah ! madame !
Plaignez mon tourment !...
J'ai perdu ma femme,
Bien subitement !

Mouvement général.

Sur sa haquenée
Elle allait trottant,
De sa destinée
Point ne se doutant !...
La nuit était belle,
Le bois était noir...
« Ah ! me disait-elle,
Qu'il fait bon, ce soir ! »
Femme que j'adore,
Là-bas je te vois,
Et je crois encore
Etre dans ce bois,
Où, d'une voix forte,
Tu poussas un cri,

Disant : « Je suis morte !... »
Et ce fut fini !

Avec beaucoup moins de tristesse

C'est un coup bien rude,
Rude à recevoir,
Malgré l'habitude
Qu'on en peut avoir !
Je lui ferai faire,
Un beau monument...
Mais sur cette affaire
Glissons à présent !
Allons, soyons homme !...
Chacun est mortel !
La défunte, en somme,
Est heureuse au ciel !
Mais moi... moi, je reste !
Me revoilà veuf...
Cet état funeste
Pour moi n'est pas neuf !
Quand, du fond de l'âme,
Je crierais, hélas !
A quoi bon ?... ma femme
Ne renaîtrait pas.

Avec beaucoup de gaieté.

Donc, cueillons des roses,
Un peu de gaieté,
Et prenons les choses,
Par leur bon côté !
Foin de la tristesse !
Vive le plaisir !
La seule sagesse
Est de s'esbaudir !
L'amour, c'est la vie !
La vie est un bal !
Vive la folie,
Et le carnaval !

A Bobèche.

Or, ta fille est belle,
Et je viens soudain

De mademoiselle
Demander la main.

Stupéfaction générale.

BOBÈCHE.

Ne sais si je dors ou je veille !
Comprend-on audace pareille !
Vous, la main de ma fille !...

BARBE-BLEUE.

Oui, tels sont mes souhaits.

BOBÈCHE.

Jamais !

LA PRINCESSE.

Jamais !

CLÉMENTINE et LE CHŒUR.

Jamais !

BARBE-BLEUE.
COUPLETS.

I

J'ai, pas bien loin dans la montagne,
Un petit gros de cavaliers,
Plus dix obusiers de campagne,
Servis par mes fiers canonniers,
Force artilleurs,
Et tirailleurs !

TOUS.

Que c'est comme un bouquet de fleurs.

BARBE-BLEUE.

II

J'ai des gens portant hallebardes,
J'ai des gens portant mousquetons,
J'ai le régiment de mes gardes,

J'ai mes lanciers et mes dragons,
Mes éclaireurs,
Et mes sapeurs !

TOUS.

Que c'est comme un bouquet de fleurs !

BARBE-BLEUE.

Bref, mes chers seigneurs, refusez,
Et vous serez pulvérisés !
Je vous tiens dans ma main !

LE COMTE, *bas, à Bobèche et à Saphir.*

Ce n'est que trop certain.

BOBÈCHE.

Hélas !
Qui nous tirera d'embarras ?

SAPHIR, *à Bobèche.*

Moi, si vous voulez.

BOBÈCHE.

Je veux bien.
Jeune homme, quel est ton moyen ?

SAPHIR, *allant à Barbe-Bleue.*

Pour t'arracher ma douce amie,
A toi, félon, j'adresse ce cartel,
Et sous ses yeux je te défie,
Non dans un vain tournoi,
mais au combat mortel !

Le comte remonte et va prendre deux épées de la main d'un page.

BOBÈCHE, *gaiement.*

Un duel ! un duel !
C'est charmant ! ça va nous distraire !

SAPHIR, *à Barbe-Bleue.*
Acceptes-tu ?

BARBE-BLEUE.
J'accepte, téméraire.

Le comte leur remet à chacun une épée et retourne à la droite de Bobèche.

BOBÈCHE, *toujours gaiement.*
Tout est pour le mieux, battez-vous :
Le vainqueur sera son époux !

BARBE-BLEUE et SAPHIR.
Le ciel juge entre nous !

LE CHŒUR.
Le ciel juge entre vous !

BOBÈCHE, *au comte.*
Nous, prudemment, éloignons-nous,
Pour ne pas attraper de coups.

Ils se retirent à gauche.

CLÉMENTINE, *à sa fille.*
Nous, mon enfant, prions pour eux !

Elles se retirent à droite.

BOBÈCHE, *à Saphir et à Barbe-Bleue.*
Et maintenant, allez, messieurs !

Le combat commence.

LE CHŒUR, *excitant les combattants.*
Kiss ! kiss ! kiss ! kiss !
En quarte, en tierce !
Qu'on se transperce !
De par l'enfer,
Battez ce fer !
Belle estocade !

Belle parade !
Bien attaqué !
Bien répliqué !
Kiss ! kiss ! kiss ! kiss !

LA PRINCESSE et CLÉMENTINE, *à part.*

Le ciel protège { son } amant !
Le ciel protège { mon } amant !

BOBÈCHE, *ravi.*

Ce spectacle est vraiment charmant !

LE CHŒUR.

Kiss ! kiss ! kiss ! kiss !
Leurs deux épées
Sont bien trempées ;
Dégagements
Et froissements,
Seconde et prime...
Vive l'escrime !
Qu'ils sont malins,
Ces spadassins !
Kiss ! kiss ! kiss ! kiss !

Pendant le duel, les pages font circuler des rafraîchissements.

BARBE-BLEUE, *avec un grand cri.*

Ah ! les gendarmes !

SAPHIR, *se retournant vers la droite.*

Les gendarmes !

Il tombe frappé par Barbe-Bleue, on le relève et on l'étend sur le canapé ; la princesse court à lui, s'agenouille près du canapé.

BARBE-BLEUE, *froidement.*

C'est un coup que m'apprit jadis mon maître d'armes !

Il essuie son épée.

LE COMTE.

Ah ! saperlotte !
La belle botte !

LA PRINCESSE, *désolée.*

Mon amant est mort ! ah ! malheur !

Elle se jette sur le corps du prince Saphir.

BARBE-BLEUE, *à Bobèche.*

O roi, tu tiendras ta promesse !

BOBÈCHE.

Sans doute !... A toi la princesse !
Je te donne sa main, demande-lui son cœur.

LA PRINCESSE, *examinant Saphir.*

Mais où diable a-t-il donc reçu le coup mortel ?

BARBE-BLEUE, *à la princesse penchée sur Saphir.*

Relevez-vous, princesse, et volons à l'autel !

Les cloches se remettent à sonner ; Clémentine arrache sa fille du corps de Saphir et l'emmène de force vers Barbe-Bleue, qui lui prend la main.

BOBÈCHE.

Et vous messieurs les courtisans,
Reprenez vos rangs
Et vos chants,
Car, de plus belle, à la chapelle
La cloche gaiement nous appelle !

LE CHŒUR.

La cloche gaiement nous appelle !

LE COMTE, *parlé.* — Reprise de la cantate numéro 22.

LE CHŒUR.

Hyménée ! hyménée !
O la belle journée ! etc.

Le cortège se reforme, Barbe-Bleue entraîne la princesse à moitié évanouie ; tout le monde sort par le fond, excepté le comte Oscar.

SCÈNE II

LE COMTE, SAPHIR, étendu sur le canapé, puis UN PAGE, puis POPOLANI.

LE COMTE, *seul, regardant Saphir.* — O prince infortuné !... à quoi cela lui a-t-il servi d'être jeune, d'être beau, d'être aimé ?... Mais qu'est-ce que ça me fait après tout ?... Est-ce que, nous autres, hommes politiques, nous avons le temps de pleurer ?...

Un page entre par la gauche et lui remet un billet.

LE COMTE, *après avoir lu le billet.* — Où est l'homme qui t'a remis ce billet ?

LE PAGE, *montrant la gauche.* — Il est là.

LE COMTE. — Qu'il vienne !

LE PAGE. — Le voici.

Entre Popolani ; il est déguisé en bohémien ; il traverse la scène en dansant et en agitant frénétiquement un tambour de basque. Le page sort. A partir de cette entrée de Popolani, la scène doit être jouée dans le mouvement le plus rapide ; les répliques sont échangées d'un ton haletant et précipité.

LE COMTE. — Un bohémien !...

POPOLANI. — Non, un suppliant.

LE COMTE. — Popolani !

POPOLANI. — Monseigneur...

LE COMTE. — C'est à l'ami que tu parles.

POPOLANI. — C'est à l'ami que j'ai besoin de parler.

LE COMTE. — Ça se trouve bien.

POPOLANI. — J'en ai assez, j'en ai assez !...

LE COMTE. — Explique-toi plus clairement.

POPOLANI. — Mais cet homme, il peut nous entendre !
Il désigne le prince Saphir étendu sur le canapé.

LE COMTE. — Je l'en défie.

POPOLANI. — Il est sourd ?

LE COMTE. — Non, il est mort.

POPOLANI, *tranquillement.* — Ah ! alors... Il y a une heure, il est venu à ma tour.

LE COMTE. — Le sire de Barbe-Bleue ?

POPOLANI. — Oui.

LE COMTE. — Avec sa femme ?

POPOLANI. — Avec Boulotte... Et il m'a dit...

LE COMTE. — « Il faut qu'elle meure ! »

POPOLANI. — Vous le saviez ?

LE COMTE. — Je m'en doutais, car maintenant...

POPOLANI. — Maintenant ?...

LE COMTE. — A l'autel...

POPOLANI. — Il en épouse ?...

LE COMTE. — Une autre !

POPOLANI. — Horreur ! horreur !

Il agite son tambour de basque.

LE COMTE. — Tais-toi donc !

POPOLANI. — J'obéis.

LE COMTE. — Et dis-moi pourquoi tu as un tambour de basque ?...

POPOLANI. — Tout à l'heure, tout à l'heure... Cette femme, je ne l'ai pas tuée !...

LE COMTE. — Que me dis-tu ?

POPOLANI. — Pas plus que je n'avais tué les cinq autres.

LE COMTE. — Alors, les six femmes de Barbe-Bleue...

POPOLANI. — Vivantes... on ne peut plus vivantes !

LE COMTE. — Et lui ?...

POPOLANI. — Polygame... on ne peut plus polygame !...

LE COMTE. — Et tu veux ?...

POPOLANI. — Me jeter aux pieds du roi et lui présenter ces six infortunées.

LE COMTE. — Aux pieds du roi ?

POPOLANI. — Oui... Il jugera Barbe-Bleue.

LE COMTE. — Et qui donc jugera le roi ?

POPOLANI. — Que dites-vous ? Prenez garde !

LE COMTE. — A mon tour !... à mon tour !... *(Il s'empare du tambour de basque, l'agite violemment et le rend à Popolani.)* Si tu as tes remords, moi aussi, j'ai les miens !

POPOLANI. — Qui est-ce qui n'en a pas ?

LE COMTE. — Moi aussi, j'ai sur la conscience...

POPOLANI. — Vous me faites peur !

LE COMTE. — Il faut en finir !... Prends cette clef.

Il lui donne une petite clef.

POPOLANI. — Tachée de sang !...

LE COMTE. — Pourquoi ça ?

POPOLANI. — Je pensais...

LE COMTE. — Tu avais tort... Tu vas entrer dans le caveau dont cette clef ouvre la porte...

POPOLANI. — Où ça, ce caveau ?

LE COMTE. — Tu le trouveras.

POPOLANI. — Bien !

LE COMTE. — Dans ce caveau, tu verras cinq hommes...

POPOLANI. — Horreur ! horreur !

Il agite son tambour de basque.

LE COMTE. — Tais-toi donc !

POPOLANI. — J'obéis.

LE COMTE. — Et dis-moi pourquoi tu as un tambour de basque ?

POPOLANI. — Afin de pouvoir pénétrer...

LE COMTE. — Dans ce palais...

POPOLANI. — Sans exciter...

LE COMTE. — De soupçons !...

POPOLANI. — J'ai dit aux six malheureuses de revêtir des costumes de bohémiennes...

LE COMTE. — Et tu t'es toi-même déguisé...

POPOLANI. — En bohémien !...

LE COMTE. — Je comprends... Les cinq hommes...

POPOLANI. — Quels cinq hommes ?...

LE COMTE. — Ceux du caveau.

POPOLANI. — Ah ! bien !

LE COMTE. — Tu les crois morts ?

POPOLANI. — Mettez-vous à ma place !

LE COMTE. — Je le veux bien. *(Ils changent très tranquillement de place et continuent aussitôt du même ton rapide, précipité.)* Ils ne le sont pas, morts !

POPOLANI. — Allons ! tant mieux !

LE COMTE. — Tu leur diras de te suivre, et tu iras chez le costumier du palais.

POPOLANI. — Et je lui demanderai cinq costumes...

LE COMTE. — De bohémiens...

POPOLANI. — J'en étais sûr... Mais consentira-t-il ?...

LE COMTE, *lui donnant un papier.* — Voici l'ordre.

POPOLANI. — Oh ! avec ce papier... *(Il agite son tambour de basque.)* Mais...

LE COMTE. — Qu'as-tu encore ?

POPOLANI. — Une chose m'afflige.

LE COMTE. — Laquelle ?

POPOLANI. — J'aurais six bohémiennes et seulement cinq bohémiens.

LE COMTE, *reculant, abîmé dans ses réflexions.* — C'est vrai !... c'est vrai !...

Il se laisse tomber sur le canapé et s'assied sur le prince Saphir.

SAPHIR, *jetant un cri.* — Ah !

LE COMTE, *bondissant.* — Qu'est-ce que c'est que ça ?

SAPHIR, *se mettant sur son séant.* — C'est moi !

Il se lève tout à fait.

POPOLANI, *au comte.* — Pas mort, il paraît ?

LE COMTE. — Il paraît.

POPOLANI. — Vous m'aviez trompé.

LE COMTE. — Je ne savais pas.

SAPHIR, *se tâtant.* — Non, pas mort, décidément !

LE COMTE. — Blessé, au moins ?

SAPHIR, *se tâtant de nouveau.* — Blessé ? peut-être... non, pas blessé !

LE COMTE. — Tombé, pourtant ?...

SAPHIR. — Oui, tombé !

LE COMTE. — L'émotion ?

SAPHIR. — Pas autre chose !

LE COMTE. — Sauvé, alors ?...

SAPHIR. — Sauvé !

TOUS TROIS. — Sauvé !... sauvé !...

Popolani agite son tambour de basque avec frénésie.

SAPHIR. — Mais la princesse ?...

LE COMTE. — En train de se marier...

SAPHIR. — Ah ! j'empêcherai !...

Il veut s'élancer.

LE COMTE, *l'arrêtant*. — J'ai mieux que ça à vous proposer.

SAPHIR. — Quoi ?

LE COMTE, *montrant Popolani*. — Suivez cet homme.

SAPHIR. — Pour quoi faire ?

LE COMTE. — Pour vous venger !

SAPHIR. — Je le suivrai !

LE COMTE, *à Popolani*. — Tu m'as compris ?

POPOLANI. — Parfaitement... le sixième bohémien...

LE COMTE. — Ce sera lui ! Tu sais où tu vas ?...

POPOLANI. — Pas du tout.

LE COMTE. — Dans un instant, j'irai t'y rejoindre, et je te donnerai des instructions plus détaillées.

POPOLANI. — Courons, alors !

Il agite son tambour de basque.

SAPHIR. — Courons, courons !

Sortent, par la gauche, Popolani et le prince Saphir.

LE COMTE, *seul.* — Voilà une partie vigoureusement engagée !... Où tout cela me mènera-t-il ? je l'ignore absolument... mais qu'importe ?... c'est en ne sachant jamais où j'allais moi-même que je suis arrivé à conduire les autres !

Le cortège du mariage rentre par le fond. Barbe-Bleue donne la main à la princesse.

SCÈNE III

CLÉMENTINE, LA PRINCESSE, BARBE-BLEUE, BOBÈCHE, LE COMTE, COURTISANS, DAMES DE LA COUR, PAGES.

LE CHŒUR.

Hyménée ! hyménée !
O la belle journée !
Qu'ils soient heureux longtemps,
Ces deux beaux jeunes gens !
Hyménée ! hyménée !

Sur le devant de la scène, la princesse tombe accablée dans les bras de sa mère.

LE COMTE, *à Bobèche.* — Eh bien ! mon roi, c'est fait ?...

BOBÈCHE. — Mon Dieu, oui ! voilà une affaire terminée... mais, il faut en convenir... la cérémonie a manqué de gaieté, et maintenant encore... regarde...

Il lui montre Clémentine et sa fille.

LA PRINCESSE, *à sa mère.* — Perdue ! O ma mère, perdue !

CLÉMENTINE. — Mon enfant !... mon enfant !...

BARBE-BLEUE. — Dites donc, Bobèche ?...

BOBÈCHE, *venant à lui.* — Qu'est-ce que c'est ?

BARBE-BLEUE. — Regardez un peu... votre femme et la mienne... Et toute la cour qui voit ça !... Il faudrait tâcher de détourner l'attention...

BOBÈCHE. — Mais comment ?

BARBE-BLEUE. — Comme vous voudrez.

LE COMTE, *s'approchant*. — Il y aurait un moyen, peut-être...

BOBÈCHE. — Lequel ? Parlez.

LE COMTE. — Il vient d'arriver au palais une troupe de bohémiens...

BOBÈCHE. — Et qu'est-ce qu'ils font, ces bohémiens ?

LE COMTE. — Que voulez-vous que fassent des bohémiens ? Ils dansent, chantent et disent la bonne aventure.

BOBÈCHE. — J'aime assez, moi, me faire dire la bonne aventure... je n'y crois pas, mais ça me fait une peur !...

LE COMTE. — Alors, si Votre Majesté daignait permettre ?...

BOBÈCHE. — Certainement ; faites-les venir.

BARBE-BLEUE. — Et dépêchez-vous.

LE COMTE, *avec intention*. — Soyez tranquille, monseigneur, je vais ordonner qu'on les amène.

Il sort par le fond.

SCÈNE IV

CLÉMENTINE, LA PRINCESSE, BARBE-BLEUE, BOBÈCHE, COURTISANS, DAMES DE LA COUR, PAGES.

CLÉMENTINE, *à la princesse, la prenant à part*. — Ecoute, mon enfant... Tu vas aller trouver ton mari, et tu lui diras ces simples mots : « Jamais, monsieur, jamais !... » Il comprendra.

LA PRINCESSE, *bas*. — Mais, moi, je ne comprends pas.

CLÉMENTINE, *bas*. — Je l'espère bien !... Va, mon enfant.

LA PRINCESSE, *allant à Barbe-Bleue*. — Seigneur ?...

BARBE-BLEUE, *empressé*. — Ma douce fiancée ?...

LA PRINCESSE. — Jamais ! jamais ! jamais !...

BARBE-BLEUE, *stupéfait*. — Pardon... vous avez dit ?

LA PRINCESSE. — J'ai dit : « Jamais ! jamais ! »

Elle retourne vers sa mère.

BARBE-BLEUE. — Ah bien ! par exemple !... Dites donc, Bobèche...

BOBÈCHE, *s'approchant et avec humeur*. — Ne m'appelez donc pas Bobèche !...

BARBE-BLEUE. — Puisque c'est votre nom !

BOBÈCHE. — Je suis en instance pour en changer.

BARBE-BLEUE. — Eh bien, Bobèche, savez-vous ce que votre fille vient de me dire ? Elle m'a dit : « Jamais ! jamais ! »

BOBÈCHE, *appelant*. — Ma fille ?...

LA PRINCESSE. — Papa ?...

BOBÈCHE. — Viens çà. *(La princesse s'approche.)* Qui est-ce qui t'a dit de dire ça au monsieur ?

LA PRINCESSE. — C'est maman.

BOBÈCHE, *appelant*. — Titine ?...

CLÉMENTINE, *s'approchant*. — Bobèche ?...

BOBÈCHE. — Comment, madame, c'est vous ?...

CLÉMENTINE. — Oui, monsieur... et plût à Dieu qu'il fût encore temps de vous le dire, à vous !...

BOBÈCHE, *furieux*. — Madame !...

CLÉMENTINE. — Eh bien, après ?...

BOBÈCHE, *menaçant*. — Ah ! si je ne me retenais !...

CLÉMENTINE. — Venez-y donc, un peu !

BOBÈCHE. — Il ne faudrait pas m'en défier !

CLÉMENTINE. — Eh bien, je vous en défie !

BARBE-BLEUE, *bas*. — Et toute la cour qui vous regarde, Bobèche !... et toute la cour qui vous regarde !...

Pendant ces quelques répliques, ils sont groupés tous les quatre, toute la cour faisant cercle autour d'eux.

BOBÈCHE, *bas*. — Saperlotte !... c'est vrai !... Réservons ça pour la prochaine scène intime.

BARBE-BLEUE, *bas*. — Oui... plus tard... en famille...

Bruit de tambour de basque au-dehors.

LE COMTE, *rentrant par le fond*. — Voici les bohémiens !...

Bobèche, Clémentine, Barbe-Bleue, la princesse et le comte Oscar gagnent la droite. Entrent par le fond, amenés par

Popolani masqué, six bohémiens et six bohémiennes également masqués. Les six bohémiens sont : Saphir, Alvarez et quatre seigneurs de la cour. Les bohémiennes sont : Boulotte et les cinq premières femmes de Barbe-Bleue. Les bohémiens et bohémiennes descendent sur deux rangs, face au public, les bohémiennes devant ; le premier des bohémiens à droite est Saphir ; le deuxième, Alvarez.

SCÈNE V

LE COMTE, POPOLANI, BARBE-BLEUE, BOULOTTE, BOBÈCHE, CLÉMENTINE, LA PRINCESSE, SAPHIR, ALVAREZ, BOHÉMIENS ET BOHÉMIENNES.

L'entrée des bohémiens se fait sur le chœur, en dansant.

LES BOHÉMIENS.

Nous arrivons à l'instant même,
Du joli pays de Bohême.
Ecoutez bien, nobles seigneurs,
Les chanteuses et les chanteurs !

LE CHŒUR.

Ils arrivent à l'instant même,
Du joli pays de Bohême.
Ecoutons bien, dames, seigneurs,
Les chanteuses et les chanteurs !

BOBÈCHE, *à Boulotte.*

Chantez, pour amuser ma cour,
Refrain de guerre ou bien d'amour !

BOULOTTE.
BALLADE.

I

Nous possédons l'art merveilleux,
Nous, filles de Bohême,
De découvrir à tous les yeux
Jusqu'à l'avenir même !
De nos chansons,

De nos leçons
Ne perdez rien ;
Ecoutez bien,
Votre main dans la mienne,
Et, foi de bohémienne,
Bientôt vous en saurez
Plus que vous ne voudrez !...
Nous allons voir pleurer tous ceux
Que l'on voit si joyeux !
Rire aujourd'hui, pleurer demain,
C'est la loi du destin !

LE CHŒUR.
Rire aujourd'hui, pleurer demain,
C'est la loi du destin !

BOULOTTE.
II
Il est souvent, au fond des cœurs,
Des secrets redoutables !
Des gens qu'ont fait un tas d'horreurs,
Se croient invulnérables.
Mais le destin,
Ce vieux malin,
A l'œil sur eux,
Les malheureux !
Aussi je les engage
A s'armer de courage :
Ils vont passer maint'nant
Un quart d'heure embêtant !...
Nous allons voir pleurer tous ceux
Que l'on voit si joyeux !
Rire aujourd'hui, pleurer demain,
C'est la loi du destin !

LE CHŒUR.
Rire aujourd'hui, pleurer demain,
C'est la loi du destin !

Les bohémiens et les bohémiennes vont se placer, les femmes à gauche, les hommes à droite, sur un seul rang. Pendant la dernière reprise, Barbe-Bleue a gagné la gauche, en passant derrière les bohémiens.

BOBÈCHE. — Et maintenant, commençons sans perdre une minute... La bonne aventure, ô gué, la bonne aventure !

BOULOTTE, *à Bobèche.* — A tout seigneur, tout honneur !... votre main, roi Bobèche ?

BOBÈCHE, *lui donnant sa main.* — La voici.

Musique à l'orchestre.

BOULOTTE. — Combien de doigts à cette main ?

BOBÈCHE, *étonné.* — Combien de doigts ?

BOULOTTE. — Oui, combien ?

BOBÈCHE. — Cinq... je crois...

BOULOTTE. — Cinq... vous l'avouez...

BOBÈCHE, *à part.* — Voilà que je commence à avoir peur... mais ça m'intéresse.

BOULOTTE. — Cinq... et si chaque fois que vous avez dit au comte Oscar : « Comte Oscar... Cet homme doit mourir !... » si chaque fois que vous avez dit cela, il vous était tombé un doigt, n'est-ce pas qu'aujourd'hui vous seriez diablement embarrassé pour tenir votre royale fourchette ?...

BOBÈCHE, *à part, retirant sa main.* — Cette femme !... cette femme !...

POPOLANI. — A qui le tour, maintenant, à qui le tour ?

BOULOTTE, *à Barbe-Bleue, qui s'approche d'elle.* — A vous, messire, si vous le voulez !

BARBE-BLEUE, *donnant sa main à Boulotte.* — Je ne demande pas mieux.

BOULOTTE, *regardant la main.* — Une jolie bague à votre main...

BARBE-BLEUE. — Simple... mais de bon goût.

BOULOTTE. — Mais pourquoi du sang sur cette bague ?... Pourquoi du sang ?...

BARBE-BLEUE. — Du sang ?...

BOULOTTE. — Vous ne le savez pas ?... je vais vous le dire... c'est parce qu'il y a une heure, cette bague était au doigt de la malheureuse Boulotte, et que la malheureuse Boulotte est morte empoisonnée !...

Mouvement général.

BARBE-BLEUE, *retirant sa main.* — Holà, sorcière !

BOULOTTE. — Voilà pourquoi il y a du sang sur cette bague !

TOUS. — Horreur !... horreur !...

Les bohémiens agitent avec fureur leurs tambours de basque.

BOBÈCHE. — Mais qu'est-ce que c'est que ces gens-là ?

BARBE-BLEUE. — Faites-les chasser, Bobèche !

BOULOTTE. — Ah ! ah ! vous commencez à avoir peur, mes maîtres !... Et vous avez raison... car, s'il y a des morts qui se portent bien... il y a, en revanche, des vivants qui sont bien malades !

Elle pince Barbe-Bleue.

BARBE-BLEUE. — Aïe !...

BOULOTTE, *aux bohémiens.* — Bas les masques, maintenant, bas les masques !...

Tous les masques tombent. — Reconnaissance générale.

BARBE-BLEUE, *stupéfié* — Elles !...

BOBÈCHE, *de même.* — Eux !...

LES SIX FEMMES, *s'avançant sur Barbe-Bleue et le menaçant.* — Monstre !...

BARBE-BLEUE. — Mes six femmes !

BOBÈCHE, *voyant Alvarez qui vient de descendre à sa gauche.* — Alvarez !...

ALVAREZ. — Méchant !... qu'est-ce que je vous avais fait ?...

CLÉMENTINE, *à Alvarez.* — Vous recevrez un dédommagement.

Alvarez regagne sa place.

BOBÈCHE. — Alvarez et ses quatre prédécesseurs !...

LA PRINCESSE, *reconnaissant Saphir.* — Mon berger !...

SAPHIR. — Ma princesse !...

BARBE-BLEUE, *à Popolani.* — Tu ne les tuais donc pas ?

POPOLANI. — Vous voyez bien.

BARBE-BLEUE. — Qu'est-ce que tu en faisais, alors ?

POPOLANI. — Je les électrisais !

BARBE-BLEUE. — Coquin !

BOBÈCHE, *au comte Oscar qui s'approche.* — Tu n'as donc pas exécuté mes ordres ?

LE COMTE. — Non, sire.

BOBÈCHE. — Mais où les cachais-tu donc, ces gentilshommes ?

LE COMTE. — Chez une cousine à moi.

BOBÈCHE. — Une gaillarde !

LE COMTE. — Mais, comme elle va se marier... vous comprenez... elle ne pouvait pas les garder chez elle.

BOBÈCHE. — Pourquoi ?... *(A Barbe-Bleue.)* Mais qu'est-ce que nous allons faire de tout ce monde-là ?

BARBE-BLEUE. — Est-ce que je sais, moi ?... sept femmes !... Comme c'est amusant !... Est-ce qu'il va falloir que je les reprenne ?

BOBÈCHE. — Eh bien ?... et moi... ces messieurs, dont je me croyais délivré... Qu'est-ce que je vais en faire ?

BOULOTTE, *à Bobèche.* — Comme il faut peu de chose pour vous embarrasser !... Sept femmes... sept hommes... nombre égal...

BOBÈCHE, *répétant machinalement.* — Nombre égal...

BOULOTTE. — Eh bien, mon cher, vous allez marier tous ces gens-là !... chaque cavalier prendra la main de la dame correspondante et l'épousera immédiatement.

BOBÈCHE. — Accordé ! accordé !... Comte Oscar ?...

LE COMTE. — Sire ?...

BOBÈCHE. — Faites ce qu'on vient de dire.

LE COMTE. — C'est bien simple.

BOBÈCHE, *à part.* — Je n'y ai rien compris du tout.

Il passe près de Clémentine qui se trouve à l'extrême droite. Pendant le chœur suivant, le comte Oscar fait passer la princesse Hermia et la conduit à Popolani qui la place en tête des femmes de Barbe-Bleue, rangées sur une seule ligne oblique. Elles se trouvent ainsi disposées : la princesse, Héloïse, Isaure, Rosalinde, Eléonore, Blanche et Boulotte. De leur côté, les hommes se sont aussi rangés sur une seule ligne, à droite : en tête, Saphir, puis Alvarez, les quatre seigneurs et Barbe-Bleue. Au milieu, un espace libre dans lequel se trouvent Popolani et le comte Oscar. Bobèche et Clémentine sont toujours à l'extrême droite.

FINALE.
CHŒUR.

Idée heureuse,
Ingénieuse !
C'est original
Et moral !

A chaque présentation, les personnes désignées s'avancent, les femmes près de Popolani, les hommes près du comte.

LE COMTE, *présentant Saphir.*

Premier seigneur !

POPOLANI, *présentant la princesse.*
Première dame !

LA PRINCESSE, *à Saphir.*
A vous mon cœur !

SAPHIR.
A vous mon âme !

LE COMTE, *à la princesse.*
Ça vous va-t-il ?

LA PRINCESSE, *avec joie.*
Si ça me va !...

BOBÈCHE.
Hop-là ! hop-là !
C'est entendu, passez par là !

CHŒUR.
Hop-là ! hop-là !
C'est entendu, passez par là !
Saphir et la princesse remontent au second plan.

LE COMTE, *présentant Alvarez.*
Second seigneur !

POPOLANI, *présentant Héloïse.*
Seconde dame !

LE COMTE, *à Héloïse.*
Ça vous va-t-il ?

HÉLOÏSE.
Oui, ça me va.

BOBÈCHE.
Hop-là ! hop-là !
C'est entendu, passez par là !

CHŒUR.

Hop-là ! hop-là !
C'est entendu, passez par là !

Héloïse et Alvarez remontent au second plan, près de la princesse et de Saphir.

LE COMTE, *présentant quatre bohémiens.*

Quatre seigneurs !

POPOLANI, *présentant quatre bohémiennes.*

Et quatre dames !

LE COMTE, *aux quatre femmes.*

Ça vous va-t-il ?

ISAURE, ROSALINDE, ÉLÉONORE et BLANCHE.

Oui, ça nous va !

BOBÈCHE.

Hop-là ! hop-là !
C'est entendu, passez par là !

CHŒUR.

Hop-là ! hop-là !
C'est entendu, passez par là !

Les quatre seigneurs et les quatre dames remontent au second plan, près des autres.

LE COMTE, *présentant Barbe-Bleue.*

Dernier seigneur !

POPOLANI, *présentant Boulotte.*

Dernière dame !

BARBE-BLEUE, *à Boulotte.*

Voyons, Boulotte, sois bonne !

BOULOTTE.

Tu veux que je te pardonne ?

BARBE-BLEUE.
Au fond, je suis bon enfant.

BOULOTTE.
Scélérat ! traître ! brigand !

BARBE-BLEUE.
Je te promets d'être aimable.

BOULOTTE.
Tu le jures, misérable ?

BARBE-BLEUE.
Tu peux croire à mes serments ?

BOULOTTE.
Ah ! l'habile homme !
Voyez donc comme
Il me prend par les sentiments !

Le comte passe à droite, Saphir descend à gauche avec la princesse, et Héloïse à droite avec Alvarez.

BARBE-BLEUE.
Quant à moi, je suis très content
Que cela finisse gaiement !

BOULOTTE, *au public.*
Vous connaissez son caractère...

BARBE-BLEUE, *de même.*
Vous connaissez mon caractère :
Je suis Barbe-Bleue, ô gué !
Jamais veuf ne fut plus gai !

CHŒUR GÉNÉRAL.
Il est Barbe-Bleue, ô gué !
Jamais veuf ne fut plus gai !

LE PRINCE TURC FRIMELGUS

Conté par Droniou, meunier, de Plouaret, en 1870. François-Marie Luzel, *Contes populaires de Basse-Bretagne*, Paris, Maisonneuve et Ch. Leclerc, 1887, 3 vol.

1

Il y avait une fois une jeune fille qui demeurait avec son père et sa mère, lesquels faisaient valoir une bonne métairie et vivaient à leur aise. Cette fille, nommée Marguerite, était fort jolie, et tous les jeunes gens du pays, un peu riches, se fussent estimés heureux de l'avoir pour femme. Mais, si Marguerite était jolie, elle était aussi coquette et fière, et elle dédaignait les fils de paysans qui voulaient lui faire la cour, même les plus beaux et les plus riches. Son père et sa mère voyaient cela avec peine, et ils lui disaient parfois :

— Qui prétends-tu donc avoir pour mari, que tu ne trouves personne à ton gré ?

— Un prince, répondait-elle ; je ne veux me marier qu'à un fils de roi.

Elle avait deux frères à l'armée, deux cavaliers, deux beaux hommes, qui lui avaient parlé du fils de l'empereur de Turquie, qu'ils avaient vu quelque part, et depuis, elle avait l'esprit continuellement occupé de ce prince.

Voilà qu'un jour il arriva à la ferme un seigneur monté sur un beau cheval, et qui n'était pas habillé à la manière du pays. Personne ne le connaissait. Il demanda à voir Marguerite. Dès qu'il l'eut vue et qu'il se fut un peu entretenu avec elle, il s'écria : « Celle-ci sera ma femme ! »

— Sauf votre grâce, Monseigneur, lui répondit la jeune fille, je ne me marierai qu'au fils d'un empereur ou d'un roi.

— Eh bien ! je suis le fils d'un empereur, et d'un des plus puissants qui soient sur la terre ; mon père est l'empereur de Turquie, et son nom est Frimelgus. Il y a longtemps que je voyage, à la recherche d'une femme qui me convienne, et, nulle part, je n'en ai trouvé une qui me plût comme vous. Je le répète : je n'aurai jamais d'autre femme que vous.

Il lui donna de riches parures de perles et de diamants, puis, il donna aussi à son père et à sa mère des poignées d'or et d'argent, si bien qu'ils étaient tous contents et heureux. Les fiançailles se firent dès le lendemain, les noces, dans la huitaine, et il y eut de grands festins, des danses et des jeux, pendant plusieurs jours.

Quand les fêtes furent terminées, le prince Frimelgus fit monter sa femme dans un beau carrosse doré, et partit avec elle pour son pays.

Marguerite vécut heureuse et sans souci aucun avec son mari, pendant six mois. Tout ce qu'elle souhaitait, elle l'obtenait aussitôt, beaux habits, riches tissus, parures de perles et de diamants ; et, tous les jours, de la musique, des danses et des jeux de toute sorte.

Au bout de six mois, elle se sentit enceinte, et en ressentit une grande joie. Son mari, au contraire, loin de témoigner quelque satisfaction à cette nouvelle, la reçut avec mécontentement. Il devint triste et soucieux et rien ne pouvait plus le distraire.

Un jour, il dit à sa femme qu'il lui fallait entreprendre un long voyage, pour aller voir un autre prince de ses amis, je ne sais dans quel pays lointain. Avant de partir, il lui remit toutes les clefs du château (il y en avait un grand trousseau) et lui dit qu'elle pouvait s'amuser et se distraire, comme elle l'entendrait, en attendant son retour, et aller partout dans le château, à l'exception d'un cabinet qu'il lui montra et dont la clef était pourtant avec les autres, dans le trousseau.

— Si vous ouvrez ce cabinet, ajouta-t-il, vous vous en repentirez bientôt. Promenez-vous dans les jardins, visitez, comme il vous plaira, toutes les chambres, et les salles, de la cave aux greniers, mais, je vous le répète, gardez-vous bien d'ouvrir la porte de ce cabinet.

Elle promit de ne pas ouvrir la porte, et Frimelgus partit.

Marguerite se mit alors à parcourir le château, qui était très vaste, et à visiter les salles et les chambres où elle n'était jamais entrée, jusqu'alors. Elle marchait d'étonnement en étonnement, car les salles et les chambres étaient toutes plus belles les unes que les autres, et pleines d'or, d'argent, et de riches parures de toute sorte. Son trousseau de clefs à la main, elle ouvrit toutes les portes, entra partout et vit tout, à l'exception pourtant du cabinet défendu. A chaque fois qu'elle passait auprès, elle se disait : — Que peut-il donc y avoir là dedans ? Et cela la préoccupait beaucoup et excitait vivement sa curiosité. Elle regarda plus d'une fois par le trou de la serrure, et ne vit rien ; elle y introduisit même la clef... mais, alors, les paroles de son mari lui revenaient à la mémoire, et elle avait peur, et s'éloignait. Il y avait huit jours que le prince était parti, lorsqu'un jour, ne pouvant résister plus longtemps à la tentation, elle introduisit encore la clef dans la serrure, la tourna, toute tremblante d'émotion, et entr'ouvrit la porte, tout doucement.... Mais, au premier regard qu'elle jeta dans l'intérieur du cabinet, elle poussa un cri d'effroi et recula d'horreur. Sept femmes étaient là, pendues chacune à une corde fixée à un clou dans une poutre, et se mirant dans une mare de sang ! C'étaient les sept femmes que le prince Frimelgus avait épousées, avant Marguerite, et qu'il avait toutes pendues dans ce cabinet, quand elles étaient devenues enceintes.

Marguerite était tombée sans connaissance sur le seuil. Quand elle revint à soi, elle ramassa son trousseau de clefs, qui était tombé dans le sang, puis elle referma la porte du cabinet. Elle lava d'abord ses clefs avec de l'eau froide, et le sang qui les souillait disparut sur toutes, à l'exception de celle du cabinet défendu. Ce fut en vain qu'elle lava celle-ci avec de l'eau chaude et la racla avec un couteau, et la frotta avec du sable, la maudite tache ne disparaissait pas !

Voilà Marguerite désolée. En apercevant ce sang, se disait-elle, mon mari saura que je lui ai désobéi, et que j'ai ouvert le cabinet défendu !...

Pendant qu'elle était encore occupée à laver et à frotter la clef, Frimelgus arriva.

— Que faites-vous là, ma femme ? demanda-t-il, bien qu'il sût déjà la vérité.

— Rien, répondit la jeune femme, toute troublée, et en essayant de dissimuler les clefs.

— Comment, rien ? Montrez-moi ces clefs-là !

Et il lui arracha le trousseau de clefs d'entre les mains, et, prenant la clef du cabinet défendu et l'examinant :

— Ah ! malheureuse femme, s'écria-t-il, tu ne vaux pas mieux que les autres, et tu auras le même sort qu'elles !

— Oh ! ne me tuez pas ! ne me tuez pas ! ayez pitié de moi, je vous en prie ! criait la pauvre femme.

— Non, point de pitié !

Et Frimelgus la jeta à terre, et, la saisissant par ses longs cheveux blonds, il se mit à la traîner jusqu'au cabinet fatal, pour l'y pendre, comme ses sept autres femmes. La pauvre Marguerite criait de toutes ses forces : Au secours ! au secours !...

En ce moment, on entendit sur le pavé de la cour le bruit des pieds de deux chevaux arrivant au galop. Deux cavaliers venaient, en effet, d'y entrer. C'étaient les deux frères de Marguerite, qui venaient la voir. En entendant des cris de détresse, ils descendirent promptement de leurs chevaux, et entrèrent dans le château. Ils virent Frimelgus qui traînait leur sœur par les cheveux, et, dégainant leurs sabres, ils tombèrent sur lui et le criblèrent de blessures. Puis, prenant Marguerite en croupe, ils quittèrent aussitôt le château, et s'en retournèrent avec elle à la maison, après avoir, pourtant, rempli leurs poches d'or et de pierres précieuses.

2

Quelque temps après le retour de Marguerite chez son père, quand on connut qu'elle était veuve, de nouveaux prétendants à sa main se présentèrent de tous côtés, de riches marchands et de nobles seigneurs. Mais, elle n'avait pas oublié la manière dont l'avait traitée le cruel Frimelgus, et elle répondait invariablement à tous qu'elle avait fait serment de ne jamais se remarier à homme qui vécût. C'était leur dire clairement qu'elle ne voulait pas se remarier.

Un jour, pourtant, vint un seigneur magnifiquement vêtu,

monté sur un cheval superbe, et que personne ne connaissait, dans le pays. Il demanda à parler à Marguerite. Celle-ci le reçut poliment et lui dit, comme aux autres, qu'elle avait fait serment de ne jamais se remarier à homme qui vécût.

— Je ne suis pas un homme vivant, lui répondit l'inconnu.

— Comment, vous n'êtes pas un homme vivant ; mais, qui êtes-vous donc, alors ?

— Un mort, et vous pouvez m'épouser, sans manquer à votre serment.

— Serait-il possible ?

— Croyez-m'en, rien n'est plus vrai.

— Hé bien ! s'il en est ainsi, je ne dis pas non.

Elle brûlait d'envie de se remarier, il faut le croire.

Bref, ils furent fiancés et mariés promptement, et il y eut un grand festin de noces.

En se levant de table, le nouveau marié se rendit dans la cour avec sa femme, et, montant sur son cheval, il la prit en croupe et partit aussitôt, au galop, sans dire à personne où il allait. Tout le monde en fut étonné. Un des frères de Marguerite, voyant cela, monta aussi sur son cheval, et voulut les suivre. Mais, quelque bon cavalier qu'il fût, il ne put les atteindre. Il jura néanmoins qu'il ne retournerait pas à la maison, avant d'avoir su où était allée sa sœur.

Le cheval qui emportait Marguerite et son nouveau mari voyageait à travers les airs, et il les porta dans un château magnifique. Rien ne manquait dans ce château de ce qui peut plaire à une jeune femme, ni riches tissus de soie et d'or, ni diamants et perles, ni beaux jardins remplis de fleurs aux suaves parfums et de fruits délicieux. Et pourtant, elle ne s'y trouvait pas heureuse, et elle s'ennuyait. Pourquoi donc s'ennuyait-elle ? Parce qu'elle était toujours seule, tout le long des jours. Son mari partait, tous les matins, de bonne heure, et ne rentrait qu'au coucher du soleil.

Elle l'avait souvent prié de l'emmener avec lui, dans ses voyages, et toujours il avait refusé.

Un jour qu'elle se promenait dans le bois qui entourait le château, elle fut bien étonnée de voir un jeune cavalier qui venait par la grande avenue, car depuis qu'elle était là, aucun étranger n'était encore venu lui faire visite. Son étonnement augmenta encore, lorsqu'elle reconnut que ce cavalier était son plus jeune frère. Elle courut à lui et l'embrassa et lui témoigna une grande joie de le revoir. Puis, elle le conduisit au château et lui servit elle-même à manger et à boire, car il était épuisé et fatigué d'un si long voyage.

— Où est aussi mon beau-frère, sœur chérie ? demanda-t-il, au bout de quelque temps.

— Il n'est pas à la maison, pour le moment, mais, il arrivera ce soir, au coucher du soleil.

— Tu me parais être plus heureuse ici avec lui que tu ne l'étais avec Frimelgus ?

— Oui vraiment, mon frère, je suis assez heureuse ici, et pourtant, je m'y ennuie beaucoup.

— Comment peut-on s'ennuyer, dans un si beau château ?

— C'est que je suis seule, tout le long des jours, frère chéri ; mon mari n'est jamais avec moi, que la nuit, et il part tous les matins, aussitôt que le soleil se lève.

— Où donc va-t-il ainsi, tous les matins ?

— Au paradis, dit-il.

— Au paradis ? Mais pourquoi ne t'emmène-t-il pas avec lui, alors ?

— Je l'ai souvent prié de m'emmener avec lui, mais il ne le veut pas.

— Hé bien ! je lui demanderai aussi, moi, de me permettre de l'accompagner, car je voudrais bien voir le paradis.

Tôt après, le maître du château arriva. Sa femme lui présenta son frère, et il témoigna de la joie de le revoir. Puis, il mangea, car il avait grand'faim. Le frère de Marguerite lui demanda alors :

— Dites, beau-frère, où allez-vous donc ainsi, tous les matins, de si bonne heure, laissant votre femme toute seule à la maison, où elle s'ennuie beaucoup ?

— Je vais au paradis, beau-frère.

— Je voudrais bien aussi, moi, voir le paradis, et si vous consentiez à m'emmener avec vous, une fois seulement, vous me feriez grand plaisir.

— Hé bien ! demain matin, vous pourrez venir avec moi,

beau-frère ; mais, à la condition que vous ne m'adresserez aucune question, ni ne direz même pas un seul mot, pendant le voyage, quoi que vous puissiez voir ou entendre, autrement, je vous abandonnerai aussitôt en route.

— C'est convenu, beau-frère, je ne dirai pas un mot.

Le lendemain matin, le maître du château était sur pied de bonne heure. Il alla frapper à la porte de son beau-frère, en disant :

— Allons, beau-frère, debout, vite, il est temps de partir !

Et quand il se fut levé et qu'il fut prêt, il lui dit encore :

— Prends les basques de mon hahit et tiens bon !

Le frère de Marguerite prit à deux mains les basques de l'habit de son beau-frère, et celui-ci s'éleva, alors, en l'air et l'emporta par-dessus le grand bois qui entourait le château, avec une telle rapidité, que l'hirondelle ne pouvait les suivre. Ils passèrent par-dessus une grande prairie, où il y avait beaucoup de bœufs et de vaches, et, bien que l'herbe fût abondante autour d'eux, bœufs et vaches étaient maigres et décharnés, au point de n'avoir guère que les os et la peau. Cela étonna fort le frère de Marguerite, et il allait en demander la raison à son compagnon de voyage, lorsqu'il se rappela à temps qu'il avait promis de ne lui adresser aucune question, et il garda le silence.

Ils continuèrent leur route et passèrent, plus loin, au-dessus d'une grande plaine aride et toute couverte de sable et de pierres ; et pourtant, sur ce sable étaient couchés des bœufs et des vaches si gras, et qui paraissaient si heureux, que c'était plaisir de les voir. Le frère de Marguerite ne souffla mot encore, bien que cela lui parût bien étrange.

Plus loin encore, il vit un troupeau de corbeaux qui se battaient avec tant d'acharnement et de fureur, qu'il en tombait sur la terre comme une pluie de sang. Il continua de garder le silence. Ils descendirent, alors, dans un lieu d'où partaient trois routes. Une d'elles était belle, unie, avec de belles fleurs parfumées, des deux côtés ; une autre était belle et unie aussi, mais moins que la première, pourtant ; enfin, la troisième était d'un accès difficile, montante et encombrée de ronces, d'épines, d'orties et de toutes sortes de reptiles hideux et venimeux. Ce fut cette dernière route que prit le mari de Marguerite. Son beau-frère, s'oubliant, lui dit, alors :

— Pourquoi prendre cette vilaine route, puisqu'en voilà deux autres qui sont si belles !

A peine eut-il prononcé ces mots, que l'autre l'abandonna, dans ce mauvais chemin, en lui disant :

— Reste là à m'attendre, jusqu'à ce que je m'en retourne, ce soir.

Et il continua sa route.

Au coucher du soleil, quand il repassa par là, il reprit son beau-frère, tout rompu et tout sanglant, et ils retournèrent ensemble au château. Le frère de Marguerite remarqua, chemin faisant, que les corbeaux se battaient toujours, que les bœufs et les vaches étaient aussi maigres et décharnés que devant, dans l'herbe grasse et haute, aussi gras et luisants, dans la plaine aride et sablonneuse, et, comme il pouvait parler, à présent, il demanda l'explication des choses extraordinaires qu'il avait vues, durant le voyage.

— Les bœufs et les vaches maigres et décharnés, au milieu de l'herbe abondante et grasse, lui répondit son beau-frère, sont les riches de la terre, qui, avec tous leurs biens, sont encore pauvres et malheureux, parce qu'ils ne sont jamais contents de ce qu'ils ont et désirent toujours en avoir davantage ; les bœufs et les vaches gras et heureux, sur le sable aride et brûlé, sont les pauvres contents de la position que Dieu leur a faite, et qui ne se plaignent pas.

— Et les corbeaux qui se battent avec acharnement ?

— Ce sont les époux qui ne peuvent pas s'entendre et vivre en paix, sur la terre, et qui sont toujours à se quereller et à se battre.

— Dites-moi encore, beau-frère, pourquoi vous avez pris le chemin montant et rempli de ronces, d'épines et de reptiles hideux et venimeux, quand il y a là, à côté, deux autres chemins qui sont si beaux et si unis, et où il doit être si agréable de marcher ?

— Ces deux chemins-là sont, le plus beau et le plus large, le chemin de l'enfer, et l'autre, le chemin du purgatoire. Celui que j'ai suivi est difficile, étroit, montant et parsemé d'obstacles de toute sorte ; mais, c'est le chemin du paradis.

— Pourquoi donc, beau-frère, puisque vous pouvez aller tous les jours au paradis, n'y restez-vous pas, et n'y emmenez-vous pas ma sœur avec vous ?

— Après ma mort, Dieu me donna pour pénitence de revenir tous les jours sur la terre, jusqu'à ce que j'eusse trouvé une femme pour m'épouser, quoique mort..... [1]

1. Le conte ne paraît pas tout à fait terminé, mais mon conteur n'en savait pas davantage.

BARBE-ROUGE

Conté en 1878 par Jean Bouchery, de Dourdain, garçon de ferme à Ercé. Paul Sébillot, *Littérature orale de Haute-Bretagne*, Paris, Maisonneuve, 1881.

Barbe-Rouge s'était marié sept fois, et avait perdu successivement ses femmes au bout de peu de temps de ménage. Il vécut dix ans en bonne intelligence avec la huitième, dont il eut deux filles et un garçon. Mais, à cette époque, Barbe-Rouge prit sa femme en telle haine, qu'il résolut de se débarrasser d'elle.

Un dimanche, au moment où elle revenait de la messe, il lui dit :

— Jeanne-Marie, c'est aujourd'hui que je vais te tuer.

— Permettez-moi, répondit la femme, de prendre mes habits de noces, ceux avec lesquels je fus mariée avec vous.

— Alors, monte dans ta chambre, et dépêche-toi, car je suis pressé.

Elle ouvrit, avant de commencer à s'habiller, la porte de la maison à son petit chien, auquel elle mit dans l'oreille une lettre pour ses frères qui demeuraient à quelques lieues de là.

Barbe-Rouge, pendant ce temps, aiguisait son sabre en répétant :

J'aiguise, j'aiguise mon couteau,
Pour tuer ma femme qu'est en haut.

— Es-tu prête, Jeanne-Marie ? lui cria-t-il.

— Non, je n'ai encore mis que mon cotillon de dessous.

Quelques instants après, son mari, tout en répétant :

J'aiguise, j'aiguise mon couteau,
Pour tuer ma femme qu'est en haut,

lui demanda pour la seconde fois si elle était habillée.

— Non, dit-elle, je suis à chausser mes bas.

— Es-tu prête ? répéta-t-il au bout d'un quart d'heure.

— Non, je peigne mes cheveux.

Une demi-heure après, Barbe-Rouge s'écria :

— Mon couteau est bien affilé ; descends, ou je vais te chercher.

— Attendez encore un peu ; je vais prendre ma grande coiffe.

Comme elle y attachait des épingles, elle regarda par la fenêtre, et vit sur la route plusieurs hommes à cheval auxquels elle fit des signes.

— Pour cette fois, s'écria Barbe-Rouge, je vais monter et te faire ton affaire là-haut.

— Je n'ai plus qu'une épingle à placer, et je descends.

Une minute après, elle dit :

— Je suis prête.

Et elle se mit lentement à descendre l'escalier. Au moment où elle arrivait au bas, on frappa à la porte, et Barbe-Rouge se cacha dans le corridor ; mais les chefs de la troupe le découvrirent et le tuèrent.

Jeanne-Marie sortit de la maison avec ses enfants, et, au bout de son deuil, elle se maria avec un des militaires qui l'avaient délivrée.

BARBE-BLEUE À FLORENCE

Marc Monnier, *Les Contes populaires d'Italie*, G. Charpentier, 1880.

Il n'y a donc rien de nouveau sous le soleil, pas même ce proverbe que le roi Salomon avait probablement lu quelque part. Dans tous les temps et dans tous les pays, on amuse les enfants des mêmes contes. Veut-on celui de Barbe-bleue raconté par une petite Florentine de huit ans ?

Il y avait une fois un mari et une femme qui avaient trois filles : pauvres, pauvres ils étaient. Mais pour manger ils dirent à une de ces fillettes :

— Va dans le jardin de l'Ogre et prends-y quelques feuilles de chou.

La bambine alla donc, et quand elle fut près du chou elle s'entend dire :

— Où vas-tu ?

— Papa et maman, répond-elle, m'ont envoyée prendre un peu de chou, nous sommes si pauvres.

— Viens là-haut, tu seras bien.

Elle répond :

— Non vraiment, papa et maman me gronderaient.

L'Ogre insistait pour qu'elle vînt.

Enfin, la bambine monta et l'Ogre lui donna trois boules d'or, puis la mena par toute la maison et lui dit :

— Maîtresse de tout, excepté de cette chambre.

L'Ogre s'en va ; reste la fillette, et elle dit :

— Qu'y aura-t-il dans cette chambre ?

Ah ! la curiosité la pousse ; elle l'ouvre, il n'y avait rien, pas autre chose qu'une armoire. Elle ouvre l'armoire et laisse tomber dessous une des boules que l'Ogre lui avait données. (La boule se salit.) La fillette désespérée, plus elle la lavait, voyez donc ! la boule était toujours sale et même plus laide.

L'Ogre revient, il dit :

— Où sont les boules que je t'ai données ?

La pauvrette les fait voir.

— Ah coquine ! dit l'Ogre.

Il la prend par un bras et la jette par-dessous l'armoire où la boule était allée. Il ne fait pas de discours, bah ! (*che !*). On voit que cette armoire était un puits où l'Ogre jetait toutes les petites filles.

Venons aux parents qui envoient chercher leur enfant par une de ses sœurs ; ils étaient désespérés.

La sœur l'appelle ; il y avait le petit panier dans le jardin, mais la fillette n'y était pas, parce qu'elle était morte. L'Ogre l'avait jetée dans le puits. Comme il entend ainsi appeler et pleurer, l'Ogre se met à la fenêtre et dit :

— Qu'as-tu, fillette ?

— Eh ! dit-elle, c'est ma sœur ; on l'avait envoyée prendre le chou....

Et elle lui fait toute l'explication.

— Monte, dit l'Ogre, tu seras bien.

Et il lui dit la même chose qu'il avait dite à l'autre.

La bambine monte donc, ça s'entend ; il lui donne les mêmes trois boules et il lui tient le même discours :

— Maîtresse de tout, hormis d'ici.

Quand l'Ogre est parti, la même chose arrive, elle ouvre l'armoire et la boule tombe. La pauvre enfant était plus désespérée que jamais, elle pleurait, elle était inquiète pour ses parents. Et ainsi toute désespérée, elle se met à laver, et il lui arrive comme à l'autre, même plus crottée de sang.

Voici l'Ogre qui revient et voit la boule en plus mauvais état.

— Ah coquine ! fait-il, viens, viens.

Il la prend, la jette comme l'autre, là même où il lui avait dit de ne pas aller.

Venons maintenant aux parents, désespérés, vous pouvez croire. Ils envoyèrent la dernière fillette :

— Va, toi, nous faire cette charité ; va voir ce qui en est de tes sœurs.

Elle va dans le jardin, elle trouve les petits paniers, mais les sœurs n'y étaient pas. Elle se met à hurler, elle les appelait par leurs noms.

L'Ogre se met à la fenêtre et lui dit :

— Que veux-tu ? monte, tu seras bien.

Mais la fillette :

— Ah ! je ferai mal. Il y a papa et maman inconsolables de douleur qui crient. Ah ! il faut que j'aille à la maison.

— Monte, dit l'Ogre, tu seras bien, je te renverrai après.

La bambine monte.

L'Ogre lui donne les trois boules d'or et lui dit :

— Maîtresse de tout excepté de cette chambre.

Mais quand l'Ogre est parti, cette petite fille qui était plus rusée prend les boules et les laisse dehors avant d'entrer. Elle était plus fourbe que ses sœurs et elle sut faire. Elle ouvre la chambre et dit :

— Qu'y a-t-il dans cette chambre ?

Elle voit l'armoire, l'ouvre et entend :

— Oohu ! Oohu !

— Qu'y a-t-il, dit-elle, là au fond ?

— Nous sommes deux petites filles ; papa et maman nous ont envoyées prendre le chou et l'Ogre nous a appelées, nous a donné trois boules, et une est tombée, et quand il est revenu et qu'il l'a vue abîmée, il nous a jetées ici.

— Ah ! pauvres petites, dit l'autre, vous êtes mes sœurs.

Désespérée, elle cherche des cordes, pour que ces fillettes s'y accrochent, et elle les tire en haut, et après cela elle les mit dans une chambre séparée pour que l'Ogre ne s'aperçût de rien. Elle leur prépare à manger, elle les soigne et puis s'en va. Elle prend les boules et attend l'Ogre.

Voici l'Ogre qui revient.

— Où sont les boules ?

— Les voici, dit-elle.

— Brava, dit-il, à présent je t'aime ; tu seras toujours bien.

Donc il s'en allait tous les jours dehors et la laissait seule, et elle allait soigner ses sœurs.

Un jour l'Ogre lui dit :

— Tu ne sais pas, tu ne sais pas, je ne dois jamais mourir.

Je laisse à penser quelle douleur eut la fillette. Comment ferait-elle pour aller chez son père avec ses sœurs ? Mais elle n'en laissa rien voir à l'Ogre.

— Comment cela ? lui dit-elle.

— Parce que mon âme est dans une coquille d'œuf.

Elle en fut fâchée, mais ne le montra pas et dit à l'Ogre :

— Oh ! quelle belle chose que vous ne mourriez jamais ! quelle félicité pour moi !

Un jour elle prend un air mélancolique, sans manger, sans rien faire.

— Qu'as-tu, dit l'Ogre, que tu ne manges pas ?

— J'ai ce que j'ai ; vous m'aviez dit que vous ne mourriez jamais. Mais ce n'est pas possible. Dès qu'il y aura dans l'œuf un peu de saleté, ça vous fera mourir. Je voudrais le voir, cet œuf, s'il est sale ou propre. Je désire le voir ; quand je l'aurai vu, je serai plus tranquille, entendez-vous ?

— Ah ! coquine, dit l'Ogre, tu veux me trahir.

— Que pensez-vous là ? Vous, un bienfaiteur comme vous, que je veuille vous trahir ? Impossible !

Elle insiste, insiste ; cet homme vient et lui montre l'œuf, et il le tenait serré dans sa main, pour qu'elle ne le touchât pas.

Elle le regarde et dit :

— La saleté, voyez donc, elle est là, regardez ce noir qui est dedans ; c'est ça qui vous fera mourir.

— Où ? dit-il.

— Le voici là, ne le voyez-vous pas ?

Pendant qu'elle dit : le voici là, elle le frappe avec la paume de la main, l'œuf tombe et l'Ogre reste mort.

A hou ! quand il est mort, elle court vers ses sœurs :

— Venez dehors, fillettes ; j'ai tué l'Ogre. A présent nous sommes heureuses.

Là-dessus, elles font un beau trou dans le jardin, un grand trou et elles l'enterrent. Puis elles prennent les clefs de la maison, la ferment et vont à la recherche de leurs parents. Elles vont et leur racontent toute l'affaire, précisément comme c'était arrivé. Ces parents, vous pouvez croire, le contentement de voir les petites filles, qui de pauvres, il faut le dire, étaient devenues très riches, parce que l'Ogre avait tant de biens, et que tout ce bien leur était resté. Et ils allèrent à la maison de l'Ogre, ils l'ouvrirent et devinrent maîtres de toutes ses richesses et vécurent et en jouirent et demeurèrent toujours en paix.

LE RICHE HOMME

Jean-François Cerquand, *Légendes et récits populaires du Pays basque*, Bulletin de la Société des Sciences, lettres et arts de Pau, 1882.

Il y avait une fois sept frères et une sœur.

Il y avait aussi, au pays, un riche homme qui s'était marié six fois et avait coupé le cou de ses six femmes sans qu'on l'eût découvert.

Le riche homme, veuf de six femmes, obtint la sœur des sept frères.

Mais quelques mois après le mariage, le riche homme se dégoûta de sa femme et lui dit : « Mettez vos parures de noce et venez avec moi. »

Sa femme lui dit : « Pourquoi dois-je mettre mes parures de noce et où voulez-vous me conduire ?

— Hâtez-vous seulement, répondit le riche homme, vous ne tarderez pas à l'apprendre. »

Alors la femme le pria de lui accorder une heure pour chaque épingle qu'elle mettrait à ses habits et une heure pour chaque pièce de l'habit et une heure pour chaque marche de l'escalier, qui avait sept marches.

Le riche homme accorda toutes les heures que lui demandait sa femme. Alors elle avertit ses frères de ce qui se passait.

Elle s'habilla en comptant les heures, et quand elle fut habillée, elle sortit de sa chambre avec son mari.

Quand elle posa le pied sur la première marche de l'escalier, elle cria à sa femme de chambre :

« Claire ! Quel temps fait-il dehors ? »

— Temps de pluie et de tempête ; mauvais temps, Madame. »

Après une heure elle posa le pied sur la seconde marche et cria à sa femme de chambre :

« Claire ! quel temps fait-il dehors ?

— Temps de pluie et de tempête ; mauvais temps. Madame. »

Et de même à chaque marche d'escalier, jusqu'à la septième.

Et quand elle posa le pied sur la septième marche, elle cria encore d'une voix désespérée :

« Claire ! Claire ! Quel temps fait-il ?

— Temps serein, Madame. Vos frères entrent dans la basse cour. »

Alors le riche homme, apprenant ainsi que ses beaux-frères venaient au secours de leur sœur, remonta précipitamment les sept marches pour essayer de fuir. Et sa femme monta après lui.

Les sept frères eurent bientôt atteint le riche homme. Ils le tuèrent et le suspendirent au-dessus de l'escalier à sept marches à côté de ses six premières femmes.

Puis ils dépouillèrent le château de ses richesses et les emportèrent chez eux avec leur sœur.

BARBE-BLEUE

Conté par Catherine Sustrac. Jean-François Bladé, *Contes populaires de la Gascogne*, Paris, Maisonneuve frères et Ch. Leclerc, 1886, 3 vol.

Il y avait, une fois, un homme haut de six pieds, avec une barbe bleue qui lui descendait jusqu'à la ceinture. C'est pourquoi on l'appelait Barbe-Bleue. Cet homme était riche comme la mer. Pourtant, il ne faisait jamais l'aumône. Jamais il ne mettait le pied dans une église. On disait qu'il s'était marié sept fois ; mais on ne savait ce que ses sept femmes étaient devenues.

Enfin, le roi de France fut avisé de ces mauvais bruits. Aussitôt, il envoya force soldats pour arrêter le méchant homme, et un grand juge rouge pour l'interroger. Pendant sept ans, ils battirent les bois et les montagnes ; mais Barbe-Bleue se cachait je ne sais où.

Les soldats et le grand juge rouge repartis, Barbe-Bleue reparut, plus méchant, plus terrible que jamais. C'était au point que nul n'osait se hasarder à sept lieues autour de son château.

Un matin, Barbe-Bleue courait la campagne, monté sur son grand cheval noir, suivi de trois dogues, grands et forts comme des taureaux. Vint à passer, toute seulette, une jeune et belle demoiselle.

Sans dire un mot, le gueux la saisit par la ceinture, et l'emporta dans son château.

« Ecoute. J'entends que tu sois ma femme. Désormais, tu ne sortiras plus d'ici. »

Par force, la demoiselle épousa Barbe-Bleue, et demeura prisonnière, souffrant mort et passion, pleurant toutes les larmes de ses yeux. Chaque matin, dès la pointe de l'aube, Barbe-Bleue montait à cheval, et partait, suivi de ses trois dogues, grands et forts comme des taureaux. Il ne rentrait qu'à l'heure du souper. Tout le long du jour, sa femme ne bougeait pas de la fenêtre. Elle regardait là-bas, là-bas, dans la campagne, et songeait bien tristement.

Parfois, venait s'asseoir auprès de sa maîtresse une bergerette, jolie comme un cœur, et sage comme une sainte.

« Madame, lui disait-elle, je connais vos pensées. Vous vous méfiez des valets et des servantes de ce château. Madame, vous n'avez pas tort. Mais moi, je ne suis pas née pour vous trahir. Madame, contez-moi vos peines. »

La dame se taisait. Mais un jour elle parla.

« Bergerette, jolie Bergerette, si tu me trahis, le Bon Dieu et la Sainte Vierge te puniront. Ecoute. Je vais te conter mes peines. Bergerette, nuit et jour, je songe à mon pauvre père, à ma pauvre mère. Je songe à mes deux frères, partis depuis sept ans passés à l'étranger, pour le service du roi de France. Bergerette, jolie Bergerette, si tu me trahis, le Bon Dieu et la Sainte Vierge te puniront.

— Madame, je ne vous trahirai pas. Ecoutez. J'ai grand pouvoir sur un geai parlant. Quand vous voudrez, il ira tout conter à vos deux frères, partis, depuis sept ans passés à l'étranger pour le service du roi de France.

— Merci, Bergerette. Attendons le bon moment. »

Désormais, la dame et la jolie Bergerette devinrent grandes amies. Mais elles ne parlèrent plus de rien, craignant d'être vendues par les valets et servantes du château.

Un jour, Barbe-Bleue dit à sa femme :

« Ecoute. Demain matin, dès la pointe de l'aube, je pars pour un grand voyage. Voici sept clefs. Les six plus grandes ouvrent les chambres et les armoires du château. Tu peux t'en servir à ta volonté. Mais la plus petite clef ouvre la porte de cette chambrette. Là, je te défends d'entrer. Si tu n'obéis pas, je le saurai, et il t'arrivera malheur. »

Le lendemain matin, dès la pointe de l'aube, Barbe-Bleue partit au galop sur son cheval noir, suivi de ses trois dogues, grands et forts comme des taureaux.

Pendant trois mois, la dame fit comme le maître avait commandé. Avec les six grandes clefs, elle n'ouvrit que les chambres et les armoires du château. Mais elle pensait cent fois par jour :

« Je voudrais bien savoir ce qu'il y a dans la chambrette. »

Cela ne pouvait durer longtemps.

« Bah ! se dit-elle un jour, contentons mon envie. Barbe-Bleue ne le saura pas. »

Aussitôt dit, aussitôt fait. La dame appela la jolie Bergerette, prit la petite clef, et ouvrit la porte de la chambrette.

« Sainte Vierge ! Huit crocs de fer. Sept femmes mortes accrochées. »

La dame tenta de refermer la porte. Mais la petite clef tomba par terre. La jolie Bergerette la ramassa. Malheur ! La petite clef portait une tache de sang.

La chambrette fermée, la dame et la jolie Bergerette fourbirent la tache de sang jusqu'au coucher du soleil. Elles la fourbirent avec du vinaigre et du sel, avec des cendres chaudes, avec de la prêle. Rien n'y fit. Plus les deux malheureuses frottaient, plus la tache de sang se montrait en rouge sur le fer.

Enfin, la petite clef parla.

« Frottez, femmes. Certes, vous pouvez bien frotter. Ma tache de sang ne partira jamais, jamais. Dans sept jours, Barbe-Bleue sera de retour. »

Alors, la jolie Bergerette dit à sa maîtresse :

« Madame, le bon moment est venu de dépêcher le geai parlant. — Cac cac cac. »

A ce cri, le geai parlant entra par la fenêtre.

— « Cac cac cac. Jolie Bergerette, que me veux-tu ?

— Geai parlant, pars pour l'étranger. Pars pour l'armée du roi de France. Là, tu diras aux deux frères de ma maîtresse : « Vite, vite, courez au secours de votre sœur, prisonnière au château de Barbe-Bleue. »

Dans la nuit noire, le geai parlant partit à toute volée. Au lever du soleil, il avait fait son devoir.

Sept jours après, Barbe-Bleue rentrait dans son château, toujours monté sur son cheval noir, suivi de ses trois dogues grands et forts comme des taureaux.

« Femme, rends-moi mes sept clefs. »

La pauvrette lui présenta les six grandes clefs des chambres et des armoires.

« Bougresse ! Je n'ai pas mon compte. La petite clef ! La petite clef ! »

Toute tremblante, la malheureuse présenta la petite clef tachée de sang.

« Carogne ! Tu as regardé dans la chambrette. Dans une heure, tu pendras morte au huitième croc de fer. »

Barbe-Bleue descendit dans la cour, pour affiler son coutelas sur la pierre.

Tout en affilant son coutelas, il disait :

« Affile, affile, coutelas. — Par le cou de ma femme tu passeras. »

La dame et la jolie Bergerette écoutaient toutes tremblantes.

« Bergerette, jolie Bergerette, monte, monte au plus haut de la tour. »

La jolie Bergerette obéit. Dans la cour, Barbe-Bleue affilait toujours son coutelas sur la pierre.

« Affile, affile, coutelas. Par le cou de ma femme tu passeras.

— Bergerette, jolie Bergerette, que vois-tu du plus haut de la tour ?

— Madame, du plus haut de la tour, je vois le soleil qui rayonne. Je vois la mer. Je vois les montagnes et les plaines. »

Alors, la dame monta sept marches de l'escalier.

Dans la cour, Barbe-Bleue affilait toujours son coutelas sur la pierre.

« Affile, affile, coutelas. — Par le cou de ma femme tu passeras.

— Bergerette, jolie Bergerette, que vois-tu du plus haut de la tour ?

— Madame, du plus haut de la tour, je vois, là-bas, là-bas, vos deux frères lancés au grand galop de leurs chevaux. »

Alors, la dame monta sept autres marches de l'escalier.

Dans la cour, Barbe-Bleue affilait toujours son coutelas sur la pierre.

« Affile, affile, coutelas. — Par le cou de ma femme tu passeras.

— Bergerette, jolie Bergerette, que vois-tu du plus haut de la tour ?

— Madame, vos deux frères sont une lieue plus près. — Sauvez votre vie, si vous pouvez. »

Dans la cour, Barbe-Bleue avait fini d'aiguiser son coutelas sur la pierre.

« Descends, carogne. Descends, ou je monte. »

Alors, la dame monta sept autres marches de l'escalier.

— « Mon ami, le temps de faire ma prière. — Bergerette, jolie Bergerette, que vois-tu du plus haut de la tour ?

— Madame, vos deux frères sont tout près, tout près. — Sauvez votre vie, si vous pouvez. »

Alors, la dame monta jusqu'au plus haut de la tour. Ses deux frères mettaient pied à terre devant la porte du château.

De la cour, Barbe-Bleue criait :

« Descends, carogne. Descends, ou je monte. »

Barbe-Bleue monta, brandissant son coutelas bien affilé.

« Hardi ! mes frères. A mon secours. »

Barbe-Bleue lâcha sa femme, et siffla ses trois dogues, grands et forts comme des taureaux.

Sabre au poing, les deux frères arrivaient sur la plate-forme de la tour.

« Hardi ! mes frères. A mon secours. »

Pendant une heure d'horloge, bêtes et gens firent bataille. Enfin, Barbe-Bleue tomba mort avec ses trois dogues, grands et forts comme des taureaux.

« Petite sœur, ce gueux et ses bêtes ont fini de mal faire. Partons. »

Le frère aîné prit sa sœur en croupe. Le cadet prit la jolie Bergerette. Au coucher du soleil, ils arrivaient au château de leurs parents.

« Bonjour, mon père. Bonjour, ma mère. Vous m'avez pleurée comme morte, et morte je serais, au château de Barbe-Bleue, sans l'amitié de cette jolie Bergerette. »

Tous s'embrassèrent, comme des gens bien heureux de se revoir.

A souper, le frère cadet parla.

« Ecoutez, mon père. Ecoutez, ma mère. Je suis amoureux

de la jolie Bergerette. Si vous ne me la donnez pas pour femme, demain je repars pour la guerre. Vous ne me reverrez jamais, jamais.

— Mon fils, fais à ta volonté. Ta jolie Bergerette aura pour dot le château de Barbe-Bleue. »

Imagerie populaire, chromo, début xxe.

BARBE-BLEUE

Antoinette Bon, *Revue des Traditions populaires*, Paris, 1887.

Il y avait autrefois, sur les montagnes d'Auvergne, un magnifique château avec de grandes tours : on ne pouvait y pénétrer qu'en passant sur un pont volant qui se relevait immédiatement, et l'on disait dans le pays que tous ceux qui y rentraient n'en ressortaient pas. On l'appelait le château maudit.

Les gens du pays évitaient de passer dans les environs et aussi craignaient de rencontrer le seigneur. C'était un homme bien méchant, très grand et très fort, ne sortant que vêtu de fer et monté sur un cheval noir. Il avait une grande barbe à reflets bleus ; pour cela, on ne l'appelait que Barbe-Bleue. Il était toujours seul, et on ne lui avait jamais connu d'amis.

Les femmes, surtout, craignaient sa rencontre, car l'on disait qu'il emportait dans son château toutes celles qui lui plaisaient, et que jamais plus on ne les revoyait.

Or, un jour la belle Catherine, la fille au père Barriez, était allée chercher du bois dans la forêt. Elle était bien contente, ce jour-là, car elle venait d'être fiancée au plus beau et meilleur garçon de l'endroit, et leur mariage devait avoir lieu après la moisson. Tout en chantant, elle alla bien avant dans la forêt, jusqu'au sentier des Trois-Solitaires, ne pensant guère au méchant Barbe-Bleue. Son fagot de branches sèches était terminé et elle s'apprêtait à rentrer chez son père, quand tout à coup Barbe-Bleue se trouva devant elle. Il la saisit, la plaça devant lui sur son cheval et, au galop, regagna son château. Il l'amena dans une belle chambre où il y avait des meubles recouverts de soie, d'or et d'argent.

— Tout cela t'appartiendra, Catherine, lui dit-il, car dans trois jours tu seras ma femme ; prépare-toi, voici des étoffes pour te faire des robes ; n'épargne rien, car je veux que tu sois belle le jour de notre mariage. Tu peux aller prier dans la chapelle du château ; mais ne cherche pas à fuir, ce serait inutile : le pont volant est levé, les tours sont hautes et les fossés profonds. Tu entends les aboiements d'un chien ; il te dévorerait certainement s'il pouvait te saisir ; de plus, tu es si éloignée de chez ton père, que dans huit jours tu ne pourrais y parvenir : tu mourrais de fatigue ou j'aurais le temps de te retrouver pour te tuer.

La pauvre fille eut beau supplier de la laisser retourner chez son père, auprès de son fiancé, tout fut inutile : Barbe-Bleue la quitta, en lui annonçant qu'il allait au loin chercher un prêtre pour les unir, et qu'on le mettrait à mort après.

Catherine était effrayée, car elle avait entendu dire bien des fois que Barbe-Bleue avait eu plusieurs femmes et qu'il les avait fait mourir quelques jours après le mariage. Ce qui la faisait beaucoup pleurer, c'est qu'elle ne devait plus revoir son fiancé qu'elle aimait tant.

— Je vais prier, dit-elle, et me préparer, non au mariage, mais à la mort.

Elle s'en fut dans la chapelle qui était resplendissante de lumière ; tous les cierges étaient allumés, mais elle fut bien surprise et eut grand-peur quand elle aperçut devant l'autel trois énormes pierres, trois tombeaux.

Catherine s'agenouilla et commença sa prière, l'entrecoupant de larmes et de sanglots. Tout à coup elle entendit une voix qui disait : « Pauvre Catherine ! » Aussitôt une seconde voix dit : « Pauvre Catherine ! » et une troisième répéta bien tristement : « Pauvre Catherine ! » et en même temps les pierres qui recouvraient les trois tombeaux se soulevèrent.

— Qui êtes-vous, dit-elle, vous qui me plaignez tant ?

Trois femmes enveloppées de leurs suaires sortirent des tombeaux et lui répondirent :

— Nous sommes les trois femmes que Barbe-Bleue a tuées, et tu feras la quatrième, si tu ne réussis pas à te sauver.

— Et comment pourrais-je fuir ? dit Catherine ; le pont volant est levé, la tour est haute et les fossés sont profonds, le chien me dévorerait, et la route pour aller chez mon père est si longue, si longue, que je ne pourrais y arriver en huit jours.

— Prends cette corde avec laquelle Barbe-Bleue m'a étranglée, dit la première, et tu te laisseras glisser le long de la muraille.

— Prends ce poison avec lequel Barbe-Bleue m'a empoisonnée, dit la seconde ; tu le jetteras au chien qui l'avalera et tombera mort.

— Prends ce gros bâton avec lequel Barbe-Bleue m'a assommée, dit la troisième ; tu t'appuieras dessus pour faire ton long voyage.

Et toutes trois ajoutèrent :

— Dépêche-toi, car si Barbe-Bleue revenait, il te tuerait. Bonne chance, Catherine ! adieu.

Et elles rentrèrent dans leurs tombeaux.

Catherine prit le poison, la corde et le bâton. Dans la cour, elle jeta le poison au chien qui s'élançait sur elle ; il l'avala et tomba foudroyé ; elle attacha la corde et se laissa glisser le long de la muraille.

Une fois dans les champs, Catherine se mit à courir, tant elle était pressée de s'éloigner du château maudit, mais elle fut bientôt fatiguée, et elle s'appuya sur le bâton. Après avoir longuement cheminé, elle rentra chez son père, qui pleurait au coin du feu, parce qu'il croyait que sa fille avait été dévorée par les loups.

Un mois après, Catherine épousait son fiancé ; ils furent très heureux et eurent beaucoup d'enfants ; elle ne retourna jamais dans la forêt, mais elle apprit que lorsque Barbe-Bleue était rentré chez lui, furieux de ne pas la retrouver, il s'était mis à sa poursuite dans le but de la ramener dans son château pour la faire souffrir et la tuer après.

Pendant trois mois, il parcourut les environs, la cherchant partout inutilement. Enfin, un jour, on le trouva mort, juste à l'endroit où il avait rencontré Catherine ; c'était un loup-garou qui l'avait tué, disait-on. Longtemps après, l'on entendait encore, la nuit, au sentier des Trois-Solitaires, des rugissements et des sanglots. Les habitants du pays n'y passaient jamais après le coucher du soleil, quand les poules sont au poulailler.

A l'endroit où se trouvait le château de Barbe-Bleue, l'on vit pendant longtemps des spectres blancs, des revenants ;

c'étaient, disait-on, les femmes et les prêtres que le méchant seigneur avait assassinés.

Jeunes filles, n'allez jamais trop avant dans la forêt, rappelez-vous les malheurs de Catherine, vous pourriez y rencontrer des méchants Barbe-Bleue et vous seriez perdues.

Henri de Régnier

LE SIXIÈME MARIAGE DE BARBE-BLEUE

Contes à soi-même, Paris, Librairie de l'Art indépendant, 1893.

L'église était toute somnolente. Il y venait par les vitraux décolorés plus assez de lumière pour s'y distraire dans pas assez d'ombre encore pour y pleurer ; aussi quelques femmes, à genoux çà et là, semblaient y attendre plus d'obscurité. Elles restaient taciturnes sous leurs coiffes tutélaires, les hautes coiffes du pays, toutes de douce toile, sous qui s'abrite le visage naïf des jeunes filles et où s'ensevelit presque à l'écart la face usée des vieilles femmes.

La concavité sonore du vaisseau amplifiait le bruit d'une chaise remuée. Des clefs de la voûte pendaient, une à une, des lampes et un lustre d'un vieux cristal balançant presque imperceptiblement sa couronne de cires éteintes. Il y avait des fleurs et des figures sculptées aux chapiteaux des piliers et sur la cuve du bénitier autour duquel des gouttes répandues de l'eau sainte qu'on s'offre, du bout des doigts, par un attouchement lustral et dont on se signe, mouillaient le pavé.

Une odeur d'encens prolongeait par toute la nef un souvenir des dernières vêpres, et même sa permanence, à la fois nuptiale et funéraire, évoquait une rétrospection plus lointaine d'obsèques psalmodiées et de noces joyeuses.

Fut-ce à cause de l'heure où j'arrivai cet après-midi à Quimperlé et qu'alors les cloches tintaient, d'un bruit argentin comme le gai nom léger de la ville même, dans un ciel de soleil menacé de nuées moites à l'horizon, mais, en mon esprit, prédomina une idée de fête, ces sonneries me représentant des liesses de fiançailles et des cortèges aux carrefours et au parvis. Le dimanche en lui a aussi quelque chose de pompeux et de décoré. Ici, il est oisif plutôt et réquiescent. Les maisons sont anciennes et comme assoupies ; on est aux portes ainsi que pour l'attente d'un passage ou au retour de quelque joie. Les blanches coiffes ailées ont un aspect de cérémonie et de complication. Elles se balancent à la marche des filles et leur ordonnance est dentelée de malices et brodée de coquetteries ; sur la tête des aïeules, elles se simplifient et s'endorment, avec des cassures, nonchalantes et un peu roides.

Les arbres du mail alignaient régulièrement dans l'eau accueillante de la rivière leur mirage désœuvré, d'accord avec le jour dominical qu'attestait aussi le batelier, assis, jambes pendantes, sur le parapet du pont et qui m'interpella pour l'offre d'une promenade sur le Leta.

La langoureuse rivière ne coulait pas et s'étendait entre les quais et les arbres, puis elle tournait avec lenteur, attentive et engourdie, à pleins bords, au ras de l'herbe d'une prairie que dominait, au loin, une ombre forestière sur un ciel nuancé déjà de crépuscule.

L'horloge du clocher sonna cinq heures ; une feuille se détacha d'un petit orme, tournoya, se posa sur l'eau et y resta immobile. Je descendis vers la barque et elle démarra doucement.

Les deux rameurs, du coupant de leurs rames, entamaient l'eau unie et compacte où le sillage angulaire de la barque s'élargissait jusques aux berges. Un brin d'herbe y remuait alors ou, d'un groupe de roseaux, un seul, le plus grand, oscillait longtemps.

Devant moi c'était l'avenue silencieuse de la rivière, la quiétude de sa coulée ou l'attrait de son tournant ; puis le paysage vers qui j'allais séparait son ensemble à mon approche. Il se partageait et glissait de chaque côté, en files d'arbres, en prairies, en feuillages se correspondant ou s'alternant d'un bord à l'autre. Leur double passage reconstituait derrière moi, si je tournais la tête pour les voir, une ordonnance et une surprise nouvelles dont l'aspect se modifiait encore à mesure de mon progrès vers ce qui fournissait à son changement la matière de sa variété.

Ce furent : des prés d'une herbe vaporeuse frôlée de lambeaux de brume, des chemins bordés de peupliers, des roseaux et des iris aux flexibles feuilles en épées ; tout se refléta dans l'eau exacte et, quoique le jour diminuât seulement, le silence était celui du plus calme soir. Les marbrures du ciel tacheté de nuages, çà et là, empierraient de plaques d'opacité l'eau qui, appesantie, semblait descendre entre ses berges.

Elle descendait d'autant que les hauteurs riveraines la dominèrent davantage de leurs verdures. La proximité de grands arbres de plus en plus nombreux et hauts l'empreignit d'un surcroît de gravité. Il s'y creusa des porches d'ombre ; la ténèbre s'y voûta en grottes au seuil desquelles finissait le dernier miroitement du ciel dans cette onde, et la rivière entra dans la forêt, de toute son eau d'ébène, avec la barque où je ne voyais plus le bois des rames aux mains des rameurs qui, d'un geste maintenant énigmatique, semblaient supplier désespérément l'effroi souterrain de quelque Styx !

Ils avaient ramé longtemps, aussi, parfois, s'arrêtaient-ils, d'accord pour se reposer avec la curiosité du site. Là, alors, la barque s'encastrait nette et comme soudée à son reflet dans cette eau pétrifiée où, des avirons, tombaient des gouttelettes, une à une, énumératrices du silence qui comptait son heure à leur clepsydre minutieuse.

Le soir était venu moins peut-être que je n'étais allé vers lui. Il habitait la forêt et y paraissait congénère des lourds feuillages riverains. Le lieu était taciturne, et le bateau s'obstina sédentaire à un endroit où la rivière, élargie en lac, semblait finir noire, informe et stable, et, sans continuer son cours, s'approfondir indéfiniment, superposant ses ondes à elles-mêmes et s'accumulant en soi.

En même temps que le spectacle de ma promenade avait changé avec le crépuscule crû et abouti à presque la nuit, ma tranquillité d'esprit avait dégénéré, à travers toutes les nuances de la mélancolie, en une sorte d'angoisse ; j'allais enjoindre aux bateliers de s'en retourner et de quitter ce bassin solitaire qui ne mirait en lui qu'un silence qui était l'âme de l'ombre quand j'aperçus, à l'écart d'une petite anse, une maison, là, triste, close et charmante au point que l'envie me vint de cueillir dans le jardin qui l'entourait quelques-unes des belles roses qui y croissaient. J'en respirerais l'odeur durant mon retour par la morne allée d'eau qui m'avait conduit jusque-là.

Une femme sortit d'un petit pavillon et m'offrit de visiter la demeure qu'elle gardait. L'isolement, l'accès difficile du cottage avaient, qu'elle m'avoua, éloigné les acheteurs quoi qu'il vînt souvent, ici, du monde, ajoutait-elle, voir la ruine. « Quelle ruine ? — Celle, monsieur, du château de Barbe-Bleue, du seigneur de Carnoët. »

Son visage était calme sous sa coiffe blanche de paysanne et sa bénigne bouche souriait à demi presque à regret. Sa chair était pacifique et la grande cape qui enveloppait son corps tombait à plis graves.

Avec le costume immuable de ce pays elle ressemblait à ses pareilles d'autrefois et, en un recul singulier, elle m'apparaissait, au seuil des vieux âges, comme une contemporaine du sire, légendaire en sa tragique histoire. Sa demeure ! et je pensais à la haute tour, aux belles robes orfévries et sanglantes, aux supplications des douces lèvres pâles, au poing brutal tordant les longues chevelures éplorées, lendemains funestes de noces captieuses et tentatrices dont j'avais entendu l'écho dans les cloches festoyantes de ce jour et dont, avec l'encens, j'avais respiré le souvenir dans la nef de la vieille église.

Ce fut par un crépuscule pareil à celui-ci, sans doute, que sœur Anne qui, durant tout le jour, n'avait vu que le soleil poudroyer pleura de ce que rien n'était venu vers celle pour qui l'heure inexorable était proche.

La haute tour, du sommet de laquelle l'anxieuse vigilante avait interrogé le circuit du vaste horizon de la forêt, les chemins déserts et les deux rives de la rivière, était la même que celle dont j'entrevoyais devant moi le noir débris. De l'antique château, seule, elle était restée, hautaine et attestatrice, et elle survivait à l'écroulement de la demeure orgueilleuse et à sa propre caducité ensemble par ce pan de mur de rude pierre qu'elle dressait dans l'ombre.

Il était emmantelé de lierre, debout sur un tertre d'herbes et de mousses qui rongeaient sa base, montaient le long de ses parois, pénétraient entre ses joints et s'épanouissaient dans ses fissures, et sa solide masse impressionnait toute la forêt environnante.

Alentour, le sol était inégal, déprimé ou exhaussé selon qu'il y avait eu là une douve ou une muraille. La destruction a des caractères divers ; parfois ce qui tombe s'efface doucement, peu à peu, s'émiette et disparaît au lieu de s'attarder en ruine récalcitrante qui résiste au temps, lui dispute sa déchéance et tasse sa chute en quelque amas brut dont la terre ne reprend pas les matériaux sans en rester bossuée et difforme de la difficulté qu'elle a eue à les résorber ou à les mal couvrir de sa verdure.

L'obscurité presque complète était devenue une présence par l'aspect qu'elle avait pris de ce décombre pour me regarder de toute l'opacité de son vieux bloc de granit qui résumait en lui la ténèbre et lui donnait une forme. Il était impossible que des ombres n'errassent pas autour de ces pierres et, les y ayant vues, je ne pus me les imaginer autrement que douces, mélancoliques et nues.

Nues de leurs robes appendues au mur du réduit sinistre où le sang successif des cinq épouses avait rougi les dalles !... Comment eussent-elles erré autrement que nues puisque leurs belles robes avaient été la raison de leur mort et le seul trophée qu'eût voulu d'elles leur singulier mari.

L'une n'avait-elle pas péri, la première, à cause de sa robe blanche comme la neige que foulent, de leurs sabots de cristal, sur les tapisseries des chambres, des licornes qui marchent à travers des jardins, boivent à des vasques de jade, et s'agenouillent, sous des architectures, devant des dames allégoriques de Sagesse et de Vertus ; l'autre ne mourut-elle pas parce que sa robe était bleue comme l'ombre des arbres sur l'herbe, l'été ! tandis que le vêtement de la plus jeune qui mourut aussi, douce et presque sans pleurer, imitait la teinte même de ces petites coquilles mauves qu'on trouve, sur le sable gris des grèves, là-bas, près de la mer. Une autre encore fut égorgée. Un artifice ingénieux avait disposé sa parure de façon que les branches de corail qui enjolivaient d'arabesques le tissu changeant s'appariassent à ses nuances afin d'être d'un rose vif où le lé était d'un vert vivace et qu'elles s'aigrissent ou s'amortissent alors qu'il devenait prasin ou glauque.

Une enfin, la cinquième, s'enveloppait d'une pièce de mousseline ample et si légère qu'en se superposant ou en se dédoublant elle paraissait selon son épaisseur ou sa transparence de la couleur de l'aube ou du crépuscule.

Toutes mortes, les douces épouses, avec des cris, des mains supplicatrices ou des surprises stupéfaites et silencieuses.

Pourtant le bizarre et barbu seigneur les aima toutes. Toutes elles passèrent par la porte du manoir, le matin, au son des flûtes qui chantaient sous des arcades de fleurs ou, le soir, au cri des cors clamant parmi les torches et les épées, toutes, venues des pays lointains où il les avait été chercher, toutes, timides parce qu'il était hautain, amoureuses parce qu'il était beau, et fières de confier leur langueur ou leur désir à l'étreinte de sa main.

Les gais, mélancoliques ou doux souvenirs qu'elles laissaient à la demeure natale où, de leur enfance en fleur, s'était épanouie leur abondante jeunesse, non plus que les larmes de leurs mères ni les sanglots de leurs vieilles nourrices ne les avaient point retenues de partir pour suivre, au loin, le fiancé de leur destin. On quitte tout pour aimer et à peine si, en s'éloignant, elles tournèrent les yeux pour voir encore quelque ancien palais au bord du fleuve, avec ses terrasses en quinconce, ses parterres en guillochis et ses arbres en perspective. Après quelques journées de marche elles ne se souvenaient guère d'une antique et pompeuse maison, au coin de la grande place, dans la ville, ni des médaillons de la façade qui grimaçaient des figures grotesques, ni du marteau de la vieille porte qui, à midi, était tout tiède de soleil.

Elles oubliaient le petit manoir au milieu des prairies, parmi les mares où coassaient le soir les reinettes, alors qu'il va pleuvoir, et aussi le beau château et les domaniales futaies. Une, même, qui vint d'outre-mer ne songeait plus à l'île, l'île abrupte et sablonneuse dont la mer rongeait les rocs et battait les grèves et que, l'hiver, le vent torturait, acharné contre sa solidité. A peine si elle pensait quelquefois à certaine petite plage de sable où elle jouait, avec sa sœur, quand la marée était basse, et où elles avaient si peur au crépuscule.

Hélas ! il ne les aima que pour leurs robes variées ces épouses, douces ou altières, et, sitôt qu'elles avaient façonné les étoffes qui les vêtaient aux grâces de leurs corps, qu'elles y avaient imprégné le parfum de leur chair et communiqué assez d'elles-mêmes pour qu'elles leur fussent devenues comme consubstantielles, il tuait d'une main cruelle et sage les belles inutiles. Son amour en détruisant substituait au culte d'un être celui d'un fantôme fait de leur essence dont le vestige et le mystérieux délice satisfaisaient son âme industrieuse.

Chacune de ces robes habitait une chambre spéciale du vaste château. L'ingénieux seigneur s'enfermait, pendant de longues soirées, tour à tour, dans l'une de ces salles où brûlait un parfum différent. Les mobiliers en étaient divers et assortis et les tentures correspondaient à des intentions subtiles. Longtemps, passant sa main dans sa longue barbe parsemée de quelques poils d'argent, l'amant solitaire regardait la robe appendue devant lui en la mélancolie de sa soie, l'orgueil roide de son brocart ou la perplexité de sa moire.

Des musiques lointaines et appropriées transpiraient du dehors à travers les murailles. Auprès de la robe blanche (ô tendre Emmène, ce fut la tienne !) rôdaient des lenteurs de viole languissante ; auprès de la bleue (qui fut toi, naïve Poncette !) le haut-bois chantait ; près de la tienne, mélancolique Blismode, un luth soupirait parce qu'elle fut mauve et que tes yeux étaient toujours baissés ; un fifre riait, suraigu, pour rappeler que tu fus énigmatique, en ta verte robe encoraillée, Tharsile ! mais tous les instruments s'unissaient quand le maître visitait la robe d'Alède, robe singulière et qui avait toujours semblé vêtir un fantôme ; alors la musique chuchotait tout bas car Barbe-Bleue avait beaucoup aimé cette Alède. Elle était jumelle de sœur Anne ; on eût pu les prendre l'une pour l'autre et c'était à elles deux qu'il désirait que ressemblât la nouvelle épouse, car elles sont six, ces ombres, qui errent, le soir, autour de l'antique ruine et cette dernière seule est vêtue.

C'est parce que, petite bergère, tu gardas tes moutons sur une lande de bruyères roses et d'ajoncs jaunes, à la lisière de la forêt, debout ou assise parmi ton troupeau, en ta grande cape de laine grossière où s'abritait parfois contre le vent quelque agnelle chétive.

Les beaux yeux font la simplicité d'un visage plus belle et la tienne était telle que le veuf seigneur t'ayant vue en passant t'aima et te voulut épouser. Il avait alors la barbe toute blanche et son regard était si triste, ô pastourelle, qu'il t'attendrit plus que ne te tenta l'aventure d'être grande dame et d'habiter le château où tu lisais l'heure par l'ombre des tours sur la forêt.

Rien n'était parvenu dans la solitude de la petite gardienne du fâcheux renom du noble sire car comme elle était humble et pauvre on dédaignait de lui parler et, fière, elle n'interrogeait pas ceux qui passaient devant sa chaumière, à l'écart entre deux vieux ormes dont ses moutons, en s'y frottant, usaient l'écorce en collier. D'ailleurs elle ne regrettait pas d'être telle puisqu'elle aimait et quoique elle eût voulu se pouvoir acheter quelque robe neuve pour l'occasion de sa noce approchante, mais elle s'en consolait en pensant que son ami ne lui marqua jamais que lui déplussent sa cape de laine et sa coiffe de toile.

A l'aube, une fanfare de cors réveilla la forêt et quatre bannières, déployées en même temps, au sommet des quatre tours d'angle du manoir, ondulèrent au vent matinal. Une rumeur de fête emplissait la vaste demeure. Les couloirs bourdonnaient, et, dans la cour, piaffaient les chevaux, les uns couverts de housses chamarrées, les autres portant des selles compliquées, les plus forts enjuponnés de mailles d'acier et tous ayant, au frontail, chacun, l'atour d'une belle rose. Dans un coin quelques musiciens, vêtus de souquenilles jaunes, debout et le dos à la muraille, s'exerçaient, d'avance et doucement, à des préludes de flûte.

Enfin le pont-levis s'abaissa. Le cortège sortit. En avant, des hommes d'armes, vêtus de buffles, soutenaient, de leurs longues lances entrecroisées, des corbeilles de fleurs. Venaient ensuite, en bon ordre, une multitude de valets et de pages passementés, des tireurs d'arc, des frondeurs et des hallebardiers et, par groupes, des virtuoses. Les premiers soufflaient en des cornets bizarres et tors. Leurs joues se gonflaient et leur corpulence nourrissait leurs mines rubicondes ; quelques-uns, agiles et maigres, heurtaient, en cadence, des cymbales de cuivre, le reste jouait d'instruments délicats, en marchant à petits pas, l'air attentif et les yeux baissés. Ces derniers précédaient une litière vide portée sur l'épaule par des mulâtres et suivie, à cheval, par le sire du lieu, en jaquette de soie blanche brodée de perles ovales sur qui descendait sa barbe argentée. Derrière lui une troupe de piquiers et d'arquebusiers et, à la queue, le service : la cave, la cuisine et l'écurie, prolongeait le cortège.

La petite chaumière devant laquelle toute cette pompe s'arrêta dormait silencieuse, la porte fermée. On entendait les moutons bêler doucement dans l'enclos et des oiseaux venaient se poser sur les ormes et le toit d'où ils s'envolèrent, effrayés de cette approche et rassurés par le silence de la cavalcade qui se tenait immobile alentour. Un vent léger frisait les plumes des panaches, rebroussait la dentelle des collerettes et éparpillait la crinière des chevaux, mais ce silence n'empêchait pas qu'un murmure eût couru dans les rangs que celle qui habitait là était bergère et s'appelait Héliade.

Le sire descendu de sa monture s'agenouilla devant la porte et y frappa trois coups ; l'huis s'ouvrit et l'on vit apparaître, sur le seuil, la fiancée. Elle était toute nue et souriante. Ses longs cheveux s'appariaient à la couleur d'or des ajoncs fleuris ; à la pointe de ses jeunes seins, rosissait une fleur comme aux brins des bruyères. Tout son corps charmant était simple et l'innocence de toute elle-même telle que son sourire semblait ignorer sa beauté. A la voir si belle de visage les hommes qui la regardaient ne s'apercevaient pas de la nudité de son corps.

Ceux qui la remarquèrent ne s'en étonnèrent pas et à peine

si deux valets se la murmurèrent entre eux. Ainsi, en l'ingénieuse ruse qui, étant pauvre, lui avait suggéré d'être telle, elle s'avançait ingénue, grave et victorieuse d'avance de l'embûche de son destin.

Toute la ville était en émoi de la cérémonie annoncée pour ce jour-là. La curiosité s'augmentait de ce que, si on connaissait le dur seigneur par la rigueur de ses péages et ses exigeantes redevances, nul ne savait qui allait, sa compagne, passer le portail de l'église avec lui.

L'évêque avait été seulement prévenu d'avoir à parer son autel pour la circonstance et à ordonner ses plus belles liturgies, aussi, sans réplique au mandement impérieux du châtelain, se tenait-il sur le parvis, mitré et crossé, en grand apparat avec ses chantres et tout son clergé, dès que les cloches eurent, par leurs volées, signalé l'entrée, dans les murs, du cortège. Le peuple, las d'attendre et de considérer les lumières allumées au fond du chœur, de compter les guirlandes tendues d'un pilier à l'autre et de nombrer l'entourage épiscopal, poussa des cris de joie quand il aperçut au bout de la grand-rue, au-dessus des têtes mouvantes, les hautes lances des cavaliers qui marchaient à travers le populaire, le repoussant en haie et le refoulant vers la place qu'il encombrait déjà car les bonnes gens aiment le faste et celui-ci, guerrier et nuptial, avait provoqué leur concours et excitait leur curiosité. Aussi se pressaient-ils autour de l'escorte seigneuriale et domestique qui entourait la mystérieuse litière d'où sortit l'étrange fiancée. Ils en furent d'abord stupéfaits et crurent à quelque sacrilège fantaisie de l'audacieux suzerain mais comme ils étaient, pour la plupart, d'âme naïve, et qu'ils avaient vu, maintes fois, peintes sur des vitraux et sculptées aux porches, des figures qui ressemblaient à celle-là : Eve, Agnès et vierges martyres, douces ainsi qu'elle de leur corps fragile et nu et embellies aussi de doux yeux et de longues chevelures, leur étonnement se changea en admiration à penser que quelque céleste bienveillance envoyait cette enfant miraculeuse pour réduire de sa douce main l'incoercible orgueil et la cruauté du pécheur.

Côte à côte, elle et lui, s'avançaient dans l'église que j'avais visitée tout à l'heure, si paisible en son crépuscule méditatif. La nef en était alors parfumée et illuminée de cierges et de soleil. Midi flamboyait aux rosaces épanouies et aux verrières incandescentes et les clercs, glabres et sournois, songeaient, en voyant cette fille délicieuse qui passait au milieu d'eux, étrangère à leur concupiscence, que le sire de Carnoët épousait là, par maléfice, quelque sirène ou une nymphe pareille à celles dont parlent les livres païens. L'évêque ne venait-il pas d'ordonner aux thuriféraires de charger leurs encensoirs, pour que la fumée, s'interposant entre cette visiteuse et le regard de Dieu et des hommes, isolât, de son voile épais, le groupe insolite qu'on apercevait, à travers une brume odorante, courbant, devant l'autel, une chevelure d'or et une nuque d'argent, sous le geste bénédicteur de la haute crosse qui consacrait l'échange de l'anneau.

La bergère Héliade, qui s'était mariée nue, vécut longtemps avec Barbe-Bleue qui l'aima et ne la tua point comme il avait tué Emmène, Poncette, Blismode et Tharsile et cette Alède qu'il ne regrettait plus.

La douce présence d'Héliade égaya le vieux château dont elle avait exorcisé le sortilège meurtrier et sentimental. On la voyait tantôt vêtue d'une robe blanche comme celle des dames allégoriques de Sagesse et de Vertus devant qui, sous des architectures, s'agenouillent les pures licornes aux sabots de cristal, tantôt d'une robe bleue comme l'ombre des arbres sur l'herbe, l'été, ou mauve comme ces coquilles qu'on trouve sur le sable des grèves grises, là-bas, près de la mer, soit glauque et encoraillée ou d'une mousseline couleur de l'aube ou du crépuscule, selon que le caprice des plis en épaississait ou en augmentait la transparence, mais, le plus souvent, couverte d'une longue cape de laine grossière et coiffée d'une coiffe de toile, car, si elle portait parfois l'une des cinq belles robes que son mari lui avait données, elle préférait pourtant à leur apparat sa cape et sa coiffe.

Lorsqu'elle fut morte, après avoir survécu à son époux, et que le vieux manoir eut croulé d'âge et d'oubli, c'est ainsi qu'elle seule d'entre les ombres, hélas, nues, qui errent parmi l'antique décombre, y revient vêtue et qu'elle m'apparut, peut-être, sous les traits de la paysanne, qui m'introduisit là, ce soir, et debout de la rive, me regardait m'éloigner au bruit des rames sur l'eau morne et à travers la nuit taciturne.

Marcel Schwob

LA VOLUPTUEUSE

Le Livre de Monelle, II. « Les sœurs de Monelle », Paris, Léon Chailley éditeur, 1894.

— Terrible, ça, dit la fillette, parce que ça saigne du sang blanc.

Elle incisait avec ses ongles des têtes vertes de pavots. Son petit camarade la regardait paisiblement. Ils avaient joué aux brigands parmi les marronniers, bombardé les roses avec des marrons frais, décapuchonné des glands nouveaux, posé le jeune chat qui miaulait sur les planches de la palissade. Le fond du jardin obscur, où montait un arbre fourchu, avait été l'île de Robinson. Une pomme d'arrosoir avait servi de conque guerrière pour l'attaque des sauvages. Des herbes à tête longue et noire, faites prisonnières, avaient été décapitées. Quelques cétoines bleues et vertes, capturées à la chasse, soulevaient lourdement leurs élytres dans le seau du puits. Ils avaient raviné le sable des allées, à force d'y faire passer des armées, avec des bâtons de parade. Maintenant, ils venaient de donner l'assaut à un tertre herbu de la prairie. Le soleil couchant les enveloppait d'une glorieuse lumière.

Ils s'établirent sur les positions conquises, un peu las, et admirèrent les lointaines brumes cramoisies de l'automne.

— Si j'étais Robinson, dit-il, et toi Vendredi, et s'il y avait une grande plage en bas, nous irions chercher des pieds de cannibales dans le sable.

Elle réfléchit et demanda :

— Est-ce que Robinson battait Vendredi pour se faire obéir ?

— Je ne me rappelle plus, dit-il ; mais ils ont battu les vilains vieux Espagnols, et les sauvages du pays de Vendredi.

— Je n'aime pas ces histoires, dit-elle : ce sont des jeux de garçon. Il va faire nuit. Si nous jouions à des contes : nous aurions peur pour de vrai.

— Pour de vrai ?

— Tiens, crois-tu donc que la maison de l'Ogre, avec ses longues dents, ne vient pas tous les soirs au fond du bois ?

Il la considéra et fit claquer ses mâchoires :

— Et quand il a mangé les sept petites princesses, ça a fait gnam, gnam, gnam.

— Non, pas ça, dit-elle ; on ne peut être que l'Ogre ou le Petit Poucet. Personne ne sait le nom des petites princesses. Si tu veux, je vais faire la Belle qui dort dans son château, et tu viendras me réveiller. Il faudra m'embrasser très fort. Les princes embrassent terriblement, tu sais.

Il se sentit timide, et répondit :

— Je crois qu'il est trop tard pour dormir dans l'herbe. La Belle était sur son lit, dans un château entouré d'épines et de fleurs.

— Alors jouons à Barbe-Bleue, dit-elle. Je vais être ta femme et tu me défendras d'entrer dans la petite chambre. Commence : tu viens pour m'épouser. « Monsieur, je ne sais... Vos six femmes ont disparu d'une façon mystérieuse. Il est vrai que vous avez une belle et grande barbe bleue, et que vous demeurez dans un splendide château. Vous ne me ferez pas de mal, jamais, jamais ? »

Elle l'implora du regard.

— Là, maintenant, tu m'as demandée en mariage, et mes parents ont bien voulu. Nous sommes mariés. Donne-moi toutes les clefs. « Et qu'est-ce que c'est que cette jolie toute petite-là ? » Tu vas faire la grosse voix pour me défendre d'ouvrir. Là, maintenant, tu t'en vas et je désobéis tout de suite. « Oh ! l'horreur ! six femmes assassinées ! » Je m'évanouis, et tu arrives pour me soutenir. Voilà. Tu reviens en Barbe-Bleue. Fais la grosse voix. « Monseigneur, voici toutes les clefs que vous m'aviez confiées. » Tu me demandes où est la petite clef. « Monseigneur, je ne sais : je n'y ai pas touché. » Crie. « Monseigneur, pardonnez-moi, la voici : elle était tout au fond de ma poche. » Alors tu vas regarder la clef. Il y avait du sang sur la clef ?

— Oui, dit-il, une tache de sang.

— Je me rappelle, dit-elle. Je l'ai frottée, frottée, mais je n'ai pas pu l'ôter. C'était le sang des six femmes ?

— Des six femmes.

— Il les avait toutes tuées, hein, parce qu'elles entraient

dans la petite chambre ? Comment les tuait-il ? Il leur coupait la gorge, et il les suspendait dans le cabinet noir ? Et le sang coulait par leurs pieds jusque sur le plancher ? C'était du sang très rouge, rouge-noir pas comme le sang des pavots quand je les griffe. On vous fait mettre à genoux, pour vous couper la gorge, pas ?

— Je crois qu'il faut se mettre à genoux, dit-il.

— Ça va être très amusant, dit-elle. Mais tu me couperas la gorge comme pour de vrai ?

— Oui, mais, dit-il, Barbe-Bleue n'a pas pu la tuer.

— Ça ne fait rien, dit-elle. Pourquoi Barbe-Bleue n'a-t-il pas coupé la tête de sa femme ?

— Parce que ses frères sont venus.

— Elle avait peur, pas ?

— Très peur.

— Elle criait ?

— Elle appelait sœur Anne.

— Moi, je n'aurais pas crié.

— Oui, mais, dit-il, Barbe-Bleue aurait eu le temps de te tuer. Sœur Anne était sur la tour, pour regarder l'herbe qui verdoie. Ses frères, qui étaient des mousquetaires très forts, sont arrivés au grand galop de leurs chevaux.

— Je ne veux pas jouer comme ça, dit la fillette. Ça m'ennuie. Puisque je n'ai pas de sœur Anne, voyons.

Elle se retourna gentiment vers lui :

— Puisque mes frères ne viendront pas, dit-elle, il faut me tuer, mon petit Barbe-Bleue, me tuer bien fort, bien fort !

Elle se mit à genoux. Il saisit ses cheveux, les ramena en avant, et leva la main.

Lente, les yeux clos et les cils frémissants, le coin des lèvres agité par un sourire nerveux, elle tendait le duvet de sa nuque, son cou, et ses épaules voluptueusement rentrées au tranchant cruel du sabre de Barbe-Bleue.

— Ou... ouh ! cria-t-elle, ça va me faire mal !

Anatole France

LES SEPT FEMMES DE LA BARBE-BLEUE

d'après des documents authentiques

Les Sept Femmes de la Barbe-Bleue, 1908, Paris, Calmann-Lévy, 1930.

1

On a émis sur le personnage fameux, vulgairement nommé la Barbe-Bleue, les opinions les plus diverses, les plus étranges et les plus fausses. Il n'en est peut-être pas de moins soutenable que celle qui fait de ce gentilhomme une personnification du soleil. C'est à quoi l'on s'est appliqué il y a une quarantaine d'années dans une certaine école de mythologie comparée. On y enseignait que les sept femmes de la Barbe-Bleue étaient des aurores et ses deux beaux-frères les deux crépuscules du matin et du soir, identiques aux Dioscures qui délivrèrent Hélène ravie par Thésée. A ceux qui seraient tentés de le croire, il faut rappeler qu'un savant bibliothécaire d'Agen, Jean-Baptiste Pérès, démontra, en 1817, d'une façon très spécieuse, que Napoléon n'avait jamais existé et que l'histoire de ce prétendu grand capitaine n'était qu'un mythe solaire. En dépit des jeux d'esprit les plus ingénieux, on ne saurait douter que la Barbe-Bleue et Napoléon n'aient réellement existé.

Une hypothèse qui n'est pas mieux fondée consiste à identifier cette Barbe-Bleue avec le maréchal de Rais, qui fut étranglé par justice au-dessus des ponts de Nantes, le 26 octobre 1440. Sans rechercher avec M. Salomon Reinach si le maréchal commit tous les crimes pour lesquels il fut condamné ou si ses richesses, convoitées par un prince avide, ne contribuèrent point à sa perte, rien dans sa vie ne ressemble à ce qu'on trouve dans celle de la Barbe-Bleue ; c'en est assez pour ne pas les confondre et pour ne pas faire de l'un et de l'autre un seul personnage.

Charles Perrault, qui, vers 1660, eut le mérite de composer la première biographie de ce seigneur justement remarquable pour avoir épousé sept femmes, en fit un scélérat accompli et le plus parfait modèle de cruauté qu'il y eût au monde. Mais il est permis de douter, sinon de sa bonne foi, du moins de la sûreté de ses informations. Il a pu être prévenu contre son personnage. Ce ne serait pas le premier exemple d'un historien ou d'un poète qui se plaît à assombrir ses peintures. Si nous avons de Titus un portrait qui semble flatté, il paraît, au contraire, que Tacite a beaucoup noirci Tibère. Macbeth, que la légende et Shakespeare chargent de crimes, était en réalité un roi juste et sage. Il n'assassina point par trahison le vieux roi Duncan. Duncan, jeune encore, fut défait dans une grande bataille et trouvé mort le lendemain en un lieu nommé la Boutique de l'Armurier. Ce roi avait fait périr plusieurs parents de Gruchno, femme de Macbeth. Celui-ci rendit l'Ecosse prospère ; il favorisa le commerce et fut regardé comme le défenseur des bourgeois, le vrai roi des villes. La noblesse des clans ne lui pardonna ni d'avoir vaincu Duncan, ni de protéger les artisans : elle le détruisit et déshonora sa mémoire. Après sa mort le bon roi Macbeth ne fut plus connu que par les récits de ses ennemis. Le génie de Shakespeare imposa leurs mensonges à la conscience humaine. Depuis longtemps je soupçonnais que la Barbe-Bleue était victime d'une fatalité semblable ! Toutes les circonstances de sa vie, telles que je les trouvais rapportées, étaient loin de contenter mon esprit et de satisfaire ce besoin de logique et de clarté qui me dévore incessamment. J'y découvrais, à la réflexion, des difficultés insurmontables. On voulait trop me faire croire à la cruauté de cet homme pour ne pas m'en faire douter.

Ces pressentiments ne me trompaient point. Mes intuitions, qui procédaient d'une certaine connaissance de la nature humaine, devaient bientôt se changer en une certitude fondée sur des preuves irréfutables. Je découvris chez un tailleur de pierres de Saint-Jean-des-Bois divers papiers concernant la Barbe-Bleue ; entre autres son livre de raison et une plainte anonyme contre ses meurtriers, à laquelle, pour des motifs que j'ignore, il ne fut jamais donné suite. Ces documents me confirmèrent dans l'idée qu'il fut bon et malheureux et que sa mémoire succomba sous d'indignes calomnies. Dès lors, je considérai comme un devoir d'écrire sa véritable histoire, sans me faire aucune illusion sur le succès d'une telle entreprise. Cette tentative de réhabilitation est destinée, je le sais, à tomber dans le silence et l'oubli. Que peut la vérité froide et nue contre les prestiges étincelants du mensonge ?

2

Vers 1650 résidait sur ses terres, entre Compiègne et Pierrefonds, un riche gentilhomme, nommé Bernard de Montragoux, dont les ancêtres avaient occupé les plus grandes charges du royaume ; mais il vivait éloigné de la Cour, dans cette tranquille obscurité, qui voilait alors tout ce qui ne recevait pas le regard du roi. Son château des Guillettes abondait en meubles précieux, en vaisselle d'or et d'argent, en tapisseries, en broderies, qu'il tenait renfermés dans des garde-meubles, non qu'il cachât ses trésors de crainte de les endommager par l'usage ; il était, au contraire, libéral et magnifique. Mais en ces temps-là les seigneurs menaient couramment, en province, une existence très simple, faisant manger leurs gens à leur table et dansant le dimanche avec les filles du village. Cependant ils donnaient, à certaines occasions, des fêtes superbes qui tranchaient sur la médiocrité de l'existence ordinaire. Aussi fallait-il qu'ils tinssent beaucoup de beaux meubles et de belles tentures en réserve. C'est ce que faisait M. de Montragoux.

Son château, bâti aux temps gothiques, en avait la rudesse. Il se montrait du dehors assez farouche et morose, avec les tronçons de ses grosses tours abattues lors des troubles du royaume, au temps du feu roi Louis. Au-dedans il offrait un aspect plus agréable. Les chambres étaient décorées à l'italienne, et la grande galerie du rez-de-chaussée, toute chargée d'ornements en bosse, de peintures et de dorures.

A l'une des extrémités de cette galerie se trouvait un

cabinet qu'on appelait ordinairement « le petit cabinet ». C'est le seul nom dont Charles Perrault le désigne. Il n'est pas inutile de savoir qu'on le nommait aussi le cabinet des princesses infortunées, parce qu'un peintre de Florence avait représenté sur les murs les tragiques histoires de Dircé, fille du Soleil, attachée par les fils d'Antiope aux cornes d'un taureau ; de Niobé pleurant sur le mont Sipyle, ses enfants percés de flèches divines ; de Procris appelant sur son sein le javelot de Céphale. Ces figures paraissaient vivantes, et les dalles de porphyre dont la chambre était pavée semblaient teintes du sang de ces malheureuses femmes. Une des portes de ce cabinet donnait sur la douve qui n'avait point d'eau.

Les écuries formaient un bâtiment somptueux, situé à quelque distance du château. Elles contenaient des litières pour soixante chevaux et des remises pour douze carrosses dorés. Mais ce qui faisait des Guillettes un séjour enchanteur, c'étaient les canaux et les bois qui s'étendaient alentour et où l'on pouvait se livrer aux plaisirs de la pêche et de la chasse.

Beaucoup d'habitants de la contrée ne connaissaient M. de Montragoux que sous le nom de la Barbe-Bleue, car c'était le seul que le peuple lui donnât. En effet, sa barbe était bleue, mais elle n'était bleue que parce qu'elle était noire, et c'était à force d'être noire qu'elle était bleue. Il ne faut pas se représenter M. de Montragoux sous l'aspect monstrueux du triple Typhon qu'on voit à Athènes, riant dans sa triple barbe indigo. Nous nous approcherons bien davantage de la réalité en comparant le seigneur des Guillettes à ces comédiens ou à ces prêtres dont les joues fraîchement rasées ont des reflets d'azur. M. de Montragoux ne portait pas sa barbe en pointe comme son grand-père à la Cour du roi Henri II ; il ne la portait pas en éventail comme son bisaïeul, qui fut tué à la bataille de Marignan. Ainsi que M. de Turenne, il n'avait qu'un peu de moustache et la mouche ; ses joues paraissaient bleues ; mais, quoi qu'on ait dit, ce bon seigneur n'en était point défiguré, et ne faisait point peur pour cela. Il n'en semblait que plus mâle, et, s'il en prenait un air un peu farouche, ce n'était pas pour le faire haïr des femmes.

Bernard de Montragoux était un très bel homme, grand, large d'épaules, de forte corpulence et de bonne mine ; quoique rustique et sentant plus les forêts que les ruelles et les salons. Pourtant, il est vrai qu'il ne plaisait pas aux dames autant qu'il aurait dû leur plaire, fait de la sorte et riche. Sa timidité en était la cause, sa timidité et non pas sa barbe. Les dames exerçaient sur lui un invincible attrait et lui faisaient une peur insurmontable. Il les craignait autant qu'il les aimait. Voilà l'origine et la cause initiale de toutes ses disgrâces. En voyant une dame pour la première fois, il aurait mieux aimé mourir que de lui adresser la parole, et, quelque goût qu'il en conçût, il restait devant elle dans un sombre silence ; ses sentiments ne se faisaient jour que par ses yeux, qu'il roulait d'une manière effroyable. Cette timidité l'exposait à toutes sortes de disgrâces, et surtout elle l'empêchait de se lier d'un commerce honnête avec des femmes modestes et réservées, et le livrait sans défense aux entreprises des plus hardies et des plus audacieuses. Ce fut le malheur de sa vie.

Orphelin dès son jeune âge, après avoir rebuté par cette sorte de honte et d'effroi, qu'il ne savait vaincre, les partis avantageux et très honorables qui se présentaient, il épousa une demoiselle Colette Passage, nouvellement établie dans le pays, après avoir gagné quelque argent à faire danser un ours dans les villes et les villages du royaume. Il l'aimait de tout son pouvoir et de toutes ses forces. Et, pour être juste, elle avait de quoi plaire, telle qu'elle était, robuste, la poitrine abondante, le teint encore assez frais bien que hâlé par le grand air. Sa surprise et sa joie furent grandes d'abord d'être une dame de qualité ; son cœur, qui n'était pas mauvais, se laissait toucher par les bontés d'un mari d'une si haute condition et d'une si forte corpulence, qui se montrait pour elle le plus obéissant des serviteurs et le plus épris des amants. Mais, au bout de quelques mois, elle s'ennuya de ne plus courir le monde. Au milieu des richesses, comblée de soins et d'amour, elle ne goûtait pas d'autre plaisir que d'aller trouver le compagnon de sa vie foraine dans la cave où il languissait, une chaîne au cou et un anneau dans le nez, et de l'embrasser sur les yeux en pleurant. M. de Montragoux, la voyant soucieuse, en devenait soucieux lui-même et sa tristesse ne faisait qu'accroître celle de sa compagne. Les politesses et les prévenances dont il la comblait tournaient le cœur de la pauvre femme. Un matin, à son réveil, M. de Montragoux ne retrouva plus Colette à son côté. Il la chercha vainement par tout le château. La porte du cabinet des princesses infortunées était ouverte. C'est par là qu'elle avait passé pour gagner les champs avec son ours. La douleur de la Barbe-Bleue faisait peine à voir. Malgré les courriers innombrables envoyés à sa recherche, on n'eut jamais nouvelles de Colette Passage.

M. de Montragoux la pleurait encore quand il lui advint de danser, à la fête des Guillettes, avec Jeanne de La Cloche, fille du lieutenant criminel de Compiègne, qui lui inspira de l'amour. Il la demanda en mariage et l'obtint incontinent. Elle aimait le vin et en buvait avec excès. Ce goût augmenta tellement qu'en peu de mois elle eut l'air d'une trogne dans une outre. Le pis est que cette outre, devenue enragée, roulait perpétuellement par les salles et les escaliers, avec des cris, des jurements, des hoquets et vomissant l'injure et le vin sur tout ce qu'elle rencontrait. M. de Montragoux en tombait étourdi de dégoût et d'horreur. Mais tout aussitôt il rappelait son courage et s'efforçait, avec autant de fermeté que de patience, de guérir son épouse d'un vice si répugnant. Prières, remontrances, supplications, menaces, il employa tous les moyens. Rien n'y fit. Il lui refusait le vin de sa cave ; elle s'en procurait du dehors qui l'enivrait encore plus abominablement.

Pour lui ôter le goût d'une boisson trop aimée, il lui mit de l'herbe aux chats dans ses bouteilles. Elle crut qu'il voulait l'empoisonner, bondit sur lui et lui planta trois pouces d'un couteau de cuisine dans le ventre. Il en pensa mourir, mais ne se départit point de sa douceur coutumière. « Elle est, disait-il, plus à plaindre qu'à blâmer. » Un jour qu'on avait oublié de fermer la porte du cabinet des princesses infortunées, Jeanne de La Cloche y entra tout égarée, à son habitude, et, voyant les figures peintes sur la muraille dans l'attitude de la douleur et près de rendre l'âme, elle les prit pour des femmes véritables et s'enfuit épouvantée dans la campagne, en criant au meurtre. Entendant la Barbe-Bleue, qui l'appelait et courait à sa poursuite, elle se jeta, folle de terreur, dans la pièce d'eau et s'y noya. Chose difficile à croire et pourtant certaine, son époux fut affligé de cette mort, tant il avait l'âme pitoyable.

Six semaines après l'accident, il épousa sans cérémonie Gigonne, la fille de son fermier Traignel. Elle n'allait qu'en sabots et sentait l'oignon. Assez belle fille, à cela près qu'elle louchait d'un œil et clochait d'un pied. Sitôt qu'elle fut épousée, cette gardeuse d'oies, mordue par une folle ambition, ne rêva plus que grandeurs nouvelles et nouvelles splendeurs. Elle ne trouvait point ses robes de brocart assez riches, ses colliers de perles assez beaux, ses rubis assez gros, ses carrosses assez dorés, ses étangs, ses bois, ses terres assez vastes. La Barbe-Bleue, qui ne s'était jamais senti d'ambition, gémissait de l'humeur altière de son épouse. Ne sachant, dans sa candeur, si le tort était de penser glorieusement comme elle ou modestement comme lui, il s'accusait presque d'une médiocrité d'humeur qui contrariait les nobles désirs de sa compagne, et, plein d'incertitude, tantôt il l'exhortait à goûter avec modération les biens de ce monde, tantôt il s'excitait à poursuivre la fortune au bord des précipices. Il était sage, mais chez lui l'amour conjugal l'emportait sur la sagesse. Gigonne ne pensait plus qu'à paraître dans le monde, à se faire recevoir à la Cour, et à devenir la maîtresse du roi. N'y pouvant parvenir, elle sécha de dépit, et en prit une jaunisse dont elle mourut. La Barbe-Bleue, tout gémissant, lui éleva un tombeau magnifique.

Ce bon seigneur, abattu par une si constante adversité domestique, n'aurait peut-être plus choisi d'épouse ; mais il fut lui-même choisi pour époux par demoiselle Blanche de Gibeaumex, fille d'un officier de cavalerie qui n'avait qu'une oreille ; il disait avoir perdu l'autre au service du roi. Elle avait beaucoup d'esprit, dont elle se servit à tromper son mari. Elle le trompa avec tous les gentilshommes des environs. Elle y mettait tant d'adresse qu'elle le trompait dans son château et jusque sous ses yeux sans qu'il s'en aperçût. La pauvre Barbe-Bleue se doutait bien de quelque chose, mais il ne savait pas de quoi. Malheureusement pour elle, mettant toute son étude à tromper son mari, elle n'était pas assez attentive à tromper ses amants, je veux dire à leur cacher qu'elle les trompait les uns avec les autres. Un jour, elle fut surprise, dans le cabinet des princesses infortunées, en compagnie d'un gentilhomme qu'elle aimait, par un gentilhomme qu'elle avait aimé et qui, dans un transport de jalousie, la perça de son épée. Quelques heures plus tard, la malheureuse dame y fut trouvée morte par un serviteur du château et l'effroi qu'inspirait cette chambre s'en accrut. La pauvre Barbe-Bleue, apprenant d'un coup son abondant déshonneur et la fin tragique de sa femme, ne se consola pas de ce second malheur en considération du premier. Il aimait Blanche de Gibeaumex d'une ardeur singulière et plus chèrement qu'il n'avait aimé Jeanne de La Cloche, Gigonne Traignel et même Colette Passage. A la nouvelle qu'elle l'avait trompé avec constance et qu'elle ne le tromperait plus jamais, il ressentit une douleur et un trouble qui, loin de s'apaiser, redoublaient chaque jour de violence. Ses souffrances étant devenues intolérables, il en contracta une maladie qui fit craindre pour ses jours.

Les médecins, ayant employé divers médicaments sans effet, l'avertirent que le seul remède convenable à son mal était de prendre une jeune épouse. Alors il songea à sa petite cousine Angèle de La Garandine, qu'il pensait qu'on lui accorderait volontiers, parce qu'elle n'avait pas de bien. Ce qui l'encourageait à la prendre pour femme, c'est qu'elle passait pour simple et sans connaissance. Ayant été trompé par une femme d'esprit, une sotte le rassurait. Il épousa mademoiselle de La Garandine et s'aperçut de la fausseté de ses prévisions. Angèle était douce, Angèle était bonne, Angèle l'aimait ; elle n'était pas d'elle-même portée au mal, mais les moins habiles l'y induisaient facilement à toute heure. Il suffisait de lui dire : « Faites ceci de peur des oripeaux ; entrez ici de crainte que le loup garou ne vous mange » ; ou bien encore : « Fermez les yeux et prenez ce petit remède » ; et aussitôt l'innocente faisait, au gré des fripons qui voulaient d'elle ce qu'il était bien naturel d'en vouloir, car elle était jolie. M. de Montragoux, trompé et offensé par cette innocente autant et plus qu'il ne l'avait été par Blanche de Gibeaumex, avait en outre le malheur de le savoir, car Angèle était bien trop candide pour lui rien cacher. Elle lui disait : « Monsieur, on m'a dit ceci ; on m'a fait ceci ; on m'a pris ceci ; j'ai vu cela ; j'ai senti cela. » Et, par son ingénuité, elle faisait souffrir à ce pauvre seigneur des tourments inimaginables. Il les souffrait avec constance. Cependant il lui arrivait de dire à cette simple créature : « Vous êtes une dinde ! » et de lui donner des soufflets. Ces soufflets lui commencèrent une renommée de cruauté qui ne devait plus s'éteindre. Un moine mendiant, qui passait par les Guillettes, tandis que M. de Montragoux chassait la bécasse, trouva madame Angèle qui cousait un jupon de poupée. Ce bon religieux, s'avisant qu'elle était aussi simple que belle, l'emmena sur son âne en lui faisant croire que l'ange Gabriel l'attendait dans un fourré du bois pour lui mettre des jarretières de perles. On croit que le loup la mangea, car on ne la revit oncques plus.

Après une si funeste expérience, comment la Barbe-Bleue se résolut-il à contracter une nouvelle union ? C'est ce qu'on ne pouvait comprendre si l'on ne savait le pouvoir d'un bel œil sur un cœur bien né. Cet honnête gentilhomme rencontra dans un château du voisinage, où il fréquentait, une jeune orpheline de qualité, nommée Alix de Pontalcin, qui, dépouillée de tous ses biens par un tuteur avide, ne songeait plus qu'à s'enfermer dans un couvent. Des amis officieux s'entremirent pour changer sa résolution et la décider à accepter la main de M. de Montragoux. Elle était parfaitement belle. La Barbe-Bleue, qui se promettait de goûter entre ses bras un bonheur infini, fut une fois de plus trompé dans ses espérances, et cette fois éprouva un mécompte qui, par l'effet de sa complexion, lui devait être plus sensible encore que tous les déplaisirs qu'il avait soufferts en ses précédents mariages. Alix de Pontalcin refusa obstinément de donner une réalité à l'union à laquelle elle avait pourtant consenti. En vain M. de Montragoux la pressait de devenir sa femme ; elle résistait aux prières, aux larmes, aux objurgations, se refusait aux caresses les plus légères de son époux et courait s'enfermer dans le cabinet des princesses infortunées, où elle demeurait seule et farouche des nuits entières. On ne sut jamais la cause d'une résistance si contraire aux lois divines et humaines ; on l'attribua à ce que M. de Montragoux avait la barbe bleue, mais ce que nous avons dit tout à l'heure de cette barbe rend une telle supposition peu vraisemblable. Au reste, c'est un sujet sur lequel il est difficile de raisonner. Le pauvre mari endurait les souffrances les plus cruelles. Pour les oublier, il chassait avec rage, crevant chiens, chevaux et piqueurs. Mais, quand il rentrait harassé, fourbu dans son château, il suffisait de la vue de mademoiselle de Pontalcin pour réveiller à la fois ses forces et ses tourments. Enfin, n'y pouvant tenir, il demanda à Rome l'annulation d'un mariage qui n'était qu'un leurre, et l'obtint selon le droit canon et moyennant un beau présent au Saint-Père. Si M. de Montragoux congédia mademoiselle de Pontalcin avec les marques de respect qu'on doit à une femme et sans lui casser sa canne sur le dos, c'est qu'il avait l'âme forte, le cœur grand, et qu'il était maître de lui comme des Guillettes. Mais il jura que rien de femelle n'entrerait désormais dans ses appartements. Heureux s'il avait jusqu'au bout tenu son serment !

3

Quelques années s'étaient passées depuis que M. de Montragoux avait congédié sa sixième femme, et l'on ne gardait plus, dans la contrée, qu'un souvenir confus des calamités domestiques qui avaient fondu sur la maison de ce bon seigneur. On ne savait ce que ses femmes étaient devenues, et l'on en faisait, le soir, au village, des contes à faire dresser les cheveux sur la tête ; les uns y croyaient et les autres non. A cette époque, une veuve sur le retour, la dame Sidonie de Lespoisse, vint s'établir avec ses enfants dans le manoir de la Motte-Giron, à deux lieues, à vol d'oiseau, du château des Guillettes. D'où elle venait, ce qu'avait été son époux, tout le monde l'ignorait. Les uns pensaient, pour l'avoir entendu dire, qu'il avait tenu certains emplois en Savoie ou en Espagne ; d'autres disaient qu'il était mort aux Indes ; plusieurs s'imaginaient que sa veuve possédait des terres immenses ; quelques-uns en doutaient beaucoup. Cependant elle menait grand train et invitait à la Motte-Giron toute la noblesse de la contrée. Elle avait deux filles, dont l'aînée, Anne, près de coiffer sainte Catherine, était une fine mouche. Jeanne, la plus jeune, bonne à marier, cachait sous les apparences de l'ingénuité une précoce expérience du monde. La dame de Lespoisse avait aussi deux garçons de vingt et vingt-deux ans, fort beaux et bien faits, dont l'un était dragon et l'autre mousquetaire. Je dirai, pour avoir vu son brevet, que celui-ci était mousquetaire noir. Il n'y paraissait pas quand il allait à pied, car les mousquetaires noirs se distinguaient des mousquetaires gris, non par la couleur de leur habit, mais par la robe de leur cheval. Ils portaient, les uns comme les autres, la soubreveste de drap bleu galonné d'or. Quant aux dragons, ils se reconnaissaient à une espèce de bonnet de fourrure dont la queue leur tombait galamment sur l'oreille. Les dragons avaient la réputation de mauvais garnements, témoin la chanson :

Ce sont les dragons qui viennent :
Maman, sauvons-nous !

Mais on aurait cherché vainement dans les deux régiments des dragons de Sa Majesté un aussi grand paillard, un aussi grand écornifleur et un aussi bas coquin que Cosme de Lespoisse. Son frère était, auprès de lui, un honnête garçon. Ivrogne et joueur, Pierre de Lespoisse plaisait aux dames et gagnait aux cartes ; c'étaient là les seuls moyens de vivre qu'on lui connût.

La dame de Lespoisse, leur mère, ne menait grand train, à

la Motte-Giron, que pour faire des dupes. En réalité, elle n'avait rien et devait jusqu'à ses fausses dents. Ses nippes, son mobilier, son carrosse, ses chevaux et ses gens lui avaient été prêtés par des usuriers de Paris, qui menaçaient de les lui retirer si elle ne mariait pas bientôt une de ses filles à quelque riche seigneur, et l'honnête Sidonie s'attendait à tout moment à se voir nue dans sa maison vide. Pressée de trouver un gendre, elle avait tout de suite jeté ses vues sur M. de Montragoux qu'elle devinait simple, facile à tromper, très doux et prompt à l'amour sous une apparence rude et farouche. Ses filles entraient dans ses desseins et, à chaque rencontre, criblaient la pauvre Barbe-Bleue d'œillades qui le perçaient jusqu'au fond du cœur. Il céda très vite aux charmes puissants des deux demoiselles de Lespoisse. Oubliant ses serments, il ne songea plus qu'à épouser l'une ou l'autre, les trouvant toutes deux également belles. Après quelques retardements, causés moins par son hésitation que par sa timidité, il se rendit en grand équipage à la Motte-Giron et fit sa demande à la dame de Lespoisse, lui laissant le choix de celle de ses filles qu'elle voudrait lui donner. Madame Sidonie lui répondit obligeamment qu'elle le tenait en haute estime et qu'elle l'autorisait à faire sa cour à celle des demoiselles de Lespoisse qu'il aurait distinguée.

— Sachez plaire, monsieur, lui dit-elle ; j'applaudirai la première à vos succès.

Pour faire connaissance, la Barbe-Bleue invita Anne et Jeanne de Lespoisse avec leur mère, leurs frères et une multitude de dames et de gentilshommes, à passer quinze jours au château des Guillettes. Ce ne furent que promenades, que parties de chasse et de pêche, que danses et festins, collations et divertissements de toute espèce.

Un jeune seigneur que les dames de Lespoisse avaient amené, le chevalier de La Merlus, organisait les battues. La Barbe-Bleue avait les plus belles meutes et les plus beaux équipages de la contrée. Les dames rivalisaient d'ardeur avec les gentilshommes à poursuivre le cerf. On ne forçait pas toujours la bête, mais les chasseurs et les chasseresses s'égaraient par couples, se retrouvaient et s'égaraient encore dans les bois. Le chevalier de La Merlus se perdait de préférence avec Jeanne de Lespoisse, et chacun rentrait la nuit au château, ému de ses aventures et content de sa journée. Après quelques jours d'observation le bon seigneur de Montragoux préféra décidément à l'aînée des sœurs Jeanne la cadette qui était plus fraîche, ce qui ne veut pas dire qu'elle était plus neuve. Il laissait paraître sa préférence, qu'il n'avait pas à cacher, car elle était honnête ; et d'ailleurs il était sans détours. Il faisait sa cour à cette jeune demoiselle le mieux qu'il pouvait, lui parlant peu, faute d'habitude, mais il la regardait en roulant des yeux terribles et en tirant du fond des entrailles des soupirs à renverser un chêne. Parfois il se mettait à rire, et la vaisselle en tremblait et les vitres en résonnaient. Seul de toute la société il ne remarquait pas les assiduités du chevalier de La Merlus auprès de la fille cadette de madame de Lespoisse, ou, s'il les remarquait, il n'y voyait pas de mal. Son expérience des femmes ne suffisait pas à le rendre soupçonneux et il ne se défiait point de ce qu'il aimait. Ma grand-mère disait que l'expérience, dans la vie, ne sert à rien et qu'on reste ce qu'on était. Je crois qu'elle avait raison et l'histoire véritable que je retrace ici n'est pas pour lui donner tort.

La Barbe-Bleue déployait en ces fêtes une rare magnificence. La nuit venue, mille flambeaux éclairaient la pelouse devant le château, et des tables servies par des valets et des filles habillés en faunes et en dryades portaient tout ce que les campagnes et les forêts produisent de plus agréable à la bouche. Des musiciens ne cessaient de faire entendre de belles symphonies. Vers la fin du repas, le maître et la maîtresse d'école, suivis des garçons et des fillettes du village, venaient se présenter devant les convives et lisaient un compliment au seigneur de Montragoux et à ses hôtes. Un astrologue en bonnet pointu s'approchait des dames et leur annonçait leurs amours futures sur la vue des lignes de leur main. La Barbe-Bleue faisait donner à boire à tous ses vassaux et distribuait lui-même du pain et de la viande aux familles pauvres.

A dix heures de la nuit, de peur du serein, la compagnie se

retirait dans les appartements éclairés par une multitude de bougies et où se trouvaient des tables pour toutes sortes de jeux : lansquenet, billard, reversi, trou-madame, tourniquet, portique, bête, hoca, brelan, échecs, trictrac, dés, bassette et calbas. La Barbe-Bleue était constamment malheureux à ces divers jeux, où il perdait toutes les nuits de grosses sommes. Ce qui pouvait le consoler d'une infortune si obstinée, c'était de voir les trois dames de Lespoisse gagner beaucoup d'argent. Jeanne, la cadette, qui misait constamment dans le jeu du chevalier de La Merlus, y amassait des montagnes d'or. Les deux fils de madame de Lespoisse faisaient aussi de bons bénéfices au reversi et à la bassette, et c'étaient les jeux les plus hasardeux qui leur gardaient la faveur la plus invariable. Ces jeux se continuaient bien avant dans la nuit. On ne dormait point pendant ces merveilleuses réjouissances et, comme le dit l'auteur de la plus ancienne histoire de la Barbe-Bleue, « l'on passait toute la nuit à se faire des malices les uns aux autres ». Ces heures étaient pour beaucoup les plus douces de la journée, car, sous apparence de plaisanterie, à la faveur de l'ombre, ceux qui avaient de l'inclination l'un pour l'autre, se cachaient ensemble au fond d'une alcôve. Le chevalier de La Merlus se déguisait une fois en diable, une autre fois en fantôme ou en loup-garou, pour effrayer les dormeurs, mais il finissait toujours par se couler dans la chambre de la demoiselle Jeanne de Lespoisse. Le bon seigneur de Montragoux n'était pas oublié dans ces jeux. Les deux fils de madame de Lespoisse mettaient dans son lit de la poudre à gratter et brûlaient dans sa chambre des substances qui répandaient une odeur fétide. Ou bien encore ils plaçaient sur sa porte une cruche pleine d'eau, de telle manière que le bon seigneur ne pouvait tirer l'huis sans renverser toute l'eau sur sa tête. Enfin, ils lui jouaient toutes sortes de bons tours dont la compagnie se divertissait et que la Barbe-Bleue endurait avec sa douceur naturelle.

Il fit sa demande, que madame de Lespoisse agréa, bien que son cœur se déchirât, disait-elle, à la pensée de marier ses filles. Le mariage fut célébré à la Motte-Giron, avec une magnificence extraordinaire. La demoiselle Jeanne, d'une beauté surprenante, était toute habillée de point de France et coiffée de mille boucles. Sa sœur Anne portait une robe de velours vert, brodée d'or. Le costume de madame leur mère était d'or frisé, avec des chenilles noires et une parure de perles et de diamants. M. de Montragoux avait mis sur un habit de velours noir tous ses gros diamants ; il avait fort bon air et une expression d'innocence et de timidité qui faisait un agréable contraste avec son menton bleu et sa forte carrure. Sans doute, les frères de la mariée étaient galamment attifés, mais le chevalier de La Merlus, en habit de velours rose, brodé de perles, répandait un éclat sans pareil.

Sitôt après la cérémonie, les juifs, qui avaient loué à la famille et au greluchon de la mariée ces belles nippes et ces riches joyaux, les reprirent et les emportèrent en poste à Paris.

4

Pendant un mois, M. de Montragoux fut le plus heureux des hommes. Il adorait sa femme et la regardait comme un ange de pureté. Elle était tout autre chose ; mais de plus habiles que la pauvre Barbe-Bleue s'y seraient trompés comme lui, tant cette personne avait de ruse et d'astuce, et se laissait docilement gouverner par madame sa mère, la plus adroite coquine de tout le royaume de France. Cette dame s'établit aux Guillettes avec Anne, sa fille aînée, ses deux fils, Pierre et Cosme, et le chevalier de La Merlus, qui ne quittait pas plus madame de Montragoux que s'il eût été son ombre. Cela fâchait un peu ce bon mari, qui aurait voulu garder constamment sa femme pour lui seul, mais qui ne s'offensait pas de l'amitié qu'elle éprouvait pour ce jeune gentilhomme, parce qu'elle lui avait dit que c'était son frère de lait.

Charles Perrault dit qu'un mois après avoir contracté cette union, la Barbe-Bleue fut obligé de faire un voyage de six semaines pour une affaire de conséquence ; mais il semble ignorer les motifs de ce voyage, et l'on a soupçonné que c'était une feinte à laquelle recourut, selon l'usage, le mari jaloux pour surprendre sa femme. La vérité est tout autre : M. de Montragoux se rendit dans le Perche pour recueillir l'héritage de son cousin d'Outarde, tué glorieusement d'un boulet de canon à la bataille des Dunes, tandis qu'il jouait aux dés sur un tambour.

Avant de partir, M. de Montragoux pria sa femme de prendre toutes les distractions possibles pendant son absence.

— Faites venir vos bonnes amies, madame, lui dit-il, et les menez promener ; divertissez-vous et faites bonne chère.

Il lui remit les clefs de la maison, marquant ainsi qu'à son défaut, elle devenait unique et souveraine maîtresse en toute la seigneurie des Guillettes.

— Voilà, lui dit-il, les clefs des deux grands garde-meubles ; voilà celle de la vaisselle d'or et d'argent, qui ne sert pas tous les jours ; voilà celle de mes coffres-forts, où est mon or et mon argent ; celles des cassettes où sont mes pierreries, et voilà le passe-partout de tous les appartements. Pour cette petite clef-ci, c'est la clef du cabinet, au bout de la grande galerie de l'appartement bas ; ouvrez tout, allez partout.

Charles Perrault prétend que M. de Montragoux ajouta :

— Mais pour ce petit cabinet, je vous défends d'y entrer, et je vous le défends de telle sorte que, s'il vous arrive de l'ouvrir, il n'y a rien que vous ne deviez attendre de ma colère.

L'historien de la Barbe-Bleue, en rapportant ces paroles, a le tort d'adopter sans contrôle la version produite, après l'événement, par les dames de Lespoisse. M. de Montragoux s'exprima tout autrement. Lorsqu'il remit à son épouse la clef de ce petit cabinet, qui n'était autre que le cabinet des princesses infortunées dont nous avons eu lieu déjà plusieurs fois de parler, il témoigna à sa chère Jeanne le désir qu'elle n'entrât pas dans un endroit des appartements qu'il regardait comme funeste à son bonheur domestique. C'est par là, en effet, que sa première femme, et de toutes la meilleure, avait passé pour s'enfuir avec son ours ; c'était là que Blanche de Gibeaumex l'avait abondamment trompé avec divers gentilshommes ; ce pavé de porphyre enfin était teint du sang d'une criminelle adorée. N'en était-ce point assez pour que M. de Montragoux attachât à l'idée de ce cabinet de cruels souvenirs et de funestes pressentiments ?

Les paroles qu'il adressa à Jeanne de Lespoisse traduisirent les impressions et les désirs qui agitaient son âme. Les voici textuellement :

— Je n'ai rien de caché pour vous, madame, et je croirais vous offenser en ne vous remettant pas toutes les clefs d'une demeure qui vous appartient. Vous pouvez donc entrer dans ce petit cabinet comme dans toutes les autres chambres de ce logis ; mais, si vous m'en croyez, vous n'en ferez rien, pour m'obliger et en considération des idées douloureuses que j'y attache et des mauvais présages que ces idées font naître malgré moi dans mon esprit. Je serais désolé qu'il vous arrivât malheur ou que je pusse encourir votre disgrâce, et vous excuserez, madame, ces craintes, heureusement sans raison, comme l'effet de ma tendresse inquiète et de mon vigilant amour.

Sur ces mots, le bon seigneur embrassa son épouse et partit en poste pour le Perche.

« Les voisines et les bonnes amies, dit Charles Perrault, n'attendirent pas qu'on les envoyât quérir pour aller chez la jeune mariée, tant elles avaient d'impatience de voir toutes les richesses de sa maison. Les voilà aussitôt à parcourir les chambres, les cabinets, les garde-robes, toutes plus belles et plus riches les unes que les autres ; elles ne cessaient d'exagérer et d'envier le bonheur de leur amie. »

Tous les historiens qui ont traité ce sujet ajoutent que madame de Montragoux ne se divertissait pas à voir toutes ces richesses, à cause de l'impatience qu'elle avait d'aller ouvrir le petit cabinet. Rien n'est plus vrai et, comme l'a dit Perrault, « elle fut si pressée de sa curiosité que, sans considérer qu'il était malhonnête de quitter sa compagnie, elle y descendit par un petit escalier dérobé, et avec tant de précipitation qu'elle pensa se rompre le cou deux ou trois fois ». Le fait n'est pas douteux. Mais ce que personne n'a dit, c'est qu'elle n'était si impatiente de pénétrer en ce lieu que parce que le chevalier de La Merlus l'y attendait.

Depuis son établissement au château des Guillettes elle rejoignait dans le petit cabinet ce jeune gentilhomme tous les jours et plutôt deux fois qu'une, sans se lasser de ces entretiens si peu convenables à une jeune mariée. Il est impossible d'hésiter sur la nature des relations nouées entre Jeanne et le chevalier : elles n'étaient point honnêtes ; elles n'étaient point innocentes. Hélas ! si la dame de Montragoux n'avait attenté qu'à l'honneur de son époux, sans doute, elle encourrait le blâme de la postérité ; mais le moraliste le plus austère lui trouverait des excuses, il alléguerait en faveur d'une si jeune femme les mœurs du siècle, les exemples de la ville et de la Cour, les effets trop certains d'une mauvaise éducation, les conseils d'une mère perverse, car la dame Sidonie de Lespoisse favorisait les galanteries de sa fille. Les sages lui pardonneraient une faute trop douce pour mériter leurs rigueurs ; ses torts eussent paru trop ordinaires pour être de grands torts et tout le monde eût pensé qu'elle avait fait comme les autres. Mais Jeanne de Lespoisse, non contente d'attenter à l'honneur de son mari, ne craignit point d'attenter à sa vie.

C'est dans le petit cabinet, autrement nommé cabinet des princesses infortunées, que Jeanne de Lespoisse, dame de Montragoux, concerta avec le chevalier de La Merlus la mort d'un époux fidèle et tendre. Elle déclara plus tard que, en entrant dans cette salle, elle y vit suspendus les corps de six femmes assassinées, dont le sang figé couvrait les dalles, et que, reconnaissant en ces malheureuses les six premières femmes de la Barbe-Bleue, elle avait prévu le sort qui l'attendait elle-même. Ce seraient, en ce cas, les peintures des murailles qu'elle aurait prises pour des cadavres mutilés et il faudrait comparer ses hallucinations à celles de lady Macbeth. Mais il est extrêmement probable que Jeanne imagina ce spectacle affreux pour le retracer ensuite et justifier les assassins de son époux en calomniant leur victime. La perte de M. de Montragoux fut résolue. Certaines lettres que j'ai sous les yeux m'obligent à croire que la dame Sidonie de Lespoisse participa au complot. Quant à sa fille aînée, on peut dire qu'elle en fut l'âme. Anne de Lespoisse était la plus méchante de la famille. Elle demeurait étrangère aux faiblesses des sens et restait chaste au milieu des débordements de sa maison ; non qu'elle se refusât des plaisirs qu'elle jugeait indignes d'elle, mais parce qu'elle n'éprouvait de plaisir que dans la cruauté. Elle engagea ses deux frères, Pierre et Cosme, dans l'entreprise par la promesse d'un régiment.

5

Il nous reste à retracer, d'après des documents authentiques et de sûrs témoignages, le plus atroce, le plus perfide et le plus lâche des crimes domestiques, dont le souvenir soit venu jusqu'à nous. L'assassinat, dont nous allons exposer les circonstances, ne saurait être comparé qu'au meurtre commis dans la nuit du 9 mars 1449 sur la personne de Guillaume de Flavy par Blanche d'Overbreuc, sa femme, qui était jeune et menue, le bâtard d'Orbandas et le barbier Jean Bocquillon. Ils étouffèrent Guillaume sous l'oreiller, l'assommèrent à coups de bûche, et le saignèrent au cou comme un veau. Blanche d'Overbreuc prouva que son mari avait résolu de la faire noyer, tandis que Jeanne de Lespoisse livra à d'infâmes scélérats un époux qui l'aimait. Nous rapporterons les faits aussi sobrement que possible.

La Barbe-Bleue revint un peu plus tôt qu'on ne l'attendait. C'est ce qui a fait croire bien faussement que, en proie aux soupçons d'une noire jalousie, il voulait surprendre sa femme. Joyeux et confiant, s'il pensait lui faire une surprise, c'était une surprise agréable. Sa tendresse, sa bonté, son air joyeux et tranquille eussent attendri les cœurs les plus féroces. Le chevalier de La Merlus et toute cette race exécrable de Lespoisse n'y virent qu'une facilité pour attenter à sa vie et s'emparer de ses richesses, encore accrues d'un nouvel héritage. Sa jeune épouse l'accueillit d'un air souriant, se laissa accoler et conduire dans la chambre conjugale, et fit tout au gré de l'excellent homme. Le lendemain matin elle lui remit le trousseau de clefs qui lui avait été confié. Mais il y manquait celle du cabinet des princesses infortunées, qu'on appelait d'ordinaire le petit cabinet. La Barbe-Bleue la réclama doucement. Et, après avoir quelque temps différé, sur divers prétextes, Jeanne la lui remit.

Ici se pose une question qu'il n'est pas possible de trancher sans sortir du domaine circonscrit de l'histoire pour entrer dans les régions indéterminées de la philosophie. Charles Perrault dit formellement que la clef du petit cabinet était fée, ce qui veut dire qu'elle était enchantée, magique, douée de propriétés contraires aux lois naturelles, telles du moins que nous les concevons. Or, nous n'avons pas de preuves du contraire. C'est ici le lieu de rappeler le précepte de mon illustre maître, M. du Clos des Lunes, membre de l'Institut : « Quand le surnaturel se présente, l'historien ne doit point le rejeter. » Je me contenterai donc de rappeler, au sujet de cette clef, l'opinion unanime des vieux biographes de la Barbe-Bleue ; tous affirment qu'elle était fée. Cela est d'un grand poids. D'ailleurs cette clef n'est pas le seul objet créé par l'industrie humaine qu'on ait vu doué de propriétés merveilleuses. La tradition abonde en exemples d'épées fées. L'épée d'Arthur était fée. Celle de Jeanne d'Arc était fée, au témoignage irrécusable de Jean Chartier ; et la preuve qu'en donne cet illustre chroniqueur, c'est que, quand la lame eut été rompue, les deux morceaux refusèrent de se laisser réunir de nouveau, quelque effort qu'y fissent les plus habiles armuriers. Victor Hugo parle, en un de ses poèmes, de ces « escaliers fées, qui sous eux s'embrouillent toujours ». Beaucoup d'auteurs admettent même qu'il y a des hommes fées qui peuvent se changer en loups. Nous n'entreprendrons pas de combattre une croyance si vive et si constante, et nous nous garderons de décider si la clef du petit cabinet était fée ou ne l'était pas, laissant au lecteur avisé le soin de discerner notre opinion là-dessus, car notre réserve n'implique pas notre incertitude, et c'est en quoi elle est méritoire. Mais où nous nous retrouvons dans notre propre domaine, ou pour mieux dire dans notre juridiction, où nous redevenons juges des faits, arbitres des circonstances, c'est quand nous lisons que cette clef était tachée de sang. L'autorité des textes ne s'imposera pas à nous jusqu'à nous le faire croire. Elle n'était point tachée de sang. Il en avait coulé dans le petit cabinet, mais en un temps déjà lointain. Qu'on l'eût lavé ou qu'il eût séché, la clef n'en pouvait être teinte, et ce que, dans son trouble, l'épouse criminelle prit sur l'acier pour une tache de sang était un reflet du ciel encore tout empourpré des roses de l'aurore. M. de Montragoux ne s'aperçut pas moins, à la vue de la clef, que sa femme était entrée dans le petit cabinet. Il observa, en effet, que cette clef apparaissait maintenant plus nette et plus brillante que lorsqu'il l'avait donnée, et pensa que ce poli ne pouvait venir que de l'usage.

Il en éprouva une pénible impression et dit à sa jeune femme avec un sourire triste :

— Ma mie, vous êtes entrée dans le petit cabinet. Puisse-t-il n'en rien résulter de fâcheux pour vous ni pour moi ! Il s'exhale de cette chambre une influence maligne à laquelle j'eusse voulu vous soustraire. Si vous y demeuriez soumise à votre tour, je ne m'en consolerais pas. Pardonnez-moi : on est superstitieux quand on aime.

A ces mots, bien que la Barbe-Bleue ne pût lui faire peur, car son langage et son maintien n'exprimaient que la mélancolie et l'amour, la jeune dame de Montragoux se mit à crier à tue-tête :

— Au secours ! On me tue !

C'était le signal convenu. En l'entendant le chevalier de La Merlus et les deux fils de madame de Lespoisse devaient se jeter sur la Barbe-Bleue et le percer de leurs épées.

Mais le chevalier, que Jeanne avait caché dans une armoire de la chambre, parut seul. M. de Montragoux, le voyant bondir l'épée au poing, se mit en garde.

Jeanne s'enfuit épouvantée et rencontra dans la galerie sa sœur Anne, qui n'était pas, comme on l'a dit, sur une tour, car les tours du château avaient été abattues par l'ordre du cardinal de Richelieu. Anne de Lespoisse s'efforçait de redonner du cœur à ses deux frères, qui, pâles et chancelants, n'osaient risquer un si grand coup.

Jeanne, rapide et suppliante :

— Vite ! vite ! mes frères, secourez mon amant !

Alors Pierre et Cosme coururent sur la Barbe-Bleue ; ils le trouvèrent qui, ayant désarmé le chevalier de La Merlus, le tenait sous son genou, et ils lui passèrent traîtreusement, par-derrière, leur épée à travers le corps et le frappèrent encore longtemps après qu'il eut expiré.

La Barbe-Bleue n'avait point d'héritiers. Sa veuve demeura maîtresse de ses biens. Elle en employa une partie à doter sa sœur Anne, une autre partie à acheter des charges de capitaines à ses deux frères et le reste à se marier elle-même avec le chevalier de La Merlus, qui devint un très honnête homme dès qu'il fut riche.

LES NEUF FRÈRES

Raconté à A. Lespinasse par sa grand-mère, Saint-Martin-de-Gurson, Dordogne. Claude Seignolle, *Contes populaires de Guyenne*, Paris, G. P. Maisonneuve, 1946.

Il était une fois un homme et une femme qui avaient neuf fils. Un jour, la femme s'aperçut qu'elle allait avoir un autre enfant et on lui dit que ce serait une fille. Mais les neuf frères ne voulaient pas de sœur. Ils partirent une nuit et on n'en entendit plus parler.

Bientôt la sœur arriva à la vie. Tout de suite, elle fut très jolie et en grandissant elle ne faisait qu'embellir. C'était une bien grande consolation pour les pauvres parents dont les neuf garçons étaient partis, ils ne savaient où.

Quand la fille allait à la fontaine, les gens disaient en la montrant du doigt : « Regardez la sœur des neuf frères ! » Un jour, elle se décida à demander à ses parents ce que cela voulait dire :

— On dit que j'ai neuf frères. Est-ce vrai ?

— Oh oui ! ma petite, lui répondit sa mère, mais comme ils ne voulaient pas de sœur, ils sont partis d'ici et nous ne savons où ils se trouvent.

Mais la fille avait une marraine qui n'était autre que la bonne Sainte Vierge. Elle alla la trouver et lui demanda :

— Marraine, je voudrais bien connaître mes frères, mais on ne sait où ils se trouvent. Comment faire ?

— Tiens, lui répondit la Sainte Vierge, voici un petit chariot. Tu le suivras. Où il s'arrêtera, tu frapperas.

Elle suivit le conseil de sa marraine et arriva ainsi devant un château de belle apparence. Elle frappa. Un de ses frères vint lui ouvrir.

— Bonjour monsieur, dit-elle. N'auriez-vous pas besoin d'une servante ?

— Non ! mais je demanderai à mes huit frères. Revenez demain, répondit-il en fermant la porte.

Alors, elle lui dit :

— Je suis ta sœur.

Il la fit entrer, l'embrassa et lui donna à manger. Ensuite, il la conduisit dans une chambre pour qu'aucun de ses frères ne la vît.

Les autres frères arrivèrent bientôt et se mirent au repas. Au fromage, celui qui avait reçu leur sœur et qui faisait la cuisine, ce jour-là, dit aux autres :

— Pourquoi ne prendrions-nous pas une servante ?

— Ce n'est pas la peine, dit l'un.

— Il faudrait bien, dit un autre, cela nous permettrait d'aller à la chasse tous ensemble.

Tous, en fin de compte, furent de cet avis.

— Eh bien, reprit le premier, je vais vous la chercher.

Il monta dans la chambre où était la sœur et la ramena devant ses frères.

— Tenez, dit-il, la voilà et vous pouvez l'embrasser. C'est notre sœur.

Ils se levèrent tous et l'embrassèrent, heureux d'avoir une sœur aussi belle et si dévouée.

De ce jour-là, tout chanta dans le château, et, chaque matin, les neuf frères partaient chasser ensemble.

Cependant, un jour qu'ils étaient partis fort loin, un homme pauvre qui vendait diverses marchandises vint frapper à la porte du château.

La sœur des neuf frères vint ouvrir et lui demanda :

— Que voulez-vous, pauvre homme ?

— Je vends de belles choses ; ne voudriez-vous pas acheter ces peignes pour les gens du château ?

Et il lui montra de fort jolis peignes.

— Si, dit-elle, heureuse de faire plaisir à ses frères, je vais vous en acheter neuf.

Ainsi fut fait et l'homme s'en alla sur le chemin.

Lorsque les frères rentrèrent, elle leur fit à chacun cadeau d'un peigne. Ceux-ci la remercièrent et, le lendemain matin, pour faire honneur à son geste, ils se peignèrent. Malheur ! Ils furent aussitôt transformés en bœufs.

Leur sœur se prit à pleurer et à se lamenter.

Chaque jour, elle fut obligée de partir « au champ de ses frères » et de les garder pendant qu'ils broutaient l'herbe.

Un matin, en arrivant au champ, elle trouva un homme qui s'avança vers elle et qui lui demanda :

— Que faites-vous là, bergère ?

— Je garde mes frères qui sont devenus bœufs.

Cet homme était Barbe-Bleue. Il dit :

— Je vais les faire revenir comme ils étaient avant, mais à la condition que vous consentiez à devenir ma femme.

La jeune fille fut trop heureuse de pouvoir sauver ses frères et de trouver à se marier. Barbe-Bleue était un bel homme. Elle accepta.

Après son mariage qui se fit en grande pompe, son mari tint sa promesse et les neuf frères reprirent forme humaine. Pour remercier leur sœur, ils lui donnèrent un chien. Celui-ci devait les prévenir si elle avait besoin d'eux. En cas de malheur, il suffisait de lui placer un petit mot sur la tête.

Barbe-Bleue emmena sa femme dans son château qui se trouvait loin de là.

Il partait souvent en voyage et chaque fois il laissait à sa femme toutes les clefs du château en lui défendant de pénétrer dans une certaine petite pièce. Poussée par la curiosité, la sœur des neuf frères se risqua un jour à en ouvrir la porte. Elle vit avec horreur les têtes des sept premières femmes de son mari et referma la porte tant bien que mal.

A son retour, Barbe-Bleue s'aperçut de la curiosité de sa femme. Il décida qu'une huitième tête irait rejoindre celles de ses autres femmes.

Avant de mourir, la sœur des neuf frères demanda à manger des lentilles et à faire une prière. Pour cela, elle monta dans la chambre haute de la tour. En bas, Barbe-Bleue aiguisait son couteau. Vite, elle fit un mot qu'elle mit sur la tête du chien qui partit d'un trait vers le château de ses neuf frères. Puis elle appela sa servante et lui dit de rester à regarder par le fenestrou du grenier.

En bas, Barbe-Bleue disait :

— J'aiguise ! J'aiguise mon couteau pour couper le cou à l'Isabelle. Tu n'as pas fini encore ?

— Non !

— Il te faut bien du temps !

La sœur des neuf frères disait aussi :

— Servante, ne vois-tu rien venir ?

— Non ! Le chemin est poussiéreux et l'herbe est verte !

En bas, Barbe-Bleue disait toujours :

— J'aiguise, j'aiguise mon couteau pour couper le cou de l'Isabelle.

La sœur des neuf frères disait toujours aussi :

— Servante, ne vois-tu rien venir ?

— Dans le chemin poussiéreux, les épées luisent.

— Tu as fini ? cria Barbe-Bleue.

— Oui.

— Eh bien, descends ou je monte te chercher.

La voilà descendue. Il commença à la déshabiller et lui fit quitter sa chemise.

A ce moment, des coups firent remuer la porte.

— Ouvrez... ouvrez, crièrent des voix d'hommes.

Barbe-Bleue eut peur et dit à sa femme :

— Rhabille-toi vite...

— Pan, pan ! Vous ne voulez pas ouvrir ?

Les neuf frères enfoncèrent la porte à coups de pieds et à coups d'épaules.

— Que vouliez-vous faire à notre sœur ?

— Je voulais la changer de chemise.

— Nous allons voir ! Donnez-nous les clefs.

Ils fouillèrent le château et trouvèrent dans la petite pièce les sept têtes des sept premières femmes de Barbe-Bleue.

— Ah ! firent-ils, tu voulais y ajouter celle de notre sœur. Ah ! Eh bien, c'est la tienne qui fera huit !

Et ils lui coupèrent la tête qu'ils mirent avec les sept autres. Puis ils ramenèrent leur sœur et la servante dans leur château où chaque jour elles firent la cuisine pendant que les neuf frères allaient à la chasse.

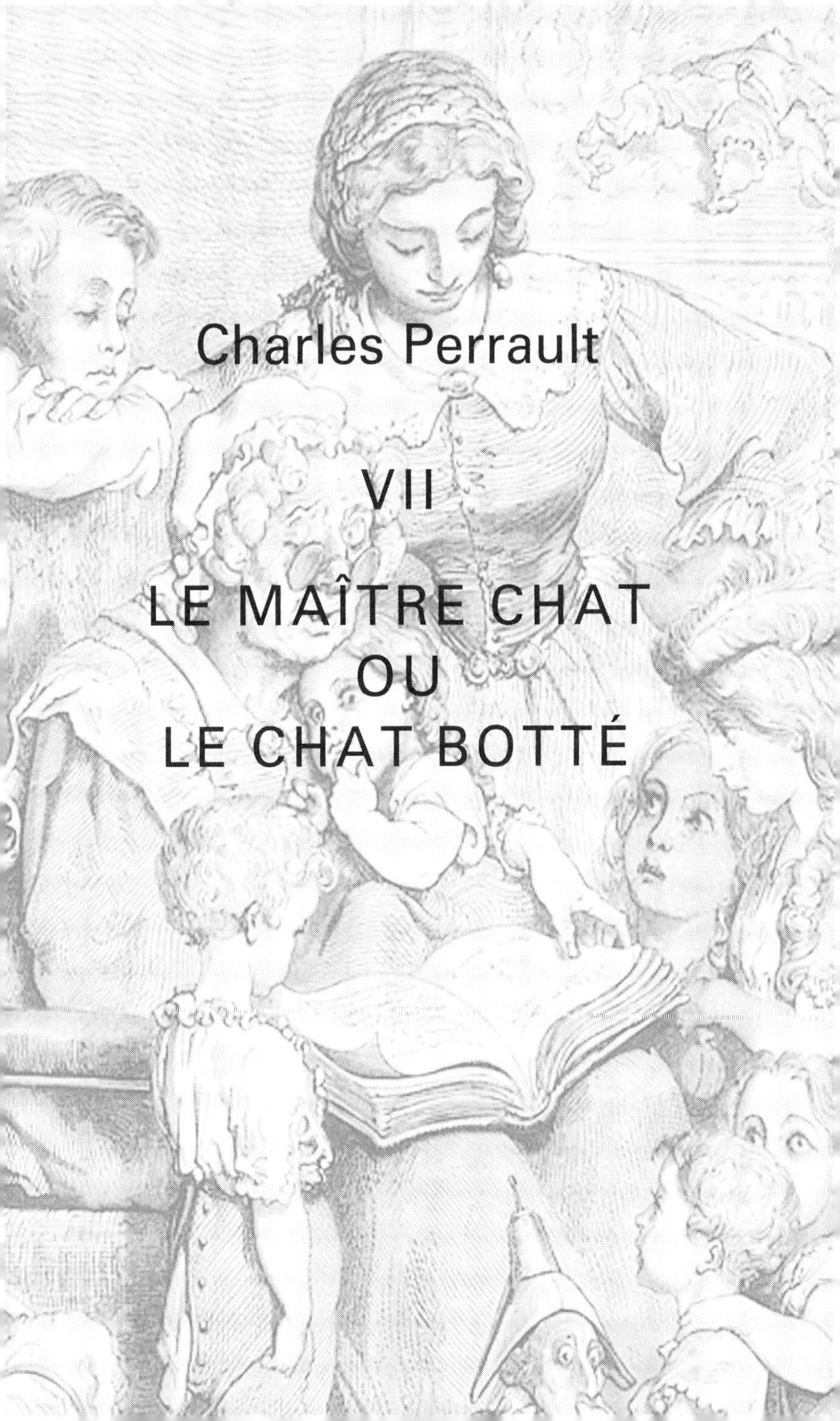

Charles Perrault

VII

LE MAÎTRE CHAT
OU
LE CHAT BOTTÉ

Quatrième « conte » manuscrit dans le recueil adressé à Mademoiselle, nièce de Louis XIV, en 1695. Publié chez Claude Barbin dans le recueil intitulé *Histoires ou contes du temps passé, avec des moralités* en janvier 1697.

Un meunier ne laissa pour tous biens à trois enfants qu'il avait que son moulin, son âne et son chat. Les partages furent bientôt faits, ni le notaire, ni le procureur n'y furent point appelés. Ils auraient eu bientôt mangé tout le pauvre patrimoine. L'aîné eut le moulin, le second eut l'âne, et le plus jeune n'eut que le chat. Ce dernier ne pouvait se consoler d'avoir un si pauvre lot :

— Mes frères, disait-il, pourront gagner leur vie honnêtement en se mettant ensemble ; pour moi, lorsque j'aurai mangé mon chat, et que je me serai fait un manchon de sa peau, il faudra que je meure de faim.

Le chat qui entendait ce discours, mais qui n'en fit pas semblant, lui dit d'un air posé et sérieux :

— Ne vous affligez point, mon maître, vous n'avez qu'à me donner un sac, et me faire faire une paire de bottes pour aller dans les broussailles, et vous verrez que vous n'êtes pas si mal partagé que vous croyez.

Quoique le maître du chat ne fît pas grand fond là-dessus, il lui avait vu faire tant de tours de souplesse, pour prendre des rats et des souris, comme quand il se pendait par les pieds, ou qu'il se cachait dans la farine pour faire le mort, qu'il ne désespéra pas d'en être secouru dans sa misère.

Lorsque le chat eut ce qu'il avait demandé, il se botta bravement et, mettant son sac à son cou, il en prit les cordons avec ses deux pattes de devant, et s'en alla dans une garenne où il y avait grand nombre de lapins. Il mit du son et des lasserons dans son sac, et s'étendant comme s'il eût été mort, il attendit que quelque jeune lapin, peu instruit encore des ruses de ce monde, vînt se fourrer dans son sac pour manger ce qu'il y avait mis. A peine fut-il couché, qu'il eut contentement ; un jeune étourdi de lapin entra dans son sac, et le maître chat tirant aussitôt les cordons le prit et le tua sans miséricorde.

Tout glorieux de sa proie, il s'en alla chez le roi et demanda à lui parler. On le fit monter à l'appartement de sa majesté où, étant entré, il fit une grande révérence au roi, et lui dit :

— Voilà, sire, un lapin de garenne que Monsieur le Marquis de Carabas (c'était le nom qu'il lui prit en gré de donner à son maître) m'a chargé de vous présenter de sa part.

— Dis à ton maître, répondit le roi, que je le remercie, et qu'il me fait plaisir.

Une autre fois, il alla se cacher dans un blé, tenant toujours son sac ouvert ; et lorsque deux perdrix y furent entrées, il tira les cordons, et les prit toutes deux. Il alla ensuite les présenter au roi, comme il avait fait avec le lapin de garenne. Le roi reçut encore avec plaisir les deux perdrix, et lui fit donner pour boire. Le chat continua ainsi pendant deux ou trois mois à porter de temps en temps au roi du gibier de la chasse de son maître.

Un jour qu'il sut que le roi devait aller à la promenade sur le bord de la rivière avec sa fille, la plus belle princesse du monde, il dit à son maître :

— Si vous voulez suivre mon conseil, votre fortune est faite ; vous n'avez qu'à vous baigner dans la rivière à l'endroit que je vous montrerai, et ensuite me laisser faire.

Le Marquis de Carabas fit ce que son chat lui conseillait, sans savoir à quoi cela serait bon. Dans le temps qu'il se baignait, le roi vint à passer, et le chat se mit à crier de toutes ses forces :

— Au secours, au secours, voilà Monsieur le Marquis de Carabas qui se noie !

A ce cri, le roi mit la tête à la portière, et, reconnaissant le chat qui lui avait apporté tant de fois du gibier, il ordonna à ses gardes qu'on allât vite au secours de Monsieur le Marquis de Carabas. Pendant qu'on retirait le pauvre marquis de la rivière, le chat s'approcha du carrosse, et dit au roi que dans le temps que son maître se baignait, il était venu des voleurs qui avaient emporté ses habits, quoiqu'il eût crié au voleur de toute sa force ; le drôle les avait cachés sous une grosse pierre.

Le roi ordonna aussitôt aux officiers de sa garde-robe d'aller quérir un de ses plus beaux habits pour Monsieur le Marquis de Carabas. Le roi lui fit mille caresses, et comme les beaux habits qu'on venait de lui donner relevaient sa bonne mine (car il était beau, et bien fait de sa personne), la fille du roi le trouva fort à son gré, et le Comte de Carabas ne lui eut pas jeté deux ou trois regards fort respectueux, et un peu tendres, qu'elle en devint amoureuse à la folie.

Le roi voulut qu'il montât dans son carrosse, et qu'il fût de la promenade. Le chat, ravi de voir que son dessein commençait à réussir, prit les devants, et ayant rencontré des paysans qui fauchaient un pré, il leur dit :

— Bonnes gens qui fauchez, si vous ne dites au roi que le pré que vous fauchez appartient à Monsieur le Marquis de Carabas, vous serez tous hachés menu comme chair à pâté.

Le roi ne manqua pas à demander aux faucheux à qui était ce pré qu'ils fauchaient.

— C'est à Monsieur le Marquis de Carabas, dirent-ils tous ensemble, car la menace du chat leur avait fait peur.

— Vous avez là un bel héritage, dit le roi au Marquis de Carabas.

— Vous voyez, sire, répondit le Marquis, c'est un pré qui ne manque point de rapporter abondamment toutes les années.

Le maître chat, qui allait toujours devant, rencontra des moissonneurs, et leur dit :

— Bonnes gens qui moissonnez, si vous ne dites que tous ces blés appartiennent à Monsieur le Marquis de Carabas, vous serez tous hachés menu comme chair à pâté.

Le roi, qui passa un moment après, voulut savoir à qui appartenaient tous les blés qu'il voyait.

— C'est à Monsieur le Marquis de Carabas, répondirent les moissonneurs, et le roi s'en réjouit encore avec le Marquis.

Le chat, qui allait devant le carrosse, disait toujours la même chose à tous ceux qu'il rencontrait ; et le roi était étonné des grands biens de Monsieur le Marquis de Carabas. Le maître chat arriva enfin dans un beau château dont le maître était un ogre, le plus riche qu'on ait jamais vu, car toutes les terres par où le roi avait passé étaient de la dépendance de ce château. Le chat, qui eut soin de s'informer qui était cet ogre, et ce qu'il savait faire, demanda à lui parler, disant qu'il n'avait pas voulu passer si près de son château sans avoir l'honneur de lui faire la révérence. L'ogre le reçut aussi civilement que le peut un ogre, et le fit reposer.

— On m'a assuré, dit le chat, que vous aviez le don de vous changer en toutes sortes d'animaux, que vous pouviez, par exemple, vous transformer en lion, en éléphant ?

— Cela est vrai, répondit l'ogre brusquement, et pour vous le montrer, vous m'allez voir devenir lion.

Le chat fut si effrayé de voir un lion devant lui, qu'il gagna aussitôt les gouttières, non sans peine et sans péril, à cause de ses bottes qui ne valaient rien pour marcher sur les tuiles. Quelque temps après, le chat, ayant vu que l'ogre avait quitté sa première forme, descendit, et avoua qu'il avait eu bien peur.

— On m'a assuré encore, dit le chat, mais je ne saurais le croire, que vous aviez aussi le pouvoir de prendre la forme des plus petits animaux, par exemple, de vous changer en un rat, en une souris ; je vous avoue que je tiens cela tout à fait impossible.

— Impossible ? reprit l'ogre, vous allez voir.

Et en même temps il se changea en une souris qui se mit à courir sur le plancher. Le chat ne l'eut pas plus tôt aperçue qu'il se jeta dessus et la mangea.

Cependant le roi, qui vit en passant le beau château de l'ogre, voulut entrer dedans. Le chat, qui entendit le bruit du carrosse qui passait sur le pont-levis, courut au-devant, et dit au roi :

— Votre majesté soit la bienvenue dans le château de Monsieur le Marquis de Carabas.

— Comment, Monsieur le Marquis, s'écria le roi, ce château est encore à vous ! Il n'y a rien de plus beau que cette cour et que tous ces bâtiments qui l'environnent ; voyons les dedans, s'il vous plaît.

Le Marquis donna la main à la jeune princesse, et suivant le roi qui montait le premier, ils entrèrent dans une grande salle où ils trouvèrent une magnifique collation que l'ogre avait fait préparer pour ses amis qui le devaient venir voir ce même jour, mais qui n'avaient pas osé entrer, sachant que le roi y était. Le roi, charmé des bonnes qualités de Monsieur le Marquis de Carabas, de même que sa fille qui en était folle, et voyant les grands biens qu'il possédait, lui dit, après avoir bu cinq ou six coups :

— Il ne tiendra qu'à vous, Monsieur le Marquis, que vous ne soyez mon gendre.

Le Marquis, faisant de grandes révérences, accepta l'honneur que lui faisait le roi ; et dès le même jour épousa la princesse. Le chat devint grand seigneur, et ne courut plus après les souris que pour se divertir.

Moralité

Quelque grand soit l'avantage
De jouir d'un riche héritage
Venant à nous de père en fils,
Aux jeunes gens pour l'ordinaire,
L'industrie et le savoir-faire
Valent mieux que des biens acquis.

Autre moralité

Si le fils d'un meunier, avec tant de vitesse,
Gagne le cœur d'une princesse,
Et s'en fait regarder avec des yeux mourants,
C'est que l'habit, la mine et la jeunesse,
Pour inspirer de la tendresse,
N'en sont pas des moyens toujours indifférents.

« Au secours ! Au secours !
Voilà M. le Marquis de Carabas qui se noie. »

« Bonnes gens qui fauchez, si vous ne
à M. le Marquis de Carabas, vous serez

ous ces blés appartiennent
és menu comme chair à pâté. »

« Le chat eut soin de s'informer qui était cet ogre. »

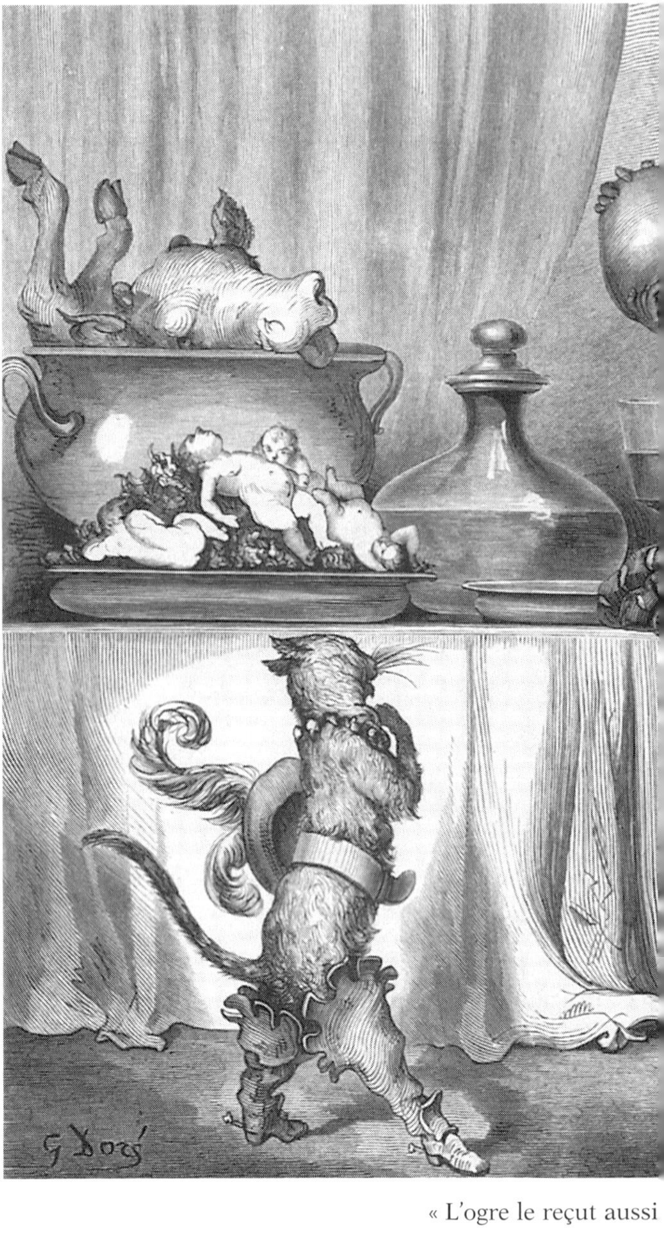

« L'ogre le reçut aussi

nt que le peut un ogre. »

Straparole

LA CHATTE DE CONSTANTIN LE FORTUNÉ

Les Facétieuses Nuits, XIe nuit, 1re fable, 1636. Traduction De Lauzières-Thémines et Charles Deulin, Charles Deulin, *Les Contes de ma Mère l'Oye avant Perrault*, Paris, E. Dentu, éditeur libraire de la Société des Gens de Lettres, 1879.

Il y avait en Bohême une femme nommée Soriane, qui était fort pauvre et qui avait trois fils. Le premier s'appelait Dusolin, le deuxième Tésiphon et le troisième Constantin le Fortuné. Cette femme n'avait au monde pour subsister que trois choses : une huche où elle pétrissait le pain, un tour sur lequel elle tournait la pâte, et une chatte.

Comme elle était chargée d'ans et qu'elle sentait venir la mort, elle fit son testament et laissa la huche à Dusolin, son fils aîné, le tour à Tésiphon et la chatte à Constantin.

La mère morte et enterrée, les voisins empruntaient, selon qu'ils en avaient besoin, tantôt la huche, tantôt le tour, et, connaissant la pauvreté des orphelins, ils leur faisaient une galette que Dusolin et Tésiphon mangeaient sans en donner à Constantin, leur plus jeune frère.

Si Constantin leur en demandait, ils lui répondaient de s'adresser à sa chatte, qui lui en baillerait. C'est pourquoi le pauvre Constantin et sa chatte pâtissaient beaucoup.

La chatte, qui était fée, s'émut de pitié pour son maître et de colère contre ses deux frères, qui le traitaient si cruellement. Elle lui dit :

— Constantin, ne te tourmente pas ; je pourvoirai à ta subsistance et à la mienne.

Elle sortit de la maison et gagna la campagne où, feignant de dormir, elle prit un lièvre qui vint jouer près d'elle et le tua. Elle s'en fut ensuite au palais royal et, avisant quelques courtisans, elle leur dit qu'elle désirait parler au roi. Celui-ci, apprenant qu'une chatte voulait lui parler, la fit venir en sa présence et s'informa de ce qui l'amenait.

La chatte répondit que Constantin, son maître, lui avait commandé d'apporter un lièvre qu'il venait de prendre, et elle le présenta. Le roi accepta le cadeau et lui demanda qui était ce Constantin. Elle répondit que c'était un homme qui en bonté, en beauté et en puissance ne le cédait à personne.

Sur ces mots, le monarque lui fit la mine la plus aimable et lui donna bien à manger et à boire.

Quand la chatte se fut restaurée, elle joua adroitement de la patte et, sans être vue, remplit de bons morceaux la besace qu'elle portait au côté ; après quoi elle prit congé du roi et s'en retourna vers Constantin.

Les deux frères, voyant Constantin se régaler en triomphe, le prièrent de partager avec eux, mais il leur rendit la pareille et refusa net. Ils en conçurent une ardente jalousie qui leur rongeait le cœur sans trêve ni repos.

Constantin était fort beau garçon, mais il avait mené une vie si misérable qu'il était plein de rogne et de teigne, ce qui lui causait beaucoup d'ennui. Il s'en alla au fleuve avec la chatte ; alors elle se mit à le lécher de la tête aux pieds et à le peigner si bien qu'en peu de jours il fut guéri.

La chatte, comme nous l'avons dit, continuait à combler le palais royal de ses présents et y soutenait ainsi son maître sur un bon pied. Elle s'ennuyait pourtant des hauts et des bas de cette vie et craignait de devenir importune aux courtisans. Elle dit à son maître :

— Seigneur, si tu veux faire tout ce que je te conseillerai, avant peu tu seras riche.

— Et comment ? dit Constantin.

— Viens avec moi, répondit la chatte, et ne t'inquiète de rien. Sache seulement que je suis disposée à t'enrichir.

Tous deux s'en allèrent au fleuve, non loin du palais royal. La chatte déshabilla son maître et, d'accord avec lui, le plongea dans le fleuve ; ensuite elle se mit à crier de toutes ses forces :

— A l'aide ! à l'aide ! Accourez ! accourez ! messire Constantin se noie !

Le roi l'entendit et, se rappelant les nombreux cadeaux qu'il avait reçus, il envoya aussitôt des gens au secours du malheureux.

Messire Constantin fut retiré de l'eau et revêtu de bons habits. On le mena devant le roi, qui l'accueillit fort gracieusement et lui demanda comment il se faisait qu'on l'avait jeté dans la rivière. Constantin était encore trop ému pour répondre ; aussi la chatte, qui ne quittait jamais ses talons, dit au monarque :

— Sachez, sire, que mon maître était chargé de bijoux qu'il venait vous offrir. Des voleurs l'apprirent par leurs espions et le dépouillèrent entièrement ; puis, pour lui ôter la vie, ils le jetèrent dans le fleuve, d'où ces gentilshommes l'ont tiré.

Le roi, à ces mots, commanda qu'on prît soin de Constantin et qu'on le traitât avec honneur. Le voyant si beau, et sachant d'ailleurs qu'il était riche, il résolut de lui offrir la main de sa fille Elisette et de donner pour dot à celle-ci de l'or, des diamants et un magnifique trousseau.

Les noces faites et les réjouissances terminées, il ordonna de charger d'or dix mulets et cinq serviteurs de superbes vêtements, et les envoya avec un cortège de gentilshommes à la maison de son gendre.

Tout en se voyant ainsi comblé d'honneurs et de richesses, Constantin ne savait où conduire sa femme. Il tint conseil avec sa chatte, qui lui dit :

— Ne t'inquiète pas, mon maître, je pourvoirai à tout.

Comme on chevauchait gaiement, la chatte se hâta de prendre les devants ; quand elle fut très loin de la compagnie, elle rencontra quelques cavaliers. Elle leur dit :

— Que faites-vous là, pauvres gens ? fuyez vite ; il vient une grosse troupe de partisans qui vont vous tomber sur le corps. Les voici qui approchent. Entendez-vous le hennissement de leurs chevaux ?

— Que faut-il donc faire ? dirent les cavaliers saisis d'effroi.

— Le voici, répondit la chatte. S'ils vous demandent à qui vous êtes, répondez : A messire Constantin, et il ne vous arrivera aucun mal.

La chatte alla plus avant et elle trouva une grande quantité de troupeaux et de gros bétail. Elle répéta les mêmes paroles à leurs gardiens, ainsi qu'à tous ceux qu'elle rencontra sur la route.

Les gentilshommes qui accompagnaient Elisette demandaient aux cavaliers : A qui êtes-vous ? et aux pasteurs : A qui tous ces magnifiques troupeaux ? Ceux-ci répondaient d'une seule voix : A messire Constantin.

— Messire Constantin, dirent les gentilshommes, voilà donc que nous entrons sur vos terres ?

D'un signe de tête il répondit : Oui ; et pareillement, sur tout ce qu'on lui demandait, il répondait : Oui.

Et c'est pourquoi la compagnie crut qu'il était fort riche.

La chatte arriva à un superbe château et n'y trouva qu'un petit poste.

— Que faites-vous ici, braves gens ? dit-elle. Ne voyez-vous pas que votre perte est imminente ?

— Comment cela ? dirent les gardiens du château.

— Avant une heure, il va venir une grosse troupe qui vous taillera en pièces. N'entendez-vous pas les chevaux qui hennissent, ne voyez-vous pas la poussière qui vole ? Si vous ne voulez tous périr, suivez mon conseil ; c'est le moyen de vous sauver. Si quelqu'un vous demande : A qui ce château ? répondez : A messire Constantin le Fortuné.

Et c'est ainsi qu'ils firent.

La noble compagnie arriva au château ; ils demandèrent à qui il appartenait, et l'on répondit bravement : A messire Constantin le Fortuné. Ils y entrèrent et y furent logés honorablement.

Le châtelain était le seigneur Valentin, un vaillant soldat, qui était sorti peu auparavant pour conduire chez elle la femme qu'il venait d'épouser.

Par malheur, avant d'atteindre la maison de sa chère femme, il fut pris en route d'un mal subit dont il mourut sur-le-champ. Constantin le Fortuné resta donc maître du château.

Peu de temps après, Morand, roi de Bohême, vint à trépasser, et le peuple élut pour roi Constantin le Fortuné, en sa qualité d'époux d'Elisette, fille du souverain défunt et légitime héritière de la couronne.

Ainsi, de pauvre et mendiant, Constantin devint seigneur et roi ; il vécut longtemps avec son Elisette et en eut des enfants qui lui succédèrent sur le trône.

Basile

GAGLIUSO

Le Conte des contes, IIe journée, 4e conte, 1636. Traduction De Lauzières-Thémines et Charles Deulin, Charles Deulin, *Les Contes de ma Mère l'Oye avant Perrault*, Paris, E. Dentu, éditeur libraire de la Société des Gens de Lettres, 1879.

Il y avait une fois en notre ville de Naples un pauvre vieux, fort malheureux, qui était gueux, maigre, ratatiné, diaphane et sans un seul pli à la peau de son dos, qu'il avait lisse comme un pou. Quand il en fut à secouer le sac de l'existence, il appela Horatiello et Pippo, ses fils, et leur dit :

— Me voici assigné dans la forme pour payer la dette de la nature ; croyez, si vous êtes bons chrétiens, que je serais enchanté de sortir de ce marais d'afflictions, de ce bourbier de peines, n'était que je vous laisse dans une misère grande comme l'église Santa-Chiara, au carrefour de Mélite, sans une maille, nets comme une cuvette de barbier, faibles comme un ruisseau à sa source, secs comme un noyau de prune. Tout votre avoir ne remplirait pas, hélas ! la patte d'une mouche, et vous pourriez faire cent milles à la course qu'il ne tomberait pas un liard de vos poches.

» Mon malheureux sort m'a réduit à aller voir la queue du triple chien des enfers, je n'ai plus même l'existence : tel tu me vois, tel tu me dépeins. Vous le savez, j'ai passé ma vie à faire des coches à la taille des fournisseurs et je me suis toujours couché sans chandelle ; je veux pourtant à ma mort vous laisser quelque marque de mon amour.

» Toi donc, Horatiello, qui es mon aîné, prends ce crible qui est pendu au mur : avec cela tu gagneras ton pain ; toi, le cadet, prends le chat, et souvenez-vous de votre père.

A ces mots, il éclata en larmes et, peu après, il dit :

— Adieu, voici la nuit.

Horatiello fit enterrer son père grâce à la charité publique, puis il prit le crible et s'en alla, vannant de ci de là pour gagner sa vie ; tant plus il vannait, tant plus il gagnait. Pippo prit le chat et dit :

— Voyez donc le joli héritage que m'a laissé mon père ! Comme si ce n'était pas assez de me nourrir, il faut encore que je dépense pour deux. A quoi bon ce triste legs ? mieux valait ne me donner rien du tout.

Le chat entendit ces doléances et lui dit :

— Tu te plains d'en avoir trop et tu as plus de bonheur que d'esprit. Mais tu ne connais pas ta chance, car je puis te faire riche, si je veux.

Pippo, à ces paroles, remercia Sa Chatterie, et, lui passant trois ou quatre fois la main sur le dos, il se recommanda chaudement.

Le chat eut pitié du pauvre Gagliuso[1] et, chaque matin, à l'heure où, avec l'appât de la lumière attaché à l'hameçon d'or, le soleil pêche les ombres de la nuit, il s'en allait au bord de la mer, au quai de Chiaia ou bien au marché aux poissons, et, voyant quelque grosse céphale, ou encore une bonne dorade, il la happait et la portait au roi en disant :

— Le seigneur Gagliuso, très humble esclave de Votre Altesse, vous envoie ce poisson avec ses respects et vous dit : A grand seigneur petit présent.

Le roi, de cet air gai qu'il prend d'habitude avec quiconque lui apporte quelque chose, répondait au chat :

— Dis à ce seigneur, qui m'est inconnu, que je lui rends grâces du fond de l'âme.

D'autres fois, lorsqu'on chassait au marais ou au bois d'Astroni, le chat y allait et, quand les chasseurs avaient abattu quelques belles pièces de gibier, il les ramassait et les présentait au monarque avec les mêmes compliments. Il usa tant de fois de cet artifice qu'un beau matin le roi lui dit :

— Je me sens tellement obligé à ce seigneur Gagliuso que je désire le connaître pour lui rendre toute l'affection qu'il me témoigne.

A quoi le chat répondit :

— Le désir du seigneur Gagliuso est de donner son sang et sa vie pour votre couronne. Demain matin, sans faute, quand le soleil aura mis le feu à la paille des champs de l'air, il viendra vous faire la révérence.

Le lendemain, le chat revint chez le roi et lui dit :

1. C'est le nom que Pippo portera dans le reste du récit.

— Sire, le seigneur Gagliuso vous prie de l'excuser. S'il n'est pas venu, c'est que cette nuit quelques-uns de ses gens se sont sauvés et ne lui ont pas seulement laissé une chemise.

A cette nouvelle, le roi fit prendre dans sa garde-robe quantité d'habits et de linge, et envoya le tout à Gagliuso. Deux heures plus tard, celui-ci arriva au palais royal, conduit par le chat. Le monarque l'accabla de compliments, le fit asseoir à ses côtés et lui donna un splendide festin.

Tout en mangeant, Gagliuso, de temps à autre, s'adressait au chat et lui disait :

— Ma mouche, je te recommande ces quatre perdrix ; aie soin qu'elles prennent la bonne voie.

— Tais-toi, malheureux, lui répondait le chat, ne dis pas de sottises.

Et, comme le roi voulait savoir ce qu'avait dit Gagliuso, il lui conta que son maître avait envie d'un tout petit citron doux.

Le monarque aussitôt en envoya quérir un corbillon au jardin ; mais Gagliuso revenait toujours à sa même guitare de portière, et le chat lui répétait : « Mets la bonde à ta bouche. » Le roi demanda encore ce qu'il voulait, et le chat trouva un nouveau moyen de réparer les incongruités de Gagliuso.

Après avoir dîné et causé de choses et d'autres, Gagliuso prit congé et le chat resta avec le roi. Il lui vanta longuement la valeur, l'intelligence, le jugement de Gagliuso, et surtout les propriétés immenses qu'il possédait dans les campagnes de Rome et de Lombardie. Tant de qualités le rendaient bien digne de s'allier à une tête couronnée.

Le monarque voulut savoir à combien pouvait s'élever son avoir ; le chat répondit qu'il était impossible de compter les meubles et les immeubles de ce richard, que l'on ne connaissait pas sa fortune, mais que, s'il voulait s'en informer, il pourrait envoyer des gens hors du royaume, et qu'il aurait ainsi la preuve qu'il n'y avait pas de richesses au monde qui valussent celles de Gagliuso.

Le roi commanda à quelques-uns de ses fidèles de vérifier le fait dans tous ses détails. Ceux-ci emboîtèrent le pas au compère. Le long du chemin, de temps à autre il leur offrit des rafraîchissements et, quand on eut dépassé les frontières du royaume, il prit les devants. Chaque fois qu'il rencontrait un troupeau de moutons, de vaches, de chevaux ou de porcs, il disait aux pâtres et aux gardiens :

— Holà ! faites bien attention : une bande de voleurs va piller tout ce qui se trouve sur la campagne. Si donc vous voulez échapper à sa fureur, si vous tenez à ce qu'on respecte vos troupeaux, dites qu'ils appartiennent au seigneur Gagliuso, et on ne touchera pas à un poil de vos bêtes.

Il répétait la même chose dans les fermes qu'il rencontrait sur la route, si bien que partout où passaient les gens du roi, ils trouvaient les flûtes d'accord : toujours on leur répondait que tout appartenait au seigneur Gagliuso. Quand ils furent las d'interroger, ils s'en retournèrent chez le roi et lui dirent monts et merveilles de la richesse du seigneur Gagliuso.

D'après ces renseignements, le monarque promit un bon pot-de-vin au chat, s'il parvenait à négocier le mariage : le chat faisant la navette de ci de là conclut l'affaire. Gagliuso vint à la cour, et le roi lui donna sa fille avec une grosse dot.

Les fêtes durèrent un mois, après quoi Gagliuso témoigna le désir d'emmener sa jeune femme dans ses terres. Le roi les accompagna jusqu'à la frontière, puis ils entrèrent en Lombardie où, par le conseil du chat, Gagliuso acheta de grandes propriétés, et une terre qui lui donna le titre de baron.

Devenu foncièrement riche, Gagliuso remercia le chat autant qu'il le put, déclarant qu'il devait à ses bons offices sa vie et son élévation ; que ses artifices lui avaient plus servi que l'intelligence de son père ; que, par ainsi, le chat pouvait user et abuser, comme bon lui semblait, de sa vie et de ses trésors.

Il lui jura de plus qu'après sa mort, dans une centaine d'années, il le ferait embaumer et le mettrait dans une châsse d'or, qu'il garderait en sa chambre, afin d'avoir toujours son souvenir devant les yeux.

Cette exagération déplut au chat qui, trois jours après, s'étendit tout de son long dans le jardin et contrefit le mort. A sa vue, la femme de Gagliuso s'écria :

— Oh ! mon mari, quel affreux malheur ! le chat est mort.

— Que le diable l'emporte ! répondit Gagliuso ; mieux vaut lui que nous.

— Qu'allons-nous en faire ? reprit-elle.

— Prends-le par une patte et jette-le par la fenêtre.

Le chat, qui était loin de s'attendre à ces bonnes paroles, se mit à dire :

— Est-ce donc là cette grande récompense pour t'avoir ôté les poux du corps ? Est-ce là ce million de grâces pour t'avoir fait jeter tes haillons, si effilochés qu'on pouvait y suspendre des fuseaux ? Est-ce là ta reconnaissance pour la toile d'araignée que j'ai tissée afin de te nourrir, quand tu mourais de faim, mendiant, va-nu-pieds ? As-tu donc oublié que tu n'étais qu'un porte-guenilles, un traîne-misère, sans culotte, dépenaillé, dépouille-pendus ? Voilà ce qu'on gagne à laver la tête à un âne ! Va, maudit soit tout ce que j'ai fait pour toi, car tu ne vaux même pas la peine qu'on te crache à la figure. Elle est jolie, la châsse d'or que tu me préparais ! La belle sépulture que tu allais me donner ! Va donc, sers, travaille, souffle, sue pour ce beau salaire ! Oh ! malheureux qui fonde sa marmite sur la foi d'autrui ! Il avait bien raison ce philosophe qui a dit : « Qui âne se couche, âne se réveille, et qui plus fait, moins il doit attendre. » Mais belles paroles et vilains actes trompent sages et fous.

A ces mots il s'en alla en hochant la tête. Gagliuso avait beau le rappeler avec du mou, il n'y eut pas moyen de l'arrêter ; il courut toujours sans retourner la tête, en disant :

De riche appauvri Dieu te gard'
Et de croquant passé richard.

LE COMPÈRE CHAT

Contée par Mlle Lambert, de Bélesta, Ariège. Louis Lambert et Achille Montel, *Revue des langues romanes*, Montpellier, Bureau des publications de la Société pour l'étude des langues romanes, Paris, G. Pedone-Lauriel, 1872.

Il était une fois un charbonnier qui avait trois garçons. Il tomba malade, et avant de mourir il fit son testament. A l'aîné il légua la cabane ; à l'autre, un tamis de soie ; au dernier, le chat.

Celui-ci se trouvait le plus malheureux. Il disait à ses frères :

— Toi, à la bonne heure, tu peux au moins abriter ta tête, et toi, en prêtant le tamis, tu peux gagner un morceau de pain ; mais moi, que ferai-je d'un chat ?... il me faudra mourir de faim !

Il se bâtit une maisonnette et l'habita avec le chat. Celui-ci ne faisait que miauler. Une nuit, son maître le jeta dehors. Il s'en va loin, loin.... et trouve une volée de perdreaux qui lui dirent :

— Et où vas-tu, compère chat ?

— Je vais à Paris me faire dorer la queue.

— Veux-tu nous prendre avec toi ?

— Mettez-vous derrière et partons.

Au bout d'un peu de temps, il rencontra une volée d'oies sauvages qui lui dirent :

— Et où vas-tu, compère chat ?

— Je vais à Paris me faire dorer la queue.

— Veux-tu nous prendre avec toi ?

— Suivez-moi.

Arrivés à Paris, ils vont au palais du roi.

— Bonjour, sire. Sire Bernard vous envoie ce gibier.

Le roi, qui devait donner un grand repas, fut très satisfait de recevoir ce présent. On garda compère chat quelques jours au palais, et on lui apprit à parler français, à dire *oui* et *non*. On voulait donner mille choses au petit chat lorsqu'il partit, pour les offrir à sire Bernard ; mais il ne voulut rien prendre, disant que son maître était trop riche, mais qu'il accepterait, pour soi, une bourse d'or pour faire la route. On la lui donna.

Il s'en va à la maison, miaule ; le maître lui ouvre.

— Tiens, je t'apporte cette bourse ; tu seras heureux maintenant. Seulement je te recommande de me garder assez d'or pour acheter une corde.

Au bout de quelques jours, le chat dit à son maître :

— A présent tu me suivras, et feras tout ce que je te dirai.

Ils s'en vont loin, loin.... Avant d'arriver à Paris, le chat attache sire Bernard à la pile d'un pont ; il le déshabille et l'égratigne jusqu'à ce qu'il fût couvert de sang.

— Que me veux-tu faire ?..., tu veux me tuer ?...

— N'aie point peur, tranquillise-toi, et réponds à chaque question *oui* et *non*.

Il s'en va à Paris trouver le roi, lui dit que les voleurs avaient assassiné son maître et pria qu'on vînt à son secours. En entendant parler de sire Bernard, le roi partit aussitôt ; il le trouva couvert de blessures. On le mit dans un char, on l'habilla et le transporta au palais.

Quand le jeune seigneur se trouva guéri, il épousa la fille du roi.

Après la noce, ils allèrent visiter les domaines de sire Bernard.

— Comment ferai-je ?

— Ne t'effraie pas, mon maître ; tu n'auras qu'à dire *oui* et *non* lorsqu'on t'interrogera.

Aussi ne répondit-il jamais autre chose à tout ce qu'on put lui dire.

Les nouveaux époux partent avec le roi. Le petit chat se met une paire de bottes et prend les devants. Il trouve un groupe de faucheurs et leur dit :

— Vous êtes perdus ! Le roi parcourt la campagne et met tout à feu et à sang.

— Hélas ! comment faire pour nous sauver ?...

— Mettez-vous sur le bord du chemin, et, lorsque le roi

passera, s'il vous demande à qui appartient cette plaine, vous répondrez : A Monseigneur Bernard.

— Nous le ferons.

Lorsque le chat fut un peu plus loin, il trouve un groupe de moissonneurs et leur dit :

— Vous êtes perdus ! Le roi parcourt la campagne et met tout à feu et à sang.

— Hélas ! comment faire pour nous sauver ?...

— Mettez-vous sur le bord du chemin, et, lorsque le roi passera, s'il vous demande à qui appartient cette plaine, vous répondrez : A Monseigneur Bernard.

— Nous le ferons.

Le roi passe et demande à qui sont ces grandes plaines. Tout le monde répond :

— A Monseigneur Bernard.

— Certes, mon gendre, vous êtes plus riche que moi.

— Oui.

Le chat s'en va à un château loin, loin..., où il y avait une fée et un sorcier ; il leur répéta ce qu'il avait dit aux faucheurs et aux moissonneurs.

— Et où me mettrai-je ? dit la fée.

— Dans le four.

Quand elle fut dans le four, le chat la brûla.

— Et moi, que ferai-je ? dit le sorcier.

— Changez-vous en rat.

Quand il fut métamorphosé, le chat sauta sur lui et le mangea.

Le chat, étant maître du château, se mit devant la porte pour recevoir sire Bernard. Quand ils descendirent du char, ils furent éblouis de voir un si beau château.

Au bout de huit jours, le petit chat dit à son maître :

— Es-tu content ?

— Je le suis.

— Eh bien ! je te demande pour récompense qu'après ma mort tu me fasses faire une belle sépulture.

— Tu l'auras.

Un jour, le chat fit le mort. La servante vint le dire.

— Jette-le par la fenêtre.

Le chat se leva et voulait lui arracher les yeux.
— Retiens-toi, je tiendrai ce que je t'ai promis.
Le chat tombe malade et meurt. Dans la crainte qu'il ne revînt encore à la vie, il lui fit faire une magnifique sépulture.
Alors, je m'en retournai, sans qu'on m'eût offert à boire.

E tric e trac
Tout est fini.

Dessin de Louis Marvy, 1843.

LE RENARD DORÉ

Conté en 1880, par Joseph André, de Trébry, couturier et chantre. Paul Sébillot, *Contes populaires de la Haute-Bretagne*, Paris, G. Charpentier, 1880-1882.

Il était une fois un homme qui avait trois fils ; à sa mort il leur laissa pour tout héritage un coq, un chat et un cerisier. Il n'y eut pas besoin de notaire pour les partages, qui se firent à l'amiable, et une fois que chacun fut en possession de son lot, il tâcha d'en tirer le meilleur parti possible.

L'aîné, auquel le coq était échu en partage, se mit en route avec lui pour aller chercher fortune. Il alla loin, bien loin, encore plus loin que je ne dis, et il finit par arriver à une maison où il demanda asile pour la nuit. Mais il était à peine couché, lorsqu'il entendit les gens dire qu'il leur fallait se lever le lendemain, bien avant le soleil.

— Pourquoi, demanda-t-il, avez-vous besoin de vous lever si matin ?

— C'est, répondirent-ils, parce que nous sommes obligés d'aller au bord de la mer chercher le jour dans des charrettes.

— Vous n'aurez pas besoin d'y aller demain, leur dit-il ; j'ai un petit animal à plumes ; chez nous on l'appelle un coq ; dès qu'il aura chanté, le jour arrivera.

Les gens du pays avaient bonne envie de savoir si cela était vrai, et de peur de manquer d'entendre chanter le coq, ils ne purent s'endormir cette nuit-là. Au matin, le coq se mit à chanter ; aussitôt les gens de la maison se mirent à la croisée, et virent que le jour arrivait. Ils se hâtèrent d'aller raconter la chose au seigneur du pays, qui fit venir le garçon, et lui demanda à acheter l'animal qui faisait venir le jour.

— Je veux bien le céder, dit-il ; mais à la condition que vous me donnerez un cheval chargé d'or.

— Un cheval chargé d'or, soit, répondit le seigneur.

Et le jeune garçon fut bien aise d'être devenu riche, grâce à son coq.

Celui qui avait hérité du chat se mit aussitôt en route avec son chat ; il alla loin, bien loin, encore plus loin que je ne dis ; il finit par arriver dans une île, et frappa à la porte d'une maison où il demanda à coucher.

— Volontiers, répondit l'hôte ; mais je dois vous prévenir que dès que la nuit est venue, il arrive de petits animaux qui rongent tout et ne laissent personne dormir.

— J'ai avec moi, dit le garçon, un petit animal ; on l'appelle chat dans mon pays, qui sait bien faire la guerre aux rats et aux souris.

La nuit venue, les rats et les souris s'attirèrent de tous les coins ; aussitôt le garçon mit son chat dans la place, et il étrangla tant de rats et de souris, qu'on ne pouvait faire un pas dans la maison sans marcher sur leurs cadavres.

Le seigneur du pays ayant appris qu'un étranger possédait un animal si merveilleux, le fit venir à son château. Il y avait là tant de souris et de rats, que lorsque le seigneur était à table les souris couraient sur les plats, et que les rats mettaient les pieds dans la soupe.

Le jeune garçon vint au château ; son chat étrangla plus de cent souris et autant de rats, en moins de rien. Le seigneur lui demanda à acheter son chat.

— Je le veux bien, répondit-il ; mais à la condition que vous me donnerez deux beaux mulets, chargés d'or.

— Volontiers, dit le seigneur ; mais il faut aller chercher la famille de cet animal, afin que tout le pays soit peuplé de sa race.

Le jeune garçon laissa son chat au château, et revint dans son pays où il acheta à bon compte la chatte d'un de ses voisins, et il revint avec elle chez le seigneur.

Elle est gentille, dit celui-ci, mais il faut que vous demeuriez avec moi jusqu'à ce qu'elle ait fait des petits chats.

Le jeune homme resta au château ; au bout de deux mois il y eut de jolis petits chats, et à cette occasion on fit de grandes réjouissances dans toute l'île, et le seigneur donna au garçon deux beaux mulets chargés d'or.

Le cerisier donnait des fruits en toute saison, et celui qui en avait hérité en mangeait tant qu'il voulait, et il vendait facilement le reste, parce qu'ils étaient de bonne qualité. Ses voisins l'appelaient le marquis de Carabas.

Un jour qu'il était monté dans son cerisier, compère le Renard passa et lui dit :

— Que fais-tu sur cet arbre, marquis de Carabas ?

— Je cueille des cerises. En veux-tu, compère Renard ?

— Volontiers ; je te remercie.

Le garçon lui donna des cerises, et des plus belles ; compère Renard en mangea quelques-unes, puis il alla porter au roi celles qui lui restaient.

— Sire, dit-il, voilà des badies que le marquis de Carabas vous envoie.

— Il est bien riche, le marquis, pour avoir des cerises aussi belles ; qu'est-ce que tu veux pour ta peine, compère le Renard ?

— Je désirerais, dit-il, que vous me fassiez dorer le bout de la queue.

Le doreur vint dorer la queue du Renard, qui s'en alla, et sa queue brillait au soleil. Comme il s'en revenait, il trouva des perdrix sur sa route.

— Compère le Renard, lui dirent-elles, comme tu es beau ; le bout de ta queue est comme de l'or.

— Si vous voulez venir avec moi, vous serez aussi belles et aussi dorées que moi, répondit-il.

Les perdrix le suivirent, et compère le Renard les mena au roi, à qui il dit :

— Sire, voilà des perdrix que le marquis de Carabas vous envoie.

— Il est donc bien riche, le marquis de Carabas ! dit le roi ; que veux-tu pour ta peine, compère le Renard ?

— Je voudrais que vous me fassiez dorer les quatre pattes.

Le doreur vint dorer les quatre pattes à compère le Renard, et il était encore plus beau qu'avant. Comme il s'en revenait, il passa près d'un champ où il y avait une bande de lièvres.

— Ah ! compère le Renard, s'écrièrent-ils, comme tu es beau ! ta queue et tes pattes ont l'air tout en or.

— Si vous voulez venir avec moi, vous serez aussi beaux et aussi bien dorés que moi.

Les lièvres le suivirent, et sur la route ils racontaient cela aux autres lièvres qui se joignaient à eux pour se faire dorer.

Compère Renard arriva à la cour avec un régiment de lièvres, et dit au roi :

— Sire, voilà des lièvres que le marquis de Carabas vous envoie.

— Il est donc bien riche, le marquis de Carabas, répondit le roi. Que veux-tu pour ta peine, compère le Renard ? je n'ai rien à te refuser.

— Sire, répondit-il, je voudrais que vous me fassiez dorer le reste du corps.

Le doreur vint achever de dorer compère le Renard, qui était tout jaune et tout brillant comme le soleil.

Il alla trouver le marquis de Carabas et il lui dit que le roi voulait lui parler. Le garçon le suivit, et quand ils approchèrent de la cour, compère le Renard lui dit de se déshabiller.

Quand il fut tout nu, le Renard se mit à crier :

— Au secours ! au secours !

Les gens du roi arrivèrent et il leur dit :

— Comme M. le marquis arrivait dans son carrosse, il est venu une bande de brigands qui l'ont attaqué, volé et mis nu comme la main.

Les gens du roi allèrent chercher des habits chez leur maître et ils les apportèrent à compère le Renard, qui dit :

— Ceux qui nous ont été volés étaient plus beaux, mais n'importe ; mais cela empêchera toujours M. le marquis de s'enrhumer.

Le marquis de Carabas et compère le Renard vinrent à la cour ; le roi le reçut de son mieux et lui dit qu'il aurait bien voulu voir son château ; le garçon répondit qu'il ne demandait pas mieux, car il avait confiance dans l'adresse de compère le Renard, qui lui voulait du bien.

Ils se mirent en route, et compère le Renard, tout doré, marcha devant eux. Il arriva dans une prairie où des lavandières mettaient du beau linge à sécher.

— Vous ne voyez pas le roi venir ? leur demanda-t-il.

— Non, nous ne le voyons pas.

— Il va passer dans son carrosse ; si vous ne dites pas que tout le linge est au marquis de Carabas, il viendra vous tuer.

Quand le roi arriva à la prairie, il dit aux lavandières :

— A qui est cette belle prairie et ce beau linge ?

— Au marquis de Carabas.

— Ah ! dit le roi, vous avez là une belle pièce.

— C'est peu de chose, répondit le marquis.

Compère le Renard, continuant sa route, arriva dans des champs où il y avait du monde à scier du blé.

— Vous ne voyez pas le roi venir ?

— Non, répondirent-ils, nous ne le voyons pas.

— Il va bientôt passer dans son carrosse ; si vous ne dites pas que tout ce blé est au marquis de Carabas, il viendra vous tuer.

Quand le roi arriva aux champs, il dit aux scieurs :

— A qui sont ces blés ?

— Au marquis de Carabas.

— Ah ! dit le roi, vous avez de bien belles moissons.

— Ah ! sire, c'est peu de chose.

Compère le Renard vint dans une prairie où pâturaient des bœufs ; il dit aux pâtours :

— Vous ne voyez pas le roi venir ?

— Non, répondirent-ils, nous ne le voyons pas.

— Il va bientôt passer dans son carrosse ; si vous ne dites pas que tous les bœufs sont au marquis de Carabas, il vous tuera.

Quand le roi arriva à l'endroit où pâturaient les bœufs, il dit aux pâtours :

— A qui sont ces bœufs ?

— Au marquis de Carabas.

— Ah ! dit le roi, vous avez de bien beaux bœufs.

— Ah ! sire, c'est peu de chose.

Compère le Renard arriva à un couvent de moines, aussi beau que le palais d'un roi ; il leur dit :

— Vous ne voyez pas venir le roi ?

— Non, répondirent-ils, nous ne le voyons pas.

— Il va bientôt passer dans son carrosse, et il vient pour vous tuer car il déteste les moines. Si vous voulez qu'il ne vous trouve pas, il faut vous cacher au milieu de cette *mée de glé* (amas de paille) et ne pas en bouger ; il n'aura pas l'idée de vous chercher là.

Les moines se fourrèrent au milieu de la paille ; compère le Renard entra dans le couvent et il dit aux domestiques :

— Le roi va venir tout à l'heure ; si vous ne dites pas que tout appartient au marquis de Carabas, il vous tuera.

Le roi vint au couvent, où il fut servi aussi bien que chez lui. Après le repas, il alla se promener, et comme il passait près de l'amas de paille, compère le Renard lui dit :

— Il y a de beaux rats dans cette paille, qui dévorent tout.

— Comment faire pour s'en débarrasser ? demanda le roi.

— Il faut mettre le feu dedans.

Le feu fut mis à la paille ; les moines furent grillés, excepté deux ou trois qui s'échappèrent, et le marquis de Carabas resta maître du couvent avec compère le Renard, qui était doré de partout et brillant comme le soleil.

MONSIEUR DICTON

Recueillie dans les environs de Brive, Corrèze. Pierre-Henri Dars, *Lemouzy* : organe mensuel de l'Ecole limousine félibréenne, Brive, 1911.

Il y avait une fois un palais de richesse merveilleuse, bâti dans la bruyère qu'ombrageaient de grands châtaigniers. Son propriétaire le trouvait, bien sûr, le plus joli du monde, mais il avait ses raisons : il lui appartenait, y dormait parfaitement, était son propre bâtisseur.

Cet heureux possesseur s'appelait M. Dicton. A ses yeux, sa petite cabane, faite de branchages et de fougères, valait bien un palais. Il y vivait bellement, sans souci, fainéant comme un Roger Bontemps, avec trois compagnons... trois poules qui le nourrissaient de leurs œufs.

M. Dicton avait un ami qui était friand de la chair de poule, surtout quand sa faim était poussée par une longue course. C'était le Renard.

Or, un certain jour, il arriva au Palais de Fougères les jambes lasses, le ventre creux, la langue pendante. Avec un miaulement il demanda une de ses poules à M. Dicton. Et celui-ci de se récrier :

— Une poule ! mais c'est un jeûne éternel qu'il me faudrait m'imposer !

Il eut beau raisonner et batailler comme une femme d'Ussac, le Renard avait besoin d'une poule et il fallut que notre homme l'abandonnât à son goinfre de compère. Renard le remercia, lui disant qu'il se souviendrait de ce bienfait et partit. Il marcha, marcha longtemps, et arriva à un endroit d'où on voyait un vol de perdrix. Déjà son approche les inquiétait et, frou-rou-rou, elles allaient s'envoler quand il leur cria de loin :

— Ne craignez rien, je vous suis envoyé par un messager et ne veux vous faire aucun mal ; le roi, pour vous rendre plus belles, veut vous dorer la queue ! Allons à Paris, là vous aurez la queue dorée... Je vous servirai de guide.

Les perdrix ne doutèrent pas de sa parole et se mirent à le suivre. Du balcon de son château, le roi vit sortir comme du ciel un nuage d'oiseaux qui faisaient le bruit de cinq cents fléaux.

— Sire, dit le Renard, voici le présent qui vous vient de M. Dicton, votre féal serviteur.

On ouvrit la grande porte du château, les portes de la cage et les perdrix sautèrent de joie en pensant qu'enfin elles allaient avoir la queue dorée ; elles entrèrent dans la volière où elles furent fermées sans façon.

Renard reprit le chemin du Palais de Fougères ; la route était longue... mais il arriva tout de même, comme la première fois, les jambes molles, l'estomac criant au repos et à la faim. Il demanda à son ami :

— La seconde poule ?

En hauteur, et plus fort, cette fois, M. Dicton rechigna :

— Oh ! Renard ! de quoi vivrai-je, Seigneur Dieu !

Mais encore le pauvre homme dut par force s'exécuter et la donner.

Renard repartit ; il voyagea longtemps et enfin, un jour qu'il traversait un grand pré il vit un si grand nombre de bécasses qu'elles en couvraient la terre. Son arrivée allait les faire fuir vite ; mais toujours aussi beau parleur que finaud, il les assura, fit miroiter à leurs yeux la promesse de leur faire dorer la queue à Paris et il le leur fit croire.

Suivi de ses badaudes, le Renard se présenta de nouveau au balcon du roi, le priant d'accepter le second cadeau de M. Dicton. Le roi fit ouvrir les portes et les bécasses (ce jour elles ne volèrent pas leur nom !) tombèrent dans le filet qui leur était tendu.

Renard revint chez M. Dicton, chargé de remerciements et affamé jusqu'au tréfonds de son être. La dernière poule de son ami aurait eu peine à le satisfaire. Le bourgeois montra sa mine amaigrie par la disparition de ses autres poules mais il donna celle qui lui restait. Alors, comme il ne lui restait plus aucune ressource, il accepta la proposition de Renard qui l'invitait à le suivre.

— Nous gagnerons bien notre vie, lui dit-il, et nous partagerons en frères.

M. Dicton dit adieu à son Palais de Fougères, tout plein de

chagrin et de regret, et en pleura longuement. En chemin il se retournait, s'arrêtait pour regarder, par-dessus ses épaules, sa cabane et ses châtaigniers qui s'éloignaient de plus en plus. Après quelques jours d'une vie hasardeuse, les deux compères découvrirent dans une vaste plaine un grand troupeau de biches. Renard vit là une occasion de déployer sa finesse ; il laissa M. Dicton et s'avança vers les bêtes qui, à sa venue, s'apprêtaient à se défendre de leurs cornes. Mais le rusé ennemi se servit encore de sa ruse et les convainquit avec son histoire de faire dorer leur queue à Paris. Il les conduisit au roi qui ne pouvait croire à tant de générosité de la part de M. Dicton. Il fit comprendre à Renard qu'il n'oserait plus recevoir d'aussi royaux dons de ce riche seigneur. Il lui était si reconnaissant qu'il désirait fort le remercier de tête à tête. Ce lui serait un plaisir de voir M. Dicton. Renard promit de le conduire aussitôt. De suite il fut le chercher, lui raconta les désirs du roi et, ensemble, galopèrent vers Paris.

Arrivés près de la capitale, ils s'aperçurent que la mine pauvre et amaigrie de M. Dicton n'était pas convenable pour paraître devant le roi. Renard, qui n'était pas renard pour rien, trouva dans son sac cette finasserie : M. Dicton se mettrait derrière une haie ; de ce temps, lui irait intéresser le roi à son sort en le présentant comme voyageur arrêté, pillé, volé, maltraité par des brigands. Puis à toutes les questions qu'il lui poserait, il répondrait sans cesse : « Oui, oui, oui. »

M. Dicton fut accueilli de belle façon et installé, cette fois, dans un véritable palais. Le lendemain, de lui-même, Renard invita le roi à aller au château de M. Dicton. Toute la cour y alla. Après avoir montré le chemin à prendre, Renard passa devant, comme courrier. Il rencontra des bergers, des laboureurs, des vendangeurs et des feuillardiers. Il leur cria :

— Je vous donne l'ordre de dire (si vous ne le faites pas vous en crèverez) que vous appartenez, vous, vos troupeaux, vos champs, vos vignes et vos bois, au seigneur de l'endroit nommé M. Dicton.

Enfin Renard arriva à un beau château où l'on festoyait, à table, en raison d'une riche noce.

— Oh ! malheureux ! leur dit-il ; vous êtes perdus ; le roi

va venir avec son armée et va vous écraser si vous ne vous cachez pas de suite dans ces grands tas de paille que j'aperçois d'ici.

L'arrivée du roi et de sa cour ne se fit pas attendre ; l'on complimenta M. Dicton sur ses richesses, et le pauvre diable répondait toujours : « Oui, oui, oui » depuis que ces chenapans l'avaient effaré, le laissant plus mort que vif. Après le repas, que l'on trouva tout servi, Renard proposa de mettre le feu au tas de paille en signe de joie.

— Mon maître n'en a là que le dixième et il est de rebut, dit-il au roi qui voulait empêcher cette dissipation.

Un vaste foyer éclaira le pays et le délivra de ses propriétaires au profit de M. Dicton.

Et voilà comment Renard paya sa reconnaissance et le prix des trois poules de son ami.

MONSIEUR DE MARCONFARE

Raconté à Robert Jarry, de La Garanne par Payzac, Dordogne. Claude Seignolle, *Contes populaires de Guyenne*, Paris, G. P. Maisonneuve, 1946.

Il était une fois un monsieur qui s'appelait Monsieur de Marconfare.

Bien qu'il fût Monsieur, il n'avait pourtant pour toute richesse qu'une pauvre chaumière et deux poules. Pour toute nourriture, il se contentait des œufs que pondaient les deux poules.

Un jour, passant par là, Maître Renard vit les poules et les mangea.

Il avait à peine fait quelques pas qu'il entendit des gémissements. Se retournant, il aperçut Monsieur de Marconfare qui se lamentait :

— Je vais mourir de faim, disait-il, maintenant que je n'ai plus mes poules... Je vais mourir de faim...

Contrarié, Maître Renard s'en fut et marcha longtemps ; enfin, il se trouva devant le château du Roi.

Sans s'arrêter, il entra et alla droit au Roi.

— Sire, je connais un monsieur qui voudrait bien vous voir ; il s'appelle Monsieur de Marconfare.

A cela, le Roi répondit :

— Va lui dire de venir. Je veux le voir aussi.

Maître Renard revint trouver Monsieur de Marconfare pour lui dire que le Roi l'attendait en son château.

— Ah ! misérable, dit Monsieur de Marconfare, tu te moques de moi. Jamais je n'oserai m'aventurer dans cet état. Que dirait le Roi en me voyant ainsi ?

— Il m'a dit que cela ne faisait rien.

Ils partirent et marchèrent longtemps. Bientôt, le château fut en vue. Alors, d'une bousculade, Maître Renard envoya Monsieur de Marconfare dans une haie de ronces, d'où il se releva tout déchiré.

— Pourquoi m'as-tu envoyé dans ces ronces ? dit-il en s'asseyant sur le bord de la route et en se lamentant de plus belle.

Il ne voulut pas aller plus loin.

Maître Renard partit alors tout seul au château du Roi. Sans s'arrêter, il entra et alla droit au Roi.

— Sire, je vous amenais Monsieur de Marconfare mais, à peu de chemin d'ici, notre cheval, qui n'est pas très bien dressé il est vrai, nous a jetés dans un ravin. Comme en bas il y avait une haie de ronces, Monsieur de Marconfare s'est tout déchiré. A présent, il ne veut plus venir jusqu'à vous parce qu'il n'est plus présentable.

Le Roi donna des ordres pour qu'on amenât les habits les plus beaux.

— Tiens, tu lui donneras cela pour se vêtir. En partant, passe par l'écurie, dis que l'on prenne les plus beaux chevaux et fais-les atteler à mon plus riche carrosse.

Maître Renard fit comme le Roi lui avait dit et il arriva devant Monsieur de Marconfare qui se lamentait, assis sur le bord de la route en se tenant la tête entre les mains. En rien de temps, il fut habillé comme le roi lui-même.

Ils montèrent dans le carrosse et firent une entrée remarquée dans la ville et au château.

— Vive Monsieur de Marconfare... Vive Monsieur de Marconfare... criait le peuple.

Le Roi, impressionné, reçut fort bien Monsieur de Marconfare et l'invita à déjeuner.

Pendant le repas, Maître Renard resta à la porte. Le repas fini, il entra dans la salle à manger en criant :

— Au secours ! Nous sommes tous perdus. Des troupes ennemies arrivent sur la ville et le château. Elles pillent et brûlent tout sur leur passage.

— Que faire ? demanda le Roi affolé.

— A votre place, continua Maître Renard, je me cacherais dans ce tas de gerbes déposé dans la cour du château, et je n'irais pas seul, je prendrais les miens avec moi...

— Tu as une bonne idée...

Il s'adressa à Monsieur de Marconfare :

— Vous venez, Monsieur de Marconfare ?

— Ce n'est pas la peine, il restera avec moi. Nous allons nous cacher ailleurs... Mais, dépêchez-vous, n'entendez-vous pas vos ennemis qui crient : « A mort le Roi et toute sa famille. » Faites vite.

Lorsque toute la famille royale fut cachée, Maître Renard alla chercher du feu et alluma le tas de gerbes.

Voyant la fumée et les flammes, tout le peuple accourut et Maître Renard leur dit :

— Regardez, dans ce tas de gerbes il y a plus de cinq cents rats et certains sont plus gros que moi... J'y ai mis le feu... Regardez les ruades qu'ils donnent.

Et tout le peuple riait de bon cœur.

Quand il ne resta plus que des cendres, Maître Renard dit au peuple :

— Votre Roi et les siens se sont enfuis. Voulez-vous Monsieur de Marconfare pour Roi ?

— Oui... oui... cria le peuple.

Voilà comment Monsieur de Marconfare devint Roi et comment Maître Renard put manger chaque jour autant de poules qu'il lui prenait fantaisie de vouloir sans que personne ne lui dise rien.

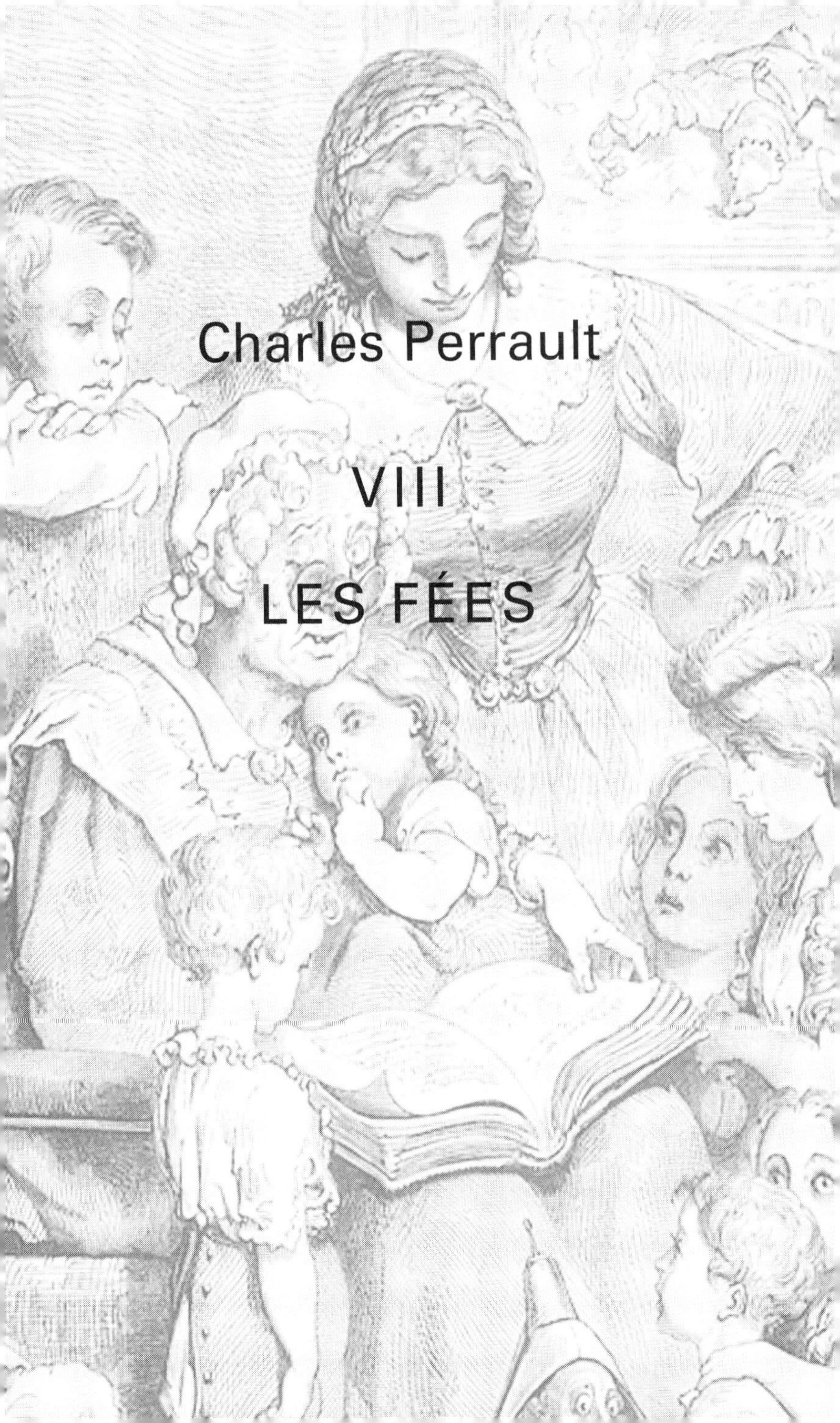

Charles Perrault

VIII

LES FÉES

Cinquième et dernier « conte » manuscrit dans le recueil adressé à Mademoiselle, nièce de Louis XIV, en 1695. Publié chez Claude Barbin dans le recueil intitulé *Histoires ou contes du temps passé, avec des moralités* en janvier 1697.

Il était une fois une veuve qui avait deux filles ; l'aînée lui ressemblait si fort d'humeur et de visage que qui la voyait voyait la mère. Elles étaient toutes deux si désagréables et si orgueilleuses qu'on ne pouvait vivre avec elles. La cadette, qui était le vrai portrait de son père pour la douceur et pour l'honnêteté, était avec cela une des plus belles filles qu'on eût su voir. Comme on aime naturellement son semblable, cette mère était folle de sa fille aînée, et en même temps avait une aversion effroyable pour la cadette. Elle la faisait manger à la cuisine et travailler sans cesse.

Il fallait, entre autres choses, que cette pauvre enfant allât deux fois le jour puiser de l'eau à une grande demi-lieue du logis, et qu'elle en rapportât plein une grande cruche. Un jour qu'elle était à cette fontaine, il vint à elle une pauvre femme qui la pria de lui donner à boire.

— Oui-da, ma bonne mère, dit cette belle fille.

Et rinçant aussitôt sa cruche, elle puisa de l'eau au plus bel endroit de la fontaine et la lui présenta, soutenant toujours la cruche afin qu'elle bût plus aisément. La bonne femme, ayant bu, lui dit :

— Vous êtes si belle, si bonne et si honnête que je ne puis m'empêcher de vous faire un don (car c'était une fée qui avait pris la forme d'une pauvre femme de village, pour voir jusqu'où irait l'honnêteté de cette jeune fille). Je vous donne pour don, poursuivit la fée, qu'à chaque parole que vous direz, il vous sortira de la bouche ou une fleur ou une pierre précieuse.

Lorsque cette belle fille arriva au logis, sa mère la gronda de revenir si tard de la fontaine.

— Je vous demande pardon, ma mère, dit cette pauvre fille, d'avoir tardé si longtemps.

Et, en disant ces mots, il lui sortit de la bouche deux roses, deux perles et deux gros diamants.

— Que vois-je là ! dit sa mère tout étonnée ; je crois qu'il lui sort de la bouche des perles et des diamants. D'où vient cela, ma fille ? (Ce fut là la première fois qu'elle l'appela sa fille.)

La pauvre enfant lui raconta naïvement tout ce qui lui était arrivé, non sans jeter une infinité de diamants.

— Vraiment, dit la mère, il faut que j'y envoie ma fille. Tenez, Fanchon, voyez ce qui sort de la bouche de votre sœur quand elle parle ; ne seriez-vous pas bien aise d'avoir le même don ? Vous n'avez qu'à aller puiser de l'eau à la fontaine, et, quand une pauvre femme vous demandera à boire, lui en donner bien honnêtement.

— Il me ferait beau voir, répondit la brutale, aller à la fontaine !

— Je veux que vous y alliez, reprit la mère, et tout à l'heure.

Elle y alla, mais toujours en grondant. Elle prit le plus beau flacon d'argent qui fût dans le logis. Elle ne fut pas plus tôt arrivée à la fontaine, qu'elle vit sortir du bois une dame magnifiquement vêtue qui vint lui demander à boire : c'était la même fée qui avait apparu à sa sœur, mais qui avait pris l'air et les habits d'une princesse, pour voir jusqu'où irait la malhonnêteté de cette fille.

— Est-ce que je suis ici venue, lui dit cette brutale orgueilleuse, pour vous donner à boire ? Justement j'ai apporté un flacon d'argent tout exprès pour donner à boire à Madame ! J'en suis d'avis : buvez à même si vous voulez.

— Vous n'êtes guère honnête, reprit la fée sans se mettre en colère. Eh bien ! puisque vous êtes si peu obligeante, je vous donne pour don qu'à chaque parole que vous direz, il vous sortira de la bouche ou un serpent ou un crapaud.

D'abord que sa mère l'aperçut, elle lui cria :

— Eh bien ! ma fille !

— Eh bien ! ma mère ! lui répondit la brutale, en jetant deux vipères et deux crapauds.

— O ciel, s'écria la mère, que vois-je là ? C'est sa sœur qui est en cause : elle me le paiera.

Et aussitôt elle courut pour la battre. La pauvre enfant s'enfuit et alla se sauver dans la forêt prochaine. Le fils du roi qui revenait de la chasse la rencontra et, la voyant si belle, lui demanda ce qu'elle faisait là toute seule et ce qu'elle avait à pleurer.

— Hélas, monsieur, c'est ma mère qui m'a chassée du logis.

Le fils du roi, qui vit sortir de sa bouche cinq ou six perles et autant de diamants, la pria de lui dire d'où cela lui venait. Elle lui conta toute son aventure. Le fils du roi en devint amoureux et, considérant qu'un tel don valait mieux que tout ce qu'on pouvait donner en mariage à une autre, l'emmena au palais du roi son père, où il l'épousa.

Pour sa sœur, elle se fit tant haïr que sa propre mère la chassa de chez elle ; et la malheureuse, après avoir bien couru sans trouver personne qui voulût la recevoir, alla mourir au coin d'un bois.

Moralité

Les Diamants et les Pistoles,
Peuvent beaucoup sur les esprits ;
Cependant les douces paroles
Ont encor plus de force, et sont d'un plus grand prix.

Autre moralité

L'honnêteté coûte des soins,
Et veut un peu de complaisance,
Mais tôt ou tard elle a sa récompense,
Et souvent dans le temps qu'on y pense le moins.

« Un jour qu'elle était à cette fontaine, il vint à elle une pauvre femme qui la pria de lui donner à boire. »

« Le fils du roi, qui revenait de la chasse, la rencontra. »

Basile

LES DEUX GALETTES

Le doie pizzelle, *Le Conte des contes*, IVe journée, 7e conte, 1636. Traduction De Lauzières-Thémines et Charles Deulin, Charles Deulin, *Les Contes de ma Mère l'Oye avant Perrault*, Paris, E. Dentu, éditeur libraire de la Société des Gens de Lettres, 1879.

Il y avait une fois deux sœurs, Luceta et Troccola, qui avaient deux filles, Martiella et Puccia. Martiella était aussi belle de figure que de cœur ; au contraire et d'après la même règle, Puccia avait une figure à glands et un cœur méchant comme la peste.

D'ailleurs, « la mariée ressemblait à ses parents » ; et c'est pourquoi la mère Troccola était une harpie au-dedans et au-dehors.

Or, il arriva que Luceta eut à faire cuire quatre carottes pour les préparer à la sauce verte ; elle dit à sa fille :

— Ma Martiella, va à la fontaine et rapporte-moi une cruche d'eau.

— Volontiers, maman, répondit la fille, mais, si tu le veux bien, donne-moi une galette, que je la mange avec cette eau fraîche.

— Je le veux bien, dit la mère et, dans le panier qui était pendu au crochet, elle prit une belle galette qu'elle avait faite la veille en cuisant le pain et la donna à Martiella.

Celle-ci mit un coussinet sur sa tête, y posa sa cruche et s'en fut à la fontaine, qui, pareille à un charlatan sur un banc de marbre, à la musique d'une cascatelle, vendait des secrets pour étancher la soif.

Tandis que la jeune fille remplissait la cruche, arriva une vieille qui, sur la scène de son dos voûté, représentait la tragédie du temps. En voyant cette belle galette où Martiella s'apprêtait à donner un coup de dent, elle dit :

— Ma chère fille, pour que le ciel te bénisse, donne-moi un peu de ta galette.

— La voici tout entière, répondit Martiella avec un geste de reine. Mange-la, ma digne femme. Je n'ai qu'un regret, c'est qu'elle ne soit pas pétrie de sucre et d'amandes, car je te la donnerais également de tout cœur.

Touchée de tant de bonne grâce, la vieille repartit :

— Que le ciel te récompense de ta générosité ! Je prie les étoiles que tu sois toujours heureuse et contente. Quand tu ouvriras la bouche, qu'il en sorte des roses et des jasmins ; quand tu te peigneras, qu'il tombe de ta tête des perles et des grenats, et quand tu poseras le pied sur la terre, qu'il y naisse des lis et des violettes.

La jeune fille la remercia et retourna au logis. Sa mère alors ayant préparé le dîner, elle donna satisfaction aux besoins du corps. La journée passa ; le matin suivant, comme le soleil étalait au marché des champs célestes les provisions de lumière qu'il apporte de l'Orient, Martiella voulut se peigner et vit tomber de sa tête une pluie de perles et de grenats.

Toute joyeuse, elle appela sa mère et les mit dans une corbeille. Luceta alla en vendre une grande partie chez un banquier de ses amis.

Il arriva que Troccola vint voir sa sœur. Trouvant Martiella tout occupée et affairée parmi ses perles, elle demanda comment, quand et où elle les avait eues.

La jeune fille ne savait pas troubler l'eau[1], et peut-être ignorait-elle le proverbe : « Ne fais pas tout ce que tu peux, ne mange pas autant que tu veux, ne dépense pas tout ce que tu as, ne dis pas tout ce que tu sais. » Elle conta l'affaire de point en point à sa tante.

Celle-ci ne s'amusa pas à attendre sa sœur et elle retourna en grande hâte à sa maison. Elle donna une galette à sa fille et l'envoya chercher de l'eau à la fontaine. Puccia y trouva la même vieille, qui lui demanda un peu de galette. Comme elle était revêche de sa nature, elle lui répondit :

— Crois-tu que je n'aie rien de mieux à faire que de te donner de la galette ? As-tu *bâté* mon âne pour que je te donne mon bien ? Va, les dents nous sont plus proches que les parents.

A ces mots, elle fit quatre bouchées de la galette, en se moquant de la vieille. Quand celle-ci vit avaler le dernier

1. Dissimuler.

morceau et tout son espoir disparaître, elle entra en fureur et dit :

— Va, quand tu ouvriras la bouche, puisses-tu écumer comme une mule de médecin ; quand tu te peigneras, qu'il te tombe de la tête un tas de poux ; quand tu poseras le pied sur la terre, puisses-tu faire naître ronces et orties !

Puccia puisa de l'eau et s'en retourna au logis. Sa mère eut hâte de la peigner ; elle étala sur ses genoux une belle serviette où elle mit la tête de sa fille et elle commença à jouer du peigne.

Or, voici qu'il chut une averse de ces animaux alchimistes qui arrêtent le vif-argent. A cette vue, la mère à la glace de l'envie ajouta le feu de la colère, et elle jeta des flammes et de la fumée par le nez et par la bouche.

Quelque temps après, Ciommo, le frère de Martiella, se trouvait à la cour du roi de Chiunzo.

Comme on discourait de la beauté des femmes, il s'avança sans qu'on lui demandât son avis, et dit que toutes les belles iraient porter leurs os au cimetière dès que paraîtrait sa sœur ; que celle-ci n'était pas douée seulement des charmes du corps qui font le contrepoint sur le plain-chant d'une belle âme, mais que de plus elle possédait, dans les cheveux, la bouche et les pieds, une vertu qui lui avait été donnée par une fée.

En entendant de pareils éloges, le roi dit à Ciommo de faire venir sa sœur. S'il la trouvait digne d'être mise sur un piédestal, il la prendrait pour femme. Ciommo n'eut garde de perdre une si bonne occasion. Il envoya tout de suite un courrier conter la chose à sa mère et l'engager à partir sur-le-champ avec sa fille pour qu'elle ne manquât pas sa fortune.

Luceta, qui était malade, confia la brebis au loup et pour tel et tel motif pria sa sœur de lui faire le plaisir d'accompagner Martiella jusqu'à la cour de Chiunzo. Voyant que l'affaire tombait à point en son pouvoir, Troccola promit à sa sœur de remettre sa nièce saine et sauve aux mains de Ciommo.

Elle s'embarqua donc avec Martiella. Quand on fut au milieu de la mer, pendant que les matelots dormaient, elle précipita sa nièce dans les flots. Comme l'infortunée allait faire le plongeon, il survint une fort belle sirène qui la prit dans ses bras et l'emporta.

Lorsque Troccola arriva à Chiunzo, Ciommo reçut sa cousine comme si elle eût été Martiella. Il n'avait pas vu sa sœur depuis si longtemps qu'il avait oublié ses traits. Il la conduisit tout de suite devant le roi.

Celui-ci la fit peigner et il commença de tomber une pluie de ces animaux si ennemis de la vérité que toujours ils offensent les témoins.

Alors il la regarda et vit que la fatigue du chemin la faisait haleter si fort, que sa bouche paraissait savonneuse et ressemblait à une cuve de lessive. Il baissa les yeux à terre et fut surpris d'apercevoir un pré d'herbes fétides, dont l'aspect seul lui donnait mal au cœur. Furieux, il chassa Puccia, ainsi que sa mère, et envoya Ciommo garder les oies de la basse-cour.

Désolé de cette affaire, ne sachant pas ce qui était arrivé, Ciommo menait les oies par la campagne. Il les laissait aller à leur guise tout le long du rivage de la mer et se retirait sous un chaume où, jusqu'au soir, au moment de rentrer, il déplorait son malheur.

Mais, tandis que les oies se promenaient ainsi sur le rivage, Martiella sortait de l'onde : elle les gavait de fine pâtisserie et les abreuvait d'eau de rose ; les oies étaient devenues grosses comme des moutons, au point qu'on ne leur voyait plus les yeux.

Lorsque le soir elles arrivaient au jardinet qui fleurissait sous la fenêtre du roi, elles se mettaient à chanter : *Pire, pire, pire*.

> *Fort beau est le soleil ainsi que la lune,*
> *Plus belle encore est celle qui nous nourrit.*

Le roi, qui entendait tous les soirs cette musique d'oisons, fit appeler Ciommo et voulut savoir où, comment et de quoi il nourrissait ses bêtes.

— Je ne leur donne rien d'autre, répondit-il, que l'herbe fraîche des champs.

Mais le roi ne se contenta pas de cette réponse, et il envoya sous main un serviteur fidèle pour observer où Ciommo conduisait son troupeau. Celui-ci suivit sa trace : il le vit entrer dans la chaumine et laisser les oies toutes seules.

Elles s'en allèrent vers le rivage et, à leur arrivée, Martiella sortit de la mer, si belle que plus belle ne sortit pas des flots la mère de cet aveugle qui, comme dit le poète, ne veut point recevoir d'autre aumône que celle de nos pleurs.

A cette vue le serviteur du roi, tout ébahi et hors de lui-même, courut rendre compte à son maître du beau spectacle qu'il avait eu au théâtre de la mer.

La curiosité du roi bondit au récit de cet homme. Elle lui donna envie d'aller en personne contempler ce tableau. Le matin, à l'heure où le coq, chef du peuple des oiseaux, les excite tous à armer les vivants contre la nuit, Ciommo se rendit avec les oies au lieu accoutumé ; le roi le suivit, sans le perdre de vue, et la bande arriva au bord de la mer, pendant que son gardien s'enfermait dans sa retraite habituelle.

Le monarque vit alors paraître Martiella, qui donna à manger aux oies une corbeille de gâteaux, leur fit boire un petit chaudron d'eau de rose et s'assit sur une pierre pour peigner ses cheveux.

De sa chevelure tombèrent à poignées les perles et les grenats ; en même temps, de sa bouche sortait un nuage de fleurs, et, sous ses pieds, les lis et les violettes formaient un tapis d'Orient.

Le prince fit appeler Ciommo et, lui montrant Martiella, il lui demanda s'il connaissait cette belle jeune fille. Ciommo la reconnut, courut l'embrasser et, en présence du roi, lui fit conter toute la perfidie de Troccola, et comment l'envie de cette vilaine peste avait réduit ce beau feu d'amour à habiter l'eau de la mer.

On ne saurait dire le ravissement qu'eut le monarque d'avoir acquis ce magnifique joyau. Il avoua au frère de Martiella qu'il avait eu grandement raison de tant la louer et qu'il trouvait la réalité de deux tiers et plus supérieure à son récit.

C'est pourquoi il estimait la jeune fille plus que digne d'être sa femme, si toutefois elle daignait se contenter du sceptre de son royaume.

— Que le Soleil de juillet le veuille, répondit Martiella, et que j'arrive seulement à te servir en qualité de vassale de ta couronne ! Mais ne vois-tu pas cette chaîne d'or que je traîne au pied ? C'est avec elle que la magicienne me tient prisonnière. Quand je prends l'air trop longtemps et que je m'attarde sur ce rivage, elle tire dans la mer l'esclave qu'elle garde ainsi richement enchaînée.

— Quel serait, demanda le roi, le moyen de t'arracher des griffes de cette sirène ?

— Ce serait, répondit Martiella, de scier cette chaîne avec une lime sourde et de m'enfuir.

— Attends-moi demain matin, répliqua le monarque, je viendrai avec l'instrument nécessaire, et je te conduirai à mon palais où tu seras mon œil droit, le bijou de mon cœur et l'âme de mon âme.

Ils se donnèrent en s'embrassant un gage de leur amour. Alors elle se jeta dans l'eau et lui dans le feu, un feu tel qu'il n'eut pas une heure de repos en toute la journée.

Quand la noire séquelle de la Nuit commença de faire le sabbat avec les étoiles, il ne ferma pas les yeux, mais il passa le temps à se rappeler avec l'image de la mémoire les beautés de Martiella.

Il promenait sa pensée des merveilles de sa chevelure aux miracles de sa bouche et aux prodiges de ses pieds. Il essaya l'or de ses grâces sur la pierre de touche de son jugement et le trouva de vingt-quatre carats.

Il maudissait néanmoins la Nuit qui tardait tant à achever la broderie qu'elle fait avec les étoiles ; il s'en prenait au Soleil qui ne se hâtait pas de venir, avec son carrosse de lumière, enrichir le palais des biens tant désirés, et apporter dans les appartements cette mine d'or qui devait fournir tant de perles et de fleurs.

Mais tandis qu'il voyage ainsi sur mer, en pensant à celle

qui est au fond de la mer, voici qu'arrivent les pionniers du Soleil pour frayer la route où doit passer l'armée de ses rayons.

Le roi s'habilla et s'en fut, accompagné de Ciommo, au rivage où il trouva Martiella. Avec la lime qu'il avait apportée, il scia de sa propre main la chaîne qui retenait le pied de sa bien-aimée ; mais il s'en fabriqua une autre plus forte autour de la poitrine.

Il prit en croupe celle qui lui chevauchait le cœur et galopa vers le palais royal où, par son ordre, se trouvaient toutes les belles du pays, qui la reçurent et l'honorèrent comme leur maîtresse. Il l'épousa et on fit une fête superbe.

Comme on brûla quantité de tonneaux pour l'illumination, il voulut qu'on enfermât Troccola dans un baril, et c'est ainsi qu'elle expia sa trahison envers Martiella. Il fit ensuite venir Luceta et lui donna, de même qu'à Ciommo, de quoi vivre en grands seigneurs.

Puccia, chassée du royaume, fut réduite à la mendicité et, pour n'avoir pas su semer un peu de galette, elle manqua toujours de pain, car c'est la volonté du ciel que

Qui n'a point pitié, pitié ne trouve.

Mademoiselle Lhéritier

LES ENCHANTEMENTS DE L'ÉLOQUENCE
ou
Les effets de la douceur

*Œuvres mêlées, contenant L'Innocente Tromperie, L'Avare puni, Les Enchantements de l'Eloquence, Les Aventures de Finette, nouvelles et autres ouvrages, en vers et en prose, de Mlle L'H***, avec le Triomphe de Mme Des Houlières, tel qu'il a été composé par Mlle L'H****, Paris, J. Guignard, 1696.

Vous voulez donc, belle Duchesse, interrompre pour quelques moments vos occupations sérieuses et savantes pour écouter une de ces fables gauloises qui viennent apparemment en droite ligne des conteurs ou troubadours de Provence, si célèbres autrefois. Je sais que les esprits aussi grands et aussi bien faits que le vôtre ne négligent rien ; qu'ils trouvent dans les moindres bagatelles des sujets de réflexions importantes, que tout le monde n'est pas capable d'y découvrir ; et je ne puis même m'empêcher de croire que vous en ferez une dès l'abord. Vous vous étonnerez sans doute, vous que la science la plus profonde n'a jamais étonnée, que ces contes, tout incroyables qu'ils sont, soient venus d'âge en âge jusqu'à nous, sans qu'on se soit donné le soin de les écrire :

Ils ne sont pas aisés à croire :
Mais tant que dans le monde on verra des enfants,
Des mères et des mères-grands,
On en gardera la mémoire.

Une dame très instruite des antiquités grecques et romaines, et encore plus savante dans les antiquités gauloises, m'a fait ce conte quand j'étais enfant, pour m'imprimer dans l'esprit que les honnêtetés n'ont jamais fait de tort à personne, ou, pour parler comme le vieux proverbe, que *beau parler n'écorche point langue,* et que souvent

Doux et courtois langage
Vaut mieux que riche héritage.

Elle s'efforçait de me prouver la vérité de cette maxime fort sensée, quoique gothique, par l'histoire très merveilleuse que je vais vous raconter.

Dans le temps où il y avait en France des fées, des ogres, des esprits follets, et d'autres fantômes de cette espèce (il est difficile de le marquer, ce temps-là, mais il n'importe), il y avait un gentilhomme de grande considération qui aimait passionnément sa femme (et c'est ce qui fait encore que je ne puis deviner quel temps c'était). Sa femme ne l'aimait pas moins : il était bon homme, il le méritait. Ils vécurent donc assez heureux durant quinze ou seize ans ; mais la mort les sépara. La dame mourut et ne laissa qu'une fille unique.

Elle avait été très belle : sa fille ne le fut pas moins, et avec mille agréments qui parurent dès son enfance, elle avait le teint d'une blancheur si éblouissante qu'on en forma son nom, et qu'on la nomma Blanche.

Sa mère n'avait point eu de bien, mais son père en avait eu beaucoup ; cependant il n'en avait plus quand sa femme mourut, parce que ses affaires avaient mal tourné pendant son mariage ; et sa fille se voyait réduite à n'avoir pour toute dot que sa blancheur et sa beauté, ce qui d'ordinaire n'est pas d'un grand secours pour faire trouver un parti considérable.

Le père de Blanche, étant fort affligé de la mort de sa femme, crut qu'il n'en serait point consolé jusqu'à ce qu'il en eût une autre ; et comme sa fille lui paraissait assez jeune pour avoir le temps de lui chercher un établissement à loisir, il conclut qu'il fallait premièrement penser à lui, et il songea sérieusement à fixer son choix. Le mauvais état de ses affaires le fit pencher du côté de la richesse ; ainsi il s'attacha à une veuve qui n'était ni belle ni jeune, mais très opulente.

Cette femme n'avait qu'une fille unique non plus que lui, et elle était veuve d'un financier qui n'avait oublié aucun des tours de son métier pour parvenir au comble de la richesse, et il y avait réussi. Ils n'avaient rien à se reprocher sur la naissance ; aussi le point d'honneur ne mit jamais de division entre eux ; mais comme elle avait conservé avec soin les sentiments et la manière de la famille dont elle était, elle avait donné à sa fille une éducation pareille à celle qu'elle avait eue ; et sa fille étant d'un caractère rude et fort propre à recevoir des impressions grossières, il n'est presque pas possible de voir deux personnes plus populaires et plus rustiques qu'elles étaient. Dans ce caractère, elles ne laissaient pas d'être toutes deux remplies d'une ambition outrée, mais mal entendue ; elles avaient des idées si ridicules qu'elles faisaient cent extravagances où l'on voyait à découvert les égarements que leur faste et leur vanité leur inspiraient.

Avec ces dispositions, il est aisé de juger que le père de Blanche, qui portait le titre de marquis, fut écouté de la veuve avec joie, et que l'envie d'avoir un grand nom lui fit faire le mariage en fort peu de jours. Son nouvel époux, qui n'avait envisagé que son bien en l'épousant, vit avec beaucoup de chagrin, dès qu'il fut marié, combien les défauts de la marquise qu'il avait faite étaient en grand nombre et fatigants ; mais comme il aimait naturellement la paix avec tout le monde, et que d'ailleurs il était d'un caractère à se laisser gouverner par sa femme, telle qu'elle fût, il vécut fort bien avec elle, à condition qu'il se mît sur le pied de ne la contredire jamais, et de la laisser maîtresse absolue en toutes choses. Il se consolait de son humeur incommode par les douceurs que lui produisait le grand bien qu'elle lui avait apporté ; il supportait ses emportements en philosophe ; et quand il la voyait trop en train de crier, comme il aimait la lecture, il s'en allait lire dans son cabinet.

Il n'y avait que l'aimable Blanche qui fût entièrement à plaindre. Sa belle-mère avait pour elle une aversion inconcevable ; elle était au désespoir de voir que sa beauté faisait encore paraître la difformité de sa fille, et la rendait le mépris de tout le monde : car Alix (c'est ainsi que se nommait la fille du financier) était un monstre en laideur aussi bien qu'en grossièreté. Cependant, telle qu'elle était, sa mère ne laissait pas de l'aimer jusqu'à l'idolâtrie : elle aurait tout sacrifié à sa satisfaction, et pour mettre le comble au malheur de Blanche, Alix la haïssait encore cent fois plus que sa mère. Elle employa donc tous les moyens imaginables pour la chagriner. La mère voulait que Blanche fût mise dans un couvent ; mais Alix qui s'était mis en tête de la voir toujours la victime de ses caprices, détourna sa mère de ce dessein, craignant que, lorsque Blanche ne serait plus sous leurs yeux, quelque amie officieuse ne mît son mérite dans tout son jour, et ne lui procurât quelque établissement éclatant, ce qu'Alix appréhendait plus que la mort.

Il fut donc résolu que Blanche resterait au logis, et qu'elle ne ferait aucune visite, ni n'en recevrait aucune. On prit des mesures pour la cacher avec soin à tous les honnêtes gens, et afin de ternir sa beauté, on l'obligea de s'occuper aux emplois des femmes de chambre, des femmes de charge, même des cuisinières.

Si je voulais, Madame, vous conter cette histoire entièrement dans les termes que les conteurs de Provence l'ont apprise à nos grand-mères, je vous dirais mille particularités étonnantes de l'adresse de Blanche ; mais il est inutile : je vous dirai seulement que, par une docilité admirable, bien rare dans une si belle personne, elle avait la complaisance de s'employer à tous les travaux désagréables que sa belle-mère lui prescrivait ; que Blanche mettait tout ce qu'elle touchait dans tout son lustre, et que jamais personne n'avait su si bien qu'elle godronner des fraises et dresser des collets montés. Elle s'acquittait si habilement de toutes ces choses que je suis sûre que si elle eût vécu dans ce temps-ci, elle aurait su parfaitement faire aller les rayons et se serait attiré une grosse cour de tant de femmes qui sont, à tout moment, dans un chagrin mortel que leur rayon opiniâtre n'est pas dans toutes les formes, quelque soin qu'elles se soient donné d'en faire faire des preuves de justesse à leurs toilettes. Blanche aurait donné à cet ornement, si utile aux belles du pays des pygmées, toute sa symétrie, et aurait encore renchéri sur Mme D**** avec qui aucune coquette n'oserait se brouiller parce qu'elle a l'heureux talent de se mieux coiffer et de mieux monter des cornettes que toutes les faiseuses de l'univers. Cette belle prérogative lui attire l'admiration et la complaisance d'un grand nombre de femmes, à cause qu'elle leur fait part de ses coiffures, et qu'elle leur tourne la tête comme elle l'a tournée. Mais laissons ces remarques pour continuer notre histoire.

Non seulement on donnait mille fatigues à Blanche ; mais on la laissait dans une négligence qui aurait été jusqu'à la malpropreté la plus dégoûtante sans les dispositions naturelles qu'elle avait à être propre de quelque manière qu'elle fût habillée ; ainsi malgré le soin qu'on prenait de lui donner des habits qui pussent la décorner, tout lui seyait : sa coiffure plate et son vêtement de grosse serge n'empêchaient pas qu'elle ne parût belle comme l'Amour, pendant qu'Alix toute couverte d'or et de pierreries, et avec une coiffure la plus étudiée, faisait peur à tous ceux qui la regardaient ; car l'excès de sa parure ne la rendait que plus laide et de plus mauvais air.

Cependant elle ne pouvait rester chez elle ; on la voyait incessamment aux promenades, aux spectacles, aux bals ; elle ne pouvait se lasser d'étaler sa pompe dans tous ces lieux ; mais si elle trouvait du plaisir à s'attirer les regards de quelques bourgeoises, elle était d'ailleurs bien mortifiée d'entendre à tout moment les pages ou les mousquetaires de ce siècle-là qui lui disaient derrière elle les vérités les plus piquantes ; car, dès ce temps-là, beaucoup de mousquetaires, d'académistes, de jeunes officiers, et d'autres étourdis avaient la ridicule habitude de venir regarder au nez à toutes les femmes qu'ils voyaient un peu parée, et d'en dire tout haut mille impertinences quand ils ne les trouvaient pas belles à leur gré. Ainsi on peut juger combien ces jeunes gens exerçaient le beau talent qu'ils ont de faire de froides railleries, quand ils voyaient la figure rebutante d'Alix ; mais ce qu'on ne peut imaginer aisément est qu'elle se vengeait sur Blanche des insultes qu'elle avait reçues ; se figurant que s'il n'y avait point de belles au monde, la laideur ne serait pas exposée à de pareils mépris, elle redoublait son aversion pour cette aimable personne, et engageait sa mère à lui donner de nouveaux chagrins.

Malgré la douceur naturelle de Blanche, tant de mauvais traitements l'aigrissaient quelquefois si fort qu'elle faisait dessein de se tirer de cette maison à quelque prix que ce fût ; mais la haine qu'elle avait pour les éclats, l'amour qu'elle avait pour son père, et l'espérance de trouver quelque occasion de sortir avec bienséance de son esclavage, lui ôtaient la résolution d'en sortir en faisant du bruit. Elle se préparait donc de nouveau à la patience, et son père qui l'aimait beaucoup, mais qui n'avait pas la fermeté de s'opposer aux manières barbares qu'on avait pour elle, adoucissait ses chagrins en les partageant, louait sa vertu, et la consolait en lui promettant de la part du ciel qu'elle se verrait un jour dans un état plus heureux. Ces consolations soutenaient la constance de Blanche dans ses malheurs ; cependant, comme la société et toutes sortes de divertissements lui étaient interdits, elle trouva moyen d'en prendre dans sa chambre par la lecture. Elle amassa un grand nombre de romans ; je ne sais de quelle manière ; cependant elle n'en eut pas toute la satisfaction qu'on pourrait croire, parce qu'elle ne pouvait lire que la nuit, sa belle-mère l'occupant sans relâche tant que le jour durait. Mais quoiqu'il fallût retrancher de son sommeil pour avoir le temps de lire, cela ne l'empêchait pas : elle croyait se reposer en lisant, et quand elle pouvait dérober de jour quelques moments, elle retournait avec empressement à ses livres.

Sa belle-mère qui l'observait sans cesse, prit des ombrages de l'ardeur qu'on lui voyait pour être seule dans sa chambre ; et voulant s'éclaircir de ce qui l'y attirait si puissamment, elle l'y surprit un jour comme elle était sur un des plus beaux endroits d'un roman aussi bien écrit qu'agréablement inventé. La marquise aurait dû être touchée de voir le divertissement innocent où Blanche s'était réduite ; mais quoiqu'elle sût à peine lire, elle se jeta sur le livre, et le lui arracha des mains, et après en avoir lu le titre avec beaucoup de difficulté, parce que c'était un nom grec fort rébarbatif et qu'elle prononça très mal, elle comprit enfin que ce livre était un roman, et elle commençait à faire un étrange vacarme à Blanche quand, par bonheur pour la pauvre fille, son père entra dans la chambre. Sa femme, sans lui donner le temps de parler, lui dit en criant de toute sa force :

— Eh bien ! Monsieur le raffineux, avec toutes vos chiennes de raisons sucrées, ne voilà-t-il pas comme vous avez bien élevé votre guenon de fille ? Je viens de la surprendre qui lisait un livre d'amour en catimini.

Le marquis, qui se trouvait ce jour-là un peu plus de courage qu'à l'ordinaire, répondit à sa femme après avoir regardé le livre :

— Blanche fait fort bien de se divertir de cette lecture. Vous lui ôtez tous les plaisirs ; elle ne peut pas mieux faire que d'en prendre un qui lui donnera de l'ouverture d'esprit et de la politesse. Je suis ravi quand je vois des filles de qualité s'occuper à lire, si elles s'y appliquaient toutes, on ne les verrait pas si embarrassées de leur loisir ; elles ne courraient point tant de spectacle en spectacle, et de berlan en berlan.

La marquise, qui savait bien que sa fille était aussi avide de jeu que de tous les autres plaisirs, crut que son époux avait en vue d'attaquer Alix dans ce qu'il venait de dire ; ainsi elle reprit en haussant encore le ton :

— Vraiment, j'en suis d'avis qu'on voulût empêcher que des femmes de qualité, qui ont du bien à milliers, ne se divertissent à leur fantaisie ; cela est bon à des gueuses qui sont d'une noblesse ruinée de se retrancher tous ces plaisirs-là : mais à des dames qui ont plus de pistoles que ces salopes n'ont de deniers, il leur est permis de faire tout comme bon leur semblera. Pour les demoiselles qui n'ont pas le sol, elles ne doivent savoir que le ménage, et s'y occuper toujours ; au moins, si elles veulent faire les liseuses, il faut que ce soit dans de bons livres, et non pas dans ceux où l'on apprend la malice.

— On n'apprend point la malice, reprit brusquement le père de Blanche, dans les beaux romans que je vois que ma fille lit (car il en avait été en goût plus qu'elle, et il les aimait bien encore) ; au contraire, dit-il, on n'y trouve que de grands sentiments, que de beaux exemples, on y voit toujours le vice puni, toujours la vertu récompensée ; et même l'on peut dire que pour les personnes bien jeunes, la lecture des romans est en quelque façon meilleure que celle de l'histoire même, parce que l'histoire, étant entièrement assujettie à la vérité, présente quelquefois des images bien choquantes pour les mœurs. L'histoire peint les hommes comme ils sont, et les romans les représentent tels qu'ils devraient être, et semblent par là les engager d'aspirer à la perfection ; du moins on ne peut pas nier que les romans bien faits n'apprennent le monde et la politesse du langage. Blanche a déjà assez de dispositions à parler juste, et j'espère que la lecture de ces agréables ouvrages achèvera de lui en donner l'habitude.

La belle-mère, qui n'entendait rien à cette philosophie, et

qui était une maussade créature, qui ne prétendait pas relâcher rien à la sévérité qu'elle avait pour Blanche, ne put laisser achever l'apologie des romans que le marquis allait continuer ; car il était grec sur ce sujet.

— Quel chercheux de midi à quatorze heures ! répliqua-t-elle. Merci de ma vie ! Que votre fille lise tout son saoul, puisque ce jeu lui plaît et à vous aussi ; mais si les affaires de ma maison ne sont faites aussi ponctuellement qu'à l'ordinaire, je saurai bien la faire tourner au bout.

Elle les quitta, et cette belle conversation finit de cette manière.

Vous trouverez peut-être, Madame, que le père de Blanche était un peu trop prévenu pour les romans, vous qui ne vous occupez que des lectures sublimes ; je ne sais pas ce que vous en penserez, mais je ne vous dirai pas non plus ce que j'en pense, je raconte seulement ce que porte ma chronique ; je suis historienne, et une historienne, aussi bien qu'un historien, ne doit point prendre de parti. Ne badinez pas, je vous prie, sur ces réflexions, car si vous alliez perdre votre sérieux, vous me feriez perdre le mien aussi. Cependant, j'en ai bien besoin pour avoir la force de vous raconter tranquillement la suite de cette surprenante histoire.

Le père de Blanche ne se trompa point ; cette belle fille joignit en peu de temps une politesse achevée à sa douceur naturelle ; on ne peut pas s'exprimer avec plus d'agrément et plus de justesse qu'elle faisait, soit par le commerce qu'elle eut avec les productions de l'esprit, soit par quelque autre raison. Alix ni sa mère n'envièrent point ces nouveaux avantages, elles étaient trop grossières pour sentir la délicatesse de ce qu'elles lui entendaient dire ; ainsi elles continuèrent seulement d'être blessées de ses agréments personnels, et elles songèrent plus que jamais à les lui faire perdre.

Dans le temps de la belle saison, le marquis et toute sa famille allaient à la campagne. C'était là que la belle-mère de Blanche exerçait tous les talents qu'elle avait pour la tourmenter. Elle l'employait à tous les travaux les plus rustiques ; mais malgré le soin qu'on prenait de l'exposer à tout moment au soleil, son teint, qui était d'un naturel à ne se point hâler, conservait sa blancheur. Sa belle-mère mourait de dépit de voir que rien n'était capable de la rendre laide, et elle ne pouvait en perdre le dessein. Enfin, après tous les moyens qu'elle avait tentés, et qui ne lui avaient pas réussi, elle s'avisa de la charger encore d'aller quérir de l'eau pour l'usage de toute la maison à une fontaine qui était assez éloignée.

Blanche, qui s'était dévouée à la patience, ne reçut pas cette commission avec plus de répugnance que celles qu'on lui donnait d'ordinaire : aller quérir de l'eau n'était pas pour elle un emploi plus humiliant que cent autres qu'on lui donnait. D'ailleurs, elle voyait des demoiselles qui y allaient aussi, car les coutumes de ce temps-là étaient sur certaines choses bien différentes des manières de ce temps-ci ; et l'exemple aurait pu la consoler, si elle y eût été de son bon gré, comme ces demoiselles de campagne, ou par l'indigence de la maison de son père. Mais quoiqu'elle fût bien armée de patience, elle avait de la peine à retenir ses larmes, quand elle considérait que le travail accablant qu'on lui imposait n'était que pour la désespérer et pour l'abîmer. C'était son chagrin ; car non seulement elle avait l'exemple de ses voisines, mais elle avait lu dans quelque endroit que les filles des rois faisaient la lessive du temps d'Homère et qu'Achille faisait la cuisine fort joliment. Blanche allait donc, sans se le faire dire, quérir de l'eau toutes les fois qu'on en avait besoin.

La fontaine où elle l'allait prendre était entourée du plus beau paysage du monde ; mais le séjour en était dangereux parce qu'il était proche d'une forêt dont les loups venaient assez souvent faire des courses jusque-là, et la médisance publiait sourdement que c'était pour cette raison que la belle-mère de Blanche aimait tant à l'y envoyer. On avait averti plusieurs fois cette aimable fille du danger où elle s'exposait. Mais quoique les loups ne fussent pas ce qu'elle craignait le plus, ces avertissements étaient fort inutiles pour elle, parce qu'elle ne pouvait faire entendre raison à sa belle-mère.

Après y avoir été plusieurs fois sans y trouver ni bêtes ni gens, pour parler comme mon auteur, un jour ayant puisé de l'eau, elle vit venir à elle un sanglier furieux, quoiqu'il ne fût poursuivi de personne. Elle en fut saisie de frayeur : on le serait à moins, Madame. Elle ne fut pas si effrayée cependant qu'elle ne songeât à se conserver ; elle prit la fuite, et elle gagnait déjà des broussailles lorsqu'elle se sentit atteinte à l'épaule d'un coup qui la renversa par terre. Au même moment, le sanglier passa près d'elle sans lui faire mal et se cacha dans le bois. Comme elle faisait des efforts pour se relever, malgré la douleur qu'elle sentait, elle entendit quelqu'un qui cria : « Quoi ! la belle enfant, c'est vous que j'ai blessée au lieu du sanglier ! Que je suis malheureux ! » En même temps, Blanche vit un jeune homme richement vêtu qui s'approcha d'elle pour lui aider à se relever. Quoique le sang qu'elle perdait la rendît fort pâle, le chasseur ne l'eut pas plus tôt envisagée qu'il vit bien qu'elle était d'une beauté extraordinaire, et qu'il se sentit touché de l'air doux et engageant qu'il trouva dans cette jeune personne, malgré la rusticité de ses habits. Il ne s'amusa pas à lui en faire compliment ; il était judicieux ; il songea à la secourir promptement. Il déchira son mouchoir, même sa cravate, ou si vous voulez sa fraise, pour tâcher d'arrêter le sang de sa plaie. L'histoire dit que les yeux de Blanche firent à leur tour une blessure au chasseur ; mais j'ai peine à croire que ce fût dès ce premier moment ; ou si la chronique dit vrai, il fallait que ce chasseur fût aussi aisé à prendre feu que son fusil.

Quelque critique va dire apparemment que ce chasseur n'avait point de fusil, puisque du temps des fées, on n'avait pas encore l'usage de l'artillerie. Je connais des savants si scrupuleux qu'ils ne laisseraient pas finir un conte sans se récrier sur cet anachronisme : mais si je voulais entrer en raison avec un censeur si peu sensé ne pourrais-je pas lui dire que mesdames les fées pouvaient bien avoir fait là quelqu'un de leurs coups ? On va voir bien d'autres merveilles ; elles auraient bien pu encore faire celle-là, surtout en faveur du chasseur dont il s'agit, qui était filleul de Mélusine, de Logistille, et de je ne sais combien d'autres des plus célèbres de ces dames obligeantes.

Cependant il est vrai que l'arme dont Blanche fut blessée n'était point une arme à feu, car un historien doit toujours dire la vérité, quoique j'en sache assez qui y manquent ;

c'était un dard, ou un javelot, que le prince avait voulu lancer au sanglier... Mais je crois que je ne vous ai pas encore dit que ce chasseur était prince ? Eh bien, il n'importe, je vous conterai tantôt ce que je sais de sa généalogie ; car pour à présent, il faut retourner à la pauvre Blanche, que nous laissons trop longtemps à demi évanouie sur l'herbe.

Comme elle se voyait entre les mains d'un tel chirurgien, elle était dans une frayeur et dans une confusion qui lui faisaient autant de peine que le mal dont elle souffrait. L'officieux chasseur lui donnait tous les secours dont il pouvait s'aviser, et il était si pénétré d'admiration et de douleur qu'il n'avait pas la force de dire un mot. Enfin, après avoir mis sur la plaie de la belle le meilleur appareil qu'il pût, et lui avoir jeté de l'eau dix ou douze fois sur le visage, de manière qu'elle ne paraissait plus en danger de s'évanouir, ce jeune inconnu lui dit :

— Que mon bonheur et mon malheur sont extrêmes aujourd'hui ! Quel bonheur d'avoir vu une aussi charmante personne que vous ! Quel malheur d'être la cause des maux qu'elle sent !

— Vous êtes une cause innocente de ces maux, répondit Blanche : ainsi, Seigneur, un semblable malheur ne mérite pas de troubler votre tranquillité.

— Quand vous ne seriez qu'une fille ordinaire, répliqua l'inconnu, j'aurais bien de la douleur de vous avoir blessée. Jugez donc quel est mon désespoir de cet accident, vous voyant aussi aimable que vous êtes.

— Sans répondre à vos douceurs, repartit Blanche, je vous dirai, Seigneur, que vous poussez trop loin la générosité. Quand vous m'auriez tuée, il ne faudrait s'en prendre qu'au destin, et non pas à vous ; et puis, il y aurait si peu de perte à la vie d'une fille comme moi que cela ne mériterait pas d'agiter la vôtre, qui me paraît une de ces belles vies qui sont d'ordinaire si utiles à l'Etat que je puis répondre que des personnes de mon caractère sacrifieraient avec plaisir leurs jours inutiles aux jours précieux des gentilshommes aussi nécessaires au public que vous avez l'air d'être. Accordez-moi donc, Seigneur, la grâce que je vous demande de ne point vous affliger de mon aventure ; car, à mon tour, je me reprocherais le chagrin qu'elle vous donnerait.

L'inconnu qui, sur l'habit de Blanche, l'avait prise d'abord pour une paysanne, ou une demoiselle de village tout au plus, fut de la dernière surprise quand il entendit le tour dont elle parlait ; mais il fut encore plus touché de sa douceur que de sa politesse. Ce jeune prince était naturellement très violent ; et il sentait bien que si quelqu'un, quoique innocemment, lui avait fait autant de mal qu'il venait d'en faire à cette belle, il n'y aurait eu aucun égard qui l'eût empêché de s'emporter terriblement contre l'auteur de ce mal. Moins il était capable d'une telle modération, plus il admirait ; par là Blanche se rendit absolument maîtresse de son âme, et cet exemple prouva admirablement par avance le vrai d'une des maximes de Quinault, qui a dit avec tant de justesse :

C'est la beauté qui commence de plaire ;
Mais la douceur achève de charmer.

Le prince était enchanté à un tel point que la foule des pensées qui se présentaient à son imagination lui fit quelques moments garder le silence, et il ne le rompit que pour dire encore à Blanche cent choses galantes. Néanmoins, il ne lui témoigna rien des impressions qu'elle avait faites sur son cœur, parce qu'il craignait d'alarmer une belle personne qui lui faisait voir autant de modestie dans ses réponses que de douceur et de politesse.

Cependant le prince était fort inquiété de voir que ses gens ne le rejoignaient point. Il s'était égaré d'eux à la chasse, et il était dans la dernière impatience de ce qu'il n'en revenait pas quelqu'un auprès de lui, parce qu'il voulait envoyer quérir promptement un char pour ramener Blanche où elle voudrait aller. Mais cette belle, à qui il témoigna son inquiétude et son dessein, lui dit :

— Seigneur, je vous prie avec les dernières instances de ne point donner d'ordres pour cela ; et si vous avez autant de considération pour moi que vous m'en avez fait voir, je vous assure que vous ne me pouvez faire un plus sensible plaisir que de me quitter sans penser à moi, et sans parler à personne, ni de ma rencontre, ni de ma blessure. J'ai les plus fortes raisons du monde de vous faire ces prières ; et j'espère que je pourrai regagner tout doucement le logis de mon père, quand je me serai encore un peu reposée.

Après quelques contestations fort obligeantes de la part du prince, il lui dit : « Eh bien, vous le voulez, je me soumets à vos ordres ; mais pour ce qui est de ne point penser à vous, ne croyez pas, charmante personne, qu'on puisse vous obéir sur cela. » A ces mots, le prince la quitta, remonta à cheval, et laissa Blanche étonnée, faible, et fort inquiète des pensées qu'on aurait chez elle de ce qu'elle était si longtemps sans revenir.

Enfin, elle se mit en chemin, et après beaucoup de peine, elle arriva au logis de son père, au moment qu'on allait envoyer voir ce qui la retenait à la fontaine. La belle-mère commença par faire beau bruit : mais lorsque Blanche eut dit qu'il lui était arrivé un accident, qu'elle avait été blessée par un sanglier, et que, sans un passant qui l'avait secourue, elle serait morte sur la place, la belle-mère fut contrainte de se taire. Le marquis, fort troublé à cette nouvelle, courut auprès de sa fille, la fit mettre au lit, et résolut bien de ne se pas reposer sur sa femme touchant les soins qu'il faudrait prendre de Blanche. Puisque voilà cette belle fille en bonne main, retournons au prince et à sa généalogie.

Il était allié d'Urgande, cousin de Maugis, arrière-neveu de Merlin, et avec cela filleul du sage Lirgandée et des plus savantes fées, comme je vous l'ai déjà dit. Du reste, on ne sait pas bien de quel pays il était souverain futur : car certaines relations disent qu'il était fils du duc de Normandie, d'autres assurent que c'était du duc de Bretagne, et d'autres mémoires, que ce fut le comte de Poitiers qui lui eût donné la naissance. Ce défaut d'éclaircissement vient de ce qu'on ne sait point du tout en quel lieu était la fontaine où Blanche allait quérir de l'eau. Enfin, il n'importe pas beaucoup : il suffit que toutes les relations conviennent que le chasseur qui blessa cette belle était fils et héritier du souverain du pays.

Comme ce jeune prince était fort occupé de l'aventure qu'il

avait eue, sitôt qu'il eut rejoint ses gens, il chargea un de ses écuyers qui était fort adroit de s'aller informer dans le village du destin de Blanche. L'écuyer s'acquitta habilement de sa commission, et vint rendre un compte exact à son maître de la naissance, des inclinations et des malheurs de cette jeune beauté. Le prince fut ravi d'apprendre qu'elle était d'une noblesse illustre, et songea à prendre des mesures pour rendre heureuse une personne qui lui paraissait digne de l'être.

Blanche était aimée dans le village dont son père était seigneur autant qu'Alix y était haïe ; ainsi les paysans avaient fait à l'écuyer cent contes plaisants touchant les belles qualités de l'une et les défauts choquants de l'autre. Ce gentilhomme, qui était vif et enjoué, n'avait pas oublié un mot de toutes les choses qu'on lui avait dites, et il les raconta au prince dans les mêmes termes, avec une naïveté qui eut le pouvoir de divertir un amant qui était aussi occupé de sa tendresse que le sont d'ordinaire les héros de romans.

Le premier soin du prince fut de chercher à guérir Blanche de la blessure qu'il lui avait faite ; mais comme pour être d'une famille fort savante dans l'art de féerie, il n'était pas pour cela plus habile dans cet art, il eut recours à une de ses marraines, à qui il alla conter son aventure. Il ne lui confia point l'amour qu'il avait pour Blanche ; il lui demanda seulement la guérison de cette belle fille ; mais avec tant d'ardeur, et il lui parla de son mérite avec tant d'exagération qu'une femme un peu du monde, sans être fée et sans savoir la nécromancie, aurait deviné aisément qu'il était amoureux. Il ne fut donc pas difficile à la bonne fée de faire cette découverte ; et comme elle aimait véritablement son filleul, elle fut bien aise de ce qu'il remettait cette affaire à ses soins, se faisant un plaisir de voir Blanche pour examiner si elle était digne des sentiments qu'elle inspirait à un cœur qui avait été jusque-là insensible à la tendresse.

Dulcicula, c'est ainsi que se nommait cette fée, alla donc préparer un baume merveilleux qui guérissait les blessures les plus mortelles en moins de vingt-quatre heures. Ensuite elle prit la figure d'une vieille paysanne, et dans cet équipage, elle s'alla présenter à la porte du père de Blanche. La première personne qu'elle rencontra, ce fut Alix, à qui elle dit fort civilement en style villageois qu'ayant un secret admirable, elle venait offrir ses services au marquis pour sa fille.

— Qu'est-ce que cette vieille folle me vient conter ? répondit brutalement Alix. Je crois que toute cette vermine de villageois est enragée à faire les entremetteux pour cette guenon de Blanche ; je ne sais pas à qui ils en ont de se démener tretous comme des ahuris. Cette bonne bête n'aura garde d'aller faire une bosse au cimetière ; si c'était quelque bon chien à berger, il en mourrait bien plus tôt qu'elle.

Dulcicula fut extrêmement surprise de voir cette demoiselle toute couverte d'or et de pierreries parler un si étrange jargon ; mais cette fée, qui était la douceur même, fut encore plus indignée de son mauvais naturel que de sa grossièreté. Elle ne répondit rien à cette brutale, et ayant appris que le marquis n'était pas chez lui, elle s'adressa à une femme qu'il avait chargée d'avoir soin de Blanche. Cette femme mena la fée auprès du lit de la malade. Dulcicula lui dit, toujours dans des termes conformes à son habit, que son accident l'ayant touchée, elle était venue exprès de son village pour lui offrir d'un baume qu'elle avait, qui guérissait toutes sortes de maux, et fort promptement.

Blanche, qui avait beaucoup d'esprit, et qui était dépréoccupée des erreurs populaires, crut que le baume dont on lui parlait était quelqu'un de ces remèdes dont le peuple s'entête, et qu'il faut appeler de *petits remèdes innocents* parce qu'il faut être en effet bien innocent pour s'en servir. Cependant cette aimable fille, gardant toujours son caractère, répondit à la fée :

— Vous êtes bien obligeante, ma bonne mère, de quitter ainsi toutes vos affaires pour me venir faire plaisir ; je ne sais comment je pourrai reconnaître ce que je dois à votre zèle, moi qui suis si peu en état de faire ce que je voudrais ; mais je parlerai de vous à mon père, et j'espère qu'il vous tiendra compte de votre bonne volonté, car pour le baume, je vous en remercie, je suis entre les mains des chirurgiens, et il ne faut pas changer tous les jours de remèdes.

Dulcicula, charmée de la douceur et des manières honnêtes de Blanche, ne laissa pas de pénétrer la mauvaise opinion qu'elle avait de son baume : mais elle la pressa de s'en servir avec tant d'ardeur et de confiance que cette belle fille y consentit par pure complaisance pour la paysanne qu'elle voyait si affectionnée pour elle. La fée mit donc de son baume enchanté sur la plaie de Blanche, et par un effet merveilleux, il n'y fut pas plus tôt que la belle commença à se sentir fort soulagée.

Elles entrèrent ensuite en conversation. Dulcicula ne cessait point d'admirer en elle-même la douceur et les autres belles qualités qu'elle voyait jointes à tant de beauté, et cette admiration produisit un bon effet. La fée tenait un bâton sur quoi elle semblait s'appuyer ; mais c'était la baguette enchantée dont elle se servait à faire tous les prodiges de son art. Elle toucha Blanche de cette baguette, comme par hasard, et lui fit un don d'être toujours plus que jamais douce, aimable, bienfaisante, et d'avoir la plus belle voix du monde. Aussitôt elle sortit de la chambre de la belle malade, accompagnée de la femme qui en avait soin.

Elle la mit sur le chapitre d'Alix, et elle apprit que cette grondeuse était aussi coquette que laide et méchante ; que, comme elle était toujours dans une parure éclatante et faisait cent grimaces et cent contorsions pour se donner de l'agrément, on l'appelait en tous lieux, par ironie, *la belle Alix* ; elle ajouta qu'en mille endroits, quand on voyait une fille se donner des airs impertinents et affectés, on disait *qu'elle faisait bien la belle Alix.*

La fée ainsi instruite rencontra encore dans la cour, toute seule, celle dont on venait de lui parler en si beaux termes. Elle s'approcha d'Alix et lui dit civilement : « Mademoiselle, je vous prie de me dire par où je pourrais trouver la porte de derrière de ce logis. »

Alix répondit en colère : « Peut-on rien voir de plus mal-appris que cette vieille radoteuse-là, qui vient s'adresser à moi pour faire toutes ces sottes questions ? »

La fée, sans répondre, se mit à marcher derrière Alix, et laissant tomber sa baguette sur elle comme sans dessein, elle lui fit don d'être toujours emportée, désagréable et malfaisante. Ce n'était que lui assurer la possession des qualités qu'elle avait déjà. Aussi elle entra dans une telle fureur de la chute de cette baguette qu'elle pensa battre la bonne paysanne ; du moins elle vomit contre elle un torrent d'injures et la fée qui avait fait son coup se retira.

Cependant Blanche, qui ne sentait plus de douleurs si aiguës depuis l'application du baume enchanté, repassait l'aventure du bois dans son souvenir. Les manières agréables et la bonne mine du chasseur se présentaient vivement à son idée, et il lui semblait que dans tous les romans qu'elle avait lus, elle n'avait jamais rien vu de plus merveilleux que cet incident. Elle était bien en peine de savoir qui était ce chasseur ; mais tous ses mouvements ne naissaient que de simple bienveillance et de curiosité. N'allez pas croire, je vous prie, que d'autres sentiments y eussent part ; vous feriez tort à Blanche.

Pour le prince, il était entièrement livré à l'amour. Ce que Dulcicula lui avait dit du mérite de Blanche allumait encore son feu ; et il en était si transporté que, sans la crainte du duc son père, dès l'instant il aurait été quérir cette belle malheureuse pour l'amener triomphalement dans le palais : mais il fallut modérer ses transports, non pas sans chercher cent fois dans son esprit des moyens de les contenter.

Justement au bout de vingt heures, Blanche se trouva parfaitement guérie, et quelques jours après, son impitoyable belle-mère la renvoya encore sans façon à la fontaine. Comme elle était prête à puiser de l'eau, elle vit venir à elle une dame qui brillait encore plus par son grand air et par sa bonne grâce que par sa parure, quoiqu'elle fût mise d'une manière aussi magnifique que galante. Cette dame s'approcha de Blanche et lui dit :

— Ma belle enfant, je vous prie de vouloir bien me donner à boire.

— J'ai bien de la confusion, madame, répondit agréablement Blanche, de ne pouvoir vous en présenter que dans ce vase qui est fort peu commode pour cela.

En même temps, cette belle fille se pencha sur le bord de la fontaine, rinça le vase avec soin, et ensuite présenta de bonne grâce à boire à la dame. Elle remercia Blanche fort civilement après avoir bu. Elle la trouva si aimable dans ses manières que du remerciement elle entra en conversation, la jeta sur mille sujets agréables et délicats dont Blanche ne fut point embarrassée ; elle y répondit avec tant d'esprit, de douceur, et de politesse qu'elle acheva de charmer celle à qui elle parlait.

Cette dame, comme je crois que vous vous en doutez déjà bien, était aussi une fée : mais vous ne vous douterez pas que cette fée s'appelait *Eloquentia nativa.* Ce nom paraîtra à quelques gens aussi étrange qu'un nom grec ; cependant, charmante Duchesse, vous voyez bien qu'il est très latin : mais latin ou grec, cela ne fait rien, c'est de ce nom bourru que s'appelait la fée dont il s'agit, et il ne faut pas s'en étonner : toutes les fées avaient toujours des noms hétéroclites. *Eloquentia nativa,* donc, toute pénétrée de l'éloquence et des manières obligeantes de Blanche, résolut de récompenser magnifiquement le petit plaisir que cette belle lui avait fait de si bon cœur et de si bonne grâce. La savante fée mit la main sur la tête de Blanche, et lui donna pour don qu'il sortirait de sa bouche des perles, des diamants, des rubis et des émeraudes chaque fois qu'elle ferait un sens fini en parlant ; ensuite la fée dit adieu à cette aimable fille qui s'en retourna tranquillement chez elle, chargée de son vase plein d'eau.

Blanche ne fut pas plus tôt en présence de sa belle-mère que cette femme lui demanda d'un ton aigre ce qui l'avait encore si longtemps retenue à la fontaine. Blanche lui répondit :

— C'est l'arrivée de la plus aimable dame que j'aie jamais vue.

A ces mots, un amas éblouissant de perles et de pierreries lui sortit de la bouche.

— Qu'est-ce donc que ceci ? s'écria la marquise.

Blanche lui raconta éloquemment et ingénument la rencontre qu'elle avait faite de la dame, et l'entretien qu'elle avait eu avec cette admirable inconnue ; mais ce récit ne se fit pas sans qu'à la fin des périodes de Blanche, quelque courtes qu'elles fussent, il ne tombât de sa bouche sur le plancher une pluie plus précieuse encore que celle qui vainquit Danaé. Chacun s'empressait à ramasser ce que Blanche répandait de sa bouche ; personne n'était effrayé des dragées qu'elle écartait ; elle se donna bien à son tour le soin de les recueillir ; et quoiqu'elle ne fût pas intéressée, insensiblement elle prit l'habitude de parler d'un style coupé. On ne peut décrire la joie du marquis, c'est pourquoi je n'en parle point.

Cependant la marquise, aussi surprise que consternée, se résolut dès le lendemain d'envoyer sa fille à la fontaine, se flattant qu'elle y trouverait aussi la dame inconnue, et qu'elle lui ferait les mêmes faveurs qu'à Blanche. On était en ce temps-là comme on est encore aujourd'hui : on ne se rendait point justice, on voulait des grâces sans se mettre en peine de les mériter. Cette mère dit son dessein à Alix qui, étant plus brutale que jamais, lui répondit, en termes impertinents, qu'elle était plaisante de lui vouloir donner ce bel emploi, et qu'elle n'en ferait rien. La mère lui dit qu'elle voulait absolument que cela fût, et que c'était pour son bien qu'elle l'envoyait à l'eau. Enfin Alix, en disant mille sottises, se prépara à y aller.

Elle se para avec autant de soin que si c'eût été pour aller au bal, prit un vase d'or le plus beau de toute la maison, et dans cet étalage pompeux, elle arriva à la fontaine. *Eloquentia nativa* était en effet autour de ses eaux, la savante fée avait fait depuis peu la découverte de cette belle solitude, et elle s'y plaisait beaucoup ; mais ce jour-là, elle se promenait sous la figure d'une agréable paysanne dont elle avait pris l'air naïf et l'habit champêtre ; car *Eloquentia nativa* n'était pas moins belle avec une simple parure que sous les plus brillants ornements. Au contraire, quand elle mettait ses ajustements affectés, cela offusquait sa beauté.

Alix s'assit sur le bord de la fontaine, et la jolie paysanne, qui avait soif parce qu'elle s'y était longtemps promenée, s'approcha aussitôt de ce bord. Alix, dont l'esprit populaire n'était frappé que de l'éclat des habits magnifiques à qui seuls elle rendait l'honneur qu'elle était capable de rendre, Alix, dis-je, regarda la feinte paysanne avec mépris, et ne daigna pas l'honorer d'un signe de tête, quoique *Eloquentia nativa* lui eût fait une profonde révérence. La fée ne se rebuta point pour cela ; en faisant une nouvelle révérence, elle dit à Alix :

— Mademoiselle, je vous supplie d'avoir la bonté de souffrir que je me serve de votre vase pour puiser de l'eau, car j'ai une soif violente.

— Voyez ce fretin, répondit Alix tout en furie ; on vient ici tout exprès pour l'abreuver ; vraiment il leur en faut des vases d'or pour mettre leur chien de museau. Allez, bête de Tortillonne, tournez-moi le dos, et si vous avez soif, allez boire à l'auge de nos bœufs.

— Vous êtes bien brusque, mademoiselle, répliqua la fée. Vous fais-je quelque offense pour me traiter ainsi ?

Alors Alix, se levant et mettant les deux mains sur ses côtés, dit en criant de toute sa force :

— Je crois que tu veux raisonner, peste de souillon, mais je ne te conseille pas de m'échauffer les oreilles, car je te ferais assommer de coups quand tu passeras devant notre porte.

La sage fée pleine d'indignation des brutalités de cette créature voulut l'en punir dès le moment et d'une manière qui conservât un souvenir plein d'horreur du torrent injurieux de sa langue venimeuse. Elle jeta Alix par terre en la touchant du bout de sa baguette, et dans cet état, elle lui donna le don, ou plutôt la punition, qu'à chaque mot qu'elle dirait il sortirait de sa bouche des crapauds, des serpents et des araignées, et d'autres vilains animaux dont le venin fait frémir tout le monde. Aussitôt *Eloquentia nativa* s'en alla de ce lieu, et laissa Alix pleine de rage contre elle.

Cette méchante personne attendit longtemps la dame brillante dont elle espérait des faveurs ; mais voyant qu'elle attendait vainement, enfin elle se lassa, et s'en retourna chez elle. Sa mère brûlait d'impatience de la revoir, et du moment qu'elle l'aperçut de sa porte, cette marquise alla au-devant d'elle :

— Eh bien ! dit-elle, avez-vous fait une bonne rencontre ?

— Oui ! dit Alix, il était bien nécessaire de m'envoyer là faire le pied de grue.

A ces mots, un tas de couleuvres, de crapauds et de souris sortit à flots de la bouche d'Alix.

— Où as-tu pris cela, malheureuse ? s'écria la mère.

Alix voulut répondre ; autre déluge de vilaines bêtes. La mère et la fille rentrèrent dans le logis, où l'on vit que le beau don qu'avait Alix était un mal sans remède, et tout le monde acheva de prendre cette indigne personne dans la dernière aversion. Sa mère elle-même ne put s'en empêcher.

Cependant le prince qui était fort attentif à tout ce qui regardait Blanche, apprit en peu de temps le don heureux qu'elle avait reçu d'une fée ; et comme il connaissait la puissance et la générosité d'*Eloquentia nativa*, qui était encore une de ses marraines, il se douta que c'était elle qui avait fait ce prodige. Prenant le prétexte d'en vouloir être témoin, il marqua beaucoup d'envie de voir venir Blanche à la cour, et alla prier *Eloquentia* de vouloir bien aller quérir cette belle fille dont on disait tant de merveilles.

— Savez-vous, lui dit la fée en souriant, que c'est moi qui les ai faites ?

— Non, lui répondit le prince ; mais je vous en rends mille grâces, car j'ai une ardente passion pour cette jeune beauté.

— Vous savez le zèle que j'ai à vous obliger, reprit la fée ; mais vous ne devez point me remercier dans cette occasion ; je ne savais point l'intérêt que vous prenez à Blanche, vous n'avez nulle part à ce que j'ai fait pour elle : la douceur et la politesse de cette aimable fille m'ont charmée, sa conversation est tout admirable, rien n'égale le tour heureux de ses expressions, et j'ai voulu que les perles et les pierreries sortissent de sa bouche pour marquer la douceur et le brillant qu'on trouve dans ses paroles.

Le prince fut ravi d'entendre louer l'éloquence de Blanche par une fée dont il estimait mille fois plus le goût et les talents que ceux de la rhétorique.

Enfin *Eloquentia nativa* quitta son filleul, et se rendit au château du père de Blanche. Il était assiégé d'une foule incroyable de peuple : les choses brillantes qui sortaient de sa bouche attiraient encore plus de monde que celles qui sortent de la bouche de M. de ******, toutes belles qu'elles sont. Ce peuple avait raison : n'était-il pas bien plus agréable de voir sortir des pierres précieuses d'une belle petite bouche comme celle de Blanche qu'il ne l'était de voir sortir des éclairs de la grande bouche de cet orateur tonnant qui était cependant si couru des Athéniens ?

Au grand regret de la foule qui environnait Blanche, *Eloquentia* la fit monter dans son char, et l'emmena à la cour. Dans ce lieu, le prince lui témoigna les transports de sa tendresse ; Blanche n'y fut pas insensible ; et comme l'heureux don qu'avait cette belle personne la rendait plus riche que les premières princesses de l'univers, le prince l'épousa avec l'applaudissement du duc son père et de tous les peuples de ses Etats.

Le père de Blanche, qui était au comble de la joie, eut un grand crédit à la cour, et n'eut plus à souffrir des caprices de sa femme ; elle n'osa le chagriner depuis l'élévation de sa fille. L'envieuse Alix, que le seul bonheur de Blanche aurait outrée de désespoir, avait encore celui de voir que sa mère ni personne ne la pouvaient plus souffrir. Elle quitta de rage la maison de cette mère, et s'en alla errante de province en province, où elle fut l'objet de l'aversion de tout le monde, et où elle éprouva toutes les rigueurs de la nécessité ! Enfin, après avoir bien souffert, elle mourut de misère *au coin d'un buisson,* pendant que Blanche triomphait. Le bonheur de cette belle personne dura autant que sa vie, qui fut longue ; et sa destinée et celle d'Alix prouvèrent ce que j'ai avancé d'abord, que souvent

Doux et courtois langage
Vaut mieux que riche apanage.

Je ne sais pas, Madame, ce que vous pensez de ce conte ; mais il ne me paraît pas plus incroyable que beaucoup d'histoires que nous a faites l'ancienne Grèce : et j'aime autant dire qu'il sortait des perles et des rubis de la bouche de Blanche, pour désigner les effets de l'éloquence, que de dire qu'il sortait des éclairs de celle de Périclès. Contes pour contes, il me paraît que ceux de l'antiquité gauloise valent bien à peu près ceux de l'antiquité grecque : et les fées ne sont pas moins en droit de faire des prodiges que les dieux de la Fable.

Je vous laisse faire cette dissertation, sur quoi je suis fort tranquille. Ce que je crains c'est que ceux qui entendront ces contes de fées, et qui connaissent vos beaux talents, n'aillent s'imaginer que c'est par art de féerie que vous parlez avec tant d'agrément et de justesse. Cette pensée serait assez vraisemblable : oui, car en vous voyant tant de savoir et d'éloquence, on a quelque peine à croire qu'il n'y ait pas là un peu d'enchantement ; cependant il faut rendre justice, moi qui connais à fond en quoi consistent vos charmes, j'avertis ici de bonne foi qu'il n'y a point chez vous de *dons de fées* ; mais seulement des *dons du ciel* qui par sa faveur vous a rendue en personne *Eloquentia nativa.*

Madame Leprince de Beaumont

LA VEUVE ET SES DEUX FILLES

Le Magasin des enfants, ou Dialogues d'une sage gouvernante avec ses élèves de la première distinction, dans lesquels on fait penser, parler, agir les jeunes gens suivant le génie, le tempérament et les inclinations d'un chacun... on y donne un abrégé de l'histoire sacrée, de la fable, de la géographie, etc., le tout rempli de réflexions utiles et de contes moraux, Londres, 1756 ; Paris, Librairie Pittoresque de la Jeunesse, 1847.

Il y avait une veuve, assez bonne femme, qui avait deux filles, toutes deux fort aimables ; l'aînée se nommait Blanche, la seconde Vermeille. On leur avait donné ces noms, parce qu'elles avaient, l'une le plus beau teint du monde, et la seconde des joues et des lèvres vermeilles comme du corail.

Un jour la bonne femme, étant près de sa porte à filer, vit une pauvre vieille, qui avait bien de la peine à se traîner avec son bâton.

« Vous êtes bien fatiguée, dit la bonne femme à la vieille ; asseyez-vous un moment pour vous reposer. »

Et aussitôt elle dit à ses filles de donner une chaise à cette femme. Elles se levèrent toutes les deux ; mais Vermeille courut plus fort que sa sœur, et apporta la chaise.

« Voulez-vous boire un coup, dit la bonne femme à la vieille ?

— De tout mon cœur, répondit-elle ; il me semble même que je mangerais bien un morceau, si vous pouviez me donner quelque chose pour me ragoûter.

— Je vous donnerai tout ce qui est en mon pouvoir, dit la bonne femme ; mais, comme je suis pauvre, ce ne sera pas grand-chose. »

En même temps elle dit à ses filles de servir la bonne vieille, qui se mit à table ; et la bonne femme commanda à l'aînée d'aller cueillir quelques prunes sur un prunier qu'elle avait planté elle-même, et qu'elle aimait beaucoup. Blanche, au lieu d'obéir de bonne grâce à sa mère, murmura contre son ordre, et dit en elle-même : Ce n'est pas pour cette vieille gourmande que j'ai eu tant de soin de mon prunier. Elle n'osa pourtant pas refuser quelques prunes, mais elle les donna de mauvaise grâce et à contrecœur.

« Et vous, Vermeille, dit la bonne femme à la seconde de ses filles, vous n'avez pas de fruits à donner à cette bonne dame, car vos raisins ne sont pas mûrs.

— Il est vrai, dit Vermeille, mais j'entends ma poule qui chante, elle vient de pondre un œuf, et si madame veut l'avaler tout chaud, je le lui offre de tout mon cœur. »

En même temps, sans attendre la réponse de la vieille, elle courut chercher son œuf ; mais, dans le moment qu'elle le présentait à cette femme, elle disparut ; et l'on vit à sa place une belle dame, qui dit à la mère :

« Je vais récompenser vos deux filles, selon leur mérite. L'aînée deviendra grande reine, et la seconde une fermière. »

Et en même temps, ayant frappé la maison de son bâton, elle disparut ; et l'on vit dans la place une jolie ferme.

« Voilà votre partage, dit-elle à Vermeille. Je sais que je vous donne à chacune ce que vous aimez le mieux. »

La fée s'éloigna, en disant ces paroles ; et la mère aussi bien que les deux filles restèrent fort étonnées. Elles entrèrent dans la ferme, et furent charmées de la propreté des meubles. Les chaises n'étaient que de bois ; mais elles étaient si propres, qu'on s'y voyait comme dans un miroir. Les lits étaient de toile blanche comme la neige. Il y avait dans les étables vingt moutons, autant de brebis, quatre bœufs, quatre vaches ; et dans la cour toutes sortes d'animaux, comme des poules, des canards, des pigeons et autres. Il y avait aussi un joli jardin, rempli de fleurs et de fruits.

Blanche voyait sans jalousie le don qu'on avait fait à sa sœur ; et elle n'était occupée que du plaisir qu'elle aurait à être reine. Tout d'un coup elle entendit passer des chasseurs, et, étant allée sur la porte pour les voir, elle parut si belle aux yeux du roi, qu'il résolut de l'épouser.

Blanche, étant devenue reine, dit à sa sœur Vermeille :

« Je ne veux pas que vous soyez fermière ; venez avec moi, ma sœur, je vous ferai épouser un grand seigneur.

— Je vous suis bien obligée, ma sœur, répondit Vermeille ; je suis accoutumée à la campagne, et je veux y rester. »

La reine Blanche partit donc, et elle était si contente, qu'elle passa plusieurs nuits sans dormir, de joie. Les premiers mois, elle fut si occupée de ses beaux habits, des bals, des comédies, qu'elle ne pensait à autre chose. Mais bientôt elle s'accoutuma à tout cela, et rien ne la divertissait plus ; au contraire, elle eut de grands chagrins. Toutes les dames de la cour lui rendaient de grands respects, quand elles étaient devant elle ; mais elle savait qu'elles ne l'aimaient pas, et qu'elles disaient :

« Voyez cette petite paysanne, comme elle fait la grande dame ; le roi a le cœur bien bas d'avoir pris une telle femme. »

Ce discours fit faire des réflexions au roi. Il pensa qu'il avait eu tort d'épouser Blanche ; et comme son amour pour elle était passé, il eut un grand nombre de maîtresses. Quand on vit que le roi n'aimait plus sa femme, on commença à ne lui rendre aucun devoir. Elle était très malheureuse, car elle n'avait pas une seule bonne amie à qui elle pût conter ses chagrins. Elle voyait que c'était à la mode, à la cour, de trahir ses amis par intérêt, de faire bonne mine à ceux que l'on haïssait, et de mentir à tout moment. Il fallait être sérieuse, parce qu'on lui disait qu'une reine doit avoir un air grave et majestueux. Elle eut plusieurs enfants ; et, pendant tout ce temps, elle avait un médecin auprès d'elle, qui examinait tout ce qu'elle mangeait, et lui ôtait toutes les choses qu'elle aimait. On ne mettait point de sel dans ses bouillons ; on lui défendait de se promener, quand elle en avait envie ; en un mot, elle était contredite depuis le matin jusqu'au soir. On donna des gouvernantes à ses enfants, qui les élevaient tout de travers, sans qu'elle eût la liberté d'y trouver à redire.

La pauvre Blanche se mourait de chagrin, et elle devint si maigre, qu'elle faisait pitié à tout le monde. Elle n'avait pas vu sa sœur depuis trois ans qu'elle était reine, parce qu'elle pensait qu'une personne de son rang serait déshonorée d'aller rendre visite à une fermière ; mais, se voyant accablée de mélancolie, elle résolut d'aller passer quelques jours à la campagne, pour se désennuyer. Elle en demanda la permission au roi, qui la lui accorda de bon cœur, parce qu'il pensait qu'il serait débarrassé d'elle pendant quelque temps. Elle arriva sur le soir à la ferme de Vermeille, et elle vit de loin, devant la porte, une troupe de bergers et bergères qui dansaient et se divertissaient de tout leur cœur.

« Hélas ! dit la reine, en soupirant, où est le temps que je me divertissais comme ces pauvres gens ? Personne n'y trouvait à redire. »

D'abord qu'elle parut, sa sœur accourut pour l'embrasser. Elle avait un air si content, elle était si fort engraissée, que la reine ne put s'empêcher de pleurer en la regardant. Vermeille avait épousé un jeune paysan qui n'avait point de fortune, mais il se souvenait toujours que sa femme lui avait donné tout ce qu'il avait, et il cherchait, par ses manières complaisantes, à lui en marquer sa reconnaissance. Vermeille n'avait pas beaucoup de domestiques, mais ils l'aimaient comme s'ils eussent été ses enfants, parce qu'elle les traitait bien. Tous ses voisins l'aimaient aussi, et chacun s'empressait à lui en donner des preuves. Elle n'avait pas beaucoup d'argent, mais elle n'en avait pas besoin ; car elle recueillait dans ses terres du blé, du vin et de l'huile. Ses troupeaux lui fournissaient du lait, dont elle faisait du beurre et du fromage. Elle filait la laine de ses moutons pour se faire des habits, aussi bien qu'à son mari et à deux enfants qu'elle avait. Ils se portaient à merveille, et, le soir, quand le temps du travail était passé, ils se divertissaient à toutes sortes de jeux.

« Hélas ! s'écria la reine, la fée m'a fait un mauvais présent, en me donnant une couronne. On ne trouve point la joie dans les palais magnifiques, mais dans les occupations innocentes de la campagne. »

A peine eut-elle dit ces paroles, que la fée parut.

« Je n'ai pas prétendu vous récompenser, en vous faisant reine, lui dit la fée, mais vous punir, parce que vous m'avez donné vos prunes à contrecœur. Pour être heureux, il faut, comme votre sœur, ne posséder que les choses nécessaires, et n'en point souhaiter davantage.

— Ah ! madame, s'écria Blanche, vous vous êtes assez vengée, finissez mon malheur.

— Il est fini, reprit la fée. Le roi, qui ne vous aime plus, vient d'épouser une autre femme ; et demain ses officiers viendront vous ordonner de sa part de ne point retourner à son palais. »

Cela arriva comme la fée l'avait prédit : Blanche passa le reste de ses jours avec sa sœur Vermeille, avec toutes sortes de contentements et de plaisirs ; et elle ne pensa jamais à la cour que pour remercier la fée de l'avoir ramenée dans son village.

Grimm

LES TROIS NAINS DE LA FORÊT

Die Drei Mœnnlein im Walde, Contes des Enfants et du Foyer, n° 13, 1819. Traduction Frédéric Baudry et Charles Deulin, Charles Deulin, *Les Contes de ma Mère l'Oye avant Perrault*, Paris, E. Dentu, éditeur libraire de la Société des Gens de Lettres, 1879.

Il y avait une fois un homme et une femme qui avaient perdu, l'un sa femme, l'autre son mari. Chacun d'eux avait une fille ; les demoiselles se connaissaient, elles se promenaient ensemble et allaient chez la veuve. Celle-ci dit un jour à la fille de l'homme :

— Ecoute, dis à ton père que j'ai envie de l'épouser et qu'alors, tous les matins, tu te laveras avec du lait et boiras du vin, au lieu que ma fille se lavera avec de l'eau et boira de l'eau.

La fille s'en fut chez elle et rapporta à son père ce que lui avait dit la femme.

— Que faire ? s'écria l'homme ; le mariage est un plaisir et aussi une peine !

Ne sachant que résoudre, il se débotta et dit à sa fille :

— Tu vois cette botte, elle a un trou à la semelle. Monte au grenier, pends-la au crochet et remplis-la d'eau. Si elle garde l'eau, je me marierai ; si l'eau s'en va, je reste veuf.

La fille obéit à son père, mais l'eau resserra la botte et elle resta pleine jusqu'au bord. A cette nouvelle, le père s'assura par lui-même de la vérité ; puis, il s'en fut chez la veuve, il l'épousa et on célébra la noce.

Le lendemain, au réveil, devant la fille du mari, il y avait du lait pour se laver et du vin pour boire ; devant celle de la femme, de l'eau pour boire et se laver. Le surlendemain, il y eut de l'eau devant la fille du mari aussi bien que devant celle de la femme. Le troisième jour, devant la fille de la femme, il y eut du vin pour boire et du lait pour se laver, et de l'eau devant celle du mari ; et dès lors il en fut toujours de même.

La femme conçut pour sa belle-fille une violente haine, et elle chercha par tous les moyens à la rendre malheureuse. Elle était jalouse de la voir si belle et si gracieuse, tandis que sa propre fille était si laide et si désagréable.

Un jour d'hiver que le froid avait durci la terre et que la

neige cachait monts et vallées, la femme fabriqua une robe de papier et fit venir la jeune fille.

— Mets cette robe, lui dit-elle, et va au bois me quérir une corbeille de fraises : j'ai envie d'en manger.

— Dieu puissant ! répondit la jeune fille. Il n'y a point de fraises l'hiver, la terre est gelée et tout est couvert de neige. Comment pourrai-je sortir avec cette robe de papier ? Il fait si grand froid que la bise va la traverser et que les épines me l'arracheront du corps !

— Est-ce que tu ne veux pas m'obéir ? répliqua la mégère. Va-t'en tout de suite et ne reviens qu'avec ton panier plein de fraises.

Elle lui donna alors une miche de pain sec et ajouta :

— Tu pourras la manger tantôt.

Et cependant elle se disait : Elle mourra dehors de froid et de faim, et je serai débarrassée d'elle à tout jamais.

La jeune fille se résigna. Elle revêtit la robe de papier et s'en fut, son petit panier au bras.

Il y avait partout de la neige et pas un brin d'herbe. Quand la malheureuse entra dans la forêt, elle aperçut une maisonnette où trois nains la regardaient venir. Après leur avoir dit bonjour, elle heurta à la porte. On l'invita à entrer et elle alla s'asseoir près du poêle, sur un banc, pour se réchauffer et manger son pain.

— Donne-nous-en un peu, lui dirent les nains.

— Je le veux bien, répondit-elle.

Elle fit deux parts de son pain et leur en donna une. Ils lui demandèrent :

— Que cherches-tu par un froid pareil ici, dans le bois, avec ta robe de papier ?

— Hélas ! dit-elle, il faut que je cueille une corbeille de fraises, et je ne puis sans cela rentrer au logis.

Quand elle eut fini de déjeuner, ils lui mirent un balai en main et lui dirent :

— Balaye la neige derrière la porte.

Et quand elle fut dehors, les petits nains se dirent entre eux :

— Que ferons-nous bien pour elle qui est si aimable et si bonne, et qui nous a donné une part de son pain ?

Alors le premier dit :

— Je lui donne pour don de devenir tous les jours plus belle.

Le second dit :

— Je lui donne pour don qu'à chaque parole qu'elle dira, il lui sorte une pièce d'or de la bouche.

Le troisième dit :

— Je lui donne pour don d'être recherchée en mariage par un roi.

La jeune fille balaya la neige derrière la porte de la petite maison et y trouva de superbes fraises bien rouges et bien mûres. Toute joyeuse, elle en cueillit un plein panier, remercia les nains, leur dit adieu et courut porter les fraises à sa belle-mère.

Elle entra et dit : « Bonsoir ! » Soudain une pièce d'or lui tomba de la bouche. Alors elle raconta ce qui lui était advenu dans la forêt ; à chaque mot qu'elle prononçait, des pièces d'or lui tombaient de la bouche, et bientôt le plancher de la chambre en fut tout couvert.

— Voyez donc, dit la belle-sœur, cette insouciante qui jette ainsi l'argent à terre.

Au fond elle lui portait envie et ne cessait de supplier sa mère qu'elle l'envoyât à son tour dans la forêt. Celle-ci refusait en disant :

— Non, chère petite, il fait trop froid ; tu attraperais un rhume.

Pourtant, comme sa fille revenait toujours à la charge, elle finit par consentir. Elle lui fit faire une robe fourrée et lui donna des tartines et du gâteau.

La fille s'en fut au bois et marcha droit à la maisonnette. Les nains la regardèrent venir comme sa sœur. Elle entra dans la chambre sans les saluer, s'assit près du poêle et commença de manger ses tartines et son gâteau.

— Donne-nous-en un peu, dirent les petits hommes.

Elle répondit :

— C'est à peine si j'en ai assez pour moi ; comment pourrais-je en donner aux autres ?

Lorsqu'elle eut fini de déjeuner, ils lui dirent :

— Prends ce balai et balaye derrière la porte.

— Ah ! dit-elle, balayez vous-mêmes ; je ne suis pas votre servante.

Comme elle vit qu'ils ne se disposaient point à lui faire un cadeau, elle sortit. Alors les nains tinrent conseil.

— Que lui donnerons-nous, dirent-ils, pour sa méchanceté et le mauvais cœur qu'elle nous a montré ?

Le premier dit :

— Je lui donne pour don de devenir tous les jours plus laide.

Le second dit :

— Je lui donne pour don qu'à chaque parole qu'elle dira il lui sorte un crapaud de la bouche.

Le troisième dit :

— Je lui donne pour don qu'elle périra d'une mort horrible.

La méchante fille chercha des fraises ; mais elle n'en trouva point et s'en retourna furieuse au logis. Quand elle ouvrit la bouche pour raconter sa mésaventure, à chaque parole, il en sortit un crapaud, de sorte qu'elle devint pour tout le monde un objet de dégoût.

Dès lors, la marâtre s'aigrit encore davantage et ne pensa plus qu'à tourmenter la fille de son mari, qui embellissait tous les jours. Elle finit par prendre un chaudron, le mit sur le feu et y fit bouillir du lin.

Lorsque ce lin fut cuit, elle commanda à la malheureuse enfant de le rouir et de le macquer, et lui donna une hache pour fendre la glace de la rivière.

La pauvre fille partit. Elle fit un trou dans la glace et commença à travailler. Elle vit venir alors un superbe carrosse où était le roi. Le carrosse s'arrêta.

— Qui es-tu, mon enfant, et que fais-tu là ?

— Je suis une pauvre fille et je rouis du lin.

Le roi fut touché en la voyant si belle.

— Veux-tu, dit-il, venir avec moi ?

— Oui, très volontiers, répondit-elle, car elle ne demandait qu'à s'enfuir loin de sa mère et de sa sœur.

Elle monta donc tout de suite dans le carrosse royal, et, quand on fut arrivé au château, ainsi que les petits hommes l'avaient promis, on célébra les noces en grande pompe.

Au bout d'un an la reine accoucha d'un garçon. Sa belle-mère apprit son bonheur et vint avec sa fille sous prétexte de lui faire une visite.

Lorsque le roi fut sorti et qu'elles se virent sans témoins, la mégère et sa fille prirent la reine, celle-ci par la tête, celle-là par les pieds, et la jetèrent dans la rivière.

La mère ensuite mit sa fille dans le lit et lui couvrit le visage. A son retour le roi voulut causer avec sa femme, mais la vieille lui cria :

— Chut ! Ce n'est pas le moment : elle a la fièvre ; il faut la laisser en paix.

Le roi n'eut aucun soupçon et ne revint que le lendemain matin. Quand il s'adressa à sa femme et qu'elle ne put se dispenser de répondre, il vit qu'à chaque parole un crapaud lui sortait de la bouche, comme autrefois il en sortait une pièce d'or.

Il demanda ce que cela voulait dire ; la vieille lui répondit que cela provenait de l'indisposition de la reine et ne devait pas durer. Or, la nuit, le garçon de cuisine vit paraître un canard qui lui dit ces paroles :

— Roi, que fais-tu ?
Dors-tu ou veilles-tu ?

Comme on ne lui répondait pas, le canard continua :

Que font mes hôtes ?

Le garçon répondit :

Ils dorment bien.

Le canard reprit :

Que fait mon petit enfant ?

Le garçon répondit :

Il dort dans son petit berceau.

Le canard prit alors la forme de la reine, alla jusqu'au berceau de l'enfant, lui donna à boire, arrangea sa couchette, le couvrit soigneusement et reprit pour s'en retourner sa figure de canard.

La reine revint les deux nuits suivantes ; la troisième, elle dit au garçon de cuisine :

— Va et dis au roi qu'il saisisse son épée et que par trois fois il la fasse tourner sur le seuil, au-dessus de ma tête.

Le garçon courut prévenir le monarque. Celui-ci prit son épée et il la fit tourner trois fois au-dessus du fantôme. A la troisième, il vit devant lui sa femme fraîche, vivante et belle comme autrefois.

Le roi enchanté cacha la reine jusqu'au jour où l'on baptisa son fils. Le baptême terminé, il demanda à la vieille :

— Que doit-on faire à une femme qui en arrache une autre de son lit et qui la jette à l'eau ?

— Voici, dit la vieille, le supplice que mérite la scélérate : il faut l'enfermer dans un tonneau garni de clous à l'intérieur, et la laisser rouler du haut d'une montagne jusqu'à la rivière.

Le roi envoya quérir un tonneau ainsi préparé et y fit enfermer la vieille et sa fille ; après quoi on replaça le couvercle et on laissa le tonneau rouler du haut de la montagne jusqu'à la rivière.

Dessin de Jules Collignon, 1843.

Grimm

DAME HIVER

Frau Holle, Contes des Enfants et du Foyer, n° 24, 1819.
Contes choisis des frères Grimm, récréations de l'enfance, traduction Frédéric Baudry, Paris, 1908.

Une veuve avait deux filles, l'une jolie et courageuse, l'autre paresseuse et laide. C'était à la seconde qu'elle donnait sa préférence, parce que cette fille laide et paresseuse était sa propre fille et l'autre avait tout le travail à faire dans la maison dont elle était la Cendrillon. Elle devait chaque jour aller sur la grand-route s'asseoir près du puits et filer, filer tellement que les doigts lui en saignaient. Un jour donc, que sa quenouille était toute poisseuse et tachée de sang, la malheureuse se pencha sur le puits pour la laver mais la quenouille lui échappa des mains et tomba tout au fond du puits. En pleurant elle courut raconter son malheur à la marâtre, qui lui cria dessus. Elle fut assez impitoyable pour lui dire :

— Puisque tu as laissé tomber la quenouille, tu n'as qu'à aller toi-même la chercher !

La pauvre retourna près du puits, se tortura en se demandant comment faire et pour finir, dans son affolement, sauta elle-même dans le puits pour en rapporter la quenouille. En tombant elle s'évanouit ; et lorsqu'elle se réveilla et reprit ses sens, elle était dans une belle prairie, sous le brillant soleil, et il y avait autour d'elle des milliers et des milliers de fleurs.

Elle s'avança dans cette prairie et arriva devant un four à pain où cuisait la fournée, et voilà que les pains, de l'intérieur, se mirent à appeler :

— Retire-moi ! Retire-moi ! Sinon je vais brûler, je suis déjà bien cuit et plus que cuit !

Elle y alla, saisit la longue pelle de four et sortit un à un tous les pains jusqu'au dernier.

Puis elle poursuivit sa marche et arriva près d'un pommier chargé de pommes en quantité énorme, et là aussi on l'appela :

— Secoue-moi ! Secoue-moi ! Nous les pommes, nous sommes toutes mûres !

Alors elle secoua l'arbre et les pommes tombèrent comme s'il pleuvait, et elle le secoua jusqu'à ce qu'il n'en restât plus une sur l'arbre, puis elle les mit soigneusement en tas avant de se remettre en route. Pour finir, elle arriva près d'une petite maison où une vieille regardait par la fenêtre, mais elle avait de si longues dents, cette vieille, que la fillette, dans sa peur, voulut se sauver à toutes jambes.

— Pourquoi t'effrayes-tu, ma chère enfant ? lui dit la vieille femme. Reste avec moi, et si tu fais bien ton travail, si tu me tiens la maison bien en ordre, tout n'en n'ira que mieux pour toi. Surtout, tu dois veiller à bien faire mon lit et secouer soigneusement l'édredon pour en faire voler les plumes, parce qu'alors, il neige sur le monde. Je suis Dame Hiver.

Le ton aimable et les bonnes paroles de la vieille réconfortèrent son cœur et lui rendirent son courage ; elle accepta son offre et entra à son service, s'acquittant de sa tâche à la grande satisfaction de Dame Hiver, battant et secouant son édredon jusqu'à faire voler les plumes de tous côtés, légères et dansantes comme des flocons de neige. En retour, elle avait la bonne vie chez elle : jamais un mot méchant et tous les jours du bouilli et du rôti.

Mais quand elle fut restée un bon bout de temps chez Dame Hiver, elle devint triste peu à peu, sans trop savoir pourquoi quand cela commença, ni ce qui lui pesait si lourd sur le cœur ; enfin elle se rendit compte qu'elle avait le mal du pays. Elle savait bien, pourtant, qu'elle était mille fois mieux traitée ici que chez elle, mais elle n'en languissait pas moins de revoir sa maison.

— Je m'ennuie de chez moi, finit-elle par dire à Dame Hiver, et bien que je sois beaucoup mieux ici, je voudrais remonter là-haut et retrouver les miens. Je sens que je ne pourrais pas rester plus longtemps.

— Il me plaît que tu aies envie de rentrer chez toi, dit Dame Hiver, et puisque tu m'as servie si fidèlement, je vais te ramener moi-même là-haut.

Elle la prit par la main et la conduisit jusque devant un grand portail, une porte monumentale dont les battants étaient ouverts ; au moment où la jeune fille allait passer, une pluie d'or tomba sur elle, dense et drue, et tout l'or qui tomba resta sur elle, la recouvrant entièrement.

— C'est ce que je te donne pour avoir été si diligente et soigneuse dans ton travail, lui dit Dame Hiver, en lui tendant en plus sa quenouille qui était tombée au fond du puits.

La grand-porte se referma alors, et la jeune fille se retrouva dans le monde, non loin de chez sa mère. Et quand elle entra dans la cour, le coq, perché sur le puits, chanta :

Cocorico ! Cocorico !
La demoiselle d'or est ici de nouveau.

Elle arriva ensuite chez sa mère, et là, parce qu'elle était couverte de tant d'or, elle reçut bon accueil aussi bien de sa mère que de sa demi-sœur.

La jeune fille leur raconta tout ce qu'il lui était advenu, et quand la mère apprit de quelle manière elle était arrivée à cette immense richesse, sa seule idée fut de donner à sa fille, la paresseuse et laide, le même bonheur. Il fallut donc qu'elle allât comme sa sœur s'asseoir à côté du puits pour filer ; et que pour que sa quenouille fût poisseuse de sang, elle dût se piquer le doigt et s'égratigner la main dans les épines ; elle jeta ensuite sa quenouille dans le puits et sauta elle-même comme l'avait fait sa sœur.

Et il lui arriva la même chose qu'à elle ; elle se retrouva dans la même prairie et emprunta le même chemin, arriva devant le même four, où elle entendit semblablement le pain crier :

— Retire-moi ! Retire-moi ! Sinon je vais brûler, je suis déjà bien cuit et plus que cuit !

Mais la paresseuse se contenta de répondre :

— Plus souvent, tiens ! que je vais me salir !

Et elle passa outre. Lorsqu'elle arriva un peu plus loin près du pommier, l'arbre appela et cria :

— Secoue-moi ! Secoue-moi ! Nous les pommes, nous sommes toutes mûres !

Mais la vilaine ne se retourna même pas et répondit :

— Fameuse idée, oui ! Pour qu'il m'en tombe une sur la tête !

Et elle continua son chemin.

Lorsqu'elle arriva de devant la maison de Dame Hiver, comme elle avait déjà entendu parler de ses longues dents, elle n'eut pas peur et se mit aussitôt à la servir.

Le premier jour tout alla bien, elle fit du zèle, obéit avec empressement et vivacité, car elle songeait à tout l'or que cela lui vaudrait bientôt ; mais le deuxième jour, déjà, elle commença à paresser et à traîner, et beaucoup plus le troisième jour, car elle ne voulut même pas se lever ce matin-là. Elle ne faisait pas non plus le lit de Dame Hiver comme elle devait le faire, négligeait de secouer l'édredon et de faire voler les plumes. Dame Hiver ne tarda pas à se lasser d'une telle négligence et lui donna congé.

La fille paresseuse s'en montra ravie, pensant que venait le moment de la pluie d'or ; mais si Dame Hiver la conduisit aussi elle-même à la grand-porte, au lieu de l'or, ce fut une grosse tonne de poix qui lui tomba dessus.

— Voilà la récompense que tu as méritée pour tes services ! lui dit Dame Hiver, qui referma aussitôt la grand-porte.

La paresseuse rentra chez elle, mais couverte de poix des pieds à la tête ; et le coq, sur le puits, quand il la vit, chanta :

Cocorico ! Cocorico !
La sale demoiselle est ici de nouveau.

La poix qui la couvrait colla si bien à elle que, de toute sa vie, jamais elle ne put l'enlever.

LES DEUX FILLES

Dicté par Catherine Sustrac, de Sainte-Eulalie, commune de Cauzac, Lot-et-Garonne. Jean-François Bladé, *Contes populaires de la Gascogne*, Paris, Maisonneuve frères et Ch. Leclerc, 1886, 3 vol.

Il y avait, une fois, un homme et une femme qui avaient une fille jolie, jolie comme le jour. La femme mourut, et l'homme se remaria avec une femme qui accoucha d'une fille laide, laide comme le péché.

Quand les deux filles furent grandelettes, la marâtre, qui ne pouvait pas sentir la jolie fille, et qui la rossait vingt fois par jour, dit à son homme :

— Prends ta fille, et va la faire perdre.

L'homme avait pitié de la jolie fille. Mais il avait peur de sa femme, et il répondit :

— Femme, je ferai ce que tu veux.

Mais la jolie fille, qui était cachée derrière la porte, avait tout entendu. Aussitôt, elle courut le conter à sa marraine.

— Filleule, dit la marraine, remplis tes poches de cendres, que tu sèmeras sur ton chemin. Par ce moyen, tu rentreras à la maison.

La jolie fille revint au galop chez son père, et remplit ses poches de cendres. A peine avait-elle fini, que son père lui dit :

— Pauvrette, allons chercher des champignons dans le bois.

Tous deux partirent donc pour le bois. Mais le père n'avait pas le cœur à chercher des champignons. Tout en marchant, la jolie fille semait sur son chemin les cendres qu'elle avait dans ses poches, comme sa marraine le lui avait dit. Enfin, le père se jeta dans un fourré, sans être vu, laissa la jolie fille seulette, et revint dans sa maison à l'entrée de la nuit.

— Eh bien, mon homme, as-tu fait perdre ta fille ?

— C'est fait.

— Eh bien, mon homme, pour ta peine, tu vas manger avec nous une assiettée de bouillie de maïs.

Tout en mangeant la bouillie, l'homme pensait à la jolie

fille, qu'il avait abandonnée toute seulette dans le bois, et disait :

— Ah ! si la pauvrette était ici, elle mangerait aussi sa portion de bouillie.

— Je suis ici, père, répondit la jolie fille, qui avait retrouvé son chemin au moyen des cendres, et qui écoutait derrière la porte.

Le père fut bien content de voir la jolie fille revenue, et mangeant sa portion de bouillie de bon appétit. Mais quand elle fut allée se coucher avec sa sœur, la marâtre dit à son mari :

— Tu es une bête. Tu n'as pas conduit ta fille assez loin. Ramène-la demain dans le bois, et tâche qu'elle ne revienne plus.

L'homme avait pitié de la jolie fille. Mais il avait peur de sa femme, et il répondit :

— Femme, je ferai ce que tu veux.

Mais la jolie fille, qui s'était levée de son lit, et qui écoutait, cachée derrière la porte, avait tout entendu. Aussitôt, elle courut le conter à sa marraine.

— Filleule, dit la marraine, remplis tes poches de graines de lin que tu sèmeras sur ton chemin. Par ce moyen, tu rentreras à la maison.

La jolie fille revint au galop chez son père, remplit ses poches de graines de lin, et se remit au lit.

Le lendemain matin, son père entra dans la chambre et dit :

— Pauvrette, allons chercher des champignons dans le bois.

Tous deux partirent donc pour le bois. Mais le père n'avait pas le cœur à chercher des champignons. Tout en marchant, la jolie fille semait les graines de lin qu'elle avait dans ses poches, comme sa marraine le lui avait dit. Enfin, le père se jeta dans un fourré, sans être vu, laissa la jolie fille seulette, et revint dans sa maison à l'entrée de la nuit.

— Eh bien, mon homme, as-tu fait perdre ta fille ?

— C'est fait.

— Eh bien, mon homme, pour ta peine, tu vas manger avec nous une assiettée de bouillie de maïs.

Tout en mangeant la bouillie, l'homme pensait à la jolie fille, qu'il avait abandonnée toute seulette dans le bois, et disait :

— Ah ! si la pauvrette était ici, elle mangerait aussi sa portion de bouillie.

— Je suis ici, père, répondit la jolie fille, qui avait retrouvé son chemin au moyen des graines de lin, et qui écoutait à la porte.

Le père fut bien content de voir la jolie fille revenue, et mangeant sa portion de bouillie de bon appétit. Mais quand elle fut allée se coucher avec sa sœur, la marâtre lui dit :

— Tu es une bête. Tu n'as pas conduit ta fille encore assez loin. Ramène-la demain dans le bois, et tâche qu'elle ne revienne pas.

L'homme avait pitié de la jolie fille. Mais il avait peur de sa femme, et il répondit :

— Femme, je ferai ce que tu veux.

Mais la jolie fille, qui s'était levée de son lit, et qui écoutait cachée derrière la porte, avait tout entendu. Aussitôt, elle courut le conter à sa marraine.

— Filleule, dit la marraine, remplis tes poches de grains de mil, que tu sèmeras sur ton chemin. Par ce moyen, tu rentreras à la maison.

La jolie fille revint au galop chez son père, remplit ses poches de grains de mil, et se remit au lit.

Le lendemain matin, son père entra dans la chambre et dit :

— Pauvrette, allons chercher des champignons dans le bois.

Tous deux partirent donc pour le bois. Mais le père n'avait pas le cœur à chercher des champignons. Tout en marchant, la jolie fille semait les grains de mil qu'elle avait dans ses poches, comme sa marraine le lui avait dit. Enfin, le père se jeta dans un fourré, sans être vu, laissa la jolie fille seulette, et revint dans sa maison à l'entrée de la nuit.

Mais quand la jolie fille voulut retrouver son chemin, au

moyen des grains de mil, il se trouva qu'ils avaient été mangés par les pies.

La pauvrette marcha, longtemps, longtemps, longtemps à travers le bois, jusqu'à un château grand comme la ville d'Agen.

— Pan ! pan !

— Qui frappe ?

— C'est une pauvre fille, qui a perdu son chemin, et qui demande à souper et à loger.

La dame du château envoya la jolie fille souper à la cuisine, avec les valets et les servantes, et commanda qu'on lui donnât un bon lit. Le lendemain matin, elle la fit venir dans sa chambre, et ouvrit la porte d'un cabinet qui était tout plein de robes.

— Jolie fille, quitte tes hardes, et choisis les habits que tu voudras.

La jolie fille choisit la robe la plus laide. Alors, la dame du château la força de prendre la plus belle, et de la mettre sur-le-champ. Ensuite, elle ouvrit un grand coffre, plein de pièces d'or, d'argent et de cuivre, plein de bijouterie de toute espèce.

— Jolie fille, prends dans ce coffre tout ce que tu voudras.

La jolie fille ne prit que deux liards, et une bague de cuivre. Alors, la dame du château la chargea de quadruples, de bagues, de chaînes, de pendeloques d'or, et la mena à l'écurie.

— Jolie fille, prends la bête que tu voudras, avec la bride et la selle.

Mais la jolie fille ne prit qu'un âne, un licou de corde, et une mauvaise couverture. Alors, la dame du château la força de prendre le plus beau cheval, la plus belle bride, et la plus belle selle.

— Et maintenant, lui dit-elle, monte à cheval, et reviens dans ton pays. Ne te retourne pas du côté du château, que tu ne sois là-bas, là-bas, en-haut de cette côte. Alors, lève la tête, et attends.

La jolie fille remercia bien la dame du château, monta à cheval, et partit pour son pays, sans jamais se retourner. Quand elle fut en haut de la côte, elle leva la tête et attendit.

Alors, trois étoiles descendirent du ciel. Deux se posèrent sur sa tête, et une sur son menton.

Comme elle se remettait en route, un jeune homme s'en revenait de la chasse, monté sur son grand cheval, avec neuf chiens lévriers à sa suite : trois noirs comme des charbons, trois rouges comme le feu, trois blancs comme la plus fine toile. Quand il vit une si belle cavalière, il mit son chapeau à la main.

— Demoiselle, je suis le fils du roi d'Angleterre. J'ai roulé le monde pendant sept ans, et je n'ai trouvé jamais aucun homme aussi fort, aussi hardi que moi. Si vous le voulez, je serai votre compagnon, pour vous défendre contre les méchantes gens.

— Merci, fils du roi d'Angleterre. Je saurai bien retrouver seulette le chemin de mon pays. Mais je n'ose pas retourner à la maison, par crainte de ma marâtre, qui ne peut pas me voir, à cause de sa fille laide, laide comme le péché. Par trois fois, elle a forcé mon père d'aller me perdre dans un bois.

Alors, le fils du roi d'Angleterre entra dans une colère terrible. Il tira son épée, et siffla ses chiens lévriers.

— Demoiselle, montrez-moi le chemin de votre maison. Je veux aller faire manger par ma meute votre père, votre marâtre et votre sœur.

— Fils du roi d'Angleterre, votre meute est à votre commandement. Mais vous ne ferez pas cela. S'il plaît à Dieu, il ne sera pas dit que mon père, ma marâtre et ma sœur auront souffert le moindre mal à cause de moi.

Mais le fils du roi d'Angleterre ne voulait rien entendre, et criait comme un aigle :

— Eh bien, je dirai à mon juge rouge : « Juge-les à mort. » Je le paie. Il faut qu'il gagne son argent.

— Fils du roi d'Angleterre, votre juge rouge est à votre commandement. Mais vous ne ferez pas cela. S'il plaît à Dieu, il ne sera pas dit que mon père, ma marâtre et ma sœur auront souffert le moindre mal à cause de moi.

— Eh bien, si vous voulez que je leur pardonne, il faut que vous soyez ma femme.

— Fils du roi d'Angleterre, je serai votre femme, si vous voulez leur pardonner.

Le fils du roi d'Angleterre épousa donc la jolie fille, qui fut bien heureuse avec lui, et devint la plus grande dame du pays.

Peu de temps après la noce, la sœur laide, laide comme le péché, apprit ce qui s'était passé, et dit :

— J'irai au bois, moi aussi ; et il m'en arrivera autant.

Elle partit donc pour le bois, et marcha longtemps, longtemps, longtemps. Enfin, elle arriva sur la porte du château grand comme la ville d'Agen.

— Pan ! pan !

— Qui frappe ?

— C'est une fille qui a perdu son chemin, et qui demande à souper et à loger.

La dame du château envoya la fille laide, laide comme le péché, souper à la cuisine, avec les valets et les servantes, et commanda qu'on lui donnât un bon lit. Le lendemain, elle la fit venir dans sa chambre, et ouvrit la porte du cabinet qui était tout plein de robes.

— Mie, quitte tes hardes, et choisis les habits que tu voudras.

La fille laide, laide comme le péché, choisit la plus jolie robe. Alors, la dame du château la força de prendre la plus déchirée, la plus sale, la lui fit mettre sur-le-champ. Ensuite, elle ouvrit le coffre plein de pièces d'or, d'argent et de cuivre, et de bijouterie de toute espèce.

— Mie, prends dans ce coffre ce que tu voudras.

La fille laide, laide comme le péché, choisit cent quadruples d'Espagne et cent bagues d'or. Alors, la dame du château ne lui laissa prendre que deux liards et une bague de cuivre. Ensuite, elle la mena à l'écurie.

— Mie, choisis la bête que tu voudras, avec la bride et la selle.

La fille laide, laide comme le péché, choisit le plus beau cheval, la plus belle bride, et la plus belle selle. Alors, la dame du château ne lui laissa prendre qu'un âne, un licou de corde, et une mauvaise couverture.

— Et maintenant, lui dit-elle, monte sur ton âne, et reviens dans ton pays. Ne te retourne pas vers le château, que tu ne sois là-bas, là-bas, en haut de la côte. Alors, lève la tête, et attends.

La fille laide, laide comme le péché, ne remercia pas la dame du château. Elle monta sur son âne, et partit pour son pays. Mais elle se retourna vers le château, avant d'arriver en haut de la côte, leva la tête, et attendit. Alors, trois bouses de vache tombèrent sur elle, deux sur la tête, et une sur le menton.

Comme elle se remettait en route, elle rencontra un vieil homme, sale comme un peigne, et ivrogne comme une barrique.

— Mie, lui dit-il, je te trouve faite à ma fantaisie. Il faut que tu sois ma femme. Sinon, tu ne mourras que de mes mains.

Par force, la fille laide, laide comme le péché, dut suivre l'ivrogne dans sa maison, et consentir au mariage. Depuis lors, le mari continue de boire comme un trou, et rosse sa femme vingt fois par jour.

LA SALADE BLANCHE
ET
LA SALADE NOIRE

Emmanuel Cosquin, *Romania : recueil trimestriel consacré à l'étude des langues et des littératures romanes*, Paris, 1879.

Il était une fois une femme qui avait deux enfants, un petit garçon et une petite fille. Un jour qu'elle venait de cuire, elle leur donna à chacun de la michotte[1] et dit à la petite fille d'aller dans les champs cueillir de la salade. L'enfant mit sa michotte dans son panier et partit.

Chemin faisant, elle rencontra la Sainte Vierge qui lui dit : « Où allez-vous, ma chère enfant ? — Je vais chercher de la salade, madame. — Qu'avez-vous dans votre panier ? — De la michotte, madame. En voulez-vous ? — Non, mon enfant, dit la Sainte-Vierge, gardez-la pour vous. Tenez, voici une boîte que vous n'ouvrirez pas avant d'être rentrée à la maison. Allez cueillir votre salade, mais passez par la porte blanche et non par la porte noire. »

La petite fille passa par la porte blanche : c'était la porte du ciel. Elle trouva de belle salade blanche qu'elle cueillit. De retour à la maison, elle fut grondée par sa mère, qui lui demanda pourquoi elle était restée si longtemps dehors. Au premier mot que répondit la petite, il lui sortit de la bouche des perles, des diamants, des émeraudes. La boîte que lui avait donnée la Sainte Vierge en était également remplie.

La mère, tout émerveillée, dit alors au petit garçon d'aller à son tour cueillir de la salade, dans l'espoir qu'il aurait la même chance. Elle lui mit aussi de la michotte dans son panier, et le petit garçon partit. Il ne tarda pas à rencontrer la Sainte Vierge, qui lui dit : « Où vas-tu, mon ami ? — Cela ne te regarde pas. — Que portes-tu dans ton panier ? — De la michotte, mais ce n'est pas pour toi. — Tiens, dit la Sainte Vierge, voici une boîte ; tu ne l'ouvriras pas avant d'être rentré à la maison. Va maintenant cueillir ta salade et passe par la porte noire. »

Le petit garçon passa par la porte noire, qui était celle de

1. Sorte de galette.

l'enfer : il trouva de vilaine salade noire, qu'il cueillit et rapporta à la maison. Quand il rentra, sa mère, voyant la salade noire, lui demanda où il l'avait été chercher. « Je n'en sais rien, dit le petit garçon ; je suis passé par une porte noire. »

Pendant qu'il parlait, il lui sortait des vipères de la bouche ; la boîte aussi en était pleine. La mère, au désespoir, fit des reproches à la petite fille qu'elle croyait cause de l'aventure arrivée à son frère.

Une nuit, on entendit les deux enfants chanter. La petite fille disait :

« *Fleurs et roses !* »

Et le petit garçon répondait :

« *Couleuvres et serpents !*
— *Fleurs et roses !*
— *Couleuvres et serpents !* »

En disant ces mots, ils moururent tous les deux.

LA VEILLÉE DANS LE PUITS

Conté par la Veuve Sourdeau, née à Rigny, canton de Pougues, Nièvre. Achille Millien, *Revue des Traditions populaires*, Paris, 1886.

Il y avait une fois une femme restée veuve avec une petite fille. Elle épousa en secondes noces un homme veuf ayant aussi une fille de son premier mariage. Elle ne pouvait souffrir cette enfant dont elle était jalouse, car elle la voyait aussi douce, aussi bonne que la sienne était acariâtre et méchante. Elle l'éloignait de la maison autant qu'elle le pouvait.

Un soir, elle lui dit : « Vilaine que tu es, pourquoi ne vas-tu pas veiller hors d'ici ? »

La petite prit sa quenouille et son fuseau et sortit toute désolée, ne sachant où aller. En passant près du puits, elle se pencha instinctivement sur la margelle et fut bien surprise de voir au fond une grande clarté et des demoiselles, si surprise que son fuseau lui échappa et tomba dans le puits.

— A la garde de Dieu, dit-elle, je vais te suivre.

Elle se jeta par-dessus le bord et se trouva tout à coup près des demoiselles dont l'une se prit à dire :

— Maman, maman, voici une petite fille qui vient veiller avec nous, qu'allons-nous lui donner ?

— Que désires-tu d'elle ? répondit la mère qui était une belle dame.

— Qu'elle me pouille.

Et la petite fille se mit de bonne grâce à fouiller dans la chevelure de la demoiselle.

— Que trouves-tu, ma mie ? demanda la mère.

Ni pou ni lente
La tête bien blanche

— Que ni pou ni lente ne t'arrive, ma mie.

La veillée finie, au moment où l'enfant allait quitter le puits, la demoiselle dit à sa mère :

— Que lui souhaitez-vous ?

— Je souhaite qu'à toute parole qu'elle prononcera, il lui sorte un écu de la bouche.

La petite fille rentra et la belle-mère lui cria, de mauvaise humeur :

— Où as-tu veillé, vilaine ?

— Dans le puits.

Et à chaque mot un écu tombait de ses lèvres.

— Ah ! dit la belle-mère enchantée, tu n'y retourneras pas ; c'est toi, ma fille, qui iras demain.

Et le lendemain soir, elle conduisit au bord du puits la méchante enfant, qui vit aussi la clarté dans le fond, et jeta son fuseau en disant :

— A la garde du Diable, je vais te suivre.

— Maman, s'écria la demoiselle, voici une petite fille qui vient veiller ; que lui donnerons-nous ?

— Que désires-tu d'elle ? dit la mère.

— Qu'elle me pouille.

Mais ce fut en rechignant que l'autre se mit à toucher du bout des doigts les cheveux de la demoiselle.

— Que trouves-tu, ma mie ? demanda la mère.

— Pou et gale, madame.

— Que pou et gale t'arrivent, ma mie.

Et elle eut aussitôt la tête couverte de vermine.

Après la veillée, la demoiselle dit :

— Que lui souhaitez-vous, maman ?

— Je souhaite qu'à chaque parole qu'elle prononcera, elle fasse un pet.

Lorsqu'elle revint à la maison, sa mère lui demanda bien vite des nouvelles de sa veillée. Mais comme le souhait s'accomplissait, elle entra dans une si grande colère qu'elle en mourut, et sa fille ne tarda pas à faire de même, de rage et de honte, si bien que les autres vécurent tranquilles jusqu'à la fin de leurs jours.

LES TROIS VIEILLES FILLES

Raconté par la grand-mère de Geneviève Martin, âgée de soixante-quinze ans, cultivatrice dans la région de Saint-Martin-de-Gurson, Dordogne. Claude Seignolle, *Contes populaires de Guyenne*, Paris, G. P. Maisonneuve, 1946.

Le père d'une petite fille bonne et sage s'était remarié avec une méchante femme qui avait une fille méchante et envieuse.

Un jour, la fille bonne et sage alla à la pêche et attrapa une anguille, mais, aussitôt qu'elle l'eut prise, elle pensa à lui redonner la liberté et la remit dans la rivière.

Elle le dit à sa tante qui, pour la punir, l'envoya chercher de l'eau dans un panier sans fond.

La petite fille avait beau le plonger dans la rivière ; quand elle le sortait, il n'y avait plus une goutte dedans.

Alors, elle appela l'anguille à son secours.

— Petite anguille, moi qui t'ai sauvé la vie, viens à mon secours.

L'anguille parut à la surface et lui répondit :

— Mets ton panier à la rivière, monte dedans et tu suivras le cours de l'eau. A un moment, sur le bord de la rivière, tu trouveras une vieille maison ; tu y entreras. Là, tu verras trois vieilles filles, elles te demanderont ce que tu cherches. Tu répondras : « Puces et punaises » et, lorsqu'elles te diront de partir, elles t'offriront quelque chose, tu choisiras toujours ce qu'il y a de plus laid, et de plus sale ; tu seras sauvée, tu pourras vivre sans ta tante !

Et l'anguille disparut dans la rivière.

La petite fille monta dans le panier et se laissa aller sur l'eau en pleurant. Bientôt, elle vit la vieille maison. Elle entra et trouva les trois vieilles filles.

— Où vas-tu ? lui demandèrent-elles.

— Je me suis perdue, répondit la petite fille.

— Eh bien ! Nettoie ces draps et dis-nous ce que tu cherches.

— Je cherche puces et punaises.

Au bout de quelque temps, les trois vieilles filles la renvoyèrent, mais, avant qu'elle ne reparte, elles lui offrirent de choisir des cadeaux. D'abord ce furent plusieurs bourses, dont une était vide et déchirée.

La petite fille prit celle qui était vide et déchirée. Elles lui donnèrent la plus garnie.

Après, elle fut conduite dans une salle remplie de robes.

La petite fille choisit la plus vilaine, on lui donna la plus jolie.

Ensuite, elle fut menée dans une étable.

La petite fille prit le cheval le plus malade attelé à la voiture la plus cassée. On lui offrit le plus beau carrosse et elle partit.

Bientôt, le cheval s'arrêta sous un chêne ; elle comprit qu'il fallait remercier Dieu et l'anguille.

— Merci, dit-elle, de tout le mal que vous m'avez envoyé, car aujourd'hui je suis récompensée.

En arrivant chez elle, la petite fille raconta tout ce qui lui était arrivé.

Jalouse, la tante voulut que sa fille en eût autant. Elle l'envoya chez les trois vieilles filles.

Elle entra dans la maison.

— Où vas-tu ? lui demandèrent les vieilles filles.

— Je suis perdue.

— Eh bien ! Nettoie ces draps et dis-nous ce que tu cherches.

— Je cherche puces et punaises.

Au bout de quelque temps, les trois vieilles filles la renvoyèrent, mais avant qu'elle ne parte, elles lui apportèrent plusieurs bourses dont une était vide et déchirée.

La fille envieuse prit la plus garnie. On lui donna celle qui était vide et déchirée.

Elle fut conduite dans la salle remplie de robes. Elle choisit la plus belle, on lui donna la plus vilaine.

Ensuite, elle fut menée dans l'étable.

La fille envieuse prit le cheval le plus beau attelé au plus beau carrosse. On lui donna un cheval boiteux marié à une mauvaise carriole et elle partit.

Lorsqu'elle fut loin de la maison des trois vieilles filles, elle dit :

— Merci de tout le bien que vous m'avez envoyé, car aujourd'hui il aurait pu m'arriver le pire.

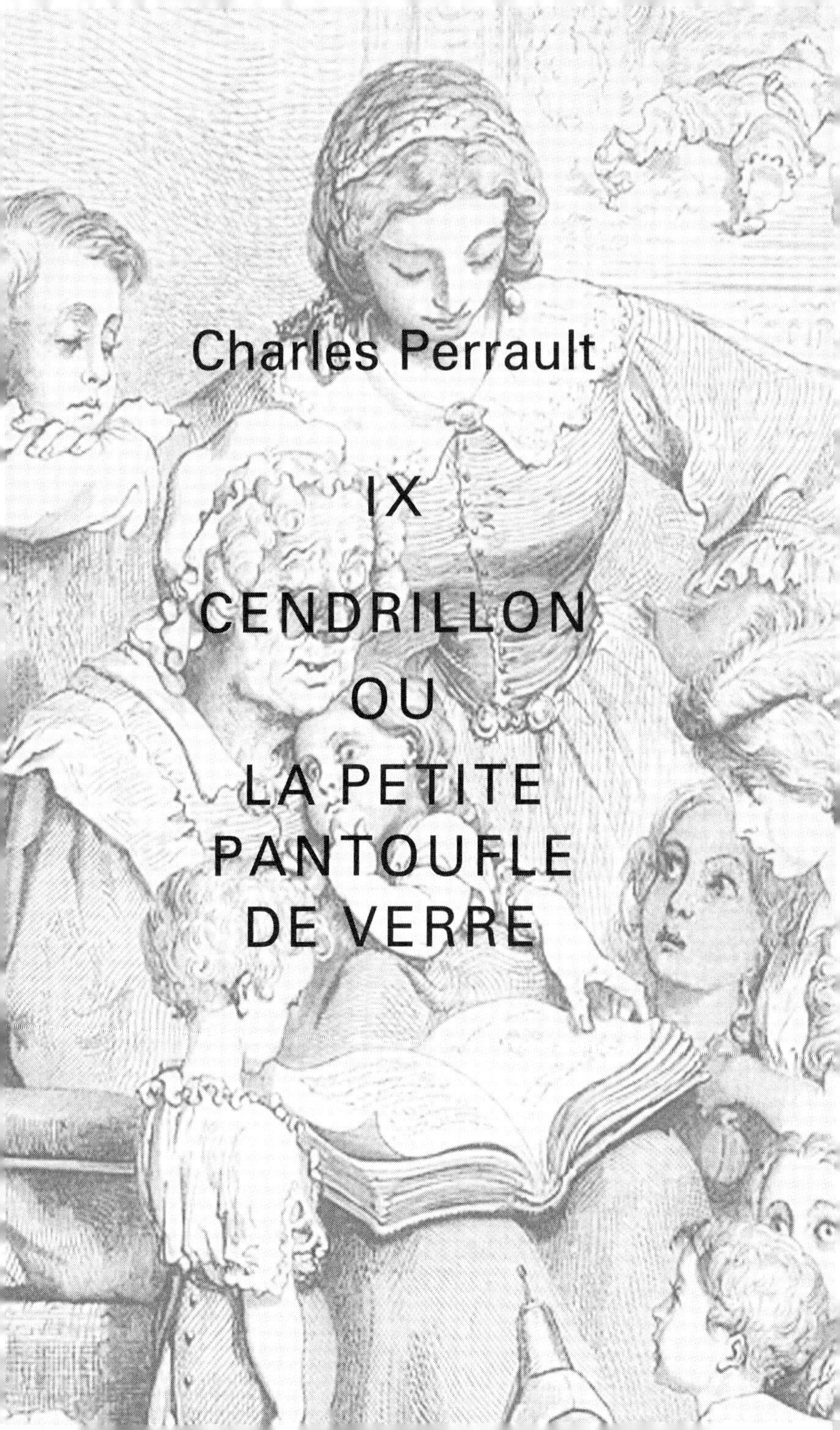

Charles Perrault

IX

CENDRILLON OU LA PETITE PANTOUFLE DE VERRE

« Conte » publié chez Claude Barbin dans le recueil intitulé *Histoires ou contes du temps passé, avec des moralités* en janvier 1697.

Il était une fois un gentilhomme qui épousa en secondes noces une femme, la plus hautaine et la plus fière qu'on eût jamais vue. Elle avait deux filles de son humeur, et qui lui ressemblaient en toutes choses. Le mari avait de son côté une jeune fille, mais d'une douceur et d'une bonté sans exemple ; elle tenait cela de sa mère, qui était la meilleure personne du monde. Les noces ne furent pas plus tôt faites que la belle-mère fit éclater sa mauvaise humeur ; elle ne put souffrir les bonnes qualités de cette jeune enfant, qui rendaient ses filles encore plus haïssables. Elle la chargea des plus viles occupations de la maison : c'était elle qui nettoyait la vaisselle et les montées, qui frottait la chambre de Madame, et celles de Mesdemoiselles ses filles. Elle couchait tout en haut de la maison, dans un grenier, sur une méchante paillasse, pendant que ses sœurs étaient dans des chambres parquetées, où elles avaient des lits des plus à la mode, et des miroirs où elles se voyaient depuis les pieds jusqu'à la tête. La pauvre fille souffrait tout avec patience, et n'osait s'en plaindre à son père qui l'aurait grondée, parce que sa femme le gouvernait entièrement. Lorsqu'elle avait fait son ouvrage, elle s'allait mettre au coin de la cheminée, et s'asseoir dans les cendres, ce qui faisait qu'on l'appelait communément dans le logis Cucendron. La cadette, qui n'était pas si malhonnête que son aînée, l'appelait Cendrillon ; cependant Cendrillon, avec ses méchants habits, ne laissait pas d'être cent fois plus belle que ses sœurs, quoique vêtues très magnifiquement.

Il arriva que le fils du roi donna un bal, et qu'il en pria toutes les personnes de qualité : nos deux demoiselles en furent aussi priées, car elles faisaient grande figure dans le pays. Les voilà bien aises et bien occupées à choisir les habits et les coiffures qui leur siéraient le mieux ; nouvelle peine pour Cendrillon, car c'était elle qui repassait le linge de ses sœurs et qui godronnait leurs manchettes. On ne parlait que de la manière dont on s'habillerait.

— Moi, dit l'aînée, je mettrai mon habit de velours rouge et ma garniture d'Angleterre.

— Moi, dit la cadette, je n'aurai que ma jupe ordinaire ; mais en récompense, je mettrai mon manteau à fleurs d'or, et ma barrière de diamants, qui n'est pas des plus indifférentes.

On envoya chercher la bonne coiffeuse, pour dresser les cornettes à deux rangs, et on fit acheter des mouches de la bonne faiseuse : elles appelèrent Cendrillon pour lui demander son avis, car elle avait le goût bon. Cendrillon les conseilla le mieux du monde, et s'offrit même à les coiffer ; ce qu'elles voulurent bien. En les coiffant, elles lui disaient :

— Cendrillon, serais-tu bien aise d'aller au bal ?

— Hélas, Mesdemoiselles, vous vous moquez de moi, ce n'est pas là ce qu'il me faut.

— Tu as raison, on rirait bien si on voyait un cucendron aller au bal.

Une autre que Cendrillon les aurait coiffées de travers ; mais elle était bonne, et elle les coiffa parfaitement bien. Elles furent près de deux jours sans manger, tant elles étaient transportées de joie. On rompit plus de douze lacets à force de les serrer pour leur rendre la taille plus menue, et elles étaient toujours devant leur miroir.

Enfin l'heureux jour arriva, on partit, et Cendrillon les suivit des yeux le plus longtemps qu'elle put ; lorsqu'elle ne les vit plus, elle se mit à pleurer. Sa marraine, qui la vit toute en pleurs, lui demanda ce qu'elle avait :

— Je voudrais bien... je voudrais bien...

Elle pleurait si fort qu'elle ne put achever. Sa marraine, qui était fée, lui dit :

— Tu voudrais bien aller au bal, n'est-ce pas ?

— Hélas oui ! dit Cendrillon en soupirant.

— Hé bien, seras-tu bonne fille ? dit sa marraine, je t'y ferai aller.

Elle la mena dans sa chambre, et lui dit :

— Va dans le jardin et apporte-moi une citrouille.

Cendrillon alla aussitôt cueillir la plus belle qu'elle put trouver, et la porta à sa marraine, ne pouvant deviner comment cette citrouille la pourrait faire aller au bal. Sa marraine la creusa, et n'ayant laissé que l'écorce, la frappa de sa baguette, et la citrouille fut aussitôt changée en un beau carrosse tout doré. Ensuite elle alla regarder dans sa souricière, où elle trouva six souris toutes en vie ; elle dit à Cendrillon de lever un peu la trappe de la souricière, et à chaque souris qui sortait, elle lui donnait un coup de sa baguette, et la souris était aussitôt changée en un beau cheval ; ce qui fit un bel attelage de six chevaux, d'un beau gris de souris pommelé. Comme elle était en peine de quoi elle ferait un cocher :

— Je vais voir, dit Cendrillon, s'il n'y a point quelque rat dans la ratière, nous en ferons un cocher.

— Tu as raison, dit sa marraine, va voir.

Cendrillon lui apporta la ratière, où il y avait trois gros rats. La fée en prit un d'entre les trois, à cause de sa maîtresse barbe, et l'ayant touché, il fut changé en un gros cocher, qui avait une des plus belles moustaches qu'on ait jamais vues. Ensuite elle lui dit :

— Va dans le jardin, tu y trouveras six lézards derrière l'arrosoir, apporte-les-moi.

Elle ne les eut pas plus tôt apportés que la marraine les changea en six laquais, qui montèrent aussitôt derrière le carrosse avec leurs habits chamarrés, et qui s'y tenaient attachés, comme s'ils n'eussent fait autre chose toute leur vie. La fée dit alors à Cendrillon :

— Hé bien, voilà de quoi aller au bal, n'es-tu pas bien aise ?

— Oui, mais est-ce que j'irai comme cela avec mes vilains habits ?

Sa marraine ne fit que la toucher avec sa baguette, et en même temps ses habits furent changés en des habits de drap d'or et d'argent tout chamarrés de pierreries ; elle lui donna ensuite une paire de pantoufles de verre, les plus jolies du monde. Quand elle fut ainsi parée, elle monta en carrosse ; mais sa marraine lui recommanda sur toutes choses de ne pas passer minuit, l'avertissant que si elle demeurait au bal un moment davantage, son carrosse redeviendrait citrouille, ses chevaux des souris, ses laquais des lézards, et que ses vieux habits reprendraient leur première forme. Elle promit à sa marraine qu'elle ne manquerait pas de sortir du bal avant minuit. Elle part, ne se sentant pas de joie. Le fils du roi, qu'on alla avertir qu'il venait d'arriver une grande princesse qu'on ne connaissait point, courut la recevoir ; il lui donna la main à la descente du carrosse, et la mena dans la salle où était la compagnie. Il se fit alors un grand silence ; on cessa de danser, et les violons ne jouèrent plus, tant on était attentif à contempler les grandes beautés de cette inconnue. On n'entendait qu'un bruit confus :

— Ha, qu'elle est belle !

Le roi même, tout vieux qu'il était, ne laissait pas de la regarder, et de dire tout bas à la reine qu'il y avait longtemps qu'il n'avait vu une si belle et si aimable dame. Toutes les dames étaient attentives à considérer sa coiffure et ses habits, pour en avoir dès le lendemain de semblables, pourvu qu'il se trouvât des étoffes assez belles, et des ouvriers assez habiles. Le fils du roi la mit à la place la plus honorable, et ensuite la prit pour la mener danser. Elle dansa avec tant de grâce qu'on l'admira encore davantage. On apporta une fort belle collation, dont le jeune prince ne mangea point, tant il était occupé à la considérer. Elle alla s'asseoir auprès de ses sœurs, et leur fit mille honnêtetés : elle leur fit part des oranges et des citrons que le prince lui avait donnés, ce qui les étonna fort, car elles ne la connaissaient point. Lorsqu'elles causaient ainsi, Cendrillon entendit sonner onze heures trois quarts : elle fit aussitôt une grande révérence à la compagnie, et s'en alla le plus vite qu'elle put.

Dès qu'elle fut arrivée, elle alla trouver sa marraine, et après l'avoir remerciée, elle lui dit qu'elle souhaiterait bien aller encore le lendemain au bal, parce que le fils du roi l'en avait priée. Comme elle était occupée à raconter à sa marraine tout ce qui s'était passé au bal, les deux sœurs heurtèrent à la porte ; Cendrillon leur alla ouvrir :

— Que vous êtes longtemps à revenir ! leur dit-elle en bâillant, en se frottant les yeux, et en s'étendant comme si elle n'eût fait que de se réveiller ; elle n'avait cependant pas eu envie de dormir depuis qu'elles s'étaient quittées.

— Si tu étais venue au bal, lui dit une de ses sœurs, tu ne t'y serais pas ennuyée : il y est venu la plus belle princesse, la plus belle qu'on puisse jamais voir ; elle nous a fait mille civilités, elle nous a donné des oranges et des citrons.

Cendrillon ne se sentait pas de joie : elle leur demanda le nom de cette princesse ; mais elles lui répondirent qu'on ne la connaissait pas, que le fils du roi en était fort en peine, et qu'il donnerait toutes choses au monde pour savoir qui elle était. Cendrillon sourit et leur dit :

— Elle était donc bien belle ? Mon Dieu, que vous êtes heureuses, ne pourrais-je point la voir ? Hélas ! Mademoiselle Javotte, prêtez-moi votre habit jaune que vous mettez tous les jours.

— Vraiment, dit Mademoiselle Javotte, je suis de cet avis ! Prêter votre habit à un vilain cucendron comme cela : il faudrait que je fusse bien folle.

Cendrillon s'attendait bien à ce refus, et elle en fut bien aise, car elle aurait été grandement embarrassée si sa sœur eût bien voulu lui prêter son habit.

Le lendemain les deux sœurs furent au bal, et Cendrillon aussi, mais encore plus parée que la première fois. Le fils du roi fut toujours auprès d'elle, et ne cessa de lui conter des douceurs ; la jeune demoiselle ne s'ennuyait point, et oublia ce que sa marraine lui avait recommandé, de sorte qu'elle entendit sonner le premier coup de minuit, lorsqu'elle ne croyait pas qu'il fût encore onze heures : elle se leva et s'enfuit aussi légèrement qu'aurait fait une biche.

Le prince la suivit, mais il ne put l'attraper ; elle laissa tomber une de ses pantoufles de verre, que le prince ramassa bien soigneusement. Cendrillon arriva chez elle bien essoufflée, sans carrosse, sans laquais, et avec ses méchants habits, rien ne lui étant resté de toute sa magnificence qu'une de ses petites pantoufles, la pareille de celle qu'elle avait laissée tomber.

On demanda aux gardes de la porte du palais s'ils n'avaient point vu sortir une princesse ; ils dirent qu'ils n'avaient vu sortir personne, qu'une jeune fille fort mal vêtue, et qui avait plus l'air d'une paysanne que d'une demoiselle. Quand ses deux sœurs revinrent du bal, Cendrillon leur demanda si elles s'étaient encore bien diverties, et si la belle dame y avait été. Elles lui dirent que oui, mais qu'elle s'était enfuie lorsque minuit avait sonné, et si promptement qu'elle avait laissé tomber une de ses petites pantoufles de verre, la plus jolie du monde ; que le fils du roi l'avait ramassée, et qu'il n'avait fait que la regarder pendant tout le reste du bal, et qu'assurément il était fort amoureux de la belle personne à qui appartenait la petite pantoufle.

Elles dirent vrai, car peu de jours après le fils du roi fit publier à son de trompe qu'il épouserait celle dont le pied serait bien juste à la pantoufle. On commença à l'essayer aux princesses, ensuite aux duchesses, et à toute la cour, mais inutilement. On l'apporta chez les deux sœurs, qui firent tout leur possible pour faire entrer leur pied dans la pantoufle, mais elles ne purent en venir à bout. Cendrillon qui les regardait, et qui reconnut sa pantoufle, dit en riant :

— Que je voie si elle ne me serait pas bonne !

Ses sœurs se mirent à rire et à se moquer d'elle. Le gentilhomme qui faisait l'essai de la pantoufle, ayant regardé attentivement Cendrillon, et la trouvant fort belle, dit que cela était juste, et qu'il avait ordre de l'essayer à toutes les filles. Il fit asseoir Cendrillon, et approchant la pantoufle de son petit pied, il vit qu'elle y entrait sans peine, et qu'elle y était juste comme de cire. L'étonnement des deux sœurs fut grand, mais plus grand encore quand Cendrillon tira de sa poche l'autre petite pantoufle qu'elle mit à son pied. Là-dessus arriva la marraine qui, ayant donné un coup de sa baguette sur les habits de Cendrillon, les fit devenir encore plus magnifiques que tous les autres.

Alors ses deux sœurs la reconnurent pour la belle personne qu'elles avaient vue au bal. Elles se jetèrent à ses pieds pour lui demander pardon de tous les mauvais traitements qu'elles lui avaient fait souffrir. Cendrillon les releva, et leur dit, en les embrassant, qu'elle leur pardonnait de bon cœur, et qu'elle les priait de l'aimer bien toujours. On la mena chez le jeune prince, parée comme elle était : il la trouva encore plus belle que jamais, et peu de jours après il l'épousa. Cendrillon, qui était aussi bonne que belle, fit loger ses deux sœurs au palais, et les maria dès le jour même à deux grands seigneurs de la cour.

Moralité

La beauté pour le sexe est un rare trésor,
De l'admirer jamais on ne se lasse ;
Mais ce qu'on nomme bonne grâce
Est sans prix, et vaut mieux encor.

C'est ce qu'à Cendrillon fit avoir sa Marraine,
En la dressant, en l'instruisant,
Tant et si bien qu'elle en fit une Reine.
(Car ainsi sur ce Conte on va moralisant.)

Belles, ce don vaut mieux que d'être bien coiffées,
Pour engager un cœur, pour en venir à bout,
La bonne grâce est le vrai don des Fées ;
Sans elle on ne peut rien, avec elle, on peut tout.

Autre moralité

C'est sans doute un grand avantage,
D'avoir de l'esprit, du courage,
De la naissance, du bon sens,

Et d'autres semblables talents,
Qu'on reçoit du Ciel en partage ;
Mais vous aurez beau les avoir,
Pour votre avancement ce seront choses vaines,
Si vous n'avez, pour les faire valoir,
Ou des parrains ou des marraines.

« Ne pouvant deviner comment cette citrouille
pourrait la faire aller au bal... »

« On n'entendait qu'un bruit con

qu’elle est belle !” »

« Approchant la pantoufle de son petit pied, il vit qu'elle y entrait sans peine et qu'elle y était juste comme de cire. »

Basile

LA CHATTE DES CENDRES

La Gatta cennerentola, Le Conte des contes, Ire journée, 6e conte, 1636. Traduction De Lauzières-Thémines et Charles Deulin, Charles Deulin, *Les Contes de ma Mère l'Oye avant Perrault,* Paris, E. Dentu, éditeur libraire de la Société des Gens de Lettres, 1879.

Il y avait une fois un prince qui était veuf, et qui avait une fille qu'il chérissait au point de ne voir que par ses yeux. Il lui avait donné une maîtresse d'un esprit rare, qui lui enseignait le point de chaînette, le point à jour, tous les genres de broderie, et qui lui témoignait tant d'affection qu'on ne saurait le dire. Malheureusement pour elle, son père se remaria avec une femme colère et méchante, véritable amie du diable.

Cette mégère ne tarda pas à prendre sa belle-fille en haine. Elle lui montrait toujours une mine renfrognée et la regardait avec des yeux furibonds qui faisaient trembler la pauvre innocente. Celle-ci se plaignait journellement à sa maîtresse des mauvais traitements de sa marâtre, et elle ne cessait de lui répéter :

— O mon Dieu ! que n'es-tu ma petite mère, toi qui me fais tant de mamours et de câlineries !

Elle lui murmura tant et tant ces mielleuses paroles à l'oreille que la maîtresse, aveuglée par l'esprit malin, finit par lui dire :

— Ecoute, si tu veux suivre l'inspiration de cette folle tête, je deviendrai ta mère, et tu me seras aussi chère que la prunelle de mes yeux.

Comme elle voulait continuer, Zezolla (ainsi se nommait la jeune fille) lui dit :

— Pardonne si je te coupe la parole. Je sais combien tu m'aimes, donc chut ! il suffit. Indique-moi le moyen d'en finir ; écris, je signerai.

— Fais bien attention, répliqua la maîtresse, écoute bien, ouvre l'oreille et le pain blanc te viendra comme la rosée aux fleurs. Quand ton père sera sorti, demande à ta belle-mère une des vieilles robes qui sont dans le grand coffre du cabinet de toilette, et dis que c'est pour ménager celle que tu as sur le dos. Comme elle aime à te voir en haillons, elle ouvrira le coffre et te dira : « Tiens le couvercle. » Tandis qu'elle sera en train d'y fureter, tu laisseras tomber le couvercle, et il lui cassera le cou. Cela fait, tu sais que ton père est homme à fabriquer de la fausse monnaie pour te plaire : un jour qu'il sera en train de te caresser, engage-le à m'épouser. Alors tu seras heureuse, car tu seras la maîtresse de ma vie.

De ce moment chaque jour, chaque heure parut un siècle à Zezolla. Elle fit de point en point ce qu'on lui avait conseillé ; elle attendit que le deuil de sa belle-mère fût fini, après quoi elle commença à sonder son père sur son mariage avec l'institutrice.

D'abord le prince crut à une plaisanterie, mais sa fille fit tant des pieds et des mains, qu'il finit par se rendre à son désir et épousa la Carmosina, ce qui fut l'occasion d'une grande fête.

Pendant que les nouveaux époux goûtaient les douceurs de la lune de miel, Zezolla se mit un jour à une fenêtre de sa chambre et vit sur un mur une colombe qui lui dit :

— Quand tu souhaiteras quelque chose, envoie-le demander à la colombe de la fée de l'île de Sardaigne ; tu l'obtiendras sur-le-champ.

Durant cinq ou six jours, la nouvelle mère combla sa belle-fille des plus tendres caresses. Elle lui donnait la meilleure place à table, ainsi que les meilleurs morceaux et l'habillait des plus belles robes ; mais bientôt tout ce bonheur se changea en misères et, oubliant le service qu'elle en avait reçu (malheureux qui a mauvais maître !), la Carmosina montra ses six filles que jusqu'alors elle avait tenues cachées. Elle fit si bien que son mari se prit d'affection pour les étrangères et ferma son cœur à sa propre enfant.

Déchue peu à peu de sa grandeur, la pauvrette finit par passer du salon à la cuisine, du dais au coin de la cheminée, du brocart aux torchons et du sceptre à la broche. Son nom fut même changé et, au lieu de Zezolla, elle ne se nomma plus que la *Chatte cendreuse*.

Or, il arriva que le prince dut faire un voyage en Sardaigne pour les affaires de l'Etat. Il demanda tour à tour à Imperia, Calamita, Shiorella, Diamantine, Colombine et Pascarelle, qui étaient ses belles-filles, ce qu'elles souhaitaient qu'il leur rapportât à son retour.

L'une choisit des robes superbes, l'autre des coiffures, celle-ci du fard pour embellir la peau, celle-là des jouets pour passer le temps ; enfin, l'une une chose, l'autre une autre. En dernier lieu, le prince, comme pour se moquer, dit à sa fille :

— Et toi, que veux-tu ?

— Rien, répondit-elle, sinon que tu recommandes à la colombe des fées de m'envoyer quelque chose. Si tu venais à l'oublier, je souhaite que tu ne puisses ni avancer ni reculer. Retiens bien ce que je t'ai dit ; bon courage et reviens vite.

Le prince partit. Après avoir terminé ses affaires, il acheta tout ce que ses belles-filles lui avaient demandé, et oublia complètement Zezolla. Il s'embarqua sur un vaisseau et mit à la voile, mais il fut impossible au navire de sortir du port. Il semblait qu'il fût arrêté par le rémora. Le patron, las et découragé, s'endormit et vit en rêve une fée qui lui dit :

— Sais-tu pourquoi le vaisseau ne peut sortir du port ? C'est parce que le prince qui est avec vous a manqué de parole à sa fille, et qu'il s'est souvenu de tout, excepté de son propre sang.

A son réveil le capitaine raconta son rêve au prince qui, confus de sa faute, se rendit à la grotte des fées. Là, il recommanda Zezolla et pria qu'on voulût bien lui envoyer quelque chose.

Comme il sortait de la caverne, une jeune femme d'une rare beauté lui apparut et lui dit qu'elle remerciait sa fille de son bon souvenir. Après quoi elle lui donna un dattier, une pioche en or, un petit seau d'or et un essuie-mains en soie. Elle ajouta qu'il fallait planter le premier et que les autres devaient servir à le cultiver.

Le prince, étonné d'un tel présent, prit congé de la fée et fit voile pour son pays où il donna à ses belles-filles ce qu'elles lui avaient demandé. Il remit aussi à sa fille le cadeau de la fée. Celle-ci en eut une joie telle qu'elle ne tenait pas dans sa peau.

Elle planta le dattier dans un grand vase, le piocha, l'arrosa et, avec l'essuie-mains, l'essuya matin et soir, tant et si bien qu'au bout de quatre jours il atteignit la taille d'une femme. Il en sortit une fée qui lui dit :

— Que désires-tu ?

— Je voudrais, répondit Zezolla, aller quelquefois me promener sans que mes sœurs en sachent rien.

— Toutes les fois que tu en auras envie, répondit la fée, viens vers ce vase et dis : « Mon beau dattier doré, avec la pioche en or je t'ai pioché, avec le petit seau d'or je t'ai arrosé, avec l'essuie-mains en soie je t'ai essuyé. Déshabille-toi et habille-moi. » Lorsque tu voudras te déshabiller, tu n'auras qu'à changer et dire : « Déshabille-moi et habille-toi. »

Or, par un jour de fête que les filles de Carmosina étaient superbement attifées, bien enrubannées, bien chaussées, tout fleurs et parfums, choses et roses, Zezolla se rendit sur-le-champ auprès du dattier et, après avoir répété l'invocation de la fée, elle se trouva parée comme une reine.

Elle monta alors sur une haquenée et, suivie de douze pages élégamment vêtus, elle alla se promener du côté où étaient ses sœurs.

Toutes les six furent ébahies de la beauté de la charmante colombe, et le bonheur voulut que le roi se trouvât par hasard sur le passage de Zezolla. Il fut séduit par les charmes souverains de la jeune fille, et commanda sur-le-champ à son plus fidèle serviteur de s'enquérir du nom et de la demeure de ce ravissant objet.

Le serviteur la suivit discrètement, mais Zezolla s'en aperçut et lui jeta une poignée d'or qu'elle s'était fait donner à ce dessein par le dattier. La convoitise du serviteur s'alluma et, pour remplir ses poches, il cessa de suivre la haquenée.

Zezolla se hâta de rentrer à la maison, où elle se déshabilla par le moyen que la fée lui avait indiqué. Ses harpies de sœurs arrivèrent alors et se mirent, pour la taquiner, à lui vanter toutes les jolies choses qu'elles avaient vues.

Cependant le serviteur revint chez le roi et lui raconta l'histoire des pièces d'or. Le roi entra dans une grande colère et lui dit qu'il voulait absolument qu'à la prochaine fête il découvrît qui était cette ravissante jeune fille et où nichait un si charmant oiseau.

Le jour de la fête étant arrivé, les six sœurs sortirent dans leurs riches atours, et laissèrent la pauvre dédaignée au coin du feu. Elle courut tout de suite au dattier et lui répéta les paroles accoutumées.

Elle en vit sortir aussitôt plusieurs demoiselles, et l'une avec le miroir, l'autre avec le flacon d'eau de rose, une autre avec le fer à friser, celle-ci avec du fard, celle-là avec le peigne, qui avec les épingles, qui avec la robe, qui avec le collier, la rendirent belle comme le soleil. Elles la conduisirent alors à sa voiture que traînaient six chevaux et qu'escortaient des estafiers et des pages en livrée.

Zezolla se rendit au même endroit où avait eu lieu l'autre fête, et sa vue fit naître encore plus de surprise dans l'esprit de ses sœurs et d'amour dans le cœur du roi. En partant, elle jeta au serviteur qui la suivait une poignée de perles et de pierreries.

Le serviteur pensa que ce n'étaient pas là des pierres à laisser par terre, et pendant ce temps Zezolla rentra chez elle et se déshabilla comme d'habitude.

Le serviteur s'en retourna tout penaud chez le roi.

— Sur l'âme de mes aïeux ! dit celui-ci, si tu ne découvres pas qui est cette jeune fille, je te donnerai autant de coups de bâton et de coups de pied au derrière que tu as de poils au menton !

Vint une autre fête, les sœurs de Zezolla sortirent ; celle-ci, grâce au dattier, se fit encore plus belle et monta dans un carrosse doré, escorté d'une si nombreuse troupe de laquais qu'on l'eût prise pour une courtisane qui se promène entourée de ses amants. Après avoir excité l'envie de ses sœurs, elle s'en alla, suivie de près par le domestique du roi.

En le voyant, elle commanda au cocher de presser le pas. La voiture alors se mit à courir d'un si furieux train que Zezolla perdit une de ses pantoufles ; or, cette pantoufle était si jolie que jamais on n'en avait vu de pareille.

Le serviteur, désespérant de rattraper le carrosse, ramassa la pantoufle et la porta au roi, en lui contant ce qui était advenu.

Le roi la prit dans sa main et s'écria : « Si les fondations sont si belles, que sera-ce de la maison ? O beau candélabre sur lequel est restée la chandelle qui me brûle ! O trépied de la belle chaudière où bout la vie ! O beau liège attaché à la ligne d'amour avec laquelle on a pêché mon âme ! je vous baise et vous serre sur mon cœur et, si je ne puis arriver à la plante, j'adore la racine ; si je ne puis embrasser le chapiteau, je baise du moins la base de la colonne. Vous avez été l'enveloppe de blancs petits pieds, maintenant vous êtes la souricière d'un pauvre cœur. Par vous elle était haute d'une palme et demie de plus, celle qui torturait ma vie, et c'est par vous qu'elle lui donne tant de douceur, maintenant que je vous regarde et vous possède ! »

Cela dit, il appela son secrétaire, fit sonner de la trompette, et, tu, tu, tu ! fit annoncer qu'il invitait toutes les femmes de la terre à une grande fête, suivie d'un grand festin. Le jour fixé arriva. Ah ! mon ami, quel dîner à se lécher les doigts ! Il y avait tant et tant de mets délicats, de pâtisseries et de sucreries, de macaronis et de raviolis, qu'on aurait pu en nourrir une armée entière.

On y voyait des femmes de toute sorte : des nobles et des roturières, de riches et de pauvres, de jeunes et de vieilles, de belles et de laides. Le roi leur essaya la pantoufle à toutes les unes après les autres pour reconnaître celle qu'il cherchait. Mais comme pas un pied n'y pouvait entrer, il commença de désespérer.

Néanmoins, il fit faire silence, et dit à chacune :

— Revenez demain faire pénitence avec moi[1], mais si vous m'aimez, vous ne laisserez pas une seule femme à la maison, quelle qu'elle soit

Alors le prince dit :

— J'ai bien encore une fille, mais c'est une malheureuse qui garde toujours le coin du feu, et je ne la crois pas digne de s'asseoir à la table de Votre Majesté.

— C'est justement celle-là, répondit le roi, qu'il faut m'amener. C'est elle que je désire.

On partit donc, et le lendemain tout le monde revint, et

1. Formule de politesse.

Zezolla avec les filles de Carmosina. Le roi l'eut à peine vue qu'il eut l'idée que c'était là celle qu'il cherchait. Pourtant, il dissimula et, la fête finie, il recommença d'essayer la pantoufle.

Aussitôt que le roi l'approcha de Zezolla, elle alla d'elle-même chausser le pied de cet oiseau bleu d'amour, qui l'attirait comme l'aimant attire le fer.

Le roi, à cette vue, serra la jeune fille dans ses bras, la fit asseoir sous le dais du trône et lui mit la couronne sur la tête, pour que chacun courbât son front et l'honorât comme la reine.

Les sœurs de Zezolla, rongées d'envie, n'eurent pas le courage d'assister à ce spectacle qui leur crevait le cœur ; elles s'esquivèrent doucement, doucement vers la maison de leur mère et avouèrent à leur grand dépit que

Est fou qui veut lutter contre les étoiles.

Madame d'Aulnoy

FINETTE CENDRON

Conte publié en mars 1697, repris dans *Finette Cendron par Mme d'Aulnoy et Riquet à la houppe par C. Perrault*, Poitiers, Saurin frères, 1838.

Il était une fois un roi et une reine qui avaient mal fait leurs affaires. On les chassa de leur royaume. Ils vendirent leurs couronnes pour vivre, puis leurs habits, leurs linges, leurs dentelles et tous leurs meubles, pièce à pièce. Les fripiers étaient las d'acheter, car tous les jours ils vendaient chose nouvelle. Quand le roi et la reine furent bien pauvres, le roi dit à sa femme :

— Nous voilà hors de notre royaume, nous n'avons plus rien, il faut gagner notre vie et celle de nos pauvres enfants ; avisez un peu ce que nous avons à faire, car jusqu'à présent je n'ai su que le métier de roi, qui est fort doux.

La reine avait beaucoup d'esprit ; elle lui demanda huit jours pour y rêver. Au bout de ce temps, elle lui dit :

— Sire, il ne faut point nous affliger ; vous n'avez qu'à faire des filets dont vous prendrez des oiseaux à la chasse et des poissons à la pêche. Pendant que les cordelettes s'useront, je filerai pour en faire d'autres. A l'égard de nos trois filles, ce sont de franches paresseuses, qui croient être de grandes dames ; elles veulent faire les demoiselles. Il faut les mener si loin, si loin, qu'elles ne reviennent jamais ; car il serait impossible que nous puissions leur fournir assez d'habits à leur gré.

Le roi commença de pleurer, quand il vit qu'il fallait se séparer de ses enfants. Il était bon père mais la reine était la maîtresse. Il demeura donc d'accord de tout ce qu'elle voulait ; il lui dit :

— Levez-vous demain de bon matin, et prenez vos trois filles, pour les mener où vous jugerez à propos.

Pendant qu'ils complotaient cette affaire, la princesse Finette qui était la plus petite des filles, écoutait par le trou de la serrure ; et quand elle eut découvert le dessein de son papa et de sa maman, elle s'en alla tant vite qu'elle put à une grande grotte fort éloignée de chez eux, où demeurait la fée Merluche, qui était sa marraine.

Finette avait pris deux livres de beurre frais, des œufs, du lait et de la farine pour faire un excellent gâteau à sa marraine, afin d'en être bien reçue. Elle commença gaiement son voyage ; mais plus elle allait, plus elle se lassait. Ses souliers s'usèrent jusqu'à la dernière semelle ; et ses petits pieds mignons s'écorchèrent si fort que c'était grande pitié ; elle n'en pouvait plus. Elle s'assit sur l'herbe, pleurant.

Par là passa un beau cheval d'Espagne, tout sellé, tout bridé ; il y avait plus de diamants à sa housse, qu'il n'en faudrait pour acheter trois villes ; et quand il vit la princesse, il se mit à paître doucement auprès d'elle ; ployant le jarret, il semblait lui faire la révérence ; aussitôt elle le prit par la bride :

— Gentil dada, dit-elle, voudrais-tu bien me porter chez ma marraine la fée ? Tu me feras un grand plaisir, car je suis si lasse que je vais mourir ; mais si tu me sers dans cette occasion, je te donnerai de bonne avoine et de bon foin ; tu auras de la paille fraîche pour te coucher.

Le cheval se baissa presque à terre devant elle, et la jeune Finette sauta dessus ; il se mit à courir si légèrement, qu'il semblait que ce fût un oiseau. Il s'arrêta à l'entrée de la grotte, comme s'il en avait su le chemin ; et il le savait bien aussi, car c'était Merluche qui, ayant deviné que sa filleule la voulait venir voir, lui avait envoyé ce beau cheval.

Quand elle fut entrée, elle fit trois grandes révérences à sa marraine, et prit le bas de sa robe qu'elle baisa ; et puis elle lui dit :

— Bonjour, ma marraine ; comment vous portez-vous ? voilà du beurre, du lait, de la farine et des œufs que je vous apporte pour vous faire un bon gâteau à la mode de notre pays.

— Soyez la bienvenue, Finette, dit la fée ; venez que je vous embrasse.

Elle l'embrassa deux fois, dont Finette resta très joyeuse, car madame Merluche n'était pas une fée à la douzaine. Elle dit :

— Çà, ma filleule, je veux que vous soyez ma petite femme de chambre ; décoiffez-moi et me peignez.

La princesse la décoiffa et la peigna le plus adroitement du monde.

— Je sais bien, dit Merluche, pourquoi vous venez ici ; vous avez écouté le roi et la reine qui veulent vous mener perdre, et vous voulez éviter ce malheur. Tenez, vous n'avez qu'à prendre ce peloton, le fil n'en rompra jamais ; vous attacherez le bout à la porte de votre maison, et vous le tiendrez à votre main. Quand la reine vous aura laissée, il vous sera aisé de revenir en suivant le fil.

La princesse remercia sa marraine, qui lui remplit un sac de beaux habits, tous d'or et d'argent. Elle l'embrassa ; elle la fit remonter sur le joli cheval, et en deux ou trois moments, il la rendit à la porte de la maisonnette de leurs majestés. Finette dit au cheval :

— Mon petit ami, vous êtes beau et très sage ; vous allez plus vite que le soleil ; je vous remercie de votre peine ; retournez d'où vous venez.

Elle entra tout doucement dans la maison, cachant son sac sous son chevet ; elle se coucha sans faire semblant de rien. Dès que le jour parut, le roi réveilla sa femme :

— Allons, allons, madame, lui dit-il, apprêtez-vous pour le voyage.

Aussitôt elle se leva, prit ses gros souliers, une jupe courte, une camisole blanche et un bâton. Elle fit venir l'aînée de ses filles qui s'appelait Fleur-d'Amour, la seconde Belle-de-Nuit et la troisième Fine-Oreille : c'est pourquoi on la nommait ordinairement Finette.

— J'ai rêvé cette nuit, dit la reine, qu'il faut que nous allions voir ma sœur, elle nous régalera bien ; nous mangerons et nous rirons tant que nous voudrons.

Fleur-d'Amour, qui se désespérait d'être dans un désert, dit à sa mère :

— Allons, madame, où il vous plaira, pourvu que je me promène, il ne m'importe.

Les deux autres en dirent autant. Elles prennent congé du roi, et les voilà toutes quatre en chemin. Elles allèrent si loin, si loin, que Fine-Oreille avait grande peur de n'avoir pas assez de fil, car il y avait près de mille lieues. Elle marchait toujours derrière ses sœurs, passant le fil adroitement dans les buissons.

Quand la reine crut que ses filles ne pourraient plus retrouver le chemin, elle entra dans un grand bois, et leur dit :

— Mes petites brebis, dormez ; je ferai comme la bergère qui veille autour de son troupeau, crainte que le loup ne le mange.

Elles se couchèrent sur l'herbe, et s'endormirent. La reine les quitta, croyant ne les revoir jamais. Finette fermait les yeux, et ne dormait pas.

— Si j'étais une méchante fille, disait-elle, je m'en irais tout à l'heure, et je laisserais mourir mes sœurs ici, car elles me battent et m'égratignent jusqu'au sang. Malgré toutes leurs malices, je ne les veux pas abandonner.

Elle les réveille, et leur conte toute l'histoire ; elles se mettent à pleurer, et la prient de les mener avec elle, qu'elles lui donneront leurs belles poupées, leur petit ménage d'argent, leurs autres jouets et leurs bonbons.

— Je sais assez que vous n'en ferez rien, dit Finette, mais je n'en serai pas moins bonne sœur ; et se levant, elle suivit son fil, et les princesses aussi ; de sorte qu'elles arrivèrent presque aussitôt que la reine.

En s'arrêtant à la porte, elles entendirent que le roi disait :

— J'ai le cœur tout saisi de vous voir revenir seule.

— Bon, dit la reine, nous étions trop embarrassés de nos filles.

— Encore, dit le roi, si vous aviez ramené ma Finette, je me consolerais des autres, car elles n'aiment rien.

Elles frappèrent, toc, toc. Le roi dit :

— Qui va là ?

Elles répondirent :

— Ce sont vos trois filles, Fleur-d'Amour, Belle-de-Nuit et Fine-Oreille.

La reine se mit à trembler :

— N'ouvrez pas, disait-elle, il faut que ce soient des esprits, car il est impossible qu'elles fussent revenues.

Le roi était aussi poltron que sa femme, et il disait :

— Vous me trompez, vous n'êtes point mes filles.

Mais Fine-Oreille, qui était adroite, lui dit :

— Mon papa, je vais me baisser, regardez-moi par le trou du chat, et si je ne suis pas Finette, je consens d'avoir le fouet.

Le roi regarda comme elle lui avait dit, et dès qu'il l'eut reconnue, il leur ouvrit. La reine fit semblant d'être bien aise de les revoir ; elle leur dit qu'elle avait oublié quelque chose, qu'elle l'était venu chercher ; mais qu'assurément elle les aurait été retrouver. Elles feignirent de la croire, et montèrent dans un beau petit grenier où elles couchaient.

— Çà, dit Finette, mes sœurs, vous m'avez promis une poupée, donnez-la-moi.

— Vraiment tu n'as qu'à t'y attendre, petite coquine, dirent-elles, tu es cause que le roi ne nous regrette pas.

Là-dessus prenant leurs quenouilles, elles la battirent comme plâtre. Quand elles l'eurent bien battue, elle se coucha ; et comme elle avait tant de plaies et de bosses, elle ne pouvait dormir, et elle entendit que la reine disait au roi :

— Je les mènerai d'un autre côté, encore plus loin, et je suis certaine qu'elles ne reviendront jamais.

Quand Finette entendit ce complot, elle se leva tout doucement pour aller voir encore sa marraine. Elle entra dans le poulailler, elle prit deux poulets et un maître coq, à qui elle tordit le cou, puis deux petits lapins que la reine nourrissait de choux, pour s'en régaler dans l'occasion ; elle mit le tout dans un panier, et partit. Mais elle n'eut pas fait une lieue à tâtons, mourant de peur, que le cheval d'Espagne vint au galop, ronflant et hennissant ; elle crut que c'était fait d'elle, que quelques gens d'armes l'allaient prendre. Quand elle vit le joli cheval tout seul, elle monta dessus, ravie d'aller si à son aise : elle arriva promptement chez sa marraine.

Après les cérémonies ordinaires, elle lui présenta les poulets, le coq et les lapins, et la pria de l'aider de ses bons avis, parce que la reine avait juré qu'elle les mènerait jusqu'au bout du monde. Merluche dit à sa filleule de ne pas s'affliger ; elle lui donna un sac tout plein de cendre :

— Vous porterez le sac devant vous, lui dit-elle, vous le secouerez, vous marcherez sur la cendre, et quand vous voudrez revenir, vous n'aurez qu'à regarder l'impression de vos pas ; mais ne ramenez point vos sœurs, elles sont trop malicieuses, et si vous les ramenez, je ne veux plus vous voir.

Finette prit congé d'elle, emportant, par son ordre, pour trente ou quarante millions de diamants en une petite boîte, qu'elle mit dans sa poche : le cheval était tout prêt, et la rapporta comme à l'ordinaire. Au point du jour, la reine appela les princesses ; elles vinrent, et elle leur dit :

— Le roi ne se porte pas trop bien ; j'ai rêvé cette nuit qu'il faut que j'aille lui cueillir des fleurs et des herbes en un certain pays où elles sont fort excellentes, elles le feront rajeunir ; c'est pourquoi allons-y tout à l'heure.

Fleur-d'Amour et Belle-de-Nuit, qui ne croyaient pas que leur mère eût encore envie de les perdre, s'affligèrent de ces nouvelles. Il fallut pourtant partir ; et elles allèrent si loin, qu'il ne s'est jamais fait un si long voyage. Finette, qui ne disait mot, se tenait derrière les autres, et secouait sa cendre à merveille, sans que le vent ni la pluie y gâtassent rien. La reine étant persuadée qu'elles ne pourraient retrouver le chemin, remarqua un soir que ses trois filles étaient bien endormies ; elle prit ce temps pour les quitter, et revint chez elle. Quand il fut jour, et que Finette connut que sa mère n'y était plus, elle éveilla ses sœurs :

— Nous voici seules, dit-elle, la reine s'en est allée.

Fleur-d'Amour et Belle-de-Nuit se prirent à pleurer : elles arrachaient leurs cheveux, et meurtrissaient leur visage à coups de poing. Elles s'écriaient :

— Hélas ! qu'allons-nous faire ?

Finette était la meilleure fille du monde ; elle eut encore pitié de ses sœurs.

— Voyez à quoi je m'expose, leur dit-elle ; car lorsque ma marraine m'a donné le moyen de revenir, elle m'a défendu de vous enseigner le chemin ; et que si je lui désobéissais, elle ne voulait plus me voir.

Belle-de-Nuit se jette au cou de Finette, autant en fit Fleur-d'Amour ; elles la caressèrent si tendrement, qu'il n'en fallut pas davantage pour revenir toutes trois ensemble chez le roi et la reine.

Leurs majestés furent bien surprises de revoir les princesses ; ils en parlèrent toute la nuit, et la cadette qui ne se nommait pas Fine-Oreille pour rien, entendait qu'ils faisaient un nouveau complot, et que le lendemain, la reine se remettrait en campagne. Elle courut éveiller ses sœurs.

— Hélas ! leur dit-elle, nous sommes perdues, la reine veut absolument nous mener dans quelque désert, et nous y laisser. Vous êtes cause que j'ai fâché ma marraine, je n'ose l'aller trouver comme je faisais toujours.

Elles restèrent bien en peine, et se disaient l'une à l'autre :

— Que ferons-nous ?

Enfin, Belle-de-Nuit dit aux deux autres :

— Il ne faut pas s'embarrasser, la vieille Merluche n'a pas tant d'esprit qu'il n'en reste un peu aux autres : nous n'avons qu'à nous charger de pois ; nous les sèmerons le long du chemin et nous reviendrons.

Fleur-d'Amour trouva l'expédient admirable ; elles se chargèrent de pois, elles remplirent leurs poches ; pour Fine-Oreille, au lieu de prendre des pois, elle prit le sac aux beaux habits, avec la petite boîte de diamants, et dès que la reine les appela pour partir, elles se trouvèrent toutes prêtes.

Elle leur dit :

— J'ai rêvé cette nuit qu'il y a dans un pays, qu'il n'est pas nécessaire de nommer, trois beaux princes qui vous attendent pour vous épouser ; je vais vous y mener, pour voir si mon songe est véritable.

La reine allait devant et ses filles après, qui semaient des pois sans s'inquiéter, car elles étaient certaines de retourner à la maison. Pour cette fois la reine alla plus loin encore qu'elle n'était allée : mais pendant une nuit obscure, elle les quitta et revint trouver le roi ; elle arriva fort lasse et fort aise de n'avoir plus un si grand ménage sur les bras.

Les trois princesses ayant dormi jusqu'à onze heures du matin se réveillèrent ; Finette s'aperçut la première de l'absence de la reine ; bien qu'elle s'y fût préparée, elle ne laissa pas de pleurer, se confiant davantage pour son retour à sa marraine la fée, qu'à l'habileté de ses sœurs. Elle fut leur dire tout effrayée :

— La reine est partie, il faut la suivre au plus vite.

— Taisez-vous, petite babouine, répliqua Fleur-d'Amour, nous trouverons bien le chemin quand nous voudrons, vous faites ici, ma commère, l'empressée mal à propos.

Finette n'osa répliquer. Mais quand elles voulurent retrouver le chemin, il n'y avait plus ni traces ni sentiers ; les pigeons, dont il y a grand nombre en ce pays-là, étaient venus manger les pois ; elles se mirent à pleurer jusqu'aux cris. Après avoir resté deux jours sans manger, Fleur-d'Amour dit à Belle-de-Nuit :

— Ma sœur, n'as-tu rien à manger ?

— Non, dit-elle.

Elle dit la même chose à Finette :

— Je n'ai rien non plus, répliqua-t-elle, mais je viens de trouver un gland.

— Ha ! donnez-le-moi, dit l'une.

— Donnez-le-moi, dit l'autre.

Chacune le voulait avoir.

— Nous ne serons guère rassasiées d'un gland à nous trois, dit Finette ; plantons-le, il en viendra un autre qui nous pourra servir.

Elles y consentirent quoiqu'il n'y eût guère d'apparence qu'il vînt un arbre dans un pays où il n'y en avait point, on n'y voyait que des choux et des laitues, dont les princesses mangeaient ; si elles avaient été bien délicates, elles seraient mortes cent fois ; elles couchaient presque toujours à la belle étoile ; tous les matins et tous les soirs elles allaient tour à tour arroser le gland, et lui disaient :

— Croîs, croîs, beau gland.

Il commença de croître à vue d'œil. Quand il fut un peu grand, Fleur-d'Amour voulut monter dessus, mais il n'était pas assez fort pour la porter ; elle le sentait plier sous elle, aussitôt elle descendit ; Belle-de-Nuit eut la même aventure ;

Finette plus légère s'y tint longtemps ; et ses sœurs lui demandèrent :

— Ne vois-tu rien, ma sœur ?

Elle leur répondit :

— Non, je ne vois rien.

— Ah ! c'est que le chêne n'est pas assez haut, disait Fleur-d'Amour.

De sorte qu'elles continuaient d'arroser le gland et de lui dire :

— Croîs, croîs, beau gland.

Finette ne manquait jamais d'y monter deux fois par jour : un matin qu'elle y était, Belle-de-Nuit dit à Fleur-d'Amour :

— J'ai trouvé un sac que notre sœur nous a caché ; qu'est-ce qu'il peut y avoir dedans ?

Fleur-d'Amour répondit :

— Elle m'a dit que c'était de vieilles dentelles qu'elle raccommode, et moi, je crois que c'est du bonbon, ajouta Belle-de-Nuit ; elle était friande, et voulut y voir ; elle y trouva effectivement toutes les dentelles du roi et de la reine, mais elles servaient à cacher les beaux habits de Finette et la boîte de diamants.

— Hé bien ! se peut-il une plus grande petite coquine, s'écria-t-elle, il faut prendre tout pour nous, et mettre des pierres à la place.

Elles le firent promptement. Finette revint sans s'apercevoir de la malice de ses sœurs, car elle ne s'avisait pas de se parer dans un désert ; elle ne songeait qu'au chêne qui devenait le plus beau de tous les chênes.

Une fois qu'elle y monta et que ses sœurs, selon leur coutume, lui demandèrent si elle ne découvrait rien, elle s'écria :

— Je découvre une grande maison, si belle, si belle que je ne saurais assez le dire ; les murs en sont d'émeraudes et de rubis, le toit de diamants : elle est toute couverte de sonnettes d'or, les girouettes vont et viennent comme le vent.

— Tu mens, disaient-elles, cela n'est pas si beau que tu le dis.

— Croyez-moi, répondit Finette, je ne suis pas menteuse, venez-y plutôt voir vous-mêmes, j'en ai les yeux tout éblouis.

Fleur-d'Amour monta sur l'arbre : quand elle eut vu le château, elle ne s'en pouvait taire. Belle-de-Nuit qui était fort curieuse, ne manqua pas de monter à son tour, elle demeura aussi ravie que ses sœurs.

— Certainement, dirent-elles, il faut aller à ce palais, peut-être que nous y trouverons de beaux princes qui seront trop heureux de nous épouser.

Tant que la soirée fut longue, elles ne parlèrent que de leur dessein, elles se couchèrent sur l'herbe ; mais lorsque Finette leur parut fort endormie, Fleur-d'Amour dit à Belle-de-Nuit :

— Savez-vous ce qu'il faut faire, ma sœur, levons-nous et nous habillons des riches habits que Finette a apportés.

— Vous avez raison, dit Belle-de-Nuit ; elles se levèrent donc, se frisèrent, se poudrèrent, puis elles mirent des mouches, et les belles robes d'or et d'argent toutes couvertes de diamants ; il n'a jamais été rien de si magnifique.

Finette ignorait le vol que ses méchantes sœurs lui avaient fait ; elle prit son sac dans le dessein de s'habiller, mais elle demeura bien affligée de ne trouver que des cailloux ; elle aperçut en même temps ses sœurs qui s'étaient accommodées comme des soleils. Elle pleura et se plaignit de la trahison qu'elles lui avaient faite ; et elles d'en rire et de se moquer.

— Est-il possible, leur dit-elle, que vous ayez le courage de me mener au château sans me parer et me faire belle ?

— Nous n'en avons pas trop pour nous, répliqua Fleur-d'Amour, tu n'auras que des coups si tu nous importunes.

— Mais, continua-t-elle, ces habits que vous portez sont à moi, ma marraine me les a donnés, ils ne vous doivent rien.

— Si tu parles davantage, dirent-elles, nous allons t'assommer, et nous t'enterrerons sans que personne le sache.

La pauvre Finette n'eut garde de les agacer ; elle les suivait doucement et marchait un peu derrière, ne pouvant passer que pour leur servante.

Plus elles approchaient de la maison, plus elle leur semblait merveilleuse.

— Ha ! disaient Fleur-d'Amour et Belle-de-Nuit, que nous allons nous bien divertir ! que nous ferons bonne chère, nous mangerons à la table du roi, mais pour Finette elle lavera les écuelles dans la cuisine, car elle est faite comme une souillon, et si l'on demande qui elle est, gardons-nous bien de l'appeler notre sœur : il faudra dire que c'est la petite vachère du village.

Finette qui était pleine d'esprit et de beauté, se désespérait d'être si mal traitée. Quand elles furent à la porte du château, elles frappèrent : aussitôt une vieille femme épouvantable leur vint ouvrir, elle n'avait qu'un œil au milieu du front, mais il était plus grand que cinq ou six autres, le nez plat, le teint noir et la bouche si horrible, qu'elle faisait peur ; elle avait quinze pieds de haut et trente de tour.

— O malheureuses ! qui vous amène ici ? leur dit-elle. Ignorez-vous que c'est le château de l'ogre, et qu'à peine pouvez-vous suffire pour son déjeuner ; mais je suis meilleure que mon mari ; entrez, je ne vous mangerai pas tout d'un coup, vous aurez la consolation de vivre deux ou trois jours davantage.

Quand elles entendirent l'ogresse parler ainsi, elles s'enfuirent, croyant se pouvoir sauver, mais une seule de ses enjambées en valait cinquante des leurs ; elle courut après et les reprit, les unes par les cheveux, les autres par la peau du cou ; et les mettant sous son bras, elle les jeta toutes trois dans la cave qui était pleine de crapauds et de couleuvres, et l'on ne marchait que sur les os de ceux qu'ils avaient mangés.

Comme elle voulait croquer sur-le-champ Finette, elle fut quérir du vinaigre, de l'huile et du sel pour la manger en salade ; mais elle entendit venir l'ogre, et trouvant que les princesses avaient la peau blanche et délicate, elle résolut de les manger toute seule, et les mit promptement sous une grande cuve où elles ne voyaient que par un trou.

L'ogre était six fois plus haut que sa femme ; quand il parlait, la maison tremblait, et quand il toussait, il semblait des éclats de tonnerre ; il n'avait qu'un grand vilain œil, ses cheveux étaient tout hérissés, il s'appuyait sur une bûche dont il avait fait une canne ; il avait dans sa main un panier couvert ; il en tira quinze petits enfants qu'il avait volés par les chemins, et qu'il avala comme quinze œufs frais. Quand les trois princesses le virent, elles tremblaient sous la cuve, elles n'osaient pleurer bien haut, de peur qu'il ne les entendît ; mais elles s'entredisaient tout bas :

— Il va nous manger tout en vie, comment nous sauverons-nous ?

L'ogre dit à sa femme :

— Vois-tu, je sens chair fraîche, je veux que tu me la donnes.

— Bon, dit l'ogresse, tu crois toujours sentir chair fraîche, et ce sont tes moutons qui sont passés par là.

— Oh, je ne me trompe point, dit l'ogre, je sens chair fraîche assurément ; je vais chercher partout.

— Cherche, dit-elle, et tu ne trouveras rien.

— Si je trouve, répliqua l'ogre, et que tu me le caches, je te couperai la tête pour en faire une boule.

Elle eut peur de cette menace, et lui dit :

— Ne te fâche point, mon petit ogrelet, je vais te déclarer la vérité. Il est venu aujourd'hui trois jeunes fillettes que j'ai prises, mais ce serait dommage de les manger, car elles savent tout faire. Comme je suis vieille, il faut que je me repose ; tu vois que notre belle maison est fort malpropre, que notre pain n'est pas cuit, que la soupe ne te semble plus si bonne, et que je ne te parais plus si belle, depuis que je me tue de travailler ; elles seront mes servantes ; je te prie, ne les mange pas à présent ; si tu en as envie quelque jour, tu en seras assez le maître.

L'ogre eut bien de la peine à lui promettre de ne les pas manger tout à l'heure. Il disait :

— Laisse-moi faire, je n'en mangerai que deux.

— Non, tu n'en mangeras pas.

— Hé bien, je ne mangerai que la plus petite.

Et elle disait :

— Non, tu n'en mangeras pas une.

Enfin après bien des contestations, il lui promit de ne les pas manger. Elle pensait en elle-même :

— Quand il ira à la chasse, je les mangerai, et je lui dirai qu'elles se sont sauvées.

L'ogre sortit de la cave, il lui dit de les mener devant lui ; les pauvres filles étaient presque mortes de peur, l'ogresse les rassura ; et quand il les vit, il leur demanda ce qu'elles savaient faire ? Elles répondirent qu'elles savaient balayer, qu'elles savaient coudre et filer à merveille, qu'elles faisaient de si bons ragoûts, que l'on mangeait jusques aux plats, que pour du pain, des gâteaux et des pâtés, l'on en venait chercher chez elles de mille lieues à la ronde. L'ogre était friand, il dit :

— Çà, çà, mettons vite ces bonnes ouvrières en besogne ; mais, dit-il à Finette, quand tu as mis le feu au four, comment peux-tu savoir s'il est assez chaud ?

— Monseigneur, répliqua-t-elle, j'y jette du beurre, et puis j'y goûte avec la langue.

— Hé bien, dit-il, allume donc le four.

Ce four était aussi grand qu'une écurie, car l'ogre et l'ogresse mangeaient plus de pain que deux armées. La princesse y fit un feu effroyable, il était embrasé comme une fournaise, et l'ogre qui était présent, attendant le pain tendre, mangea cent agneaux et cent petits cochons de lait. Fleur-d'Amour et Belle-de-Nuit accommodaient la pâte. Le maître ogre dit :

— Hé bien, le four est-il chaud ?

Finette répondit :

— Monseigneur, vous l'allez voir.

Elle jeta devant lui mille livres de beurre au fond du four, et puis elle dit :

— Il faut tâter avec la langue, mais je suis trop petite.

— Je suis grand, dit l'ogre, et se baissant, il s'enfonça si avant qu'il ne pouvait plus se retirer, de sorte qu'il brûla jusqu'aux os. Quand l'ogresse vint au four, elle demeura bien étonnée de trouver une montagne de cendre des os de son mari.

Fleur-d'Amour et Belle-de-Nuit, qui la virent fort affligée, la consolèrent de leur mieux ; mais elles craignaient que sa douleur ne s'apaisât trop tôt, et que l'appétit lui venant, elle ne les mît en salade, comme elle avait déjà pensé faire. Elles lui dirent :

— Prenez courage, madame, vous trouverez quelque roi ou quelque marquis, qui seront heureux de vous épouser.

Elle sourit un peu, montrant des dents plus longues que le doigt. Lorsqu'elles la virent de bonne humeur, Finette lui dit :

— Si vous vouliez quitter ces horribles peaux d'ours, dont vous êtes habillée, vous mettre à la mode, nous vous coifferions à merveille, vous seriez comme un astre.

— Voyons, dit-elle, comme tu l'entends ; mais assure-toi que s'il y a quelques dames plus jolies que moi, je te hacherai menu comme chair à pâté.

Là-dessus les trois princesses lui ôtèrent son bonnet, et se mirent à la peigner et la friser en l'amusant de leur caquet ; Finette prit une hache, et lui donna par-derrière un si grand coup, qu'elle sépara son corps d'avec sa tête.

Il ne fut jamais une telle allégresse ; elles montèrent sur le toit de la maison pour se divertir à sonner les clochettes d'or, elles furent dans toutes les chambres, qui étaient de perles et de diamants, et les meubles si riches qu'elles mouraient de plaisir ; elles riaient et chantaient, rien ne leur manquait, du blé, des confitures, des fruits et des poupées en abondance. Fleur-d'Amour et Belle-de-Nuit se couchèrent dans des lits de brocart et de velours, et s'entredirent :

— Nous voilà plus riches que n'était notre père, quand il avait son royaume, mais il nous manque d'être mariées, il ne viendra personne ici, cette maison passe assurément pour un coupe-gorge, car on ne sait point la mort de l'ogre et de l'ogresse. Il faut que nous allions à la plus prochaine ville nous faire voir avec nos beaux habits ; et nous n'y serons pas longtemps sans trouver de bons financiers qui seront bien aises d'épouser des princesses.

Dès qu'elles furent habillées, elles dirent à Finette qu'elles allaient se promener, qu'elle demeurât à la maison à faire le ménage et la lessive, et qu'à leur retour tout fût net et propre ;

que si elle y manquait, elles l'assommeraient de coups. La pauvre Finette qui avait le cœur serré de douleur, resta seule au logis, balayant, nettoyant, lavant sans se reposer, et toujours pleurant.

— Que je suis malheureuse, disait-elle, d'avoir désobéi à ma marraine, il m'en arrive toutes sortes de disgrâces ; mes sœurs m'ont volé mes riches habits ; ils servent à les parer ; sans moi, l'ogre et sa femme se porteraient encore bien ; de quoi me profite de les avoir fait mourir ? N'aimerais-je pas autant qu'ils m'eussent mangée que de vivre comme je vis ?

Quand elle avait dit cela, elle pleurait à étouffer, puis ses sœurs arrivaient chargées d'oranges de Portugal, de confitures, de sucre, et elles lui disaient :

— Ah ! que nous venons d'un beau bal ! qu'il y avait de monde ! le fils du roi y dansait ; l'on nous a fait mille honneurs : allons, viens nous déchausser et nous décrotter, car c'est là ton métier.

Finette obéissait ; et si par hasard elle voulait dire un mot pour se plaindre, elles se jetaient sur elle, et la battaient à la laisser pour morte.

Le lendemain encore elles retournaient et revenaient conter des merveilles. Un soir que Finette était assise proche du feu sur un monceau de cendres, ne sachant que faire, elle cherchait dans les fentes de la cheminée ; et cherchant ainsi elle trouva une petite clé si vieille et si crasseuse, qu'elle eut toutes les peines du monde à la nettoyer. Quand elle fut claire, elle connut qu'elle était d'or, et pensa qu'une clé d'or devait ouvrir un beau petit coffre ; elle se mit aussitôt à courir par toute la maison, essayant la clé aux serrures, et enfin elle trouva une cassette qui était un chef-d'œuvre. Elle l'ouvrit : il y avait dedans des habits, des diamants, des dentelles, du linge, des rubans pour des sommes immenses : elle ne dit mot de sa bonne fortune ; mais elle attendit impatiemment que ses sœurs sortissent le lendemain. Dès qu'elle ne les vit plus, elle se para, de sorte qu'elle était plus belle que le soleil.

Ainsi ajustée, elle fut au même bal où ses sœurs dansaient ; et quoiqu'elle n'eût point de masque, elle était si changée en mieux, qu'elles ne la reconnurent pas. Dès qu'elle parut dans l'assemblée, il s'éleva un murmure de voix, les unes d'admiration, et les autres de jalousie. On la prit pour danser, elle surpassa toutes les dames à la danse, comme elle les surpassait en beauté. La maîtresse du logis vint à elle, et lui ayant fait une profonde révérence, elle la pria de lui dire comment elle s'appelait, afin de ne jamais oublier le nom d'une personne si merveilleuse. Elle lui répondit civilement qu'on la nommait Cendron. Il n'y eut point d'amant qui ne fût infidèle à sa maîtresse pour Cendron, point de poète qui ne rimât en Cendron ; jamais petit nom ne fit tant de bruit en si peu de temps ; les échos ne répétaient que les louanges de Cendron ; l'on n'avait pas assez d'yeux pour la regarder, assez de bouche pour la louer.

Fleur-d'Amour et Belle-de-Nuit, qui avaient fait d'abord grand fracas dans les lieux où elles avaient paru, voyant l'accueil que l'on faisait à cette nouvelle venue, en crevaient de dépit ; mais Finette se démêlait de tout cela de la meilleure grâce du monde ; il semblait, à son air, qu'elle n'était faite que pour commander. Fleur-d'Amour et Belle-de-Nuit, qui ne voyaient leur sœur qu'avec de la suie de cheminée sur le visage, et plus barbouillée qu'un petit chien, avaient si fort perdu l'idée de sa beauté, qu'elles ne la reconnurent point du tout ; elles faisaient leur cour à Cendron comme les autres. Dès qu'elle voyait le bal prêt à finir, elle sortait vite, revenait à la maison, se déshabillait en diligence, reprenait ses guenilles ; et quand ses sœurs arrivaient :

— Ah ! Finette, nous venons de voir, lui disaient-elles, une jeune princesse qui est toute charmante ; ce n'est pas une guenuche comme toi ; elle est blanche comme la neige, plus vermeille que les roses ; ses dents sont de perles, ses lèvres de corail ; elle a une robe qui pèse plus de mille livres, ce n'est qu'or et diamants : qu'elle est belle ! qu'elle est aimable !

Finette répondait entre ses dents :

— Ainsi j'étais, ainsi j'étais.

— Qu'est-ce que tu bourdonnes ? disaient-elles.

Finette répliquait encore plus bas :

— Ainsi j'étais.

Ce petit jeu dura longtemps ; il n'y eut presque pas de jour que Finette ne changeât d'habits, car la cassette était fée, et plus on y en prenait, plus il en revenait, et si fort à la mode, que les dames ne s'habillaient que sur son modèle.

Un soir que Finette avait plus dansé qu'à l'ordinaire, et qu'elle avait tardé assez tard à se retirer, voulant réparer le temps perdu et arriver chez elle un peu avant ses sœurs, en marchant de toute sa force, elle laissa tomber une de ses mules, qui était de velours rouge, toute brodée de perles. Elle fit son possible pour la retrouver dans le chemin ; mais le temps était si noir, qu'elle prit une peine inutile ; elle rentra au logis, un pied chaussé et l'autre nu.

Le lendemain le prince Chéri, fils aîné du roi, allant à la chasse, trouve la mule de Finette ; il la fait ramasser, la regarde, en admire la petitesse et la gentillesse, la tourne, retourne, la baise, la chérit et l'emporte avec lui. Depuis ce jour-là, il ne mangeait plus ; il devenait maigre et changé, jaune comme un coing, triste, abattu. Le roi et la reine, qui l'aimaient éperdument, envoyaient de tous côtés pour avoir de bon gibier et des confitures ; c'était pour lui moins que rien ; il regardait tout cela sans répondre à la reine, quand elle lui parlait. L'on envoya quérir des médecins partout, même jusqu'à Paris et à Montpellier. Quand ils furent arrivés, on leur fit voir le prince, et après l'avoir considéré trois jours et trois nuits sans le perdre de vue, ils conclurent qu'il était amoureux, et qu'il mourrait si l'on n'y apportait remède.

La reine, qui l'aimait à la folie, pleurait à fondre en eau, de ne pouvoir découvrir celle qu'il aimait, pour la lui faire épouser. Elle amenait dans sa chambre les plus belles dames, il ne daignait pas les regarder. Enfin elle lui dit une fois :

— Mon cher fils, tu veux nous faire étouffer de douleur, car tu aimes, et tu nous caches tes sentiments ; dis-nous qui tu veux, et nous te la donnerons, quand ce ne serait qu'une simple bergère.

Le prince, plus hardi par les promesses de la reine, tira la mule de dessous son chevet, et l'ayant montrée :

— Voilà, madame, lui dit-il, ce qui cause mon mal ; j'ai trouvé cette petite, pouponne, mignonne, jolie mule en allant à la chasse ; je n'épouserai jamais que celle qui pourra la chausser.

— Hé bien, mon fils, dit la reine, ne t'afflige point, nous la ferons chercher.

Elle fut dire au roi cette nouvelle ; il demeura bien surpris, et commanda en même temps que l'on fût avec des tambours et des trompettes, annoncer que toutes les filles et les femmes vinssent pour chausser la mule, et que celle à qui elle serait propre, épouserait le prince.

Chacune ayant entendu de quoi il était question, se décrassa les pieds avec toutes sortes d'eaux, de pâtes et de pommades. Il y eut des dames qui se les firent peler, pour avoir la peau plus belle ; d'autres jeûnaient ou se les écorchaient afin de les avoir plus petits. Elles allaient en foule essayer la mule, une seule ne la pouvait mettre et plus il en venait inutilement, plus le prince s'affligeait.

Fleur-d'Amour et Belle-de-Nuit se firent un jour si braves, que c'était une chose étonnante.

— Où allez-vous donc ? leur dit Finette.

— Nous allons à la grande ville, répondirent-elles, où le roi et la reine demeurent, essayer la mule que le fils du roi a trouvée ; car si elle est propre à l'une de nous deux, il l'épousera, et nous serons reines.

— Et moi, dit Finette, n'irai-je point ?

— Vraiment, dirent-elles, tu es un bel oison bridé : va, va arroser nos choux, tu n'es propre a rien.

Finette songea aussitôt qu'elle mettrait ses plus beaux habits, et qu'elle irait tenter l'aventure comme les autres, car elle avait quelque petit soupçon qu'elle y aurait bonne part ; ce qui lui faisait de la peine, c'est qu'elle ne savait pas le chemin, le bal où l'on allait danser n'était point dans la grande ville. Elle s'habilla magnifiquement ; sa robe était de satin bleu, toute couverte d'étoiles et de diamants ; elle avait un soleil sur la tête, une pleine lune sur le dos ; tout cela brillait si fort, qu'on ne la pouvait regarder sans clignoter les yeux. Quand elle ouvrit la porte pour sortir elle resta bien étonnée de trouver le joli cheval d'Espagne qui l'avait portée chez sa marraine. Elle le caressa et lui dit :

— Sois le bienvenu, mon petit dada ; je suis obligée à ma marraine Merluche.

Il se baissa ; elle s'assit dessus comme une nymphe. Il était tout couvert de sonnettes d'or et de rubans ; sa housse et sa bride n'avaient point de prix ; et Finette était trente fois plus belle que la belle Hélène.

Le cheval d'Espagne allait légèrement, ses sonnettes faisaient din, din, din. Fleur-d'Amour et Belle-de-Nuit les ayant entendues, se retournèrent et la virent venir ; mais dans ce moment quelle fut leur surprise ! Elles la reconnurent pour être Finette Cendron. Elles étaient fort crottées, leurs beaux habits étaient couverts de boue :

— Ma sœur, s'écria Fleur-d'Amour, en parlant à Belle-de-Nuit, je vous proteste que voici Finette Cendron ; l'autre s'écria tout de même, et Finette passant près d'elles, son cheval les éclaboussa, et leur fit un masque de crotte : elle se prit à rire, et leur dit :

— Altesses, Cendron vous méprise autant que vous le méritez ; puis passant comme un trait, la voilà partie.

Belle-de-Nuit et Fleur-d'Amour s'entre-regardèrent.

— Est-ce que nous rêvons ? disaient-elles ; qui est-ce qui peut avoir fourni des habits et un cheval à Finette ? Quelle merveille le bonheur lui en veut, elle va chausser la mule, et nous n'aurons que la peine d'un voyage inutile.

Pendant qu'elles se désespéraient, Finette arrive au palais ; dès qu'on la vit, chacun crut que c'était une reine, les gardes prennent leurs armes, l'on bat le tambour, l'on sonne la trompette, l'on ouvre toutes les portes, et ceux qui l'avaient vue au bal, allaient devant elle, disant :

— Place, place, c'est la belle Cendron, c'est la merveille de l'univers.

Elle entre avec cet appareil dans la chambre du prince mourant ; il jette les yeux sur elle, et demeure charmé, souhaitant qu'elle eût le pied assez petit pour chausser la mule : elle la mit tout d'un coup et montra la pareille, qu'elle avait apportée exprès. En même temps l'on crie :

— Vive la princesse Chérie, vive la princesse qui sera notre reine !

Le prince se leva de son lit, il vint lui baiser les mains, elle le trouva beau et plein d'esprit : il lui fit mille amitiés. L'on avertit le roi et la reine, qui accoururent ; la reine prend Finette entre ses bras, l'appelle sa fille, sa mignonne, sa petite reine, lui fait des présents admirables, sur lesquels le roi libéral renchérit encore. L'on tire le canon ; les violons, les musettes, tout joue ; l'on ne parle que de danser et de se réjouir.

Le roi, la reine et le prince prient Cendron de se laisser marier :

— Non, dit-elle, il faut avant que je vous conte mon histoire ; ce qu'elle fit en quatre mots.

Quand ils surent qu'elle était née princesse, c'était bien une autre joie, il tint à peu qu'ils n'en mourussent ; mais lorsqu'elle leur dit le nom du roi son père, de la reine sa mère, ils reconnurent que c'étaient eux qui avaient conquis leur royaume : ils le lui annoncèrent ; et elle jura qu'elle ne consentirait point à son mariage, qu'ils ne rendissent les Etats de son père ; ils le lui promirent, car ils avaient plus de cent royaumes, un de moins n'était pas une affaire.

Cependant Belle-de-Nuit et Fleur-d'Amour arrivèrent. La première nouvelle fut que Cendron avait mis la mule, elles ne savaient que faire, ni que dire, elles voulaient s'en retourner sans la voir ; mais quand elle sut qu'elles étaient là, elle les fit entrer, et au lieu de leur faire mauvais visage, et de les punir comme elles le méritaient, elle se leva, et fut au-devant d'elles les embrasser tendrement, puis elle les présenta à la reine, lui disant :

— Madame, ce sont mes sœurs qui sont fort aimables, je vous prie de les aimer.

Elles demeurèrent si confuses de la bonté de Finette, qu'elles ne pouvaient proférer un mot.

Elle leur promit qu'elles retourneraient dans leur royaume, que le prince le voulait rendre à leur famille. A ces mots, elles se jetèrent à genoux devant elle, pleurant de joie.

Les noces furent les plus belles que l'on eût jamais vues.

Finette écrivit à sa marraine, et mit sa lettre avec de grands présents sur le joli cheval d'Espagne, la priant de chercher le roi et la reine, de leur dire son bonheur, et qu'ils n'avaient qu'à retourner dans leur royaume.

La fée Merluche s'acquitta fort bien de cette commission. Le père et la mère de Finette revinrent dans leurs Etats, et ses sœurs furent reines aussi bien qu'elle.

Grimm

CENDRILLON

Aschenputtel, Contes des Enfants et du Foyer, n° 21, 1819. Traduction Frédéric Baudry et Charles Deulin, Charles Deulin, *Les Contes de ma Mère l'Oye avant Perrault*, Paris, E. Dentu, éditeur libraire de la Société des Gens de Lettres, 1879.

Il y avait une fois un homme fort riche dont la femme tomba malade. Se sentant près de sa fin, elle fit venir à son chevet sa fille unique, qui était encore toute petite.

— Ma chère enfant, lui dit-elle, sois toujours bonne et pieuse, et le bon Dieu t'aidera. Quant à moi, je regarderai de là-haut et toujours je serai auprès de toi.

Après quoi, ayant clos ses paupières, elle mourut.

Chaque jour la jeune fille allait pleurer sur la tombe de sa mère, et ainsi elle resta bonne et pieuse. Le cimetière était caché sous la neige comme sous un suaire et, quand il en fut dégagé par le soleil, le père prit une autre femme.

Celle-ci amena dans la maison deux filles blanches et belles de figure, mais noires et laides de cœur. Dès lors, pour la pauvre enfant commença une vie bien dure.

— Qu'est-ce que cette créature fait dans notre chambre ? disaient-elles. Qui veut manger doit gagner son pain ; la place de la servante est à la cuisine.

Elles lui enlevèrent ses beaux habits, la vêtirent d'un vieux casaquin de toile grise et, après l'avoir bien raillée, la menèrent à la cuisine où elle fut forcée de faire les plus gros ouvrages, de se lever avant l'aube, de puiser de l'eau, d'allumer le feu, d'apprêter les repas et la lessive.

Ses sœurs, par-dessus le marché, lui faisaient toutes les niches possibles ; elles se moquaient d'elle et lui répandaient ses pois dans les cendres, pour qu'elle les ramassât.

Le soir, lorsqu'elle était lasse de travailler, elle n'avait pas de lit pour dormir et elle devait se coucher dans les cendres du foyer. Elle paraissait donc toujours sale et poudreuse, et c'est pourquoi on la surnomma *Cendrillon*.

Il arriva qu'un jour son père, allant à la foire, demanda à ses deux belles-filles ce qu'elles voulaient qu'il leur rapportât.

— De belles robes, dit l'aînée.

— Des perles et des diamants, dit la cadette.

— Et toi, Cendrillon, que veux-tu ?

— Que vous me coupiez la première branche qui, à votre retour, touchera votre chapeau.

Il fit donc emplette pour les deux sœurs de superbes robes, de perles et de pierres précieuses, puis, en revenant, comme il traversait un bois, son chapeau fut heurté par une branche de coudrier qui le jeta à terre ; il cassa la branche et l'emporta.

De retour au logis, il donna à ses belles-filles les objets qu'elles avaient désirés, et à Cendrillon la branche de coudrier. Après l'avoir remercié, celle-ci s'en fut à la tombe de sa mère, planta la branche et l'arrosa de ses larmes. La branche crût bientôt et devint un arbre superbe.

Trois fois par jour Cendrillon allait prier et pleurer sous son ombre, et chaque fois voletait un petit oiseau qui lui jetait tout ce qu'elle demandait.

Or, il advint que le roi fit préparer une grande fête qui devait durer trois jours. Il y convia toutes les jolies filles du pays, afin que son fils pût faire choix d'une épouse. En apprenant qu'elles étaient de ce nombre, les deux sœurs ne se sentirent pas de joie ; elles appelèrent Cendrillon et lui dirent :

— Arrange bien nos cheveux, cire nos souliers et attache nos boucles : nous allons à la fête que le roi donne au château.

Cendrillon obéit, mais en pleurant ; elle aurait bien voulu aller au bal, et elle supplia sa belle-mère de lui en donner la permission.

— Comment, toi, si sale et si poudreuse, toi, Cendrillon, dit la marâtre, tu veux aller au bal et tu n'as pas même une robe ! Tu veux danser et tu n'as seulement pas de souliers !

Comme la jeune fille ne cessait de la prier, elle lui dit :

— J'ai laissé choir un plat de lentilles dans les cendres ; si dans deux heures tu les as ramassées, tu pourras sortir.

Cendrillon s'en alla au jardin et dit :

— Gentils pigeons, tourterelles, et vous tous, oiselets qui volez par les airs, accourez et m'aidez à chercher.

Les bonnes au pot,
Les autres au bec !

Deux blancs pigeons entrèrent dans la cuisine par la fenêtre ; puis arrivèrent les tourterelles et tous les autres menus oiseaux, et ils quêtèrent dans les cendres.

Les pigeons balancèrent leurs petites têtes en faisant *pic, pic, pic* ; les autres aussi firent *pic, pic, pic*, et mirent dans le plat toutes les bonnes graines. En moins d'une heure, ils eurent fini et s'envolèrent.

Cendrillon, toute joyeuse, apporta alors le plat à sa belle-mère. Elle se figurait qu'elle pourrait se rendre au bal, mais la méchante femme lui dit :

— Non, tu ne viendras pas avec nous ; tu n'as pas de robe, et d'ailleurs tu ne sais pas danser.

Comme Cendrillon pleurait, elle ajouta :

— Retire-moi des cendres dans une heure deux plats de lentilles, et tu viendras avec nous.

Persuadée que la pauvre fille n'en sortirait point, elle jeta dans les cendres les deux plats de lentilles. Mais Cendrillon retourna au jardin et dit :

— Gentils pigeons, tourterelles, et vous tous, oiselets qui volez par les airs, accourez et m'aidez à chercher.

Les bonnes au pot,
Les autres au bec !

Et, comme la première fois, deux blancs pigeons entrèrent dans la cuisine par la fenêtre ; puis arrivèrent les tourterelles et tous les autres menus oiseaux qui volent par les airs, et ils quêtèrent dans les cendres.

Les pigeons balancèrent leurs petites têtes en faisant *pic, pic, pic* ; les autres aussi firent *pic, pic, pic*, et mirent dans les plats toutes les bonnes graines. Une demi-heure ne s'était pas écoulée qu'ils avaient fini et s'envolaient.

Cendrillon, toute joyeuse, apporta alors les plats à sa belle-mère. Elle se figurait qu'elle pourrait se rendre au bal, mais la marâtre lui dit :

— C'est inutile, tu ne viendras pas avec nous ; tu n'as pas de robe, tu ne sais pas danser et nous rougirions de toi.

Sur quoi elle tourna le dos et partit avec ses deux insolentes filles. Une fois seule à la maison, Cendrillon s'en fut à la tombe de sa mère, sous le coudrier, et dit :

— Petit arbre, balance-toi et secoue-toi,
Jette de l'or et de l'argent sur moi !

L'oiselet alors lui donna une robe d'or et d'argent avec des pantoufles brodées d'or et de soie.

Elle mit la belle robe et alla à la fête ; ni ses sœurs ni sa belle-mère ne la reconnurent : elles crurent voir une princesse étrangère, tant elle était éblouissante dans sa robe magnifique. Elles ne pensaient guère à Cendrillon, qu'elles avaient laissée au logis dans les cendres.

Le fils du roi alla au-devant de la dame inconnue, lui offrit la main et dansa avec elle. Il ne voulut même pas en faire danser d'autre ce jour-là ; il garda toujours la main de la jeune fille, et, quand on la venait inviter, il répondait :

— Celle-ci danse avec moi.

Après avoir dansé jusqu'au soir, elle songea à se retirer.

— Je vais vous reconduire, lui dit le prince.

Il brûlait de savoir qui était cette charmante jeune fille ; mais elle s'échappa et sauta dans le pigeonnier. Le prince attendit l'arrivée du père et lui montra l'endroit où s'était cachée l'étrangère.

« Si c'était Cendrillon ! » se dit le père. Il se fit apporter une hache, brisa le pigeonnier et n'y trouva personne. Quand tous les deux entrèrent en la maison, Cendrillon était accroupie dans les cendres, avec son vieux casaquin gris et une petite lampe achevant de brûler sur le foyer.

Cendrillon était descendue rapidement de l'autre côté et avait couru au coudrier. Aussitôt, ôtant sa belle robe, elle l'avait déposée sur la tombe où l'oiseau la reprit ; ensuite elle s'était replacée dans les cendres avec son vieux casaquin.

La fête continua le lendemain, et, lorsque son père, sa mère et ses belles-sœurs furent partis, la jeune fille s'en alla sous le coudrier :

— Petit arbre, balance-toi et secoue-toi,
Jette de l'or et de l'argent sur moi !

L'oiselet alors lui fit don d'une robe plus étincelante encore que la précédente et, quand elle apparut dans le bal parée de cette robe, chacun fut émerveillé de sa beauté.

Le prince, qui l'attendait, la prit aussitôt par la main et ne dansa qu'avec elle. Lorsqu'on s'approchait pour l'inviter, il disait :

— Celle-ci danse avec moi.

Le soir venu, elle parla de s'en retourner, et le fils du roi lui offrit de l'accompagner, afin de voir où elle irait ; mais elle lui échappa dans le jardin, derrière la maison.

Il s'y trouvait un superbe poirier tout couvert de belles poires. Cendrillon y grimpa leste comme un écureuil, si bien que le prince ne sut pas où elle s'était cachée. Il attendit pourtant le retour du père et lui dit :

— L'étrangère m'a encore échappé, et je crois bien qu'elle a grimpé sur le poirier.

« Si c'était Cendrillon ! » se dit de nouveau le père. Il envoya quérir une hache et coupa l'arbre ; mais on n'y trouva personne. Et, quand ils entrèrent dans la cuisine, Cendrillon, comme d'habitude, était accroupie dans les cendres, car elle s'était dépêchée de rendre sa belle robe à l'oiselet du coudrier et avait repris son casaquin gris.

Le surlendemain, après avoir vu partir ses sœurs et ses parents, Cendrillon s'en alla à la tombe de sa mère et dit :

— Petit arbre, balance-toi et secoue-toi,
Jette de l'or et de l'argent sur moi !

L'oiselet alors lui jeta une robe d'une richesse telle que la jeune fille n'en avait pas encore vu de semblable, ainsi que des pantoufles en or.

Lorsqu'elle entra dans la salle du bal, tous restèrent muets d'admiration ; le prince ne dansa qu'avec elle seule, et, si quelqu'un l'invitait, il répétait :

— Celle-ci danse avec moi.

Quand vint le soir, elle voulut partir, et le fils du roi offrit de l'accompagner ; mais elle s'enfuit si rapidement qu'il ne put suivre ses pas. Or, le prince s'était avisé d'un artifice : il avait ordonné qu'on mît de la poix sur l'escalier, et la pantoufle de Cendrillon y resta attachée. Le fils du roi s'en empara ; elle était tout en or, aussi charmante que mignonne.

Le jour suivant, il s'en alla chez le père de la fugitive et lui déclara qu'il prendrait pour femme celle qui pourrait chausser la pantoufle d'or. Les deux sœurs furent enchantées, car elles avaient le pied fort petit.

L'aînée s'en fut à sa chambre avec sa mère pour essayer la pantoufle ; mais comme la pantoufle était trop étroite, elle ne réussit pas à y faire entrer l'orteil. La mère alors lui tendit un couteau en disant :

— Coupe l'orteil : lorsque tu seras reine, tu n'iras plus à pied.

La jeune fille se coupa donc l'orteil et le pied put entrer ; ensuite, en cachant sa douleur, elle alla retrouver le prince. Celui-ci la prit en croupe comme sa fiancée et s'en fut avec elle. Mais quand le couple passa devant la tombe sous le coudrier, les deux pigeons, qui y étaient perchés, dirent ensemble :

— Rouck di gouck, rouck di gouck,
Le soulier est rouge de sang,
Le soulier n'est pas assez grand,
La vraie fiancée est encore à la maison !

Le prince aussitôt jeta les yeux sur le pied de sa compagne et vit le sang qui sortait de la pantoufle. Il tourna bride, reconduisit la fausse fiancée à son père et demanda que la seconde sœur essayât la pantoufle d'or.

Celle-ci monta donc à sa chambre, et les cinq doigts du pied entrèrent sans peine dans la pantoufle ; mais le talon était trop gros. Sa mère lui tendit le couteau et dit :

— Coupe le talon : lorsque tu seras reine, tu n'iras plus à pied.

La jeune fille se coupa un morceau du talon, fit entrer ainsi le pied dans la pantoufle et la montra au prince, qui prit sa fiancée en croupe et s'en fut. Mais quand on passa devant la tombe, les deux pigeons qui guettaient sur le coudrier répétèrent :

— Rouck di gouck, rouck di gouck,
Le soulier est rouge de sang,
Le soulier n'est pas assez grand,
La vraie fiancée est encore à la maison !

Et le prince baissa les yeux sur le pied de sa compagne, et vit le sang qui sortait de la pantoufle et qui tachait le bas blanc. Il tourna bride derechef et reconduisit chez elle la fausse fiancée.

— Ce n'est pas encore la fiancée que je veux, dit-il ; est-ce que vous n'avez pas une autre fille ?

— Non, dit le père. Il ne reste que Cendrillon, la fille de ma défunte femme et elle ne saurait être la fiancée.

Le prince voulut qu'on l'allât quérir, mais la belle-mère répondit :

— C'est impossible : elle est beaucoup trop malpropre pour se montrer.

Il exigea qu'on l'amenât et on alla prévenir Cendrillon. Elle se lava la figure et les mains, ensuite elle entra et fit la révérence au prince qui lui présenta la pantoufle d'or.

Elle ôta son gros soulier, posa le pied gauche sur la pantoufle, appuya légèrement et se trouva chaussée à merveille. Elle regarda alors le fils du roi en face, il la reconnut et dit : « Voici la vraie fiancée ! »

La belle-mère et ses filles pâlirent à la fois de peur et de colère. Mais le fils du roi prit la main de Cendrillon et l'emmena sur son cheval. Et quand le jeune couple passa devant le coudrier, les deux pigeons blancs s'écrièrent :

— Rouck di gouck, rouck di gouck,
Dans le soulier pas de sang,
Le soulier est assez grand,
C'est la vraie fiancée qu'il mène à la maison !

Après quoi ils allèrent se percher sur les épaules de Cendrillon, l'un à droite, l'autre à gauche, et restèrent ainsi tout le long de la route.

Lorsqu'arriva le jour du mariage, les méchantes sœurs se présentèrent pour prendre part au bonheur de Cendrillon. Au moment où le cortège entra dans l'église, comme l'aînée marchait à la droite et la cadette à la gauche de Cendrillon, les pigeons leur piquèrent un œil à chacune.

La cérémonie terminée, quand on sortit, l'aînée se trouva à gauche et la cadette à droite, et les pigeons leur piquèrent l'autre œil ; et c'est ainsi qu'en restant aveugles toute la vie elles expièrent leur perfidie et leur méchanceté.

Comtesse de Ségur

HISTOIRE DE LA PRINCESSE ROSETTE

Les Nouveaux Contes de fées pour les petits enfants, éd. illustrée par G. Doré, Paris, Hachette, 1857.

1
La ferme

Il y avait un roi et une reine qui avaient trois filles ; ils aimaient beaucoup les deux aînées, qui s'appelaient Orangine et Roussette, et qui étaient jumelles ; elles étaient belles et spirituelles ; mais pas bonnes : elles ressemblaient en cela au roi et à la reine. La plus jeune des princesses, qui avait trois ans de moins que ses sœurs, s'appelait Rosette ; elle était aussi jolie qu'aimable, aussi bonne que belle ; elle avait pour marraine la fée Puissante, ce qui donnait de la jalousie à Orangine et à Roussette, lesquelles n'avaient pas eu de fées pour marraines. Quelques jours après la naissance de Rosette, le roi et la reine l'envoyèrent en nourrice à la campagne, chez une bonne fermière ; elle y vécut très heureuse pendant quinze années, sans que le roi et la reine vinssent la voir une seule fois. Ils envoyaient tous les ans à la fermière une petite somme d'argent, pour payer la dépense de Rosette, faisaient demander de ses nouvelles, mais ne la faisaient jamais venir chez eux et ne s'occupaient pas du tout de son éducation. Rosette eût été mal élevée et ignorante, si sa bonne marraine la fée Puissante ne lui avait envoyé des maîtres et ne lui avait fourni tout ce qui lui était nécessaire. C'est ainsi que Rosette apprit à lire, à écrire, à compter, à travailler ; c'est ainsi qu'elle devint très habile musicienne, qu'elle sut dessiner et parler plusieurs langues étrangères. Rosette était la plus jolie, la plus belle, la plus aimable et la plus excellente princesse du monde entier. Jamais Rosette n'avait désobéi à sa nourrice et à sa marraine. Aussi jamais elle n'était grondée ; elle ne regrettait pas son père et sa mère, qu'elle ne connaissait pas, et elle ne désirait pas vivre ailleurs que dans la ferme où elle avait été élevée.

Un jour qu'elle était assise sur un banc devant la maison, elle vit arriver un homme en habit et chapeau galonnés, qui, s'approchant d'elle, lui demanda s'il pouvait parler à la princesse Rosette.

— Oui, sans doute, répondit Rosette, car c'est moi qui suis la princesse Rosette.

— Alors, princesse, reprit l'homme en ôtant son chapeau, veuillez recevoir cette lettre que le roi votre père m'a chargé de vous remettre.

Rosette prit la lettre, l'ouvrit et lut ce qui suit :

Rosette, vos sœurs ont dix-huit ans ; elles sont en âge d'être mariées ; j'invite les princes et les princesses de tous les royaumes du monde à venir assister aux fêtes que je dois donner pour choisir des maris à vos sœurs. Vous avez quinze ans, vous êtes d'âge à paraître à ces fêtes. Vous pouvez venir passer trois jours chez moi. Je vous enverrai chercher dans huit jours ; je ne vous envoie pas d'argent pour vos toilettes, car j'ai beaucoup dépensé pour vos sœurs : d'ailleurs, personne ne vous regardera ; ainsi habillez-vous comme vous voudrez. Le Roi, votre père.

Rosette courut bien vite montrer la lettre à sa nourrice.

— Es-tu contente, Rosette, d'aller à ces fêtes ?

— Oh oui ! ma bonne nourrice, bien contente : je m'amuserai bien ; je connaîtrai mon père, ma mère, mes sœurs, et puis je reviendrai près de toi.

— Mais, dit la nourrice en hochant la tête, quelle toilette mettras-tu, ma pauvre enfant ?

— Ma belle robe de percale blanche que je mets les jours de fête, ma bonne nourrice.

— Ma pauvre petite, cette robe, convenable pour la campagne, sera bien misérable pour une réunion de rois et de princes.

— Eh ! qu'importe, ma bonne ! Mon père dit lui-même que personne ne me regardera. Cela me mettra beaucoup plus à l'aise : je verrai tout, et personne ne me verra.

La nourrice soupira, ne répondit rien et se mit à raccommoder, à blanchir et à repasser la robe de Rosette. La veille du jour où l'on devait venir la chercher, elle l'appela et lui dit :

— Voici, ma chère enfant, ta toilette pour les fêtes du roi ; ménage bien ta robe, car tu n'en as pas d'autre, et je ne serai pas là pour la blanchir ou la repasser.

— Merci, ma bonne nourrice ; sois tranquille, j'y ferai bien attention.

La nourrice réunit dans une petite caisse la robe, un jupon blanc, des bas de coton, des souliers de peau noire et un petit bouquet de fleurs que Rosette devait mettre dans ses cheveux. Au moment où elle allait fermer la caisse, la fenêtre s'ouvrit violemment, et la fée Puissante entra.

— Tu vas donc à la cour du roi ton père, ma chère Rosette ? dit la fée.

— Oui, chère marraine, j'y vais pour trois jours.

— Et quelles toilettes as-tu préparées pour ces trois jours ?

— Voici, ma marraine ; regardez !

Et elle montra la caisse encore ouverte. La fée sourit, tira un flacon de sa poche, et dit :

— Je veux que ma Rosette fasse sensation par sa toilette : ceci n'est pas digne d'elle.

Elle ouvrit le flacon et versa une goutte de liqueur sur sa robe ; immédiatement la robe devint jaune, chiffonnée, et se changea en grosse toile à torchons. Une autre goutte sur les bas en fit de gros bas de filoselle bleus. Une troisième goutte sur le bouquet en fit une aile de poule ; les souliers devinrent de gros chaussons de lisière.

— Voilà, dit-elle d'un air gracieux, comment je veux que paraisse ma Rosette. Je veux que tu mettes tout cela, Rosette, et, pour compléter ta parure, voici un collier, une attache pour ta coiffure et des bracelets.

En disant ces mots, elle tira de sa poche et mit dans la caisse un collier de noisettes, une attache de nèfles et des bracelets en haricots secs.

Elle baisa le front de Rosette stupéfaite et disparut.

Rosette et la nourrice se regardaient ébahies ; enfin, la nourrice éclata en sanglots.

— C'était bien la peine de me donner tant de mal pour cette pauvre robe ! le premier torchon venu aurait aussi bien fait l'affaire. Oh ! Rosette, ma pauvre Rosette, n'allez pas aux fêtes ; prétextez une maladie.

— Non, dit Rosette, ce serait désobligeant pour ma marraine : je suis sûre que ce qu'elle fait est pour mon bien, car elle est bien plus sage que moi. J'irai donc, et je mettrai tout ce que ma marraine m'a laissé.

Et la bonne Rosette ne s'occupa pas davantage de sa toilette : elle se coucha et dormit bien tranquillement.

Le lendemain, à peine était-elle coiffée et habillée, que le carrosse du roi vint la prendre ; elle embrassa sa nourrice, fit mettre sa petite caisse dans la voiture et partit.

2
Rosette à la cour du roi son père
Première journée

On ne fut que deux heures en route, car la ville du roi n'était qu'à six lieues de la ferme de Rosette.

Quand Rosette arriva, elle fut étonnée de voir qu'on la faisait descendre dans une petite cour sale : un page l'attendait.

— Venez, princesse ; je suis chargé de vous conduire dans votre appartement.

— Ne pourrai-je voir la reine ? demanda timidement Rosette.

— Vous la verrez, princesse, dans deux heures, quand on se réunira pour dîner : en attendant, vous pourrez faire votre toilette.

Rosette suivit le page, qui la mena dans un long corridor, au bout duquel était un escalier ; elle monta, monta longtemps, avant d'arriver à un autre corridor où était la chambre qui lui était destinée. C'était une petite chambre en mansarde, à peine meublée : la reine avait logé Rosette dans une chambre de servante. Le page déposa la caisse de Rosette dans un coin, et lui dit d'un air embarrassé :

— Veuillez m'excuser, princesse, si je vous ai amenée dans cette chambre si indigne de vous. La reine a disposé de tous ses appartements pour les rois et les reines invités ; il ne lui en restait plus, et...

— Bien, bien, dit Rosette en souriant ; je ne vous en veux nullement de mon logement ; je m'y trouverai très bien.

— Je viendrai vous chercher, princesse, pour vous mener chez le roi et la reine, quand l'heure sera venue.

— Je serai prête, dit Rosette ; au revoir, joli page.

Rosette se mit à défaire sa caisse ; elle avait le cœur un peu gros ; elle tira en soupirant sa sale robe en toile à torchons et le reste de sa toilette, et elle commença à se coiffer devant un morceau de glace qu'elle trouva dans un coin de la chambre. Elle était si adroite, elle arrangea si bien ses beaux cheveux blonds, son aile de poule et l'attache faite de nèfles, que sa coiffure la rendait dix fois plus jolie. Quand elle fut chaussée et qu'elle eut revêtu sa robe, quelle ne fut pas sa surprise en voyant que sa robe était devenue une robe de brocart d'or brodée de rubis d'une beauté merveilleuse ! Ses gros chaussons étaient de petits souliers en satin blanc rattachés par une boucle d'un seul rubis d'une beauté idéale ; les bas étaient en soie, et si fins qu'on pouvait les croire tissus en fil d'araignée. Son collier était en rubis entourés de gros diamants ; ses bracelets étaient en diamants les plus beaux qu'on eût jamais vus ; elle courut à sa glace, et vit que l'aile de poule était devenue une aigrette magnifique et que l'attache en nèfles était une escarboucle d'une telle beauté, d'un tel éclat, qu'une fée seule pouvait en avoir d'aussi belles.

Rosette, heureuse, ravie, sautait dans sa petite chambre et remerciait tout haut sa bonne marraine, qui avait voulu éprouver son obéissance et qui la récompensait si magnifiquement.

Le page frappa à la porte, entra et recula ébloui par la beauté de Rosette et la richesse de sa parure.

Elle le suivit ; il lui fit descendre bien des escaliers, parcourir bien des appartements, et enfin il la fit entrer dans une série de salons magnifiques qui étaient pleins de rois, de princes et de dames.

Chacun s'arrêtait et se retournait pour admirer Rosette, qui, honteuse d'attirer ainsi tous les regards, n'osait lever les yeux.

Enfin le page s'arrêta et dit à Rosette :

— Princesse, voici le roi et la reine.

Elle leva les yeux et vit devant elle le roi et la reine, qui la regardaient avec une surprise comique.

— Madame, lui dit enfin le roi, veuillez me dire quel est votre nom. Vous êtes sans doute une grande reine ou une grande fée, dont la présence inattendue est pour nous un honneur et un bonheur.

— Sire, dit Rosette en mettant un genou en terre, je ne suis ni une fée, ni une grande reine, mais votre fille Rosette, que vous avez bien voulu faire venir chez vous.

— Rosette ! s'écria la reine ; Rosette vêtue plus richement que je ne l'ai jamais été ! Et qui donc, Mademoiselle, vous a donné toutes ces belles choses ?

— C'est ma marraine, Madame. Et elle ajouta : « Permettez-moi, Madame, de vous baiser la main, et faites-moi connaître mes sœurs. »

La reine lui présenta sèchement sa main.

— Voilà les princesses vos sœurs, dit-elle en lui montrant Orangine et Roussette qui étaient à ses côtés.

La pauvre Rosette, attristée par l'accueil froid de son père et de sa mère, se retourna vers ses sœurs et voulut les embrasser ; mais elles se reculèrent avec effroi, de crainte que Rosette, en les embrassant, n'enlevât le blanc et le rouge dont elles étaient fardées. Orangine mettait du blanc pour cacher la couleur un peu jaune de sa peau, et Roussette pour couvrir ses taches de rousseur.

Rosette, repoussée par ses sœurs, ne tarda pas à être entourée de toutes les dames et de tous les princes invités. Comme elle causait avec grâce et bonté et qu'elle parlait diverses langues, elle charma tous ceux qui l'approchaient. Orangine et Roussette étaient d'une jalousie affreuse. Le roi et la reine étaient furieux, car Rosette absorbait toute l'attention ; personne ne s'occupait de ses sœurs. A table, le jeune roi Charmant, qui avait le plus beau et le plus grand de tous les royaumes, et qu'Orangine espérait épouser, se plaça à côté de Rosette et fut occupé d'elle pendant tout le repas. Après le dîner, pour forcer les regards de se tourner vers elles, Orangine et Roussette proposèrent de chanter ; elles chantaient très bien et s'accompagnaient de la harpe.

Rosette, qui était bonne et qui désirait que ses sœurs l'aimassent, applaudit tant qu'elle put le chant de ses sœurs et vanta leur talent. Orangine, au lieu d'être touchée de ce généreux sentiment, espéra jouer un mauvais tour à Rosette en l'engageant à chanter à son tour. Rosette s'en défendit modestement ; ses sœurs, qui pensèrent qu'elle ne savait pas chanter, insistèrent vivement ; la reine elle-même, désirant humilier la pauvre Rosette, se joignit à Orangine et à Roussette et lui ordonna de chanter. Rosette fit un salut à la reine. « J'obéis », dit-elle. Elle prit la harpe ; la grâce de son maintien étonna ses sœurs. Quand elle commença à préluder sur la harpe, elles auraient bien voulu l'arrêter, car elles virent que le talent de Rosette était bien supérieur au leur. Mais quand elle chanta de sa voix belle et mélodieuse une romance composée par elle sur le bonheur d'être bonne et d'être aimée de sa famille, il y eut un tel frémissement d'admiration, un enthousiasme si général, que ses sœurs faillirent s'évanouir de dépit. Le roi Charmant semblait transporté d'admiration. Il s'approcha de Rosette, les yeux mouillés de larmes, et lui dit :

— Charmante et aimable princesse, jamais une voix plus douce n'a frappé mes oreilles ; je serais heureux de vous entendre encore.

Rosette, qui s'était aperçue de la jalousie de ses sœurs, s'excusa en disant qu'elle était fatiguée, mais le roi Charmant, qui avait de l'esprit et de la pénétration, devina le vrai motif du refus de Rosette et l'en admira davantage.

La reine, irritée des succès de Rosette, termina de bonne heure la soirée ; chacun rentra chez soi.

Rosette se déshabilla ; elle ôta sa robe et le reste de sa parure, et mit le tout dans une magnifique caisse en ébène, qui se trouva dans sa chambre sans qu'elle sût comment ; elle retrouva dans sa caisse de bois la robe en torchon, l'aile de poule, les noisettes, les nèfles, les haricots, les chaussons et les bas bleus ; elle ne s'en inquiéta plus, certaine que sa marraine viendrait à son secours. Elle s'attrista un peu de la froideur de ses parents, de la jalousie de ses sœurs ; mais comme elle les connaissait bien peu, cette impression pénible fut effacée par le souvenir du roi Charmant, qui paraissait si bon et qui avait été si aimable pour elle : elle s'endormit promptement, et s'éveilla tard le lendemain.

3
Conseil de famille

Pendant que Rosette n'était occupée que de pensées riantes et bienveillantes, le roi, la reine et les princesses Orangine et Roussette étouffaient de colère ; ils s'étaient réunis tous quatre chez la reine.

— C'est affreux, disaient les princesses, d'avoir fait venir cette odieuse Rosette, qui a des parures éblouissantes, qui se fait regarder et admirer par tous les nigauds de rois et de princes. Est-ce donc pour nous humilier, mon père, que vous l'avez appelée ?

— Je vous jure, mes belles, répondit le roi, que c'est par ordre de la fée Puissante que je lui ai écrit de venir ; d'ailleurs j'ignorais qu'elle fût si belle et que...

— Si belle ! interrompirent les princesses ; où voyez-vous qu'elle soit belle ? Elle est laide et bête ; c'est sa toilette qui la fait admirer. Pourquoi ne nous avez-vous pas donné vos plus belles pierreries et vos plus belles étoffes ? Nous avons l'air de souillons, près de cette orgueilleuse.

— Et où aurais-je pris des pierreries de cette beauté ? Je n'en ai pas qui puissent leur être comparées. C'est sa marraine, la fée, qui lui a prêté les siennes.

— Pourquoi aussi avoir appelé une fée pour être marraine de Rosette, tandis que nous n'avions eu que des reines pour marraines ?

— Ce n'est pas votre père qui l'a appelée, reprit la reine ; c'est bien la fée elle-même qui, sans être appelée, nous apparut et nous signifia qu'elle voulait être marraine de Rosette.

— Il ne s'agit pas de se quereller, dit le roi, mais de trouver un moyen pour nous débarrasser de Rosette et empêcher le roi Charmant de la revoir.

— Rien de plus facile, dit la reine ; je la ferai dépouiller demain de ses bijoux et de ses belles robes ; je la ferai emmener par mes gens, et on la ramènera à sa ferme, d'où elle ne sortira plus jamais.

A peine la reine eut-elle achevé ces mots, que la fée Puissante parut, l'air menaçant et irrité.

— Si vous touchez à Rosette, dit-elle d'une voix tonnante, si vous ne la gardez ici, et si vous ne la faites assister à toutes les fêtes, vous ressentirez les effets de ma colère. Vous, roi indigne, vous, reine sans cœur, vous serez changés en crapauds, et vous, filles et sœurs détestables, vous deviendrez des vipères. Osez maintenant toucher à Rosette !

En disant ces paroles, elle disparut.

Le roi, la reine et les princesses, terrifiés, se séparèrent sans oser prononcer une parole, mais la rage dans le cœur ; les princesses dormirent peu, et furent encore plus furieuses le lendemain, quand elles virent leurs yeux battus, leurs traits contractés par la méchanceté ; elles eurent beau mettre du rouge, du blanc, battre leurs femmes, elles n'en furent pas plus jolies. Le roi et la reine se désolaient autant que les princesses, et ne voyaient pas de remède à leur chagrin.

4
Seconde journée

Une grosse servante apporta à Rosette du pain et du lait, et lui offrit ses services pour l'habiller. Rosette, qui ne se souciait pas que la grosse servante vît la métamorphose de sa toilette, la remercia et dit qu'elle avait l'habitude de s'habiller et de se coiffer seule.

Elle commença sa toilette ; quand elle se fut bien lavée, bien peignée, elle se coiffa et voulut mettre dans ses cheveux la superbe escarboucle de la veille ; mais elle vit avec surprise que le coffre d'ébène avait disparu. A sa place était la petite caisse de bois, avec un papier dessus ; elle le prit et lut :

— Vos effets sont chez vous, Rosette ; revêtez comme hier les vêtements que vous avez apportés de la ferme.

Rosette n'hésita pas, certaine que sa marraine viendrait à son secours ; elle arrangea son aile de poule d'une manière différente de la veille, ainsi que l'attache en nèfles, mit sa robe, sa chaussure, son collier et ses bracelets ; ensuite elle alla se poser devant la glace ; quand elle s'y regarda, elle demeura éblouie ; elle avait le plus ravissant et le plus riche costume de cheval : la robe était une amazone en velours bleu de ciel, avec des boutons de perles grosses comme des noix ; le bas était bordé d'une torsade de perles grosses comme des noisettes ; elle était coiffée d'une petite toque en velours bleu de ciel, avec une plume d'une blancheur éblouissante, qui retombait jusqu'à sa taille et qui était rattachée par une perle d'une grosseur et d'une beauté inouïes. Les brodequins étaient également en velours bleu, brodés de perles et d'or. Les bracelets et le collier étaient en perles si belles, qu'une seule eût payé tout le palais du roi. Au moment où elle allait quitter sa chambre pour suivre le page qui frappait à la porte, une voix dit à son oreille :

— Rosette, ne montez pas d'autre cheval que celui que vous présentera le roi Charmant.

Elle se retourna, ne vit personne, et ne douta pas que cet avis ne lui vînt de sa marraine.

— Merci, chère marraine, dit-elle à demi-voix.

Elle sentit un doux baiser sur sa joue, et sourit avec bonheur et reconnaissance.

Le page la mena, comme la veille, dans les salons, où elle produisit plus d'effet encore ; son air doux et bon, sa ravissante figure, sa tournure élégante, sa toilette magnifique, captivèrent tous les regards et tous les cœurs. Le roi

Charmant, qui l'attendait, alla au-devant d'elle, lui offrit son bras et la mena jusque près du roi et de la reine, qui la reçurent avec plus de froideur encore que la veille. Orangine et Roussette crevaient de dépit à la vue de la nouvelle toilette de Rosette, elles ne voulurent même pas lui dire bonjour.

Rosette restait un peu embarrassée de cet accueil ; le roi Charmant, voyant son embarras, s'approcha d'elle et lui demanda la permission d'être son chevalier pendant la chasse dans la forêt.

— Ce sera un grand plaisir pour moi, sire, répondit Rosette, qui ne savait pas dissimuler.

— Il me semble, dit-il, que je suis votre frère, tant je me sens d'affection pour vous, charmante princesse : permettez-moi de ne pas vous quitter et de vous défendre envers et contre tous.

— Ce sera pour moi un honneur et un plaisir que d'être en compagnie d'un roi si digne du nom qu'il porte.

Le roi Charmant fut ravi de cette réponse ; et, malgré le dépit d'Orangine et de Roussette et leurs tentatives pour l'attirer vers elles, il ne bougea plus d'auprès de Rosette.

Après le déjeuner, on descendit dans la cour d'honneur pour monter à cheval. Un page amena à Rosette un beau cheval noir, que deux écuyers contenaient avec peine, et qui semblait vicieux et méchant.

— Vous ne pouvez monter ce cheval, princesse, dit le roi Charmant, il vous tuerait. Amenez-en un autre, ajouta-t-il en se tournant vers le page.

— Le roi et la reine ont donné des ordres pour que la princesse ne montât pas d'autre cheval que celui-ci, répondit le page.

— Chère princesse, veuillez attendre un moment, je vais vous amener un cheval digne de vous porter ; mais, de grâce, ne montez pas celui-ci.

— Je vous attendrai, sire, dit Rosette avec un gracieux sourire.

Peu d'instants après, le roi Charmant reparut, menant lui-même un magnifique cheval, blanc comme la neige ; sa selle était en velours bleu, brodée de perles ; sa bride était en or et en perles. Quand Rosette voulut monter dessus, le cheval s'agenouilla, et ne se releva que lorsque Rosette fut bien placée sur sa selle.

Le roi Charmant sauta lestement sur son beau cheval alezan, et vint se placer aux côtés de Rosette.

Le roi, la reine et les princesses, qui avaient tout vu, étaient pâles de colère, mais ils n'osèrent rien faire, de peur de la fée Puissante.

Le roi donna le signal du départ. Chaque dame avait son cavalier ; Orangine et Roussette durent se contenter de deux petits princes, qui n'étaient ni beaux ni aimables comme le roi Charmant ; elles furent si maussades, que ces princes jurèrent que jamais ils n'épouseraient des princesses si peu aimables.

Au lieu de suivre la chasse, le roi Charmant et Rosette restèrent dans les belles allées de la forêt ; ils causaient et se racontaient leur vie.

— Mais, dit Charmant, si le roi votre père s'est privé de votre présence, comment vous a-t-il donné ses plus beaux bijoux, des bijoux dignes d'une fée ?

— C'est à ma bonne marraine que je les dois, répondit Rosette ; et elle raconta au roi comme quoi elle avait été élevée dans une ferme, comme quoi elle devait tout ce qu'elle savait et tout ce qu'elle valait à la fée Puissante, qui avait veillé à son éducation et qui lui donnait tout ce qu'elle pouvait désirer.

Charmant l'écoutait avec un vif intérêt et une tendre compassion.

A son tour, il lui raconta qu'il était resté orphelin dès l'âge de sept ans, que la fée Prudente avait présidé à son éducation, que c'était elle qui l'avait envoyé aux fêtes que donnait le roi, en lui disant qu'il trouverait à ces fêtes la femme parfaite qu'il cherchait.

— Je crois, en effet, chère Rosette, avoir trouvé en vous la femme parfaite dont me parlait la fée : daignez associer votre vie à la mienne, et autorisez-moi à vous demander à vos parents.

— Avant de vous répondre, cher prince, il faut que j'obtienne la permission de ma marraine ; mais croyez que je serais bien heureuse de passer ma vie près de vous.

La matinée s'écoula ainsi fort agréablement pour Rosette et Charmant. Ils revinrent au palais faire leur toilette pour le dîner.

Rosette monta dans sa laide mansarde ; en y entrant, elle vit un magnifique coffre en bois de rose qui était ouvert et vide ; elle se déshabilla, et à mesure qu'elle ôta ses effets, ils allaient se ranger d'eux-mêmes dans le coffre, qui se referma quand tout fut placé.

Elle se recoiffa et se rhabilla encore avec soin, et, quand elle courut à sa glace, elle ne put retenir un cri d'admiration. Sa robe était en gaze qui semblait faite d'ailes de papillons, tant elle était fine, légère et brillante ; elle était parsemée de diamants qui brillaient comme des étincelles ; le bas de la robe, le corsage et la taille étaient garnis de franges de diamants éclatants comme des soleils. Sa tête était à moitié couverte d'une résille de diamants terminée par de gros glands de diamants qui tombaient jusque sur son cou ; chaque diamant était gros comme une poire et valait un royaume. Son collier, ses bracelets étaient en diamants si gros et si étincelants, qu'ils faisaient mal aux yeux lorsqu'on les regardait fixement.

Rosette remercia tendrement sa marraine, et sentit encore sur sa joue le doux baiser du matin. Elle suivit le page, entra dans les salons ; le roi Charmant l'attendait à la porte, lui offrit son bras, la mena jusqu'au salon où étaient le roi et la reine. Rosette alla les saluer ; Charmant vit avec indignation les regards furieux que jetaient à la pauvre Rosette le roi, la reine et les princesses. Comme le matin, il resta près d'elle, et fut témoin de l'admiration qu'inspirait Rosette et du dépit de ses sœurs. Rosette était triste de se voir l'objet de la haine de son père, de sa mère, de ses sœurs. Charmant s'aperçut de sa tristesse et lui en demanda la cause ; elle la lui dit franchement.

— Quand donc, chère Rosette, me permettrez-vous de vous demander à votre père ? Dans mon royaume, tout le monde vous aimera, et moi plus que tous les autres.

— Demain, cher prince, je vous transmettrai la réponse de ma marraine, que j'interrogerai à ce sujet.

On alla dîner, Charmant se plaça près de Rosette, qui causa de la manière la plus agréable.

Après dîner, le roi donna des ordres pour que le bal commençât. Orangine et Roussette, qui prenaient des leçons de danse depuis dix ans, dansèrent très bien, mais sans grâce ; elles savaient que Rosette n'avait jamais eu occasion de danser, de sorte qu'elles annoncèrent d'un air moqueur que c'était au tour de Rosette. La modeste Rosette s'en défendit vivement, parce qu'il lui répugnait de se montrer en public et d'attirer les regards ; mais plus elle se défendait et plus les envieuses sœurs insistaient, espérant qu'elle allait enfin avoir l'humiliation d'un échec. La reine mit fin au débat, en commandant impérieusement à Rosette d'exécuter la danse de ses sœurs.

Rosette se mit en devoir d'obéir à la reine ; Charmant, voyant son embarras, lui dit :

— Je serai votre cavalier, chère Rosette ; quand vous ne saurez pas un pas, laissez-moi l'exécuter seul.

— Merci, cher prince, je reconnais là votre bonté. Je vous accepte avec joie pour cavalier, et j'espère que je ne vous ferai pas rougir.

Rosette et Charmant commencèrent ; jamais on n'avait vu une danse plus gracieuse, plus vive, plus légère ; chacun les regardait avec une admiration croissante. C'était tellement supérieur à la danse d'Orangine et de Roussette, que celles-ci, ne pouvant plus contenir leur fureur, voulurent s'élancer sur Rosette pour la souffleter et lui arracher ses diamants ; le roi et la reine, qui ne les perdaient pas de vue et qui devinèrent leurs intentions, les arrêtèrent et leur dirent à l'oreille :

— Prenez garde à la fée Puissante ; patience, demain sera le dernier jour.

Quand la danse fut terminée, les applaudissements éclatèrent de toute part, et chacun demanda avec instance à

Rosette et Charmant de recommencer. Comme ils n'étaient pas fatigués, ils ne voulurent pas se faire prier, et exécutèrent une danse nouvelle plus gracieuse et plus légère encore que la précédente. Pour le coup, Orangine et Roussette n'y tinrent plus ; la colère les suffoquait ; elles s'évanouirent ; on les emporta sans connaissance. Leurs visages étaient tellement enlaidis par la colère et l'envie, qu'elles n'étaient plus jolies du tout ; personne ne les plaignait, parce que tout le monde voyait leur jalousie et leur méchanceté. Les applaudissements et l'enthousiasme pour Rosette devinrent si bruyants, que pour s'y soustraire elle se réfugia dans le jardin, où Charmant la suivit ; ils se promenèrent le reste de la soirée et s'entretinrent de leurs projets d'avenir, si la fée Puissante permettait à Rosette d'unir sa vie à celle de Charmant. Les diamants de Rosette brillaient d'un tel éclat que les allées où ils marchaient, les bosquets où ils s'asseyaient, semblaient éclairés par mille étoiles.

Il fallut enfin se séparer.

— A demain ! dit Charmant ; j'espère demain pouvoir dire : « A toujours ! »

Rosette monta dans sa chambre ; quand elle fut déshabillée, sa riche parure alla se ranger dans un coffre plus beau que les précédents : il était en ivoire sculpté, garni de clous en turquoises. Quand Rosette fut déshabillée et couchée, elle éteignit sa bougie et dit à mi-voix :

— Ma chère, ma bonne marraine, que dois-je répondre demain au roi Charmant ? Dictez ma réponse, chère marraine ; quoi que vous m'ordonniez, je vous obéirai.

— Dites oui, ma chère Rosette, répondit la voix douce de la fée ; c'est moi qui ai arrangé ce mariage ; c'est pour vous faire connaître le roi Charmant que j'ai forcé votre père à vous faire assister à ces fêtes.

Rosette remercia la bonne fée, et s'endormit après avoir senti sur ses deux joues le baiser maternel de sa protectrice.

5
Troisième et dernière journée

Pendant que Rosette dormait paisiblement, le roi, la reine, Orangine et Roussette rugissaient de colère, se querellaient, s'accusaient réciproquement des succès de Rosette et de leur propre humiliation. Un dernier espoir leur restait. Le lendemain, devait avoir lieu une course en chars. Chaque char, attelé de deux chevaux, devait être conduit par une dame. On résolut de donner à Rosette un char très élevé et versant, attelé de deux jeunes chevaux fougueux et non dressés.

— Le roi Charmant n'aura pas, dit la reine, un char et des chevaux de rechange comme le cheval de selle de ce matin : il lui était facile de prendre un des siens ; mais il ne pourra pas trouver un char tout attelé.

La consolante pensée que Rosette pouvait être tuée ou grièvement blessée et défigurée le lendemain, ramena la paix entre ces quatre méchantes personnes ; elles allèrent se coucher, rêvant aux meilleurs moyens de se débarrasser de Rosette, si la course en chars ne suffisait pas.

Orangine et Roussette dormirent peu, de sorte qu'elles étaient encore plus laides et plus défaites que la veille.

Rosette, qui avait la conscience tranquille et le cœur content, reposa paisiblement toute la nuit ; elle avait été fatiguée de sa journée et elle dormit tard dans la matinée.

Quand elle s'éveilla, elle avait à peine le temps de faire sa toilette. La grosse fille de basse-cour lui apporta sa tasse de lait et son morceau de pain bis. C'étaient les ordres de la reine, qui voulait qu'elle fût traitée comme une servante. Rosette n'était pas difficile ; elle mangea son pain grossier et son lait avec appétit, et commença sa toilette.

Le coffre d'ivoire avait disparu ; elle mit, comme les jours précédents, sa robe de torchon, son aile de poule et les accessoires, et alla se regarder dans la glace.

Elle avait un costume d'amazone en satin paille brodé devant et au bas de saphirs et d'émeraudes. Sa toque était en velours blanc, ornée de plumes de mille couleurs empruntées aux oiseaux les plus rares et rattachées par un saphir gros comme un œuf. Elle avait au cou une chaîne de montre en saphirs admirables, au bout de laquelle était une montre dont le cadran était une opale, le dessus un seul saphir taillé, et le verre un diamant. Cette montre allait toujours, ne se dérangeait jamais et n'avait jamais besoin d'être remontée.

Rosette entendit frapper à sa porte et suivit le page.

En entrant dans le salon, elle aperçut le roi Charmant, qui l'attendait avec une vive impatience ; il se précipita au-devant de Rosette, lui offrit son bras et dit avec empressement :

— Eh bien, chère princesse, que vous a dit la fée ? Quelle réponse me donnerez-vous ?

— Celle que me dictait mon cœur, cher prince ; je vous consacrerai ma vie comme vous me donnez la vôtre.

— Merci, cent fois merci, chère, charmante Rosette. Quand puis-je vous demander à votre père ?

— Au retour de la course en chars, cher prince.

— Me permettrez-vous d'ajouter à ma demande celle de conclure notre mariage aujourd'hui même ? car j'ai hâte de vous soustraire à la tyrannie de votre famille, et de vous emmener dans mon royaume.

Rosette hésitait ; la voix de la fée dit à son oreille : « Acceptez. » La même voix dit à l'oreille de Charmant : « Pressez le mariage, prince, et parlez au roi sans retard. La vie de Rosette est menacée, et je ne pourrai pas veiller sur elle pendant huit jours à partir de ce soir au coucher du soleil. »

Charmant tressaillit et dit à Rosette ce qu'il venait d'entendre. Rosette répondit que c'était un avertissement qu'il ne fallait pas négliger, car il venait certainement de la fée Puissante.

Elle alla saluer le roi, la reine, ses sœurs ; aucun ne lui parla ni ne la regarda. Elle fut immédiatement entourée d'une foule de princes et de rois qui tous se proposaient de la demander en mariage le soir même ; mais aucun n'osa lui en parler, à cause de Charmant qui ne la quittait pas.

Après le repas, on descendit pour prendre les chars ; les hommes devaient monter à cheval, et les femmes conduire les chars.

On amena pour Rosette celui désigné par la reine. Charmant saisit Rosette au moment où elle sautait dans le char et la déposa à terre.

— Vous ne monterez pas dans ce char, princesse ; regardez les chevaux.

Rosette vit alors que chacun des chevaux était contenu par quatre hommes et qu'ils piaffaient et sautaient avec fureur.

Au même instant, un joli petit jockey, vêtu d'une veste de satin paille avec des nœuds bleus, cria d'une voix argentine :

— L'équipage de la princesse Rosette.

Et on vit approcher un petit char de perles et de nacre, attelé de deux magnifiques chevaux blancs, dont les harnais étaient en velours paille orné de saphirs.

Charmant ne savait s'il devait laisser Rosette monter dans un char inconnu ; il craignait encore quelque scélératesse du roi et de la reine. La voix de la fée dit à son oreille :

— Laissez monter Rosette ; ce char et ces chevaux sont un présent de moi. Suivez-la partout où la mènera son équipage. La journée s'avance, je n'ai que quelques heures à donner à Rosette ; il faut qu'elle soit dans votre royaume avant ce soir.

Charmant aida Rosette à monter dans le char et sauta sur son cheval. Tous les chars partirent ; celui de Rosette partit aussi : Charmant ne le quittait pas d'un pas. Au bout de quelques instants, deux chars montés par des femmes voilées cherchèrent à devancer celui de Rosette ; l'un d'eux se précipita avec une telle force contre celui de Rosette qu'il l'eût inévitablement mis en pièces, si ce char n'eût pas été fabriqué par les fées : ce fut donc le char lourd et massif qui fut brisé ; la femme voilée fut lancée sur des pierres, où elle resta étendue sans mouvement. Pendant que Rosette, qui avait reconnu Orangine, cherchait à arrêter ses chevaux, l'autre char s'élança sur celui de Rosette et l'accrocha avec la même violence que le premier ; il éprouva aussi le même sort : il fut brisé, et la femme voilée lancée sur des pierres qui semblèrent se placer là pour la recevoir.

Rosette reconnut Roussette ; elle allait descendre, lorsque Charmant l'en empêcha en disant :

— Ecoutez, Rosette.

— Marchez, dit la voix ; le roi accourt avec une troupe nombreuse pour vous tuer tous les deux ; le soleil se couche dans peu d'heures ; je n'ai que le temps de vous sauver. Laissez aller mes chevaux, abandonnez le vôtre, roi Charmant.

Charmant sauta dans le char, près de Rosette, qui était plus morte que vive ; les chevaux partirent avec une vitesse telle qu'ils faisaient plus de vingt lieues à l'heure. Pendant longtemps ils se virent poursuivis par le roi, suivi d'une troupe nombreuse d'hommes armés, mais qui ne purent lutter contre des chevaux fées ; le char volait toujours avec rapidité ; les chevaux redoublaient tellement de vitesse qu'ils finirent par faire cent lieues à l'heure. Ils coururent ainsi pendant six heures, au bout desquelles ils s'arrêtèrent au pied de l'escalier du roi Charmant.

Tout le palais était illuminé ; toute la cour, en habits de fête, attendait le roi au bas du perron.

Le roi et Rosette, surpris, ne savaient comment s'expliquer cette réception inattendue. A peine Charmant eut-il aidé Rosette à descendre du char, qu'ils virent devant eux la fée Puissante, qui leur dit :

— Soyez les bienvenus dans vos Etats. Roi Charmant, suivez-moi ; tout est préparé pour votre mariage. Menez Rosette dans son appartement, pour qu'elle change de toilette, pendant que je vous expliquerai ce que vous ne pouvez comprendre dans les événements de cette journée. J'ai encore une heure à moi.

La fée et Charmant menèrent Rosette dans un appartement orné et meublé avec le goût le plus exquis ; elle y trouva des femmes pour la servir.

— Je viendrai vous chercher dans peu, chère Rosette, dit la fée, car mes instants sont comptés.

Elle sortit avec Charmant et lui dit :

— La haine du roi et de la reine contre Rosette était devenue si violente, qu'ils étaient résolus à braver ma vengeance et à se défaire de Rosette. Voyant que leur ruse de la course en chars n'avait pas réussi, puisque j'ai substitué mes chevaux à ceux qui devaient tuer Rosette, ils résolurent d'employer la force. Le roi s'entoura d'une troupe de brigands qui lui jurèrent tous une aveugle obéissance ; ils coururent sur vos traces, et comme le roi voyait votre amour pour Rosette et qu'il prévoyait que vous la défendriez jusqu'à la mort, il résolut de vous sacrifier aussi à sa haine. Orangine et Roussette, qui ignoraient ce dernier projet du roi, tentèrent de faire mourir Rosette par le moyen que vous avez vu, en brisant son char, petit et léger, avec les leurs, pesants et massifs. Je viens de les punir tous comme ils le méritent.

« Orangine et Roussette ont eu la figure tellement meurtrie par les pierres, qu'elles sont devenues affreuses ; je les ai fait revenir de leur évanouissement, j'ai guéri leurs blessures, mais en laissant les hideuses cicatrices qui les défigurent ; j'ai changé leurs riches costumes en ceux de pauvres paysannes, et je les ai mariées sur-le-champ avec deux palefreniers brutaux qui ont mission de les battre et maltraiter jusqu'à ce que leur cœur soit changé, ce qui n'arrivera sans doute jamais.

« Quant au roi et à la reine, je les ai métamorphosés en bêtes de somme, et je les ai donnés à des maîtres méchants et exigeants qui leur feront expier leur scélératesse à l'égard de Rosette. De plus ils sont tous quatre transportés dans votre royaume, et condamnés à entendre sans cesse louer Rosette et son époux.

« Il me reste une recommandation à vous faire, cher prince ; cachez à Rosette la punition que j'ai dû infliger à ses parents et à ses sœurs. Elle est si bonne que son bonheur en serait troublé, et je ne veux ni ne dois faire grâce à des méchants dont le cœur est vicieux et incorrigible.

Charmant remercia vivement la fée, et lui promit le secret. Ils allèrent chercher Rosette, qui était revêtue de la robe de noce préparée par la fée.

C'était un tissu de gaze d'or brillante, brodée de plusieurs guirlandes de fleurs et d'oiseaux en pierreries de toutes couleurs, d'une admirable beauté. Les pierreries qui formaient les oiseaux étaient disposées de manière à produire, au moindre mouvement que faisait Rosette, un gazouillement plus doux que la musique la plus mélodieuse. Rosette était coiffée d'une couronne de fleurs en pierreries plus belles encore que celles de la robe ; son cou et ses bras étaient entourés d'escarboucles qui brillaient comme des soleils.

Charmant resta ébloui de la beauté de Rosette. La fée le tira de son extase en lui disant :

— Vite, vite, marchons ; je n'ai plus qu'une demi-heure, après laquelle je dois me rendre près de la reine des fées, où je perds toute ma puissance pendant huit jours. Nous sommes toutes soumises à cette loi dont rien ne peut nous affranchir.

Charmant présenta la main à Rosette ; la fée les précédait ; ils marchèrent vers la chapelle, qui était splendidement éclairée ; Charmant et Rosette reçurent la bénédiction nuptiale. En rentrant dans les salons, ils s'aperçurent que la fée avait disparu ; comme ils étaient sûrs de la revoir dans huit jours, ils ne s'en affligèrent pas. Le roi présenta la nouvelle reine à toute sa cour ; tout le monde la trouva aussi charmante, aussi bonne que le roi, et chacun se sentit disposé à l'aimer comme on aimait le roi.

Par une attention très aimable, la fée avait transporté dans le royaume de Charmant la ferme où avait été élevée Rosette, et tous ses habitants. Cette ferme se trouva placée au bout du parc, de sorte que Rosette pouvait tous les jours, en se promenant, aller voir sa nourrice. La fée avait eu soin aussi de transporter dans le palais de Rosette les coffres qui contenaient les riches toilettes des fêtes auxquelles Rosette avait assisté.

Rosette et Charmant furent heureux ; ils s'aimèrent toujours tendrement. Rosette ne connut jamais la terrible punition de son père, de sa mère, de ses sœurs. Quand elle demanda à Charmant comment ses sœurs se trouvaient de leur chute, il lui répondit qu'elles avaient eu le visage écorché, mais qu'elles étaient guéries, mariées, et que la fée avait défendu à Rosette de s'en occuper. Rosette n'en parla donc plus.

Quant à Orangine et Roussette, plus elles étaient malheureuses, et plus leur cœur devenait méchant ; aussi restèrent-elles toujours laides et servantes de basse-cour.

Le roi et la reine, changés en bêtes de somme, n'eurent d'autre consolation que de se donner des coups de dents, des coups de pied ; ils furent obligés de mener leurs maîtres aux fêtes qui se donnèrent pour le mariage de Rosette, et ils manquèrent crever de rage en entendant les éloges qu'on lui prodiguait, et en la voyant passer, belle, radieuse et adorée de Charmant.

Ils ne devaient revenir à leur forme première que lorsque leur cœur serait changé. On dit que, depuis six mille ans, ils sont toujours bêtes de somme.

Cendrillon, dessin de Pelissier,
d'après un tableau de Bertrand, 1874.

PETIT DOIGT

Conté en 1881 par Marie Ortoli, d'Olmiccia-di-Tallano. J. B. Frédéric Ortoli, *Les Contes populaires de l'île de Corse*, Paris, Maisonneuve et Cie, 1883.

Malgré le grand désir qu'elle en avait, une femme, mariée depuis longtemps, ne pouvait avoir d'enfants.

Un jour elle se dit :

« Ah ! si j'avais une petite fille, comme je serais heureuse ! il me suffirait qu'elle fût aussi grande que mon petit doigt.

— Dans neuf mois tu seras satisfaite, répondit une voix qui semblait sortir du toit.

— Qui m'a parlé ? dit la mère, étonnée ; si c'est un génie qui m'apporte une aussi bonne nouvelle, qu'il soit béni. »

Mais elle ne vit ni entendit plus rien.

Neuf mois après cette femme eut une petite fille, si petite et si mignonne que jamais on n'en avait vu de pareille.

C'est pour cette raison qu'on l'appela Ditu Migniulellu [1].

La sage-femme était à peine sortie que la chambre de l'accouchée se remplit tout à coup de fées aussi belles que puissantes.

La première s'avança.

« Je veux que Ditu Migniulellu soit si belle que jamais au monde on n'en puisse trouver une semblable.

— Et moi je lui donne une voix si douce et si agréable que lorsqu'elle chantera, tout le monde restera dans l'admiration.

— Avant de la faire chanter, il faut la faire parler, dit une autre fée ; qu'elle parle donc dès ce moment.

— Merci, madame, merci, dit aussitôt Ditu Migniulellu.

— Et toi, belle fée, que lui donnes-tu ? demanda la mère de la petite fille.

— Moi, je ne lui donne rien pour le moment ; je viendrai au secours de Ditu Migniulellu toutes les fois qu'elle m'appellera ou qu'elle aura besoin de moi. »

Celle-ci ayant parlé, toutes les autres s'en allèrent, et la

1. Petit doigt.

mère resta seule avec sa fille, qui bavardait le plus gentiment du monde.

« Bonjour, ma bonne petite mère ; comme tu es pâle ! veux-tu me donner ce grand bonnet aux rubans roses ?

— Certainement, mon enfant ; le voici. »

Et la mère essaya de le lui mettre sur la tête ; mais Ditu Migniulellu disparut tout entière sous le bonnet.

La pauvre femme s'aperçut alors qu'elle avait oublié de demander aux fées de rendre sa fille un peu plus grande.

Pourtant elle se dit :

« Elle n'a qu'un jour à peine, je suis bien sûre que dans un an ou deux, elle sera tout aussi grande que les enfants de son âge. »

Cependant Ditu Migniulellu restait toujours petite. Elle était dans sa seizième année et sa taille n'avait pas beaucoup grandi.

Sa maman, qui auparavant l'aimait beaucoup, la détestait alors pour cette raison. Elle ne pouvait plus la voir.

Un jour elle se dit :

« Que puis-je faire d'une fille aussi petite ? Elle ne sait pas travailler et se noierait dans un verre d'eau. »

Comme la mère de Ditu Migniulellu était alors dans le jardin, voyant une marmite, elle y mit sa fille dedans.

« Ah ! ma méchante mère, fais-moi sortir, je suis si mal dans cette marmite ! »

Mais la mère de Ditu Migniulellu était déjà bien loin.

La petite fille prit son mal en patience et, pour se distraire quelque peu, elle se mit à chanter.

En ce moment le fils du roi passait par là.

« Qui est-ce qui peut chanter si bien ? Je jure que si c'est une femme je l'épouserai. »

Et il se dirigea vers le lieu d'où partait la voix.

— Je suis une fille
Qui chante, qui chante,
Je suis une fille
Qui chante toujours.

« Oh ! quelle mélodie ! si elle chante toujours si bien, on doit être heureux de l'entendre.

— Ma mère méchante
M'a jetée ici ;
Ma mère méchante
M'a jetée ici.

— D'où peut venir cette voix ? Oh ! j'en mourrai si je ne la trouve.

— Elle n'est pas loin,
Belle jeune fille ;
Elle n'est pas loin,
Belle jeune fille.

— Où peut-elle être ? Il n'y a pourtant rien qui puisse m'empêcher de la voir.

— Elle est à tes pieds,
La charmante fille ;
Elle est à tes pieds,
La charmante fille.

— Où, à mes pieds ? il n'y a ici que cette méchante marmite. »

Et le prince, furieux, lui donna un grand coup de pied qui la brisa.

Ditu Migniulellu en sortit aussitôt.

« Eh bien ! bonjour, mon bon monsieur, comment allez-vous ?

— Le mieux du monde ; mais quelle était cette personne qui tout à l'heure chantait si bien ?

— C'était moi, Ditu Migniulellu ; n'est-ce pas que ma voix est bien claire et bien pure ? On n'en trouverait pas de pareille dans tout le royaume.

— C'est toi qui chantais avec tant de perfection ? Vraiment, tu me trompes.

— Non, non, je ne vous trompe pas. Je m'ennuyais et je me suis mise à chanter. Voulez-vous m'écouter encore un petit instant ? vous verrez bien vite que...

— Mais tais-toi donc, bavarde. Je ne m'étonne plus si tu t'ennuyais dans une marmite où tu n'avais personne pour causer... Mais chante un peu, pour voir si tu dis vrai.

— Oui, c'est moi
La belle fille ;
Oui, c'est moi
La belle fille
Qui chantais
Dans la marmite,
Qui chantais
Dans la marmite.

— Tu as raison, jamais je n'ai entendu une voix pareille, aussi...

— N'est-ce pas que je ne vous trompais pas ?

— As-tu fini, petite bavarde ? Dis-moi, comment t'appelle-t-on ?

— On m'appelle Ditu Migniulellu ; je vous l'ai déjà dit.

— Eh bien ! Ditu Migniulellu, je suis le fils du roi, et j'ai donné ma parole que je t'épouserais.

— Alors, je serai reine ?

— Naturellement.

— S'il en est ainsi, je vous remercie beaucoup de l'honneur que vous me faites ; soyez certain, mon prince, que je serai toujours...

— Assez, assez ; décidément tu aimes bien causer. »

Et le fils du roi mit Ditu Migniulellu dans sa poche et s'en retourna chez lui.

Mais en voyage la petite fille cria :

« Laissez-moi sortir, j'étouffe dans votre poche ! Monsieur mon mari, ôtez-moi d'ici. »

Le jeune prince prit Ditu Migniulellu et la posa sur sa main.

Quand il fut arrivé chez sa mère, il lui dit :

« Bonne maman, voici la femme que j'ai choisie pour épouse ; je veux célébrer au plus tôt mon mariage avec elle.

— Quoi ! c'est une petite poupée qui sera la reine ? Et que voulez-vous en faire, mon enfant ?

— A vous dire vrai, je ne l'aime pas beaucoup, mais je lui ai promis d'être son mari.

— Eh bien ! gardez-la avec vous, elle ne tiendra pas trop de place. »

Le prince fit ainsi ; mais il s'ennuyait beaucoup de voir comme Ditu Migniulellu était petite.

Or, un jour qu'il était encore plus triste que de coutume, le fils du roi se dit :

« A quoi bon être prince, si je dois m'ennuyer comme tout le monde ? Je veux donner un bal qui dure trois jours et auquel je convierai les plus belles femmes du royaume. »

Dans toutes les directions, des hommes, avec des trompettes et des tambours, partirent annoncer la fête donnée par le fils du roi. Au jour fixé, on accourut de toutes parts.

Les hommes étaient aimables et les femmes charmantes. On se pressait, on se bousculait tant la foule était grande.

On n'attendait plus que le jeune prince.

Celui-ci, qui demeurait à l'autre extrémité de la ville, s'habilla richement et se fit amener son plus beau cheval.

Comme il était sur le point de partir, Ditu Migniulellu vint le trouver.

« Emmenez-moi avec vous, je voudrais aller à ce bal ; emmenez-moi, je vous en prie !

— Laisse-moi donc tranquille ; que veux-tu que je fasse de toi ?

— Je serai bien gentille, mon cher petit mari ; vous verrez que je ne vous dérangerai pas.

— Allons, retourne à la maison, car je suis pressé.

— Non, je veux aller avec vous.

— Ah ! c'est comme cela que tu m'obéis ? »

Et le fils du roi la menaça de la bride qu'il tenait à la main.

Les yeux pleins de larmes, Ditu Migniulellu revint chez elle.

La fée qui ne lui avait rien donné à sa naissance parut alors.

« Qu'as-tu donc, ma belle enfant ? C'est parce que tu ne vas pas au bal que tu pleures ainsi ?

— Oui, ma belle dame.

— Calme-toi ; je suis la fée qui, à ta naissance, s'est chargée de ton bonheur. »

Et, d'un coup de sa baguette, la bonne fée transforma Ditu Migniulellu en la plus belle jeune fille qu'on pût voir.

Elle était grande, svelte et tout habillée de soie et d'or.

« Maintenant je vais te conduire au bal. »

Et Ditu Migniulellu fut aussitôt dans une voiture traînée par de jolis papillons.

Lorsqu'elles furent arrivées, la bonne fée lui dit :

« Si tu as encore besoin de moi, tu n'auras qu'à frapper trois fois dans tes mains et je viendrai de suite ; tu peux encore te rendre aussi petite que par le passé en disant : "Que je redevienne Ditu Migniulellu." »

La jeune fille remercia vivement la fée et puis entra au bal, où tout le monde fut tout étonné et tout ravi de la voir.

« Ah ! se dit aussitôt le fils du roi, jamais il n'a existé plus belle créature ; il faut que j'en fasse ma femme. »

Et, s'approchant de Ditu Migniulellu, il lui parla ainsi :

« Ah ! comme vous êtes charmante ; êtes-vous de ce royaume, madame ? car jamais je ne vous ai aperçue à la cour.

— Je ne suis pas de vos Etats, seigneur. Il ne faut donc point vous étonner si vous ne m'avez jamais vue.

— Et de quel pays êtes-vous donc ?

— Je suis du royaume de Bride.

— Merci, madame. Voilà les violons qui commencent à jouer, voudriez-vous me faire l'honneur de danser avec moi ?

— Avec plaisir », dit la jeune fille.

Mais au milieu de la danse elle pensa :

« Que je redevienne Ditu Migniulellu. »

Et aussitôt elle se faufila au milieu des danseurs et disparut.

Le prince fut bien étonné de cela ; il chercha partout la jolie étrangère, mais sans aucun succès.

Et pourtant personne ne l'avait vue sortir.

Ditu Migniulellu courut vite à sa chambre, où elle se déshabilla en attendant le prince qui ne tarda pas à rentrer.

« Eh bien ! mon ami, comment avez-vous passé la soirée ? Vous êtes-vous bien amusé ?

— Allons, laisse-moi tranquille.

— Comment, vous êtes en colère ? Vous serait-il arrivé quelque chose de désagréable ?

— Auras-tu bientôt fini ?

— Ah ! je suis bien fâchée de vous voir aussi peu aimable. Vous ne me dites rien ?

— Et que veux-tu que je te dise, méchante bavarde ?

— Je le vois, vous êtes bien triste. Je me tais, puisque vous le voulez ; mais je donnerais volontiers tout mon sang pour faire luire un peu de gaieté dans vos yeux. Ah ! comme vous me paraissez fatigué. C'est sans doute parce que vous aurez trop dansé. Demain, je vous en prie, ménagez-vous un peu ; vous pourriez être sérieusement malade et j'en serais au...

— Si tu dis encore un mot, je t'étrangle sur l'heure, dit le prince, courroucé. Va plutôt demander tous les livres qui sont à côté, afin que je puisse voir où se trouve le royaume de Bride. »

Ditu Migniulellu alla réveiller la mère du prince, qui arriva quelques moments après, toute chargée de livres.

« Ma mère, connaissez-vous le pays de Bride ?

— Le pays de Bride ? non, je n'en ai jamais entendu parler. »

L'amoureux se mit à feuilleter tous les volumes, depuis le commencement jusqu'à la fin ; mais nulle part il ne trouva ce qu'il cherchait.

Les courtisans, les savants furent interrogés, aucun ne connaissait le royaume de Bride.

Le lendemain, le jeune prince retourna au bal, espérant rencontrer la belle inconnue.

Avant qu'il ne montât à cheval, Ditu Migniulellu vint de nouveau le trouver et lui dit :

« Je vous en supplie, laissez-moi voir ce bal.

— Non, je ne le veux pas ; il ne me manquerait plus que de t'avoir avec moi ! »

Ditu Migniulellu monta sur l'étrier, mais le fils du roi la

repoussa si brusquement de son éperon qu'il l'envoya rouler par terre.

Elle se releva tout en pleurs et rentra dans sa chambre.

Bientôt après, s'essuyant les yeux, elle frappa par trois fois dans ses mains.

La bonne fée parut.

« Que veux-tu ?

— Je veux aller au bal ; faites-moi encore aussi grande et aussi belle qu'hier. »

La fée la toucha de sa baguette, et la jeune fille parut aussitôt revêtue d'habits roses.

Quelques moments après elle faisait son entrée au bal.

Le jeune prince l'attendait avec impatience. Aussi, à peine l'eut-il reconnue, qu'il courut à elle.

« Ah ! madame, vous m'avez trompé, la nuit dernière ; je vous en prie, dites-moi de quel pays vous êtes.

— Je suis du royaume de l'Eperon.

— Je vous remercie car j'espère aller vous demander en mariage. En attendant, je vous prie, acceptez cet anneau en souvenir de moi.

— Vous voulez m'épouser ? Je croyais que vous étiez marié, prince ?

— Il est vrai que j'ai promis à Ditu Migniulellu d'être son mari, mais je n'ai point encore célébré mes noces avec elle.

— Vous voudriez donc la quitter ?

— Non, car elle chante si bien qu'on n'a jamais vu semblable merveille, mais vous serez ma femme favorite, celle que j'aimerai de tout mon cœur ; Ditu Migniulellu nous amusera de temps en temps.

— Adieu, prince, je suis pressée de partir.

— Je vous en prie, ne me quittez pas si tôt ; personne ne vous attend, restez encore un peu.

— Non, il faut que je parte.

— Eh bien ! alors, je vous suivrai partout ; jamais je ne vous quitterai. »

« Que je redevienne Ditu Migniulellu », pensa la jeune fille.

Et elle disparut à l'instant.

Le fils du roi regarda partout afin de voir ce qu'elle était devenue, mais il ne la vit plus. Il commença à se désespérer et, lorsqu'il arriva chez lui, il était tout furieux.

Ditu Migniulellu, qui l'attendait, courut à sa rencontre.

« Avez-vous été plus heureux, ce soir ? Vous me paraissez encore fort en colère, et je crains bien qu'il ne vous soit arrivé quelque chose de désagréable.

— Tais-toi et va me chercher tous les livres et tous les savants qui sont dans ce palais. »

Les savants ne tardèrent pas à arriver, et le fils du roi leur demanda :

« Quel est celui d'entre vous qui a jamais entendu parler du royaume de l'Eperon ? »

Personne ne répondit ; tout le monde ignorait l'existence de ce pays.

Le prince leur fit distribuer les livres afin que chacun pût facilement faire des recherches.

On veilla toute la nuit, mais on n'obtint aucun résultat : le royaume de l'Eperon était inconnu.

L'amoureux se dit alors :

« Ce soir la belle jeune fille viendra encore au bal. Il faut qu'elle ne puisse plus m'échapper. »

Et, la nuit venue, il envoya un grand nombre de soldats afin de bien garder les portes du château où la fête se donnait.

Il s'habilla ensuite avec plus de recherche que de coutume et monta à cheval pour s'en aller.

En ce moment Ditu Migniulellu vint à lui.

« Voilà déjà deux fois que vous ne voulez pas m'emmener avec vous ; le bal se termine aujourd'hui, laissez-moi venir.

— Tu m'impatientes avec ton bal ! allons, sors-moi d'ici ! »

Mais, comme la jeune fille insistait, le fils du roi la frappa de sa cravache et partit au galop. Ditu Migniulellu monta dans sa chambre et frappa dans ses mains.

A la troisième fois, la bonne fée parut.

« Tu veux encore aller au bal ?

— Oui, ma bonne fée. »

La jeune fille se vit aussitôt changée en une belle demoiselle, tout habillée de bleu. Elle avait un collier de diamants et une ceinture d'or.

« Jamais on n'aura vu personne d'aussi charmant que toi, ajouta la fée ; va vite au bal, tout le monde t'attend. »

Ditu Migniulellu se dépêcha et bientôt elle fit son entrée au milieu de l'admiration générale.

Le fils du roi vint encore à sa rencontre.

« Enfin, vous voilà, madame ; comme vous avez tardé, ce soir ! Mais, dites-moi, pourquoi m'avoir trompé ? pourquoi vous être enfuie tout à coup ? pourquoi, enfin, ne me dites-vous pas votre véritable pays ?

— Je suis du royaume de Cravache.

— Dois-je le croire ? vous m'avez déjà trompé deux fois... Mais quel bonheur ! vous portez l'anneau que je vous ai donné hier ? Ah ! merci, merci mille fois ! »

Il y avait déjà une heure que le prince et Ditu Migniulellu causaient lorsque celle-ci se rendit tout à coup toute petite et disparut.

On la chercha de tous côtés, on interrogea les soldats qui gardaient les portes, aucun ne l'avait aperçue.

Le fils du roi promit une grande récompense à celui qui lui dirait où se trouvait le royaume de Cravache.

On chercha, on s'informa, on compulsa, mais nul n'en avait entendu seulement le nom.

Le prince, malheureux plus que jamais d'avoir perdu une aussi belle personne, tomba gravement malade en arrivant chez lui.

Sa mère vint le visiter et fut bien affligée en le voyant dans un si triste état.

Il ne voulait ni boire ni manger avant d'avoir retrouvé celle qu'il aimait par dessus tout.

Ditu Migniulellu arriva à son tour et lui dit :

« Laissez-moi faire un gâteau et, si vous me promettez de le manger, je vous ferai retrouver la femme que vous cherchez.

— Va-t-en ! sors-moi de là, petite sotte ! où aurais-tu trouvé le moyen de savoir ce que les fées seules peuvent connaître ?

— Ne vous inquiétez pas de cela. Promettez-moi seulement de manger le gâteau que je vais faire et vous serez satisfait.

— Eh bien ! j'y consens ; seulement je te tuerai si tu te moques de moi. »

Ditu Migniulellu demanda de la farine et de l'eau, puis elle confectionna un beau gâteau qu'elle fit cuire sous la cendre, après avoir mélangé à la pâte l'anneau donné au bal par le fils du roi.

Lorsque tout fut prêt, la jeune fille envoya le gâteau par une servante, puis elle se rendit dans sa chambre.

Le prince commença à manger. Lorsqu'il fut à moitié, il trouva l'anneau, qu'il reconnut bien vite, et il se mit à crier :

« Ma mère, ma mère ! »

Celle-ci crut que Ditu Migniulellu avait empoisonné son fils et courut frapper la jeune fille.

« Ma mère, ma mère !

— Entends-tu ? disait la reine, mon fils crie, que lui as-tu fait ?

— Je n'ai rien fait, laissez-moi.

— Ma mère, ma mère !

— Voilà, voilà ; je viens tout de suite. »

Et la reine courut voir son enfant, qu'elle trouva tout joyeux.

« Voyez, j'ai retrouvé la bague que j'avais donnée à la belle étrangère ; elle doit être dans ce palais ; donnez des ordres pour qu'on la retrouve au plus tôt. »

Pendant ce temps, Ditu Migniulellu, merveilleuse à voir, toute transformée qu'elle était par la fée, se présenta devant le prince.

« Ah ! c'est elle, je la reconnais ; quel bonheur ! Je vous en supplie, madame, ne m'abandonnez plus.

— Vous m'aimez donc bien, mon cher prince ?

— Si je vous aime !

— Et pourtant vous m'avez repoussée bien des fois, vous avez été même jusqu'à me battre.

— Moi, vous battre ?

— Oui, vous m'avez d'abord menacée de votre bride, puis

jetée en bas avec votre éperon, et enfin vous m'avez frappée avec la cravache que vous teniez à la main.

— Mais vous êtes donc Ditu Migniulellu ? car je n'ai jamais repoussé qu'elle.

— Vous avez deviné, je suis Ditu Migniulellu, un peu changée, il est vrai, mais cela ne doit pas trop vous déplaire.

— Et vous chantez toujours aussi bien ?

— Je chante toujours aussi bien. »

Jugez de la joie du prince d'avoir une femme si accomplie ; aussi il célébra, le jour même, son mariage et invita à la noce tous les gens des villes voisines.

Pour moi, qui étais arrivée un peu trop tard, je fus placée sous la table, où je ne reçus que des coups de pied et des os. Quant à vous, que faisiez-vous ce jour-là ?

LA RECLUSE DÉLIVRÉE

Jean-François Cerquand, *Légendes et récits populaires du Pays basque*, Bulletin de la Société des Sciences, Lettres et Arts de Pau, 1882.

Il y avait une fois deux sœurs, l'une aussi bonne que belle, l'autre aussi laide qu'elle était maligne.

Des deux sœurs la préférée était celle-ci. Ses parents ne voyaient que par ses yeux et traitaient ses sottises de gentillesses. Quant à la cadette, il n'est sorte de misères qu'ils ne lui fissent endurer.

La Mère Vierge qui est la patronne des affligés, en eut pitié. Elle lui apparut un jour et lui dit : « Ma fille, tu souffres sans te plaindre les mauvais procédés de tes parents. Je veux à cause de cela te venir en aide et te mettre en état de n'avoir besoin de personne pour vivre. Ecoute bien ce que tu devras faire.

» Les Lamignas de la maison voisine cherchent en ce moment une servante. Ils t'accepteront si tu te présentes chez eux. Ensuite ils te donneront des ordres étranges : de briser la vaisselle, de mettre les lits en désordre, de frapper les enfants jusqu'à les tuer et de piocher le sol de la cuisine. Tu te garderas bien d'en rien faire. Au contraire, tu nettoieras soigneusement la cuisine ; tu mettras le pot sur le feu ; tu peigneras et débarbouilleras les enfants et tu feras proprement les lits. Au bout de l'an on t'offrira, pour tes gages, de choisir entre un cheval de prix et une rosse, entre une cruchée d'or et une cruchée de charbon. Tu choisiras la cruchée de charbon et la rosse. »

La bonne fille alla donc offrir ses services aux Lamignas et fit comme la Mère Vierge lui avait ordonné. Au bout de l'an, elle choisit, pour ses gages, la rosse et la cruchée de charbons ; mais les Lamignas, qui étaient satisfaits de sa conduite, lui donnèrent le beau cheval et un plein pot d'or ; en sorte qu'elle rentra à la maison, bien à son aise sur le cheval et une fortune entre ses bras.

La méchante fille en pensa crever de dépit : « Voyez, dit-elle à ses parents, quelle chance a cette mijaurée. Pour une seule année de travail, la voilà riche à toujours. Eh bien ! je veux faire comme elle. Je suis plus adroite et plus forte, et je serai bien malheureuse si je ne rapporte pas au moins autant qu'elle. »

Là dessus, la méchante sœur alla engager ses services chez les Lamignas. Les Lamignas lui recommandèrent de briser la vaisselle, de piocher la cuisine, de battre à mort les enfants et de bouleverser les lits.

La méchante exécuta le tout à la lettre. Elle pioche la cuisine comme un champ ; elle brise les marmites et les verres ; elle assomme de coups les enfants ; elle met les lits sens dessus dessous. Au bout de l'an, on lui offrit le choix entre une rosse et un cheval de prix, entre une cruchée de charbon et une cruchée d'or. Elle choisit le beau cheval et la cruchée d'or ; mais les Lamignas lui dirent qu'elle serait assez payée avec la rosse et le charbon, et la renvoyèrent ainsi, plus furieuse qu'on ne saurait dire.

Ses parents, partageant ses rancunes et voulant lui donner une satisfaction, décidèrent qu'elle serait mariée avant sa sœur. En conséquence ils reléguèrent la bonne et jolie fille dans un caveau, sous l'escalier, avec le chien, tandis que la méchante laideron, parée comme une châsse, trônait sur un fauteuil, éclairée par la fenêtre de la cuisine, sans rien faire tout le long du jour. Elle attendit ainsi que quelque garçon s'éprît d'elle et de ses beaux habits.

Un dimanche, toute la famille avait été entendre la messe, sauf la recluse, restée sous l'escalier. La Mère Vierge lui apparut de nouveau et lui demanda pourquoi elle n'avait pas suivi les autres à l'église. Elle repondit que ses parents ne le lui avaient pas permis et qu'ils mettaient sous clef ses habits.

Alors la Mère Vierge tira de dessous son manteau la plus mignonne robe qu'on puisse voir. Elle avait la couleur et la finesse des ailes de mouche : « Va à la messe, ma fille, dit la Mère Vierge ; mais reviens aussitôt qu'elle sera dite et prends garde que quelqu'un ne s'aperçoive que tu as quitté la maison. »

Quand la jolie fille entra à l'église : « La belle robe ! » dirent les femmes jalouses ; « la belle enfant ! » dirent les hommes. Et même le seigneur qui était là, la regarda tant et tant qu'il s'en éprit et résolut de l'aborder à la sortie de l'église. Mais elle se glissa dans la foule et lui échappa.

Le dimanche suivant, ce fut la même histoire. La Mère Vierge lui donna une robe couleur de ciel en lui disant : « Va à la messe, ma fille, et reviens aussitôt après, sans avoir parlé à personne. »

Comme la première fois, les femmes regardèrent avec jalousie la robe couleur de ciel, et les hommes avec plaisir la jolie fille. Et le seigneur essaya de l'aborder à la sortie de la messe, mais elle lui échappa dans la foule.

Le troisième dimanche, la Mère Vierge vint encore et tira de dessous son manteau une robe couleur de soleil et lui dit : « Le seigneur d'ici s'est épris de toi. Il tentera de te parler, mais tu t'échapperas en laissant un de tes souliers. » La jeune fille alla donc à la messe, et quand elle entra, il sembla que c'était le soleil qui entrait dans l'église. Le seigneur, qui avait mieux pris ses mesures, se trouva assez près d'elle pour la saisir à la fin. Mais elle se débarrassa brusquement en laissant un de ses souliers et, pendant que le seigneur se baissait pour ramasser le soulier, elle disparut.

Le seigneur, amoureux à en perdre l'esprit, et résolu à trouver qui était cette belle personne qu'aucun ne connaissait dans le village, fit essayer le soulier par toutes les femmes et toutes les filles des environs. Mais aucune n'en vint à bout, tant le soulier était petit. Enfin il vint à la maison des deux sœurs. La laideron était assise dans la cuisine, endimanchée à l'ordinaire. Elle s'efforça d'introduire son large pied dans le soulier, mais cela n'allait pas du tout.

Le seigneur resta bien embarrassé, car il n'y avait plus ni femme, ni fille dans le village, à qui il pût faire essayer le soulier.

Tout à coup le chien aboya : « Ttau, ttau, ttau ! l'étoilée est sous l'escalier, et l'âne barré est dans la cuisine.

— Qu'est-ce donc que dit ce chien ? dit le seigneur, car il parle.

— Ttau, ttau, ttau ! répéta le chien ; l'étoilée est sous l'escalier, et l'âne barré dans la cuisine. »

Le seigneur regarda la laideron qui trônait sur son fauteuil et, commençant à comprendre, se fit conduire sous l'escalier.

Là était la recluse aussi belle que jamais, quoiqu'elle n'eût pas revêtu la robe couleur de soleil, et à côté le bon chien. Le soulier allait comme de cire.

Le seigneur emmena tout de suite la jeune fille, et s'en alla droit au presbytère. Le curé était tout prêt comme s'il eût su ce qui allait arriver.

LA GARDEUSE DE DINDONS

Jean-François Bladé, *Contes populaires de la Gascogne*, Paris, Maisonneuve Frères et Ch. Leclerc, 1886, 3 vol.

Il y avait, une fois, un roi qui aimait beaucoup le sel. Ce roi était veuf, et avait trois filles à marier. Il avait aussi un valet, avisé comme il n'y en a guère.

Un jour que ce valet était occupé à pétrir, dans le fournil, le roi vint le trouver, et lui dit :

— Valet, tu es un homme de sens. Je veux te consulter sur une affaire fort secrète.

— Maître, je n'aime pas les secrets. Si vous devez parler de votre affaire à un autre qu'à moi, ne m'en dites pas un mot. Vous croiriez que je vous ai trahi, et vous me chasseriez de chez vous.

— Valet, je n'en parlerai qu'à toi.

— Alors, j'écoute.

— Valet, j'ai trois filles à marier. Je suis vieux, et je ne veux plus être roi. Quand tu auras fini de pétrir, va me quérir le notaire. Je veux me réduire à une pension, et partager mon bien entre mes trois filles.

— Maître, à votre place je ne ferais pas cela.

— Pourquoi, valet ?

— Maître, celui qui n'a plus rien est bien vite méprisé. A votre place, je garderais ma terre, et je doterais mes filles raisonnablement, le jour de leur mariage.

— Valet, mes filles m'aiment. Je ne crains rien.

— Maître, mettez-les à l'épreuve, avant de vous décider.

Le roi monta dans sa chambre, et commanda qu'on y fît venir ses trois filles.

— M'aimes-tu ? dit-il à l'aînée.

— Père, je vous aime plus que tout au monde.

— Bien. Et toi, ma cadette, m'aimes-tu ?

— Père, je vous aime plus que tout au monde.

— Bien. Et toi, ma dernière, m'aimes-tu ?

— Père, je vous aime autant que vous aimez le sel.

— Méchante langue ! Tu insultes ton père. Rentre dans ta

chambre, et attends-y que j'aie décidé ce qu'il faut faire de toi.

La fille dernière rentra dans sa chambre. Alors, ses deux sœurs dirent à leur père :

— Notre sœur vous a insulté. Elle mérite la mort.

— Mes filles, elle mourra. Mais vous autres, vous m'aimez, et vous ne tarderez pas à recevoir votre récompense. Attendez-moi ici.

Le roi redescendit au fournil, où le valet pétrissait toujours, et lui conta ce qui venait de se passer.

— Maintenant, valet, l'épreuve est faite. Va me quérir le notaire, pour qu'il partage ma terre entre mes deux filles aînées, et le bourreau pour qu'il fasse mourir ma dernière.

— Maître, les paroles sont des femelles ; mais les actes sont des mâles. Votre épreuve n'est pas bonne. A votre place, je jugerais mes filles sur ce qu'elles feront, et non pas sur ce qu'elles ont dit.

— Tais-toi, valet. Tu ne sais pas ce que tu dis. Tais-toi, ou je t'assomme de coups de bâton.

Quand le valet vit le roi brandir son bâton, il fit semblant de changer d'avis.

— Eh bien, maître, j'ai tort. Vous parlez comme un livre. Faites à votre volonté. Je vais aller quérir le notaire, et je veux servir moi-même de bourreau à votre dernière fille. Je la mènerai dans un bois, je la tuerai, et je vous rapporterai sa langue.

— Tu vois bien, valet, que tu es de mon avis. Va-t'en d'abord quérir le notaire.

Donc le valet alla quérir le notaire. Le roi maria ses deux filles aînées sur-le-champ, et donna la moitié de sa terre à chacune d'elles.

— Notaire, dit-il, je me réserve, pendant toute ma vie, d'aller vivre six mois chez ma fille aînée, et six mois chez la seconde. Ne manque pas de marquer cela sur ton papier.

Mais le notaire était une grande canaille, qui fut condamnée, la même année, aux galères pour le restant de sa vie. Il avait reçu secrètement de l'argent des deux filles aînées, et il ne marqua pas sur son papier ce que le roi s'était réservé.

— Maître, dit le valet, Dieu veuille que ce qui est fait soit bien fait. Maintenant, je vais mener votre dernière fille dans un bois, pour lui faire passer le goût du pain, et vous rapporter sa langue.

— Pars, valet. Quand tu seras revenu, je te récompenserai.

Le valet alla chercher une chaîne, et la passa au cou de la pauvre fille. Cela fait, il prit son sabre, et siffla sa chienne.

— Allons, insolente ! Allons, malheureuse ! Tu n'as pas longtemps à vivre. Recommande ton âme au bon Dieu, à la Sainte Vierge Marie et aux saints.

Ainsi cria le valet, tant qu'il fut à même d'être entendu par le roi. Mais dans le bois, ce fut autre chose.

— Demoiselle, n'ayez pas peur. J'ai fait tout ceci pour vous sauver du bourreau. Vos chemises et vos plus belles hardes sont dans ma besace. J'y ai mis aussi des habits de paysanne que vous allez revêtir tout de suite. Avant de me louer comme valet chez votre père, j'ai servi dans le château d'un autre roi. Sa femme ne me refusera pas de vous prendre, comme gardeuse de dindons. Là, vous serez bien cachée.

En effet, le valet amena la fille du roi dans ce château. La reine la prit à son service, comme gardeuse de dindons, et lui donna son logement dans une chambrette, sous un escalier. Cela fait, le valet revint chez son maître. En traversant le bois, il tira son sabre, tua sa chienne, et lui arracha la langue.

— Maître, j'ai tué votre fille, et je vous rapporte sa langue.

— Valet, je suis content de toi. Voilà cent louis d'or pour ta peine.

— Cent louis d'or, maître ! Ce n'est pas assez pour un pareil travail.

— Eh bien, valet, en voilà cent autres.

— Et vous, mesdames, ne me donnerez-vous rien, pour avoir tué votre sœur, et pour vous avoir rapporté sa langue ?

— Valet, nous te donnerons chacune autant que notre père.

— Merci, maître. Merci, mesdames.

Le lendemain, les deux filles aînées appelèrent chacune son mari, et s'en allèrent trouver le roi.

— Père, vous n'êtes plus ici chez vous. La partie droite de ce château appartient à votre fille aînée, et la gauche à la cadette. Allez-vous-en.

— Méchantes filles, vous me payez mal tout le bien que je vous ai fait. M'en aller, je ne veux pas. Le papier du notaire me donne droit, pendant toute ma vie, d'aller vivre six mois chez ma fille aînée, et six mois chez la cadette.

— Parle papier. Tais-toi langue[1]. Le notaire n'a pas marqué cela sur son papier.

— Le notaire est aussi canaille que vous.

— Allons, leste ! Dehors, ou gare les chiens.

Le pauvre roi sortit du château. Sur le pas de la porte, il rencontra le valet.

— Où allez-vous, maître ?

— Je m'en vais à la volonté de Dieu. Ce château n'est plus le mien. Mes filles et mes gendres m'en ont chassé. Valet, pourquoi m'as-tu si mal conseillé, quand je voulais partager ma terre entre mes filles ?

— Maître, je vous ai dit : « Eprouvez-les. » Vous avez cru aux paroles qui sont des femelles, tandis que les actes sont des mâles, et vous avez agi à votre tête. Mais ce qui est fait est fait, et le regret ne sert de rien. Attendez-moi là. Je reviens. Nous allons partir ensemble. Je veux toujours être votre valet.

— Valet, reste ici, pour ton bien. Je n'ai plus de quoi te payer, ni de quoi te nourrir.

— Maître, je vous servirai pour rien, et j'ai de quoi vivre pour nous deux.

— Valet, comme tu voudras.

Le valet entra dans le château, et revint un moment après, avec une besace pleine sur le dos.

— Allons, partons.

Au bout de sept jours de voyage, ils arrivèrent dans un pays, où ils trouvèrent en vente une petite métairie, avec une

1. Proverbe gascon, usité quand on invoque des actes écrits.

maison de maître. Le valet l'acheta, et la paya comptant avec l'argent volé, et avec les louis d'or qu'il avait reçus pour sa peine, quand on croyait qu'il avait fait mourir la dernière fille du roi.

— Maître, cette petite métairie est la vôtre. Buvez, mangez, chassez, promenez-vous, tandis que je travaillerai les champs et les vignes.

— Merci, valet. Il y a force maîtres qui ne te valent pas.

Pendant que tout cela se passait, la dernière fille, que son père croyait morte, demeurait toujours, comme gardeuse de dindons, dans le château du roi où le valet l'avait placée. Ce roi avait un fils si fort, si hardi, si beau garçon, que toutes les filles du pays en tombaient amoureuses. La gardeuse de dindons fit comme les autres ; mais il ne la regardait même pas.

— Malappris, pensait-elle souvent, je te forcerai bien à me regarder.

Le temps du carnaval arriva. Chaque soir, après souper, le fils du roi s'habillait de neuf, et montait à cheval, pour s'en aller danser, jusqu'au lendemain matin, dans les châteaux du voisinage. Que fit la gardeuse de dindons ? Pendant la veillée, elle se dit malade, et fit semblant d'aller se coucher. Mais elle descendit secrètement à l'écurie, sella et brida un cheval, et lui donna double picotin d'avoine. Ensuite, elle remonta dans sa chambre, ouvrit la besace où étaient les hardes qu'elle avait rapportées de chez son père. Cela fait, elle se peigna, avec un peigne d'or, se chaussa de bas blancs, et de petits souliers rouges en maroquin de Flandre, mit une belle robe couleur du ciel, redescendit à l'écurie, sauta sur son cheval, et partit au galop pour le château où le fils du roi s'en était allé danser.

Quand elle entra dans le bal, les joueurs de vielle et de violon cessèrent de jouer, les danseurs de danser, et tous les invités disaient :

— Quelle est cette belle demoiselle ?

Enfin, les joueurs de vielle et de violon recommencèrent leur musique, et le fils du roi prit la jeune fille par la main, pour la mener à la danse. Mais, au premier coup de minuit, elle laissa son danseur en plan, sauta sur son cheval, et repartit au galop.

Le lendemain, elle s'en alla garder les dindons, comme de coutume, et le fils du roi, qui la rencontra, en allant à la chasse, pensa :

— C'est étonnant comme cette jeune paysanne ressemble à la belle demoiselle que j'ai vue au bal, la nuit passée.

Le soir même, après souper, il s'habilla de neuf, monta à cheval, et partit encore pour le bal. Que fit alors la gardeuse de dindons ? Pendant la veillée, elle se dit malade, et fit semblant d'aller se coucher. Mais elle descendit secrètement à l'écurie, sella et brida un cheval, et lui donna double picotin d'avoine. Ensuite, elle remonta dans sa chambre, et ouvrit la besace où étaient les hardes qu'elle avait rapportées de chez son père. Cela fait, elle se peigna, avec un peigne d'or, se chaussa de bas blancs, et de petits souliers en maroquin de Flandre, mit une robe couleur de la lune, redescendit à l'écurie, sauta sur son cheval, et partit au galop pour le château où le fils du roi était allé danser.

Quand elle entra dans le bal, les joueurs de vielle et de violon cessèrent de jouer, les danseurs de danser, et tous les invités disaient :

— Quelle est cette belle demoiselle ?

Enfin, les joueurs de vielle et de violon recommencèrent leur musique, et le fils du roi prit la jeune fille par la main, pour la mener à la danse. Mais, au premier coup de minuit, elle laissa son danseur en plan, sauta sur son cheval et repartit au galop. Le lendemain, elle s'en alla garder les dindons, comme de coutume ; et le fils du roi qui la rencontra, en allant à la chasse, pensa :

— C'est étonnant comme cette jeune paysanne ressemble à la belle demoiselle que j'ai vue au bal, la nuit passée.

Le soir même, après souper, il s'habilla de neuf, monta à cheval, et partit encore pour le bal. Que fit alors la gardeuse de dindons ? Pendant la veillée, elle se dit malade, et fit semblant d'aller se coucher. Mais elle descendit secrètement à l'écurie, sella et brida un cheval, et lui donna double picotin d'avoine. Ensuite, elle remonta dans sa chambre, et ouvrit la besace où étaient les hardes qu'elle avait rapportées de chez son père. Cela fait, elle se peigna avec un peigne d'or, se chaussa de bas blancs, et de petits souliers rouges en maroquin de Flandre, mit une robe couleur du soleil, redescendit à l'écurie, sauta sur son cheval, et partit au galop pour le château où le fils du roi s'en était allé danser.

Quand elle entra dans le bal, les joueurs de vielle et de violon cessèrent de jouer, les danseurs de danser, et tous les invités disaient :

— Quelle est cette belle demoiselle ?

Enfin, les joueurs de vielle et de violon recommencèrent leur musique, et le fils du roi prit la jeune fille par la main pour la mener à la danse. Mais, au premier coup de minuit, elle laissa son danseur en plan, sauta sur son cheval, et repartit au galop. En s'échappant, elle perdit, dans le bal, son petit soulier rouge du pied droit.

Depuis le premier jour où la jeune fille avait paru dans le bal, le fils du roi en était devenu si amoureux, si amoureux, qu'il en avait perdu le boire et le manger. Il ramassa le petit soulier rouge, et le fit essayer aux demoiselles du bal. Mais toutes avaient le pied trop grand pour le chausser. Alors, il mit le petit soulier rouge dans sa poche, et s'en revint au château de son père.

— Père, je suis tombé amoureux d'une jeune fille qui a perdu ce petit soulier rouge dans le bal. Si vous ne me la donnez pas en mariage, vous serez cause d'un grand malheur. Je m'en irai loin, bien loin, me rendre moine, dans un pays d'où je ne reviendrai jamais, jamais.

— Mon fils, je ne veux pas que tu te rendes moine. Dis-moi où cette jeune fille demeure, et nous monterons tous deux à cheval, pour aller la demander en mariage à son père.

— Père, je ne sais pas où elle demeure.

— Eh bien, va me chercher le tambour de la commune.

Le jeune homme obéit.

— Tambour, voici cent pistoles. Va-t'en crier partout que la demoiselle qui pourra chausser ce petit soulier rouge sera la femme de mon fils.

Le tambour partit, et cria partout, comme il en avait reçu

l'ordre. Pendant trois jours, le château du roi fut plein de demoiselles, qui venaient pour essayer le petit soulier rouge. Mais aucune ne pouvait le chausser. La gardeuse de dindons les regardait faire, et riait de tout son cœur.

— A ton tour, gardeuse de dindons, dit le fils du roi.

— Vous n'y pensez pas, monsieur. Je ne suis qu'une pauvre petite paysanne. Comment voulez-vous que je fasse ce que n'ont pu faire toutes ces belles demoiselles ?

— Allons ! Allons ! criaient les demoiselles. Faites approcher cette insolente qui se moquait de nous tout à l'heure. Si elle ne peut chausser le petit soulier rouge, qu'elle soit fouettée jusqu'au sang.

La gardeuse de dindons s'approcha, en faisant semblant d'avoir peur et de pleurer. Du premier coup, elle chaussa le petit soulier rouge.

— Et maintenant, dit-elle, attendez-moi tous.

Elle alla s'enfermer dans sa chambrette, et revint, un moment après, chaussée de rouge des deux pieds, vêtue de sa robe couleur du soleil.

— Mie, dit le roi, il faut que tu épouses mon fils.

— Roi, je l'épouserai quand il aura le consentement de mon père. En attendant, je veux toujours garder vos dindons.

Alors, le roi et son fils se trouvèrent bien embarrassés.

Pendant que tout cela se passait, l'autre roi, chassé par ses deux filles, demeurait toujours, avec son valet, dans sa petite métairie. Vingt fois par jour, il disait :

— Mes deux filles aînées sont des carognes, et mes gendres de mauvais sujets. Si j'avais ma dernière enfant, elle me tiendrait compagnie, tout en me filant des chemises, et en rapiéçant mes habits. Valet, pourquoi l'as-tu tuée ? Pourquoi m'as-tu rapporté sa langue ?

— Maître, c'est vous qui me l'avez commandé.

— Alors, valet, j'ai eu tort de te le commander. Toi, tu as eu tort de m'obéir.

— Excusez, maître. Je n'ai pas eu tort, parce que je ne vous ai pas obéi. Votre dernière fille n'est pas morte. Je l'ai placée dans le château d'un autre roi, comme gardeuse de dindons.

Ce que vous avez pris pour sa langue était la langue de ma chienne.

— Tant mieux, valet. Nous allons partir sur-le-champ, pour chercher la pauvrette, et la ramener ici.

Ils partirent tous deux sur-le-champ, et sept jours après ils arrivèrent au château du roi.

— Bonjour, roi.

— Bonjour mes amis. Qu'y a-t-il pour votre service ?

— Roi, j'ai été roi moi-même, et j'avais un château aussi beau que le tien. Mes deux filles aînées m'ont chassé, et ma dernière est chez toi, comme gardeuse de dindons. Il faut que tu me la rendes.

— Mon ami, je ne peux pas. Mon fils est tombé amoureux de ta fille, au point qu'il en a perdu le boire et le manger. Je te la demande en mariage pour lui.

— Roi, fais venir ma fille, pour qu'elle parle librement. Je ne veux pas la marier par force.

On alla chercher la gardeuse de dindons.

— Bonjour, père, et la compagnie.

— Bonjour, ma fille. Parle librement. Veux-tu épouser ce jeune homme ?

Le jeune homme était blanc comme farine, et tremblait comme une queue de vache.

— Ma fille, parle librement.

— Père, j'épouserai ce jeune homme préférablement à tout autre. Mais je veux auparavant que son père et lui vous aident à reprendre le château d'où vous ont chassé mes sœurs aînées.

Alors, le roi et son fils firent assembler aussitôt tous les hommes du pays, et les armèrent de sabres et de fusils. Tout ce monde se mit en chemin pendant la nuit, et se rendit maître du château des deux sœurs aînées, qui ne s'attendaient à rien. Ces deux carognes furent pendues avec leurs maris, et leurs corps ne furent pas portés en terre sainte. On les abandonna dans un champ, et les chiens, les corbeaux et les pies les rongèrent jusqu'aux os.

Voilà ce qui fut fait. Alors, le roi dit au père de la gardeuse de dindons :

— Mon ami, reprends ton château, et redeviens roi comme au temps passé. Maintenant, il faut songer à la noce de mon fils et de ta fille.

Jamais les gens du pays ne virent une si belle noce. Cent foudres de vin vieux furent mis en perce. On tua je ne sais combien de veaux et de moutons. Pendant trois jours et trois nuits, cent femmes furent occupées, nuit et jour, à plumer les dindons, les chapons et les canards. Mangeait et buvait qui voulait. Le valet, tout habillé de neuf, et luisant comme un calice, se tenait debout, dernière la chaise de la mariée, et ne la laissait manquer de rien.

— Valet, lui dit son maître, c'est la dernière fois que tu sers à table. Je veux te marier aujourd'hui même.

— Maître, vous êtes bien honnête.

— Valet, nous ne manquons pas ici de jolies filles. Choisis celle que tu voudras.

Le valet choisit une fille jolie comme le jour, et sage comme une image.

— Maître, voici ma femme.

— Valet, je veux l'embrasser. Maintenant, mettez-vous tous deux à table avec nous, et ne vous laissez manquer de rien. Le curé vous mariera demain matin. Je veux être ton parrain. Ma fille sera ta marraine.

Marcel Schwob

L'EXAUCÉE

Le Livre de Monelle, II. « Les Sœurs de Monelle », Paris, Léon Chailley éditeur, 1894.

Cice replia ses jambes dans son petit lit et tendit l'oreille contre le mur. La fenêtre était pâle. Le mur vibrait et semblait dormir avec une respiration étouffée. Le petit jupon blanc s'était gonflé sur la chaise, d'où deux bas pendaient ainsi que des jambes noires molles et vides. Une robe marquait mystérieusement le mur comme si elle avait voulu grimper jusqu'au plafond. Les planches du parquet criaient faiblement dans la nuit. Le pot à eau était pareil à un crapaud blanc, accroupi dans la cuvette et humant l'ombre.

— Je suis trop malheureuse, dit Cice. Et elle se mit à pleurer dans son drap. Le mur soupira plus fort ; mais les deux jambes noires restèrent inertes, et la robe ne continua pas de grimper, et le crapaud blanc accroupi ne ferma pas sa gueule humide.

Cice dit encore :

— Puisque tout le monde m'en veut, puisqu'on n'aime que mes sœurs ici, puisqu'on m'a laissée aller me coucher pendant le dîner, je m'en irai, oui, je m'en irai très loin. Je suis une Cendrillon, voilà ce que je suis. Je leur montrerai bien, moi. J'aurai un prince, moi ; et elles n'auront personne, absolument personne. Et je viendrai dans ma belle voiture, avec mon prince ; voilà ce que je ferai. Si elles sont bonnes, dans ce temps-là, je leur pardonnerai. Pauvre Cendrillon, vous verrez qu'elle est meilleure que vous, allez.

Son petit cœur grossit encore, pendant qu'elle enfilait ses bas et qu'elle nouait son jupon. La chaise vide resta au milieu de la chambre, abandonnée.

Cice descendit doucement à la cuisine, et pleura de nouveau, agenouillée devant l'âtre, les mains plongées dans les cendres.

Le bruit régulier d'un rouet la fit retourner. Un corps tiède et velu frôla ses jambes.

— Je n'ai pas de marraine, dit Cice, mais j'ai mon chat. Pas ?

Elle tendit ses doigts, et il les lécha lentement, comme avec une petite râpe chaude.

— Viens, dit Cice.

Elle poussa la porte du jardin, et il y eut un grand souffle de fraîcheur. Une tache sombrement verdâtre marquait la pelouse ; le grand sycomore frémissait, et des étoiles paraissaient suspendues entre les branches. Le potager était clair, au-delà des arbres, et des cloches à melons luisaient.

Cice rasa deux bouquets d'herbes longues, qui la chatouillèrent finement. Elle courut parmi les cloches où voltigeaient de courtes lueurs.

— Je n'ai pas de marraine : sais-tu faire une voiture, chat ? dit-elle.

La petite bête bâilla vers le ciel où des nuages gris chassaient.

— Je n'ai pas encore de prince, dit Cice. Quand viendra-t-il ?

Assise près d'un gros chardon violacé, elle regarda la haie du potager. Puis elle ôta une de ses pantoufles, et la jeta de toutes ses forces par-dessus les groseilliers. La pantoufle tomba sur la grand-route.

Cice caressa le chat et dit :

— Ecoute, chat. Si le prince ne me rapporte pas ma pantoufle, je t'achèterai des bottes et nous voyagerons pour le trouver. C'est un très beau jeune homme. Il est habillé de vert, avec des diamants. Il m'aime beaucoup, mais il ne m'a jamais vue. Tu ne seras pas jaloux. Nous demeurerons ensemble, tous les trois. Je serai plus heureuse que Cendrillon, parce que j'ai été plus malheureuse. Cendrillon allait au bal tous les soirs, et on lui donnait des robes très riches. Moi, je n'ai que toi, mon petit chat chéri.

Elle embrassa son museau de maroquin mouillé. Le chat jeta un faible miaulement et passa une patte sur son oreille. Puis il se lécha et ronronna.

Cice cueillit des groseilles vertes.

— Une pour moi, une pour mon prince, une pour toi. Une

pour mon prince, une pour toi, une pour moi. Une pour toi, une pour moi, une pour mon prince. Voilà comme nous vivrons. Nous partagerons tout pour nous trois, et nous n'aurons pas de sœurs méchantes.

Les nuages gris s'étaient amassés dans le ciel. Une bande blême s'élevait vers l'Orient. Les arbres se baignaient dans une pénombre livide. Tout à coup une bouffée de vent glacé secoua le jupon de Cice. Les choses frissonnèrent. Le chardon violet s'inclina deux ou trois fois. Le chat fit le gros dos et hérissa tous ses poils.

Cice entendit au loin sur la route une rumeur grinçante de roues.

Un feu terne courut aux cimes balancées des arbres et le long du toit de la petite maison.

Puis le roulement s'approcha. Il y eut des hennissements de chevaux, et un murmure confus de voix d'hommes.

— Ecoute, chat, dit Cice. Ecoute. Voilà une grande voiture qui arrive. C'est la voiture de mon prince. Vite, vite : il va m'appeler.

Une pantoufle de cuir mordoré vola par-dessus les groseilliers, et tomba au milieu des cloches.

Cice courut vers la barrière d'osier et l'ouvrit.

Une voiture longue et obscure avançait pesamment. Le bicorne du cocher était éclairé par un rayon rouge. Deux hommes noirs marchaient de chaque côté des chevaux. L'arrière-train de la voiture était bas et oblong comme un cercueil. Une odeur fade flottait dans la brise d'aurore.

Mais Cice ne comprit rien de tout cela. Elle ne voyait qu'une chose : la voiture merveilleuse était là. Le cocher du prince était coiffé d'or. Le coffre lourd était plein des joyaux des noces. Ce parfum terrible et souverain l'enveloppait de royauté.

Et Cice tendit les bras en criant :

— Prince, emmenez-moi, emmenez-moi !

Dô Thàn

LES DEUX SŒURS TÁM ET CÁM

Bulletin de l'Ecole française d'Extrême-Orient, Hanoï, F. H. Schneider, 1907.

Les deux sœurs Tám et Cám étaient nées du même père, mais de mères différentes : l'une, femme de premier rang, l'autre, de second rang. Leur père était mort, la mère de Tám aussi. Celle-ci habitait avec sa sœur Cám et la mère de cette dernière, sa marâtre.

Un jour, cette femme donna à chacune des deux jeunes filles une corbeille plate en bambou et leur dit d'aller capturer des écrevisses et des crevettes. Elle promit un couvre-seins de couleur rose à celle qui en prendrait le plus.

Nos deux jeunes filles allèrent dans les rizières pêcher des écrevisses et des crevettes. Tám avait la chance d'en prendre un nombre plus considérable que Cám. « Ma sœur aînée Tám, lui dit la cadette, ta tête est tachée de boue ; va te plonger dans l'eau le plus profondément possible, de peur d'être grondée à ton retour. »

Tám se plongea dans l'eau ; Cám, restée sur le bord, prit la corbeille de son aînée, en renversa le contenu dans la sienne et remporta le tout au logis. Tám, une fois hors de l'eau, voyant perdu le fruit de sa pêche, se mit à pleurer à chaudes larmes.

Le Bouddha lui apparut. « Pourquoi pleures-tu, mon enfant ? » demanda-t-il à la jeune fille. Elle lui répondit en lui racontant sa perte et se remit à pleurer. Le Bouddha lui conseilla de voir s'il restait encore quelque poisson dans sa corbeille. Elle y trouva seulement un petit gobie. « Lâche ce poisson dans un puits, lui dit-il, et élève-le, en lui donnant deux fois par jour un bol de riz sur les trois que tu prends à chaque repas. Quand tu verseras ton riz dans le puits pour sa nourriture, tu l'en avertiras dans ces termes : "Gobie, gobie, monte à la surface de l'eau, et prends mon riz précieux comme de l'or et de l'argent. Dédaigne le mauvais riz et le léger potage d'autrui !" »

Tám, écoutant le Bouddha, éleva le gobie dans un puits.

En allant y puiser de l'eau après chaque repas, elle cachait dans l'intérieur de son seau le bol de riz qui était destiné au poisson. Et elle en jetait le contenu dans le puits, en récitant toujours la phrase que le Bouddha lui avait apprise. A ses paroles, le poisson ne manquait jamais de venir à la surface de l'eau pour prendre son riz.

Dans la suite, la mère de Cám crut deviner quelque intention chez Tám et, curieuse, elle envoya sa fille l'espionner. Cám suivit secrètement Tám et vit qu'elle jetait du riz dans le puits en prononçant certaines paroles ; elle rapporta le fait à sa mère et lui répéta les paroles qu'elle avait eu soin d'apprendre par cœur.

« Ma fille, dit la marâtre à Tám le jour suivant, demain tu mèneras paître nos buffles dans des champs bien éloignés de chez nous ; sinon notre village prendrait nos bêtes. »

Tám, obéissante, mena le lendemain paître ses buffles dans un champ situé au loin. A la maison, la marâtre et sa fille Cám, munies d'un bol de riz, allèrent vers le puits où Tám élevait son gobie et l'y jetèrent, tout en répétant les mêmes paroles que Tám prononçait habituellement en pareille occasion. En les entendant, le gobie monta sur la surface de l'eau : la mère de Cám le captura, l'emporta chez elle et le tua. Puis il fut mangé.

Après son repas, Tám alla puiser de l'eau au puits avec son seau qui contenait le bol de riz, ration habituelle destinée au gobie. Mais cette fois, elle ne l'y trouva plus ; seule une goutte de sang caillé flottait sur la surface de l'eau. Elle s'assit et pleura.

Le Bouddha lui apparut de nouveau : « Pourquoi pleures-tu, mon enfant ? lui demanda-t-il. — J'élevais, lui répondit-elle, un gobie dans ce puits ; je lui donnais toujours du riz à manger et, pour le prendre, il avait l'habitude de monter à la surface de l'eau. Mais en lui apportant aujourd'hui son manger, je ne l'ai plus vu apparaître ; seule une goutte de sang caillé nageait à la surface du puits. — On a, lui dit le Buddha, pris ton poisson, mon enfant ; et on l'a mangé. Retourne maintenant à la maison et ramasse ses ossements.

Tu les conserveras dans quatre pots que tu achèteras ; tu enterreras ces pots aux quatre angles de ton lit. »

Tám, écoutant le Bouddha, retourna chez elle. Elle se mit à la recherche des ossements du poisson. « Donne-moi une poignée de paddy, lui dit une poule en chantant *coc-te, coc-tac !* et je fouillerai pour toi l'endroit où sont cachés les os du gobie. » La jeune fille jeta une poignée de paddy à la poule, qui découvrit alors, en fouillant un endroit, les os du poisson. Tám les recueillit dans quatre pots qu'elle s'était procurés et les enterra aux quatre angles de son lit.

Quelque temps après, une fête populaire fut donnée par le roi. Cám et sa mère s'ornèrent de beaux vêtements pour aller assister aux réjouissances et spectacles qui devaient avoir lieu. La marâtre chargea Tám de faire le triage d'un bol de riz et de paddy qu'elle mêla ensemble. « Tu ne pourras, lui dit-elle, sortir pour prendre part à la fête que quand tu auras terminé ta besogne. » Et elle partit avec sa fille. Tám se mit à pleurer, assise. Le Bouddha lui apparut de nouveau. « Pourquoi pleures-tu, mon enfant ? demanda-t-il à la jeune fille. — Je suis bien malheureuse, lui répondit-elle. Ma marâtre m'oblige à trier tant de riz et de paddy, mêlés ensemble, et je ne puis aller à la fête qu'après avoir fini ce triage. A ce moment-là, la fête sera déjà finie ; que m'en restera-t-il à voir ? — Je ferai, lui dit le Bouddha, venir une volée de moineaux pour t'aider dans ton travail. » Tám craignait que ces oiseaux ne pillassent son riz et son paddy, car alors elle recevrait une sévère correction de sa marâtre, à son retour. Mais le Bouddha ajouta : « J'interdirai à ces oiseaux de prendre ton riz et ton paddy. N'aie aucune inquiétude. »

Son travail fini, Tám s'assit dans un coin de la maison et pleura de nouveau. « Pourquoi pleures-tu encore, mon enfant ? lui demanda le Bouddha. — Je n'ai pas de beaux vêtements pour aller à la fête, lui répondit-elle. — Fais sortir de terre, reprit le Bouddha, les pots que tu as enterrés l'autre jour aux quatre angles de ton lit. Tu y trouveras des vêtements aussi beaux que tu le désires. » Elle déterra alors ces pots : elle y trouva, outre de beaux vêtements, une paire de superbes pantoufles et un cheval magnifique et excellent à monter. Elle était au comble de la joie. Vêtue de beaux effets et chaussée de magnifiques pantoufles, elle monta à cheval et sortit pour assister à la fête.

« Maman, dit Cám à sa mère, en voyant Tám de loin, il me semble bien que c'est ma sœur Tám qui est là, bien loin de nous ! — Ta sœur Tám, parée pareillement ? Ce serait chose vraiment extraordinaire ! Ta sœur est maintenant à la maison, occupée pour longtemps encore au triage du riz et du paddy que j'ai mélangés ensemble. »

Tám, en chevauchant sur le bord d'un lac, y laissa tomber une de ses pantoufles et ne put la repêcher. Quelques instants après, le roi, monté sur un éléphant, passa près de cet endroit ; le gros animal s'y arrêta, en barrissant bruyamment. Intrigué de ce fait étrange, le roi prescrivit à ses gardes de descendre dans le lac et d'y fouiller pour voir si on pourrait y découvrir quelque chose d'extraordinaire. Immédiatement, les gardes se lancèrent à l'eau. En y faisant des recherches, ils y trouvèrent une très belle pantoufle de femme. Ordre fut donné par le roi de la faire passer à toutes les femmes qui assistaient à la fête et de la leur faire essayer. Si elle allait bien à l'une d'entre elles, le roi l'épouserait.

Toutes les femmes de l'assistance l'essayèrent ; Cám et sa mère ne s'en abstinrent pas non plus. Mais la pantoufle n'allait bien à aucune d'entre elles. Tám demanda de l'essayer à son tour. « Les cloches en cuivre, lui fit observer sa marâtre, et les tam-tam en marbre jusqu'ici ne l'ont emporté sur personne ; à plus forte raison la jarre cassée dont les fragments gisent abandonnés le long des haies de bambous. »

Tám essaya enfin la pantoufle. Elle lui allait parfaitement Sur l'ordre du roi, les gardes la portèrent solennellement en palanquin au Palais.

Au jour anniversaire de la mort de son père, Tám retourna à la maison pour le célébrer. Sa marâtre lui dit de monter sur un aréquier pour cueillir quelques noix qu'elle offrirait en sacrifice au défunt. Quand Tám fut tout en haut de l'arbre, sa marâtre se mit à en couper le tronc. « Qu'est-ce que tu fais là-bas, ma belle-mère ? lui demanda Tám, en voyant l'arbre tout secoué. — Je chasse, lui répondit-elle, les fourmis pour qu'elles ne puissent te piquer. » Alors que Tám était en train de cueillir des noix d'arec, l'arbre, coupé, se renversa et la jeta dans une mare voisine, où elle se noya.

La marâtre fit porter à sa fille Cám les vêtements magnifiques de Tám et l'envoya au Palais du roi pour y prendre la place de sa sœur aînée.

Tám, à sa mort, fut transformée en un loriot qui vint se poser dans le jardin du roi. « Si vous faites sécher, dit-il en chantant aux gardes occupés au lavage, les vêtements de mon mari, suspendez-les sur des perches en bambou. Ne les étendez jamais sur des haies de clôture, vous les feriez déchirer. » Un jour, en écoutant cette chanson, le roi dit à l'oiseau : « Loriot ! loriot ! si tu es ma femme, entre dans la manche de mon habit. » L'oiseau, à ces mots, s'introduisit immédiatement dans la manche de l'habit du roi, qui le prit et le mit dans une cage dorée et laquée de rouge. Jour et nuit, il se distrayait avec l'oiseau et à aucun moment, il ne pensait à Cám.

Celle-ci alla raconter le fait à sa mère, qui lui conseilla de mettre à mort la loriot et d'en manger la chair. Cám, de retour au Palais, fit tuer le loriot, consomma sa chair et jeta ses plumes dans le jardin.

De ces plumes deux superbes *soan-dào* naquirent. Le roi, admirant leur beauté, fit étendre un hamac de couleur rose entre ces deux arbres et y coucha pour prendre le frais.

Cám mit sa mère au courant de ce fait nouveau et, poussée par elle, fit abattre les deux arbres, dont le tronc servit à faire un métier à tisser. Quand ce métier fonctionnait, il émettait ces sons articulés : « *Këo cà, këo ket !* Tu m'as supplantée, moi ta sœur aînée ; je te crèverai les yeux. »

Cám rapporta ces paroles à sa mère, qui lui conseilla de faire brûler le métier, ce qui fut fait sur-le-champ. Le charbon et les cendres, jetés sur la voie publique, donnèrent naissance à un plaqueminier qui ne portait qu'un seul fruit, beau et magnifique.

Une vieille femme, débitante de thé, passa près de l'arbre et, voyant ce fruit, lui adressa ces paroles : « Fruit du plaqueminier, tombe dans mon sac ; je t'emporterai chez moi pour goûter ton parfum et non ta chair. » Le fruit tomba de l'arbre dans le sac que lui tendait la vieille femme ; elle s'empressa de l'emporter chez elle.

Tous les jours, elle allait au marché pour s'y procurer des marchandises. A son retour, elle trouvait chaque fois le riz et le bouillon préparés d'une façon fort convenable, ainsi que des chiques de bétel et du thé. Très étonnée, elle ne pouvait savoir d'où lui étaient apportés ces dons quotidiens.

Un jour, elle alla au marché comme d'ordinaire, mais à mi-chemin, elle revint sur ses pas. Arrivée chez elle, elle marcha à pas de loup vers la porte et par les fentes elle vit à l'intérieur une jeune fille d'une beauté extraordinaire, en train de préparer des aliments. Brusquement, la vieille femme fit entrée dans la maison : la fée, surprise dans son secret, ne pouvait plus se dissimuler et disparaître. Remplie de joie, la vieille la prit par la taille. Depuis lors, les deux femmes s'aimèrent tendrement comme si elles étaient mère et fille.

La vieille marchande de thé alla chercher le fruit du plaqueminier ; elle n'en trouva plus que l'enveloppe vide qu'elle déchira en maints morceaux ; elle cacha le tout dans un endroit de la maison, que personne ne connaissait.

Un jour, le roi, faisant une promenade en ville, vint à passer près de l'endroit où se trouvait la boutique de la débitante de thé. Son air florissant et vénérable impressionna le roi qui entra dans sa boutique. Respectueusement elle lui servit le thé, et lui offrit des chiques de bétel. En considérant ces chiques de bétel, artistiquement confectionnées, il les trouva fort semblables à celles que lui préparait autrefois sa première femme. « Qui a fait ces chiques de bétel ? » demanda-t-il à la vieille femme. Elle lui répondit que c'était elle. Mais le roi lui commanda de dire la vérité. Elle lui avoua alors que c'était sa fille. Le roi désirant la voir, elle lui fut présentée : mais c'était bien sa femme ! Il ordonna à ses serviteurs de la porter solennellement au Palais, où elle fut reçue de nouveau.

Cám, voyant son aînée Tám éclatante de beauté, lui demanda : « Ma sœur aînée Tám, qu'est-ce que tu as fait pour être si belle ? — Veux-tu l'être à ton tour, ma cadette ? lui dit Tám. — Oui, ma sœur aînée », lui répondit Cám. Tám ordonna à ses serviteurs de creuser un profond fossé et de bien faire bouillir de l'eau dans une grande marmite ; ensuite elle dit à Cám, désireuse d'être belle, de descendre dans le fossé. Quand Cám y fut, Tám y fit verser abondamment de l'eau bouillante. Cám mourut à la suite de cet affreux supplice. Son corps, salé et conservé dans une jarre, fut offert à sa mère qui en goûta à chaque repas.

Elle trouvait le mets délicieux. Un corbeau, posé sur le toit de la maison, lui cria alors : « Comment ! Tu manges la chair de ton enfant et tu la trouves délicieuse ! Donne-m'en un morceau, s'il t'en reste encore. — Maudit animal ! lui répliqua la mère de Cám, furieuse. Je mange du poisson salé que m'a offert ma fille, et je le trouve appétissant. Pourquoi ne puis-je pas exprimer ma satisfaction ? »

Comme elle allait finir la jarre de viande salée, elle y trouva, dans le fond, la tête de sa fille. A cette vue, folle de douleur, elle tomba raide morte.

Guillaume Apollinaire

LA SUITE DE CENDRILLON
ou
Le rat et les six lézards

Publié dans le numéro « A l'apéro » de *La Baïonnette*, Paris, 16 janvier 1919 (n° 185).

Il n'a pas été dit ce que devint l'équipage de Cendrillon lorsqu'après le second bal de la cour, ayant entendu sonner le premier coup de minuit et ayant perdu sa pantoufle de vair, elle ne le retrouva plus à la porte du palais royal.

La fée, qui était la marraine de Cendrillon, n'eut point la cruauté de faire redevenir rat le gros cocher qui avait de maîtresses moustaches, et lézards les six laquais aux habits chamarrés, et, comme elle leur faisait l'honneur de les laisser hommes, elle laissa par la même occasion la citrouille creuse changée en beau carrosse doré et les six souris restèrent six beaux chevaux gris de souris pommelé.

Mais au premier coup de minuit, le gros cocher se prend à penser qu'il tirera plus d'argent de la vente du carrosse et des chevaux qu'il n'en gagnera en épargnant sur ses gages durant de longues années, et que les six laquais, paresseux fieffés, formeront volontiers une bande dont il sera le chef et qui ira rançonner les voyageurs sur les grands chemins.

Et fouette cocher ! L'attelage détala avant que Cendrillon ne fût arrivée à la porte du palais. Il ne s'arrêta que devant un cabaret où, tout en mordillant un dindon flanqué de deux poulardes et en vidant des pots pleins de vin, cette noble clique vendit les chevaux et la voiture au cabaretier qui en offrait un nombre suffisant de pistoles. Ils changèrent aussi de vêtements et s'armèrent. Le gros cocher, nommé Sminthe, avait pris un déguisement particulier. S'étant coupé les moustaches, il s'habilla en femme et mit une jupe de satin vert, une robe à l'ange et un collet. C'est en cet état qu'il fut en mesure de diriger sans risque ses six fripons de compagnons. Les comptes étant réglés de part et d'autre, ils dirent adieu au cabaretier et quittèrent Paris pour aller ainsi qu'ils le disaient : *battre l'antiffe sur le grand trimard*.

Nous ne les suivrons pas dans leurs exploits sur les routes, dans les foires, dans les châteaux, où la bande se comporta si bien, que dans le court espace de sept années, ils étaient devenus tous si riches qu'ils purent se retirer à Paris où ils vivaient grassement.

Durant le temps où il avait vécu habillé en femme, Sminthe avait pris la coutume de sortir peu, ce qui lui permettait de beaucoup penser à combiner les bons coups qu'il faisait exécuter par les six brigands-laquais-lézards, il avait aussi appris à lire et ramassé un certain nombre de livres parmi lesquels il y avait les *Révélations de sainte Brigide*, l'*Alphabet de l'imperfection et malice des femmes*, les *Centuries de Nostradamus*, les *Prédictions de l'enchanteur Merlin*, et bien d'autres ouvrages plaisants et de même farine. Il prit goût à la lecture et une bonne partie de son temps, après que la bande se fut mise à la retraite, Sminthe le passait dans sa librairie, lisant et méditant sur le pouvoir des fées, sur le peu de chose qu'est l'intelligence ou ruse des hommes et sur les fondements du vrai bonheur. Et le voyant toujours fourré dans son cabinet aux livres, ses six acolytes qui entre eux ne l'appelaient pas Sminthe mais Lerat, à cause de ses origines ou plutôt de ce qu'ils en savaient, car ils honoraient inconsciemment cet animal comme les sauvages honorent leurs totems et les animaux qui y sont figurés, finirent par le désigner sous l'appellation : Lerat de bibliothèque, qui fit fortune et c'est sous ce nom qu'il était désigné dans la rue de Bussy où il habitait, qu'il compila maints ouvrages qui n'ont pas vu le jour, mais dont les manuscrits sont conservés à Oxford.

Le temps qu'il avait de reste, il le consacrait à l'éducation de ses six brigandeaux qui tous firent leur chemin, l'un comme peintre qui tirait à merveille les portraits des belles tavernières, le deuxième comme poète qui faisait des chansons que le troisième mettait en musique et reprenait sur le luth, tandis que le quatrième dansait parfaitement des sarabandes où il prenait mille postures gentilles et bouffonnes, le cinquième devint excellent sculpteur et taillait des statues gracieuses dans le saindoux pour les montres des charcutiers, tandis que le sixième, architecte sans second, bâtissait sans cesse des châteaux en Espagne. Comme on les voyait toujours ensemble, bien que personne n'eût eu vent de ce qu'ils avaient été, on les appelait les Arts parce qu'ils représentaient à eux six : la Poésie, la Peinture, la Sculpture, l'Architecture, la Musique et la Danse. Et on peut admirer ici combien les surnoms populaires sont sensés puisque « les Arts » étaient bien nommés, ayant été des lézards.

Sminthe ou Lerat de bibliothèque mourut en odeur de sainteté et quatre de ses compagnons moururent aussi dans leur lit. Lacerte le poète et Armonidor le musicien leur survécurent et menèrent si mal leurs affaires qu'ils furent contraints pour subsister de recourir de nouveau à leur adresse. Entrés une nuit au Palais Royal, ils emportèrent une cassette. Ils l'ouvrirent en rentrant chez eux et n'y trouvèrent qu'une paire de pantoufles de fourrure blanche et grise. C'étaient les pantoufles de vair de la reine Cendrillon et, au moment où ils se désespéraient du peu de prix de leur trouvaille, les exempts qui avaient trouvé leurs traces survinrent, les prirent et les firent marcher vers le Grand Châtelet.

Le délit était si grave et si bien constaté qu'ils ne pouvaient plus espérer se soustraire à la mort.

Ils décidèrent de jouer aux dés à qui des deux prendrait tout sur lui et déchargerait l'autre.

Le perdant, qui était Armonidor, tint parole et sauva la vie à son compagnon en déclarant qu'il avait proposé à son ami une promenade et que celui-ci ne savait rien de ses intentions.

Lacerte retourna donc chez lui et composa les épitaphes de ses amis, mais il mourut un mois après, car son art ne le nourrissait pas et il était consumé d'ennui.

Quant aux petites pantoufles de vair, les hasards du temps font qu'on les voit à présent au musée de Pittsbourg, en Pennsylvanie, qui les a cataloguées sous la mention *Vide-poches (première moitié du* XIX*e siècle)*, bien qu'elles soient authentiquement du XVIIe siècle, mais cette appellation donne à penser qu'elles servaient en effet de vide-poches à l'époque indiquée par les archéologues de Pittsbourg.

Mais on se perdrait en conjectures si l'on voulait essayer de préciser comment les petites pantoufles de vair de Cendrillon ont passé en Amérique.

ESPIGUETTE

Horace Chauvet, *Folklore du Roussillon*, Perpignan, Imprimerie du Midi, 1943.

Il était une fois un berger qui avait sept filles, et c'était beaucoup pour un pauvre homme. Toutes trouvèrent à se placer dans les fermes, sauf la plus petite, parce qu'elle était trop jeune. Mais un jour, sa gentillesse séduisit la reine qui la prit à son service ; et puis elle portait un nom si harmonieux : Espiguette ! La reine n'eut pas à s'en repentir car Espiguette se fit remarquer par ses qualités de bonne petite ménagère. Trop de qualités à vrai dire, puisqu'elles excitèrent les jalousies de toutes les chambrières.

Maudites soubrettes ! Savez-vous ce qu'elles imaginèrent ? Elles allèrent raconter à la reine qu'Espiguette se flattait de blanchir, ravauder et repasser tout le linge de la lessive en moins d'une heure. La Cendrillon eut beau protester ; on la mit en demeure d'exécuter l'ouvrage toute seule. Mais, comme elle pleurait à chaudes larmes dans sa chambrette, un jeune homme apparut qui la consola et lui remit un petit bâton :

— Prends cette branche de micocoulier, lui dit-il, et grâce à elle tu feras des miracles dans ce palais.

Quel bonheur ! Espiguette se hâta vers la buanderie, donna des ordres à la baguette tout simplement et aussitôt se vit entourée de lavandières, couturières et repasseuses qui mirent la lessive au net en un clin d'œil. Cet exploit était bien de nature à faire cesser toute cabale ; mais les méchants ne désarment pas si vite !

On savait au palais que le fils de la reine, enlevé jadis par une fée, était enfermé dans un château mystérieux. On attribua des propos étranges à Espiguette ; on prétendit qu'elle s'était vantée de délivrer elle-même le prince disparu. La reine était perplexe ; mais elle était mère avant tout et la pauvre enfant fut mise en demeure une nouvelle fois d'en arriver aux actes.

Elle retrouva fort heureusement son consolateur, celui de la branche de micocoulier, qui lui dit :

— Sèche tes larmes, Espiguette, et suis bien mes conseils. Tu demanderas d'abord un bel attelage et, dans le carrosse, tu déposeras un mouton blanc, une ruche d'abeilles, un balai neuf et un sac plein de laine. Ainsi munie, tu prendras la route au gré de tes coursiers. Aie confiance en moi...

La reine combla tous les désirs d'Espiguette qui partit sur son carrosse au hasard des routes. La petite aventurière était émue ; elle le fut plus encore lorsqu'elle vit surgir, à l'orée d'un bois, une troupe de loups affamés. Mais n'avait-elle pas une proie à leur offrir ? Elle leur jeta le mouton blanc en pâture et passa.

Plus loin, son carrosse fut entouré d'une nuée d'abeilles qui se préparaient à harceler gens et chevaux. Elle déposa la ruche sur le bord du chemin et les abeilles s'y logèrent, lui laissant le champ libre.

A un certain carrefour, une sorcière l'arrêta pour lui réclamer un balai neuf, pour chevaucher dans l'espace à sa guise, le soir du sabbat. La vieille femme eut son balai neuf ; elle en fut tellement heureuse qu'elle voulut être utile à son tour :

— Je sais, dit-elle, que tu cherches le fils de la reine. Je t'aiderai. Il est prisonnier dans le château planté là-haut sur ce pic. Tu ne peux y entrer qu'au moyen d'une clé d'or ; la voici. Tu n'auras qu'à dire : « Petite clé d'or, aide-moi donc à sauver le prince qui dort. » Et la porte s'ouvrira...

Le carrosse grimpa la côte, comme s'il avait des ailes.

Grâce à la clé d'or, pénétrer dans le domaine de la fée, traverser les allées du parc qui était peuplé d'oiseaux étranges, parcourir les salles du château où brillaient l'or et les pierreries, tout s'accomplit sans obstacle. Enfin, Espiguette se trouva devant un lit de cristal, dans une chambre rose : c'était le terme de son voyage. Sur le lit, dormaient le prince et la fée ; ils rêvaient en souriant.

Mais des clochettes d'argent suspendues à des fils d'or formaient une frange autour des dormeurs, de sorte qu'on ne pouvait passer la main sans faire tinter les clochettes et réveiller les gardiens.

Espiguette comprit alors pourquoi on l'avait munie d'un paquet de laine. Grâce à cette précaution, elle empêcha les clochettes de tinter et put les écarter sans bruit. Elle prit alors le prince à bras-le-corps et le déposa dans son carrosse.

A bride abattue, elle refit le chemin de la sorcière, des abeilles et des loups pour retourner auprès de la reine et lui rendre son fils.

Ainsi se révéla l'odieuse malveillance des chambrières ; elles furent punies sévèrement. Et le prince épousa la douce Espiguette.

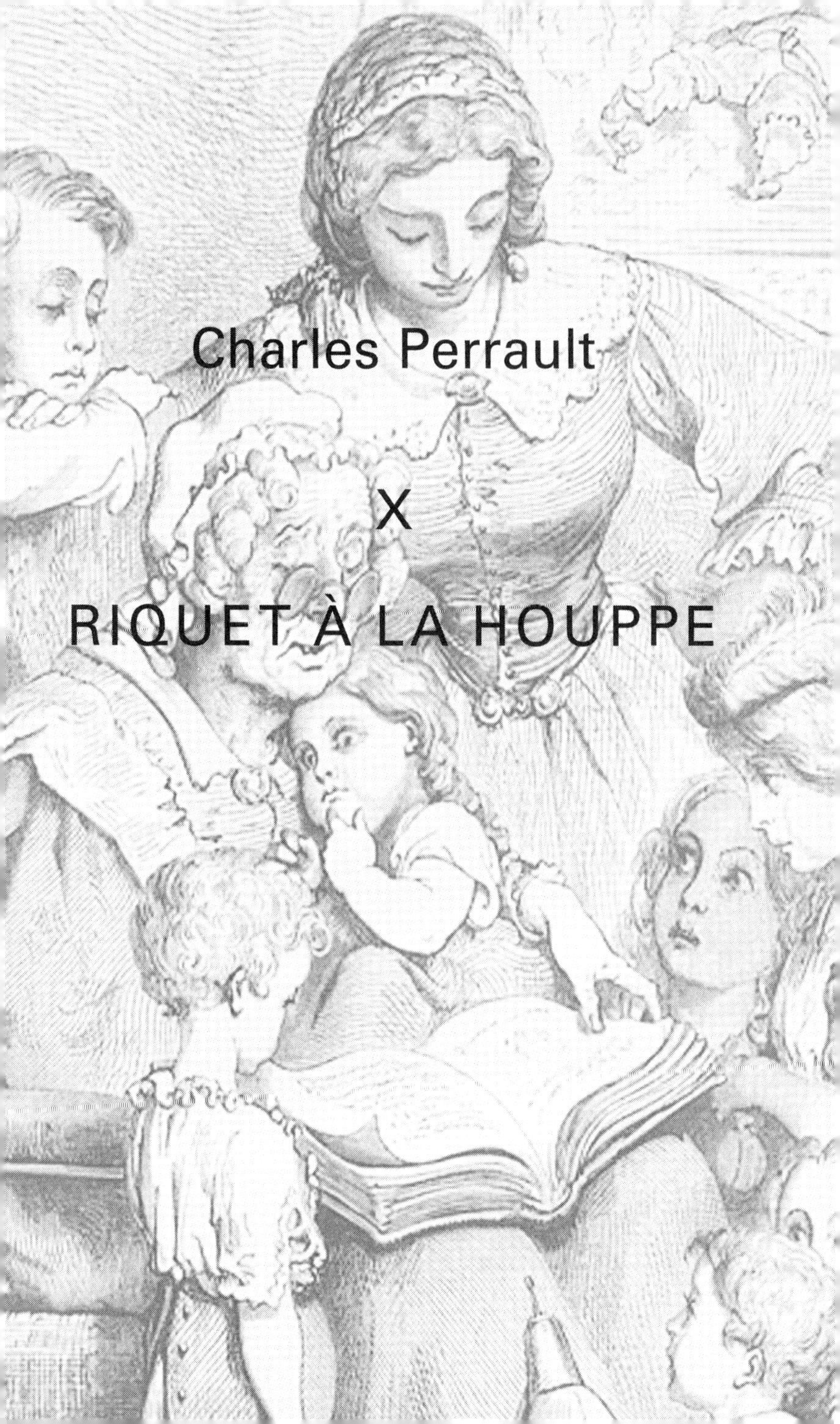

Charles Perrault

X

RIQUET À LA HOUPPE

« Conte » publié chez Claude Barbin dans le recueil intitulé *Histoires ou contes du temps passé, avec des moralités* en janvier 1697.

Il était une fois une reine qui accoucha d'un fils si laid et si mal fait qu'on douta longtemps s'il avait forme humaine. Une fée qui se trouva à sa naissance assura qu'il ne laisserait pas d'être aimable, parce qu'il aurait beaucoup d'esprit ; elle ajouta même qu'il pourrait, en vertu du don qu'elle venait de lui faire, donner autant d'esprit qu'il en aurait à celle qu'il aimerait le mieux. Tout cela consola un peu la pauvre reine, qui était bien affligée d'avoir mis au monde un si vilain marmot. Il est vrai que cet enfant ne commença pas plus tôt à parler qu'il dit mille jolies choses, et qu'il avait dans toutes ses actions je ne sais quoi de si spirituel qu'on en était charmé. J'oubliais de dire qu'il vint au monde avec une petite houppe de cheveux sur la tête, ce qui fit qu'on le nomma Riquet à la houppe, car Riquet était le nom de la famille.

Au bout de sept ou huit ans la reine d'un royaume voisin accoucha de deux filles. La première qui vint au monde était plus belle que le jour : la reine en fut si aise qu'on appréhenda que la trop grande joie qu'elle en avait ne lui fît mal. La même fée qui avait assisté à la naissance du petit Riquet à la houppe était présente, et pour modérer la joie de la reine, elle lui déclara que cette petite princesse n'aurait point d'esprit, et qu'elle serait aussi stupide qu'elle était belle. Cela mortifia beaucoup la reine ; mais elle eut quelques moments après un bien plus grand chagrin, car la seconde fille dont elle accoucha se trouva extrêmement laide.

— Ne vous affligez point tant, Madame, lui dit la fée ; votre fille sera récompensée d'ailleurs, et elle aura tant d'esprit qu'on ne s'apercevra presque pas qu'il lui manque de la beauté.

— Dieu le veuille, répondit la reine ; mais n'y aurait-il

point moyen de faire avoir un peu d'esprit à l'aînée qui est si belle ?

— Je ne puis rien pour elle, Madame, du côté de l'esprit, lui dit la fée, mais je puis tout du côté de la beauté ; et comme il n'y a rien que je ne veuille faire pour votre satisfaction, je vais lui donner pour don de pouvoir rendre beau qui lui plaira.

A mesure que ces deux princesses devinrent grandes, leurs perfections crûrent aussi avec elles, et on ne parlait partout que de la beauté de l'aînée et de l'esprit de la cadette. Il est vrai aussi que leurs défauts augmentèrent beaucoup avec l'âge. La cadette enlaidissait à vue d'œil, et l'aînée devenait plus stupide de jour en jour. Ou elle ne répondait rien à ce qu'on lui demandait, ou elle disait une sottise. Elle était avec cela si maladroite qu'elle n'eût pu ranger quatre porcelaines sur le bord d'une cheminée sans en casser une, ni boire un verre d'eau sans en répandre la moitié sur ses habits. Quoique la beauté soit un grand avantage chez une jeune femme, cependant la cadette l'emportait presque toujours sur son aînée dans toutes les compagnies. D'abord on allait du côté de la plus belle pour la voir et pour l'admirer, mais bientôt après, on allait à celle qui avait le plus d'esprit, pour lui entendre dire mille choses agréables ; et on était étonné qu'en moins d'un quart d'heure l'aînée n'avait plus personne auprès d'elle, et que tout le monde s'était rangé autour de la cadette. L'aînée, quoique fort stupide, le remarqua bien, et elle eût donné sans regret toute sa beauté pour avoir la moitié de l'esprit de sa sœur. La reine, toute sage qu'elle était, ne put s'empêcher de lui reprocher plusieurs fois sa bêtise, ce qui pensa faire mourir de douleur cette pauvre princesse.

Un jour qu'elle s'était retirée dans un bois pour y plaindre son malheur, elle vit venir à elle un petit homme fort laid et fort désagréable, mais vêtu très magnifiquement. C'était le jeune prince Riquet à la houppe, qui étant devenu amoureux d'elle sur ses portraits qui couraient par tout le monde, avait quitté le royaume de son père pour avoir le plaisir de la voir et de lui parler. Ravi de la rencontrer ainsi toute seule, il l'aborde avec tout le respect et toute la politesse imaginables. Ayant remarqué, après lui avoir fait les compliments ordinaires, qu'elle était fort mélancolique, il lui dit :

— Je ne comprends point, Madame, comment une personne aussi belle que vous l'êtes peut être aussi triste que vous le paraissez ; car, quoique je puisse me vanter d'avoir vu une infinité de belles personnes, je puis dire que je n'en ai jamais vu dont la beauté approche de la vôtre.

— Cela vous plaît à dire, Monsieur, lui répondit la princesse, et en demeure là.

— La beauté, reprit Riquet à la houppe, est un si grand avantage qu'il doit tenir lieu de tout le reste ; et quand on le possède, je ne vois pas qu'il y ait rien qui puisse nous affliger beaucoup.

— J'aimerais mieux, dit la princesse, être aussi laide que vous et avoir de l'esprit, que d'avoir de la beauté comme j'en ai, et être bête autant que je le suis.

— Il n'y a rien, Madame, qui marque davantage qu'on a de l'esprit, que de croire n'en pas avoir, et il est de la nature de ce bien-là, que plus on en a, plus on croit en manquer.

— Je ne sais pas cela, dit la princesse, mais je sais bien que je suis fort bête, et c'est de là que vient le chagrin qui me tue.

— Si ce n'est que cela, Madame, qui vous afflige, je puis aisément mettre fin à votre douleur.

— Et comment ferez-vous ? dit la princesse.

— J'ai le pouvoir, Madame, dit Riquet à la houppe, de donner de l'esprit autant qu'on en saurait avoir à la personne que je dois aimer le plus ; et comme vous êtes, Madame, cette personne, il ne tiendra qu'à vous que vous n'ayez autant d'esprit qu'on en peut avoir, pourvu que vous vouliez bien m'épouser.

La princesse demeura tout interdite, et ne répondit rien.

— Je vois, reprit Riquet à la houppe, que cette proposition vous fait de la peine, et je ne m'en étonne pas ; mais je vous donne un an tout entier pour vous y résoudre.

La princesse avait si peu d'esprit, et en même temps une

si grande envie d'en avoir, qu'elle s'imagina que la fin de cette année ne viendrait jamais ; de sorte qu'elle accepta la proposition qui lui était faite. Elle n'eut pas plus tôt promis à Riquet à la houppe qu'elle l'épouserait dans un an à pareil jour, qu'elle se sentit tout autre qu'elle n'était auparavant ; elle se trouva une facilité incroyable à dire tout ce qui lui plaisait, et à le dire d'une manière fine, aisée et naturelle. Elle commença dès ce moment une conversation galante et soutenue avec Riquet à la houppe, où elle brilla d'une telle force que Riquet à la houppe crut lui avoir donné plus d'esprit qu'il ne s'en était réservé pour lui-même.

Quand elle fut retournée au palais, toute la cour ne savait que penser d'un changement si subit et si extraordinaire, car autant qu'on lui avait ouï dire d'impertinences auparavant, autant lui entendait-on dire des choses bien sensées et infiniment spirituelles. Toute la cour en eut une joie qui ne se peut imaginer ; il n'y eut que sa cadette qui n'en fut pas bien aise, parce que n'ayant plus sur son aînée l'avantage de l'esprit, elle ne paraissait plus auprès d'elle qu'une guenon fort désagréable. Le roi se conduisait par ses avis, et allait même quelquefois tenir le conseil dans son appartement.

Le bruit de ce changement s'étant répandu, tous les jeunes princes des royaumes voisins firent leurs efforts pour s'en faire aimer, et presque tous la demandèrent en mariage ; mais elle n'en trouvait point qui eût assez d'esprit, et elle les écoutait tous sans s'engager à pas un d'eux. Cependant il en vint un si puissant, si riche, si spirituel et si bien fait, qu'elle ne put s'empêcher d'avoir de la bonne volonté pour lui. Son père, s'en étant aperçu, lui dit qu'il la faisait la maîtresse sur le choix d'un époux, et qu'elle n'avait qu'à se déclarer. Comme plus on a d'esprit et plus on a de peine à prendre une ferme résolution sur cette affaire, elle demanda, après avoir remercié son père, qu'il lui donnât du temps pour y penser.

Elle alla par hasard se promener dans le même bois où elle avait trouvé Riquet à la houppe, pour rêver plus commodément à ce qu'elle avait à faire. Dans le temps qu'elle se promenait, rêvant profondément, elle entendit un bruit sourd sous ses pieds, comme de plusieurs personnes qui vont et viennent et qui agissent. Ayant prêté l'oreille plus attentivement, elle ouït que l'un disait :

— Apporte-moi cette marmite.

L'autre :

— Donne-moi cette chaudière.

L'autre :

— Mets du bois dans ce feu.

La terre s'ouvrit dans le même temps, et elle vit sous ses pieds comme une grande cuisine pleine de cuisiniers, de marmitons et de toutes sortes d'officiers nécessaires pour faire un festin magnifique. Il en sortit une bande de vingt ou trente rôtisseurs, qui allèrent se camper dans une allée du bois autour d'une table fort longue, et qui tous, la lardoire à la main, et la queue-de-renard sur l'oreille, se mirent à travailler en cadence au son d'une chanson harmonieuse. La princesse, étonnée de ce spectacle, leur demanda pour qui ils travaillaient.

— C'est, Madame, lui répondit le plus apparent de la bande, pour le prince Riquet à la houppe, dont les noces se feront demain.

La princesse, encore plus surprise qu'elle ne l'avait été, et se ressouvenant tout à coup qu'il y avait un an qu'à pareil jour elle avait promis d'épouser le prince Riquet à la houppe, pensa tomber de son haut. Ce qui faisait qu'elle ne s'en souvenait pas, c'est que, quand elle fit cette promesse, elle était une bête, et qu'en prenant le nouvel esprit que le prince lui avait donné, elle avait oublié toutes ses sottises. Elle n'eut pas fait trente pas en continuant sa promenade que Riquet à la houppe se présenta à elle, brave, magnifique, et comme un prince qui va se marier.

— Vous me voyez, dit-il, Madame, exact à tenir ma parole, et je ne doute point que vous ne veniez ici pour exécuter la vôtre, et me rendre, en me donnant la main, le plus heureux de tous les hommes.

— Je vous avouerai franchement, répondit la princesse, que je n'ai pas encore pris ma résolution là-dessus, et que je ne crois pas pouvoir jamais la prendre telle vous la souhaitez.

— Vous m'étonnez, Madame, lui dit Riquet à la houppe.

— Je le crois, dit la princesse, et assurément, si j'avais affaire à un brutal, à un homme sans esprit, je me trouverais bien embarrassée. Une princesse n'a que sa parole, me dirait-il, et il faut que vous m'épousiez, puisque vous me l'avez promis ; mais comme celui à qui je parle est l'homme du monde qui a le plus d'esprit, je suis sûre qu'il entendra raison. Vous savez que, quand je n'étais qu'une bête, je ne pouvais néanmoins me résoudre à vous épouser ; comment voulez-vous qu'ayant l'esprit que vous m'avez donné, qui me rend encore plus difficile en gens que je n'étais, je prenne aujourd'hui une résolution que je n'ai pu prendre dans ce temps-là ? Si vous pensiez tout de bon à m'épouser, vous avez eu grand tort de m'ôter ma bêtise, et de me faire voir plus clair que je ne voyais.

— Si un homme sans esprit, répondit Riquet à la houppe, serait bien reçu, comme vous venez de le dire, à vous reprocher votre manque de parole, pourquoi voulez-vous, Madame, que je n'en use pas de même, dans une chose où il y va de tout le bonheur de ma vie ? Est-il raisonnable que les personnes qui ont de l'esprit soient d'une pire condition que ceux qui n'en ont pas ? Le pouvez-vous prétendre, vous qui en avez tant, et qui avez tant souhaité d'en avoir ? Mais venons au fait, s'il vous plaît : à la réserve de ma laideur, y a-t-il quelque chose en moi qui vous déplaise ? Etes-vous mal contente de ma naissance, de mon esprit, de mon humeur, et de mes manières ?

— Nullement, répondit la princesse, j'aime en vous tout ce que vous venez de me dire.

— Si cela est ainsi, reprit Riquet à la houppe, je vais être heureux, puisque vous pouvez me rendre le plus aimable de tous les hommes.

— Comment cela se peut-il faire ? lui dit la princesse.

— Cela se fera, répondit Riquet à la houppe, si vous m'aimez assez pour souhaiter que cela soit ; et afin, Madame, que vous n'en doutiez pas, sachez que la même fée qui au jour de ma naissance me fit le don de pouvoir rendre spirituelle la personne qu'il me plairait, vous a aussi fait le don de pouvoir rendre beau celui que vous aimerez, et à qui vous voudrez bien faire cette faveur.

— Si la chose est ainsi, dit la princesse, je souhaite de tout mon cœur que vous deveniez le prince du monde le plus beau et le plus aimable ; et je vous en fais le don autant qu'il est en moi.

La princesse n'eut pas plus tôt prononcé ces paroles que Riquet à la houppe parut à ses yeux l'homme du monde le plus beau, le mieux fait et le plus aimable qu'elle eût jamais vu.

Quelques-uns assurent que ce ne furent point les charmes de la fée qui opérèrent, mais que l'amour seul fit cette métamorphose. Ils disent que la princesse ayant fait réflexion sur la persévérance de son amant, sur sa discrétion, et sur toutes les bonnes qualités de son âme et de son esprit, ne vit plus la difformité de son corps, ni la laideur de son visage, que sa bosse ne lui sembla plus que le bon air d'un homme qui fait le gros dos, et qu'au lieu que jusqu'alors elle l'avait vu boiter effroyablement, elle ne lui trouva plus qu'un certain air penché qui la charmait ; ils disent encore que ses yeux, qui étaient louches, ne lui en parurent que plus brillants, que leur dérèglement passa dans son esprit pour la marque d'un violent excès d'amour, et qu'enfin son gros nez rouge eut pour elle quelque chose de martial et d'héroïque.

Quoi qu'il en soit, la princesse lui promit sur-le-champ de l'épouser, pourvu qu'il en obtînt le consentement du roi son père. Le roi ayant su que sa fille avait beaucoup d'estime pour Riquet à la houppe, qu'il connaissait d'ailleurs pour un prince très spirituel et très sage, le reçut avec plaisir pour son gendre. Dès le lendemain les noces furent faites, ainsi que Riquet à la houppe l'avait prévu, et selon les ordres qu'il en avait donnés longtemps auparavant.

Moralité

Ce que l'on voit dans cet écrit
Est moins un conte en l'air que la vérité même ;
Tout est beau dans ce que l'on aime,
Tout ce qu'on aime a de l'esprit.

Autre moralité

Dans un objet où la Nature
Aura mis de beaux traits, et la vive peinture
D'un teint où jamais l'Art ne saurait arriver,
Tous ces dons pourront moins pour rendre un cœur sensible
Qu'un seul agrément invisible
Que l'Amour y fera trouver.

« Elle vit sous ses pieds comme une grande cuisine pleine de cuisiniers, de marmitons et de toutes sortes d'officiers nécessaires pour faire un festin magnifique. »

Catherine Bernard

RIQUET À LA HOUPPE

Inès de Cordoue, nouvelle espagnole, Paris, M. et G. Jouvenel, 1696.

Un grand seigneur de Grenade, possédant des richesses dignes de sa naissance, avait un chagrin domestique qui empoisonnait tous les biens dont le comblait la fortune. Sa fille unique, née avec tous les traits qui font la beauté, était si stupide que la beauté même ne servait qu'à la rendre désagréable. Ses actions n'avaient rien de ce qui fait la grâce ; sa taille, quoique déliée, était lourde, parce qu'il manquait une âme à son corps.

Mama (c'était le nom de cette fille) n'avait pas assez d'esprit pour savoir qu'elle n'en avait point, mais elle ne laissait pas de sentir qu'elle était dédaignée, quoiqu'elle ne démêlât pas pourquoi. Un jour qu'elle se promenait seule (ce qui lui était ordinaire) elle vit sortir de la terre un homme assez hideux pour paraître un monstre ; sa vue donnait envie de fuir, mais ses discours rappelèrent Mama : « Arrêtez, lui dit-il, j'ai des choses fâcheuses à vous apprendre, mais j'en ai d'agréables à vous promettre. Avec votre beauté vous avez je ne sais quoi qui fait qu'on ne vous regarde pas : c'est que vous ne pensez rien, et sans me faire valoir, ce défaut vous met infiniment au-dessous de moi qui ne suis que par le corps ce que vous êtes par l'esprit. Voilà ce que j'avais de cruel à vous dire ; mais à la manière stupide dont vous me regardez, je juge que je vous ai fait trop d'honneur lorsque j'ai craint de vous offenser. C'est ce qui me fait désespérer du sujet de mes propositions ; cependant je hasarde de vous les faire. Voulez-vous avoir de l'esprit ? — Oui, lui répondit Mama, de l'air dont elle aurait dit "non". — Hé bien, ajouta-t-il, en voici les moyens. Il faut aimer Riquet à la houppe, c'est mon nom ; il faut m'épouser dans un an : c'est la condition que je vous impose. Songez-y, si vous pouvez ; sinon, répétez souvent les paroles que je vais vous dire, elles vous apprendront enfin à penser. Adieu pour un an. Voici les paroles qui vont chasser votre indolence, et en même temps guérir votre imbécillité :

Toi qui peux tout animer,
Amour, si pour n'être plus bête,
Il ne faut que savoir aimer,
Me voilà prête. »

A mesure que Mama prononçait ces vers, sa taille se dégageait, son air devenait plus vif, sa démarche plus libre ; elle les répéta. Elle va chez son père, lui dit des choses suivies, peu après de sensées et enfin de spirituelles. Une si grande et si prompte métamorphose ne pouvait être ignorée de ceux qu'elle intéressait davantage. Les amants vinrent en foule ; Mama ne fut plus solitaire ni au bal ni à la promenade ; elle fit bientôt des infidèles et des jaloux ; il n'était bruit que d'elle et que pour elle.

Parmi tous ceux qui la trouvèrent aimable, il n'était pas possible qu'elle ne trouvât rien de mieux fait que Riquet à la houppe ; l'esprit qu'il lui avait donné rendit de mauvais offices à son bienfaiteur. Les paroles qu'elle répétait fidèlement lui inspiraient de l'amour ; mais, par un effet contraire aux intentions de l'auteur, ce n'était pas pour lui. Le mieux fait de ceux qui soupirèrent pour elle eut la préférence. Ce n'était pas le plus heureux du côté de la fortune ; ainsi son père et sa mère, voyant qu'ils avaient souhaité le malheur de leur fille en lui souhaitant de l'esprit et ne pouvant le lui ôter, lui firent au moins des leçons contre l'amour ; mais défendre d'aimer à une jeune et jolie personne ce serait défendre à un arbre de porter des feuilles au mois de mai ; elle n'en aima qu'un peu davantage Arada, c'était le nom de son amant.

Elle s'était bien gardée de dire à personne par quelle aventure la raison lui était venue. Sa vanité était intéressée à garder le secret ; elle avait alors assez d'esprit pour comprendre l'importance de cacher par quel mystère il lui était venu. Cependant, l'année que lui avait laissée Riquet à la houppe pour apprendre à penser, et pour se résoudre à l'épouser, était presque expirée ; elle en voyait le terme avec une douleur extrême. Son esprit, qui lui devenait un présent funeste, ne lui laissait échapper aucune circonstance affligeante : perdre son amant pour jamais, être au pouvoir de quelqu'un dont elle ne connaissait que la difformité, ce qui était peut-être son moindre défaut, enfin quelqu'un qu'elle s'était engagée à épouser en acceptant ses dons qu'elle ne voulait pas lui rendre, voilà ses réflexions.

Un jour que, rêvant à sa cruelle destinée, elle s'était écartée seule, elle entendit un grand bruit et des voix souterraines qui chantaient les paroles que Riquet à la houppe lui avait fait apprendre ; elle en frémit : c'était le signal de son malheur. Aussitôt la terre s'ouvre, elle y descend insensiblement et elle y voit Riquet à la houppe environné d'hommes difformes comme lui. Quel spectacle pour une personne qui avait été suivie de tout ce qu'il y avait de plus aimable dans son pays ! Sa douleur fut encore plus grande que sa surprise. Elle versa un torrent de larmes sans parler ; ce fut le seul usage qu'elle fit alors de l'esprit que Riquet à la houppe lui avait donné.

Il la regarda tristement à son tour. « Madame, lui dit-il, il ne m'est pas difficile de voir que je vous suis plus désagréable que la première fois que j'ai paru à vos yeux ; je me suis perdu moi-même en vous donnant de l'esprit ; mais enfin, vous êtes encore libre et vous avez le choix de m'épouser ou de retomber dans votre premier état ; je vous remettrai chez votre père telle que je vous ai trouvée, ou je vous rendrai maîtresse de ce royaume. Je suis le roi des gnomes, vous en serez la reine ; et si vous voulez me pardonner ma figure et sacrifier le plaisir de vos yeux, tous les autres plaisirs vous seront prodigués. Je possède les trésors renfermés dans la terre, vous en serez la maîtresse ; et avec de l'or et de l'esprit, qui peut être malheureux mérite de l'être. J'ai peur que vous n'ayez quelque fausse délicatesse ; j'ai peur qu'au milieu de tous mes biens je ne vous paraisse de trop ; mais si mes trésors avec moi ne vous conviennent pas, parlez, je vous conduirai loin d'ici, où je ne veux rien qui puisse troubler mon bonheur. Vous avez deux jours pour connaître ce lieu, et pour décider de ma fortune et de la vôtre. »

Riquet à la houppe la laissa après l'avoir conduite dans un

appartement magnifique ; elle y fut servie par des gnomes de son sexe, dont la laideur la blessa moins que celle des hommes. On lui servit un repas où il ne manquait que la bonne compagnie. L'après-dînée elle vit la comédie, dont les acteurs difformes l'empêchèrent de s'intéresser au sujet. Le soir on lui donna le bal, mais elle y était encore sans le désir de plaire ; ainsi elle se sentit un mortel dégoût qui ne l'aurait pas laissée balancer à remercier Riquet à la houppe de ses richesses comme de ses plaisirs, si la menace de la sottise ne l'eût arrêtée.

Pour se délivrer d'un époux odieux elle aurait repris sans peine la stupidité si elle n'avait eu un amant, mais ç'aurait été perdre cet amant de la manière la plus cruelle. Il est vrai qu'elle était perdue pour lui en épousant le gnome ; elle ne pouvait jamais revoir Arada ni lui parler, ni même lui donner de ses nouvelles ; il pouvait la soupçonner d'infidélité. Enfin, elle allait être à un mari qui, en l'ôtant à ce qu'elle aimait, lui aurait toujours été odieux, même quand il eût été aimable ; mais, de plus, c'était un monstre. Aussi, la résolution était difficile à prendre.

Quand les deux jours furent passés elle n'en était pas moins incertaine ; elle dit au gnome qu'il ne lui était pas possible de faire un choix. « C'est décider contre moi, lui dit-il ; ainsi je vais vous rendre votre premier état que vous n'osez choisir. » Elle trembla : l'idée de perdre son amant par le mépris qu'il aurait pour elle la toucha assez vivement pour la faire renoncer à lui. « Hé bien, dit-elle au gnome, vous l'avez décidé, il faut être à vous. »

Riquet à la houppe ne fit point le difficile ; il l'épousa et l'esprit de Mama augmenta encore par ce mariage, mais son malheur augmenta à proportion de son esprit. Elle fut effrayée de s'être donnée à un monstre et à tous moments elle ne comprenait pas qu'elle pût passer encore un moment avec lui.

Le gnome s'apercevait bien de la haine de sa femme et il en était blessé, quoiqu'il se piquât de force d'esprit. Cette aversion lui reprochait sans cesse sa difformité et lui faisait détester les femmes, le mariage et la curiosité qui l'avait conduit hors de chez lui. Il laissait souvent Mama seule ; et comme elle était réduite à penser, elle pensa qu'il fallait convaincre Arada par ses propres yeux qu'elle n'était pas inconstante. Il pouvait aborder dans ce lieu, puisqu'elle y était arrivée ; il fallait du moins lui donner de ses nouvelles et s'excuser de son absence sur le gnome qui l'avait enlevée, et dont la vue lui répondrait de sa fidélité. Il n'est rien d'impossible à une femme d'esprit qui aime. Elle gagna un gnome qui porta de ses nouvelles à Arada ; par bonheur le temps des amants fidèles durait encore. Il se désespérait de l'oubli de Mama sans en être aigri ; les soupçons injurieux n'entraient point dans son esprit ; il se plaignait, il mourait sans avoir une pensée qui pût offenser sa maîtresse et sans chercher à se guérir. Il n'est pas difficile de croire qu'avec ces sentiments il alla trouver Mama au péril de ses jours sitôt qu'il sut le lieu où elle était, et qu'elle ne lui défendait pas d'y venir.

Il arriva dans les lieux souterrains où vivait Mama. Il la vit, il se jeta à ses pieds ; elle lui dit des choses plus tendres encore que spirituelles. Il obtint d'elle la permission de renoncer au monde pour vivre sous la terre et elle s'en fit beaucoup prier, quoiqu'elle n'eût point d'autre désir que de l'engager à prendre ce parti.

La gaieté de Mama revint peu à peu, et sa beauté en fut plus parfaite, mais l'amour du gnome en fut alarmé. Il avait trop d'esprit et il connaissait trop le dégoût de Mama pour croire que l'habitude d'être à lui pût adoucir sa peine. Mama avait l'imprudence de se parer ; il se faisait trop de justice pour croire qu'il en fût digne. Il chercha tant qu'il démêla qu'il y avait dans son palais un homme bien fait qui se tenait caché ; il n'en fallut pas davantage. Il médita une vengeance plus fine que celle de s'en défaire. Il fit venir Mama : « Je ne m'amuse point à faire des plaintes et des reproches, lui dit-il ; je les laisse en partage aux hommes ; quand je vous ai donné de l'esprit, je prétendais en jouir. Vous en avez fait usage contre moi ; cependant je ne puis vous l'ôter absolument ; vous avez subi la loi qui vous était imposée. Mais si vous n'avez pas rompu notre traité, vous ne l'avez pas observé à la rigueur. Partageons le différend : vous aurez de l'esprit la nuit, je ne veux point d'une femme stupide ; mais vous le serez le jour pour qui il vous plaira. » Mama dans ce moment sentit une pesanteur d'esprit que bientôt elle ne sentit même plus. La nuit, ses idées se réveillèrent ; elle fit réflexion sur son malheur ; elle pleura et ne put se résoudre à se consoler, ni à chercher les expédients que ses lumières lui pouvaient fournir.

La nuit suivante, elle s'aperçut que son mari dormait profondément ; elle lui mit sous le nez une herbe qui augmenta son sommeil et qui le fit durer autant qu'elle voulut ; elle se leva pour s'éloigner de l'objet de son courroux. Conduite par ses rêveries, elle alla du côté où logeait Arada, non pas pour le chercher mais peut-être qu'elle se flatta qu'il la chercherait. Elle le trouva dans une allée où ils s'étaient souvent entretenus, et où il la demandait à toute la nature. Mama lui fit le récit de ses malheurs et ils furent adoucis par le plaisir qu'elle eut de les lui conter.

La nuit suivante, ils se rencontrèrent dans le même lieu sans se l'être marqué, et ces rendez-vous tacites continuèrent si longtemps que leur disgrâce ne servait qu'à leur faire goûter une nouvelle sorte de bonheur. L'esprit et l'amour de Mama lui fournissaient mille expédients pour être agréable et pour faire oublier à Arada qu'elle manquait d'esprit la moitié du temps. Lorsque les amants sentaient venir le jour, Mama allait éveiller le gnome ; elle prenait soin de lui ôter les herbes assoupissantes, sitôt qu'elle était auprès de lui. Le jour arrivait, elle redevenait imbécile, mais elle employait le temps à dormir.

Un état passablement heureux ne saurait durer toujours ; la feuille qui faisait dormir faisait aussi ronfler. Un gnome domestique, qui n'était ni bien endormi ni bien éveillé, crut que son maître se plaignait : il court à lui, aperçoit les herbes qu'on avait mises sous son nez, les ôte, croyant qu'elles l'incommodaient. Soin qui fit trois malheureux à la fois. Le gnome se vit seul : il chercha sa femme en furieux. Le hasard, ou son mauvais destin, le conduisit au lieu où les deux amants ne se lassaient pas de se jurer un éternel amour. Il ne dit rien, mais il toucha l'amant d'une baguette qui le rendit d'une figure semblable à la sienne ; et ayant fait plusieurs tours avec lui, Mama ne le distingua plus de son époux. Elle se vit deux maris au lieu d'un et ne sut jamais à qui adresser ses plaintes, de peur de prendre l'objet de sa haine pour l'objet de son amour. Mais peut-être qu'elle n'y perdit guère : les amants à la longue deviennent des maris.

Madame Leprince de Beaumont

LE PRINCE SPIRITUEL

Le Magasin des enfants, ou Dialogues d'une sage gouvernante avec ses élèves de la première distinction, 1756 ; Paris, Librairie Pittoresque de la Jeunesse, 1847.

Il y avait une fois une fée qui voulait épouser un roi ; mais comme elle avait une fort mauvaise réputation, le roi aima mieux s'exposer à toute sa colère que de devenir le mari d'une femme que personne n'estimerait ; car il n'y a rien de si fâcheux, pour un honnête homme, que de voir sa femme méprisée. Une bonne fée, qu'on nommait Diamantine, fit épouser à ce prince une jeune princesse qu'elle avait élevée, et promit de le défendre contre la fée Furie ; mais peu de temps après, Furie ayant été nommée reine des fées, son pouvoir, qui surpassait de beaucoup celui de Diamantine, lui donna le moyen de se venger. Elle se trouva aux couches de la reine, et doua un petit prince qu'elle mit au monde d'une laideur que rien ne pût surpasser. Diamantine, qui s'était cachée à la ruelle du lit de la reine, essaya de la consoler lorsque Furie fut partie.

— Ayez bon courage, lui dit-elle ; malgré la malice de votre ennemie, votre fils sera fort heureux un jour. Vous le nommerez Spirituel, et non seulement il aura tout l'esprit possible, mais il pourra encore en donner à la personne qu'il aimera le mieux.

Cependant, le petit prince était si laid, qu'on ne pouvait le regarder sans frayeur : soit qu'il pleurât, soit qu'il voulût rire, il faisait de si laides grimaces, que les petits enfants qu'on lui amenait pour jouer avec lui en avaient peur, et disaient que c'était la Bête. Quand il fut devenu raisonnable, tout le monde souhaitait de l'entendre parler, mais on fermait les yeux, et le peuple, qui ne sait la plupart du temps ce qu'il veut, prit pour Spirituel une haine si forte que, la reine ayant eu un second fils, on obligea le roi de le nommer son héritier ; car dans ce pays-là le peuple avait droit de se choisir un maître. Spirituel céda sans murmurer la couronne à son frère, et rebuté de la sottise des hommes, qui n'estiment que la beauté du corps, sans se soucier de celle de l'âme, il se retira dans une solitude où, en s'appliquant à l'étude de la sagesse, il devint extrêmement heureux.

Ce n'était pas là le compte de la fée Furie ; elle voulait qu'il fût misérable, et voici ce qu'elle fit pour lui faire perdre son bonheur. Furie avait un fils nommé Charmant ; elle l'adorait, quoiqu'il fût la plus grande bête du monde. Comme elle voulait le rendre heureux, à quelque prix que ce fût, elle enleva une princesse qui était parfaitement belle ; mais, afin qu'elle ne fût point rebutée de la bêtise de Charmant, elle souhaita qu'elle fût aussi sotte que lui. Cette princesse, qu'on appelait Astre, vivait avec Charmant, et quoiqu'ils eussent seize ans passés, on n'avait jamais pu leur apprendre à lire. Furie fit peindre la princesse, et porta elle-même son portrait dans une petite maison où Spirituel vivait avec un seul domestique. La malice de Furie lui réussit, et quoique Spirituel sût que la princesse Astre était dans le palais de son ennemie, il en devint si amoureux qu'il résolut d'y aller ; mais en même temps, se souvenant de sa laideur, il vit bien qu'il était le plus malheureux de tous les hommes, puisqu'il était sûr de paraître horrible aux yeux de cette belle fille. Il résista longtemps au désir qu'il avait de la voir ; mais enfin sa passion l'emporta sur sa raison. Il partit avec son valet, et Furie fut enchantée de lui voir prendre cette résolution pour avoir le plaisir de le tourmenter tout à son aise. Astre se promenait dans un jardin avec Diamantine, sa gouvernante ; lorsqu'elle vit s'approcher le prince, elle fit un grand cri et voulait s'enfuir ; mais Diamantine l'en ayant empêchée, elle cacha sa tête dans ses deux mains et dit à la fée :

— Ma bonne, faites sortir ce vilain homme, il me fait mourir de peur.

Le prince voulut profiter du moment où elle avait les yeux fermés pour lui faire un compliment bien arrangé, mais c'était comme s'il lui eût parlé latin, elle était trop bête pour le comprendre. En même temps, Spirituel entendit Furie qui riait de toute sa force en se moquant de lui.

— Vous en avez assez fait pour la première fois, dit-elle au prince ; vous pouvez vous retirer dans un appartement que je vous ai fait préparer, et d'où vous aurez le plaisir de voir la princesse tout à votre aise.

Vous croyez peut-être que Spirituel s'amusa à dire des injures à cette méchante femme ; mais il avait trop d'esprit pour cela ; il savait qu'elle ne cherchait qu'à le fâcher, et il ne lui donna point le plaisir de se mettre en colère. Il était pourtant bien affligé ; mais ce fut bien pis lorsqu'il entendit une conversation d'Astre avec Charmant ; car elle dit tant de bêtises, qu'elle ne lui parut plus si belle de moitié, et qu'il prit la résolution de l'oublier et de retourner dans sa solitude. Il voulut auparavant prendre congé de Diamantine ; quelle fut sa surprise lorsque cette fée lui dit qu'il ne devait point quitter le palais, et qu'elle savait un moyen de le faire aimer de la princesse.

— Je vous suis bien obligé, madame, lui répondit Spirituel ; mais je ne suis pas pressé de me marier. J'avoue qu'Astre est charmante, mais c'est quand elle ne parle pas ; la fée Furie m'a guéri en me faisant entendre une de ses conversations : j'emporterai son portrait, qui est admirable, parce qu'il garde toujours le silence.

— Vous avez beau faire le dédaigneux, lui dit Diamantine, votre bonheur dépend d'épouser la princesse.

— Je vous assure, madame, que je ne le ferai jamais, à moins que je ne devienne sourd ; encore faudrait-il que je perdisse la mémoire, autrement je ne pourrais m'ôter de l'esprit cette conversation. J'aimerais mieux cent fois épouser une femme plus laide que moi, si cela était possible, qu'une stupide avec laquelle je ne pourrais avoir une conversation raisonnable, et qui me ferait trembler quand je serais en compagnie avec elle, par la crainte de lui entendre dire une impertinence toutes les fois qu'elle ouvrirait la bouche.

— Votre frayeur me divertit, lui dit Diamantine, mais, prince, apprenez un secret qui n'est connu que de votre mère et de moi. Je vous ai doué du pouvoir de donner de l'esprit à la personne que vous aimeriez le mieux ; ainsi vous n'avez qu'à souhaiter : Astre peut devenir la personne la plus spirituelle, elle sera parfaite alors ; car elle est la meilleure enfant du monde, et a le cœur fort bon.

— Ah ! madame, dit Spirituel, vous allez me rendre bien misérable ; Astre va devenir trop aimable pour mon repos, et je le serai trop peu pour lui plaire ; mais n'importe, je sacrifie mon bonheur au sien et je lui souhaite tout l'esprit qui dépend de moi.

— Cela est bien généreux, dit Diamantine, mais j'espère que cette belle action ne demeurera pas sans récompense. Trouvez-vous dans les jardins du palais à minuit ; c'est l'heure où Furie est obligée de dormir, et pendant trois heures elle perd toute sa puissance.

Le prince s'étant retiré, Diamantine fut dans la chambre d'Astre ; elle la trouva assise, la tête appuyée dans ses mains, comme une personne qui rêve profondément. Diamantine l'ayant appelée, Astre lui dit :

— Ah ! madame, si vous pouviez voir ce qui vient de se passer en moi, vous seriez bien surprise. Depuis un moment, je suis comme dans un nouveau monde : je réfléchis, je pense ; mes pensées s'arrangent dans une forme qui me donne un plaisir infini, et je suis bien honteuse en me rappelant ma répugnance pour les livres et pour les sciences.

— Eh bien, lui dit Diamantine, vous pourrez vous en corriger : vous épouserez dans deux jours le prince Charmant, et vous étudierez ensuite tout à votre aise.

— Ah ! ma bonne, répondit Astre en soupirant, serait-il bien possible que je fusse condamnée à épouser Charmant ? Il est si bête, si bête, que cela me fait trembler ; mais dites-moi, je vous prie, pourquoi est-ce que je n'ai pas connu plus tôt la bêtise de ce prince ?

— C'est que vous étiez vous-même une sotte, dit la fée ; mais voici justement le prince Charmant.

Effectivement, il entra dans sa chambre avec un nid de moineaux dans son chapeau.

— Tenez, dit-il, je viens de laisser mon maître dans une grande colère, parce qu'au lieu de lire ma leçon, j'ai été dénicher ce nid.

— Mais votre maître a raison d'être en colère, lui dit Astre ; n'est-ce pas honteux qu'un garçon de votre âge ne sache pas lire ?

— Oh ! vous m'ennuyez aussi bien que lui, répondit Charmant, j'ai bien affaire de toute cette science : moi, j'aime mieux un cerf-volant ou une boule que tous les livres du monde. Adieu, je vais jouer au volant.

— Et je serais la femme de ce stupide ? dit Astre, lorsqu'il fut sorti. Je vous assure, ma bonne, que j'aimerais mieux mourir que de l'épouser. Quelle différence de lui à ce prince que j'ai vu tantôt ! Il est vrai qu'il est bien laid ; mais quand je me rappelle son discours, il me semble qu'il n'est plus si horrible : pourquoi n'a-t-il pas le visage comme Charmant ? Mais, après tout, que sert la beauté du visage ? Une maladie peut l'ôter ; la vieillesse la fait perdre à coup sûr, et que reste-t-il alors à ceux qui n'ont pas d'esprit ? En vérité, ma bonne, s'il fallait choisir, j'aimerais mieux ce prince, malgré sa laideur, que ce stupide qu'on veut me faire épouser.

— Je suis bien aise de vous voir penser d'une manière si raisonnable, dit Diamantine ; mais j'ai un conseil à vous donner. Cachez soigneusement à Furie tout votre esprit ; tout est perdu si vous lui laissez connaître le changement qui s'est fait en vous.

Astre obéit à sa gouvernante, et sitôt que minuit fut sonné, la bonne fée proposa à la princesse de descendre dans les jardins : elles s'assirent sur un banc, et Spirituel ne tarda pas à les joindre. Quelle fut sa joie lorsqu'il entendit parler Astre, et qu'il fut convaincu qu'il lui avait donné autant d'esprit qu'il en avait lui-même ! Astre de son côté était enchantée de la conversation du prince ; mais lorsque Diamantine lui eut appris l'obligation qu'elle avait à Spirituel, sa reconnaissance lui fit oublier sa laideur, quoiqu'elle le vît parfaitement, car il faisait clair de lune.

— Que je vous ai d'obligation, lui dit-elle, et comment pourrai-je m'acquitter envers vous ?

— Vous le pouvez facilement, répondit la fée, en devenant l'épouse de Spirituel ; il ne tient qu'à vous de lui donner autant de beauté qu'il vous a donné d'esprit.

— J'en serais bien fâchée, répondit Astre ; Spirituel me plaît tel qu'il est ; je ne m'embarrasse guère qu'il soit beau, il est aimable, cela me suffit.

— Vous venez de finir tous ses malheurs, dit Diamantine ; si vous eussiez succombé à la tentation de le rendre beau, vous restiez sous le pouvoir de Furie ; mais à présent vous n'avez rien à craindre de sa rage. Je vais vous transporter dans le royaume de Spirituel : son frère est mort, et la haine que Furie avait inspirée contre lui au peuple ne subsiste plus.

Effectivement, on vit revenir Spirituel avec joie, et il n'eut pas demeuré trois mois dans son royaume qu'on s'accoutuma à son visage ; mais on ne cessa jamais d'admirer son esprit.

Dessin de Pauquet, 1843.

Voltaire

CE QUI PLAÎT AUX DAMES

« Conte philosophique » imprimé séparément en 1764 sans nom de libraire, ni d'imprimeur. *Ce qui plaît aux dames*, Paris, Xavier Havermans, 1924.

Or maintenant que le beau dieu du jour
Des Africains va brûlant la contrée,
Qu'un cercle étroit chez nous borne son tour,
Et que l'hiver allonge la soirée ;
Après souper, pour vous désennuyer,
Mes chers amis, écoutez une histoire
Touchant un pauvre et noble chevalier,
Dont l'aventure est digne de mémoire.
Son nom était messire Jean Robert,
Lequel vivait sous le roi Dagobert.
Il voyagea devers Rome la sainte,
Qui surpassait la Rome des Césars ;
Il rapportait de son auguste enceinte,
Non des lauriers cueillis aux champs de Mars,
Mais des *agnus* avec des indulgences,
Et des pardons, et de belles dispenses.
Mon chevalier en était tout chargé ;
D'argent, fort peu car dans ces temps de crise
Tout paladin fut très mal partagé :
L'argent n'allait qu'aux mains des gens d'Eglise.
Sire Robert possédait pour tout bien
Sa vieille armure, un cheval, et son chien ;
Mais il avait reçu pour apanage
Les dons brillants de la fleur du bel âge,
Force d'Hercule, et grâce d'Adonis,
Dons fortunés qu'on prise en tout pays.
Comme il était assez près de Lutèce,
Au coin d'un bois qui borde Charenton,
Il aperçut la fringante Marthon,
Dont un ruban nouait la blonde tresse ;
Sa taille est leste, et son petit jupon
Laisse entrevoir sa jambe blanche et fine.
Robert avance, et lui trouve une mine

Qui tenterait les saints du paradis.
Un beau bouquet de roses et de lis
Est au milieu de deux pommes d'albâtre,
Qu'on ne voit point sans en être idolâtre ;
Et de son teint la fleur et l'incarnat
De son bouquet auraient terni l'éclat.
Pour dire tout, cette jeune merveille
A son giron portait une corbeille,
Et s'en allait, avec tous ses attraits,
Vendre au marché du beurre et des œufs frais.
Sire Robert, ému de convoitise,
Descend d'un saut, l'accole avec franchise :
« J'ai vingt écus, dit-il, dans ma valise ;
C'est tout mon bien, prenez encor mon cœur :
Tout est à vous. — C'est pour moi trop d'honneur »,
Lui dit Marthon. Robert presse la belle,
La fait tomber, et tombe aussitôt qu'elle,
Et la renverse, et casse tous ses œufs.
Comme il cassait, son cheval ombrageux,
Epouvanté de la fière bataille,
Au loin s'écarte, et fuit dans la broussaille.
De Saint-Denis un moine survenant
Monte dessus, et trotte à son couvent.
Enfin Marthon, rajustant sa coiffure,
Dit à Robert : « Où sont mes vingt écus ? »
Le chevalier, tout pantois et confus,
Cherchant en vain sa bourse et sa monture,
Veut s'excuser : nulle excuse ne sert ;
Marthon ne peut digérer son injure,
Et va porter sa plainte à Dagobert.
« Un chevalier, dit-elle, m'a pillée,
Et violée, et surtout point payée. »
Le sage prince à Marthon répondit :
« C'est de viol que je vois qu'il s'agit.
Allez plaider devant ma femme Berthe ;
En tel procès la reine est très experte :
Bénignement elle vous recevra,
Et sans délai justice se fera. »

Marthon s'incline, et va droit à la reine.
Berthe était douce, affable, accorte, humaine ;
Mais elle avait de la sévérité
Sur le grand point de la pudicité.
Elle assembla son conseil de dévotes.
Le chevalier, sans éperons, sans bottes,
La tête nue, et le regard baissé,
Leur avoua ce qui s'était passé ;
Que vers Charonne il fut tenté du diable,
Qu'il succomba, qu'il se sentait coupable,
Qu'il en avait un très pieux remords ;
Puis il reçut sa sentence de mort.
   Robert était si beau, si plein de charmes,
Si bien tourné, si frais, et si vermeil,
Qu'en le jugeant la reine et son conseil
Lorgnaient Robert, et répandaient des larmes.
Marthon de loin dans un coin soupira ;
Dans tous les cœurs la pitié trouva place.
Berthe au conseil alors remémora
Qu'au chevalier on pouvait faire grâce,
Et qu'il vivrait pour peu qu'il eût d'esprit :
« Car vous savez que notre loi prescrit
De pardonner à qui pourra nous dire
Ce que la femme en tous les temps désire ;
Bien entendu qu'il explique le cas
Très nettement, et ne nous fâche pas. »
   La chose, étant au conseil exposée,
Fut à Robert aussitôt proposée.
La bonne Berthe, afin de le sauver,
Lui concéda huit jours pour y rêver ;
Il fit serment aux genoux de la reine
De comparaître au bout de la huitaine,
Remercia du décret lénitif,
Prit congé d'elle, et partit tout pensif.
   « Comment nommer, disait-il en lui-même,
Très nettement ce que toute femme aime,
Sans la fâcher ? La reine et son sénat
Ont aggravé mon trop piteux état.

J'aimerais mieux, puisqu'il faut que je meure,
Que, sans délai, l'on m'eût pendu sur l'heure. »
Dans son chemin dès que Robert trouvait
Ou femme, ou fille, il priait la passante
De lui conter ce que plus elle aimait.
Toutes faisaient réponse différente,
Toutes mentaient, nulle n'allait au fait.
Sire Robert au diable se donnait.
Déjà sept fois l'astre qui nous éclaire
Avait doré les bords de l'hémisphère,
Quand sur un pré, sous des ombrages frais,
Il vit de loin vingt beautés ravissantes
Dansant en rond ; leurs robes voltigeantes
Etaient à peine un voile à leurs attraits.
Le doux Zéphire, en se jouant auprès,
Laissait flotter leurs tresses ondoyantes ;
Sur l'herbe tendre elles formaient leurs pas,
Rasant la terre, et ne la touchant pas.
Robert approche, et du moins il espère
Les consulter sur la maudite affaire.
En un moment tout disparaît, tout fuit.
Le jour baissait, à peine il était nuit ;
Il ne vit plus qu'une vieille édentée,
Au teint de suie, à la taille écourtée,
Pliée en deux, s'appuyant d'un bâton ;
Son nez pointu touche à son court menton,
D'un rouge brun sa paupière est bordée ;
Quelques crins blancs couvrent son noir chignon ;
Un vieux tapis, qui lui sert de jupon,
Tombe à moitié sur sa cuisse ridée :
Elle fit peur au brave chevalier.
Elle l'accoste ; et, d'un ton familier,
Lui dit : « Mon fils, je vois à votre mine
Que vous avez un chagrin qui vous mine ;
Apprenez-moi vos tribulations :
Nous souffrons tous ; mais parler nous soulage ;
Il est encor des consolations.
J'ai beaucoup vu : le sens vient avec l'âge.

Aux malheureux quelquefois mes avis
Ont fait du bien quand on les a suivis. »
Le chevalier lui dit : « Hélas ! ma bonne,
Je vais cherchant des conseils, mais en vain.
Mon heure arrive, et je dois en personne,
Sans plus attendre, être pendu demain,
Si je ne dis à la reine, à ses femmes,
Sans les fâcher, ce qui plaît tant aux dames. »
La vieille alors lui dit : « Ne craignez rien,
Puisque vers moi le bon Dieu vous envoie ;
Croyez, mon fils, que c'est pour votre bien.
Devers la cour cheminez avec joie :
Allons ensemble, et je vous apprendrai
Ce grand secret de vous tant désiré.
Mais jurez-moi qu'en me devant la vie,
Vous serez juste, et que de vous j'aurai
Ce qui me plaît et qui fait mon envie :
L'ingratitude est un crime odieux.
Faites serment, jurez par mes beaux yeux
Que vous ferez tout ce que je désire. »
Le bon Robert le jura, non sans rire.
« Ne riez point, rien n'est plus sérieux »,
Reprit la vieille ; et les voilà tous deux
Qui, côte à côte, arrivent en présence
De reine Berthe et de la cour de France.
Incontinent le conseil assemblé,
La reine assise, et Robert appelé :
« Je sais, dit-il, votre secret, mesdames.
Ce qui vous plaît en tous lieux, en tous temps,
Ce qui surtout l'emporte dans vos âmes,
N'est pas toujours d'avoir beaucoup d'amants ;
Mais fille, ou femme, ou veuve, ou laide, ou belle,
Ou pauvre, ou riche, ou galante, ou cruelle,
La nuit, le jour, veut être, à mon avis,
Tant qu'elle peut, la maîtresse au logis.
Il faut toujours que la femme commande ;
C'est là son goût : si j'ai tort, qu'on me pende. »
Comme il parlait, tout le conseil conclut

Qu'il parlait juste, et qu'il touchait au but.
Robert absous baisait la main de Berthe,
Quand, de haillons et de fange couverte,
Au pied du trône on vit notre sans-dent
Criant justice, et la presse fendant.
On lui fait place, et voici sa harangue :
« O reine Berthe ! ô beauté dont la langue
Ne prononça jamais que vérité,
Vous dont l'esprit connaît toute équité,
Vous dont le cœur s'ouvre à la bienfaisance,
Ce paladin ne doit qu'à ma science
Votre secret ; il ne vit que par moi.
Il a juré mes beaux yeux et sa foi
Que j'obtiendrais de lui ce que j'espère :
Vous êtes juste, et j'attends mon salaire.
— Il est très vrai, dit Robert, et jamais
On ne me vit oublier les bienfaits.
Mes vingt écus, mon cheval, mon bagage,
Et mon armure, étaient tout mon partage ;
Un moine noir a, par dévotion,
Saisi le tout quand j'assaillis Marthon :
Je n'ai plus rien ; et, malgré ma justice,
Je ne saurais payer ma bienfaitrice. »
La reine dit : « Tout vous sera rendu :
On punira votre voleur tondu.
Votre fortune, en trois parts divisée,
Fera trois lots justement compensés :
Les vingt écus à Marthon la lésée
Sont dus de droit, et pour ses œufs cassés ;
La bonne vieille aura votre monture ;
Et vous, Robert, vous aurez votre armure. »
La vieille dit : « Rien n'est plus généreux ;
Mais ce n'est pas son cheval que je veux :
Rien de Robert ne me plaît que lui-même ;
C'est sa valeur et ses grâces que j'aime.
Je veux régner sur son cœur amoureux ;
De ce trésor ma tendresse est jalouse.
Entre mes bras Robert doit vivre heureux ;

Dès cette nuit, je prétends qu'il m'épouse. »
A ce discours, que l'on n'attendait pas,
Robert glacé laisse tomber ses bras ;
Puis, fixement contemplant la figure
Et les haillons de notre créature,
Dans son horreur il recula trois pas,
Signa son front, et, d'un ton lamentable,
Il s'écriait : « Ai-je donc mérité
Ce ridicule et cette indignité ?
J'aimerais mieux que Votre Majesté
Me fiançât à la mère du diable.
La vieille est folle ; elle a perdu l'esprit. »
Lors tendrement notre sans-dent reprit :
« Vous le voyez, ô reine ! il me méprise ;
Il est ingrat ; les hommes le sont tous.
Mais je vaincrai ses injustes dégoûts.
De sa beauté j'ai l'âme trop éprise,
Je l'aime trop pour qu'il ne m'aime pas.
Le cœur fait tout : j'avoue avec franchise
Que je commence à perdre mes appas ;
Mais j'en serai plus tendre et plus fidèle.
On en vaut mieux, on orne son esprit ;
On sait penser ; et Salomon a dit
Que femme sage est plus que femme belle.
Je suis bien pauvre : est-ce un si grand malheur ?
La pauvreté n'est point un déshonneur.
N'est-on content que sur un lit d'ivoire ?
Et vous, madame, en ce palais de gloire,
Quand vous couchez côte à côte du roi,
Dormez-vous mieux, aimez-vous mieux que moi ?
De Philémon vous connaissez l'histoire :
Amant aimé, dans le coin d'un taudis,
Jusqu'à cent ans il caressa Baucis.
Les noirs Chagrins, enfants de la Richesse,
N'habitent point sous nos rustiques toits ;
Le Vice fuit où n'est point la Mollesse.
Nous servons Dieu, nous égalons les rois ;
Nous soutenons l'honneur de nos provinces ;

Nous vous faisons de vigoureux soldats ;
Et, croyez-moi, pour peupler vos Etats,
Les pauvres gens valent mieux que vos princes.
Que si le ciel à mes chastes désirs
N'accorde pas le bonheur d'être mère,
L'hymen encore offre d'autres plaisirs :
Les fleurs du moins sans les fruits peuvent plaire.
On me verra, jusqu'à mon dernier jour,
Cueillir les fleurs de l'arbre de l'amour. »
   La décrépite, en parlant de la sorte,
Charma le cœur des dames du palais :
On adjugea Robert à ses attraits.
De son serment la sainteté l'emporte
Sur son dégoût. La dame encor voulut
Etre, à cheval, entre ses bras menée
A sa chaumière, où ce noble hyménée
Doit s'achever dans la même journée ;
Et tout fut fait comme à la vieille il plut.
   Le cavalier sur son coursier remonte,
Prend tristement sa femme entre ses bras,
Saisi d'horreur, et rougissant de honte,
Tenté cent fois de la jeter à bas,
De la noyer ; mais il ne le fit pas :
Tant des devoirs de la chevalerie
La loi sacrée était alors chérie.
   Sa tendre épouse, en trottant avec lui,
S'étudiait à charmer son ennui,
Lui rappelait les exploits de sa race,
Lui racontait comment le grand Clovis
Assassina trois rois de ses amis,
Comment du ciel il mérita la grâce.
Elle avait vu le beau pigeon béni
Du haut des cieux apportant à Remi
L'ampoule sainte et le céleste chrême
Dont ce grand roi fut oint dans son baptême.
Elle mêlait à ses narrations
Des sentiments et des réflexions,
Des traits d'esprit et de morale pure,

Qui, sans couper le fil de l'aventure,
Faisaient penser l'auditeur attentif,
Et l'instruisaient, mais sans l'air instructif.
Le bon Robert, à toutes ces merveilles,
Le cœur ému, prêtait ses deux oreilles,
Tout délecté quand sa femme parlait,
Prêt à mourir quand il la regardait.
 L'étrange couple arrive à la chaumière
Que possédait l'affreuse aventurière.
Elle se trousse, et, de sa sale main,
De son époux arrange le festin ;
Frugal repas fait pour ce premier âge
Plus célébré qu'imité par le sage.
Deux ais pourris sur trois pieds inégaux
Formaient la table où les époux soupèrent,
A peine assis sur deux minces tréteaux.
Des deux époux les regards se baissèrent.
La décrépite égaya le repas
Par des propos plaisants et délicats,
Par ces bons mots qui piquent, et qu'on aime ;
Si naturels que l'on croirait soi-même
Les avoir dits. Robert fut si content,
Qu'il en sourit, et qu'il crut un moment
Qu'elle pourrait lui paraître moins laide.
Elle voulut, quand le souper finit,
Que son époux vînt avec elle au lit.
Le désespoir, la fureur le possède ;
A cette crise il souhaite la mort.
Mais il se couche, il se fait cet effort :
Il l'a promis, le mal est sans remède.
 Ce n'étaient point deux sales demi-draps
Percés de trous et rongés par les rats,
Mal étendus sur de vieilles javelles,
Mal recousus encor par des ficelles,
Qui révoltaient le guerrier malheureux ;
Du saint hymen les devoirs rigoureux
S'offraient à lui sous un aspect horrible.
« Le ciel, dit-il, voudrait-il l'impossible ?

A Rome on dit que la grâce d'en haut
Donne à la fois le vouloir et le faire :
La grâce et moi nous sommes en défaut.
Par son esprit ma femme a de quoi plaire ;
Son cœur est bon : mais dans le grand conflit
Peut-on jouir du cœur ou de l'esprit ? »
Ainsi parlant, le bon Robert se jette,
Froid comme glace, au bord de sa couchette ;
Et, pour cacher son cruel déplaisir,
Il feint qu'il dort, mais il ne peut dormir.
 La vieille alors lui dit d'une voix tendre,
En le pinçant : « Ah ! Robert, dormez-vous ?
Charmant ingrat, cher et cruel époux,
Je suis rendue, hâtez-vous de vous rendre ;
De ma pudeur les timides accents
Sont subjugués par la voix de mes sens.
Régnez sur eux ainsi que sur mon âme ;
Je meurs, je meurs ! Ciel ! à quoi réduis-tu
Mon naturel qui combat ma vertu ?
Je me dissous, je brûle, je me pâme.
Ah ! le plaisir m'enivre malgré moi ;
Je n'en puis plus ! faut-il mourir sans toi ?
Va, je le mets dessus ta conscience. »
 Robert avait un fonds de complaisance,
Et de candeur, et de religion ;
De son épouse il eut compassion.
« Hélas ! dit-il, j'aurais voulu, madame,
Par mon ardeur égaler votre flamme ;
Mais que pourrai-je ! — Allez, vous pourrez tout,
Reprit la vieille ; il n'est rien à votre âge
Dont un grand cœur enfin ne vienne à bout,
Avec des soins, de l'art, et du courage.
Songez combien les dames de la cour
Célébreront ce prodige d'amour.
Je vous parais peut-être dégoûtante,
Un peu ridée, et même un peu puante ;
Cela n'est rien pour des héros bien nés :
Fermez les yeux, et bouchez-vous le nez. »

Le chevalier, amoureux de la gloire,
Voulut enfin tenter cette victoire :
Il obéit, et, se piquant d'honneur,
N'écoutant plus que sa rare valeur,
Aidé du ciel, trouvant dans sa jeunesse
Ce qui tient lieu de beauté, de tendresse,
Fermant les yeux, se mit à son devoir.
« C'en est assez, lui dit sa tendre épouse ;
J'ai vu de vous ce que j'ai voulu voir :
Sur votre cœur j'ai connu mon pouvoir ;
De ce pouvoir ma gloire était jalouse.
J'avais raison, convenez-en, mon fils :
Femme toujours est maîtresse au logis.
Ce qu'à jamais, Robert, je vous demande,
C'est qu'à mes soins vous vous laissiez guider :
Obéissez, mon amour vous commande
D'ouvrir les yeux et de me regarder. »
Robert regarde ; il voit, à la lumière
De cent flambeaux sur vingt lustres placés,
Dans un palais, qui fut cette chaumière,
Sous des rideaux de perles rehaussés,
Une beauté dont le pinceau d'Apelle
Ou de Vanlo, ni le ciseau fidèle
Du bon Pigal, Le Moyne, ou Phidias,
N'auraient jamais imité les appas.
C'était Vénus, mais Vénus amoureuse,
Telle qu'elle est, quand, les cheveux épars,
Les yeux noyés dans sa langueur heureuse,
Entre ses bras elle attend le dieu Mars.
« Tout est à vous, ce palais, et moi-même ;
Jouissez-en, dit-elle à son vainqueur :
Vous n'avez point dédaigné la laideur,
Vous méritez que la beauté vous aime. »
Or maintenant j'entends mes auditeurs
Me demander quelle était cette belle
De qui Robert eut les tendres faveurs.
Mes chers amis, c'était la fée Urgèle,
Qui dans son temps protégea nos guerriers,

Et fit du bien aux pauvres chevaliers.
O l'heureux temps que celui de ces fables,
Des bons démons, des esprits familiers,
Des farfadets, aux mortels secourables !
On écoutait tous ces faits admirables
Dans son château, près d'un large foyer.
Le père et l'oncle, et la mère et la fille,
Et les voisins, et toute la famille,
Ouvraient l'oreille à monsieur l'aumônier,
Qui leur faisait des contes de sorcier.
On a banni les démons et les fées ;
Sous la raison les grâces étouffées
Livrent nos cœurs à l'insipidité ;
Le raisonner tristement s'accrédite ;
On court, hélas ! après la vérité :
Ah ! croyez-moi, l'erreur a son mérite.

Charles Baudelaire

LES DONS DES FÉES

Paru dans *La Presse* en 1862, repris dans le recueil des *Petits poèmes en prose* en 1864.

C'était grande assemblée des Fées, pour procéder à la répartition des dons parmi tous les nouveau-nés, arrivés à la vie depuis vingt-quatre heures.

Toutes ces antiques et capricieuses Sœurs du Destin, toutes ces Mères bizarres de la joie et de la douleur, étaient fort diverses : les unes avaient l'air sombre et rechigné, les autres, un air folâtre et malin ; les unes, jeunes, qui avaient toujours été jeunes ; les autres, vieilles, qui avaient toujours été vieilles.

Tous les pères qui ont foi dans les Fées étaient venus, chacun apportant son nouveau-né dans ses bras.

Les Dons, les Facultés, les bons Hasards, les Circonstances invincibles, étaient accumulés à côté du tribunal, comme les prix sur l'estrade, dans une distribution de prix. Ce qu'il y avait ici de particulier, c'est que les Dons n'étaient pas la récompense d'un effort, mais tout au contraire une grâce accordée à celui qui n'avait pas encore vécu, une grâce pouvant déterminer sa destinée et devenir aussi bien la source de son malheur que de son bonheur.

Les pauvres Fées étaient très affairées ; car la foule des solliciteurs était grande, et le monde intermédiaire, placé entre l'homme et Dieu, est soumis comme nous à la terrible loi du Temps et de son infinie postérité, les Jours, les Heures, les Minutes, les Secondes.

En vérité, elles étaient aussi ahuries que des ministres un jour d'audience, ou des employés du Mont-de-Piété quand une fête nationale autorise les dégagements gratuits. Je crois même qu'elles regardaient de temps à autre l'aiguille de l'horloge avec autant d'impatience que des juges humains qui, siégeant depuis le matin, ne peuvent s'empêcher de rêver au dîner, à la famille et à leurs chères pantoufles. Si, dans la justice surnaturelle, il y a un peu de précipitation et de hasard, ne nous étonnons pas qu'il en soit de même quelquefois dans la justice humaine. Nous serions nous-mêmes, en ce cas, des juges injustes.

Aussi furent commises ce jour-là quelques bourdes qu'on pourrait considérer comme bizarres, si la prudence, plutôt que le caprice, était le caractère distinctif, éternel des Fées.

Ainsi la puissance d'attirer magnétiquement la fortune fut adjugée à l'héritier unique d'une famille très riche, qui, n'étant doué d'aucun sens de charité, non plus que d'aucune convoitise pour les biens les plus visibles de la vie, devait se trouver plus tard prodigieusement embarrassé de ses millions.

Ainsi furent donnés l'amour du Beau et la Puissance poétique au fils d'un sombre gueux, carrier de son état, qui ne pouvait, en aucune façon, aider les facultés, ni soulager les besoins de sa déplorable progéniture.

J'ai oublié de vous dire que la distribution, en ces cas solennels, est sans appel, et qu'aucun don ne peut être refusé.

Toutes les Fées se levaient, croyant leur corvée accomplie ; car il ne restait plus aucun cadeau, aucune largesse à jeter à tout ce fretin humain, quand un brave homme, un pauvre petit commerçant, je crois, se leva, et empoignant par sa robe de vapeurs multicolores la Fée qui était le plus à sa portée, s'écria :

« Eh ! madame ! vous nous oubliez ! Il y a encore mon petit ! Je ne veux pas être venu pour rien. »

La Fée pouvait être embarrassée ; car il ne restait plus rien. Cependant elle se souvint à temps d'une loi bien connue, quoique rarement appliquée, dans le monde surnaturel, habité par ces déités impalpables, amies de l'homme, et souvent contraintes de s'adapter à ses passions, telles que les Fées, les Gnomes, les Salamandres, les Sylphides, les Sylphes, les Nixes, les Ondins et les Ondines, — je veux parler de la loi qui concède aux Fées, dans un cas semblable à celui-ci, c'est-à-dire le cas d'épuisement des lots, la faculté d'en donner encore un, supplémentaire et exceptionnel, pourvu toutefois qu'elle ait l'imagination suffisante pour le créer immédiatement.

Donc la bonne Fée répondit, avec un aplomb digne de son rang : « Je donne à ton fils... je lui donne... le *Don de plaire* ! »

« Mais plaire comment ? plaire... ? plaire pourquoi ? » demanda opiniâtrement le petit boutiquier, qui était sans doute un de ces raisonneurs si communs, incapable de s'élever jusqu'à la logique de l'Absurde.

« Parce que ! parce que ! » répliqua la Fée courroucée, en lui tournant le dos ; et rejoignant le cortège de ses compagnes, elle leur disait : « Comment trouvez-vous ce petit Français vaniteux, qui veut tout comprendre, et qui ayant obtenu pour son fils le meilleur des lots, ose encore interroger et discuter l'Indiscutable ? »

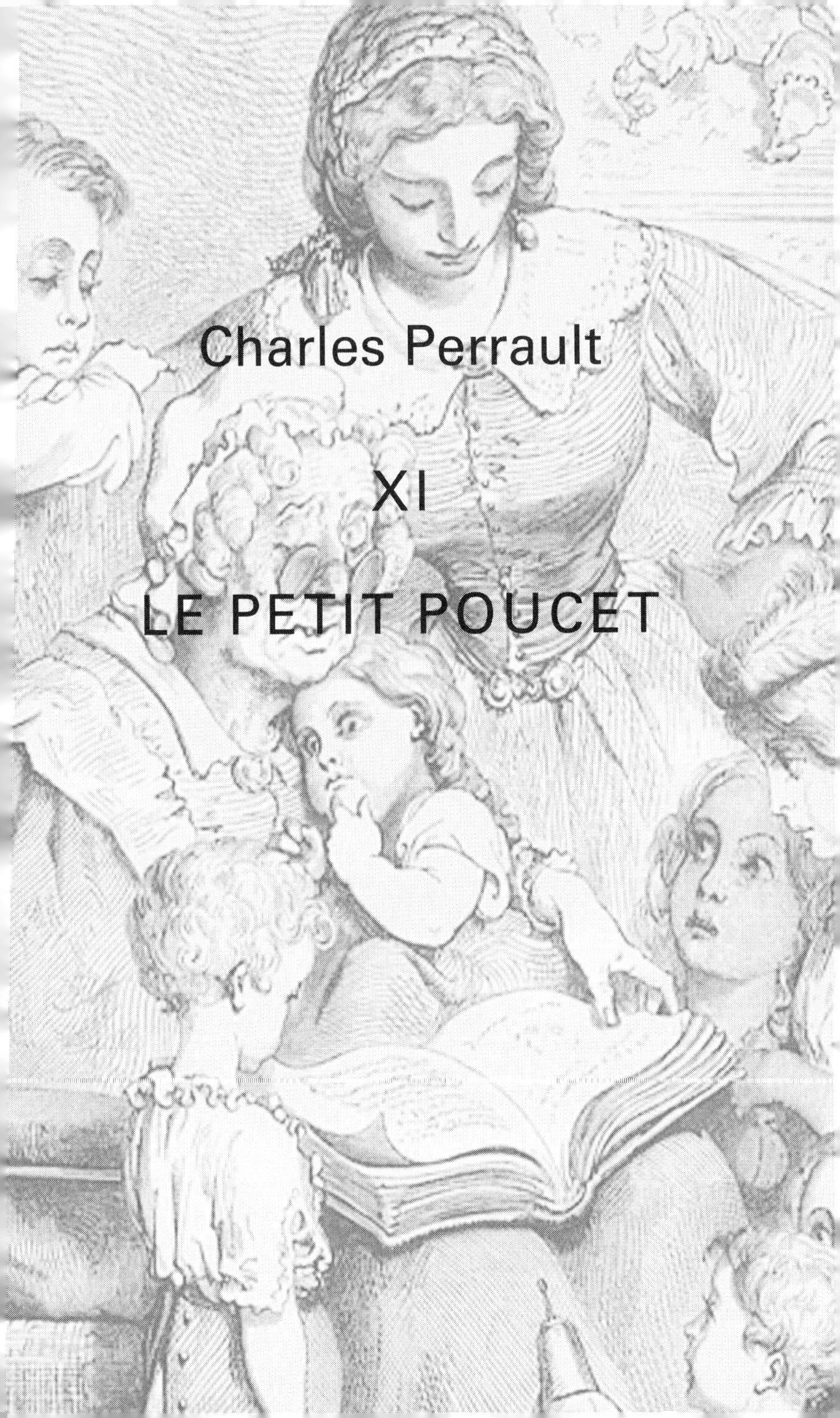

Charles Perrault

XI

LE PETIT POUCET

« Conte » publié chez Claude Barbin dans le recueil intitulé *Histoires ou contes du temps passé, avec des moralités* en janvier 1697.

Il était une fois un bûcheron et une bûcheronne qui avaient sept enfants tous garçons. L'aîné n'avait que dix ans, et le plus jeune n'en avait que sept. On s'étonnera que le bûcheron ait eu tant d'enfants en si peu de temps ; mais c'est que sa femme allait vite en besogne, et n'en faisait pas moins que deux à la fois. Ils étaient fort pauvres, et leurs sept enfants les incommodaient beaucoup, parce qu'aucun d'eux ne pouvait encore gagner sa vie. Ce qui les chagrinait encore, c'est que le plus jeune était fort délicat et ne disait mot : prenant pour bêtise ce qui était une marque de la bonté de son esprit. Il était tout petit, et quand il vint au monde, il n'était guère plus gros que le pouce, ce qui fit que l'on l'appela le petit Poucet. Ce pauvre enfant était le souffre-douleur de la maison, et on lui donnait toujours le tort. Cependant il était le plus fin, et le plus avisé de tous ses frères, et s'il parlait peu, il écoutait beaucoup.

Il vint une année très fâcheuse, et la famine fut si grande que ces pauvres gens résolurent de se défaire de leurs enfants. Un soir que ces enfants étaient couchés, et que le bûcheron était auprès du feu avec sa femme, il lui dit, le cœur serré de douleur :

— Tu vois bien que nous ne pouvons plus nourrir nos enfants ; je ne saurais les voir mourir de faim devant mes yeux, et je suis résolu de les mener perdre demain au bois, ce qui sera bien aisé, car tandis qu'ils s'amuseront à fagoter, nous n'avons qu'à nous enfuir sans qu'ils nous voient.

— Ah ! s'écria la bûcheronne, pourrais-tu bien toi-même mener perdre tes enfants ?

Son mari avait beau lui représenter leur grande pauvreté, elle ne pouvait y consentir ; elle était pauvre, mais elle était leur mère. Cependant ayant considéré quelle douleur ce lui serait de les voir mourir de faim, elle y consentit, et alla se coucher en pleurant. Le petit Poucet ouït tout ce qu'ils dirent, car ayant entendu de dedans son lit qu'ils parlaient d'affaires, il s'était levé doucement, et s'était glissé sous l'escabelle de son père pour les écouter sans être vu. Il alla se recoucher et ne dormit point le reste de la nuit, songeant à ce qu'il avait à faire. Il se leva de bon matin, et alla au bord d'un ruisseau où il emplit ses poches de petits cailloux blancs, et ensuite revint à la maison.

On partit, et le petit Poucet ne découvrit rien de tout ce qu'il savait à ses frères. Ils allèrent dans une forêt fort épaisse, où à dix pas de distance on ne se voyait pas l'un l'autre. Le bûcheron se mit à couper du bois et ses enfants à ramasser les broutilles pour faire des fagots. Le père et la mère, les voyant occupés à travailler, s'éloignèrent d'eux insensiblement, et puis s'enfuirent tout à coup par un petit sentier détourné. Lorsque ces enfants se virent seuls, ils se mirent à crier et à pleurer de toutes leurs forces. Le petit Poucet les laissait crier, sachant bien par où il reviendrait à la maison ; car en marchant il avait laissé tomber le long du chemin les petits cailloux blancs qu'il avait dans ses poches. Il leur dit donc :

— Ne craignez point, mes frères ; mon père et ma mère nous ont laissés ici, mais je vous ramènerai bien au logis, suivez-moi seulement.

Ils le suivirent, et il les mena jusqu'à leur maison par le même chemin qu'ils étaient venus dans la forêt. Ils n'osèrent d'abord entrer, mais ils se mirent tous contre la porte pour écouter ce que disaient leur père et leur mère.

Dans le moment que le bûcheron et la bûcheronne arrivèrent chez eux, le seigneur du village leur envoya dix écus qu'il leur devait il y avait longtemps, et dont ils n'espéraient plus rien. Cela leur redonna vie, car les pauvres gens mouraient de faim. Le bûcheron envoya sur l'heure sa femme à la boucherie. Comme il y avait longtemps qu'elle n'avait mangé, elle acheta trois fois plus de viande qu'il n'en fallait pour le souper de deux personnes. Lorsqu'ils furent rassasiés, la bûcheronne dit :

— Hélas ! où sont maintenant nos pauvres enfants ? Ils

feraient bonne chère de ce qui nous reste là. Mais aussi, Guillaume, c'est toi qui les as voulu perdre. J'avais bien dit que nous nous en repentirions. Que font-ils maintenant dans cette forêt ? Hélas ! mon Dieu, les loups les ont peut-être déjà mangés ! Tu es bien inhumain d'avoir perdu ainsi tes enfants.

Le bûcheron s'impatienta à la fin, car elle redit plus de vingt fois qu'ils s'en repentiraient et qu'elle l'avait bien dit. Il la menaça de la battre si elle ne se taisait. Ce n'est pas que le bûcheron ne fût peut-être encore plus fâché que sa femme, mais c'est qu'elle lui rompait la tête, et qu'il était de l'humeur de beaucoup d'autres gens, qui aiment fort les femmes qui disent bien, mais qui trouvent très importunes celles qui ont toujours bien dit. La bûcheronne était tout en pleurs :

— Hélas ! où sont maintenant mes enfants, mes pauvres enfants ?

Elle le dit une fois si haut que les enfants, qui étaient à la porte, l'ayant entendu, se mirent à crier tous ensemble :

— Nous voilà, nous voilà !

Elle courut vite leur ouvrir la porte, et leur dit en les embrassant :

— Que je suis aise de vous revoir, mes chers enfants ! Vous êtes bien las, et vous avez bien faim ; et toi Pierrot, comme te voilà crotté, viens que je te débarbouille.

Ce Pierrot était son fils aîné qu'elle aimait plus que tous les autres, parce qu'il était un peu rousseau, et qu'elle était un peu rousse. Ils se mirent à table, et mangèrent d'un appétit qui faisait plaisir au père et à la mère, à qui ils racontaient la peur qu'ils avaient eue dans la forêt en parlant presque toujours tous ensemble. Ces bonnes gens étaient ravies de revoir leurs enfants avec eux, et cette joie dura tant que les dix écus durèrent.

Mais lorsque l'argent fut dépensé, ils retombèrent dans leur premier chagrin, et résolurent de les perdre encore, et pour ne pas manquer leur coup, de les mener bien plus loin que la première fois. Ils ne purent parler de cela si secrètement qu'ils ne fussent entendus par le petit Poucet, qui fit son compte de sortir d'affaire comme il avait déjà fait ; mais quoiqu'il se fût levé de bon matin pour aller ramasser des petits cailloux, il ne put en venir à bout, car il trouva la porte de la maison fermée à double tour. Il ne savait que faire, lorsque la bûcheronne leur ayant donné à chacun un morceau de pain pour leur déjeuner, il songea qu'il pourrait se servir de son pain au lieu de cailloux en le jetant par miettes le long des chemins où ils passeraient ; il le serra donc dans sa poche.

Le père et la mère les menèrent dans l'endroit de la forêt le plus épais et le plus obscur, et dès qu'ils y furent, ils gagnèrent un faux-fuyant et les laissèrent là. Le petit Poucet ne s'en chagrina pas beaucoup, parce qu'il croyait retrouver aisément son chemin grâce à son pain qu'il avait semé partout où il avait passé ; mais il fut bien surpris lorsqu'il ne put en retrouver une seule miette : les oiseaux étaient venus qui avaient tout mangé. Les voilà donc bien affligés, car plus ils marchaient, plus ils s'égaraient et s'enfonçaient dans la forêt.

La nuit vint, et il s'éleva un grand vent qui leur faisait des peurs épouvantables. Ils croyaient n'entendre de tous côtés que des hurlements de loups qui venaient à eux pour les manger. Ils n'osaient presque se parler ni tourner la tête. Il survint une grosse pluie qui les perça jusqu'aux os ; ils glissaient à chaque pas et tombaient dans la boue, d'où ils se relevaient tout crottés, ne sachant que faire de leurs mains. Le petit Poucet grimpa au haut d'un arbre pour voir s'il ne découvrirait rien ; ayant tourné la tête de tous côtés, il vit une petite lueur comme d'une chandelle, mais qui était bien loin par-delà la forêt. Il descendit de l'arbre ; et lorsqu'il fut à terre, il ne vit plus rien ; cela le désola. Cependant, ayant marché quelque temps avec ses frères du côté qu'il avait vu la lumière, il la revit en sortant du bois.

Ils arrivèrent enfin à la maison où était cette chandelle, non sans bien des frayeurs, car souvent ils la perdaient de vue, ce qui leur arrivait toutes les fois qu'ils descendaient dans quelques fonds. Ils heurtèrent à la porte, et une bonne femme vint leur ouvrir. Elle leur demanda ce qu'ils voulaient ; le petit Poucet lui dit qu'ils étaient de pauvres enfants qui s'étaient perdus dans la forêt, et qui demandaient à coucher par charité. Cette femme les voyant tous si jolis se mit à pleurer, et leur dit :

— Hélas ! mes pauvres enfants, où êtes-vous venus ? Savez-vous bien que c'est ici la maison d'un ogre qui mange les petits enfants ?

— Hélas ! madame, lui répondit le petit Poucet, qui tremblait de toute sa force aussi bien que ses frères, que ferons-nous ? Il est bien sûr que les loups de la forêt ne manqueront pas de nous manger cette nuit, si vous ne voulez pas nous retirer chez vous. Et cela étant, nous aimons mieux que ce soit Monsieur qui nous mange ; peut-être qu'il aura pitié de nous, si vous voulez bien l'en prier.

La femme de l'ogre, qui crut qu'elle pourrait les cacher à son mari jusqu'au lendemain matin, les laissa entrer et les mena se chauffer auprès d'un bon feu, car il y avait un mouton tout entier à la broche pour le souper de l'ogre. Comme ils commençaient à se chauffer, ils entendirent heurter trois ou quatre grands coups à la porte : c'était l'ogre qui revenait. Aussitôt sa femme les fit cacher sous le lit et alla ouvrir la porte. L'ogre demanda d'abord si le souper était prêt, et si on avait tiré du vin, et aussitôt se mit à table. Le mouton était encore tout sanglant, mais il ne lui en sembla que meilleur. Il fleurait à droite et à gauche, disant qu'il sentait la chair fraîche.

— Il faut, lui dit sa femme, que ce soit ce veau que je viens d'habiller que vous sentez.

— Je sens la chair fraîche, te dis-je encore une fois, reprit l'ogre, en regardant sa femme de travers, et il y a ici quelque chose que je n'entends pas.

En disant ces mots, il se leva de table, et alla droit au lit.

— Ah, dit-il, voilà donc comme tu veux me tromper, maudite femme ! Je ne sais à quoi il tient que je ne te mange aussi ; bien t'en prend d'être une vieille bête. Voilà du gibier qui me vient bien à propos pour traiter trois ogres de mes amis qui doivent me venir voir ces jours ici.

Il les tira de dessous le lit l'un après l'autre. Ces pauvres enfants se mirent à genoux en lui demandant pardon ; mais ils avaient à faire au plus cruel de tous les ogres, qui bien loin d'avoir de la pitié les dévorait déjà des yeux, et disait à sa femme que ce serait là de friands morceaux lorsqu'elle leur aurait fait une bonne sauce. Il alla prendre un grand couteau, et en approchant de ces pauvres enfants, il l'aiguisait sur une longue pierre qu'il tenait à sa main gauche. Il en avait déjà empoigné un, lorsque sa femme lui dit :

— Que voulez-vous faire à l'heure qu'il est ? N'aurez-vous pas assez de temps demain matin ?

— Tais-toi, reprit l'ogre, ils en seront plus mortifiés.

— Mais vous avez encore là tant de viande, reprit sa femme, voilà un veau, deux moutons et la moitié d'un cochon !

— Tu as raison, dit l'ogre ; donne-leur bien à souper, afin qu'ils ne maigrissent pas, et va les mener coucher.

La bonne femme fut ravie de joie, et leur porta bien à souper, mais ils ne purent manger tant ils étaient saisis de peur. Pour l'ogre, il se remit à boire, ravi d'avoir de quoi si bien régaler ses amis. Il but une douzaine de coups plus qu'à l'ordinaire, ce qui lui donna un peu dans la tête, et l'obligea de s'aller coucher.

L'ogre avait sept filles qui n'étaient encore que des enfants. Ces petites ogresses avaient toutes le teint fort beau, parce qu'elles mangeaient de la chair fraîche comme leur père ; mais elles avaient de petits yeux gris et tout ronds, le nez crochu et une fort grande bouche avec de longues dents fort aiguës et éloignées l'une de l'autre. Elles n'étaient pas encore très méchantes ; mais elles promettaient beaucoup, car elles mordaient déjà les petits enfants pour en sucer le sang.

On les avait fait coucher de bonne heure, et elles étaient toutes sept dans un grand lit, ayant chacune une couronne d'or sur la tête. Il y avait dans la même chambre un autre lit de la même grandeur ; ce fut dans ce lit que la femme de l'ogre mit coucher les sept petits garçons ; après quoi, elle alla se coucher auprès de son mari.

Le petit Poucet qui avait remarqué que les filles de l'ogre

avaient des couronnes d'or sur la tête, et qui craignait qu'il ne prît à l'ogre quelque remords de ne les avoir pas égorgés dès le soir même, se leva vers le milieu de la nuit, et prenant les bonnets de ses frères et le sien, il alla tout doucement les mettre sur la tête des sept filles de l'ogre, après leur avoir ôté leurs couronnes d'or qu'il mit sur la tête de ses frères et sur la sienne, afin que l'ogre les prît pour ses filles, et ses filles pour les garçons qu'il voulait égorger. La chose réussit comme il l'avait pensé, car l'ogre, s'étant éveillé sur le minuit, eut regret d'avoir différé au lendemain ce qu'il pouvait exécuter la veille ; il se jeta donc brusquement hors du lit, et prenant son grand couteau :

— Allons voir, dit-il, comment se portent nos petits drôles ; n'en faisons pas à deux fois.

Il monta donc à tâtons à la chambre de ses filles et s'approcha du lit où étaient les petits garçons, qui dormaient tous, excepté le petit Poucet, qui eut bien peur lorsqu'il sentit la main de l'ogre qui lui tâtait la tête, comme il avait tâté celles de tous ses frères. L'ogre, qui sentit les couronnes d'or :

— Vraiment, dit-il, j'allais faire là un bel ouvrage ; je vois bien que je bus trop hier au soir.

Il alla ensuite au lit de ses filles où, ayant senti les petits bonnets des garçons :

— Ah ! les voilà, dit-il, nos gaillards ! travaillons hardiment.

En disant ces mots, il coupa sans balancer la gorge à ses sept filles. Fort content de cette expédition, il alla se recoucher auprès de sa femme.

Aussitôt que le petit Poucet entendit ronfler l'ogre, il réveilla ses frères, et leur dit de s'habiller promptement et de le suivre. Ils descendirent doucement dans le jardin, et sautèrent par-dessus les murailles. Ils coururent presque toute la nuit, toujours en tremblant et sans savoir où ils allaient. L'ogre s'étant éveillé dit à sa femme :

— Va-t'en là-haut habiller ces petits drôles d'hier au soir.

L'ogresse fut fort étonnée de la bonté de son mari, ne se doutant point de la manière qu'il entendait qu'elle les habillât, et croyant qu'il lui ordonnait de les aller vêtir, elle monta en haut où elle fut bien surprise lorsqu'elle aperçut ses sept filles égorgées et nageant dans leur sang. Elle commença par s'évanouir (car c'est le premier expédient que trouvent presque toutes les femmes en pareilles rencontres). L'ogre, craignant que sa femme ne fût trop longtemps à faire la besogne dont il l'avait chargée, monta en haut pour lui aider. Il ne fut pas moins étonné que sa femme lorsqu'il vit cet affreux spectacle.

— Ah ! qu'ai-je fait là ? s'écria-t-il. Ils me le payeront, les malheureux, et tout à l'heure.

Il jeta aussitôt une potée d'eau dans le nez de sa femme, et l'ayant fait revenir :

— Donne-moi vite mes bottes de sept lieues, lui dit-il, afin que j'aille les attraper.

Il se mit en campagne, et après avoir couru bien loin de tous côtés, enfin il entra dans le chemin où marchaient ces pauvres enfants qui n'étaient plus qu'à cent pas du logis de leur père. Ils virent l'ogre qui allait de montagne en montagne, et qui traversait des rivières aussi aisément qu'il aurait fait le moindre ruisseau. Le petit Poucet, qui vit un rocher creux proche le lieu où ils étaient, y fit cacher ses six frères, et s'y fourra aussi, regardant toujours ce que l'ogre deviendrait. L'ogre, qui se trouvait fort las du long chemin qu'il avait fait inutilement (car les bottes de sept lieues fatiguent fort leur homme), voulut se reposer, et par hasard il alla s'asseoir sur la roche où les petits garçons s'étaient cachés. Comme il n'en pouvait plus de fatigue, il s'endormit après s'être reposé quelque temps, et vint à ronfler si effroyablement que les pauvres enfants n'en eurent pas moins de peur que quand il tenait son grand couteau pour leur couper la gorge. Le petit Poucet en eut moins de peur, et dit à ses frères de s'enfuir promptement à la maison, pendant que l'ogre dormait bien fort, et qu'ils ne se missent point en peine de lui. Ils crurent son conseil et gagnèrent vite la maison.

Le petit Poucet, s'étant approché de l'ogre, lui retira doucement ses bottes et les mit aussitôt. Les bottes étaient fort grandes et fort larges ; mais comme elles étaient fées, elles avaient le don de s'agrandir et de s'apetisser selon la jambe de celui qui les chaussait, de sorte qu'elles se trouvèrent aussi justes à ses pieds et à ses jambes que si elles avaient été faites pour lui. Il alla droit à la maison de l'ogre où il trouva sa femme qui pleurait auprès de ses filles égorgées.

— Votre mari, lui dit le petit Poucet, est en grand danger, car il a été pris par une troupe de voleurs qui ont juré de le tuer s'il ne leur donne tout son or et tout son argent. Dans le moment qu'ils lui tenaient le poignard sur la gorge, il m'a aperçu et m'a prié de vous venir avertir de l'état où il est, et de vous dire de me donner tout ce qu'il a vaillant sans en rien retenir, parce qu'autrement ils le tueront sans miséricorde. Comme la chose presse beaucoup, il a voulu que je prisse ses bottes de sept lieues que voilà pour faire diligence, et aussi afin que vous ne croyiez pas que je sois un affronteur.

La bonne femme fort effrayée lui donna aussitôt tout ce qu'elle avait : car cet ogre ne laissait pas d'être fort bon mari, quoiqu'il mangeât les petits enfants. Le petit Poucet étant donc chargé de toutes les richesses de l'ogre s'en revint au logis de son père, où il fut reçu avec bien de la joie.

Il y a bien des gens qui ne demeurent pas d'accord de cette dernière circonstance, et qui prétendent que le petit Poucet n'a jamais fait ce vol à l'ogre ; qu'à la vérité, il n'avait pas fait conscience de lui prendre ses bottes de sept lieues, parce qu'il ne s'en servait que pour courir après les petits enfants. Ces gens-là assurent le savoir de bonne part, et même pour avoir bu et mangé dans la maison du bûcheron. Ils assurent que lorsque le petit Poucet eut chaussé les bottes de l'ogre, il s'en alla à la cour, où il savait qu'on était fort en peine d'une armée qui était à deux cents lieues de là, et du succès d'une bataille qu'on avait donnée. Il alla, disent-ils, trouver le roi, et lui dit que s'il le souhaitait, il lui rapporterait des nouvelles de l'armée avant la fin du jour. Le roi lui promit une grosse somme d'argent s'il en venait à bout. Le petit Poucet rapporta des nouvelles dès le soir même, et cette première course l'ayant fait connaître, il gagnait tout ce qu'il voulait ; car le roi le payait parfaitement bien pour porter ses ordres à l'armée, et une infinité de dames lui donnaient tout ce qu'il voulait pour avoir des nouvelles de leurs amants, et ce fut là son plus grand gain. Il se trouvait quelques femmes qui le chargeaient de lettres pour leurs maris, mais elles le payaient si mal, et cela allait à si peu de chose, qu'il ne daignait mettre en ligne de compte ce qu'il gagnait de ce côté-là. Après avoir fait pendant quelque temps le métier de courrier, et y avoir amassé beaucoup de bien, il revint chez son père, où il n'est pas possible d'imaginer la joie qu'on eut de le revoir. Il mit toute sa famille à son aise. Il acheta des offices de nouvelle création pour son père et pour ses frères ; et par là il les établit tous, et fit parfaitement bien sa cour en même temps.

Moralité

On ne s'afflige point d'avoir beaucoup d'enfants,
Quand ils sont tous beaux, bien faits et bien grands,
Et d'un extérieur qui brille ;
Mais si l'un d'eux est faible ou ne dit mot,
On le méprise, on le raille, on le pille ;
Quelquefois cependant c'est ce petit marmot
Qui fera le bonheur de toute la famille.

« Tu vois bien que nous ne pouvons plus nourrir nos enfants. »

« Il se leva de bon matin, et alla au bord d'un ruisseau où il emplit ses poches de petits cailloux blancs. »

« Lorsque ces enfants se virent seuls, ils se mirent à crier
et à pleurer de toute leur force. »

« En marchant il avait laissé tomber le long du chemin les petits cailloux blancs qu'il avait dans ses poches. »

« Ils mangèrent d'un ap

ısait plaisir au père et à la mère. »

« Le petit Poucet grimpa au haut d'un arbre
pour voir s'il ne découvrirait rien. »

« Une bonne femme vint leur ouvrir. »

« Je sens la chair fraîche, te dis-je. »

« Il les tira de dessous le lit l'un après l'autre. »

« En disant ces mots, il coupa sans bala

›rge à ses sept filles. »

« Le petit Poucet, s'étant approché de l'c

:ira doucement ses bottes. »

Basile

BAMBIN ET BAMBINE

Nennillo e Nennella, Le Conte des contes, V^{e} journée, 8e conte, 1636. Traduction De Lauzières-Thémines et Charles Deulin, Charles Deulin, *Les Contes de ma Mère l'Oye avant Perrault,* Paris, E. Dentu, éditeur libraire de la Société des Gens de Lettres, 1879.

Il y avait une fois un père, nommé Jannuccio, qui avait deux enfants, Nennillo et Nennella, qu'il aimait autant que la prunelle de ses yeux.

Par malheur, avec la lime sourde du temps, la Mort rompit les barreaux qui retenaient prisonnière l'âme de sa femme, et à sa place il prit une affreuse harpie qui était une maudite chienne.

Celle-ci n'eut pas plus tôt mis le pied dans la maison de son mari qu'elle commença d'être comme un cheval à l'écurie et de dire :

— Suis-je venue céans pour pouiller les marmots d'une autre ? Il ne me manquait plus que de m'empêtrer ainsi des autres et de voir ces araignées autour de moi. Oh ! que ne me suis-je rompu le cou avant de venir dans cet enfer pour manger mal, boire peu et peu dormir à cause du tracas que me donne cette marmaille ! Ce n'est pas une existence supportable. Je me suis mariée pour être maîtresse et non servante. Il faut prendre un parti et supprimer ce mal, ou c'est moi-même qui serai supprimée. Mieux vaut rougir une fois que de pâlir cent. Aujourd'hui plus que jamais, je suis résolue d'en finir ou d'envoyer tout au diable.

Le pauvre mari, qui avait beaucoup trop d'amour pour sa femme, lui dit :

— Calme-toi, ma femme, car le sucre coûte cher [1]. Demain matin, au chant du coq, je te débarrasserai de ces ennuis et tu seras satisfaite.

Le matin donc, à l'heure où l'Aurore déploie sa couverture de pourpre pour en secouer les puces à la fenêtre de l'Orient, il passa à son bras un bon panier plein de choses à manger, prit chacun de ses enfants par la main et les conduisit dans

---

1. Les médicaments coûtent cher ; autrement dit : tu te rendras malade.

une forêt où une armée de peupliers et de hêtres tenait l'ombre assiégée.

Arrivé en ce lieu, Jannuccio dit :

— Mes chéris, restez là, mangez et buvez gaiement et, quand vous n'aurez plus rien, voyez cette traînée de cendres que je vais semant, ce sera le fil qui vous tirera du labyrinthe et vous mènera tout droit à votre logis.

Il leur donna alors un baiser à chacun et s'en retourna en pleurant à la maison.

Lorsque tous les êtres, cités par les huissiers de la Nuit, payèrent à la Nature la taxe du repos nécessaire, les pauvres petits eurent peur de se trouver dans ce lieu désert où le bruit d'un fleuve, battant les pierres impertinentes qui lui barraient le passage, n'aurait pas fait trembler un Rodomont.

Ils s'en allèrent donc doucement, doucement par le petit chemin de cendre, et il était déjà minuit lorsque, sans bruit, sans bruit, ils arrivèrent à la maison.

Pascozza, leur belle-mère, ne les reçut pas comme une femme, mais comme une furie infernale, poussant des cris jusqu'aux cieux, tapant des mains et des pieds, se rebiffant comme un cheval ombrageux et disant :

— La belle chose que voici ! D'où sort cette ordure, cette vermine ? Est-ce qu'il n'y a pas du mercure pour en débarrasser cette maison ? Est-il possible qu'on veuille les y garder pour empoisonner mon existence ? Va, ôte-les de mes yeux avant que j'entende la musique des coqs ou le gloussement des poules ; sinon tu as beau faire, je ne dormirai plus avec toi et demain matin je me retire chez mes parents, car tu n'es pas digne de moi. Ai-je donc apporté tant de beaux biens dans cette maison pour voir les excréments des autres ? Ai-je fourni une si grosse dot pour être l'esclave d'enfants qui ne sont pas les miens ?

Voyant sa barque aller à la dérive et l'affaire devenir chaude, l'infortuné Jannuccio prit alors les enfants et retourna au bois. Il leur donna un autre petit panier plein de choses à manger et leur dit :

— Vous voyez, mes bijoux, en quelle haine vous a la chienne de femme qui est entrée dans ma maison pour votre perte et mon crève-cœur. Restez donc dans ce bois où les arbres, moins cruels, vous feront un abri contre le soleil, où la rivière plus charitable vous donnera à boire sans vous empoisonner et où la terre plus douce vous fournira un tapis d'herbe sans péril. Pour le moment où vous n'aurez plus rien à manger, je vous fais ce sentier de son par lequel vous pourrez venir tout droit chercher du secours.

A ces mots, il détourna la tête afin de cacher ses larmes et de ne pas ôter le courage à ses pauvres mignons.

Ceux-ci n'eurent pas plus tôt consommé les provisions du panier qu'ils voulurent retourner à la maison ; mais un âne de malheur avait mangé le son répandu par terre et ils ne purent retrouver la route.

Ils passèrent une partie du jour égarés dans la forêt et se nourrirent de glands et de châtaignes qu'ils trouvèrent à leurs pieds. Comme le ciel protège toujours les innocents, un roi vint d'aventure chasser dans ce bois.

Nennillo fut tellement effrayé par les aboiements des chiens qu'il se cacha dans le creux d'un arbre ; de son côté, Nennella se mit à courir si fort qu'elle sortit de la forêt et se trouva sur les bords de la mer où certains corsaires avaient débarqué pour faire provision de bois.

Ils l'attrapèrent et le capitaine la porta à sa maison, où elle fut adoptée par sa femme qui venait de perdre sa fille.

Revenons à Nennillo. Caché dans le tronc de l'arbre, il était entouré par les chiens qui aboyaient à vous étourdir.

Le prince ordonna de chercher la cause de ce vacarme. On trouva un beau petit garçon qui ne pouvait dire qui étaient ses père et mère, tant il était petit.

Le roi le fit mettre aussitôt dans la carnassière d'un chasseur et porter au palais royal. On l'y éleva avec grand soin, on lui donna des talents et, entre autres, on lui apprit le métier d'écuyer tranchant. Au bout de trois ou quatre ans il devint si habile dans son art qu'il coupait un cheveu en deux morceaux.

Vers ce temps on découvrit que le corsaire qui retenait Nennella était un écumeur de mer. On voulut s'emparer de lui, mais le drôle, qui avait des intelligences dans la place, s'embarqua avec toute sa maison.

Peut-être était-ce une justice du ciel que celui qui avait tant ravagé les mers souffrît en mer la peine de ses crimes.

Il monta sur une frêle barque et à peine fut-il au large qu'une rafale bouleversa les flots et retourna le bateau. Ils burent tous à la grande tasse, excepté Nennella.

Comme elle n'avait pas sur la conscience les brigandages auxquels avaient pris part la femme et les enfants du pirate, elle échappa au naufrage.

Au moment où la barque se retournait, il y avait tout proche un grand poisson enchanté qui, ouvrant un gosier large comme un gouffre, avala soudain Nennella. La jeune fille se crut perdue, mais quelle ne fut pas sa surprise !

Le ventre de ce poisson renfermait de splendides campagnes, des jardins immenses et un château seigneurial avec toutes les commodités imaginables, dont elle devint la maîtresse.

Ce poisson la porta près d'un rocher où au plus fort de la chaleur, quand le soleil lançait sa plus grande volée de flèches, le prince vint prendre le frais, pendant qu'on lui préparait un superbe festin.

Nennillo s'était placé à une lucarne du palais au-dessus du rocher pour aiguiser des couteaux, car il aimait son métier et se piquait d'honneur. Nennella l'aperçut par le gosier du poisson et elle s'écria d'une voix caverneuse :

— Mon frère, mon frère, les couteaux sont repassés, la table est mise et sans toi dans ce poisson la vie m'est odieuse.

Tout d'abord Nennillo ne fit pas attention à cette voix ; mais le prince, qui se tenait sur une autre terrasse, se retourna à cette lamentation, vit le poisson et entendit une seconde fois les paroles. Il fut profondément étonné et envoya quelques-uns de ses gens essayer de prendre le monstre.

Pendant qu'on le tirait à terre, il entendit toujours les mêmes plaintes : « Mon frère, mon frère ! » Il demanda à chacun de ses gens s'ils avaient perdu une sœur.

Nennillo répondit qu'il se souvenait comme d'un rêve

qu'alors qu'on le trouva dans la forêt, il avait une sœur dont depuis ce temps il n'avait plus eu de nouvelles.

Le prince lui ordonna de s'approcher de l'animal et de voir ce qu'il en était : peut-être que cette aventure le regardait.

Nennillo s'approcha du poisson qui dressa la tête au-dessus des roches et ouvrit six palmes de gosier.

Nennella en sortit si belle qu'on eût dit une nymphe qui sortait de cet animal par l'incantation de quelque magicien.

Le roi voulut savoir ce qui était arrivé. Ils lui contèrent une partie des malheurs que leur avait valu la haine de leur marâtre ; mais ils ne purent se rappeler ni le nom de leur père ni où était la maison paternelle.

Le roi fit publier que quiconque avait perdu dans un bois deux enfants appelés Nennillo et Nennella, pouvait venir au palais, où l'on en donnerait de bonnes nouvelles.

Croyant que les pauvres avaient été mangés par les loups, Jannuccio avait toujours eu le cœur triste et inconsolable.

Il courut dans la plus grande joie trouver le prince et lui dit qu'il avait perdu ses enfants. Il conta toute l'histoire, comme quoi il avait été forcé de les porter au bois.

Le prince le reçut avec une mine sévère et lui dit qu'il fallait n'être pas un homme pour se laisser mettre ainsi le pied sur la gorge par une femmelette et mener perdre ses bijoux d'enfants.

Après l'avoir écrasé de ce reproche, il posa sur sa blessure le baume de la consolation et lui fit voir ses enfants que Jannuccio couvrit de baisers durant une demi-heure sans pouvoir s'en rassasier.

Le prince ordonna à Nennillo d'ôter son bonnet rouge et de revêtir des habits de gentilhomme. Il envoya ensuite chercher la femme de Jannuccio et, lui montrant ces deux puces d'or, il lui demanda quel supplice mériterait quiconque leur ferait du mal ou les mettrait en danger de mort.

— Pour moi, répondit-elle, je l'enfermerais dans un tonneau et je le roulerais par la montagne.

— Qu'il soit fait comme tu l'as dit ! s'écria le prince. La chèvre s'est blessée de sa propre corne. Bien que l'arrêt soit trop doux, tu l'as porté, tu vas le subir pour avoir traité avec tant de haine les beaux enfants de ton mari.

Et il ordonna d'exécuter la sentence qu'elle-même avait rendue. Il choisit ensuite parmi ses vassaux un gentilhomme fort riche et lui donna Nennella pour femme ; il maria Nennello de même et les pourvut de biens considérables, ainsi que leur père, pour qu'ils n'eussent besoin de personne au monde.

Quant à la marâtre, emprisonnée dans le tonneau, elle fut bientôt délivrée de l'existence et cria par la bonde tant qu'il lui resta un souffle de vie.

Le châtiment tarde, mais malheur à qui l'attend.
Il arrive un moment où tout se paye.

Grimm

HÄNSEL ET GRETHEL

Hänsel und Grethel, Contes des Enfants et du Foyer, nº 15, 1819. Traduction Frédéric Baudry et Charles Deulin sous le titre « Jeannot et Margot », Charles Deulin, *Les Contes de ma Mère l'Oye avant Perrault*, Paris, E. Dentu, éditeur libraire de la Société des Gens de Lettres, 1879.

Il y avait une fois un pauvre bûcheron qui demeurait au coin d'un bois avec sa femme et ses deux enfants : un garçon qui s'appelait Hänsel et une fille du nom de Grethel.

Ils avaient peu de chose à se mettre sous la dent, et une année qu'il vint une grande cherté de vivres il fut impossible à l'homme de gagner le pain quotidien.

Une nuit qu'il se tournait et se retournait dans son lit sous le poids des tourments, il dit à sa femme :

— Qu'allons-nous devenir ? Comment nourrir nos pauvres enfants, lorsque nous n'avons plus rien pour nous-mêmes ?

— Sais-tu, mon homme, ce qu'il faut faire ? répondit la femme. Demain, à la première heure, nous conduirons nos enfants dans la forêt, là où elle est le plus épaisse. Nous leur ferons du feu et nous donnerons à chacun un morceau de pain. Nous retournerons ensuite à notre travail, et les laisserons tout seuls. Ils ne retrouveront pas le chemin de la maison et nous en serons débarrassés.

— Non, femme, je ne ferai pas cela. Je n'aurai jamais le cœur de laisser mes enfants seuls dans le bois : les bêtes sauvages les auraient bientôt dévorés.

— Idiot ! répliqua la femme. En ce cas nous mourrons de faim tous les quatre. Tu peux raboter les planches pour les cercueils !

Et elle ne lui laissa point de repos qu'il n'eût consenti. « Ces pauvres enfants me font pitié tout de même », disait l'homme à part lui.

Tourmentés par la faim, les deux enfants ne pouvaient s'endormir : ils avaient entendu ce que la belle-mère disait à leur père. Grethel pleurait amèrement. Elle dit à Hänsel :

— C'est fait de nous !

— Tais-toi, répondit Hänsel. Ne te chagrine pas : je saurai nous tirer de là.

Et lorsque les vieux furent endormis, il se leva, mit sa petite veste, ouvrit le bas de la porte et se glissa dehors.

La lune était claire et luisante devant la maison, les cailloux blancs brillaient comme des pièces d'argent. Hänsel se baissa et en emplit ses poches, ensuite il revint et dit à Grethel :

— Console-toi, chère petite sœur, et dors en paix : Dieu ne nous abandonnera pas.

Et il se recoucha dans son lit. Au point du jour, avant le lever du soleil, la femme vint réveiller les deux enfants.

— Levez-vous, paresseux, dit-elle : nous allons fagoter dans la forêt.

Alors elle donna à chacun un petit morceau de pain et dit :

— Voilà votre déjeuner, mais ne le mangez pas tout de suite, car vous n'aurez rien de plus.

Comme Hänsel avait ses poches pleines de cailloux, Grethel mit le pain dans son tablier ; après quoi ils prirent tous le chemin de la forêt.

Quand ils eurent marché un instant, Hänsel s'arrêta et jeta un regard en arrière sur la maison ; il répéta plusieurs fois ce mouvement.

— Qu'est-ce que tu regardes ? lui dit le père, et pourquoi restes-tu en arrière ? Prends garde et ne laisse pas traîner tes jambes.

— Oh ! père, répondit Hänsel. Je regarde mon petit chat blanc qui est posé au haut du toit et qui veut me dire adieu.

— Nigaud ! répliqua la femme. Ce n'est point ton petit chat, c'est le soleil du matin qui brille sur la cheminée.

Hänsel ne regardait pas son petit chat, mais il laissait tomber un petit caillou blanc de sa poche sur le chemin. Quand ils furent arrivés au milieu de la forêt, le père dit :

— Mes enfants, ramassez du bois, je vais allumer du feu pour que vous n'ayez pas froid.

Hänsel et Grethel en eurent bientôt ramassé un petit tas. Quand les ramilles furent allumées et que la flamme s'éleva très haut, la femme dit :

— Mes enfants, couchez-vous près du feu et reposez-vous.

Nous allons couper du bois. Quand nous aurons fini, nous viendrons vous reprendre.

Hänsel et Grethel s'assirent près du feu et, lorsqu'il fut midi, ils mangèrent chacun leur morceau de pain. Comme ils entendaient les coups de hache, ils croyaient que leur père travaillait dans le voisinage. Mais ce n'était pas le bruit de la hache qu'ils entendaient, c'était celui d'une branche que leurs père et mère avaient attachée à un arbre mort et qui le frappait sous l'effort du vent.

A force de rester assis à la même place, ils fermèrent les yeux de fatigue et s'endormirent. Quand ils se réveillèrent, il faisait nuit noire. Grethel se mit à pleurer et dit :

— Comment allons-nous sortir de la forêt ?

Hänsel la consola.

— Attends un petit moment que la lune soit levée, nous trouverons bien le chemin.

Et quand la pleine lune fut levée, Hänsel prit sa sœur par la main et il suivit les petits cailloux qui brillaient comme des pièces d'argent toutes neuves et leur montraient la route.

Ils marchèrent toute la nuit et, au point du jour, ils arrivèrent à la maison paternelle. Ils heurtèrent à la porte. La femme ouvrit et, en voyant que c'était Hänsel et Grethel, elle s'écria :

— Mauvais enfants, pourquoi avez-vous dormi si longtemps dans la forêt ? Nous avons cru que vous ne vouliez plus revenir.

Le père, lui, était enchanté, car il avait le cœur gros de les avoir abandonnés.

Peu après, ils manquèrent encore de tout, et, la nuit, les enfants entendirent la mère qui disait dans le lit au père :

— Voilà qu'encore une fois tout est mangé : nous n'avons plus que la moitié d'un pain et après ce sera fini de rire. Il faut nous débarrasser des enfants. Nous allons les mener plus au fond dans la forêt pour qu'ils ne retrouvent jamais la route. Sans cela nous sommes perdus.

L'homme avait le cœur serré : il pensait qu'il valait mieux partager le dernier morceau avec ses enfants ; mais loin de l'écouter, la femme l'injuriait et l'accablait de reproches.

Quand on a dit A, il faut dire B, et, parce qu'il avait cédé la première fois, il fallait bien qu'il cédât la seconde. Les enfants étaient encore éveillés et avaient entendu cette conversation.

Lorsque les vieux furent endormis, Hänsel se leva et voulut sortir pour ramasser de petits cailloux comme auparavant. Par malheur, la femme avait fermé la porte et Hänsel ne pouvait pas sortir. Il consolait sa petite sœur et lui disait :

— Ne pleure pas, Grethel, et dors tranquille : le bon Dieu nous aidera.

Le matin, de bonne heure, la femme arriva et fit lever les enfants. Ils reçurent leur petit morceau de pain, qui était plus petit encore que la première fois. En marchant vers la forêt, Hänsel émietta le pain dans sa poche et souvent il s'arrêta pour jeter les miettes à terre.

— Hänsel, pourquoi t'arrêtes-tu et regardes-tu derrière toi ? disait le père ; continue ton chemin.

— Je regarde mon petit pigeon qui est posé sur le toit et qui veut me dire adieu, disait Hänsel.

— Nigaud ! répondait la femme. Ce n'est pas ton petit pigeon, c'est le soleil du matin qui brille sur la cheminée.

Hänsel jeta toujours son pain petit à petit sur le chemin. La femme mena ses enfants si avant dans la forêt, que de leur vie ils n'avaient pénétré jusque-là. On y alluma encore un grand feu, et la mère dit :

— Mes enfants, restez là assis, et, quand vous serez fatigués, vous pourrez dormir un peu. Nous allons plus loin couper du bois, et, le soir, sitôt que nous aurons fini, nous viendrons vous reprendre.

Lorsqu'il fut midi, Grethel partagea son petit morceau de pain avec Hänsel, qui avait semé le sien le long de la route. Ils s'endormirent ensuite, le soir arriva et personne ne vint chercher les pauvres enfants. Ils se réveillèrent au milieu des ténèbres de la nuit, et Hänsel consola sa petite sœur en disant :

— Attends, Grethel, que la lune se lève. Nous pourrons voir alors les miettes de pain que j'ai semées et qui nous indiqueront le chemin de la maison.

Quand la lune brilla, ils se mirent en route, mais ils ne trouvèrent plus une seule miette. Elles avaient été mangées par les milliers d'oiseaux qui voltigeaient dans la forêt et dans les champs. Hänsel dit à Grethel :

— Nous trouverons bien le chemin.

Mais ils ne le trouvaient pas.

Ils marchèrent toute la nuit et la journée suivante, du matin au soir, sans sortir de la forêt. Ils avaient grand-faim, car ils ne vivaient que de prunelles, et, comme ils étaient si fatigués que leurs jambes ne voulaient plus les porter, ils se couchèrent sous un arbre et s'endormirent.

Le lendemain matin, il y avait trois jours qu'ils étaient sortis de la maison paternelle. Ils recommencèrent à marcher, mais ils ne faisaient que s'enfoncer de plus en plus dans la forêt. S'il ne leur arrivait bientôt du secours, ils ne pouvaient manquer de périr.

Quand vint midi, ils virent un joli petit oiseau, blanc comme neige, perché sur une branche et qui chantait si bien qu'ils s'arrêtèrent pour l'écouter. Son chant fini, il battit des ailes et voltigea devant eux. Ils le suivirent et bientôt ils le virent se poser sur le toit d'une petite maison.

Ils s'approchèrent et reconnurent que cette maisonnette était faite de pain et couverte en gâteau. Les fenêtres étaient de sucre transparent.

— Nous allons, dit Hänsel, dîner comme en paradis. Moi, je vais manger un morceau de la toiture, et toi, Grethel, tu mangeras un morceau de la fenêtre : c'est plus sucré.

Hänsel leva la main et cassa un morceau du toit pour le goûter ; Grethel s'approcha de la fenêtre et frappa dessus à petits coups. Alors il sortit de la chambre une petite voix grêle.

— Qui frappe, qui frappe, qui frappe ?
Qui frappe à ma petite maison ?

Les enfants répondirent :

— Le vent, le vent,
L'enfant de Dieu !

Ils continuèrent à manger comme si de rien n'était. Hänsel, qui trouvait le toit à son goût, en arracha un grand morceau, et Grethel cassa tout un carreau de vivre. Ils s'assirent et se régalèrent.

Soudain la porte s'ouvrit et il apparut une fort vieille femme qui s'appuyait sur une béquille. Hänsel et Grethel furent saisis d'un tel effroi, qu'ils laissèrent choir ce qu'ils tenaient à la main. La vieille branla la tête et dit :

— Ah ! mes chers enfants, qui vous a amenés ici ? Entrez et restez avec nous : il ne vous arrivera aucun mal.

Elle les prit tous les deux par la main et les introduisit dans sa petite maison. On leur servit un bon repas, qui se composait de lait, de crêpes sucrées, de pommes et de noisettes ; puis on leur apprêta deux jolis petits lits couverts de draps blancs. Hänsel et Grethel se couchèrent, croyant être dans le ciel.

La vieille qui les traitait si bien était une méchante sorcière. C'est dans le but d'attirer les enfants qu'elle avait fait construire en pain cette maisonnette. Lorsqu'un enfant tombait en son pouvoir, elle le tuait, le faisait bouillir, le mangeait, et c'était pour elle un grand régal.

Les sorcières ont les yeux rouges et la vue courte, mais elles ont le nez fin comme les animaux et sentent l'approche des hommes. Quand Hänsel et Grethel s'avançaient vers la maison, la sorcière riait d'un mauvais rire : « Je les tiens, se disait-elle, ils ne peuvent m'échapper. »

Le matin, de bonne heure, avant que les enfants fussent réveillés, elle se leva ; tandis qu'ils reposaient si gentiment, avec leurs joues pleines et roses, elle se disait tout bas : « Cela va me faire un repas succulent. »

De sa main sèche elle saisit Hänsel, le porta dans une petite écurie et l'y enferma. Il eut beau crier, rien n'y fit. Elle s'approcha ensuite de Grethel et la secoua pour la réveiller.

— Lève-toi, paresseuse ; va chercher de l'eau et fais une bonne soupe pour ton frère. Je l'ai mis à l'écurie pour l'engraisser. Quand il sera à point, je le mangerai.

Grethel pleura amèrement, mais ce fut en vain : il fallut obéir à la sorcière. On servait à Hänsel les meilleurs repas et à Grethel on ne donnait que des têtes d'écrevisse. Tous les matins, la vieille allait à la petite écurie et criait :

— Hänsel, montre tes doigts que je juge si tu es bientôt assez gras.

Hänsel lui montrait un petit os ; la vieille, à cause de sa mauvaise vue, ne s'apercevait pas du tour et prenait l'os pour le doigt de Hänsel. Elle s'étonnait qu'il n'engraissât point davantage.

Au bout de quatre semaines, comme Hänsel restait toujours maigre, elle perdit patience et ne voulut pas attendre plus longtemps.

— Hé ! Grethel, cria-t-elle à la petite fille. Dépêche-toi d'apporter de l'eau. Que Hänsel soit gras ou maigre, je veux demain l'égorger et le faire cuire.

La pauvre fille pleurait d'être forcée d'aller quérir de l'eau. Les larmes coulaient le long de ses joues, et elle s'écriait :

— Mon Dieu, venez à mon aide. Si les bêtes féroces nous avaient mangés dans la forêt, du moins nous serions morts ensemble.

— Cesse de gémir, disait la vieille : cela ne t'avance à rien.

Le matin, de bonne heure, il fallut que Grethel remplît d'eau la marmite et la mît sur le feu.

— Avant tout, nous allons faire cuire le pain, dit la vieille. J'ai chauffé le four et préparé la pâte.

Et elle poussa dehors la pauvre Grethel vers le four d'où sortaient des flammes.

— Grimpe dedans, disait-elle, et vois si le four est bien chaud, pour que nous puissions y mettre le pain.

Une fois Grethel dedans, la sorcière voulait fermer le four, afin que l'enfant y rôtît et qu'elle pût la manger. Mais Grethel se douta de son dessein.

— Je ne sais, dit-elle, comment faire pour y entrer.

— Petite buse ! répondit la vieille. Tu vois bien que l'ouverture est assez grande : je pourrais y entrer moi-même.

Et elle tournait autour du four et y avançait sa tête. Grethel lui donna une si forte poussée qu'elle l'y enfonça tout au fond. Elle ferma aussitôt la porte de fer et y mit le verrou. La vieille hurla effroyablement, mais Grethel s'enfuit et la sorcière fut brûlée vive.

La petite fille courut droit à l'écurie, en ouvrit la porte et cria :

— Hänsel, nous sommes délivrés ! la vieille sorcière est morte.

Hänsel sauta dehors aussi vite qu'un oiseau, quand on ouvre la porte de sa cage.

Ce fut une grande joie : les deux enfants se jetèrent au cou l'un de l'autre et s'embrassèrent tendrement. Comme ils n'avaient plus peur, ils parcoururent la maison de la sorcière. Ils trouvèrent dans tous les coins des caisses remplies de perles et de pierreries.

— Cela vaut mieux que les petits cailloux, disait Hänsel, et il en bourrait ses poches.

— Moi aussi, disait Grethel, je veux rapporter quelque chose à la maison, et elle emplissait son tablier.

— Et maintenant, dit Hänsel, nous allons voir à sortir de cette forêt de sorcières.

Quand ils eurent marché durant quelques heures, ils arrivèrent à un grand lac.

— Nous ne pourrons le traverser, dit Hänsel : je ne vois ni pont ni passerelle.

— Il n'y a pas de barque, reprit Grethel ; mais tout là-bas nage un canard blanc. Si je le priais de nous passer ?...

Alors elle cria :

— Canard, canard, voici Grethel et Hänsel ; pas de pont, pas de passerelle ; prends-nous sur ton dos blanc.

Le canard s'approcha : Hänsel s'assit dessus et dit à sa sœur d'en faire autant.

Non, répondit Grethel, ce sera trop lourd pour le canard. Il nous prendra l'un après l'autre.

Le petit animal le fit. Lorsqu'ils furent arrivés de l'autre côté, il leur sembla qu'ils reconnaissaient l'endroit, et tout à coup ils virent au loin la maison paternelle. Ils se mirent alors à courir ; ils se précipitèrent dans la chambre et sautèrent au cou de leur père.

Cet homme n'avait pas eu une heure de repos depuis qu'il

avait abandonné ses enfants dans la forêt ; sa femme d'ailleurs était morte. Grethel vida son tablier : les perles et les pierres précieuses roulèrent par la chambre, et Hänsel en jeta de sa poche à pleines poignées. Dès lors, on n'eut plus de soucis et on vécut en grande joie tous ensemble.

Mon conte est fini,
Là court une souris,
Qui l'attrape s'en peut faire un bonnet à poil.

LE GÉANT GOULAFFRE

Conté par Barbe Tassel, de Plouarel, en 1869. François-Marie Luzel, *Contes et légendes de Basse-Bretagne*, Nantes, Société des bibliophiles bretons, 1891.

Il y avait une fois une pauvre femme, restée veuve avec un fils. Tous les jours, la mère et son fils allaient mendier de porte en porte, dans les fermes et les manoirs, recueillant par ici un morceau de pain d'orge, plus loin une crêpe de sarrasin, ailleurs quelques pommes de terre ; et ils vivaient ainsi de la charité des bonnes âmes. L'enfant s'appelait Allanic, et sa mère Godic ou Marguerite. Quand Allanic eut atteint l'âge de quatorze ou quinze ans, comme il était vigoureux et bien portant, et que néanmoins il continuait de mendier avec sa mère, souvent les paysans disaient à celle-ci :

— Il est grand temps, Marguerite, que ce gaillard-là travaille aussi pour gagner son pain ; vous l'avez nourri assez longtemps à rien faire, à son tour à présent de vous aider aussi. Voyez donc comme il est fort et bien portant ! n'as-tu pas de honte, fainéant, de rester ainsi à la charge de ta vieille mère ?

Tous les jours, c'était de semblables réprimandes, et tous les jours aussi ils rentraient, le soir, avec leur besace plus légère. Ce que voyant Allanic, il dit à sa mère :

— Je veux aller en France, mère, pour essayer de gagner ma vie, et vous secourir à mon tour.

Godic éprouva du chagrin de la résolution de son fils ; mais elle comprit pourtant qu'elle ne pouvait le retenir toujours, et ne s'opposa pas à son départ.

Allanic partit donc, par un beau matin de printemps, emportant, au bout d'un bâton, un pain de seigle, avec six crêpes, et tout fier d'avoir dans sa poche six *réaux* (un franc cinquante) que lui avait donnés sa mère. Il allait à l'aventure, à la grâce de Dieu. Vers midi, il remarqua sur le bord de la route qu'il suivait une fontaine à l'eau fraîche et limpide, et ombragée par un bouquet d'arbres. Il s'y arrêta pour se reposer un peu, manger un morceau de pain, avec une crêpe, puis poursuivre son chemin. Pendant qu'il était tout à son frugal repas, assis à l'ombre, un autre voyageur qui ne paraissait guère plus riche que lui, s'approcha aussi de la fontaine pour se désaltérer. Allanic lui offrit une crêpe ; ils entrèrent en conversation et furent bien vite amis.

— Où allez-vous ainsi, camarade ? lui dit Allanic.

— Ma foi, je vais devant moi, et je n'en sais pas plus long. Et vous ?

— Moi, je vais en France, pour chercher à gagner ma vie.

— Eh bien, voyageons de compagnie, si vous le voulez bien ?

— Je ne demande pas mieux. Quel métier exercez-vous ?

— Moi, je suis danseur, et mon nom est Fistilou.

— A merveille, car moi, je suis musicien et je me nomme Allanic.

— Mais de quel instrument jouez-vous donc ? car je ne vous en vois aucun.

— Oh ! mon instrument à moi ne coûte pas cher, et j'en trouverai à discrétion ; tenez, voilà un champ qui en est tout plein. Autant de pailles, deux ou trois fois autant d'instruments.

— Comment cela ? Vous plaisantez sans doute ?

— Je ne plaisante pas, et je vais vous le prouver à l'instant.

Et sautant par-dessus la clôture dans un champ de seigle qui était tout auprès, Allanic y coupa avec son couteau une tige de seigle, et, en un instant, il en eut fabriqué un chalumeau, semblable à ceux qu'on voit aux petits pâtres, au printemps ; et il se mit à en jouer avec une adresse et une dextérité peu communes. Fistilou, en l'entendant, se mit à danser, à gambader et à jeter son chapeau en l'air en criant : iou ! iou ! hou ! hou ! comme les Cornouaillais. Et les voilà les meilleurs amis du monde, et de poursuivre leur chemin, en courant, en riant et rêvant d'abondantes recettes.

Vers le soir, ils arrivèrent dans une ville dont je n'ai pas retenu le nom. Ils se trouvèrent bientôt sur une place, entourée de maisons de tous les côtés, et où il y avait beaucoup de promeneurs. Allanic se mit à jouer de son chalumeau de paille, Fistilou, à danser, à gambader et à jeter son chapeau en l'air, en criant : iou ! iou ! hou ! hou ! Et l'on accourait de tous côtés, l'on se foulait, l'on se pressait pour les voir. Jamais les habitants de cette ville n'avaient ouï pareille musique, ni vu semblable danse. Les pièces de deux sols et même de deux réaux pleuvaient autour d'eux, et ils firent une magnifique recette, cinq ou six écus au moins. Le lendemain, ils recommencèrent, et la recette fut encore excellente. Ils ne se possédaient pas de joie.

Mais Fistilou eut alors une malheureuse idée. Il pensa que, puisqu'ils gagnaient tant d'argent avec un simple chalumeau de paille, s'ils avaient un violon, ils en gagneraient dix fois plus. On acheta donc un violon, et Allanic se mit à en racler de manière à écorcher les oreilles les moins délicates. N'importe ! ils trouvaient que c'était charmant, et ils s'en promettaient merveilles. Ils allèrent alors dans une autre ville pour expérimenter leur nouvelle méthode. Dès en arrivant, ils se mirent à jouer et à danser sur une place publique. Mais ils furent étonnés de voir que les habitants de cette ville, loin d'accourir à eux, fuyaient en courant et en se bouchant les oreilles ; et au lieu de pièces de deux sols et de deux réaux, ils ne reçurent cette fois, que des injures et des pierres ; si bien qu'il leur fallut quitter la ville au plus vite.

— Décidément ces gens-là n'aiment pas la belle musique ! se disaient-ils, quand ils furent à l'abri des pierres. Il faudra revenir aux chalumeaux de paille.

Allanic coupa un chalumeau dans le premier champ de seigle qu'ils rencontrèrent, et ils continuèrent leur chemin, mais moins joyeux que la veille, car déjà ils n'avaient plus le sou.

Ils se trouvèrent bientôt devant un château ceint de hautes murailles.

— Il faut essayer encore ici l'effet de notre musique et de notre danse, se dirent-ils.

Mais ils étaient bien embarrassés de savoir comment entrer. Ils voyaient bien une porte, avec un marteau, mais ce marteau était si haut placé, qu'ils n'y pouvaient atteindre.

— Mets-toi contre la porte, dit Fistilou à Allanic, je monterai sur tes épaules et de la sorte j'atteindrai le marteau.

Ils firent ainsi. La porte s'ouvrit aussitôt et ils entrèrent dans un jardin où ils virent deux belles demoiselles qui se promenaient. C'étaient les filles du géant Goulaffre, qui demeurait dans ce château. Allanic se mit à jouer de son chalumeau de paille ; Fistilou à danser et à gambader, et les deux demoiselles accoururent pour les regarder. Elles ne sortaient jamais de leur jardin, aussi n'avaient-elles jamais vu rien de semblable, et elles s'amusaient fort de la musique de l'un et des gambades et des cris de l'autre. Leur mère, une géante de dix pieds de haut, arriva aussi, et elles la prièrent instamment de garder ces deux hommes dans le château, pour les amuser, puisqu'elles ne sortaient jamais.

— Mais votre père, mes enfants, vous n'y songez donc point ?

— Ils sont si amusants et si gentils, que notre père s'en amusera comme nous, et les laissera vivre.

— Je n'en suis pas bien certaine ; mais qu'ils restent, quand même, puisqu'ils vous amusent.

Et voilà les deux jeunes géantes bien heureuses. L'heure du souper venue, on sonna une cloche, et le géant arriva. On avait caché nos deux amis dans un grand bahut ; mais le géant, en entrant dans la salle à manger, s'écria aussitôt :

— Je sens l'odeur de chrétien, et je veux le manger !

— Je voudrais bien voir ça, par exemple, répondit sa femme ; manger mes deux neveux qui sont venus me voir, deux garçons si charmants et qui amusent tant nos filles, par leurs talents, et vous amuseront vous-même !

— Faites venir vos neveux, que je les voie, ma femme.

On fit sortir nos deux compagnons du bahut, tremblants et mourants de frayeur.

— Ils sont bien petits, vos neveux, ma femme ! Et que savent-ils faire ?

— Danser et faire de la musique à ravir.

— C'est bien ; soupons d'abord, car j'ai grand-faim, puis nous verrons.

Et ils se mirent à table. On servit d'abord de la soupe dans un tonneau défoncé. Puis on apporta, sur un plat, un chrétien rôti.

Le géant Goulaffre le découpa, garda pour lui la plus

grande part, ensuite la géante partagea ce qu'il en restait entre elle et ses deux filles. Elle donna aussi un pied à chacun des deux étrangers. Ceux-ci étaient tout tristes, se regardaient avec de grands yeux et ne mangeaient pas.

— Eh bien ! vous ne mangez donc pas, les petits ? leur dit le géant.

— Nous n'avons pas faim, seigneur.

— C'est cependant bien bon !

Et prenant les deux pieds qu'ils avaient sur leurs plats, il les avala en une bouchée.

Quand le repas fut fini :

— Voyons maintenant vos talents, mes enfants, et tâchez de me divertir un peu.

Et Allanic se mit à jouer de son chalumeau de paille et Fistilou à danser, à gambader et à jeter son chapeau en l'air en criant : iou ! iou ! hou ! hou ! Le géant riait à gorge déployée et s'en amusait beaucoup, et sa femme et ses deux filles aussi.

— Je suis content de vous, leur dit Goulaffre, au bout d'une heure de cet exercice ; allez dormir à présent avec mes filles et demain je verrai ce que je ferai de vous.

La géante les conduisit alors à leur chambre, donna des bonnets rouges à Allanic et à Fistilou, pour mettre sur leur tête, des bonnets blancs à ses filles, puis elle s'en alla.

Les deux jeunes géantes ne tardèrent pas à s'endormir et à ronfler, à faire trembler les vitraux de la chambre dans leurs châssis. Mais Allanic et Fistilou ne dormaient pas. Ils entendirent bientôt du bruit dans l'appartement au-dessous d'eux. C'étaient le géant et sa femme qui se querellaient. Allanic sauta hors de son lit, colla son oreille contre le plancher, et voici ce qu'il entendit :

— Je vous le dis, femme, je veux les manger demain matin à déjeuner.

— Attendez du moins quelques jours encore ; ils vous amuseront avec leur musique et leur danse. Et nos filles, ces pauvres enfants qui n'ont aucune distraction, vous avez vu comme elles étaient contentes et heureuses ; épargnez-les, pour elles.

— Il n'y a pas à dire, il faut que je les mange demain matin. Où est mon coutelas ?

Et un moment après on entendit le pas du géant sur les marches de l'escalier. Allanic courut alors à son lit, échangea son bonnet rouge contre le bonnet blanc de la jeune géante, qui dormait toujours, dit à Fistilou d'en faire autant, puis ils tournèrent leurs figures du côté du mur et feignirent de dormir profondément. Goulaffre entra aussitôt dans la chambre, tenant d'une main une lanterne, et de l'autre, un grand coutelas. Il s'approcha du premier lit, trancha d'un seul coup la tête qui portait le bonnet rouge, courut au second lit, et en fit autant ; puis laissant les têtes rouler sur le plancher, il descendit, emportant les corps de ses deux filles sous son bras, et il les jeta sur la table de la cuisine, sans les examiner.

Quand il revint dans sa chambre à coucher, il dit à sa femme :

— C'est fait ! Quel excellent déjeuner demain matin !

— Pourvu que vous ne vous soyez pas trompé dans votre précipitation ! lui dit la géante.

— Comment voulez-vous que je me sois trompé ? Je sais bien distinguer un bonnet rouge d'un bonnet blanc, peut-être.

Puis ils s'endormirent tranquillement.

Quant à Allanic et à Fistilou, aussitôt que le géant fut sorti de leur chambre, ils descendirent dans le jardin, à l'aide de leurs draps de lits, et se donnèrent de l'air !

Le lendemain matin, Goulaffre fit se lever sa femme de bonne heure pour lui préparer son déjeuner. Mais quand celle-ci arriva dans la cuisine et qu'elle reconnut ses filles, elle se mit à pousser des cris à faire trembler le château. Goulaffre accourut, en l'entendant, et joignit ses cris et ses beuglements à ceux de sa femme. Il courut à la chambre de ses filles, croyant y trouver encore ses deux hôtes. Mais il n'y trouva qu'un papier sur lequel il y avait écrit (Fistilou savait lire et écrire un peu) : « Fistilou et son ami Allanic remercient le géant Goulaffre pour l'hospitalité qu'il leur a accordée, et lui promettent de revenir le voir. »

Le géant, rugissant de colère, prit alors ses bottes de sept lieues et se mit à la poursuite des fugitifs. Ceux-ci étaient déjà loin du château ; mais Goulaffre les eut bientôt atteints. Voyant passer par-dessus leurs têtes une grande jambe, avec des bottes énormes, ils se dirent : « Voici le géant ! » et ils se cachèrent sous une grande pierre qui se trouvait près de là, et Goulaffre passa sans les voir. Quand ils le crurent loin, ils sortirent de leur cachette et poursuivirent aussi leur route. Vers le coucher du soleil, ils arrivèrent sur une grande lande parsemée d'énormes blocs de granit, isolés ou entassés les uns sur les autres. Parmi ces derniers, ils virent deux grandes bottes, puis, plus loin au fond d'une grotte sombre, quelque chose de rouge et de brillant, et qui ressemblait à ces anciens carreaux de fenêtre qu'on nommait œils-de-bœuf.

Ils s'approchèrent, sur la pointe des pieds, et ils reconnurent que c'était Goulaffre qui, fatigué de sa poursuite, s'était arrêté là pour se reposer un peu. L'objet rouge et brillant qu'ils apercevaient au fond de la grotte, c'était son œil unique. Il dormait profondément. Ils restèrent quelques minutes à le considérer, puis Allanic dit :

— Si nous pouvions lui enlever ses bottes de sept lieues ! alors nous nous moquerions de lui.

— Oui, mais s'il se réveille ? répondit Fistilou.

— Il dort trop bien pour cela ; écoute comme il ronfle, essayons pour voir.

Ils lui enlevèrent une de ses bottes, sans qu'il bougeât ; mais comme ils tiraient de toutes leurs forces sur la seconde, le géant fit un mouvement, et ils se crurent perdus. Heureusement qu'il ne se réveilla pas, et ils purent la lui enlever aussi. Allanic mit alors les deux bottes, et il se disposait à partir, quand l'autre lui dit :

— Et moi ? vas-tu me laisser ici, à présent ?

— Monte sur mon dos, vite !

Et les voilà partis, l'un portant l'autre.

Quand Goulaffre se réveilla et qu'il vit qu'il n'avait plus ses bottes, il poussa des hurlements à effrayer les animaux à trois lieues à la ronde. Il lui fallut s'en retourner à son château sans bottes ; et quand il y arriva, il avait les pieds tout en sang.

Cependant Allanic et Fistilou étaient arrivés à Paris. Ils allèrent frapper au palais du roi, pour demander du travail, et ils furent pris comme garçons d'écurie.

Le fils du roi aimait passionnément la chasse ; mais il paraît que c'était chez lui passion assez malheureuse et que sa carnassière était souvent vide au retour, si bien que Fistilou dit un jour devant ses camarades :

— Mon ami Allanic prendrait, en un seul jour, autant de gibier que le jeune prince dans toute une année.

Le propos fut rapporté au prince. Celui-ci fit appeler Allanic et l'emmena avec lui à la chasse dès le lendemain. Allanic n'oublia pas d'emporter ses bottes de sept lieues dans sa carnassière, car comme c'étaient des bottes fées, elles augmentaient ou diminuaient de volume à volonté. On lui donna un bon fusil, le premier qu'il eût jamais tenu entre ses mains, et le prince et lui se rendirent dans un grand bois où le gibier de toute nature abondait. Sous prétexte de faire les honneurs de la journée à son compagnon, Allanic le laissait tirer toutes les pièces, lièvres, chevreuils, renards, et comme il était d'une maladresse rare, il manquait tout.

Vers midi, ils s'assirent sur la mousse, au pied d'un chêne. Fistilou, jaloux de cette faveur, entreprit de susciter de nouveaux embarras à son ancien ami. Il raconta aux valets d'écurie et autres leur visite au château du géant Goulaffre et la manière dont ils étaient parvenus à en sortir sans mal ; il parla aussi des bottes de sept lieues du géant, avec lesquelles Allanic faisait des chasses si merveilleuses. Ces bruits arrivèrent vite aux oreilles du roi, qui fit appeler Allanic et lui parla ainsi :

— On dit que vous avez été au château du géant Goulaffre, et que vous en êtes revenu sans mal ?

— Rien n'est plus vrai, sire.

— Ah ! quel brigand, quel monstre que ce Goulaffre ! et qu'il m'a fait de mal ! Il m'a volé ma demi-lune, une merveille incomparable, et ma cage d'or qui faisait mon bonheur ! Ah ! si je pouvais me venger sur lui et recouvrer ma demi-lune et ma cage d'or ! Mais puisque vous avez déjà été chez lui et que vous en êtes revenu sans mal, vous pourrez bien y retourner.

— Ah ! sire, si vous saviez quel monstre terrible est ce géant ! Il me mangerait, sûrement, si je retournais chez lui.

— Vous y avez été déjà, et vous avez rapporté ses bottes de sept lieues ; il faut que vous y retourniez et que vous me rapportiez ma demi-lune, ou vous serez brûlé vif.

— Etre brûlé vif ici, ou être mangé par Goulaffre, il m'importe assez peu, et puisqu'il en est ainsi, je tenterai l'aventure.

Allanic partit donc, et comme il connaissait le chemin et qu'il avait ses bottes de sept lieues, il arriva facilement devant le château du géant. Des couvreurs réparaient les toits. Il se cacha dans le bois, pour attendre la nuit. Vers dix heures, comme il faisait bien sombre, la demi-lune fut arborée sur la plus haute tour, et aussitôt tout s'éclaira à plusieurs lieues à la ronde.

Les couvreurs, en se retirant le soir, avaient laissé leurs échelles contre les murs du château. Vers minuit Allanic sortit du bois, et, au moyen de ces échelles, il monta sur la plateforme de la tour, enleva la demi-lune, la mit dans un sac qu'il avait emporté, et partit sans rester, comme on dit, à chercher cinq pieds au mouton. A l'obscurité qui se fit soudainement, le géant sortit, pour en connaître la cause. Il vit Allanic qui partait, emportant sa demi-lune sur son dos. Il cria, il hurla comme une bête féroce. Il voulut poursuivre le voleur ; mais hélas ! il n'avait plus ses bottes de sept lieues.

Quand Allanic arriva à Paris avec sa demi-lune, il l'arbora aussitôt sur la plus haute tour du palais du roi, et la ville entière, tout à l'heure plongée dans l'obscurité, se trouva soudain éclairée comme en plein jour. Les habitants se levaient et accouraient vers le palais, d'où venait la lumière, et voyant que leur roi avait retrouvé sa demi-lune, ils en étaient tout heureux. Le roi lui-même ne se tenait pas de joie. Il fit commander un grand festin auquel furent invités les princes, les princesses, les généraux, tous les grands du royaume, et il leur présenta Allanic comme le conquérant de la demi-lune et leur ordonna de l'honorer et de le considérer comme son meilleur ami. Les fêtes et les réjouissances durèrent quinze jours entiers dans toute la ville.

Quand il eut admiré sa demi-lune pendant trois mois, le vieux roi se mit à regretter plus que jamais sa cage d'or, et chaque jour sa joie se dissipait et il devenait de plus en plus triste. Allanic le remarqua, comme tout le monde, et il se dit à part lui :

— Cela va mal ; le roi ne se consolera jamais de la perte de sa cage d'or, et un de ces jours il m'ordonnera, je le crains bien, d'aller la lui chercher.

Et, en effet, peu après, le roi l'appela dans sa chambre, et lui dit :

— Allanic, vous voyez que je dépéris de tristesse et de chagrin ; c'est la perte de ma cage d'or qui en est la cause, et si je ne la revois dans mon palais, j'en mourrai sans tarder. Vous avez enlevé ses bottes de sept lieues à Goulaffre ; vous m'avez également reconquis ma demi-lune ; il faut que vous me rapportiez maintenant ma cage d'or.

— Ah ! sire, ce que vous demandez là, nul homme au monde ne pourrait le faire. Songez donc que cette cage est suspendue par quatre chaînes d'or au-dessus du lit du géant ! Comment pénétrer dans sa chambre et couper les quatre chaînes d'or sans qu'il se réveille ? C'est impossible.

— Vous m'avez bien rapporté ma demi-lune, il faut me rapporter également ma cage d'or, ou il n'y a que la mort pour vous !

— Vous voulez m'envoyer à une mort certaine ; mais mourir ici ou mourir là-bas, peu m'importe après tout, et je préfère tenter encore l'aventure. Faites-moi fabriquer des ciseaux capables de couper des chaînes d'or comme des fils de lin ou de chanvre, et alors je partirai.

On trouva un artisan assez habile pour fabriquer les ciseaux nécessaires, et Allanic partit. Quand il arriva près du château, il vit avec plaisir que les couvreurs n'avaient pas terminé leur travail et que leurs échelles étaient encore appliquées contre les murs. Vers minuit, il pénétra dans la chambre de Goulaffre, en brisant une fenêtre. Le géant dormait si profondément qu'il n'entendit rien. La chambre était éclairée. Allanic vit la cage d'or au-dessus du front de Goulaffre. Il posa un de ses pieds sur le rebord du lit, l'autre contre le mur, et d'un coup de ses ciseaux il coupa une chaîne d'or, *reinn !* Le géant ne bougea pas. Puis il coupa une seconde chaîne, *reinn !* Le géant fit un mouvement. Puis une troisième, *reinn !* Le géant se retourna dans son lit, mais ne se réveilla pas. Enfin la quatrième chaîne fut coupée, *reinn !* Mais, hélas ! la cage tomba sur la figure de Goulaffre et le réveilla. Il saisit Allanic par le milieu du corps, il le reconnut et s'écria :

— Ah ! c'est donc toi, petit monstre ! Pour cette fois tu ne m'échapperas pas, et ton affaire est claire ; je te mangerai à mon déjeuner, ce matin même.

— Hélas ! je vois bien que je n'ai plus aucun espoir et que c'en est fait de moi. Je reconnais, du reste, que j'ai mérité mon sort pour tout le mal que je vous ai fait. Mais à quelle sauce comptez-vous me manger, je vous prie ?

— A la broche ; et je te mettrai tout vivant au feu !

— Je vois bien que vous ne connaissez rien en fait de bonne cuisine ; faites comme je vais vous dire, et vous aurez le mets le plus délicieux dont vous ayez jamais mangé.

— Voyons cela, parle.

— Mettez-moi dans un sac, puis allez au bois, déracinez un arbre de moyenne grandeur et venez me battre avec le tronc de cet arbre, jusqu'à ce que je sois réduit en bouillie dans mon sac. Alors vous mettrez le tout, avec un peu de beurre, de sel et de poivre, dans votre grande marmite ; puis vous ferez bon feu dessous. Je vous le répète, vous aurez là un mets à vous en lécher les doigts pendant vingt-quatre heures.

— Tu as, ma foi, raison ; cela doit être bien bon, et je suis résolu à faire comme tu dis.

Le géant mit donc Allanic dans un sac, puis il alla au bois déraciner un hêtre, pour le battre.

Dès qu'il fut sorti, Allanic se mit à crier de toutes ses forces, pour appeler du secours. La femme du géant accourut.

— Qui est là ? qui crie de la sorte ? demanda-t-elle.

— Hélas ! ma bonne dame, un pauvre homme qui n'a jamais fait de mal à personne.

— Qui vous a mis dans ce sac ?

— C'est votre mari.

— Et pourquoi ?

— Pour quelques malheureux morceaux de bois sec pris dans la forêt.

— Pourquoi nous voler du bois aussi ?

— Pour cuire des pommes de terre pour le dîner de ma femme et de mes enfants. Je suis si pauvre ! et j'ai six enfants, et rien que mon travail et la charité des bonnes âmes pour toute ressource. Ayez pitié de moi, et de ma pauvre femme et de mes pauvres enfants qui meurent de faim à la maison ! Aidez-moi à sortir d'ici ; votre mari croira que je me serai évadé de moi-même.

La femme du géant se laissa toucher, et elle délia les cordons du sac. Allanic en sortit d'un bond, puis il l'y enferma à sa place. Alors, il courut à la chambre du géant, enleva sa cage d'or et partit.

Goulaffre arriva aussitôt avec un arbre déraciné, et il se mit à battre le sac.

— Arrête, malheureux, je suis ta femme ! criait la géante dans le sac.

Mais Goulaffre ne l'écoutait pas et il frappait comme un sourd. Au bout d'une demi-heure, quand il n'entendit plus crier, il ouvrit le sac.

— Ma femme ! s'écria-t-il, en reconnaissant ses vêtements.

Et le voilà de s'arracher les cheveux et de hurler comme une bête sauvage.

Cependant Allanic était arrivé à Paris, avec la cage d'or. Le vieux roi, qui était tout triste et sombre auparavant, redevint gai et joyeux en revoyant sa cage, et il passait des journées entières à contempler cette merveille.

Mais, au bout de quelques mois, sa gaieté s'évanouit encore, peu à peu.

— Que va-t-il me demander à présent ? se disait Allanic inquiet.

Enfin le roi lui dit un jour :

— Je ne vivrai heureux que lorsque vous m'aurez amené ici, dans mon palais, le géant Goulaffre lui-même.

— Ah ! sire, pouvez-vous exiger l'impossible, et après tout ce que j'ai fait pour vous, ne me laisserez-vous pas un moment de tranquillité ?

— Je vous le dis, il faut que vous m'ameniez le géant Goulaffre, ou il n'y a que la mort pour vous.

— Oui, je vois à présent que c'est bien ma mort que vous désirez ; mais au moins, me donnerez-vous tout ce que je vous demanderai, pour tenter cette épreuve impossible ?

— Demandez tout ce que vous voudrez, je ne vous refuserai rien.

— Eh bien ! faites-moi construire un carrosse d'or massif, tout garni de pointes aiguës à l'intérieur, et dont l'unique portière se fermera d'elle-même sur celui qui entrera dans le carrosse, sans qu'il puisse l'ouvrir, quelle que soit sa force. Il me faudra de plus vingt-quatre chevaux vigoureux, pour les y atteler.

— Vous aurez tout cela, répondit le roi.

On trouva des forgerons et des ouvriers habiles, et, en peu de temps, le carrosse fut construit dans les conditions voulues de solidité et de dimensions. On y attela vingt-quatre chevaux magnifiques. Allanic monta sur le siège, habillé en cocher, et il partit.

Quand il arriva dans le bois qui entourait le château, il vit le géant qui s'y promenait. Il pleurait et gémissait et poussait parfois des cris sauvages. Allanic s'avança vers lui, et lui demanda fort respectueusement :

— Quel est, seigneur, le sujet d'une douleur si grande ?

— Ah ! je suis le plus malheureux des géants ! Un avorton, nommé Allanic, m'a fait tuer mes deux filles et ma femme ; et de plus, il m'a volé mes bottes de sept lieues, ma demi-lune et ma cage d'or. Ah ! si je le tenais ! mais je ne sais où le trouver, ni quel pays il habite.

— Allanic ! mais je le connais très bien, et j'ai aussi à me plaindre de lui, et je serais bien aise de pouvoir me venger de tout le mal qu'il m'a fait. Entrez dans mon carrosse, seigneur, et je vous le ferai trouver sans tarder.

Goulaffre, qui ne reconnaissait pas Allanic déguisé en cocher de grande maison, entra dans le carrosse sans hésiter, et aussitôt la portière se referma d'elle-même sur lui, avec grand bruit, et le cocher fouetta ses chevaux, qui partirent au grand galop. Le pauvre géant, cahoté dans sa prison, déchiré par les pointes qui lui entraient de tous côtés dans le corps, poussait des cris effrayants et faisait tous ses efforts pour ouvrir la portière et briser le carrosse. Mais c'était en vain. Il épouvantait tout sur son passage, hommes et bêtes, par ses cris de rage.

On arriva à Paris. Mais une fois le géant amené dans la cour du palais, on ne savait plus que faire de lui. Tout le monde tremblait en l'entendant hurler et rugir dans sa prison. On assembla le conseil, pour délibérer sur ce qu'il fallait faire. Personne ne sut donner un avis raisonnable. La peur dominait tout. Alors Allanic dit :

— Je conduirai le carrosse au milieu d'une grande plaine ; faites transporter autour de lui cinquante charretées de bois de chêne et autant de charretées de fagots ; ensuite, on y mettra le feu, et Goulaffre sera brûlé vif et réduit en cendres, au milieu de ce feu d'enfer, sans pouvoir faire de mal à personne.

On suivit ce conseil, et on se délivra ainsi du terrible géant Goulaffre.

Allanic se maria alors à la fille du roi, et, comme il avait bon cœur, il nomma Fistilou son premier général d'armée, bien qu'il eût essayé de lui faire beaucoup de mal.

Il y eut, pendant un mois entier, des réjouissances publiques et des festins continuels. Moi, qui étais jeune alors, je fus prise à la cuisine du palais pour tourner la broche, et c'est ainsi que j'ai pu connaître l'histoire d'Allanic et du géant Goulaffre et vous conter toutes choses comme elles se sont passées.

LE TARTARE ET LES TROIS ENFANTS

Jean-François Cerquand, *Légendes et récits populaires du Pays basque,* Bulletin de la Société des Sciences, Lettres et Arts de Pau, 1877.

Trois jeunes enfants étaient restés orphelins de père et de mère. Comme ils étaient sans ressource, n'ayant pas même un morceau de pain à mettre sous la dent, ils suivirent le conseil de leur cadet et se mirent en route pour chercher fortune. De forêt en forêt, ils arrivèrent au soir sans rencontrer une maison où souper. Le cadet grimpe sur un arbre et découvre au loin un beau château. Il y conduit ses frères que réjouit l'espoir d'un bon repas. Ils frappent et demandent la charité du vivre et du couvert pour la nuit.

Le maître était absent. La servante les fait entrer et leur sert un souper copieux dont ils ne laissent miette. Puis, elle les fait coucher dans une barrique sans fond. « Gardez-vous, leur dit-elle, de faire aucun bruit, de prononcer un mot ; car bientôt rentrera le Tartare, mon maître, et s'il découvre qu'il y a chez lui quelque chrétien, il vous mangera sans miséricorde. » Les trois orphelins, saisis de terreur, se tiennent cois, osant à peine respirer.

Alors arrive le Tartare. A peine est-il entré qu'il va flairant çà et là. « Il y a, dit-il en grondant, quelque chrétien ici. — Vous vous trompez, Monsieur, il n'y en a point. — S'il n'y en a plus, il y en a eu du moins ; j'en sens l'odeur. Dis-moi la vérité ou je t'extermine. »

La servante épouvantée n'osa pas nier davantage. « A dire vrai, Monsieur, il est venu ici, pendant votre absence, quelques chrétiens. Mais ils sont tout petits et me sont arrivés à moitié morts de froid et de faim. Je les ai fait réchauffer auprès du feu et leur ai donné à manger. Ils sont là dans cette barrique, déjà endormis. — Sortez de là », dit le Tartare d'une voix rude, en retirant la couverture placée sur la barrique.

Les enfants quittent leur couche et se présentent tout tremblants. « Donne-leur encore à manger et à boire, dit le

Tartare à la servante, et conduis-les dans la chambre où est le lit. »

La servante obéit et redescend ensuite dans la cuisine. Le Tartare avait mis sur le feu une grande chaudière pleine d'eau et aiguisait son couteau. Il lui dit : « Surveille ces enfants, et quand ils dormiront, viens m'avertir. » La servante monte dans la chambre et trouve les enfants éveillés. « Pauvres petits, leur dit-elle à voix basse, prenez bien garde à vous ; tout à l'heure mon méchant maître montera pour vous tuer. » Elle redescend ensuite à la cuisine et annonce au Tartare que les enfants ne sont pas encore endormis.

Cependant les trois frères tiennent conseil. Comment fuir ? Par la fenêtre sans doute. Mais elle est bien haute et ils n'ont pas de corde. Le cadet dit que le drap du lit, bien attaché, peut remplacer la corde, pourvu qu'ils descendent un à un. Ils s'échappent ainsi et s'éloignent à toutes jambes. La servante vient à la porte. Elle écoute ; elle regarde par le trou de la serrure et ne voit ni n'entend rien.

Le Tartare averti monte l'escalier, entre dans la chambre et crible de coups de couteau le lit qui n'en peut mais. Dès le matin il songe à préparer son ragoût et trouve le lit vide. « Où as-tu mis ces trois agneaux ? — Je n'y ai point touché et ne suis pas revenue à la chambre depuis hier au soir. — Ils sont partis ; mais je les rattraperai bien. Donne-moi mes bottes sans tarder. »

Or, quand le Tartare avait chaussé ses bottes, il faisait cent lieues d'une seule enjambée. Vous pensez qu'il ne lui fallut pas longtemps pour rattraper les enfants. Ils le virent venir de loin et se cachèrent derrière un buisson. Le Tartare cependant choisit un bon endroit pour s'étendre et ne tarda pas à s'endormir.

Les enfants connaissaient bien la vertu des bottes de cent lieues et résolurent de s'en emparer, comme de leur unique moyen de salut. Ils s'approchent donc sans bruit du dormeur et tout doucement lui retirent ses bottes. Aussitôt, ils reprennent le chemin du château : « Tenez, disent-ils à la servante, nous venons de la part de Monsieur vous demander de nous donner l'argent qui est dans l'armoire. C'est pour nous payer d'avoir retrouvé ses bottes que nous vous rapportons. » La servante, persuadée par la vue des bottes, leur remit l'argent de l'armoire, avec quoi les trois enfants retournèrent dans leur maison, riches désormais.

Quant au Tartare, privé de ses bottes, il eut beaucoup de peine à rentrer à la maison. Et vous pensez bien quelle fut sa colère et sa honte quand il apprit qu'il avait été dupé par des enfants.

COURTILLON-COURTILLETTE

Conté en 1880 par Joseph Vouaux. E. Henry Carnoy, *Littérature orale de la Picardie,* Paris, Maisonneuve et Cie, 1883.

Dans une grande forêt, vivait il y a longtemps un pauvre bûcheron. Tout allait bien le temps que les paysans des alentours venaient le trouver pour l'abattage de leurs arbres, mais en hiver, c'était une autre histoire. Il fallait se contenter de ramasser le bois mort dans les taillis, d'en faire des fagots et de les aller vendre presque pour rien dans les villages voisins.

A ce compte, il arrivait souvent, par trop souvent même, que le pauvre bûcheron se trouvait sans pain pour lui-même et pour sa famille, composée de sa femme, de deux garçons de douze ou treize ans, d'une fille nommée Marie, et aussi — car le bûcheron la comptait dans sa famille — d'une chienne appelée *Courtillon-Courtillette, Suivon-Suivette,* un nom bien long qui lui avait été donné par une vieille sorcière des environs. Et, chose à remarquer, depuis le passage de la vieille par la hutte du paysan, la chienne parlait comme vous et moi et se mêlait souvent de la conversation.

Un hiver que la neige avait couvert pendant six semaines les arbres de la forêt, le bûcheron se vit sans pain à la hutte. Après avoir vainement imploré la charité des gens du village voisin, il vit qu'il lui fallait mourir de faim avec ses pauvres enfants.

Un soir que les enfants étaient couchés et que Courtillon-Courtillette, Suivon-Suivette dormait près de la cheminée, le bûcheron dit à sa femme :

« Ma pauvre Catherine, nous sommes sans pain depuis ce matin et je n'ai aucun espoir d'en trouver pendant longtemps. Nos pauvres enfants vont mourir de faim sous nos yeux et je n'ai pas le courage de les voir ainsi souffrir. J'ai réfléchi toute la journée à cela et voici ce que je compte faire : demain, dès le matin, nous emmènerons les deux garçons et la fille dans la forêt sous prétexte de chercher du bois mort, et lorsque nous les aurons conduits loin, bien loin, nous les y laisserons. Ils y mourront certainement, mais au moins nous n'aurons pas le chagrin de les voir mourir de faim. Est-ce convenu ?

— C'est bien triste, cela, Pierre. Mais que faire ? C'est le seul parti que nous ayons à prendre.

— Alors c'est convenu. A demain matin et allons nous coucher. »

Pierre et Catherine se couchèrent. Mais Courtillon-Courtillette, Suivon-Suivette n'avait pas perdu un mot de la conversation.

Dès que le bûcheron et sa femme furent endormis, elle alla doucement au lit où dormaient les enfants, les réveilla et leur raconta ce qu'elle venait d'entendre.

Les pauvres petits étaient tout en pleurs.

« Taisez-vous et ne réveillez pas vos parents ou tout serait perdu. Voici ce qu'il faut faire. Il reste encore une pleine pochée de pois secs dans l'armoire. L'un de vous les prendra sans être vu, puis il en laissera tomber demain quelques-uns de temps en temps par la forêt. De la sorte, nous retrouverons facilement notre chemin. »

Les enfants promirent de faire ce que venait de dire la bonne chienne et se rendormirent.

Le lendemain matin le bûcheron les réveilla.

« Allons, mes enfants, il ne reste plus de fagots à la maison et nous allons ramasser le bois mort dans les taillis. »

Les enfants se levèrent et suivirent leur père et leur mère dans la forêt, en ayant soin de laisser tomber de place en place quelques pois secs pour jalonner leur chemin. Puis vers le soir, Pierre et Catherine s'éloignèrent des enfants et les laissèrent bien loin de la maison. Les petits garçons et la petite fille se mirent à pleurer.

« Ce n'est rien, leur dit la bonne chienne, nous n'avons qu'à passer la nuit dans le bois. Demain matin, je me fais fort de retrouver la hutte de vos parents. Couchez-vous sur la mousse et je veillerai sur vous. »

Les enfants se couchèrent sur la mousse et Coutillon-Courtillette, Suivon-Suivette fit si bonne garde que ni loups ni renards n'osèrent s'approcher des petits dormeurs.

Le matin venu, ils se réveillèrent et remercièrent comme il faut leur fidèle gardien.

« Maintenant, dit Courtillon-Courtillette, suivez-moi et ne vous égarez pas. »

Et la chienne n'eut pas de peine à retrouver sa route jusqu'à la maison du bûcheron, où l'on arriva vers midi. C'était le moment du dîner. Un paysan qui devait quelque argent à Pierre était venu l'apporter, et Catherine en avait profité pour faire une bonne soupe.

« Nos pauvres enfants ! disait-elle en pleurant. S'ils étaient ici, ils se régaleraient bien à manger cette bonne soupe.

— Oh oui ! Nos pauvres enfants. Et cette pauvre Courtillon-Courtillette, Suivon-Suivette qui les a accompagnés ! Nous avons eu une bien mauvaise idée de les aller perdre dans la forêt. Sans doute les loups les auront mangés ! »

Et le paysan pleurait aussi.

« Pan, pan ! Maman, papa ! Nous voici revenus du bois. Nous avons bien faim. »

C'étaient les petits garçons, la petite fille et Courtillon-Courtillette qui rentraient à la maison.

Vous jugez de la joie de Pierre et de Catherine.

Malheureusement l'argent ne dura pas longtemps. L'hiver continua plus terrible encore et Pierre se résolut à perdre à nouveau ses enfants. Mais la bonne chienne entendit encore le complot et prévint ses petits amis.

Quand le lendemain arriva, le bûcheron, sa femme, les enfants et la chienne repartirent ramasser le bois mort.

L'aîné des petits garçons laissait tomber de temps en temps un peu de fromage blanc, la seule chose qu'il eût trouvée à la maison. Le soir venu, l'homme et la femme avaient disparu et les enfants dormirent à la belle étoile gardés par Courtillon-Courtillette.

La pluie était tombée toute la nuit et le lendemain Courtillon-Courtillette, Suivon-Suivette ne put retrouver le chemin de la hutte, l'eau ayant lavé le fromage blanc répandu la veille.

« Qu'allons-nous faire ? Qu'allons-nous devenir ? disaient les pauvres petits en pleurant.

— Cherchons à sortir de la forêt », dit la chienne.

Les enfants essayèrent. A tout instant, ils se croyaient à la lisière du bois, et ils ne faisaient que s'enfoncer davantage. Le soir arriva et l'on était perdu comme le matin.

« Nous ne pouvons rester tout le temps dans la forêt, dit la chienne. Jean, monte donc sur ce grand sapin, le plus haut qu'il te sera possible, et vois s'il n'y a pas de lumière dans les environs. »

Jean grimpa et ne vit rien.

« A ton tour, Pierrot ! » dit Courtillon-Courtillette.

Et Jeannot ne vit rien non plus.

« Allons, à toi, Marie ! »

La petite fille grimpa tant et si bien qu'elle arriva à la dernière branche du sapin.

« Que vois-tu ? cria la chienne.

— Je vois à droite une grande mare gelée.

— Et à gauche ?

— Un étang glacé.

— Et par-devant ?

— Un grand château tout brillant.

— C'est bien ; descends, Marie. »

La petite fille descendit. Courtillon se mit par devant et, suivie des enfants, partit dans la direction du château. Au bout d'une heure, ils y arrivèrent.

« Pan, pan !

— Qui est là ? dit une vieille femme qui vint ouvrir.

— Nous sommes trois petits enfants perdus dans la forêt et nous venons vous demander l'hospitalité pour la nuit.

— Vous ne savez donc pas que c'est ici le Château-du-Diable et qu'il dévore les voyageurs qu'il trouve ici la nuit ?

— Que nous importe ! Nous avons froid et faim !

— Alors entrez. »

La vieille femme ne voulait pas rentrer la chienne, mais la petite Marie la supplia tant qu'elle finit par accorder.

Les enfants mangèrent avec beaucoup de plaisir de l'excellent repas que leur servit la femme du Diable, puis ils allèrent se coucher dans un lit que leur indiqua la vieille, après s'être mis au cou un collier de paille qu'on leur avait donné pour cela. Courtillon-Courtillette, Suivon-Suivette se cacha sous le lit.

Dans la même chambre étaient couchées les trois filles du Diable qui portaient au cou de beaux colliers d'or.

Le Diable ne tarda pas à rentrer.

« Je sens ici la viande fraîche, dit-il à sa femme.

— Mais non, c'est la chatte qui a fait ses petits.

— Tu me trompes. Je sens la viande de chrétiens. »

Et il se mit à chercher par toute la maison. Il trouva les petits qui firent semblant de dormir.

« C'est bon ! C'est bon ! Je vais chauffer mon four et je les ferai rôtir cette nuit. J'aurai un excellent déjeuner pour demain. »

La vieille alla se coucher et le Diable alluma son four.

Courtillon-Courtillette n'avait pas perdu de temps. Elle avait dit aux enfants d'enlever leurs colliers de paille, de les placer au cou des filles du Diable et de les remplacer par ceux de ces derniers. Ce qui fut fait.

Le Diable, son four chauffé à point, revint à la chambre des enfants et alla à leur lit. Il prit la petite Marie par le cou et fut tout étonné de sentir un collier d'or.

« Décidément, je suis fou ! grommela-t-il. J'allais faire cuire mes filles. Je me suis trompé de lit. »

Et il alla à celui de ses filles. Il toucha les colliers de paille, prit ses enfants sous son aisselle et les emporta pour les faire rôtir.

« Mais nous sommes tes petites filles ! disaient celles-ci en pleurant.

— Taisez-vous donc ! Taisez-vous donc ! Voulez-vous me faire prendre des vessies pour des lanternes ? »

Et il les mit au four, puis il alla se coucher.

Courtillon l'entendant ronfler fit lever les enfants et leur dit de prendre dans le château ce qu'ils trouveraient de plus précieux. Les enfants ne se firent pas prier.

« Maintenant, attention. Je vais m'allonger et vous allez tous trois monter sur mon dos. Faites en sorte de ne pas vous laisser choir. Nous ne serons pas longtemps à quitter le château de ce mauvais Diable. »

La petite fille monta la première, puis les deux garçons, et Courtillon-Courtillette s'élança par une fenêtre ouverte et prit sa course à travers champs.

Ils étaient partis depuis longtemps et le matin était venu.

Le Diable, à son réveil, avait été pour embrasser ses filles et s'était aperçu de son malheur.

Il jura comme un templier et se promit de se venger des deux garçons et de la petite fille. Il sella une truie rapide comme le vent et se mit à la recherche des enfants. Il ne tarda pas à les apercevoir dans le lointain.

« Cette fois, je les tiens ! Ils vont me le payer ! » hurla le Diable.

Mais Courtillon-Courtillette, Suivon-Suivette avait vu le Diable en se retournant. Sans perdre un instant, elle dit :

« Que ces enfants soient changés en laveuses et que je devienne une grande rivière. »

Et voilà la grande rivière qui court par la prairie et les trois laveuses sur le bord.

Le Diable arrivait.

« N'avez-vous pas vu passer Courtillon-Courtillette, Suivon-Suivette portant trois enfants sur son dos ?

— Attends, attends ! mauvais Diable ! Nous allons t'en donner de te moquer de nous ! »

Le Diable retourna pour prendre une autre route. Puis la chienne, la petite fille et les deux garçons repartirent de plus belle.

Le méchant Diable ne trouvant pas ceux qu'il poursuivait finit par se dire qu'ils avaient bien pu se changer en rivière et en laveuses et il dirigea sa truie de ce côté.

« Ah ! ah ! Je les revois ! je les tiens ! » dit-il bientôt.

Mais quand il arriva il ne trouva qu'un grand champ de luzerne, des moutons, un chien et un berger.

« Avez-vous vu passer, berger, Courtillon-Courtillette et trois petits enfants ?

— Courtignon-Courtignette ? Tu te moques de moi, je crois. Attends, vilain Diable ! gare à ma houlette !

— Je vais aller par ce chemin à droite. Ils l'auront pris sans doute », se dit le Diable.

Dès qu'il fut éloigné, la chienne reprit les enfants sur son dos et repartit. Mais bientôt :

« Cette fois encore le Diable revient sur sa truie. Que je devienne pré, que Jeannot et Pierrot se changent en vaches et que Marie soit la vachère. »

A cet instant, le Diable, plus furieux que jamais, revenait.

« N'avez-vous point vu, bonne femme, Courtillon-Courtillette, Suivon-Suivette passer avec une fille et deux garçons ?

— Ah ! méchant Diable ! Et pourquoi donc ?

— Pour les tuer. Les as-tu vus ?

— Mais oui ! mais oui ! Ils viennent de traverser la rivière.

— Merci, merci ! »

Et le Diable courut à la rivière. Sa truie ne voulut point passer.

« Attends alors, je passerai autrement. »

Et ayant aperçu une grande pièce de toile que des paysans avaient mise à blanchir près de là, il la jeta sur la rivière et voulut passer sur ce pont. La toile se déchira et le Diable se noya.

« Maintenant, dit la bonne chienne, retournons à la maison de nos parents. »

Et elle eut bientôt fait de les y ramener. Le bûcheron et sa femme allaient mourir de faim. Ils montèrent sur le dos de Courtillon-Courtillette et allèrent prendre possession du château du Diable. La femme de ce dernier avait disparu.

Longtemps on parla du bonheur et de la richesse de la famille de Pierre le Bûcheron.

POINT-DU-JOUR

Conté en 1880 par Joseph Macé, de Saint-Cast, mousse, âgé de 13 ans. Paul Sébillot, *Contes populaires de la Haute-Bretagne*, Paris, G. Charpentier, 1880-1882.

Il était une fois un veuvier[1] qui avait trois enfants : deux filles et un petit garçon ; il aimait bien ses deux filles, leur donnait de beaux habits et tout ce qu'il leur plaisait ; mais souvent il frappait le petit garçon qui se nommait Point-du-Jour et parfois il l'envoyait se coucher sans souper ; ses sœurs ne le traitaient pas mieux, et il avait beau faire toute la besogne de la maison, il ne recevait que des coups de pied pour récompense.

Un jour il se dit :

— Je ne saurais être plus malheureux que je ne le suis, je veux aller chercher des aventures.

Le voilà parti ; il marcha toute la journée, et, quand arriva le soir, il se trouvait dans une forêt ; mais il s'éleva un orage terrible, la pluie tombait à torrents, le vent soufflait, un éclair n'attendait pas l'autre ; il se cacha dans le creux d'un rocher, mourant de peur. Le vent était si violent qu'il déracinait les arbres ; il y en eut un qui tomba auprès de lui, et un nid de fauvettes, qui était construit sur une branche, roula par terre avec les petits qui étaient dedans et n'avaient pas encore de plumes ; le père et la mère volaient autour d'eux en poussant de petits cris, et ils essayaient en vain de leur porter secours.

Point-du-Jour en eut pitié et se dit :

— Voilà de pauvres petits oisillons qui sont perdus s'ils restent par terre ; leurs parents les abandonneront, et ils seront mangés par les éperviers.

Il sortit de son rocher, et, avec un peu de ficelle qu'il avait dans sa poche, il refit le nid de son mieux, puis il ramassa les petits, les essuya et les mit tout doucement dans leur nid. Les deux fauvettes étaient si contentes, qu'en signe de joie, elles venaient se frotter contre sa figure comme si elles

1. Veuf.

avaient voulu l'embrasser. Il monta dans un arbre et plaça le nid entre deux branches où il était bien caché.

La fauvette lui dit :

— Mon pauvre petit Point-du-Jour, tu as vraiment bon cœur ; sans toi mes oisillons seraient morts ou auraient été mangés par les éperviers ; prends une des plumes de ma queue et ramasse-la, tu verras qu'elle te portera chance.

Point-du-Jour arracha une des plumes de la fauvette, et la ramassa soigneusement, puis il se remit en route. Au bout de quelque temps, il vit un lézard qui était sous une pierre, et qui faisait tous ses efforts pour s'en retirer ; auprès de lui un autre lézard allait et venait et essayait aussi de le dégager.

— Ah ! pauvre bête, dit Point-du-Jour, comme tu souffres !

Il ôta la pierre qui l'écrasait ; mais le lézard ne pouvait se traîner. Point-du-Jour avait une petite bouteille d'eau-de-vie : il en mit une goutte dans la bouche du lézard qui aussitôt commença à marcher.

— Au revoir, Point-du-Jour, lui dit-il, ton bon cœur sera récompensé.

Voilà Point-du-Jour qui partit à l'aventure ; quand il eut cheminé toute la journée, il monta dans un arbre pour tâcher de découvrir un endroit où passer la nuit ; il aperçut une lumière, et se mit à marcher de ce côté. Il arriva auprès d'une maison, et frappa à la porte.

— Qui est là ? lui dit une voix.

— C'est un pauvre petit malheureux qui ne sait où coucher ; ma bonne mère, ayez le bon cœur de me loger.

Il leva les yeux sur la femme qui était venue lui ouvrir : elle était hideuse à voir, ses yeux étaient de travers, et elle avait des dents longues comme la main.

— Mon pauvre petit gars, lui dit-elle, ne restez pas ici ; ceux qui sont entrés dans cette maison n'en sont jamais sortis vivants.

— Tant pis, répondit Point-du-Jour, je ne sais où aller ; autant mourir ici qu'ailleurs.

Elle le fit entrer et le cacha sous un lit. Peu après on entendit un grand bruit, c'était l'ogre qui rentrait et qui cria :

— Je sens la chair fraîche.

— Non, répondit la femme, c'est une tête de veau qui cuit dans la marmite.

— Je sens la chair fraîche, te dis-je ; si tu ne me dis pas ce que c'est, je vais te manger.

— Eh bien ! répondit-elle, j'ai ramassé un petit garçon qui est venu demander à coucher ; il est mignon comme tout, mais si maigre, si maigre qu'avant de le manger, il faudra le mettre à engraisser. Il est caché sous le lit.

L'ogre se baissa et prit Point-du-Jour dans le creux de sa main :

— Le joli petit oiseau, dit-il ; il a des plumes dorées sur la tête (c'étaient les cheveux blonds du petit gars).

Point-du-Jour se mit à crier, car il avait peur.

— Chante-t-il bien ! dit l'ogre ; j'en ferai tout de même une gibelotte.

Pour le mieux écouter, il l'approcha de son oreille ; elle était si grande que Point-du-Jour crut voir la gueule d'un puits.

L'ogre le posa sur un lit, et lui dit :

— Dors bien, petit oiseau.

Et pour l'engraisser il ordonna à sa servante de lui donner de la nourriture autant qu'il voudrait.

Le huitième jour il devait être mangé ; le matin il était couché, et il pleurait en pensant qu'avant la fin de la journée il allait être dévoré. Un lézard vint lui chatouiller l'oreille et lui dit :

— Te souviens-tu du jour où tu m'as retiré de dessous la pierre qui m'écrasait ?

— Oui, répondit Point-du-Jour.

— Eh bien, dit le lézard ; si tu veux me croire, tu seras délivré. L'ogre va te prendre dans sa main, et te porter auprès de son puits merveilleux ; car c'est là qu'il lave ceux qu'il mange après les avoir saignés ; tu y jetteras la plume de l'oiseau, et tu lui diras : « Laissez-moi, avant de mourir, regarder votre merveilleux puits. » Il y consentira ; tu te laisseras choir dedans, et, quand tu auras touché le fond, tu te trouveras dans un monde nouveau.

L'ogre vint prendre Point-du-Jour, et le porta auprès du puits ; alors le petit gars lui cria :

— Avant de mourir, permettez-moi de regarder votre merveilleux puits.

— Tu as raison, Point-du-Jour, répondit l'ogre ; tu es malin ; je n'avais pas pensé à te le montrer ; viens voir mon merveilleux puits ; c'est avec son eau que tu seras lavé quand je t'aurai saigné et écorché.

Il posa Point-du-Jour sur le bord ; mais Point-du-Jour s'y laissa tomber ; il alla jusqu'au fond, et, quand il y fut arrivé, il se trouva dans un monde nouveau, où il y avait de belles prairies, des montagnes et des villages.

L'ogre était en colère, et il s'écriait :

— Il faut que j'aie quelque ennemi qui ait conté cela à Point-du-Jour ; sur soixante-dix hommes que j'ai attrapés, voici le seul qui m'échappe. C'est toi, cria-t-il à sa servante, qui le lui as dit ! Je vais te manger à sa place.

Et il lui montrait les dents en criant qu'il allait la dévorer ; mais je pense qu'il ne le fit pas, parce qu'elle était trop vieille et trop vilaine.

Point-du-Jour errait à l'aventure ; il ne savait pas trop où il se trouvait, mais il lui semblait qu'il n'était pas loin de l'endroit où demeuraient ses parents. Il vit venir un lézard qui lui dit :

— Te rappelles-tu que je t'ai délivré de l'ogre parce que tu m'avais tiré de sous la pierre qui m'écrasait ? Voici encore une petite boîte ; il ne faudra pas l'ouvrir avant d'être chez toi ; c'est du bonbon qu'il y a dedans.

A peine se fut-il remis en route qu'il vit une fauvette qui volait auprès de lui :

— Te souviens-tu, lui dit-elle, du jour où tu as ramassé mes petits qui étaient tombés par terre ?

— Oui, répondit-il.

— Voici un œuf que je te donne ; quand tu auras besoin

Point-du-Jour, dessin de Claude Bellenger, 1883.

de vêtements, tu n'auras qu'à le casser, tu y trouveras la plus belle toilette que tu aies jamais vue.

Un peu plus loin il vit une colombe blanche.

— Point-du-Jour, lui dit-elle, tu as tiré de peine un lézard et des fauvettes.

— Oui, répondit-il.

— C'étaient mes sœurs ; pour te récompenser, voici un petit talisman ; tout ce que tu lui demanderas te sera accordé.

Point-du-Jour remercia la colombe et se remit en route ; il arriva à la maison de son père. Quand ses deux sœurs le virent, elles s'écrièrent :

— Ah ! voici ce petit propre à rien qui revient ; est-ce qu'il n'aurait pas mieux fait de rester où il était, puisqu'il s'était sauvé ?

Elles se mirent à le frapper, et il leur disait :

— Laissez-moi tranquille, mes sœurs, j'ai faim.

— Est-ce que tu n'as pas trouvé à manger dans ta tournée ? lui répondirent-elles en continuant de le battre.

— Tenez, leur dit-il, voici une petite boîte qu'on m'a donnée ; je vous en fais cadeau, à condition que vous ne me battrez plus et que vous me couperez un morceau de pain.

Elles ouvrirent la petite boîte ; mais il en sortit de gros crapauds qui sautaient autour des méchantes sœurs et ouvraient la gueule pour les manger.

Elles supplièrent Point-du-Jour de les faire rentrer dans la boîte ; mais, quand ils y furent, elles se mirent à le frapper de plus belle.

— Coquin, lui disaient-elles, c'est toi qui as été chercher ces vilains crapauds pour nous faire peur.

— Tenez, leur dit-il en montrant l'œuf, voici un œuf qui m'a été donné, et qui contient, à ce qu'on m'a dit, de belles toilettes, je vous en fais cadeau si voulez être bonnes avec moi.

Elles cassèrent l'œuf ; mais il en sortit un serpent qui s'élançait sur les méchantes sœurs comme pour les dévorer.

Elles le supplièrent encore de faire rentrer le serpent dans l'œuf ; mais, dès qu'il y fut, elles voulaient tuer Point-du-Jour.

Il leur dit :

— Laissez-moi essayer mon talisman.

Il le mit sur la table, et aussitôt elle fut couverte d'or.

Alors les sœurs se mirent à l'embrasser, et elles lui disaient :

— Ah ! mon petit Point-du-Jour, comme tu es gentil !

Peu de temps après les deux méchantes sœurs moururent : Point-du-Jour resta seul, et vécut toujours heureux.

Et ni, ni,
Mon petit conte est fini.

LES TROIS FRÈRES ET LE GÉANT

Conté en 1882 par Joseph Vouaux. E. Henry Carnoy, *Littérature orale de la Picardie*, Paris, Maisonneuve et Cie, 1883.

Une bonne femme avait trois enfants, tous garçons ; le premier nommé Jean, le deuxième Jeannot et le troisième Jeannois. Ces trois enfants passaient pour les plus malins du canton et la bonne femme en était heureuse, comme bien vous pensez. Un beau jour, elle se rendit au bois avec eux pour y ramasser du bois mort et en faire des fagots pour l'hiver qui s'approchait. Les enfants eurent bientôt assez de rechercher des morceaux de bois sec et, préférant cueillir des mûres, des noisettes et des cornouilles, ils quittèrent leur mère et s'enfoncèrent dans le taillis, si loin et si loin qu'ils n'entendirent pas les cris et les appels de la bonne femme, qui bientôt les crut retournés au village et rentra à la maison.

Le soir arriva bientôt, et Jean, Jeannot et Jeannois s'aperçurent avec terreur qu'ils étaient perdus dans le bois.

— Que faire ? dit Jean.

— Que faire ! reprit Jeannot.

— Que faire ? ajouta Jeannois.

Ils n'en savaient trop rien, et ils commençaient à entendre les hurlements des renards et des loups dans l'épaisseur de la forêt. A la fin, Jean l'aîné eut une inspiration. Il grimpa au haut d'un grand chêne qui poussait près de là et se tourna dans toutes les directions pour observer le voisinage. Il découvrit une lumière qui brillait dans le lointain et en ayant bien observé la direction, il descendit du chêne et marcha avec ses frères dans le sens de la lumière.

Arrivés hors du bois, ils virent un palais devant eux et ils allèrent frapper à la porte.

— Pan ! Pan !

— Qui est là à cette heure ?

— Nous sommes trois petits enfants égarés dans la forêt et nous désirerions passer la nuit dans ce beau palais. Voulez-vous nous y donner l'hospitalité ?

Une jeune femme entrebâilla la porte.

— Vous ne savez donc pas que c'est ici le palais du Géant à la Barbe d'Or ? Il est sorti en ce moment et il ne tardera pas à rentrer. Si vous m'en croyez, hâtez-vous de vous enfuir, car il pourrait vous tuer et vous manger, comme il l'a fait à bien des personnes.

— Mais, madame, nous ne savons où aller par cette nuit noire. Cachez-nous bien quelque part et demain, à la pointe du jour, nous partirons sans que le Géant se doute de rien.

La femme se laissa attendrir et fit entrer les enfants dans le château. Elle les fit descendre à la cave et leur donna de bons gâteaux à manger. Puis entendant dans le lointain le pas du Géant, elle recommanda aux petits égarés de se bien cacher derrière un gros tonneau et remonta comme si de rien n'était.

Le Géant à la Barbe d'Or avait fait une longue course et se mourait de soif. Il descendit à la cave pour se rafraîchir, malgré sa femme qui l'engageait à aller se coucher.

— On sent ici la viande fraîche, grommela le Géant en arrivant près du tonneau derrière lequel se tenaient blottis les enfants.

Comme il avait grand-soif, il enleva la bonde, souleva le tonneau comme une paille et but à même. En déposant la grande pièce de vin sur le sol, il blessa le petit Jeannois qui ne put s'empêcher de pousser un cri.

— Ah ! ah ! s'écria le Géant à la Barbe d'Or, je le disais bien que je sentais la viande fraîche ! C'est bon, c'est bon ! Je vais vous remonter et vous tuer ; j'aurai un excellent déjeuner pour demain.

Il prit les trois malheureux garçons par une main et les remonta dans sa cuisine.

Mais la femme, qui avait entendu ce que venait de dire le Géant, s'était hâtée de cacher son grand couteau et son mari eut beau chercher, il ne put parvenir à le trouver.

— C'est bien ! c'est bien ! Vous ne perdez rien pour attendre ! Femme, mets ces trois enfants dans la chambre de mes filles et donne-leur un lit. Je les tuerai demain. La chair sera plus fraîche.

La femme obéit en tremblant et tout le monde se coucha.

— Nous sommes dans une bien mauvaise position, pensa Jeannot.

Et il descendit du lit pour voir quelles étaient les filles du Géant qui dormaient dans le lit voisin.

La lune s'était levée, et Jeannot s'aperçut que les jeunes filles portaient une couronne d'or sur la tête et que, comme eux, elles étaient trois.

« Si le Géant se levait et venait nous tordre le cou pendant la nuit, pensa Jeannot. Ce serait bien possible, tout de même ! Je vais enlever les trois couronnes et les placer sur ma tête et sur celle de mes frères. Le Géant pourra s'y tromper. »

Il fit comme il venait de penser et se recoucha. Il était temps. Le Géant à la Barbe d'Or avait bu trop de vin et se trouvait fort mal dans son lit. Pour tuer le temps, il se résolut à se lever et à aller tuer les trois petits garçons que le hasard lui avait envoyés.

Il vint au lit où ces derniers faisaient semblant de dormir et prit la tête de Jean.

« Imbécile, se dit-il, j'allais tuer mes filles. Je me suis trompé de lit. »

Et il alla à l'autre lit et tordit le cou à ses propres enfants.

Puis, satisfait de son ouvrage, il alla se recoucher.

Jean, Jeannot et Jeannois s'habillèrent à la hâte et s'échappèrent par une fenêtre.

Jugez de la stupéfaction et de la colère du Géant s'apercevant le lendemain, à son réveil, de ce qu'il avait fait pendant la nuit. Il en devint plus méchant que par le passé et se mit à voyager par tout le pays, tuant les voyageurs, massacrant les paysans, et bravant les armées que le roi envoyait contre lui.

Quant à Jean, à Jeannot et à Jeannois, ne sachant de quel côté se diriger, ils prirent enfin une grande route qui, au bout de deux jours de marche, les conduisit à la capitale du royaume. Ils demandèrent à parler au roi et lui racontèrent leurs aventures dans le palais du Géant à la Barbe d'Or. Le roi voulut les avoir pour pages à partir de ce jour.

J'ai dit que le Géant, rendu furieux par la mort de ses enfants, s'était mis à ravager tout le royaume. Cela dura pendant deux ou trois ans. Bien des chevaliers étaient partis pour le combattre et aucun d'eux n'était revenu. Aussi le roi tremblait dans son palais, craignant que quelque jour il ne prît fantaisie à cet homme redoutable de venir l'attaquer dans sa ville.

Un jour, Jean, l'aîné des trois pages, vint trouver le roi et lui demanda la main de sa fille aînée, avec le titre de chevalier. Le roi refusa d'abord, puis, en réfléchissant, il dit au page :

— Je consens tout de même à t'accorder ce que tu désires, à la condition que tu t'en montreras digne. Tu n'as pas oublié ce fameux Géant à la Barbe d'Or, qui manqua de vous tuer tous, tes frères et toi. Eh bien ! rapporte-moi sa barbe d'or, et je te jure de te nommer chevalier et de te donner ma fille en mariage.

Jean accepta. Le roi voulut lui donner des armes comme celles des chevaliers, mais il refusa. Il prit la route que ses frères et lui avaient suivie autrefois et il se rendit au château du Géant. C'était en plein jour, et le page sonna du cor.

— Que veux-tu ? demanda le Géant à la Barbe d'Or.

— Je veux me mesurer avec toi demain matin. J'ai battu tous les géants que j'ai pu rencontrer jusqu'ici et je veux te battre comme les autres.

— Tu es bien jeune, beau page ; mais qu'importe. Entre dans mon château et demain nous nous battrons.

Jean ne se fit pas prier et entra dans le palais du Géant à la Barbe d'Or, qui voulut le faire dîner avec lui. Le page accepta, et pendant que le Géant avait le dos tourné, il lui versa une liqueur ayant la propriété d'endormir pour plusieurs jours.

— A ta santé !

— A ta santé !

Et le page et le Géant vidèrent leur verre d'un seul trait. Au même instant, ce dernier tomba sous la table et se mit à ronfler si fort que tout le château en tremblait. Sans perdre de temps, le jeune homme prit des ciseaux qu'il avait apportés et coupa la barbe d'or du Géant. Puis il quitta le palais et retourna à la capitale où il arriva deux jours après.

Le roi fut bien étonné ; il avait promis sa fille au page et il la lui accorda, lui disant qu'il le nommerait chevalier plus tard. A quelque temps de là, Jeannot vint, lui aussi, trouver le roi.

— Monsieur le roi, dit-il, j'aime votre fille Marie et je crois qu'elle m'aime. Voulez-vous me nommer chevalier et m'accorder sa main ?

— Mais tu n'as rien fait, à ma connaissance, pour mériter cet honneur.

— Je suis prêt à m'en montrer digne. Commandez, et je vous obéirai.

Le roi réfléchit, et enfin :

— C'est bien. Tu auras ce que tu me demandes quand tu m'auras apporté le sabre du Géant que tu connais bien.

Jeannot accepta et partit pour le château du Géant, n'emportant ni armes ni bouclier.

Il y arriva au bout de deux jours et sonna du cor.

— Ah ! ah ! s'écria le Géant, encore un qui veut me voler ! C'est bon, je vais y mettre ordre.

— Je ne viens pas pour cela ; on m'a dit seulement que vous pouviez boire plus de vin que personne au monde, et je suis venu pour me mesurer avec vous.

— Est-ce bien vrai ?

— Tout ce qu'il y a de plus vrai ! Mais je crois fort que je vous battrai. Je puis boire cinquante pièces de vin sans en être incommodé.

— Nous verrons ; nous verrons. Entre au château, je suis prêt à lutter avec toi. Mais qui commencera le premier ?

— A vous l'honneur !

— Entendu !

Jeannot descendit à la cave du Géant, et celui-ci, voulant boire du plus qu'il pouvait, avala tant et tant de vin que bientôt il chancela et tomba ivre mort. Jeannot lui prit son sabre et le reporta au roi plus étonné encore que lorsque Jean était revenu avec la barbe d'or.

Jeannot épousa la princesse Marie, mais le roi ne le nomma pas de suite chevalier.

Il ne restait plus que Jeannois.

— Monsieur le roi, vint-il dire un jour au roi, j'aime votre fille cadette ; elle m'aime aussi et je viens vous demander sa main et le titre de chevalier.

— Tout cela est fort bien. Mais il faut le mériter.

— Commandez, et je ferai ce que vous ordonnerez.

Le roi réfléchit encore, et enfin :

— Tes frères ont pris la barbe et le sabre du Géant. Pourrais-tu me l'apporter au palais dans une cage de fer ?

— Je vais essayer, monsieur le roi ; adieu !

Jeannois fit faire une grande voiture de fer et se rendit au château du Géant. Là, il sonna du cor.

— Que veux-tu ? ver de terre ! poussière du néant !

— Laissez-moi entrer dans votre château et je vous le dirai.

— Ah ! tu es de ces pages qui m'ont volé ma barbe d'or et mon sabre. Je vois ce que tu veux et je vais te tuer.

— Un instant, s'il vous plaît. Ne vous emportez pas. Je viens justement vous chercher pour reprendre ce qu'on vous a volé. Les deux pages sont seuls dans un château lointain, et j'ai amené ma voiture pour nous y transporter plus vite.

Le Géant se laissa encore duper et monta dans la voiture de fer où il se trouva enfermé. Et vite Jeannois revint à la Cour. Le roi fut tout heureux, comme de juste, d'être débarrassé du brigand, qui fut brûlé dans un immense bûcher élevé sur la grande place de la ville. Jeannois épousa la princesse qu'il aimait et le roi nomma les trois frères chevaliers de son royaume. Pendant les fêtes qui furent données, la mère de Jean, de Jeannot et de Jeannois arriva à la ville toujours à la recherche de ses enfants. Jugez de son bonheur et de celui de ses fils.

LE LOUP-GAROU

Louis Lambert, *Revue des langues romanes*, Montpellier, Bureau des publications de la Société pour l'étude des langues romanes, Paris, G. Pedone-Lauriel, 1885.

Il était une fois un homme veuf qui avait trois enfants et s'était remarié. La marâtre lui dit d'aller les perdre.

Les enfants, qui l'entendirent, allèrent chez une tante ; celle-ci leur donna des lentilles, que les enfants semèrent tout le long du chemin.

Quand ils furent bien loin, le père les abandonna.

Les enfants suivirent les lentilles et retournèrent à la maison. A la maison, on mangeait un gâteau de farine ; ils dirent : « Nous en mangerions bien un peu, mon père, si vous vouliez. »

La femme dit à son mari : « Pourquoi ne les as-tu pas perdus ? C'est ainsi que tu fais ? »

Le père les prit de nouveau avec lui pour aller les perdre.

Ils allèrent encore chez leur tante ; elle leur donna une petite pelote de fil.

Ils attachèrent le bout du fil à une petite branche, et tout le long du chemin ils le dévidèrent.

Quand ils furent bien loin, le père les abandonna.

Les enfants prirent l'écheveau et le pelotonnèrent : « En le pelotonnant toujours, nous arriverons. »

A la maison, on mangeait des pommes de terre ; ils dirent : « Nous en mangerions bien un peu, mon père, si vous vouliez. »

La femme dit à son mari : « C'est ainsi que tu fais ? Tu ne les perdras donc jamais ? »

Le père les prit encore avec lui pour aller les perdre et ne leur laissa pas le temps d'aller chez la tante.

Quand ils furent bien loin, le père les abandonna.

Les enfants étaient fatigués, ils s'endormirent.

En se réveillant, ils ne surent plus où se diriger.

En cherchant leur chemin, ils trouvèrent un gland ; ils le semèrent en disant : « *Petit gland, deviens grand ; petit gland, deviens grand ; petit gland, deviens grand.* »

Quand le chêne eut bien poussé, le plus grand des enfants monta dessus ; les autres lui disaient : « Regarde de ce côté si tu ne vois rien.

— Je ne vois rien.

— Regarde de celui-ci, peut-être tu verras quelque chose.

— Je vois là-bas une petite maison.

— Regarde-la bien, nous irons. »

C'était la maison du loup-garou ; il n'y avait que sa femme.

« Ne nous donneriez-vous pas asile ?

— Non, car si le loup-garou venait, il vous mangerait.

— Ne craignez rien et donnez-nous à manger. »

La femme les fit manger et les enferma dans un grenier ; elle leur donna une queue de rat : « Quand le loup-garou viendra, vous lui montrerez cette queue par le trou de la serrure. »

Quand le loup-garou rentra :

« *Qu'y a-t-il ici ?*
Qu'est-ce qui pue ?
De la chair de chrétien
Il y a eu ici.

— Mange ce que je te donne ; ce sont trois petits enfants qui sont venus, et je les ai enfermés dans le grenier. »

Le loup-garou y va pour voir s'ils étaient gras ; les enfants lui firent passer la queue de rat : il vit qu'ils étaient maigres, alors il s'en alla.

Quant il revint, les enfants avaient perdu la queue de rat ; il fallut qu'ils montrassent leurs petits doigts : il vit qu'ils étaient gras et il en mangea un.

Après l'avoir mangé, il s'endormit.

Alors les autres sortirent du grenier ; voyant que le loup-garou dormait, ils allèrent sous un lit, y trouvèrent un plat plein de poix, le mirent sur l'œil du loup-garou et allèrent se cacher dans l'étable des chèvres.

En s'éveillant, le loup-garou s'écria : « Ah ! c'est ainsi que vous avez fait ; mais je vous attraperai bientôt. »

Il alla à l'étable des chèvres et mit une meule de moulin derrière la porte ; à toutes les chèvres qui passaient, il touchait les mamelles en disant : « Tu es une chèvre — tu es un bouc. »

Quand tout le troupeau fut sorti, les enfants se dirent : « Maintenant qu'allons-nous faire ? »

Ils prirent une peau de chèvre, se la mirent sur le dos en disant : « Pendant qu'il regardera si c'est une chèvre ou un bouc, nous lui laisserons la peau entre les mains et nous partirons. »

Pendant que le loup-garou tâtait si c'était une chèvre ou un bouc, la peau lui resta entre les mains.

« Ah ! c'est ainsi que vous avez fait ; mais je vous attraperai bien. »

Les enfants allèrent se cacher sous un rocher dans la cave du loup-garou.

Le loup-garou les sentit ; il vint, et comme il n'y voyait goutte, en montant sur le rocher, il se tua.

Les enfants prirent un jeune chevreau et dirent à la femme : « Il faut le tuer et le faire cuire.

— Comment faire pour le tuer ?

— Nous allons vous le montrer : mettez votre tête sur ce billot. »

Quand elle fut inclinée sur le billot, avec une hache ils lui coupèrent le cou.

Puis ils furent les maîtres de la maison.

L'OGRE DE MONTAIGUT

F. Vincent, *Revue des langues romanes,* Montpellier, Bureau des publications de la Société pour l'étude des langues romanes, Paris, G. Pedone-Lauriel, 1889.

Il y avait une fois à Bénévent, je parle de longtemps, un homme qui s'appelait Chevillon. En travaillant, il vivait heureux dans son ménage, quand le bon Dieu lui prit sa femme qui lui laissa trois petits en mourant.

Il pleura bien sa pauvre défunte qui était une tant bonne personne. Mais un homme encore jeune, et qui a trois enfants sur les bras, ne peut pas rester toujours veuf ; il lui faut quelqu'un pour tenir sa maison, rapiécer ses chemises, ressemeler ses bas, faire la lessive, les tourteaux et bien d'autres choses. Il se remaria donc.

Cette fois, il prit une espèce de peigne-frelon qui n'était pas facile à ferrer à la lune : c'était la plus méchante femme du pays, et ses voisins disaient qu'elle avait trois peaux du diable sous la sienne. Avec une telle compagne, le pauvre Chevillon n'était pas à la noce. Tous les jours que le bon Dieu donnait dans le monde, elle lui faisait le sabbat, et si, pour son malheur, il avait bu chopine, ou bien si elle le surprenait à faire l'aimable auprès d'une belle jeune fille, c'était le Jean-femme le mieux remué des quatre paroisses ; elle l'égratignait ou bien le mordait quand elle ne lui cassait pas sa palanche sur les reins. Je n'ai pas besoin de vous dire qu'elle ne supportait pas les pauvres petits et qu'elle leur faisait trouver le mal des pierres ; elle les battait, les faisait travailler plus qu'ils ne pouvaient et les mettait au lit sans souper quand elle n'oubliait pas de les faire manger marendet. Un jour la tentation la prit de s'en défaire et elle dit à son mari de les conduire bien loin pour les perdre. Comme celui-ci, à une pareille proposition, la regardait tout étonné : « Ah ! chien maigre ! tu ne veux pas faire ce que je te commande ? Eh bien ! tu vas voir », lui dit-elle en prenant le bâton de son lit, et le malheureux fut obligé de s'exécuter.

Les enfants, qui avaient entendu, allèrent vite trouver leur marraine, qui leur donna des pois qu'ils semèrent tout le long de leur chemin en suivant leur père par-derrière. Quand ils furent bien loin, dans les bois de Mourioux, leur père les laissa là ; mais ils revinrent à la maison en suivant les pois qu'ils avaient semés en venant.

A la maison, leur père et leur tante étaient à table et mangeaient des gogues. Qu'est-ce que des gogues ? allez-vous me dire. Ce sont de gros boudins fabriqués à Bénévent, pur sang de chèvre et de veau dans des boyaux de vieille vache pas toujours bien lavés. Je n'ai pas besoin de vous dire que ceux qui les aiment les trouvent bien bonnes et que les bourgeois, qui s'en moquent, s'en lécheraient les quatre doigts et le pouce, s'ils étaient restés renfermés trois jours sous une hotte.

« Nous en mangerions bien, nous aussi, papa, si vous vouliez nous en donner, dirent les enfants.

— Coquin ! dit la femme, tu ne les as donc pas perdus ? C'est comme cela que tu m'obéis !

— Sacro ! ne te fâche pas, dit son mari. Je vais les mener à un autre endroit d'où ils ne reviendront pas. »

Les petits, pendant que leur père s'apprêtait, coururent bien vite chez leur marraine qui leur donna un peloton de fil retors. Ils attachèrent le bout à un buisson en sortant de la ville et dévidèrent leur peloton tout le long du chemin en suivant leur père par-derrière comme la première fois. Le pauvre homme, en pleurant, les conduisit à la tour de Chamboran et les ferma dedans en bouchant la porte avec un fagot de feuillage. Quand il fut parti, en arrachant quelques branches, les enfants firent un trou dans le feuillage, sortirent de la tour et revinrent à la maison en suivant le fil qu'ils avaient dévidé en venant.

A la maison, on mangeait des pommes de terre fricassées.

« Nous en mangerions bien, nous aussi, dirent les enfants qui avaient le ventre creux.

— Tonnerre de bon Dieu ! dit la femme à son mari, tu ne les perdras donc jamais. Ma damnation, je crois que tu te moques de moi. Tiens ! attrape ça pour t'apprendre. »

Et, en disant cela, elle lui appliqua sur la joue un bon soufflet d'un revers de main.

Cette fois, Chevillon partit sans répliquer et sans donner aux enfants le temps d'aller chez leur marraine. Il les mena dans la forêt du Masgelier, où les pauvres petits, bien fatigués, s'endormirent. A leur réveil, leur père était parti et ils ne surent plus de quel côté aller.

« Monte sur ce grand fayard, dirent les deux petits au plus grand, et regarde du côté où les chiens aboient si tu ne vois pas quelque maison près d'ici.

— Je vois là-bas un grand château, dit-il quand il fut arrivé au sommet.

— Eh bien ! allons-y », dirent-ils tous ensemble, et les voilà partis.

Disons tout de suite que c'était le château de Montaigut, habité, dans le temps, par un ogre. Cet ogre était un homme de huit aunes de haut, gros en proportion et qui n'avait qu'un œil au milieu du front. Ses cheveux étaient gros comme des branches d'osier et brouillés comme un fagot d'épines. Il lui fallait deux peaux de bœuf pour faire un paletot, et ses jambes étaient tellement longues que d'un saut il passait par-dessus la rivière plutôt que d'aller passer sur le pont à Lantaire, quand il était trop éloigné. Il était si fort qu'il tordait de grands chênes pour en faire des liortes, et que, quand il avait soif, il buvait un plein tonneau de vin qu'il portait à sa bouche comme les autres font d'un verre. Vous avez bien certainement entendu raconter l'histoire du bisaïeul de l'aïeul de son grand-père, qu'on appelait Polyphème ; le brigadier de Saint-Vaury, auquel il avait mangé deux gendarmes en tournée du côté de Gartempe, lui creva l'œil d'un coup de pied bien pointu pendant qu'il dormait. Ce monstre se nourrissait de chair de chrétien, et dire le nombre de personnes qu'il avait mangées serait trop long.

Mais revenons à nos pauvres petits. En arrivant, ils tapèrent à la porte du château ; la femme de l'ogre vint leur ouvrir.

« Ma bonne dame, dirent-ils, voudriez-vous nous retirer et nous donner à manger, car nous sommes éreintés et nous avons bien faim ; depuis trois jours, nous marchons et nous n'avons pas mis le plus petit morceau de pain sous la dent.

— Non, dit la dame ; c'est le château de l'ogre, et quand il viendrait il vous mangerait pour le sûr.

— Tant pis, répondirent-ils ; nous sommes trop fatigués pour aller plus loin, et il vaut mieux être mangés par l'ogre que de mourir, par les chemins, de faim et de fatigue. »

Cette femme, qui valait mieux que son mari, les fit entrer à la cuisine, mit la nappe et leur donna à boire et à manger. Quand ils furent bien rassasiés, elle les enferma dans le grenier et leur donna une queue de rat en leur disant :

« Quand l'ogre viendra, vous lui montrerez cela par le trou de la serrure. »

L'ogre arriva quelques minutes après. En entrant, il se mit à flairer de tous côtés en faisant aller et venir ses narines, et il dit :

« Tonnerre de Dieu ! Ça sent bien la chair baptisée ici. »

Sa femme répondit :

« Hé ! ce ne sont que trois pauvres petits que j'ai enfermés dans le grenier pour les faire engraisser ; ils sont si maigres qu'il ne vaut pas la peine de te déranger pour eux. Tiens ! mange ça d'abord pour te rafraîchir », lui dit-elle, en lui présentant un plein cuvier de caillé et de tourteau avec la couade pour lui servir de cuiller. Il ne voulut pas s'en rapporter à elle et il monta au grenier. Les enfants lui montrèrent la queue du rat. En la touchant et en la voyant, il jugea, en effet, qu'ils étaient trop maigres, et il redescendit pour manger son trempé.

Quinze jours après il revint. Cette fois, les enfants avaient perdu la queue du rat, et ils lui firent voir un de leurs doigts à la place. Il jugea cette fois qu'ils étaient assez gras, et il en mangea un. Il les eût bien mangés tous trois si, heureusement pour eux, il n'eût pas dévoré, en faisant sa tournée du matin, une vieille femme qui amassait de petites branches mortes dans le bois de Montaigut, et deux petites bergères du côté de Saint-Sylvain.

Quand il eut mangé ce pauvre petit, l'ogre s'endormit. Alors les deux autres petits allèrent chercher de la poix dans un pot sous le lit, l'étendirent sur un morceau de toile qu'ils appliquèrent sur son œil, puis se sauvèrent se cacher dans l'étable des chèvres. A son réveil, ne les entendant pas dans le grenier, il se mit à flairer en l'air et à les suivre à la piste jusqu'à l'étable, tout comme un chien de chasse. « Ah ! c'est comme ça, mes gaillards, que vous croyez m'échapper. Eh bien ! vous allez voir. » Et, en disant cela, il prit une grosse pierre, la plaça en travers de la porte de manière à ne laisser qu'une ouverture suffisante pour laisser passer une chèvre et se mit à appeler : « Belet, belet, tai ! » en leur montrant de la broutte. Le grand bouc sortit le premier, puis la grande chèvre et les chevrettes ; les petits chevreaux vinrent les derniers. Il croyait avoir plus aisément les enfants quand tout ce bétail serait sorti. Mais eux, aussi fins que lui, se mirent un sous le ventre du bouc, l'autre sous le ventre de la grande chèvre et sortirent sans qu'il s'en doutât. Ne les trouvant pas, il se mit à les poursuivre ; mais comme il ne voyait rien, il tomba du haut du rempart dans le fossé sur une pierre pointue et se tua raide.

La nouvelle de la mort de l'ogre fut vite connue dans le pays. Le soir, en signe de joie, dans tous les villages des alentours, on alluma des feux de joie et tout le monde était décidé à passer la nuit entière à danser, quand, à minuit, ils entendirent dans l'air un bruit étrange bien fait pour effrayer : un sabbat terrible de chiens qui aboyaient, de loups qui hurlaient, de chats qui criaient, de vaches qui bramaient, de chevaux qui hennissaient, de boucs qui criaient en chevrotant, de hiboux qui huaient, de chevêches qui poussaient des cris perçants, de corbeaux qui croassaient, de moutons qui bêlaient, de crapauds qui hoquetaient, de sergents qui sifflaient, mêlé d'une grosse voix d'homme qui disait en français : « A moi ! A moi ! Piquez-le, mangez-le », et, de temps en temps, des cris à faire frémir les chairs jusqu'aux os. C'était la meute de toutes les bêtes de l'enfer commandées par Satan lui-même armé d'une grande fourche à trois branches, qui poursuivait l'âme de l'ogre, laquelle poussait des cris à percer les murs quand on lui piquait les cuisses. Cette course infernale qui se faisait dans un cercle de mille toises autour du château de Montaigut dura jusqu'au premier chant du coq ; alors tout cessa subitement, mais pour recommencer toutes les nuits de même pendant neuf jours. Ce fut la première peine infligée à l'ogre en punition de ses péchés ; c'est la manière employée par le diable pour mettre les coquins au carcan, en attendant qu'il les plonge au fin fond de l'enfer en les poussant du bout de sa fourche.

L'ogresse ne fut pas moins contente que tout le monde, car la pauvre femme avait toujours peur que son mari la mangeât un jour ou l'autre, quand il n'aurait trouvé personne à manger dans sa tournée du matin. « Ah ! Jésus-Maria ! » dit-elle toute surprise à la première vue du corps dans le fossé. Mais elle reprit bientôt avec un accent de satisfaction qui n'était pas douteux : « Que le bon Dieu, la bonne Sainte-Vierge et le bon saint Barthélemy en soient bénis ! » Elle se dépêcha d'appeler les deux petits qui se sauvaient de toute la vitesse de leurs jambes, les fit manger marendet, leur donna un chevreau pour leur souper, puis les mit dans le chemin de Bénévent pour retourner chez eux.

« Bonjour, tante, dirent-ils en arrivant. Nous voici encore de retour, mais nous vous apportons un chevreau cette fois. »

A cette époque, sur le grand portail de l'abbaye de Bénévent était écrite en grosses lettres et en latin cette grande vérité : *Ferentes semper Beneventi*, que Monsieur le curé traduisait ainsi : *Ceux qui apportent quelque chose de bon ont toujours les bienvenus*. Aussi la vue du chevreau, qui lui faisait déjà vibrer la langue, calma de suite les nerfs de Madame Chevillon qui commençait à se hérisser en voyant revenir les enfants pour la troisième fois.

« Pour quoi faire le chevreau, dit-elle.

— Pour le manger pour notre souper, dirent les enfants.

Mais pour le manger, il faut le tuer, dit-elle, et comment faire pour le tuer, car je ne sais pas.

— Tante, je vais vous montrer, dit le plus grand des enfants ; mettez votre tête sur le billot et vous allez voir. »

Elle fut assez bête pour l'écouter, car aussitôt la tête sur le billot, le petit prit la hache et lui coupa le cou. Ce fut bien fait et personne ne la regretta. Le juge de paix lui-même, qui n'aimait pas la Chevillonne qui allait lui voler les œufs de ses poules jusque dans son poulailler, ne fit point de peine à l'enfant.

Quant à Chevillon, cette fois ses larmes ne mouillèrent pas ses joues ; il porta bien le deuil, mais plutôt à son chapeau que dans son cœur. Il jura que jamais plus de sa vie il ne se remarierait. Tint-il son serment ? Je ne vous le donnerai pas pour certain, car c'est là que finit ce conte qui vous démontre que les méchants sont toujours punis, quand ce n'est pas dans ce monde, c'est dans l'autre.

Imagerie d'Epinal, bois original des *Contes de fées*.

LES ENFANTS ÉGARÉS

Antoinette Bon, *Revue des Traditions populaires*, Paris, 1887.

Au temps jadis, il y avait au village de Gargeac un homme et une femme qui étaient mariés ; le mari s'appelait Jacques et la femme Toinon. Tous deux étaient fort avares ; mais surtout la femme ; elle était si avare, si avare, qu'elle aurait tondu un œuf.

Ils avaient deux enfants, un garçon et une fille ; ils avaient beaucoup à souffrir à cause de l'avarice de leurs parents ; mais ils étaient si sages et s'aimaient tant, que jamais on ne les entendait se plaindre.

Le garçon avait douze ans ; il s'appelait Jean et la petite fille, un peu plus jeune que lui, se nommait Jeannette.

Jacques et Toinon trouvaient que leurs enfants leur causaient de la dépense, et ils résolurent de les perdre dans la forêt. La mère disait à son mari :

— Je les conduirai au milieu des bois en leur commandant de ramasser des branches mortes ; quand ils seront bien occupés, je les laisserai tout seuls, et nous en serons débarrassés, car le loup les mangera quand il fera nuit.

Le lendemain dès qu'il fit jour, la femme dit à Jean et à Jeannette de se lever : elle les emmena dans la forêt, et elle leur dit de ramasser des branches sèches. Quand elle les vit bien occupés, elle se sauva. Lorsque Jean et Jeannette se virent seuls, ils se mirent à appeler maman ! mais quand ils s'aperçurent qu'elle ne leur répondait pas, ils se mirent à pleurer, puis ils essayèrent de retrouver leur chemin ; mais ils ne purent parvenir à sortir de la forêt.

Jeannette dit à son frère :

— Jean, monte au haut d'un arbre, tu verras peut-être une maison.

Jean grimpa dans un arbre, et lorsqu'il fut arrivé au milieu, sa sœur lui cria :

— Ne vois-tu rien, petit frère ?

— Non, petite sœur, je ne vois que les branches de la forêt.

— Monte encore plus haut ; tu verras peut-être une maison.

Jean grimpa encore quelques branches.

— Ne vois-tu rien, petit frère ?

— Non, petite sœur, je ne vois que les branches vertes de la forêt.

— Monte un peu plus haut, tu verras peut-être une maison.

Jean monta encore, et il ne s'arrêta que sur la dernière branche.

— Ne vois-tu rien, petit frère ?

— Si, petite sœur, je vois tout au loin deux maisons, l'une blanche et l'autre rouge. A laquelle irons-nous ?

— A la maison rouge, répondit Jeannette, car c'est la plus belle.

Jean descendit de son arbre, et les deux enfants se dirigèrent du côté de la maison rouge. Ils frappèrent à la porte, et une femme, grande et forte comme un homme, vint leur ouvrir.

— Qui êtes-vous ? leur dit-elle.

— Des petits enfants égarés dans la forêt, et nous avons bien peur du loup.

— Entrez, leur dit-elle ; je vais vous cacher ; surtout ne faites pas de bruit, parce que mon mari est méchant, et il vous mangerait.

Elle les cacha de son mieux ; mais le diable, qui était le mari de la femme, sentit l'odeur de chrétien, et il les découvrit. Il battit même sa femme, parce qu'elle ne lui avait pas raconté qu'elle avait recueilli les enfants. Il prit Jean dans sa main, et voyant qu'il était maigre, il décida qu'on le mettrait à s'engraisser, et que quand il serait assez gras on le tuerait.

Il l'enferma dans une étable, et sa petite sœur, qui était devenue la servante de la maison, apportait à manger à son petit frère. Le diable était trop gros pour entrer dans l'étable où Jean était enfermé ; au bout de quelques jours, il commanda à Jeannette de couper le bout du petit doigt à son frère et de le lui apporter, pour voir s'il était assez gras pour être mangé. Jeannette prit un rat, lui coupa la queue et en apporta un bout au diable en lui disant que c'était le doigt de son frère.

— Ah ! dit le diable ! il est encore trop maigre.

Quelque temps après, il commanda de couper un autre morceau du petit doigt pour savoir si Jean avait engraissé. Jeannette lui présenta une autre queue de rat, et cette fois encore il le trouva trop maigre.

Une troisième fois, le diable demanda un morceau de doigt ; Jeannette lui donna encore la queue du rat ; mais le diable s'aperçut qu'on le trompait. Il glissa la main dans l'étable et en attira Jean, qu'il trouva assez gras pour être mangé. Il prépara le chevalet sur lequel il voulait le saigner, et il alla faire une promenade, après avoir recommandé à sa femme de veiller sur Jean, et surtout sur Jeannette, dont il se méfiait.

La femme du diable se soûla et se mit à dormir ; Jeannette alla ouvrir la porte de l'étable aux petits cochons ; elle en fit sortir Jean, et fit mine de ne pas savoir comment il fallait le lier sur le chevalet. « Es-tu bête ! lui dit la femme du diable. Voici comment on fait. » Et elle se mit sur le chevalet. Jean l'attacha dessus et lui coupa le cou. Ensuite ils prirent l'or et l'argent du diable, et s'enfuirent avec son cheval et sa voiture.

Quand le diable revint, il trouva sa femme attachée sur le chevalet, et sa tête coupée était à côté d'elle. Il alla à l'étable aux petits cochons et ne retrouva ni Jean, ni Jeannette, ni son cheval ni sa voiture.

Il se mit à la recherche des deux enfants, et il rencontra au bout de quelque temps un laboureur auquel il dit :

Vous n'avez pas vu Jean, Jeannette,
Ma charrette,
Mon cheval rouge et mon cheval blanc,
Couverts d'or et d'argent[1] *?*

---

1. *N'avez pas vi passa Dzan, Dzannette,*
Ma carette,
Ma cabale roudze et ma cabale blanque,
Cata d'or et d'argent ?

— Que dites-vous, monsieur ? que je ne laboure pas bien ?
— Mais non, bigre de bête.

Tu n'as pas vu passer, etc.

— Non, monsieur.
Un peu plus loin, le diable rencontra un berger qui gardait ses moutons :

Vous n'avez pas vu Jean, Jeannette ? etc.

— Vous dites que mon chien n'aboie pas bien ? *Dzapo, Labri, dzappe* (Labri, aboie).
Le chien se mit à aboyer après le diable, comme s'il voulait le mordre.
— Bigre de bête, s'écria le diable, je ne parle pas de ton chien.

N'as-tu pas vu Jean, Jeannette ? etc.

— Non, monsieur.
Le diable entra dans un village, au moment où le bedeau venait de sonner l'angélus.

Vous n'avez pas vu Jean, Jeannette ? etc.

— Que dites-vous, monsieur ? Est-ce que je n'ai pas bien sonné les cloches ?
Le bedeau rentra dans l'église et se mit à sonner à toute volée.
— Imbécile, lui dit le diable, qui te parle de tes cloches ?

N'as-tu pas vu Jean, Jeannette ? etc.

— Non, monsieur.
Le diable alla encore plus loin, et il arriva au bord d'une rivière où des femmes lavaient.

Vous n'avez pas vu Jean, Jeannette ? etc.

— Que dites-vous ? demanda une des lavandières, que je ne bats pas le linge comme il faut ?

Et elle se mit à frapper sur sa pierre de toute sa force.

— Non, sotte lavandière, je te demande :

Si tu n'as pas vu Jean, Jeannette ? etc.

— Si, monsieur, dit une des femmes, nous avons vu passer un beau monsieur et une belle demoiselle avec un beau carrosse à deux chevaux.

— De quel côté ?

— Sur la rivière.

Mais il n'y avait pas de pont, et le diable se désolait de ne pouvoir la traverser. Une des lavandières dit aux autres : « Nous avons affaire au diable ; il faut lui jouer un tour. »

Elle lui proposa de se laisser couper les cheveux et de faire un pont avec pour passer la rivière. Le diable se laissa faire et les cheveux s'allongèrent de manière à faire un pont. Mais quand il fut au milieu de la rivière, elles laissèrent les cheveux tomber, le diable fit klouk ! dans l'eau, et il se noya.

Les lavandières allèrent raconter à Jean et à Jeannette qui étaient retournés chez leurs parents que le diable s'était noyé.

Jean et Jeannette enrichirent leurs parents, et tout le monde fut heureux.

Il faut être bon pour ses parents, même quand ils ont été méchants pour les enfants.

La nuit venait,
Le coq chantait
Et le conte s'achevait.

La nèu vingué,
Lou dzai tsanté
Et lou conte tsabé.

HISTOIRE DE PULGADITO, LE POUCET PÉRUVIEN

F. Duine, *Légendes péruviennes*, Tours, A. Mame et fils, 1896.

Au temps jadis, il y avait une femme qui désirait épouser un ogre.

« Hélas ! se disait-elle, je suis si petite, qu'il me renverra. Mais il est très pauvre, et, pour le gagner, je lui montrerai tout l'or que mon père a tiré des mines du pays. »

Elle fit une visite au monstre.

Or celui-ci venait de perdre sa cuisinière, personnage indispensable chez les ogres dévorants. Aussi ce fut avec joie qu'il accueillit les propositions de mariage faites par la señora.

« Mais écoutez-bien, dit-il, vous m'obéirez avec autant de promptitude que mes esclaves nègres.

— Je vous le jure.

— Alors tout est parfait. Mettons-nous à table. Nous mangerons peu ce soir, afin que notre estomac se creuse pour le repas de noces. »

On apporta pour la femme une côtelette et un verre de vin ; pour son futur, un mouton et un barillet. D'une seule bouchée, le monstre avala plus de la moitié de son plat. C'est ici que me semble vraiment commencer le conte.

Le lendemain, toute la ville fut invitée aux réjouissances matrimoniales, sauf une pauvre vieille dont l'enfant, pas plus gros que le pouce, avait été surnommé Pulgadito. L'ogre détestait cette femme. Il l'aurait volontiers mangée, si elle avait été moins coriace. Mais il comptait sur la chair délicate de Pulgadito. A cette seule pensée il balayait avec sa large langue ses grandes dents aiguës.

Un beau matin il partit en campagne, portant un sac. Il se dirigea vers le champ où Poucet venait parfois, dès l'aurore, labourer avec une plume d'écolier, petite bêche qui était fée.

Il marcha longtemps. Fatigué, il s'endormit au pied d'un figuier. Justement, dans les branches de cet arbre, se trouvait Pulgadito en train de se régaler.

Le nain savait les projets de son ennemi. Alors, prenant des pelures de fruit, il s'amusa malignement à les lancer sur le nez du dormeur.

L'ogre se réveilla.

« Poucet, cria-t-il en l'apercevant, jette-moi des figues entières, ou je me fâche.

— Non, gourmand.

— Poucet, jette-moi la moitié d'une figue, ou je t'enlève.

— Non, gourmand.

— Poucet, jette-moi le quart d'une figue, ou je te mets dans mon sac.

— Gourmand, tu n'auras que la pelure et les fourmis qui la mangent. »

Ce disant, le petiot fit tomber avec adresse, dans la bouche du monstre, quantité de figues pourries.

Une telle insolence mit l'ogre en fureur. Tout assis qu'il était, il allongea sa grande main, saisit le petit corps, l'enferma dans son sac, puis se rendormit.

Le nain tira son canif, fit un trou dans la toile, sortit, dénoua le sac, le remplit de gros cailloux et s'échappa.

Son somme achevé, le géant prit le paquet.

« Diable ! pensait-il, c'est presque lourd. Il paraît que le moucheron a engraissé pendant mon sommeil. »

Lorsqu'il fut arrivé à la maison, il dit :

« Ma femme, tue la bestiole et fricasse-la. »

L'ogresse ouvrit le sac. A la vue du contenu :

« Hé quoi ! répondit-elle, tu veux te moquer de moi ! Me crois-tu donc assez naïve pour cuire des roches ? »

L'ogre dut reconnaître qu'il était berné. Dans sa colère, il vociféra si fort, que tous les oiseaux des environs volèrent se cacher bien loin.

« Ah ! petit drôle, répétait-il, ta plaisanterie te coûtera cher. »

Il prit ses bottes de sept lieues. En deux enjambées il atteignit le figuier où Poucet était remonté ; il empoigna le nain, le mit dans son sac et s'endormit joyeusement.

Pulgadito se tira d'embarras comme la première fois, et

remplit le sac d'épines. A son réveil, le monstre, emportant le paquet, se piqua la main.

« Holà ! songeait-il, voici la bestiole qui n'est pas contente et qui cherche à mordre. »

A peine entré chez lui :

« Cuis dans une sauce blanche, dit-il, ce lutin qui n'a cessé de me piquer le bras. »

Mais la femme ne trouva que des orties. L'ogre furieux examina la toile soigneusement, et constata que plusieurs mailles étaient coupées.

« Enfin ! s'écria-t-il, je devine : c'est avec son couteau qu'il fait cela. En avant, et malheur à lui ! »

Bientôt il rencontra Pulgadito, qui s'amusait à cueillir des violettes le long des haies. Il le plaça dans le creux de sa main, et, malgré ses cris désespérés, le serra vigoureusement. En le remettant à l'ogresse, il recommanda de le frire dans la poêle, pendant qu'il irait se promener dans ses plantations.

La femme regarda Poucet. Il était mignon à croquer.

« C'est vraiment regrettable de le tuer, gémissait-elle ; mais, si je n'obéis, j'aurai le même sort. »

Elle alla chercher une cuvette.

« Voyons, nain. Tu vas baisser complètement la tête, afin qu'un seul coup de hache tranche net, sans te faire souffrir.

— Je ne comprends pas très bien, bonne dame. Voulez-vous me montrer comment me tenir ?

— Certainement, mon chéri. Tiens un instant mon coutelas. »

Et, penchant la tête sur la cuvette, elle voulut indiquer la meilleure pose. Aussitôt Poucet leva l'instrument et coupa le cou de l'ogresse. Puis il déroba les bottes de sept lieues et s'enfuit.

« Oh ! oh ! dit l'ogre en rentrant, je sens la chair fraîche. »

Il marcha vers la cuvette pleine de sang et reconnut le cadavre de son épouse...

« Encore un tour de Pulgadito, songea-t-il ; mais, je le jure, ce maudit nain le payera !... En attendant, mangeons ce qui nous est servi. »

Après ce repas il chercha ses bottes. Ne les trouvant point, de fureur il ébranla un mur, puis il se mit en route pour attraper Poucet. Bientôt il aperçut son minuscule ennemi au sommet d'une montagne.

« Je te tiens », cria l'ogre, qui allongea sa main immense.

Le petiot fit une enjambée qui le porta à sept lieues. Le géant suait à grosses gouttes ; il se vit obligé de renoncer à sa poursuite.

Au bout de quinze jours, il s'ennuya d'être seul, et résolut de se marier une seconde fois. Cette nouvelle ogresse lui donna six enfants qui, à l'âge de six jours, étaient capables d'aller à l'école.

C'est là que Pulgadito fit leur connaissance, car il ne manquait jamais ses classes.

Or il dit un jour à ses frères (qui étaient au nombre de six) :

« On n'entend plus parler de l'ogre. Je crois que sa première femme l'a dégoûté de la chair fraîche. Voulez-vous venir le voir ? Nous tâcherons de lui jouer un tour, ce sera très plaisant. »

Connaissant l'esprit et le sang-froid de Poucet, ils acceptèrent et allèrent ensemble frapper à la porte du monstre. Le soleil n'était pas encore couché, mais l'ogre lassé ronflait déjà dans son lit.

« C'est vous, mes amis, dirent les petits ogres en les reconnaissant. Quel plaisir ! »

On s'amusa jusqu'à minuit. Les Poucet voulurent alors quitter leurs camarades. Ceux-ci les retinrent :

« Il est trop tard, dirent-ils, pour vous en aller. Dans notre chambre, il y a deux lits capables de contenir chacun six personnes. Restez. »

Ce fut bientôt chose convenue.

Au moment où tout le monde allait s'endormir, Poucet, toujours à observer, vit que, suivant le cérémonial des ogres, on plaçait des couronnes d'or sur la tête des petits monstres.

Lorsque ceux-ci furent plongés dans le sommeil, Pulgadito se leva et crut bon d'enlever ces diadèmes pour les mettre sur la tête de ses frères.

Bien lui en prit, car l'ogre au milieu de la nuit fut troublé par une odeur de chair fraîche qui n'était pas celle de sa famille. Il sortit du lit, murmurant :

« Il y a par ici quelque chose de bon à manger. »

Guidé par son odorat, il entra à tâtons dans la chambre, les yeux tout appesantis. Il alla droit aux Poucet, tâta les têtes, saisit les couronnes :

« Par mon grand-père ! pensa-t-il, mon instinct me trompait : ce sont mes enfants. »

Il courut à l'autre lit, coupa les têtes, retourna se coucher en se promettant de ripailler le lendemain.

Au lever, jugez de la rage de l'ogre et du désespoir de l'ogresse.

« Assassin ! criait celle-ci.

— Folle ! répondait l'autre.

— Tue-moi donc aussi.

— Hé ! cela va venir si tu ne sais te taire. »

De fait, d'après certains historiens, l'ogre aurait volontiers mangé sa femme ; mais il jugeait qu'elle était encore trop maigre. Je prie mon lecteur de m'excuser de ne point prendre parti dans une question si délicate, je craindrais d'embrouiller mon récit par une discussion savante.

Ce qui est certain, c'est que l'ogre se retira chez un de ses cousins pour se reposer de ses émotions et pour se faire tailler par une sorcière de nouvelles bottes de sept lieues.

Pendant ce temps, sur le conseil d'une fée sa marraine, Pulgadito fit ses adieux à sa mère, à ses frères, et passa dans le Brésil. Brisé par ses longues courses, il s'endormit au milieu des roseaux, sur les bords du fleuve des Amazones. Le monstre, depuis longtemps à sa poursuite, le découvrit sommeillant entre les fleurs, et d'un coup de dent savoura ses chairs délicieuses.

Si j'avais le talent de mon maître Perrault, j'écrirais de ce conte l'édifiante morale ; mais vous la tirerez beaucoup mieux que moi.

HISTOIRE DU PETIT POUCET

René Martin, *Le Pays Lorrain*, revue illustrée, Société d'archéologie lorraine et Musée historique lorrain, 1913.

En fouillant les archives de la Bibliothèque municipale de Mirecourt j'ai fait une découverte des plus intéressantes qui est appelée, je crois, à bouleverser l'économie générale de l'Histoire et particulièrement à modifier les données de la *Légende du Petit Poucet*, telle du moins qu'elle est rapportée par les images coloriées d'Epinal.

J'en demande pardon à ma grand-mère qui s'est complu bien des fois à exalter ma jeune imagination du récit des célèbres aventures du petit bonhomme : mais le souci de la vérité m'oblige à rétablir dans sa réalité un point d'histoire locale défiguré par des additions romanesques qu'un véritable savant doit rejeter, en raison de l'obscurité de leur origine et des invraisemblances qu'elles contiennent au regard de la biologie et des sciences naturelles. Aussi bien ne suis-je point responsable si le démon de l'hypercritique, qui a déjà fait tant de ravages dans le domaine de l'histoire, donne à mes contemporains le goût de la documentation exacte et de l'information minutieusement contrôlée.

Donc, si vous ouvrez le numéro 42 du *Journal de Mirecourt* portant la date du 24 septembre 1812, dont la collection [1] se trouve sur le deuxième rayon de la Bibliothèque, à main gauche, au-dessus de la vitrine des monnaies lorraines, vous pourrez lire cet entrefilet inséré à la chronique des « Faits divers de l'arrondissement » :

« POUSSAY [2]. — *Une fugue*. — Jeudi dernier, profitant de l'absence de leurs parens (*sic*) qui travailloient dans les vignes, le jeune Charles Rougirel, âgé de neuf ans, accom-

1. Classée et cataloguée sous le n° 02479. — *Maneat*.

2. Poussay, petit village du canton de Mirecourt. Ancienne abbaye de chanoinesses.

pagné de ses six petits frères, se rendit au Bois des Rappes pour y cueillir des noisettes. Egarés dans les fourrés profons et surpris par la nuit, les pauvres enfans ne purent retrouver leur chemin. Ils errèrent longtemps à l'aventure. Apeurés par le silence lugubre traversé par le cri des oiseaux nocturnes, ils commençoient à trembler de tous leurs membres quand l'aîné, qui étoit monté sur un arbre, aperçut dans le lointain une lumière qui brilloit à travers les taillis. Ils se dirigèrent de ce côté et arrivèrent devant une ferme située à l'orée du bois, sur la limite du territoire de Juvaincourt. La fermière recueillit les jeunes égarés, leur servit une soupe chaude et comme il étoit trop tard pour les reconduire à la maison paternelle, les fit coucher dans la chambre de ses petites filles. Mais à l'aube, quand elle vint pour les réveiller, les enfans étoient déjà partis. Des gendarmes de la brigade de Mirecourt, requis par M. et Mme Rougirel pour rechercher les fugitifs, les rencontrèrent dans la plaine de Puzieux, aux environs de la chapelle de Sainte-Manne, et les ramenèrent à Poussay. On peut juger de la joie des pauvres parens après une telle nuit passée au milieu des plus terribles angoisses et des plus folles appréhensions. »

Ce précieux document, dont l'authenticité ne saurait être mise en doute, rétablit dans sa version primitive l'histoire des sept petits garçons de Poussay. On y voit premièrement que, contrairement à la légende, leurs parents n'exerçaient pas la profession de bûcheron, mais celle de vigneron, et cette remarque a sa valeur si l'on tient compte que le village de Poussay, bâti sur un éperon qui domine la route nationale de Mirecourt à Charmes, appartient à un canton vignoble dénué de forêt (en dehors du bois des Rappes et du bois de Noirfays, ou Noir-feuillis).

Il est également intéressant de noter que dans la relation rapportée plus haut, il n'est pas question d'ogre ni de quelque autre personnage fabuleux ou mythologique dont la conformation physique et les goûts puissent être rapprochés du type créé de toutes pièces par les imagiers d'Epinal. Il apparaît au contraire, avec une évidence que je ne craindrai pas de qualifier de « lumineuse », que les petits garçons de

Poussay ne rencontrèrent, à la ferme du bois des Rappes, qu'une mère de famille compatissante préoccupée avant tout de calmer leurs alarmes et de leur assurer le bénéfice de la plus large hospitalité. Le fait que cette dame servit à ces jeunes polissons une « assiettée » de soupe au lard et ne craignit pas de les introduire dans la chambre de ses filles, témoigne à la fois de la simplicité de ses mœurs et de l'affabilité de son caractère.

Comment, dans ces conditions, cette équipée banale put-elle devenir la terrifiante histoire qui fait encore, à l'heure actuelle, trembler tant d'enfants dans leurs lits ? Après bien des recherches et des enquêtes rendues particulièrement difficiles par suite de la disparition des contemporains de Charles Rougirel, je crois pouvoir répondre à cette question en me tenant le plus près possible des règles générales de la psychologie.

Quand le jeune Charles Rougirel, que nous continuerons à appeler le Petit Poucet pour la commodité du récit, fut introduit avec ses six frères dans le lit douillet aux draps fleurant le bon goût des lessives séchées au soleil, la fermière borda soigneusement la couverture, leur souhaita le bonsoir et s'en fut... Fatigués par tant d'émotions, les membres ankylosés et la tête lourde, ils ne tardèrent pas à s'endormir. Seul, pourtant, le Petit Poucet, ne pouvant trouver le sommeil, s'agitait sous le lourd édredon et roulait en son cerveau mille pensées mélancoliques. Une souris, sur le grenier, grignotait quelque poutre... Déjà dépaysé dans cette grande chambre éclairée par un rayon de lune, l'enfant se mit à trembler comme une feuille au cri sinistre d'une chouette lançant son hululement dans la nuit... Tout de suite la pensée lui vint de ces fantômes nocturnes qui rôdent mystérieusement autour des maisons isolées, et surtout de ces « sotrés » qui surgissent des ténèbres devant les pas du voyageur, ainsi que le raconte le vieil oncle Joujou, plusieurs fois témoin de ces apparitions fantastiques... Et à ces souvenirs le Petit Poucet, fermant les yeux, retenant sa respiration, s'enfonçait sous la couverture, effrayé même du ronflement sonore des enfantelets qui, à ses côtés, dormaient à poings fermés et rêvant aux anges avec un gentil sourire sur les lèvres.

... Soudain, la porte s'ouvrit en silence. Une ombre s'approcha du grand lit et se pencha curieusement. Hasardant un regard entre ses cils peureusement entrouverts, le Petit Poucet aperçut avec terreur une figure étrange, une physionomie de « peut homme », aux yeux à fleur de tête et à la barbe broussailleuse. De gros anneaux de cuivre pendaient à ses oreilles et luisaient sous la clarté lunaire. L'homme continuait à voix basse, avec une personne invisible (la fermière sans doute), une conversation commencée :

— Non, disait-il, inutile de te déranger, je partirai de trop grand matin. Je les découperai moi-même et je les ferai griller. (Il s'agissait vraisemblablement d'andouilles.) Je saurai bien les trouver, je connais leur place...

Puis reniflant avec force :

— Ah ! le bon goût de chair fraîche, dans ce petit paradis plein d'angelets ! Quatorze ! Ils sont quatorze : sept garçons et sept filles. (Riant :) Femme ! nous ne leur laisserons pas le temps de se marier !

Il est facile de concevoir l'effet d'une telle conversation sur l'imagination déjà surexcitée du Petit Poucet. « *Je les découperai moi-même !* », « *Ah ! le bon goût de chair fraîche !* », « *Quatorze ! Ils sont quatorze !* » Et surtout cette terrible menace qui résonne lugubrement aux oreilles de l'enfant effrayé : « *Mais nous ne leur laisserons pas le temps de se marier !* » Plus de doute ! les petits sont tombés chez un « ogre » et le Petit Poucet croit entendre le bruit des casseroles qu'on prépare dans la cuisine pour le sinistre déjeuner ! Pourtant telle est la logique déconcertante de l'enfant, en pleine panique, le Petit Poucet s'endormit profondément.

Il fut réveillé au gris jour par le bruit des vaches qui, à l'étable, tiraient sur leur chaîne. Il frotta ses yeux lourds de rêves et ne reprit contact avec la réalité qu'en apercevant, face à la « taque » de la cheminée, le lit où reposaient les sept petites filles de la fermière. La conscience lui revint aussitôt de la terrible scène de la veille et sa première pensée fut de fuir avant que le mangeur d'enfants pût mettre à exécution son épouvantable projet. Doucement, il réveilla ses petits frères, leur fit part du danger et leur intima l'ordre de s'habiller en silence. Les « petiots » étaient terrifiés. Ils enfilèrent leurs culottes, prirent leurs sabots à la main et se glissèrent doucement dans le corridor, le cœur battant, inquiets d'être surpris avant d'avoir pu gagner la campagne. Ils traversèrent la cour, mais ils furent arrêtés par la niche du chien de garde, silencieuse comme une maison déserte... Ils se concertèrent un instant, n'osant affronter le péril d'un défilé devant le trou béant, plein d'épouvante et de mystère. S'encourageant de bonnes paroles, ils se prirent par la main, puis, d'une poussée violente comme le désespoir, ils s'enfuirent, telle une bande de moineaux. Ils s'aperçurent alors que la niche était vide et ils s'amusèrent de leur folle terreur...

Le soleil montait lentement derrière un rideau de peupliers, baigné dans un bain de pourpre pareil à un lac de sang. Des lambeaux de brouillard, légers, floconneux, épars, flottaient sur la plaine. Des alouettes, ivres de la lumière naissante, piquaient droit dans le ciel en lançant leur cri triomphal. Au loin, un coq chanta... Les petits arrêtèrent leur course à la chapelle de Sainte-Manne, devant une haie chargée d'« époiches » et de prunelles et, repris par l'insouciance de leur âge, ils se mirent à cueillir parmi les épines les beaux fruits veloutés, humides encore de la rosée matinale... Et ils riaient ! Et ils pépiaient comme un salon de mésanges posées sur la branche d'un sureau. La brusque irruption des gendarmes mit fin à la « dînette » improvisée...

Il est permis de supposer qu'en rentrant à la maison paternelle les jeunes garnements reçurent une maîtresse correction. Mais comme l'histoire n'a pas recueilli le souvenir de ce geste mémorable et que nous nous défendons d'écrire ici un roman conjectural, nous glisserons rapidement sur ce détail qui n'offre au reste qu'un médiocre intérêt. La seule certitude que nous possédions, c'est que le lendemain, vendredi, le petit Rougirel avait retrouvé son assiette, si l'on s'en réfère au témoignage de M. Mourot, Jean-Joseph-Hilarion, 54 ans, charron à Poussay, lequel nous a déclaré tenir de feu son père que c'est du mur de l'ancienne église abbatiale, où notre héros était venu faire une partie de marelle, que s'envola la célèbre légende immortalisée par l'imagerie d'Epinal. Oubliant ses terreurs de la veille et se grisant au propre récit de ses aventures, le jeune Rougirel se mit à broder, à enguirlander, à dramatiser comme un simple Gascon. Et rien n'est plus terrible que la blague à froid d'un Lorrain qui gasconne ! Ce poltron, ce trembleur, qu'un cri de chouette affole et qui prend pour un « ogre » le bon fermier qui lui vient rendre visite, n'osa-t-il pas se vanter d'avoir, avant sa fuite, changé de lit les sept petites filles couchées dans sa chambre, projet machiavélique qui devait, dans sa pensée, provoquer la plus sanglante et la plus cruelle des méprises ? Et les fameuses « bottes de sept lieues » ! Elles sont sorties toutes confectionnées, ces bottes, de l'imagination du petit drôle qui, pour corser son histoire et par une association d'idées toute naturelle (il y avait eu des bottes de gendarmes en cette affaire), inventa cet épisode de la poursuite de l'ogre à travers monts et plaines.

Un petit garçon de Nancy, que ses parents avaient envoyé à Poussay pour y passer les vacances, rapporta l'histoire à ses camarades et il est vraisemblable que, trahi par sa mémoire, il lui fit subir l'altération remarquable qui représente les parents Rougirel décidant, à cause de leur misère, de perdre leurs enfants dans les bois. Egalement controuvée l'anecdote des miettes de pain et des petits cailloux blancs. Quant à la déformation d'ordre étymologique qui fit de Charles Rougirel le Petit Poucet, un savant linguiste, dont les travaux font autorité en la matière, a bien voulu nous en fournir cette explication d'une valeur en quelque sorte mathématique :

« Charles Rougirel = Petit garçon de Poussay. Petit garçon de Poussay = Petit de Poussay. Petit de Poussay = Petit Poussay. Et comme la légende du Petit Poucet resta pendant de longues années dans la tradition orale, il est très naturel que la première relation écrite qui en parut orthographia, euphoniquement, Petit Poucet pour Petit Poussay. »

Telle est, véridiquement reconstituée d'après des documents irréfragables et des témoignages dignes de foi, l'histoire d'un petit garçon lorrain qui, en allant cueillir des noisettes, perdit son chemin... et trouva l'immortalité.

QUELQUES REPÈRES POUR SITUER LES AUTEURS ET LES ŒUVRES

CHARLES PERRAULT
(1628-1703)

1628. *12 janvier*. Naissance à Paris de Charles, dernier fils de Pierre Perrault, avocat au Parlement de Paris. La famille Perrault appartient à la haute bourgeoisie d'offices et les frères de Charles mèneront chacun une belle carrière : Pierre (1611-1680), Receveur général des Finances sous l'administration de Colbert, écrit des essais scientifiques et littéraires. Claude (1613-1688), docteur en médecine et architecte, membre de l'Académie des Sciences et du Conseil des Bâtiments, publie des traités d'architecture et de sciences naturelles. Nicolas (1624-1662), docteur en théologie, est passionné de mathématiques.

1637-1643. Comme ses frères aînés, Charles fait ses études au collège de Beauvais à Paris (rue Jean-de-Beauvais, près de la Sorbonne). Excellent élève, particulièrement en latin, il témoigne d'un vif penchant pour la littérature et se met à composer des vers.

1643. Charles Perrault quitte le collège et poursuit ses études librement. Il lit beaucoup et s'essaie au genre parodique alors à la mode. En collaboration avec ses deux frères, Claude et Nicolas, il compose une parodie du livre VI de l'*Enéide* de Virgile : *L'Enéide burlesque* (1648, publiée seulement en 1901).

1651. Il obtient sa licence en droit à l'Université d'Orléans et s'inscrit au barreau de Paris où il est reçu avocat. Il ne plaidera que deux fois.

1652. Mort de Pierre Perrault, le père de la famille.

1653. Publication du premier livre des *Murs de Troie ou l'Origine du burlesque*, composé par Charles avec ses frères (le second livre, demeuré à l'état de manuscrit, est du seul Claude).

1654. Pierre Perrault achète la charge de Receveur général des Finances de Paris. Charles abandonne le barreau pour devenir son commis et s'initier ainsi aux affaires. Il est introduit par son frère chez Nicolas Foucquet.

1657. Mort de Pâquette, la mère de famille.

1659. Toujours avec ses frères, Charles s'essaie au genre galant. Ses poèmes, notamment les « Odes au Roi », vont le faire remarquer.

Portrait d'Iris, Portrait de la voix d'Iris (rondeaux, 1659)

Ode sur la paix (1660), *Ode sur le mariage du Roi* (1660)

Dialogue de l'amour et de l'amitié (en prose, 1660)

Le Miroir ou la Métamorphose d'Orante (allégorie galante en prose, 1660)

Ode au roi sur la naissance de Monseigneur le Dauphin (1661)

1663. Charles Perrault entre comme commis auprès de Colbert, le tout-puissant ministre de Louis XIV. Il touche à dater de ce moment une gratification de 1500 livres.

Discours sur l'acquisition de Dunkerque par le Roi, en l'année 1663

Perrault devient rapidement l'homme de confiance de Colbert, surintendant des Bâtiments du roi : il est nommé secrétaire des séances du « petit conseil », aussi nommé « petite académie », dont le ministre aime s'entourer et qui sera plus tard l'Académie des Inscriptions et Belles-Lettres (chargée, entre autres, de rédiger des inscriptions pour les monuments publics). Il en sera le secrétaire perpétuel jusqu'à son exclusion par Louvois (1683).

1665. Perrault devient Premier commis des Bâtiments du Roi. Il participe activement à la politique de prestige, artistique et littéraire, voulue par Louis XIV.

1667. Charles Perrault introduit son frère Claude dans le projet de construction de la façade orientale du Louvre (dite « colonnade Perrault »), dirigé par Le Vau, et lui fait aussi attribuer les plans du futur Observatoire de Paris.

La Peinture (poème qui fait l'éloge des artistes célébrant la grandeur royale, en particulier Le Brun, 1668)

Le Parnasse poussé à bout (allégorie mythologique en prose et en vers écrite à l'occasion de la conquête de la Franche-Comté, 1668)

1670. Perrault publie une relation du fameux carrousel de 1662 sous le titre *Courses de têtes et de bagues faites par le Roi et par les Princes et Seigneurs* (un luxueux volume orné de gravures).

1671. Elu à l'Académie française, Perrault y est reçu le 23 novembre et prononce un discours de réception qui plaît beaucoup. Devenu chancelier (1672), puis bibliothécaire de l'Académie (1673), Perrault fait beaucoup pour son organisation et son développement ; il jouit d'une grande influence dans les milieux officiels. Porte-parole de Colbert, il prend part à la fondation de l'Académie des Beaux-Arts. Etabli dans la charge de « contrôleur des Bâtiments de Sa Majesté » (avec 3 000 livres d'appointements), il compose des harangues pour Louis XIV. Grand travailleur, aimable, spirituel, Perrault est très prisé à la Cour, mais il s'attire vite l'animosité de Boileau et de ses partisans, jaloux de ses succès.

1672. Perrault épouse une jeune fille de dix-neuf ans, Marie Guichon, qui lui donnera quatre enfants.

1673. Naissance du premier enfant des Perrault (une fille).

Critique de l'Opéra ou examen de la tragédie intitulée Alceste ou le Triomphe d'Alcide (défense de Quinault et Lully, 1674)

1675, 1676. Naissance de deux fils : Charles-Samuel, puis Charles.

Le Labyrinthe de Versailles (1675)

Le Labyrinthe est un bosquet dessiné par Le Nôtre en 1665 dans les jardins de Versailles. En 1672, sur un projet inspiré par Perrault et destiné à l'éducation du Dauphin, ses carrefours furent ornés de fontaines représentant les fables d'Esope. Terminé en 1675, le bosquet a inspiré à Perrault son *Labyrinthe* : 41 courtes fables en prose suivies de moralités « galantes » en vers (le Labyrinthe sera détruit en 1775-1776 pour être remplacé par le bosquet de la Reine).

1678. Naissance d'un troisième et dernier fils, Pierre, qui recevra le nom de Darmancour et à qui seront attribués les *Contes* en prose. Mort de la femme de Perrault.

Poème à la Louange de M. Le Brun (1681)

1680. Perrault cède son poste de premier commis au fils de Colbert.

1681. Il est élu directeur de l'Académie.

Le Banquet des Dieux pour la Naissance de Monsieur le Duc de Bourgogne (allégorie en prose et en vers, 1682)

Brouillé avec Colbert, Perrault s'apprête à se retirer de ses fonctions d'administrateur des Bâtiments.

1683. Mort de Colbert. Fin de la carrière politique de Perrault. Le nouveau ministre, Louvois, le fait rayer de la liste des gens de lettres recevant une pension. Libre de son temps, assuré d'une confortable indépendance grâce à sa fortune personnelle, Perrault se consacre à l'éducation de ses enfants et à la rédaction de ses livres. Il se fixe au faubourg Saint-Jacques, près du « quartier latin ».

Saint Paulin Evêque de Nole, avec une épître chrétienne sur la pénitence, et une ode aux nouveaux convertis (1686)

Avec ce poème en six chants, dédié à Bossuet, Perrault veut se poser en doctrinaire de l'art moral. Il expose une idée qu'il considère comme essentielle : la nécessité pour la France d'élaborer un art d'un type nouveau, un art chrétien qui sera nécessairement supérieur à l'art barbare de la civilisation païenne.

1687. *27 janvier*. Séance à l'Académie française pour célébrer la guérison du roi, qui vient d'être opéré. L'abbé de Lavau lit le poème de Perrault *Le Siècle de Louis le Grand*. Scandale : l'auteur ose affirmer que les poètes du règne de Louis XIV sont supérieurs aux Anciens (Grecs et Romains). Nicolas Boileau s'indigne au nom de l'intangible suprématie antique : furieux, il quitte ostensiblement la séance. C'est le point de départ de la fameuse « Querelle des Anciens et des Modernes », véritable bataille littéraire où les rivaux s'affrontent à coups d'ouvrages pédants, d'articles et d'épigrammes.

1688. A l'Académie, Perrault donne lecture de son *Epître au*

Génie, dans laquelle il exalte Corneille et loue son neveu Thomas. Le clan des Anciens (Boileau, Racine) l'ayant tourné en ridicule, Perrault, piqué au vif, publie son premier *Parallèle des Anciens et des Modernes*, où il met Quinault bien au-dessus de Racine et Lebrun bien au-dessus de Raphaël.

Parallèle des Anciens et des modernes (1688-1698, 4 volumes en forme de dialogues) : 1. *en ce qui regarde les arts et les sciences* (1688) ; 2. *en ce qui regarde l'éloquence* (1690) ; 3. *en ce qui regarde la poésie* (1692) ; 4. *où il est traité de l'astronomie, de la géographie, de la navigation, de la guerre, de la philosophie, de la musique, de la médecine, etc.* (1697)

Ode à Monseigneur le Dauphin sur la prise de Philisbourg (1688)

1690. Perrault compose vers cette date deux petites comédies demeurées longtemps inédites, *L'Oublieux* et *Les Fontanges* (posthumes, 1868).

Le Cabinet des Beaux Arts (recueil d'estampes commentées par Perrault, 1690)

L'Idylle à Monsieur de la Quintinie (1690)

Ode à l'Académie française (1690)

Au Roi, sur la prise de Mons (ode, 1691)

La Marquise de Salusses ou la patience de Griselidis (nouvelle, 1691)

La Création du Monde (poème, 1692)

La Chasse (poème humoristique, 1692)

Ode au Roi (1693)

*Dialogue d'Hector et d'Andromaque, tiré du sixième livre de l'*Iliade (1693)

Le Faux Bel Air, satire, avec le Roseau du nouveau monde (poème sur la canne à sucre, 1693)

1694. Perrault écrit l'*Epître dédicatoire* pour la première édition du *Dictionnaire* de l'Académie. Il publie son *Apologie des femmes*, un poème qui répond à la *Satire X* de Boileau. Cependant, le 30 août, les deux auteurs se réconcilient publiquement.

Le Triomphe de sainte Geneviève (1694)

Les Souhaits (conte, 1694)

Peau d'Ane (conte, 1694)

1695. Manuscrit de cinq *Contes* adressé à Mademoiselle, nièce du roi (1695) :

La Belle au bois dormant, Le Petit Chaperon rouge, La Barbe Bleue, Le Maître Chat ou le Chat botté, Les Fées

1696. *La Belle au bois dormant* paraît dans *Le Mercure galant* de février.

Les hommes illustres qui ont paru en France pendant ce siècle, avec leurs portraits en nature (2 volumes, 1696 et 1700)

1697. Publication chez le libraire Claude Barbin des *Histoires ou Contes du temps passé, avec des moralités*, soit les cinq contes figurant dans le manuscrit de 1695, auxquels sont rajoutés : ***Cendrillon ou la petite pantoufle de verre, Riquet à la houppe, Le Petit Poucet.***

Adam, ou la Création de l'homme, sa chute et sa réparation, poème chrétien (1697)

Portrait de Messire Bénigne Bossuet, évêque de Meaux (poème, 1698)

A Monsieur de Callières sur la négociation de la Paix (ode, 1698)

1699. Perrault traduit en vers les hymnes de l'Eglise et travaille à la rédaction des *Mémoires de ma vie.*

Traduction des Fables *de Faërne mises en vers* (1699)

1700. Mort à la guerre du dernier fils de &[2]Charles, Pierre Perrault Darmancour.

Ode au Roi Philippe V, allant en Espagne (1701)

Ode pour le Roi de Suède (1702)

1703. *30 avril.* Dernière apparition de Perrault à l'Académie française.

Nuit du 15 au 16 mai. Il meurt « en sa maison sur les fossés de l'Estrapade » à Paris. Il est inhumé le 17 mai dans la nef de l'église Saint-Benoît, sa paroisse.

GUSTAVE DORÉ
(1832-1883)

Gustave Doré est né à Strasbourg le 6 janvier 1832. Dès cinq ans, il dessine tout ce qu'il voit et entend. A huit ans, il compose sa première histoire en images (un voyage aux Enfers). La famille Doré est divisée : le père, polytechnicien, ingénieur des Ponts-et-Chaussées, rêve pour son fils d'études brillantes, tandis que la mère est en adoration devant le génie naissant de son fils.

Gustave a treize ans à peine lorsqu'il commence à dessiner ses premières lithographies et quatorze lorsqu'est publié son premier album, *Les Travaux d'Hercule*. Engagé dès 1848 comme caricaturiste au *Journal pour rire* de Philipon, cet autodidacte exubérant débute la même année au Salon avec deux dessins à la plume.

A vingt ans, Doré redécouvre et remet au goût du jour la gravure sur bois. Sa manière de créer une illustration bouleverse le rapport entre l'artiste et le graveur : il ne dessine plus à la mine de bois, mais trace son dessin directement sur le bois même, au lavis ou à la gouache, puis demande au graveur de l'interpréter, en étant fidèle, non pas au trait, mais à la composition générale, à la répartition de la lumière et des ombres, au mouvement — tout ce qui donne le sens même de l'image.

Sa productivité artistique est prodigieuse : des centaines d'aquarelles, dessins, lavis, lithographies, gravures. Ce sont ses illustrations, insérées dans des romans divers édités non seulement en France, mais aussi en Angleterre, en Allemagne et en Russie, qui vont lui apporter une gloire internationale.

Le Rabelais illustré (1854) est le premier d'une série de quelque deux cents chefs-d'œuvre de la littérature mondiale où s'épanouit son extraordinaire talent d'illustrateur : les

Contes drolatiques de Balzac (1855), *Le Juif errant* d'Eugène Sue (1856), *La Divine Comédie* de Dante (1861), *Don Quichotte* de Cervantès (1863), *Le Paradis perdu* de Milton et *Sindbad le marin* de Maxwell (1865), *Le Capitaine Fracasse* de Théophile Gautier (1866), *Les Travailleurs de la mer* de Victor Hugo et les *Fables* de La Fontaine (1867), sans compter la comtesse de Ségur, Dickens, Shakespeare... et, bien sûr, le « Livre des livres », la *Bible* (1866). Pour réaliser ce titanesque travail de l'image, Doré prépare ses esquisses, puis collabore avec de célèbres graveurs comme Pisan ou Pannemaker.

C'est en 1855 que le célèbre éditeur Jules Hetzel conçoit le projet d'une collection de grandes éditions in-folio des chefs-d'œuvre de la littérature dont *L'Enfer* de Dante constituera le premier titre et les *Contes* de Perrault le deuxième.

Pour rompre avec la tradition qui présente les contes toujours accompagnés de vignettes sans originalité, Hetzel demande au jeune Gustave Doré un frontispice, une page de titre et quarante grandes compositions pour son édition de grand luxe. Pour ce « très grand livre, très cher » qui paraît en 1862, Doré impose une grande liberté d'illustration : onze planches pour le seul *Petit Poucet*, trois pour le si court *Chaperon rouge*. Le dynamisme des scènes suscite un regard neuf sur le conte de fées : une vision qui mêle la richesse des symboles avec le regard enfantin, une dramatisation accentuée par les gros plans, les fréquentes contre-plongées et l'écrasement des petits personnages par les architectures végétales.

En 1868, Doré découvre Londres à l'occasion du vernissage d'une exposition qui lui est consacrée. En 1869, la « Doré Gallery » déménage : elle restera ouverte vingt-quatre ans et recevra deux millions et demi de visiteurs.

Cependant, celui qui s'exclamait « Que de livres il faut illustrer pour s'illustrer soi-même ! » se considérait avant tout comme un peintre, comme en témoignent des tableaux de grandes dimensions tels que *La Bataille de l'Alma* (1855),

Le Tapis vert (1867), *Le Néophyte* (1868), *Les Saltimbanques* (1874), *La Mort d'Orphée* (1879).

Abattu par les défaites françaises contre la Prusse et par les événements de la Commune, Doré s'installe à Londres où il passe toute l'année 1871. Il se met à pratiquer la sculpture : on peut voir sa dernière œuvre, le monument consacré à la gloire d'Alexandre Dumas, érigée sur la place Malesherbes à Paris.

Accablé par la mort de sa mère en mars 1881, Doré ne parvient pas à surmonter son chagrin. Le 14 janvier 1883, il donne à ses amis un dîner somptueux dans son hôtel particulier de la rue Saint-Dominique à Paris : sur la table, des roses et des lilas blancs, comme pour un repas de deuil. A la fin du repas, il prononce une oraison funèbre. Il mourra neuf jours plus tard, chez lui, le 23 janvier 1883, emporté par une crise cardiaque.

Illustrateur, dessinateur, graveur, peintre, sculpteur, Gustave Doré a créé un nombre considérable d'œuvres très variées : dans son *Catalogue de l'œuvre complet de Gustave Doré* publié en 1931, Henri Leblanc a recensé 9850 illustrations, 68 titres de musique, 5 affiches, 51 lithographies originales, 54 lavis, 526 dessins, 283 aquarelles, 133 peintures et 45 sculptures.

ET AUSSI

APOLLINAIRE (1880-1918)

Connu sous le pseudonyme d'Apollinaire, Wilhelm Apollinaris de Kostrowizky est l'un des principaux poètes français du début du XXᵉ siècle (*Alcools*, 1913 ; *Calligrammes,* 1918), un précurseur du Surréalisme (*Les Mamelles de Tirésias*, 1917) dont il a forgé le nom. Son roman inpiré par la légende de Merlin l'enchanteur, *L'Enchanteur pourrissant* (1909), et son recueil de nouvelles, *L'Hérésiarque et Cie* (1910), révèlent une vive attirance pour le merveilleux et le fantastique. *La suite de Cendrillon ou le Rat et les six lézards* est l'un de ses derniers textes, publié dans le numéro « A la Perrault » de *La Baïonnette* (n° 185) du 16 janvier 1919. (Cette revue hebdomadaire de dessins satiriques, illustrée par les plus grands dessinateurs de l'époque, comme Poulbot et Sem, propose un thème particulier pour chaque parution).

AULNOY **comtesse d'** (1650-1705)

Née dans une famille de petite noblesse normande, Marie-Catherine Le Jumel de Barneville est mariée très jeune à un comte grossier et brutal, de trente ans son aîné. Exilée de France après avoir tenté de faire condamner son mari sous un faux prétexte, Mme d'Aulnoy voyage dans toute l'Europe. En 1685, après avoir obtenu le pardon de Louis XIV, elle rentre à Paris où elle tient un salon littéraire fréquenté par Mme de Murat, Mlle Lhéritier, Saint-Evremond et le prince de Conti. En 1690, paraît son premier livre, un roman « galant », sous le titre original d'*Histoire d'Hypolite, comte de Duglas, Histoire angloise*. Enchâssé dans la trame romanesque et raconté par le héros, un récit assez proche des *Amours de Psyché et de Cupidon* de La Fontaine relate les aventures mythologiques et féeriques du prince Adolphe de Russie : l'auteur le présente comme « un conte approchant de ceux des Fées ». Ce texte intitulé « L'Ile de la félicité » est donc considéré comme le premier conte de fées français. Publiés en 1697, ses *Contes des fées* regroupent 16 contes illustrés de vignettes. Les *Contes nouveaux ou les Fées à la mode* paraissent en 1698 (1 nouvelle et 9 contes, ornés de vignettes). Avec 25 contes publiés en moins de deux ans, dont les plus connus sont *L'Oiseau bleu*, *La Belle aux cheveux d'or*, *Gracieuse et Percinet*, *Le Prince lutin*, *La Biche au bois*, *La Chatte blanche*, *Le Rameau d'or*, *Finette Cendron*, *Le Nain jaune*, *La Grenouille bienfaisante*, Mme d'Aulnoy est sans conteste l'auteur le plus prolifique de sa génération (elle publie un livre par an jusqu'à sa mort). Elle reste aujourd'hui l'auteur de contes de fées le plus publié en France après Charles Perrault (à qui on attribue même parfois ses contes) : ses textes, souvent plus galants que merveilleux, reflètent l'évolution d'un genre littéraire emprunté à la tradition populaire, mais destiné à un public mondain.

BASILE (1575-1632)

Lo Conto de li Conti (*Le Conte des contes*), aussi connu sous le titre de *Pentamerone*, à l'image du *Décaméron* de Boccace, est une œuvre posthume (publiée de 1634 à 1636) du Napolitain Giambattista Basile. Le recueil est composé de quarante-neuf histoires dotées d'un fond essentiellement merveilleux et contées en dialecte napolitain par divers narrateurs pendant cinq jours : à chaque récit correspond un proverbe didactique et « moralisateur ». L'œuvre n'a été traduite que tardivement en France, mais les mondains du XVIIe siècle comme Perrault pouvaient la connaître grâce aux nombreux artistes, artisans et commerçants italiens alors installés à Paris.

BAUDELAIRE **Charles** (1821-1867)

L'illustre poète des *Fleurs du mal* (1857) a aussi composé, entre 1855 et 1864, cinquante *Petits poèmes en prose* (connus également sous le titre *Le Spleen de Paris*) d'inspiration très variée. « Les dons des fées » est une amusante parodie des contes de fées traditionnels.

BERNARD **Catherine** (1662-1712)

Née à Rouen dans une famille de riches négociants protestants, Catherine Bernard s'installe à Paris dès l'âge de dix-sept ans et se fait aussitôt connaître dans les milieux littéraires avec la parution de son premier roman, *Frédéric de Sicile*. Elle abjure le protestantisme après la Révocation de l'Edit de Nantes en 1685. Elle fait jouer deux tragédies, *Laodamie reine d'Epire* (1689) et *Brutus* (1690). Couronnée à trois reprises par l'Académie française pour des poèmes à la gloire de Louis XIV (1691, 1693, 1697), elle remporte aussi le premier prix des Jeux Floraux de Toulouse en 1696, 1697, 1698. On la dit, par tradition, parente de Pierre Corneille et de la famille du philosophe Fontenelle, qui aurait collaboré à ses œuvres. Dans sa « nouvelle espagnole » *Inès de Cordoue*, parue la même année que *La Belle au bois dormant* de Perrault (1696), se trouve enchâssée l'histoire de Riquet à la houppe.

BOCCACE (1313-1375)

Fils illégitime d'un banquier, le Florentin Giovanni Boccaccio s'initie au commerce à Naples, selon le désir de son père. Au contact de la cour de Robert d'Anjou, il se lie aux humanistes et écrit des poèmes amoureux. De retour à Florence, il lit avec passion l'œuvre de Dante qui devient son modèle. Il rencontre Pétrarque avec qui il entretient une correspondance suivie. Après 1362, alors qu'il avait toujours été anticlérical, Boccace se consacre progressivement à la piété et n'écrit plus qu'en latin. Eploré après la disparition de Pétrarque en 1374, il meurt lui-même, dans la misère, en 1375. Son chef-d'œuvre, Le *Décaméron*, est admiré dans toute l'Europe, inspirant aussi bien Shakespeare et Marguerite de Navarre (*Heptaméron*) que La Fontaine ou Lope de Vega. Ecrit entre 1348 et 1353, après la peste qui ravagea Florence, le recueil s'organise autour de dix jeunes gens qui se sont réfugiés dans une villa florentine pour échapper à l'épidémie. Pendant dix journées (d'où le titre qui signifie « dix jours » en grec), ils racontent chacun une histoire. Les récits sont d'une extraordinaire variété, passant de l'histoire d'amour à la satire, de la tragédie à l'aventure. Certaines nouvelles, jugées licencieuses, attirèrent l'interdiction du Vatican, sans pour autant diminuer leur succès.

CAMI Pierre Henri (1884-1958)

Humoriste et dessinateur, auteur et illustrateur de livres comiques, comme *Les Aventures de Loufock-Holmès* ou *Quand j'étais jeune fille..., mémoires d'un gendarme*, Cami invente « la semaine Camique » dans *L'Illustration*. Il se passionne aussi pour l'œuvre d'Alexandre Dumas : il écrit et illustre un « pastiche », *Le Fils des trois mousquetaires*. Doué pour la caricature, et plus particulièrement pour un théâtre d'une loufoquerie rarement atteinte parmi les auteurs comiques français, il publie *L'homme à la tête d'épingle* avec son petit « Petit Chaperon vert » en 1913. Cami jouit d'une grande renommée dès 1914 : Charlie Chaplin disait de lui qu'il était « le plus grand humoriste *in the world* » et Jacques Prévert qui, comme plus tard Roland Topor ou Jean-Jacques Pauvert et Raymond Devos, était au compte de ses admirateurs, proposa le terme de « camisard » pour désigner ses adeptes.

DAUDET Alphonse (1840-1897)

Né à Nîmes, l'illustre auteur des *Lettres de mon moulin* (1866) est « monté » à Paris où il a d'abord occupé le poste de secrétaire auprès de Charles de Morny, personnage influent du Second Empire, avant d'entrer comme chroniqueur au journal *Le Figaro*. Sa carrière littéraire en est encore à ses débuts lorsqu'il publie son troisième ouvrage, à vingt-deux ans : *Le Roman du Chaperon Rouge, Scènes et fantaisies*, qui comprend « Le Roman du Chaperon-Rouge », « Les Ames du Paradis », « Un Concours pour Charenton », « L'Amour-Trompette », « Les Huit Pendues de Barbe-Bleue », « Les Rossignols du cimetière ».

DES PÉRIERS Bonaventure (vers 1510-vers 1543)

Poète et conteur bourguignon, Des Périers a reçu une formation d'humaniste : il collabore à la traduction de la Bible de Jacques Lefèvre d'Etaples, parue en 1535, et travaille avec Etienne Dolet. En 1536, il entre au service de Marguerite de

Navarre, sœur de François Ier, en qualité de valet de chambre. Il publie des poèmes, défend Clément Marot. Avec une verve inspirée de Rabelais, il reprend la tradition des contes populaires, mais aussi la mode des nouvelles venue d'Italie (Boccace). En 1544 paraît un premier *Recueil des œuvres de feu Bonaventure des Périers* (d'après un texte d'Henri Estienne daté de 1566, Des Périers se serait suicidé en se jetant sur son épée). En 1558 sont publiés ses *Nouvelles récréations et joyeux devis* où se trouve une version de Peau d'Âne différente de celle qu'exploitera Perrault.

DEULIN Charles (1827-1877)

Né à Condé-sur-L'Escaut, Charlemagne Deulin raccourcit son prénom pour éviter les quolibets de ses petits camarades du collège de Valenciennes. Après des études de lettres, il devient secrétaire d'un notaire, répétiteur dans un institut privé parisien, puis chroniqueur et journaliste. Il collabore ainsi à de très nombreux journaux (l'ancien *Figaro, Le Monde illustré, La Gazette du Nord, Journal littéraire, L'Esprit public, Nouvelle Revue de Paris, Revue française,* etc.). Il écrit des chansons, puis des contes, dont il puise les sources dans les recueils de littérature populaire de la bibliothèque de l'Arsenal (Paris), dans laquelle il travaille comme attaché à partir de 1871. Il se rend célèbre par ses recueils de contes, *Contes d'un buveur de bière* (1868), *Contes du roi Cambrinus* (1874), et compose aussi des opérettes. Ce n'est qu'après sa mort que paraît son étude intitulée *Les Contes de Ma Mère l'Oye avant Perrault* (1879).

FRANCE Anatole (1844-1924)

Fils de libraire, Jacques Anatole François Thibault (qui prendra le pseudonyme de France) débute chez l'éditeur Lemerre comme préparateur du recueil périodique *Le Parnasse contemporain*. D'abord poète, disciple de Leconte de Lisle, il s'oriente tardivement vers le roman et connaît son premier succès public à trente-huit ans avec *Le Crime de Sylvestre Bonnard*, couronné par l'Académie française. *Les Sept*

Femmes de Barbe Bleue et autres contes merveilleux paraissent en 1886. Ecrivain reconnu, humaniste, sceptique passionné, France s'engage pour la séparation de l'Eglise et de l'Etat, pour les droits syndicaux, contre les bagnes militaires. Il rejoint Emile Zola lors de l'affaire Dreyfus. Plus tard, il participe à la fondation de la Ligue des droits de l'homme. Ami de Jaurès, il collabore à *L'Humanité*.

GRIMM **Jacob** (1785-1863) et **Wilhelm** (1786-1859)

Les deux frères Grimm, férus de linguistique et de littérature allemande médiévale, ont voulu contribuer à la construction d'une identité nationale du peuple allemand en transmettant ses traditions orales. Les premiers *Kinder und Hausmärchen* (*Contes de l'enfance et du foyer*), parus à Berlin en 1812, visent à l'origine un public d'adultes. En 1814, Wilhelm Grimm devient secrétaire de la bibliothèque du musée de Kassel appartenant à la maison du prince électeur de Hesse, tandis que Jacob assiste au congrès de Vienne, qui se tient à Paris en 1815, en tant que secrétaire de la délégation hessoise. Puis il quitte la carrière diplomatique pour pouvoir se consacrer exclusivement à l'étude et à la classification de la littérature et des usages historiques. En 1815, les frères Grimm produisent le deuxième volume des *Contes de l'enfance et du foyer*, réimprimés sous forme augmentée en 1819. Les remarques sur les contes des deux volumes furent publiées dans un troisième en 1822. En 1823 paraît la première édition anglaise illustrée des *Contes de l'enfance et du foyer*, dont l'éditeur parisien Auguste Boulland tire la première traduction française (*Vieux contes pour l'amusement des grands et des petits enfants*, 1824). En 1825, les Grimm donnent une nouvelle publication sous une forme réduite à un volume, illustré par un troisième frère, Ludwig Emil Grimm, ce qui contribue à l'extraordinaire popularité de leurs contes. En 1841, Jacob et Wilhelm Grimm sont invités à s'installer à Berlin par Frédéric-Guillaume IV de Prusse. Devenus professeurs dans son université, ils y demeurent jusqu'à la fin de leur vie.

LA FONTAINE **Jean de** (1621-1695)

Ses *Fables*, qui puisent aussi bien dans la tradition gréco-latine (Esope, Phèdre) que dans celle des fabliaux « gaulois », ont valu à La Fontaine une célébrité qui ne s'est jamais démentie au fil des siècles. On sait combien Perrault l'admire et l'imite à travers ses contes.

LEPRINCE DE BEAUMONT **Jeanne-Marie** (1711-1780)

Née à Rouen, dame de compagnie à la cour de Lorraine à Lunéville, puis gouvernante en Angleterre, Marie Leprince épouse de Beaumont est souvent considérée comme le premier écrivain à avoir choisi un style simple réellement adapté aux jeunes lecteurs. Bien qu'elle exprime sa méfiance envers les contes qu'elle juge « pernicieux pour les enfants », elle tire sa notoriété de ceux qu'elle compose pour un recueil paru à Londres en 1756 : *Le Magasin des enfants, ou Dialogues d'une sage gouvernante avec ses élèves de la première distinction, dans lesquels on fait penser, parler, agir les jeunes gens suivant le génie, le tempérament et les inclinations d'un chacun... on y donne un abrégé de l'histoire sacrée, de la fable, de la géographie, etc., le tout rempli de réflexions utiles et de contes moraux*. C'est un conte abrégé d'une première version écrite par une autre romancière, Gabrielle-Suzanne de Villeneuve, « La Belle et la Bête », qui apportera surtout la renommée à Mme Leprince de Beaumont.

LHÉRITIER DE VILLANDON **Marie-Jeanne** (1664-1734)

Fille d'un historiographe du roi, nièce de Perrault (elle portait les manuscrits de son oncle au *Mercure Galant*), amie intime de Mlle de Scudéry, elle est célèbre pour ses poèmes et sa grande érudition. En 1695, elle publie sous le titre *Œuvres mêlées* un recueil de quelque trois cent cinquante pages consacré au conte et à la nouvelle féerique : entre autres, *Marmoisan ou l'innocente tromperie, L'adroite princesse ou les aventures de Finette, Les Enchantements de l'Eloquence*. Elle est considérée par la critique moderne comme la plus féministe et la plus théoricienne de l'ensemble des conteurs du XVIIe siècle.

MARIE dite DE FRANCE (vers 1150-vers 1210)

On sait très peu de choses sur cette première « femme écrivain » française qui a vécu en Angleterre, où elle fut peut-être abbesse du monastère de Reading. Dans la tradition de l'amour courtois, elle rassemble des nouvelles en vers provenant des vieilles traditions bretonnes, auxquelles elle donne le nom de *lais*. Elle est aussi l'auteur d'un recueil de ***Fables*** (entre 1189 et 1208) qui est la première adaptation connue des fables d'Esope en français.

MEILHAC **Henri** (1831-1897) et HALÉVY **Ludovic** (1834-1908)

Henri Majak dit Henri Meilhac est un auteur dramatique, librettiste d'opérettes et d'opéras, réputé pour son écriture fantaisiste dans le plus pur esprit « boulevardier ». Avec Ludovic Halévy, rencontré en 1860, il entame une collaboration de près de vingt ans, donnant les livrets des plus célèbres opérettes de Jacques Offenbach dont *La Belle Hélène* (1864), *La Vie parisienne* (1866), *Barbe-Bleue* (1866), *La Grande Duchesse de Gérolstein* (1867), *La Périchole* (1868).

MENDÈS **Catulle** (1841-1909)

Après avoir grandi à Toulouse, Catulle Mendès arrive à Paris en 1859 et devient rapidement l'un des protégés de Théophile Gautier. Il se fait connaître dès 1860 en fondant *La Revue fantaisiste* à laquelle collabore notamment Auguste de Villiers de l'Isle-Adam. Il publie en 1863 son premier recueil de poèmes, *Philoméla*. Il rejoint le groupe d'écrivains qui se réunit chez Leconte de Lisle (François Coppée, Léon Dierx, José-Maria de Heredia, Théodore de Banville) et qui donne naissance au mouvement littéraire nommé Parnasse. Mendès participe activement à la revue collective *Le Parnasse contemporain*. Il touche à tous les genres : théâtre, romans, contes licencieux, chroniques, critiques musicales. Il écrit aussi une quarantaine de contes de fées, éparpillés dans des recueils divers : *Les Contes du rouet* (1885) contiennent des pièces de « fantastique allégorique » (*La Chimère du paradis, Les Trois bonnes fées, La Belle au cœur de neige, La Dernière Fée, Le Miroir, Les Mots perdus*) et de « fantaisie littéraire » : ***La Belle au bois rêvant***, *Les Larmes sur l'épée*.

PERCEFOREST, **anonyme** (entre 1300 et 1350)

Ce « roman » de chevalerie, l'une des plus vastes compositions en prose du Moyen Age, conte l'histoire de la Grande-Bretagne à l'époque pré-arthurienne tout en rattachant par une synthèse audacieuse le cycle d'Alexandre le Grand au cycle du roi Arthur. Le fameux conquérant grec y est présenté comme le découvreur et le colonisateur de « la Grande Bretagne ». Par la suite, un de ses compagnons, Perceforest, devient le premier roi d'Angleterre : il introduit dans son royaume les coutumes et traditions sur lesquelles va se fonder le monde arthurien. Le roman fait ainsi remonter le modèle de civilisation idéale qu'il propose, avec les ordres de chevalerie, créés à partir du XIVe siècle, à une origine légendaire où s'unissent la gloire d'Alexandre et la renommée d'Arthur.

RÉGNIER **Henri de** (1864-1936)

Issu d'une famille aristocratique normande, Henri de Régnier fait des études de droit pour entrer dans la diplomatie. Mais, rapidement, il préfère se consacrer aux lettres. Son premier recueil, *Poèmes anciens et romanesques* (1889), lui apporte la notoriété. Tout en demeurant fidèles à l'idéal poétique classique et parnassien (Régnier a épousé la fille de José-Maria de Heredia en 1895), ses nombreux volumes de poésie, *Tel qu'en songe* (1892), *Aréthuse* (1895), *Les Jeux rustiques et divins* (1897), *Les Médailles d'argile* (1900), *La Cité des eaux* (1902), *La Sandale ailée* (1905), *Le Miroir des heures* (1910) manifestent l'influence grandissante de Stéphane Mallarmé et du Symbolisme. Régnier a également écrit des ***Contes à soi-même*** (1893).

SCHWOB **Marcel** (1867-1905)

Après de brillantes études au lycée Louis-le-Grand, à Paris, Schwob est reçu premier à la licence ès lettres en 1888. Dès 1884, il a découvert Robert-Louis Stevenson (*L'Ile au trésor, Docteur Jekyll et Mister Hyde*) qui devient son modèle et qu'il traduit. Il se passionne aussi pour l'argot, et notamment pour le langage des « Coquillards » utilisé par François Villon dans ses *Ballades*. Il publie des séries de contes, à la limite du poème en prose : *Cœur double* (1891), *Les Vies imaginaires* (1896). *Le Livre de Monelle*, « chef-d'œuvre de tristesse et d'amour » (Rémy de Gourmont) raconté par une enfant, paraît à l'été 1894. Ce texte inclassable, entre évangile mystique et manuel de nihilisme, reflétant le climat anarchiste de l'époque, mêle contes, aphorismes et poèmes en prose : il annonce *Les Nourritures terrestres* d'André Gide (Marcel Schwob reprochera à Gide d'avoir imité son écriture).

SÉGUR, COMTESSE DE (1799-1874)

Née à Saint-Pétersbourg, Sophie Feodorovna Rostopchine épouse en 1819 le comte Eugène de Ségur. Délaissée par son mari, elle va se découvrir une vocation tardive pour la littérature : elle invente des contes qu'elle raconte à ses petits-enfants et qu'elle regroupe en 1857 dans son premier ouvrage intitulé *Les Nouveaux Contes de fées pour les petits enfants*. On raconte que, lors d'une réception, elle lut quelques passages de ses histoires à Louis Veuillot pour calmer l'atmosphère devenue tendue. C'est ce dernier qui réussit à faire publier l'œuvre chez Hachette, avec des illustrations de Gustave Doré. La comtesse continuera à écrire des ouvrages pour enfants qui obtiendront un grand succès comme *Les Petites Filles modèles* (1857), *Les Malheurs de Sophie* (1858).

STRAPAROLE (mort en 1557)

En 1550 paraît à Venise un recueil de 25 histoires intitulé *Le Piacevoli Notti* écrit par Giovanni Francesco Straparola da Caravaggio. Le succès est immédiat ; en 1553 paraissent 48 autres récits et l'ensemble est sans arrêt réédité (23 éditions de 1558 à 1613). Très vite le livre est connu des auteurs français (Jean Louveau traduit librement la 1e partie du livre en 1560) sous le nom des *Facétieuses Nuits*. Puis, les *Piacevoli Notti*, condamnées par la censure ecclésiastique en 1605, mises à l'index pour obscénité, cessent peu à peu d'être publiées. Selon le procédé narratif du récit enchâssé illustré par Boccace dans *Le Décaméron*, Straparole fait raconter ses histoires par une compagnie de nobles jeunes filles réunies pendant treize nuits dans un palais sur l'île de Murano près de Venise : entre nouvelles réalistes, fables et contes de fées, le texte mélange humour et merveilleux.

VOLTAIRE (1694-1778)

Comme de nombreux auteurs jugés « libertins », tels Diderot ou Crébillon, François-Marie Arouet, dit Voltaire, s'est amusé à détourner le conte de fées dans un but « licencieux ». Au nombre de ces contes souvent qualifiés de « philosophiques », *Ce qui plaît aux dames* (1764) peut se lire comme « une sorte de pendant de *Riquet à la houppe*. La vieille édentée qui sauve de la mort un jeune chevalier en lui suggérant une réponse très spirituelle, qui pour la peine exige que le beau chevalier l'épouse, qui, dans les bras de son vaillant époux, se transforme en fée Urgèle, n'est pas autre chose qu'une cousine de Riquet à la houppe, opérant sur elle-même. » (Ch. Deulin, *Les Contes de ma Mère l'Oye avant Perrault*).

Composé par Nord Compo, Villeneuve-d'Ascq, Nord
Imprimé par Normandie Roto Impression s.a.s., 61250 Lonrai, France
en février 2007 - n° d'impression : 070533
pour Omnibus, 12, avenue d'Italie, 75013 Paris
http://www.omnibus.tm.fr